船舶智能设计原理

杜尊峰　闫宏生　主编

天津大学出版社
TIANJIN UNIVERSITY PRESS

图书在版编目（CIP）数据

船舶智能设计原理 / 杜尊峰, 闫宏生主编. -- 天津:
天津大学出版社, 2023.6
ISBN 978-7-5618-7479-0

Ⅰ. ①船… Ⅱ. ①杜… ②闫… Ⅲ. ①船舶设计一智
能设计 Ⅳ. ①U662

中国国家版本馆CIP数据核字(2023)第088004号

出版发行 天津大学出版社
地　　址 天津市卫津路92号天津大学内（邮编：300072）
电　　话 发行部：022-27403647
网　　址 www.tjupress.com.cn
印　　刷 天津泰宇印务有限公司
经　　销 全国各地新华书店
开　　本 787mm×1092mm　1/16
印　　张 27.75
字　　数 729千
版　　次 2023年6月第1版
印　　次 2023年6月第1次
定　　价 86.00元

前　言

“船舶设计原理”是船舶与海洋工程专业非常重要的核心课程，其主要任务是使学生按照预定船舶的使用要求，通过分析、研究、计算、绘图等工作，具备选择主尺度和动力装置，设计型线和总布置，估算各种性能和强度，确定有关材料、设备，进行技术经济论证，做出建造船舶所需的全部技术文件的能力。通过本书的学习，学生可以了解船舶设计的基本原理，熟悉与船舶设计有关的规范和标准，为后续的学习和工作奠定基础。

当前，世界百年未有之大变局加速演进，新一轮科技革命和产业变革深入发展，国际力量对比深刻调整，我国发展面临新的战略机遇。船舶设计是现代造船产业链中最具创新性与科技性的重要环节，对提升船舶工业的国际竞争力起到决定性作用。我国要实现由世界造船大国到世界造船强国的转变，必须依托船舶设计与制造技术的全面进步，加强船舶设计与数字化、信息化和智能化技术的深度融合。同时，为支撑制造强国战略和2035远景目标的实现，教育部积极推进新工科建设，全力探索形成领跑全球工程教育的中国模式、中国经验。本书正是在此背景下编写的，以船舶设计基本知识为主体，辅以船舶智能设计的原理和方法，前者供学生本科阶段学习，后者供学生研究生阶段学习，实现本研贯通培养模式的教学实践化和优化。

本书分为2篇，共14章，分别是绪论、船舶重量及容量、相关船舶公约及规范的基本内容、船舶主要要素的确定、型线设计、总布置设计、船型技术经济分析及论证、智能设计概述、现代船舶设计、船舶设计决策方法、基于多学科优化的AUV总体设计、基于CFD技术和代理模型的船型设计优化、FLNG上部组块模块化设计、基于智能算法的船海工程结构优化设计。本书内容贴近行业实际以及发展前沿，具有较强的指导作用。本书既可作为船舶、海工、航运、材料、人工智能、工程管理等领域专业技术人员的参考用书，也可作为高等院校的教材。

编者在编写本书的过程中得到了船舶与海洋工程、人工智能等领域许多专家的帮助和支持，在此对他们致以深深的谢意。本书的部分内容来源于实际工程项目和课题组硕、博士研究生多年的科研成果。感谢项目委托单位和评审专家的合作与支持，感谢朱海明、张森、吴俊凌、慕旭亮、文树吉、韩沐轩等同学的辛苦付出，感谢杨源同学为本书所做的搜集整理工作。同时，本书还借鉴了一些教材、期刊论文、网络资料等，对所有参考文献的作者表示感谢。

由于编者水平有限，书中难免有疏漏和不完善的地方，敬请读者和有关专家批评指正。

目　　录

上篇　船舶设计原理

下篇 船舶智能设计

上篇　船舶设计原理

第 1 章　绪论

1.1　船舶设计工作概况

1.1.1　船舶设计工作的重要性

船舶是一个复杂的水上活动工程建筑物。它航行于江河湖海，担负着运输、生产、战斗及其他任务。我国有漫长的海岸线、无数的内河湖泊，还有广阔富饶的海疆，为此需要大量的、各种类型的船舶来从事各方面的工作，为社会主义建设服务。

一艘船舶的产生，一般要经历制定设计技术任务书、设计和建造、交船试航几个大的阶段。船舶设计是依据设计技术任务书，通过大量详细的设计计算和绘图，编制船舶建造和运维所需的全部技术文件，这些技术文件包括技术说明书、设计图纸、技术条款等。

船舶设计工作包括总体设计和局部设计两个方面。总体设计解决设计中的一些最基本的问题，诸如确定设计船的建筑与结构形式，确定设计船的主要尺度及船型参数，确定航速和所需主机功率，进行总体布置，设计船体型线等。这些问题对船舶的各项技术性能和经济性能有决定性的影响，对船舶质量起决定性作用。一艘船舶如果总体设计不合理，则局部设计无论如何，也难以改变这种不合理状况。所以，总体设计在整个设计工作中占据重要地位。局部设计是在总体设计的基础上完成船舶每个局部的设计，诸如船体结构分段设计、螺旋桨设计、舵设计、设备及系统设计等。

船舶具有技术复杂、投资大和使用期较长的特点，与国民经济和国防建设等许多方面有着密切的联系。因此，船舶设计是一项综合性的、复杂的科学技术。从港口、航道、船舶这三者组成运输系统的角度来看，船舶是该系统中的重要组成部分。各部分相互联系、相互制约。船舶吨级、主要尺度与码头前沿水深、泊位长度、航道水深、曲率半径相互影响与制约。船舶设计者应以系统工程的思想处理好港口、航道、船舶三者之间的关系，不但要使单船的技术经济性能较佳，而且要使整个运输系统的经济效益较好。

经过多年的发展，我国船舶制造产业规模不断发展壮大，内容涵盖研发设计、总装建造、动力与配套以及服务全链条，有力支撑了我国海洋事业的发展。当前，我国已经成为世界第一造船大国，国际话语权不断提升，是全球造船力量中最具活力的国家。然而，与发达国家相比，我国船舶总体设计水平处于劣势：欧洲国家在高端船舶（如大型邮轮、冰区船、深海采矿船、远洋渔业捕捞加工船等）设计方面占据主导或垄断地位，在绿色与智能船的设计开发方面占据先导地位；日本在三大主力船型的优化及减重设计方面具有领先优势；韩国凭借在大型 LNG（Liquefied Natural Gas，液化天然气）船设计建造等方面的技术创新，打造出具有绝对优势的 LNG 船产业链。我国在建设海洋强国、制造强国、交通强国的战略需求下，亟须加快推进船舶设计制造技术创新与产业高质量发展。

1.1.2 船舶设计技术任务书

船东对设计的要求是通过设计技术任务书的形式给出的，设计技术任务书主要规定新船的使用任务、主要技术指标、主要装备以及设计的限制条件等。一般运输船舶的设计技术任务书包括以下基本内容。

1. 航区和航线

新船的航区和具体航线：对于不固定航线的船舶通常只给出航区，定线航行的船舶需要给出停靠的港口。海船航区是根据航线离岸距离和风浪情况划分的。航区不同，对船舶的安全性和设备配置要求不同。我国法规将非国际航行海船的航区划分为以下四类。

(1)远海航区：系指非国际航行超出近海航区的海域。

(2)近海航区：系指中国渤海、黄海及东海距岸不超过 200 n mile 的海域；台湾海峡；南海距岸不超过 120 n mile(台湾岛东海岸、海南岛东海岸及南海岸距岸不超过 50 n mile)的海域。

(3)沿海航区：系指台湾岛东海岸、台湾海峡东西海岸、海南岛东海岸及南海岸距岸不超过 10 n mile 的海域和除上述海域外距岸不超过 20 n mile 的海域；距有避风条件且有施救能力的沿海岛屿不超过 20 n mile 的海域；但对距岸超过 20 n mile 的上述岛屿，主管当局将按实际情况适当缩小该岛屿周围海域的距岸范围。

(4)遮蔽航区：系指在沿海航区内，由海岸与岛屿、岛屿与岛屿围成的遮蔽条件较好、波浪较小的海域。在该海域内岛屿之间、岛屿与海岸之间的横跨距离应不超过 10 n mile。内河航行船舶的航区根据不同水系或湖泊的风浪情况划分为 A 级、B 级、C 级等。

2. 船型

这里的船型是指船舶的类型、甲板层数、机舱部位、首尾形状和其他特征。

3. 用途

新船的使用要求通常包括载运的货物种类和数量以及货物的理化性质和其他要求。例如：

(1)散货船的载货种类、载重量(t)或载货量(t)、货舱容积(m^3)、积载因数(m^3/t)；

(2)集装箱船的载箱数(TEU，20 ft(1 ft=30.48 cm)标准箱)、平均箱重(t/TEU)和冷藏集装箱数；

(3)液货船的液货种类、货舱容积(m^3)和液货的密度(t/m^3)；

(4)客船的乘客人数和客舱等级标准，公共处所的面积及设备标准；

(5)危险品货物的危险品等级或品名；

(6)货物的尺寸及特点。

4. 船籍

船级是指新船准备入哪个船级社，要求取得什么船级标志，以确定设计应满足的规范。船籍是指船舶在哪国登记注册，以确定新船应遵守的船籍国政府颁布的法定检验规则。例如悬挂我国国旗的海船(在中国登记注册)，无论入哪个船级社，都应遵守我国政府主管当局颁布的《船舶与海上设施法定检验规则》。

5. 动力装置

这部分内容给出主机和发电机组的类型、台数、燃油品质和推进方式。

6. 航速和功率储备

对航速一般给出服务航速（kn，节，n mile/h）。服务航速是指在一定的功率储备下新船满载能达到的航速。对拖船常提出拖带航速下拖力的要求或自由航速的要求。功率储备是指主机最大持续功率的某一百分数，通常低速机取 10%，中速机取 15%。如果主机已确定，则不应提出与主机功率相矛盾的航速要求，否则如航速要求过高，船势必设计得瘦而长，这对船舶的经济性很可能是不利的。

7. 续航力和自持力

续航力是指在规定的航速（通常为服务航速）或主机功率下，船上的燃料储备量可供连续航行的距离。自持力是指船上所带淡水和食品可供使用的天数。运输船舶不给出自持力时，淡水和食品的储备数量根据续航力和航速来计算。

8. 船体结构

这部分内容提出有关船体结构材料、结构形式、冰区加强等级、双层底和甲板负载（t/m^2）的要求。

9. 总体布置

这部分内容提出新船在建筑形式、舱室划分、货舱数量等方面应满足的要求。

10. 设备

这部分内容规定了对船上主要设备的要求，例如：甲板起货设备类型和起重能力；油船的货油泵类型及泵送能力；特殊设备的类型、规格等。

11. 生活设施

这部分内容给出船员人数、起居处所以及服务处所的标准等要求。

12. 限制条件

限制条件包括船闸、港口、航道以及码头装卸设备等因素对船舶主尺度的限制，船过桥梁时船舶水上建筑高度的限制以及其他特殊要求。设计技术任务书内容的详细程度与船舶类型、复杂程度以及前期工作的深度有关。如果在编制任务书时已进行了充分而深入的分析和论证，甚至完成了方案设计，那么编制的任务书往往详细具体。有的任务书只提出主要的使用任务和技术要求，条目较少，内容简要。这种情况下，船东往往待设计进行一段后再将任务书补充完整。

船东的使用要求是船舶设计的主要依据之一。除非它与法规、规范相抵触，或在设计上不合理，或因生产条件和限制不能制造，否则应予以满足。如果发生任何不能满足任务书的情况，应及时与船东协商，并取得一致的修改意见。在船舶设计过程中，达到相同的使用要求，通常有好几种途径。一个有创新思想的设计师总是想突破常规设计新的、更有效的船舶。然而有经验的船东往往会固执地坚持某些想法。所以设计者在与船东交涉之前，必须对他的设计方案在技术和经济性方面具有双重的把握。事实上，设计技术任务书制定以后，新船是一艘什么样的船，这一目标已经明确，它是用船部门根据需要和可能，经船型的技术经济论证后得出的。船型的技术经济论证是对不同船型方案的投资规模、经济效益和技术上的可行性进行比较和分析。可见，设计技术任务书的制定本身包含了大量的技术和经济论证工作，它关系到设计建造新船的方向性问题。如果任务书对新船的要求不合理，则后面的设计无论如何，也不可能设计出一艘成功的新船，甚至会造成重大的损失。

1.1.3 船舶设计阶段划分及提供的主要图样和技术文件

一艘船从拟定设计技术任务书开始，直到船舶建造完毕，绘制与制定出完工技术文件为止，要分阶段进行。目前，我国的船舶设计阶段划分还处在新旧方法并用状态。国内船舶设计基本上执行《民用船舶产品设计阶段划分和审批工作的若干规定》。一些中小船厂仍然沿用由原中国船舶工业总公司制定的传统的划分方法。传统方法将船舶设计大体上划分为以下几个阶段。

1. 传统方法的阶段划分

1）编制设计技术任务书

船的设计技术任务书是船舶设计的依据，它全面地反映了对设计船技术性能的要求，对设计船的主要技术要素都做了具体规定，如船舶类型、用途、吨位、航速、航距和机电设备等。设计技术任务书的各项技术要素是经过充分的调查研究及必要的技术经济论证确定下来的。而这些要素一旦确定，设计船总的技术经济性能就大体被确定。从这个意义上说，设计技术任务书的编制也是船舶设计的一个重要组成部分。

2）初步设计

初步设计是根据设计技术任务书进行的，是船舶总体设计的主要阶段。

在这个阶段，要确定与船舶的技术经济性能关系最密切的一些项目，如船的主要尺度、船型系数和排水量、船体型线、建筑形式及总体布置、基本结构、主辅机及主要装置系统等，同时要对船舶的主要性能（诸如航速、稳性、舱容等）进行计算或估算，绘制型线图、总布置图、中剖面结构图及机舱布置图等主要图样，编制总说明书、主要材料规格及舾装、机电等设备清单。

这个阶段提供的图样和技术文件应能表明船的总体性能，并能据此判断设计船在技术上的先进性、经济上的合理性、施工上的可能性以及满足任务书中各项要求的程度，以供审批使用。

3）技术设计

在初步设计审批之后，即可着手技术设计。技术设计是初步设计的深化，是整个设计中的重要一环。这个阶段的工作是在初步设计的基础上，对各个局部问题进行深入分析，并进行各个分项目的详细设计和计算。例如，要详细地计算各项性能，绘制和编拟各项图样及技术文件，落实主要材料和设备的选型，编制材料及设备订货清单，造价预估单，工具、属具、备品、配件及供应品清单等。

这个阶段提供的图样和技术文件，应能满足验船部门审查，承造厂进行生产准备、估算造价、订货和绘制施工图样等方面的需要。

4）施工设计

施工设计根据验船部门审批的技术设计进行。施工设计的项目和深度可视承造厂的生产设备能力、工艺、技术条件而定，施工设计包括绘制船体、轮机、电气三方面的全部施工图样和编制技术文件。在船体方面，要绘制分段结构施工图以及船舶设备、舾装施工图，制定工艺规程和各种试验大纲等。

5）完工设计

在船舶的建造施工中，往往会对原设计做一些更改，如房间设备布置变动、某一设备的更换,以及经倾斜试验测出空船准确的重心垂向高度。因此,原来的设计图纸和技术文件(如浮态与稳性计算等)就不能与实船完全相符。为反映真实情况,在船舶竣工之后,应按实际情况修改图纸及进行必要的修改计算。另外,还要完成各项实船试验并编写报告。制定完工文件的目的是供船员使用,并作为维修管理的依据,为以后的船舶设计和研究提供可靠的资料。

上述从编制设计技术任务书到设计工作的几个阶段,在整个船舶设计中既相互独立,又相互联系。每个阶段要求完成一定的计算、图样和说明书,前一阶段设计是后一阶段设计的依据,后一阶段设计是前一阶段设计的深入和发展。然而,船舶设计阶段的划分,并不一律如上所述,其因产品的特点、资料的完整程度、设计人员的经验等具体情况的不同而有所不同。如有的单位把初步设计与技术设计的部分内容合并在一起,称为扩大初步设计。有些小型船舶,把初步设计、技术设计及施工设计全部合在一起,整个设计一次完成,设计方案审批的工作也只进行一次。

随着我国经济体制的改革,造船投资从过去国家拨款转变为航运企业向银行贷款,我国造船工业从过去执行指令性计划进入以经营竞争为主的新阶段。我国船舶产品已进入国际船舶市场,出口船舶逐年增多。为适应国内外船东的要求,作为造船生产中重要环节的船舶设计,必须从以往单纯执行指令性计划的一套程序,改变到适应当前"以经营竞争为主,结合技术进步"所要求的一套程序上来。

实行合同制和由银行贷款提供造船资金后,在签订合同之前,首先必须把新船的基本技术形态固定下来,否则无法确定船价。在签订合同之后,经双方确认的技术要素及形态(有时甚至是很具体的要求)在以后的设计过程中不允许更改,否则要对由此造成的经济损失以及延误交船期的损失负责。因此,各个设计阶段不像以往那样反复修改,下一阶段的工作只能是前一阶段工作的补充和深化。

2. 现代造船设计阶段的划分

为了适应这些情况,原中国船舶工业总公司制定了《民用船舶产品设计阶段划分和审批工作的若干规定》。这一规定将新建船舶的设计阶段划分为制定设计技术任务书、报价设计、合同设计、详细设计、生产设计等阶段。其中生产设计与过去的施工设计并不相同,它是与造船生产现代化相适应的。现将各设计阶段及其设计任务大致介绍如下。

1)制定设计技术任务书

以运输船舶为例,航运公司以设计技术任务书或询价单对船的类型、用途、载重量或载货量、货舱容积、航速、续航力、尺度和登记吨位的限制以及国籍、入级的船级社、订购艘数和交船期等提出要求;此外,对船员定额、主机类型、动力装置与设备系统的自动化、旅客设备、货舱与起货设备也可能提出要求。设计技术任务书也可由设计单位提供咨询服务协助编制,但需有关航运公司审批确认。设计单位对船东提供的设计技术任务书要进行可行性分析研究,必要时可向船东提出合理的修改建议。

2)报价设计

报价设计也称投标设计,是根据用船单位提出的技术要求或招标说明书进行的。报价设计的主要内容为初步确定船的技术条件和形状,确定船的主要尺度,进行载重量、货舱容积、稳性与航速估算,编制一份简要的说明书(也称主要技术规格书),绘制一张总布置简图,编制船体、轮机与电气部分的主要设备供应厂商表,估算造价。报价设计是商谈、签订造船合同之前的一个设计环节,船东接到报价单后,如满意,即与中标单位进行技术与商务谈判,明确船的技术细则，同时就船价、付款方式、交船日期等达成协议。

报价设计不作为最终签订造船合同的技术附件。

3)合同设计

本阶段根据需方提出的设计技术任务书进行船舶总体的研究和简明设计，对船舶总体性能和主要技术指标进行计算，对船舶动力装置和各种系统及原理进行设计。通过理论计算和必要的试验，确定产品的技术形态、工作原理、主要参数、主要设备选型和主要结构形式等重大技术要求。这一阶段要完成的主要技术文件有：全船说明书，总布置图，型线图，船中剖面结构图，机舱布置图，主要设备系统布置图，航速、稳性、干舷、舱容、船体强度等的计算书，材料预估单，主要设备明细表。

合同设计属初步设计范畴，它是初步设计的先行部分。合同设计为签订造船合同提供了必要的图样和技术文件，又为进行详细设计提供了必需的技术条件和依据。

4)详细设计

详细设计的依据是造船合同及其技术文件和经审查修改后的合同设计技术文件。这个阶段的设计工作是在总体设计的基础上，对各个局部问题进行深入分析，并进行各个项目的详细设计计算和绘制图样，解决设计中基本的和关键的技术问题，最终确定船舶全部技术性能、船体结构、重要材料、设备选型、订货要求等各项技术要求和标准。

详细设计阶段所提供的技术文件，应能满足验船部门审查，用船单位认可，造船单位订购材料、设备和进行生产准备，开展生产设计所需技术文件等的需要。在详细设计阶段，船体方面所完成的主要图样和技术文件有：船体设计说明书，详细的总布置图，正式的型线图，中剖面结构图、基本结构图、外板展开图、全船分段划分图、首柱图、尾柱图、肋骨型线图、甲板结构图、主横舱壁结构图等，船舶舾装方面的布置图和零件图，各系统原理图，各项性能的详细计算及有关说明书和试验报告书，详细的设备和材料规格明细表等。

5)生产设计

生产设计指根据认可的详细设计绘制各项生产、加工工作图样，结合工厂建造工艺和生产组织管理编制各项施工辅助图样、工艺技术指标以及管理指标的工作图表，提供施工信息等技术文件。

生产设计涉及的范围广，设计文件的深细程度高，其主要特点如下。

(1)把船舶设计、造船生产和生产管理有机地结合起来，通过设计文件(图、表或其他信息)体现出来，并以此作为组织生产的依据。

(2)把船体、轮机、电气及其他工程的纵向专业系统进行横向融合沟通，构成纵横结合的综合系统，使各专业、各工种、各施工阶段能协调平衡，均衡生产，提高了综合生产能力。生产设计是促使船舶设计、工艺技术和生产管理现代化的有效措施之一。

(3)虽然生产设计是在详细设计的基础上进行的，但实际上却贯穿合同设计、详细设计这两个设计阶段的始终。生产设计从设计一开始就把“造什么样的船”同“怎样造船”一起考虑，把订船者的要求同承造厂的装备条件结合起来，真正体现了设计为建造服务的思想。

1.2 船舶设计工作方法

设计工作与科学研究不同，科学研究是发现事物的性质，设计是创造事物，是通过主观对客观的适应而创造人为事物的科学。设计是一种技术实践活动,目的是解决所面临的问题。设计除了需要科学知识以外,还需要工艺和技巧方面的知识。设计工作的过程如同一般事物的发展一样,总是不断地从肯定走向否定到再肯定,具有螺旋式上升的特点。

下面从一般意义上总结船舶设计的工作方法。

1. 调查研究、搜集资料

设计工作的许多经验与教训证明,不重视调查研究,没有正确领会用船部门的意图和要求,没有掌握有关的实际情况,设计工作常常徒劳无功,甚至失败。船舶设计如果没有足够的技术资料,工作将很难开展,即使勉强去做了,也很难设计出一艘成功的船。因此,深入地调查研究、全面地搜集资料,是做好设计工作的基础。

调查研究的内容包括用船部门的意图和要求以及相关方面的情况两部分。

船东从决定建造一艘新船到制定出设计技术任务书,常常是一个漫长、反复的过程。这个过程反映了客观情况的不断变化和人们认识的不断深入与更新。设计人员从接到设计技术任务书起,首先应该详细地了解用船部门对新船的任务、使用的具体要求,设计的原则以及各种客观因素对新船的限制等情况,也就是对任务书中各项要求的背景情况和资料进行调查,弄清这些要求的来龙去脉,这样方可使设计真正做到有据可依、有源可寻。

新船相关方面的调查内容很多,需要针对新船的特点调查。一般来说,航线、航道、港口、码头、建造、维修等等,都与新船主要要素等重大问题的确定有关,需要掌握第一手资料。此外,市场信息对设计者也非常重要,货源的波动、运费的涨落、燃料价格的变化、材料设备的变更等都直接影响船型方案的选取。

设计工作所需的技术资料是保证设计工作顺利开展和进行的必要条件,也是保证设计质量的重要因素。搜集的资料包括参考型船的资料、与设计新船有关的新技术成果、船用设备的样本及供应情况等等。其中参考型船的资料十分重要。型船的资料包括主要要素、载重量、舱容、航速、主机参数、重量重心、总布置图、型线图、船模及实船试验资料等等。对于船舶总体设计来说,型船的重量重心资料特别重要,在可能的情况下重量重心资料越详细越好,一般至少应有船体钢料、机电设备、舾装设备三大项的分类资料。此外,同类船的各种统计资料也很必要。以上这些资料在平时工作中要随时注意搜集和整理。丰富的技术资料是设计人员的宝贵财富。

2. 综合分析、合理解决问题

船舶是一个复杂的系统,设计中有很多矛盾。例如,船舶各项技术性能、安全性与经济性等对设计的要求常常是矛盾的。设计工作的一项重要内容就是通过系统分析、综合考虑,对问题提出一个合理的解决方案。设计人员应具备这方面的能力。设计工作中矛盾是不可避免的,但矛盾之间也存在互相依存、互相转化的统一关系,要在综合分析的基础上,抓住主要矛盾,有侧重地考虑问题,统筹兼顾,从而找出解决问题的合理途径。在这里,我们要强调综合分析的重要性。

在船舶设计工作中,无论是全局性的总体设计还是某项局部设计,出现了某个问题不能就事论事地加以修改,而不顾前后左右的影响,这样往往会引起其他更大的矛盾。综合分析,就是考虑问题要全面,要弄清前因后果,要统筹兼顾,这一点要给予充分的重视。有人认为:“船舶设计是‘大折中’,是多方妥协的产物。”这不无道理。但如何折中,如何妥协却大有文章可做,解决问题的方法可能有许多种,但最合理的也许只有一种。设计工作中还要注意和加强各专业、各部门之间的充分协商和协调。许多时候，设计中的问题往往出现在各专业和部门之间的交叉和衔接处。

3. 母型改造、推陈出新

现有船舶是人们造船和用船经验的结晶，也是科学技术不断发展的成果。某一类型船舶的发展和演变过程，存在着由它们的使用任务和要求所决定的共性问题，这就决定了这类船舶必然具有许多相近的技术特征和内在规律，这些特征和规律是人们合理解决船舶设计中众多矛盾的结果。合理地吸取经验、利用这些规律，可以减少盲目性，使新船设计有较可靠的基础。这就是船舶设计中经常采用的母型改造法的理论依据。

母型改造法中，母型的概念是广泛的。一方面，与新船在主要技术性能方面相近的优秀实船，是最直接的母型，这种经过实践考验的母型船的资料可以使设计者比较容易地掌握新船的主要性能和改进的方向；此外，经过模型试验研究的优良船模也是母型。另一方面，与新船同一类型船的统计资料是设计中常用的资料。这些资料虽然代表的是统计船的平均值，但反映了这类船的一般规律和趋势，因此可作为设计新船的一般指导。

设计中选用的母型船，不只限于某一艘船，可以根据所需选用不同的母型。例如，在快速性方面选择甲船为母型，重量估算方面可参考乙船，而布置方面又可吸取丙船的经验，等等。总之选用母型的标准一是相近，二是优良。

用母型改造法设计新船要突出“改造”，即在参考母型的过程中要有所改进和创新。母型改造法不是简单的拼拼凑凑，而是设计者根据新船的特点和要求，在熟练掌握船舶设计原理和方法的基础上创造性地工作。每一艘新船都有其特殊性，不加分析地生搬硬套会导致设计工作的失败，没有创新和改进也不可能产生优良的新船。因此，设计者必须结合新船的要求和特点，考虑新技术、新设备、新工艺、新材料在新船上的应用，做到在设计中有所创新、有所改进。

我们在强调用母型改造法设计新船的有效性和可靠性时，并不排斥全新概念的新船设计，特别是在新船型开发设计中，会遇上根本不可能找到合适的、完整的母型船资料的情况。在这种情况下，往往要采取边研究、边试验、边设计的方法。通常的做法是，首先对新船的特点加以研究，形成一个初步方案后，开展相对深入的方案设计工作；然后对设计结果进行必要的试验，以验证设计的正确性并寻找改进的方向和方法；在此基础上，进行下一个循环的设计、试验和研究工作。新船型的开发需要一个相对漫长的过程。

4. 逐步近似、螺旋式前进

船舶设计是逐步近似、反复迭代完成的。船舶设计是一项复杂的系统工作，涉及许多方面和因素，它们相互交叉、相互影响，设计者对新船的认识有一个由表及里、由浅入深的过程。因此，船舶设计工作也有一个与其相适应的工作方法和程序。通常设计工作是分阶段完成的。不同设计阶段考虑的问题有所重复，但重点和详细程度不同，考虑因素的多少不同，工作的深度和侧重点不同。在不同设计阶段，同一方面的工作不是简单的重复，而是一个逐步近似、螺旋式前进的过程。有人形象地将船体设计的逐步近似过程用螺旋线的方式表达出来。当然，在螺旋式前进的每个重复过程中并非对每个步骤都开展深入的工作，而是根据具体情况有所侧重、有所简化，有些也可以省略。

1.3　船舶设计的基本原则和基本要求

1.3.1　船舶设计的基本原则

1. 认真贯彻执行国家的技术政策

设计船舶与其他工作一样，要认真贯彻执行国家在交通运输方面的有关技术政策和具体规定（如能源政策，动力装置方面的政策，技术引进政策，国家在造船规划上对船型、机型的系列化规定）；尽量采用先进技术，赶超世界先进水平；贯彻厉行节约、讲求经济效果的原则；标准化、系列化、通用化及重大项目要经过技术经济论证等。

2. 遵守国际、国内各种公约、规范和规则

船舶设计方面的国际和国内的公约和规范，大多数是基于保证船舶使用和航行安全而制定的。它们是人们对船舶使用的历史经验和不断发展的科学技术的总结，是具有法令（技术法令）性的文件，是设计、制造、验船的重要依据。船舶设计者必须熟悉和很好地理解公约和规范的精神实质，在船舶设计中严格执行。

新技术的发展、理论水平的提高、人们认识的深化、新船型的出现，都会引起公约和规范的不断改进和完善。因此，国际和国内从事船舶设计公约和规范监督执行和研究的部门，要每隔一段时间，根据发展变化的情况，对公约和规范的内容加以修订。设计者在遇到公约和规范无法解决的问题时，应会同公约和规范监督执行部门，结合新的情况加以解决。

1.3.2　船舶设计的基本要求

新设计建造的船舶成功的标准是什么？这是个很难回答的问题。这是因为：船舶的种类多种多样，其使用任务各不相同，即使船种相同，其使用任务和技术要求也不尽相同。另外，对船的要求有些可用技术或经济上的某一数量指标来衡量，而有一些因素则很难用某种数量指标反映；再者，某些要求间关系错综复杂，相互影响，因此，要提出一个适用于所有新设计船的具体要求或标准，是有困难的。然而，对新设计船提出一般性的标准或基本要求是可以的，它可以概括为适用、经济、安全、环保、美观。

1. 适用

所谓适用就是新船能够较好地完成任务书中规定的使用任务。这一目标应该是设计中处理一切技术经济问题的中心。对于民用运输船舶来说，保证和提高运输能力及运输质量是设计的着眼点。例如，在货船设计中，与这一任务密切相关的是：要保证新船载重量和适当的舱容，有高的装卸效率，能满足所载货物的理化性质和运营上理货方便等方面的要求；有良好的航海性能，能满足航线及港口对新船的主要尺度（尤其是吃水）的限制等。因此，在主要尺度的确定、型线的选择、建筑形式及总布置的考虑、起货设备的配置等方面，首先应围绕上述因素进行考虑分析，以保证和提高运输能力和运输质量。

2. 经济

船舶完成规定任务时，资金的耗费和积累情况反映了船舶的经济性。显然，适用是经济的重要前提，不适用就谈不上经济。但在达到适用的前提下，不考虑经济性，也是错误的。因为这会造成资金和物资的浪费，达不到应有的投资效果。对民用船舶（简称“民船”），这个问题

尤其重要。事实上,综观现代运输船舶的发展,新船型的出现、新技术的采用,无一不是受经济因素的刺激。经济是技术发展的基础和动力,技术是实现经济目的的手段和工具,两者互相渗透、互相推动。因此,设计中加强经济观念是十分重要的。

举例来说,对某一航线的货运船进行船型论证时,即使采用常规船型,也可以有不同的船型方案,如载货量大些但航速低些的方案,载货量小些但航速高些的方案,两种船型方案能完成同样的年货运量。但显然,两种船型方案在投资和运输成本上会有所不同。选取哪一种方案有利,就要从技术及经济角度加以全面衡量。

针对某一具体设计技术任务书的要求,船舶设计中必然会涉及经济问题。例如,可采用主要尺度小些但较丰满的船型方案,也可采用主要尺度大些但较纤瘦的船型方案。显然,前者的造价较低,与造价有关的营运开支也较低;但后者可能在航速上更有利(假定用相同主机),因航速提高可使航次时间更短,年货运量更高,且每个航次的燃料开支更省等。何者有利,须根据总的经济效果并结合技术性能做综合分析才能确定。在研究采用某项新的技术装备的合理性时,也常从技术上的先进性和经济上的有利性加以综合考虑。

3. 安全

船舶的安全关系到国家资产和人民生命财产的安全,是船舶的一个基本质量指标。为了保证船舶的安全,各个国家颁布了各种技术法规,这些法规对建造、载重线、稳性、分舱、消防、救生、起重、信号设备、通信等都做了明确的规定。设计人员应该认真钻研,做到心中有数,在船舶设计中必须贯彻执行相关规定,切实保证新船的技术条件符合各种规范及公约的技术要求。

还应指出,船上一些重大设备(如主机)和某些部件(如推进器、舵)的可靠性,对船舶的安全性影响很大,在选定设备和进行局部设计时,也应该充分注意。

4. 环保

船舶的节能和环保要求越来越受到重视。国际海事组织(IMO)近年来讨论并提出了船舶能效设计指数(EEDI)。造船厂、船舶设计者、船舶设备商积极利用各种措施来提高船舶能效,促进技术进步和革新。EEDI 是在船舶设计时每单位船舶运输量产生的环境成本(二氧化碳排放量)衡量指标。对 EEDI 起决定作用的主要参数有航速、船舶装载量或总吨位、为达到该航速而需要的安装功率等。目前讨论中的 EEDI 计算公式一旦获得通过,将对我国船舶工业造成较大冲击。由于 EEDI 对设计方法、生产工艺技术、配套设备、新能源技术应用等提出了更高的要求,所以船舶设计、建造及配套单位就必须努力对不能满足要求的现有船型及设备进行优化以满足 EEDI 要求。

因此,船舶设计的错综复杂的技术经济矛盾中又增加了能效指标优化的新要求。这就要求在船舶设计工作中综合、全面地统筹和平衡整个船舶系统中的各种矛盾和因素,降低能耗,减少碳排放。

5. 美观

开展船舶美学研究是船舶设计的重要课题,只有在船舶设计中运用船舶美学的客观法则,才能设计出满足用户需求的最佳船型。随着出口船及国内客船逐年增多,船东向设计部门提出了船舶美观、舒适和实用的更高要求。船舶造型是船舶建筑美学的一个方面,它包括船舶外观造型的美观和从建筑角度合理利用船舶舱室空间等。船舶外观造型会给人以深刻的印象,是一种艺术,设计时要妥善加以处理,按具体情况,以给人朴实、大方、清新、明朗等健康的观感。进行外观造型设计时，设计人员应继承和发扬我国宝贵的艺术文化，推陈出新；有选择地吸取外国长处。

上述五个方面既统一又矛盾，是辩证的统一，要结合具体情况，认真分析，抓住主要矛盾及矛盾的主要方面，妥善处理。

1.4　本书主要研究内容

船舶设计（有时称船体设计）是一门综合性的科学技术，包括船体、轮机、电气等各方面的专业内容。船舶设计又可分为总体设计和局部设计。总体设计解决船舶设计中的一些最基本的问题，是局部设计（如螺旋桨设计、舵设计等）和各专业设计（如轮机设计、电气设计等）的基础与依据。总体设计对新船的质量具有根本性的影响。船舶设计原理是研究与船舶总体设计有关的基本规律和方法的学科，其研究的主要内容包括论证选择设计船主要尺度和船型系数、确定其建筑形式和结构方案、选择设计型线、总布置设计、船型技术经济分析与论证等。

船舶设计的核心问题为船舶主要尺度和船型系数的确定。它涉及各方面的知识，如重量、容量、航行性能、经济性、客观条件等。主要尺度和船型系数又是进行型线设计、总布置设计的前提，而型线及总布置设计又会进一步完善主要尺度及船型系数，三者是相互联系、相互制约的完整统一体。

在船舶设计中，除了上述基本问题之外，还有许多设计计算与绘图工作，如螺旋桨设计、船舶结构设计、各项设备与系统设计、生产设计中大量的工艺图表的绘制工作等。该部分内容涉及船舶原理、船舶结构力学和结构设计、船舶设备与系统、船舶动力装置造船工艺学等。

船舶设计原理在上述理论，特别是船舶原理的理论基础上，吸取造船历史经验并利用不断发展的科学技术，结合现实客观条件，全面辩证地阐述船舶总体设计的基本内容。但是，它同时又保持其固有的科学方法，是一门独立的、有自身内容系统的学科。

近年来，随着科学技术的飞速发展和计算机技术的广泛应用，船舶智能设计的发展十分迅速，许多研究人员在船舶智能设计中探寻新的方法和技术，本书下篇将重点介绍现代船舶设计中的几种重点应用方法。

最后，应特别注意，船舶设计是一个完整的创造性过程，除要掌握船舶设计原理的基本知识外，还需要掌握许多专业技术，具备许多工程实践经验，需要每个人或由个人组成的团体之间相互配合，这样才能获得一个较为完善的船舶产品。

第 2 章　船舶重量及容量

2.1　船舶重量

2.1.1　重量及重心计算概述

1. 浮力与重力的平衡

作为水上的生产工具，船舶首先应该具有浮在水上的能力。船舶在水中同时受到重力和浮力的作用，当浮力和重力相等且作用在同一铅垂线上时，船舶才能在水面上达到平衡，如图 2-1 所示。

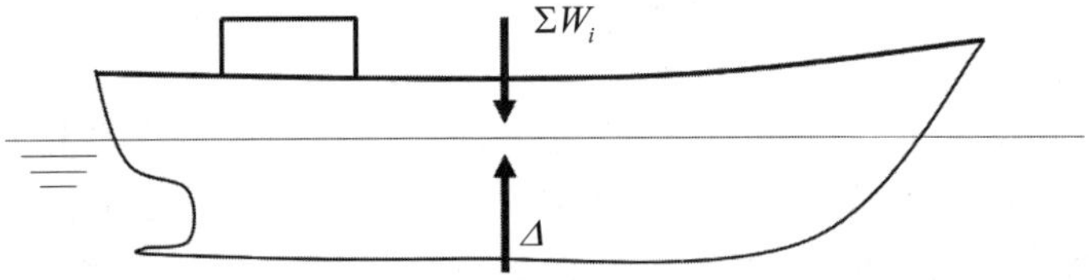

图 2-1　船舶在水面上的平衡

船舶总重量[①]等于构成船舶各部分的所有重量之和，故由重力方程式得

$$W = \sum W_i \quad (2\text{-}1)$$

式中：W——船舶的总重量，t；

$\sum W_i$——构成船舶各部分的所有重量之和，t。

船舶受到的浮力等于船舶排开的水的重力，故由浮力方程式得

$$\Delta = \gamma k \nabla = \gamma k L B d C_{\mathrm{b}} \quad (2\text{-}2)$$

式中：Δ——对应载况下的船舶排水量，t；

γ——水的密度，$\mathrm{t/m^3}$，淡水为 1.0 $\mathrm{t/m^3}$，海水为 1.025 $\mathrm{t/m^3}$；

k——附体体积系数，通常取k =1.004（大船），k =1.01（小船）；

∇——对应载况下的型排水体积，$\mathrm{m^3}$；

L,B,d——船长、型宽、吃水，m；

C_{b}——方形系数。

当船舶在水中达到平衡时，其浮力必等于重力，可得浮性方程式

$$\Delta = \sum W_i = \gamma k L B d C_{\mathrm{b}} \quad (2\text{-}3)$$

① 业界惯用“重量”一词表示物理学中的“质量”概念，本书沿用该说法。

2. 重量、重心计算的目的及特点

为使设计船舶准确地漂浮在预定的吃水线上，必须比较准确地估算船舶的重量与重心。重量计算的误差如果过大，船将不能漂浮在预定的吃水线上，影响船舶使用性能。特别是沿海船和内河船，航道对船舶吃水有限制，当重力大于浮力时，实际吃水将超过设计吃水，船舶就不能在预定航区中航行，或须减载航行，这势必影响船舶的使用性能和经济性。同时，由于实际吃水超过设计吃水，干舷减少，储备浮力减少，抗沉性要求难以满足，甲板容易上浪，结构强度也可能不满足要求。反之，船舶的重力过大时，则船的实际吃水必然小于设计吃水，这样的设计既不经济又会对航海性能造成损害，例如，螺旋桨可能会露出水面而影响推进效率，若在海上航行还可能因吃水变小而使耐波性变差。重心计算误差会引起船的纵倾或横倾，造成初稳性高度不应有的减少或增加，从而改变船舶预定的稳性和摇摆性能。所以，重量、重心计算如不准确，船舶就满足不了原定设计要求，各项技术性能、经济性能变差，船舶甚至无法投入使用，后果严重。

船舶的重量、重心计算是贯穿设计始终的逐步近似过程。所谓逐步近似，是指重量计算不可能一次完成，不可能在设计初始阶段估算到准确无误的程度。随着设计的不断深入，重量计算由粗到精，由最初阶段参考母型船或统计资料粗略估算，到最后按设计船的施工图纸或施工文件分项精确计算，是个逐渐深化、精确、多次循环、螺旋式上升的过程，后一次计算都是对前一次计算的检验和修正。所谓贯穿始终，就是在设计的各个阶段都必须进行重量、重心的计算。一条船的设计通常由重量估算开始，而最后必须经重量计算及倾斜试验确认重力和浮力达到平衡，重心位置适宜才能结束。

在不同设计阶段，重量、重心的计算方法是不一样的。在设计初期（主要尺度及排水量确定阶段），设计船的重量、重心只能依据母型船或统计资料进行估算；在技术设计、施工设计阶段，可以按图纸进行详细的分项计算，然后逐项累计；在完工设计阶段，经倾斜试验最后确认。本节主要介绍设计初期重量及重心的估算方法。

2.1.2　重量及排水量分类

1. 民船重量分类

船舶在某载况下的总重量即为此时的排水量Δ，它是空船重量与相应载况时的载重量之和，即

$$\Delta = LW + DW \tag{2-4}$$

式中：LW——空船重量，t；

DW——相应载况时的载重量，t。

其中，空船重量又可分为船体钢料重量W_h、木作舾装重量W_f及机电设备重量W_m，即

$$LW = W_h + W_f + W_m \tag{2-5}$$

空船重量除上述三部分外，在设计过程中还要考虑一定的排水量储备，有些船还要加固定压载，这时应将它们列为一个部，算在空船重量之中。

载重量包括货物、旅客及其行李、船员及其行李、燃油、滑油及炉水、食品、淡水、备品及供应品等的重量。

上述重量常划分为若干部，各部再划分成若干组。表 2-1 为民用船舶空船重量三个部所

包括的细目。应当指出，国内外设计民船的重量资料在某些具体项目的归属上可能有差别，在使用资料时要注意。

表 2-1 民用船舶空船重量细目

项目分类	细目
一、船体钢料部	
1. 首尾柱及轴包架	首柱，尾柱，轴包架，舵踵，其他
2. 船壳板	竖龙骨，底板，旁板，平板龙骨，舭龙骨，船壳板上覆板，其他
3. 底部及舷侧结构	底部纵向构件，底部横向构件，舷部纵向构件，舷部横向构件，首尾尖舱结构，其他
4. 甲板结构	上甲板结构，主甲板结构，平台甲板结构，其他
5. 舱壁及围壁	横向水密围壁，纵向水密围壁，部分舱壁及舱室围壁，货舱筒及舱口围壁，围板，其他
6. 支柱	各层甲板下支柱，舱面机械及梯口加强支柱，其他
7. 船体钢料杂项	轴隧及推力轴承室，钢材护舷室，舱柜内制荡板及顶盖，扶梯平台，污水井，其他
8. 底座	主机底座，主锅炉底座，机炉舱辅机底座，轴承底座，舱面机械底座，其他
9. 上层建筑钢料	首楼，桥楼，尾楼，各层甲板室，舷墙及走廊边板，其他
10. 铆焊	焊料，铆钉头，板排搭边接头及垫料，其他
二、木作舾装部	
1. 船体木作	木甲板，舱底板及舱边护条，护舷木，栏杆上木扶手，木质上层建筑，其他
2. 船舶属具（金属）	桅及龙门架柱，栏杆，扶梯，旗杆，外烟囱，钢制舱口盖，天窗，门窗及人孔，特种属具，其他
3. 船舶设备及装置	操舵设备，锚装置，系缆装置，起货装置，救生装置，航行装置，消防设备，推进装置，特种装置和设备，其他
4. 舾装木作	木围板，天花板，室内地板，木质门窗，家具，木质扶梯及舷窗，木质舱口盖，舾装木作杂项，其他
5. 生活设备及工作用具	厨房及餐室设备，卫生及洗涤设备，各种装饰及宣教文娱设备，小卖部及庶务杂项设备，医疗用具，水手工具及备品，木工工具及备品，其他
6. 水泥及瓷砖	舱底水泥，舱柜水泥，甲板流水沟及舱面机械底座用水泥，起居室水泥及瓷砖，其他
7. 油漆	主船体部分，其他
8. 冷藏及通风	自然通风设备，机械通风设备，伙食冷藏库设备，制冷机及其与冷藏舱或空调器连接管系，冷藏货舱设备，制冰设备，其他
9. 船舶管系	舱底水系统，压载水系统，消防系统，卫生及日用水系统，暖气设备，探测管及注入管系统，舱面机械系统，航行设备系统，特种机械系统，货油装卸系统，其他
三、机电设备部	
1. 船舶电气	舱面机械电力设备，生活及照明用电设备，对外通信设备，船内通信设备，助航设备，机炉舱辅机电力设备，输电配电，特种机械电力设备，其他
2. 轴系	推力轴及轴承，中间轴及轴承，尾轴尾管，隔舱填料函，轴系附件，轴系备件，其他
3. 主辅机械设备	主机，减速齿轮箱及联轴器，电站发电机组，空气压缩机组，各种热交换器，各种泵，各种容器，各种滤器，锅炉抽风机及鼓风机，其他
4. 动力管系	蒸汽及乏汽管系，凝结水及泄水管系，燃油及滑油管系，压缩空气及废气管系，冷却水及循环水管系，冷藏或空调管系，其他

续表

项目分类	细目
5. 机炉舱杂项	工具机，工作台，工具架及柜，工具备品，起吊设备，栏杆，格栅，扶梯及花铁板，各种仪表，供应品及记录台等，烟道，烟箱，锅炉鼓风及抽风管道，手提泡沫灭火器，其他
6. 机炉舱特种设备	遥控装置及联合操纵台，其他
7. 机炉及管系内液体	各种容器内液体，各种热交换器内液体，各种动力管系内液体，各项船舶管系内液体，各项机械内液体，其他

2. 典型排水量

船舶在营运及航行过程中，货物、油、水等载重量都会有变化。随着载重量的变化，船的排水量、浮心和重心位置也会变化，因而船的各种技术性能就有差异。为掌握在营运过程中的船舶技术状况，需在无数装载情况中取若干个典型载况。掌握了这些典型载况，就能掌握船在使用过程中各种载况下的性能。

民船通常有下列载况。

1）空船排水量

空船排水量指船建成后交船时的排水量，空船排水量就是空船重量。此时，动力装置管系中有可供主机动车的油和水，这部分油和水的重量包含在机电设备重量内，相应的机电设备重量称为湿重，但其不包括航行所需要的燃油、滑油和炉水储备及其他载重。

2）空载排水量

船上不载运货物、旅客及其行李载况下的排水量称为空载排水量。但在空船上已装载了航行所需的油、水，当船上的油、水等的重量为设计储备量的 10%（不包括滑油）时，称为空载到港；当油、水等的重量为设计储备量的 100%时，称为空载出港。

3）满载排水量

船上装载了预定的设计载重量的载况称为满载，相应的排水量即为满载排水量。民船通常以满载排水量作为设计状态，因此也称其为设计排水量。它是决定船舶主要要素的基础。针对油、水 100%及 10%的不同储备量，又分为满载出港和满载到港两种典型载况。

4）最大排水量

有些载运轻泡货的货船，为加大载运重货时的载重量以提高其经济性，把吃水设计成可变的，在设计吃水线之上还加一条重载吃水线，结构设计时要满足这种吃水状态对结构强度等的要求，此时的吃水称为结构吃水。这种典型载况称为重载，对应的排水量称为最大排水量，也称为重载排水量。

船舶的稳性规范针对不同类型船舶规定了若干必须核算稳性的典型载况，如对于货船，规定必须核算满载出港、满载到港、空载（或加压载）出港、空载到港四种典型载况；对于客船，增加核算满客无货出港及到港两种载况；此外，对渔船、拖轮、运木船等的基本装载情况也做了具体规定。

2.1.3　空船重量计算

大多数船的空船重量占整个排水量的 30%以上，有的船（如客船、拖轮、渔船）此比例达 70%~95%，由此可见空船重量的准确计算对保证设计质量的重要性。

在设计初期，可用载重量系数法、分项估算法、母型换算法及统计法来估算空船重量。

母型换算法及统计法，本节不做专门介绍，因为在载重量系数法、分项估算法中用到了母型换算法及统计法。所谓母型换算法就是找一条或几条与设计船在布置、结构及性能等方面相似或相近的同类型船，依照母型船的有关资料来求设计船的有关数据，它得到的是一个具体的数据。统计法则是依据大量的同类型船舶的资料，经过数据统计分析而得到统计公式、图表或统计范围，它反映的是该类型船舶的统计平均值。

1. 载重量系数法

载重量DW与排水量Δ之比称为载重量系数，即

$$\eta_{DW}=\frac{DW}{\Delta}=\frac{DW}{LW+DW}=\frac{1}{\dfrac{LW}{DW}+1} \tag{2-6}$$

当设计船的DW给定时，可用下式粗估空船重量LW：

$$LW=\frac{DW}{\eta_{DW}}(1-\eta_{DW}) \tag{2-7}$$

式中的载重量系数η_{DW}可参考同类型船舶的统计值选取，最好取自相近的母型船，也可按同类型船舶载重量系数的统计公式计算。

对于Δ大的船舶，η_{DW}要大些。这是因为Δ大的船，LW在Δ中所占的比例要小些，而DW所占的比例要大些。

对于一般货船或油船等载重型船舶，η_{DW}随Δ的变化有相对稳定的范围，因此可用η_{DW}来确定LW或初始Δ。因为假设船舶的各部分重量都与Δ成正比，所以用η_{DW}计算LW及Δ是极为粗糙的。

η_{DW}表示船舶的DW占Δ的百分数，它反映了运输船舶的装载能力，表示Δ的利用率。对同样Δ的船来说，η_{DW}大者，表示其DW大；反之，当DW和其他要求相同时，η_{DW}大者，说明Δ小些也能满足要求，故造价较低。因此，η_{DW}是衡量运输船舶设计质量的一个标志。当一条船设计结束后，常将其实际η_{DW}与相近船做比较，以判别其设计质量。

2. 分项估算法

1）船体钢料重量W_h的分析及估算

Ⅰ. 影响船体钢料重量的因素

a. 船舶主要尺度及系数

船舶主要尺度及系数（L、B、D、d、C_b等）对船体钢料重量的影响程度可以从构件数量和强度条件两个方面来分析。

船长L：从构件的几何尺度和数量看，船上绝大多数构件都与船长有关；从强度要求看，船长越长，其所受的纵向弯矩越大，对船体总纵强度的影响也越大。为满足强度要求，船体梁的剖面模数也应增大，船体纵向构件的强度、尺寸相应增大。所以，船长对船体钢料重量的影响最大。

型宽B：从构件数量看，横向构件与型宽有关；从强度看，型宽对横向强度有较大的影响，但对船体总纵强度影响不大。综合来看，型宽对船体钢料重量的影响小于船长。

型深D：从构件数量看，型深对船侧结构、舱壁、支柱等有影响。从强度方面分析，对大船

来说，型深较大，船体梁的剖面模数也大，对强度有利，纵向构件尺寸可以减小，从而抵消因型深增加所引起的船侧舱壁等结构尺度加大的影响，即型深增加，重量不一定增加，有时甚至有利于减轻重量；而对小船来说，增加型深会导致船体钢料重量增加。

吃水d：吃水变化不影响构件的数量，但对总强度和局部强度有一定的影响。因为增加吃水，要求船体梁的剖面模数增加，这就需要加大纵向构件的尺寸。吃水增加，舷外压力也随之增大，从而需增强船底及船侧结构。所以，增加吃水也会引起船体钢料重量增加，但总的来说，吃水对船体钢料重量的影响相对较小。

方形系数C_b：方形系数的增减对船体构件的数量和尺度影响甚小，所以方形系数对船体钢料重量的影响相对较小。

综上，可得出两点结论。

第一，船的各要素对W_h的影响程度是不同的，按其影响大小来排列，其顺序是L、B、D、d、C_b。如用函数表示，则有

$$W_h = C_h L^{\alpha} B^{\beta} D^{\gamma} d^{\delta} C_b^{\tau} \tag{2-8}$$

其中，C_h为钢料重量系数；指数$\alpha \geqslant 1$，$\beta < 1$，γ、δ、τ则更小。它们的具体数值随船舶尺度、类型及具体建筑特征的变化而变化。

第二，大船与小船的主要尺度对W_h的影响程度也是不同的。小船的强度要求较低，其主船体的壳板厚度主要是从使用年限、耐腐蚀程度及焊接工艺要求等几方面来考虑的。所以从L的影响指数α看：小船的$\alpha \approx 1$；大船的$\alpha > 1$；巨型船的α可达 2 左右。

b. 布置特征

船舶甲板层数、舱壁数、上层建筑的大小等对W_h都有影响。

c. 船级、规范、航区

设计船的船级不同，使用规范不同，对船体结构的要求就有区别，因而对W_h有影响。船舶尺度相同，航区不同，W_h也不一样。如航行于冰区，船体结构还要加强。

d. 结构材料

船体使用材料（如普通钢、高强度合金钢、铝合金或玻璃钢等）对W_h有很大影响。

对W_h影响因素的分析，有助于对某些W_h近似估算公式的理解。在利用母型船资料估算W_h时，也可根据上述影响因素，找出新船与母型船的差别并进行修正，以使结果更加符合实际情况，提高W_h估算的准确性。

Ⅱ. 船体钢料重量的估算方法

船体钢料重量的估算方法很多，下面介绍的是在设计初始阶段，初步确定了排水量Δ或主要尺度L、B、D、d和方形系数C_b，而其他设计工作还没有深入开展的情况下，估算船体钢料重量的方法。

a. 百分数法

百分数法假定船体钢料重量W_h与满载排水量Δ成正比，即

$$W_h = C_h \cdot \Delta \tag{2-9}$$

式中：C_h——W_h占Δ的百分数，称为钢料重量系数，可根据母型船或同型船的统计值选取，即

$$C_{\mathrm{h}} = \frac{W_{\mathrm{h0}}}{\varDelta_0} \tag{2-10}$$

其中,下标“0”表示母型船。

式(2-9)实际上可由式(2-8)导出。当式(2-8)中的指数$\alpha = \beta = \delta = \tau = 1$,$\gamma = 0$时,即得式(2-9)。

该方法的优点是简便,缺点是把L、B、d、C_{b}各要素对W_{h}的影响看成是等同的,且估算式忽略了许多因素的影响,如布置特点等。因此使用该方法时,需有相近的母型船才可能获得一定的精确度。百分数法通常只适用于货船、油船、散货船等载重量占排水量的比例较大且特点比较稳定的船。

应用式(2-9)时应注意,C_{h}随$\varDelta$的增大而减小,即船的$\varDelta$大,W_{h}占$\varDelta$的比例相对要小一些。其原因是主要尺度加大导致的船体空间的增加量比主要尺度加大引起的W_{h}增加量要大。因此,如设计船的$\varDelta$比母型船大,则应选择比母型船稍小的C_{h}。

b. 立方模数法

立方模数法假定W_{h}正比于船的内部总体积,并以L、B、D作为内部总体积的特征数,故有

$$W_{\mathrm{h}} = C_{\mathrm{h}} LBD \tag{2-11}$$

式中:C_{h}——关于立方模数的船体钢料重量系数,可参考母型船选取;

L, B, D——立方模数,其中D为至最上层连续甲板的型深。

若设计船的舷弧高度及上层建筑的体积与母型船相差较大,式(2-11)中的D可采用相当型深D_1,以提高计算的精确性。D_1可采用下式计算:

$$D_1 = D + S_{\mathrm{m}} + \frac{\sum l_i h_i}{L} \tag{2-12}$$

式中:S_{m}——平均舷弧高;

l_i, h_i——连续甲板上的第一层的各上层建筑的长度与高度。

其中

$$S_{\mathrm{m}} = \frac{A}{L} \tag{2-13}$$

式中:A——船舷弧升高部分的侧投影面积。

若采用抛物线形舷弧,则

$$S_{\mathrm{m}} = \frac{S_{\mathrm{F}} + S_{\mathrm{A}}}{L} \tag{2-14}$$

式中:$S_{\mathrm{F}}, S_{\mathrm{A}}$——船的首、尾舷弧。

这样,式(2-11)便可写成

$$W_{\mathrm{h}} = C_{\mathrm{h}} LBD_1 \tag{2-15}$$

为了提高估算的精确性,可将式(2-15)改写成

$$W_{\mathrm{h}} = C_{\mathrm{h}} LBD_1 \left(\frac{L}{D}\right)^{\frac{1}{2}} \left(1 + \frac{1}{2} C_{\mathrm{b}D}\right) \tag{2-16}$$

式中引入$\left(\frac{L}{D}\right)^{\frac{1}{2}}$项是从强度出发，考虑$L$、$D$对$W_h$的不同影响程度的修正；引入$1+\frac{1}{2}C_{bD}$项是考虑船体丰满度的影响，其中$C_{bD}$为计算到型深处的方形系数，可近似按下式计算：

$$C_{bD}=C_b+(1-C_b)\frac{D-d}{3d} \tag{2-17}$$

如果设计船与母型船的甲板层数不同，估算时也要对W_h进行修正，通常每增加一层纵通甲板，W_h增加 5%~6%。

立方模数法是以船主体（如果取用D_1，也包括第一层上层建筑）的内部体积为模数进行换算的。实船统计资料表明，C_h随L增加而减小的趋势比较稳定。该方法对大、中型船舶较适用。但是，由于影响W_h的因素很多，因此C_h的大小与很多因素有关。选取C_h时，应参考相近的母船型（船舶类型、船级、甲板层数及船体材料相同，主要尺度、船型系数及尺度比、建筑和结构形式相近）选取，并尽量对多艘母型船分析比较后加以确定。

c. 平方模数法

平方模数法假定W_h正比于船体结构部件的总面积，而这个总面积用L、B、D的某种组合来表征。最常见的形式为

$$W_h=C_hL(B+D) \tag{2-18}$$

其中，$B+D$可近似看作单甲板从龙骨到甲板中心线的周长，所以$L(B+D)$实际是一种表征船壳表面积及甲板表面积的面积特征数。

考虑到甲板层数、内底及纵舱壁的影响，式（2-18）可改写成

$$W_h=C_hL(aB+bD) \tag{2-19}$$

其中，系数a、b根据船的建筑特征确定，方法很多。有人建议a取为连续甲板的层数加 2，b取 2。

平方模数法认为船体钢料重量与面积成正比，把船看成空心结构，这样对总纵强度要求不突出的船，计算结果比较准确，该方法适用于内河船舶及小型船舶。

d. 平方-立方模数法

此法亦称混合模数法，其形式为

$$W_h=C_h[LBD+L(B+D)] \tag{2-20}$$

对于吃水受限制的船舶（如内河船），由于型深D相对较小，而型宽B相对较大，用这种方法估算W_h可得到较好的结果。考虑相当型深D_1和船体丰满度影响，其形式为

$$W_h=C_h[LBD_1+L(B+D_1)]\left(1+\frac{1}{2}C_{bD}\right) \tag{2-21}$$

e. 分项细目换算法

若设计者有相近母型船船体钢料重量的详细资料，按设计船的总布置草图，利用分项细目换算法可得到较准确的设计船船体钢料重量。

换算模数可根据结构特点及其与各种因素的相应关系建立，一般从几何关系及强度关系两方面去分析。表 2-2 列出了各项的换算模数，设计者也可视具体资料情况而修改，使之更合适。设计船的相应项重量为

$$W = W_0 \frac{M}{M_0} \tag{2-22}$$

表 2-2 船体钢料各项重量换算模数

重量项目	换算模数M
一、金属船体	
1. 外壳板	$L^2(B+4d)$或$L^2(B+2d)$
2. 内壳板	L^2B或L_mB
3. 双层底范围内的底部构架	L^2或$Ld(B+2D)$
4. 双层底范围内的舷部构架	Ld或$Ld(B+2D)$
5. 双层底范围外的舷部和底部构架	$Ld(B+2D)$
6. 首楼甲板及其构架	$L^{\frac{1}{2}}B$或L_FB
7. 上甲板及其构架	L^2B
8. 中间甲板及其构架	LB
9. 下甲板及其构架	LB或$BD(L-L_m)$
10. 平台甲板及其构架	$L^{\frac{1}{2}}B$或$BD(L-L_m)$
11. 主横舱壁	LBD或nBD
12. 主纵舱壁	Ld或LD
13. 次要舱壁、围井、升降道	$(LBD)^{\frac{2}{3}}$或$BD(L-L_m)$
14. 烟囱和烟道	P或$\Delta^{\frac{2}{3}}$
15. 上层建筑壳板和构架	与主尺度无关或Δ
16. 桅杆	与主尺度无关
17. 船体内的铸件和锻件	$(LBD)^{\frac{1}{2}}$或Δ
18. 舭龙骨	L
19. 铆钉头和焊缝	$(LBD)^{\frac{2}{3}}$或LBD
二、加强结构和基座	
20. 装置和系统下的加强结构	LBD或Δ
21. 武备下的加强结构	$W_{武}$
22. 主机锅炉下的加强结构	$(LBD)^{\frac{2}{3}}$或P

注：L_m为机炉舱长度，L_F为首楼长度，n为主横舱壁数目，P为主机功率，$W_{武}$为武备重量。

f. 修差法

修差法根据设计船与母型船主要尺度的差别进行修正得出新船的W_h，即

$$W_h = W_{h0} + \delta W_h \tag{2-23}$$

式中：δW_h——设计船船体钢料重量的增量。

假定母型船的W_{h0}与主要尺度的关系式为

$$W_h = C_h L^{1.45} B^{0.945} D^{0.66} \tag{2-24}$$

若设计船与母型船的主要尺度差值为δL、δB、δD，则由于设计船与母型船的主要尺度改变而引起的W_h增量δW_h为

$$\delta W_h = \frac{\partial W_{h0}}{\partial L_0}\delta L + \frac{\partial W_{h0}}{\partial B_0}\delta B + \frac{\partial W_{h0}}{\partial D_0}\delta D$$

由此可得到

$$\delta W_h = 1.45\left(\frac{W_{h0}}{L_0}\right)\delta L + 0.945\left(\frac{W_{h0}}{B_0}\right)\delta B + 0.66\left(\frac{W_{h0}}{D_0}\right)\delta D \tag{2-25}$$

若设计船与母船型的方形系数也不相同，其差值为δC_b，且C_b每增减 0.01，经主尺度修正后的W_h将增减 0.3%，则

$$W_h = (W_{h0} + \delta W_h)(1 + 0.3\delta C_b) \tag{2-26}$$

应用上述方法估算W_h时，若能找到合适的母型船，则结果是相当精确的。如果设计船与母型船在其他方面有差别，如上层建筑大小、甲板层数、舱壁数目、舷弧等，则应参考有关资料进行局部修正。由于设计船与母型船比较时，L、B、D和C_b等有增有减，致使各部分增量也会有增有减，所以该方法也称为“加减法”。

g. 每米船长重量法

当设计船和母型船都具备船中横剖面结构图、型线图和总布置图时，可用该方法求得W_h。

该方法假定全船性的结构（主船体构件）的总重量正比于船中部每米长度重量ω和船长L_{pp}，并以$C_b^{1/3}$考虑船体丰满度的影响。具体估算步骤如下。

（1）计算单元长度的总重量W_0和W。所谓单元长度，对横骨架式船来说，为一个肋骨间距；对纵骨架式船来说，则为相邻实肋板间的距离。单元长度应计入的重量包括：纵向构件——板、纵桁、纵骨等；横向构件——肋骨、甲板横梁、肋板、肘板等。

（2）计算每米长度重量ω_0和ω。将母型船与设计船单元长度内的总重量W_0及W分别除以各自的单元长度L_0及L，则得每米长度重量ω_0和ω。

（3）计算新船的船体钢料重量：

$$W_h = W_{h0}\frac{\omega}{\omega_0}\cdot\frac{L_{pp}}{L_{pp0}}\cdot\frac{C_b^{\frac{1}{3}}}{C_{b0}^{\frac{1}{3}}} \tag{2-27}$$

（4）局部修正。分析设计船与母型船主船体构件的差异，如舱口的大小、舷弧及特殊加强等，并进行修改；分析设计船与母型船主船体局部构件（横舱壁、首尾柱、轴支架、机座等）及上层建筑、甲板室等的差异，再加以换算。因为式（2-27）只反映了船中横剖面处的结构特点，所以要做局部修正。

该方法因考虑了船的具体结构特点，其计算结果一般比较精确。

除以上介绍的估算方法外，还可运用统计公式来估算船体钢料重量。统计公式是依据同类型船舶的大量资料，经过数理统计回归分析得到的。按统计公式计算得到的结果只能反映出该类型船舶的统计平均值，具体应用时，再按相近母型船资料修正统计公式的系数，得出的结果将会比较准确。

当设计进行到某一阶段时，就可以根据该阶段的图纸及技术文件进行逐项计算。施工设计结束后，可按施工图纸计算每个部件、零件（包括肘板等）的重量，计算工作量非常大。这一工作可以由人工来完成，也可以由计算机来完成，最后计算出精确的船体钢料重量。

2）木作舾装重量W_f的分析及估算

木作舾装重量包括船体木作、船舶属具、船舶设备及装置、舾装木作、生活设备及工作用具、油漆水泥及瓷砖等的重量。通常，这部分重量占大型货船、油船的空船重量的比例相对较小，而占小型船舶尤其是渔船、客船、拖轮等非货物运输船的空船重量的比例较大。木作舾装重量因船舶类型、用途、主要尺度及设备标准不同，占空船重量比例的差别也颇大。因此，木作舾装重量按母型船估算的相似性差，估算工作难度较大。

Ⅰ. 影响木作舾装重量的因素

（1）与船的排水量和主要尺度有关的重量。船舶设备和船舶系统，如锚泊设备、系泊设备、舵设备、消防设备、船舶管系、油漆等的重量都与排水量和主要尺度有关。

（2）与生活设施的标准、船员或旅客人数有关的重量。这部分重量包括舱室木作（内衬板、天花板、地板敷料）、家具、卫生设备、救生设备等的重量。对于客船，这些项目的重量占较大比例。

（3）与船的使用特点有关的重量。例如，货船的起货设备及舱口盖，拖轮的拖带设备，救助船的救助设备，渔船的渔捞及加工设备等。这些项目的重量常占相应类型船的木作舾装重量的较大比例，它们与船的大小有关，但对船舶尺度变化的影响又不甚敏感。

（4）特殊要求的重量，如减摇装置、侧推装置等按船东要求和技术性能要求而配置的特殊装置的重量。

Ⅱ. 木作舾装重量估算方法

a. 百分数法

$$W_f = C_f \Delta \tag{2-28}$$

式中：C_f——木作舾装重量系数，按相近母型船选取。

此法只适用于货物运输船的粗略估算，因为该类船的建筑特征比较稳定。

b. 立方模数法

$$W_f = C_f LBD \tag{2-29}$$

式中参数的含义同前。客船、渔船、拖轮等可采用此式进行估算，但对其他运输船不及用平方模数法可靠，因为立方模数法有些夸大了尺度的影响。

c. 平方模数法

$$W_f = C_f \Delta^{\frac{2}{3}} \tag{2-30}$$

$$W_f = C_f (LBD)^{\frac{2}{3}} \tag{2-31}$$

$$W_f = C_f LB \tag{2-32}$$

$$W_f = C_f L(B+D) \tag{2-33}$$

式（2-30）~式（2-33）中的型深D也可用相当型深D_1代替，以提高估算的准确性。

d. 分项换算法

类似于估算船体钢料重量，当设计船已有总布置图并对木作舾装项目的有关技术条件做了考虑后，就可按母型船对应的重量项目，根据其数量及技术条件进行比较，加以换算。

分项换算的方法很多，下面仅介绍几种。

（1）船体木作（木甲板、木铺板、木围壁及隔壁、货舱木护条）。其重量与$L(B+D)$成比例，或根据总布置图按单位面积重量分别计算。

（2）舱盖。其重量与舱盖的面积成比例。可根据结构形式、舱口宽度和舱盖设计负荷相近的舱盖资料，确定每平方米的舱盖重量。

（3）起货设备。各起货设备的重量可根据它的形式、负荷及数量参考实船或产品目录加以计算。

（4）锚泊及系泊设备。其重量与Bd成比例，或按舾装数相近的实船取值。

（5）救生设备。其重量按救生设备的装载人数参考相近的实船选取。无合适母型船时，可按救生设备的型号及数量用标准资料或产品目录分别算出它们的重量。

（6）舵设备。其重量与Ldv^2成比例，v为航速。

（7）舱室内舾装木作（天花板、内衬板）。其重量与所计算的舱室体积V，或所计算的天花板、内衬板的面积成比例，可根据总布置图确定；也可按隔热和隔音材料、装饰板材料均相近的母型船资料换算。

（8）油漆。其重量与$(LBD_1)^{2/3}$成比例。

（9）裕度。由于木作舾装重量估算的精度较差，设计过程中还常有增添，计算时难免有所遗漏，故其重量裕度应比船体钢料重量的裕度取得大些，一般取 4%~8%。

在实际设计中，除运用对应船型的统计公式计算外，往往采用比较法确定空船重量，即逐项比较设计船与相近母型船在重量上的差异，然后在母型船重量的基础上将这些差异重量计入，就可得到设计船的重量。这种方法特别适用于木作舾装及机电设备重量的估算。

3）机电设备重量W_m的分析及估算

机电设备重量包括主机、辅机、动力管系、电气设备等的重量。

Ⅰ. 简单分析

（1）在民船设计中，绝大多数情况下主机、辅机都是预先选定的，即从产品目录上可以查得它们的重量。在民船中，这些重量通常占机电设备重量的大部分，机电设备重量主要取决于主机功率。

（2）可以计算项目的重量。如轴系的重量，根据主机功率、轴的转速，计算出扭矩并确定轴径后按主机位置就可以计算出其重量。

（3）其他。如机舱中的管系、其他辅机、泵等的重量，可以根据排水量、用途及主机功率相近的母型船，将主机等可算部分的重量减去，余下来的就是其他部分的重量。这部分重量一般变化不大，易于估算。

Ⅱ. 估算方法

对同类型船舶，机电设备重量主要取决于主机功率，因此，设计初期各种近似估算机电设备重量的方法，大多数以主机功率和类型为基础。

a. 粗估方法

$$W_m = C_m BHP \tag{2-34}$$

式中：BHP——主机的额定功率；

C_m——机电设备重量系数，可根据主机类型、功率及转速相近且机舱地位相当、船舶尺度大小相差不多的同类型船或有关图表资料查取。

b. 逐项比较法

选用主机、辅机相近的母型船的机电设备重量资料逐项进行比较，相同的项目照抄，不同的项目进行修正，没有的项目删去，这是最常用的方法，也是比较可靠的方法。

在三部分重量中，比较容易估算准确的是机电设备重量；困难最大的是木作舾装重量，因为项目繁杂，规律性差；占空船重量比例最大的是船体钢料重量，但其规律性较强，如果图纸资料齐全，可以估算得比较准确。重量估算工作琐碎繁杂，但十分重要，要认真对待。

3. 固定压载与排水量储备

1）固定压载

固定压载是固定加在船上的荷载，通常采用生铁块、水泥块或矿渣块，一般在船下水前后加放在船底部。固定压载的作用主要在于降低船的重心以提高稳性；增加重量以加大吃水；必要时也用来调整船的浮态。

在设计中加固定压载，有时是不可避免的，有时则是由设计失误造成的。拖轮、渔船、调查船、客船、集装箱船等载重量较小，重心较高，为保证其稳性和良好的浮态，通常这类船上会加一定数量的固定压载，其数值大小要根据使用要求通过具体计算确定。但对一般船舶来说，设计有固定压载则是不经济的，也是不合理的。

2）排水量储备

设计时，在估算的重量中，通常要加一定的排水量储备，也称排水量裕度。其原因大致有以下三方面。

（1）估算误差。从前面W_h、W_f、W_m的估算知道，其方法是近似的，如资料不充分或经验不足，误差是难免的，而且在多数情况下计算重量往往偏小，故需加一定的裕度。

（2）设备增加。船东在船舶设计和建造过程中提出增加某些新设备是常有的事，另外，船舶改装也可能增加设备。因此计算重量时要视情况有意识地加一定裕度。

（3）采用代用设备和材料。在建造过程中，由于材料和设备规格短缺，采用代用品而造成重量的增加。

计算重量时，储备加多少，取决于设计者的经验、水平及对重量估算的把握程度。一般有下列两种取法。

（1）空船重量的某一百分数。在初步设计阶段，通常取2%~5%空船重量（大船取小的数值）。

（2）分项储备，分别在船体钢料、木作舾装、机电设备各部重量上加一定裕度。初始设计阶段，一般分别取它们各自重量的2%~4%、4%~8%、2%~5%。

2.1.4 载重量计算

船舶载重量DW包括以下各项：

（1）货物、旅客及其行李重量；

（2）人员及行李、食品、淡水重量；

（3）燃油、滑油、炉水重量；

（4）备品及供应品重量。

任务书有时给出总载重量，计算上述（2）~（4）项重量后，即可得载货量；当任务书规定了载货量或旅客人数时，则（1）项重量是已知重量。

1. 燃油重量估算

船上所携带的燃油重量主要根据设计技术任务书规定的续航力要求确定，以保证船舶从离港至下次重新补给期间的需要。具体公式为

$$W_0 = 0.001 g_0 P_s \frac{R}{v_s} k \qquad (2\text{-}35)$$

式中：W_0——总的燃油储备量，t；

g_0——包括一切用途在内的耗油量，kg/（kW·h），通常取主机持续功率P_s对应的耗油率g_r的 1.1~1.5 倍，当主机型号选定后，g_r可从主机说明书中查得；

P_s——主机持续功率，kW；

R——续航力，n mile 或 km；

v_s——服务航速，kn 或 km/h；

k——考虑风浪影响而引起航行时间增加的储备系数，通常取 1.15~1.20。

应该注意的是，对于辅机功率较大的船舶（如油船的加热油舱及洗舱，冷藏船的制冷，客船的照明及空调等），则应分别估算主机和辅机等各自所需的燃油储备量。

2. 滑油重量估算

船上所带滑油的储备量应满足两方面的需要：

（1）补充主机和辅机工作时滑油的漏失及燃损，该部分正比于主机功率及续航时间；

（2）航行中对循环系统中的滑油进行更换，其更换量正比于主机功率，因而主机滑油储备量可用下式计算：

$$W_1 = 0.001(k g_1 P_s t + g_{11} P_s) \qquad (2\text{-}36)$$

式中：W_1——主机滑油储备量，t；

k——储备系数，与燃油重量估算中的 k 相同或比其稍大；

g_1——单位千瓦时的滑油消耗量，kg/（kW·h）；

t——续航时间或主机工作时间，h；

g_{11}——单位主机功率所需的滑油更换量，kg/kW。

其中，g_1及g_{11}应按设计船的主机说明书或相近母型船选取。

设计初始阶段粗估滑油总储备量，可取为燃油总储备量的某一百分数，即

$$W_1 = \varepsilon W_0 \qquad (2\text{-}37)$$

式中：ε——比例系数，通常柴油机船取 3%~5%，汽轮机船取 0.8%~1%。

3. 炉水重量估算

民用船舶的机电设备重量已计入锅炉及其动力系统内的正常循环水量，故这里要估算的炉水储备量是指为补充机器运转中的蒸汽漏失所需的炉水量，炉水储备量与蒸汽漏失量成正比，即

$$W_{boi} = 0.001 EQt \qquad (2\text{-}38)$$

式中：W_{boi}——炉水储备量，t；

E——蒸汽漏失率，汽轮机船为2%~3%，柴油机船的辅锅炉为5%~6%；

Q——每小时蒸汽产量，根据主机要求（汽轮机船）和辅锅炉参数（柴油机船）确定，kg/h；

t——续航时间，h。

远航程及大功率船通常都有制淡装置，所制淡水一般可以补足炉水漏失量，因此只需少量炉水储备以供应急时补充之用。

4. 人员及行李、食品、淡水重量估算

人员的重量通常按平均每人65 kg计算，稳性规范规定，旅客重量取为每人75 kg。人员所携带的行李应根据航线的具体情况，经调查后确定。一般每人携带行李的重量如下。

船员行李	40~60 kg/人
长途旅客行李	40~60 kg/人
短途旅客行李	15~35 kg/人

食品定量通常每人每天按2.5~4.5 kg计。

淡水（包括饮用水与洗涤用水）定量与航程、航线的气候条件、舒适性标准等有关。远航程船通常只自带一部分淡水，不足部分利用制淡装置供应。在全部带足的情况下，通常每人每天用水定量为50~100 kg，《船舶与海上设施法定检验规则》规定，船员每人每天至少提供20 kg饮用水和70 kg洗涤淡水，客船每人每天至少提供75~100 kg淡水，其中饮用水至少占总淡水量的30%。对于长江大型客船，一般都有江水滤清装置，洗涤用水只考虑在澄清水舱内有足够1天消耗的储备量即可。内河水系小型船舶的淡水定量标准，可参考该航区的同类型船舶的淡水定量标准分析计算确定。

5. 备品及供应品重量估算

备品是指船上备用的零部件、设备与装置，包括锚、灯具、损坏管制器材、油漆等。供应品是指零星物品，如床上用品、炊具、信号旗、办公用品、医疗器材等。备品和供应品的重量一般较小，可取空船重量的0.5%~1%，或结合用船单位的要求，参考母型船取为某一定量。

这项重量理应归入空船重量，但我国习惯上将其计入载重量中。

2.1.5 重心估算

船舶重心坐标可由X_g、Y_g、Z_g表示。船的型线一般都是左右对称的，总布置设计时也总是要使左右舷的重量相平衡，故Y_g等于零。通常船舶重心的估算主要是估算重心纵向坐标X_g和重心垂向高度Z_g。X_g关系到船的浮态，主要影响船的纵倾；Z_g主要影响船的稳性。为此，对船舶的重心估算应高度重视。

1. 重心垂向高度Z_g的估算

估算Z_g，在最初阶段最常用的公式为

$$Z_g = \xi D \tag{2-39}$$

或

$$Z_g = \xi D_1 \tag{2-40}$$

式中：D——型深；

D_1——相当型深；

ξ——系数，取自母型船，ξ 的一般范围见表 2-3。

表 2-3　ξ 的一般范围

船型	状态	
	空船	满载
最小干舷船	0.62~0.68	0.62~0.65
富裕干舷船	0.58~0.68	0.60~0.65
客船	0.65~0.80	—
拖轮	0.70~0.85	0.70~0.80
拖网渔船	0.75~0.83	0.70~0.78
油船	0.60~0.66	0.55~0.59

应用上述公式的条件是设计船的重量垂向分布与母型船相似。此法比较粗糙，通常仅用于设计初期。

设计者如果有母型船的更详细的重量、重心资料，则可按分项换算的办法确定设计船的重心高度。

船体钢料的重心垂向高度Z_{gh}可以正比于型深或相当型深，也可按各细目的不同布置地位通过适当的比例关系分项换算，如外板正比于$D_1^2/(B+2D_1)$；内底板、船底及内底骨架正比于双层底高度h_d；各平台甲板正比于平台高度；主横舱壁、纵舱壁、首尾尖舱结构正比于舱深或$D-h_d$；首柱、尾柱、轴支架等铸锻件正比于吃水。

木作舾装的重心垂向高度Z_{gf}也可以正比于型深或相当型深，当然也可根据各细目在总布置图上的位置按相应的比例关系换算。

机电设备的重心垂向高度Z_{gm}与型深或舱深成正比。分项换算时，柴油机主机常取在轴线以上（0.30~0.45）h处，h为机器轴线以上部分的高度；蒸汽机主机常取在轴线以上（0.1~0.2）h处；汽油机主机常取在轴线处；锅炉按其技术特征和布置特点与母型船做比较后确定；轴系及螺旋桨可近似地取在轴线处。

估算出W_h、W_f、W_m后，分别求出对应的重心位置，然后可求出空船重心高度Z_{gl}，即

$$Z_{gl}=\frac{W_hZ_{gh}+W_fZ_{gf}+W_mZ_{gm}}{W_h+W_f+W_m} \tag{2-41}$$

如果重量估算的分项较细，则可求出各项重量的重心后再求Z_{gl}，即

$$Z_{gl}=\frac{\sum W_iZ_{gi}}{\sum W_i} \tag{2-42}$$

设计初始阶段，空船重量除要有适宜的排水量储备外，对重心高度也应有一定的储备，特别是对于那些稳性要求比较高或者稳性不易满足的船舶更应加以注意。一般将储备排水量的重心高度取在空船的重心处。有时考虑到重心估算的误差及将来可能发生的重量变化，从提高船的安全性考虑，往往将整个空船（包括排水量储备）的重心提高 0.05~0.15 m，作为新船重

心高度的储备；也可以根据W_h、W_f及W_m重心高度估算的结果，分别取各自的重心高度储备。

在设计初始阶段，载重量往往与空船重量合在一起即为设计排水量Δ，根据相近母型船的资料，正比于型深或相当型深可求得全船的重心垂向高度Z_g。

当有了总布置图以后，DW各个项目的重心垂向高度可根据其在船上的位置进行估算。如人员的重心垂向高度一般取在其所在甲板上 1 m 处，双层底内的油水的重心垂向高度可取为双层底高度h_d的 2/3。货物的重心垂向高度根据总布置图上的货舱位置确定，通常可按下式进行粗略估算：

$$Z_{gc} = \xi_c(D - h_d) + h_d \tag{2-43}$$

式中：h_d——货舱双层底高度；

ξ_c——系数，取自母型船。

2. 重心纵向坐标X_g的估算

重心纵向坐标X_g可以认为与船长成正比，即$X_g = \lambda L_{pp}$，其中系数λ可取自母型船。

该式的应用条件同样是设计船与母型船的重量分布相似。如不相似，则可按其差异将母型船做修改后，取一个新的系数λ_1用于设计船。例如，当设计船的尾楼相对长度l_A / L小于母型船的尾楼相对长度l_{A0} / L_0（l_A为尾楼长度）时，可以先把母型船的尾楼去掉一段，减小到l_{01}，使l_{01} / L_0与l_A / L相等，然后计算出母型船被改造后的重心纵向坐标X_{g1}及系数λ_1，λ_1即可用来估算设计船的重心纵向坐标。当有母型船的详细重量、重心资料时，重心纵向坐标也可分项换算。船体钢料重心的纵向坐标可按其正比于船长换算。如能将其分为主船体及上层建筑分别进行换算更好，上层建筑的重心可近似地取在其体积中心处。

木作舾装重心的纵向坐标也可以按其正比于船长换算。为了使估算结果更准确，可根据上层建筑及甲板室的地位及特点进行适当修正。

机电设备重心的纵向坐标X_{gm}可按其重心与机舱后壁的距离X'_{gm}正比于机舱长度l_m换算，即

$$X'_{gm} = X'_{gm0} \frac{l_m}{l_{m0}} \tag{2-44}$$

式中：X'_{gm}，X'_{gm0}——设计船和母型船机电设备重心与机舱后壁的距离；

l_m，l_{m0}——设计船和母型船的机舱长度。

设计船机电设备重心与船中的距离为

$$X_{gm} = X_m - X'_{gm} \tag{2-45}$$

式中：X_m——机舱后壁与船中的距离。

如将机电设备分为机舱内及机舱外两部分换算会更好些。机舱内部部分的重心仍按其与机舱后壁的距离与机舱长度之比换算。机舱外部是螺旋桨与轴系，可以按其重心到尾垂线的距离与轴系长度之比换算。

载重量各部分的重心纵向坐标X_{gd}可根据总布置图估算。

相对来讲，X_g的准确性要求不如Z_g那样高，但在具备设计资料时，应认真估算X_g，以使船有适宜的浮态。这一点对于航行在浅水航道、船吃水受限制的内河船舶尤应注意。

2.2 船舶容量

2.2.1 船舶容量的基本知识

1. 容量

设计任何一艘船舶，除要满足重力与浮力平衡之外，还必须保证必要的内部容积及甲板面积，以便用来装载货物和油、水，安放机械和各种设备，布置各种工作舱室和生活舱室等。船舶容量就是船舶舱室容积和甲板面积的总称。

容量是船舶的一项重要技术数据。容量不足，则满足不了使用要求；反之，容量太大，则会造成浪费。因此，在设计初始阶段，根据设计船的主要尺度和船型系数或利用设计船的总布置草图、型线草图来估算其所能提供的容积和甲板面积是必要的。另外，在总布置设计时，也需要按拟定的布置方案估算各舱柜的容积及形心位置，以便进行纵倾调整；进入技术设计阶段，为准确计算船舶重量、重心，也需根据所提供的图纸资料更准确地算出各舱室的容积及形心位置。

设计船提供的容积和甲板面积，应根据装载货物和油、水等的要求以及布置机械、设备、人员及作业等方面的需要确定，并通过选择适宜的船舶主要尺度来保证。

2. 积载因数

货物的积载因数μ_c是每吨货物所需的货舱容积，其单位为m^3/t。积载因数因货物种类及包装方式不同而异。常见货物的积载因数见表 2-4。船舶设计中总是根据航线的货源情况，选取有代表性的货物来确定积载因数，且在设计技术任务书中指明。设计船的积载因数若达到设计技术任务书的要求，则满足装载容量的要求。

表 2-4　常见货物的积载因数μ_c　　单位：m^3/t

货物种类	包装形式	积载因数μ_c
铁矿石	散	0.33~0.42
磷矿石	散（块）	1.11~1.25
水泥	袋	0.89~1.06
	散	0.67~0.78
煤	散（粉）	1.17~1.34（1.39~1.48）
砂	散	0.56~0.64
钢材	型材	0.56~0.84
	钢板	0.22~0.45
小麦	散	1.22~1.34
羊毛	包	1.60~1.95
黄麻	包	1.53~1.81
豆类	袋	1.31~1.75
食盐	包	1.08~1.13

续表

货物种类	包装形式	积载因数μ_c
茶叶	箱	2.50~2.79
大米	袋	1.34~1.45
花生	袋	3.34~4.18

重质货物的积载因数小，对船舶的货舱舱容要求低，对船舶主要要素起控制作用的因素是重量（载重量）。重质货物船的干舷满足《国际船舶载重线公约》或我国《船舶与海上设施法定检验规则》要求的最小干舷，其所对应型深使船舶具有的货舱舱容能够满足货物对容积的要求。重质货物船属载重量型的最小干舷船，对应的积载因数在 1.4 m^3 / t以下。

轻质货物的积载因数大，对船舶的货舱舱容要求高，船的主要尺度相对也大。此类船的型深若按最小干舷确定，则其货舱舱容不满足货物对容积的要求。轻质货物船的干舷大于最小干舷，属于容积型的富裕干舷船，对应的积载因数在 1.4 m^3 / t以上。

3. 包装容积和散装容积

1）包装货与散装货

船舶运输的货物种类较多，按运输过程中的包装形式可分为两大类。一类是包装货，在运输中是用箱子、桶或袋子等包装起来的，如成箱的水果、食品、家具、五金等；装在桶里的酒、油类；袋装货物最常见的是化工产品、面粉、水泥、食盐等。还有一些货物虽然运输时不用包装，但它们本身已进行了整理，如装配好的机器、汽车等，有类似包装货的性质。另一类货物如矿石、煤炭、谷物、散装水泥等，运输时不用包装，而是直接装在货舱里，此类货物称为散装货。同一类货物有时既可采用包装运输，也可采用散装运输，如谷物、食盐、水泥等，应视具体情况而定。

2）包装货舱容积和散装货舱容积

由于装运的货物分为包装货和散装货，所以货舱容积也分为包装货舱容积和散装货舱容积。

实际船舶的容积小于按船舶型线图所量得的型容积，这是显而易见的。散装货舱容积必须从型容积中减去舱内构件本身的体积，这部分体积一般占型容积的 1.0%~1.5%。而包装货舱容积要从型容积中扣除舱底木铺板结构、舱内护条、甲板结构等所占去的不能用于堆放成包、成捆、成箱包装货的空间，这部分空间一般占型容积的 8%~12%。

4. 冷藏货舱与液体货舱容积

冷藏货舱的绝缘和冷气管路装置占较多容积，可达型容积的 20%~30%。

液体货舱的容积除扣除舱内构件所占型容积的约 1.5%外，还需考虑液货受热膨胀的特性，尤其是油类，一般留 2.5%~3.0%的型容积作为膨胀空隙。

5. 型容积利用系数

货舱、油舱、水舱的有效装载容积与其型容积之比称为型容积利用系数，记作k_c。k_c的大小表示舱容利用率的高低。由前面的讨论可知，包装货舱k_c为 0.88~0.92；散装货舱k_c为 0.98 左右；货油舱k_c通常可取为 0.95~0.96；冷藏货舱k_c为 0.70~0.80；燃油舱k_c为 0.95；水舱k_c为 0.97 左右。设计时，k_c可参考相近母型船，并做比较分析后加以确定。

2.2.2 所需容量的确定

1. 载重型船所需型容积的确定

1）货舱所需型容积V_c

$$V_c = W_c \mu_c \frac{1}{k_c} \tag{2-46}$$

式中：W_c——载货量，t；

μ_c——积载因数，m^3/t；

k_c——型容积利用系数。

2）油水舱所需型容积V_{ow}

$$V_{ow} = \sum_{i=1}^{n} \frac{W_i}{\gamma_i k_i} \tag{2-47}$$

式中：W_i——油、水重量，t；

γ_i——相应燃油、滑油、淡水的密度，t/m^3，通常重油$\gamma = 0.89 \sim 0.90\ t/m^3$，轻油$\gamma = 0.84 \sim 0.86\ t/m^3$，淡水$\gamma = 1.0\ t/m^3$；

k_i——液体舱型容积利用系数。

3）专用压载水舱所需容积

油船、散货船、多用途货船，空载返航时常需加压载水，其理由如下。

（1）空载返航过程中，由于油、水和备品的消耗，船舶重心提高，致使初稳性高度$\overline{GM}$降低，为保证稳性，常需加压载水。

（2）保证必要的浮态。空载返航时，吃水太小，螺旋桨桨叶不能充分浸入水中，螺旋桨的推进效率和推力就会减小，且桨叶交替变化还会引起桨叶的严重振动；空载时首吃水太小，船舶在海浪中易引起拍击和碰击，以致损坏首部的结构，而极度尾纵倾会减小驾驶室的视野，在横向风浪中会给操舵增加困难。因此需加压载水，以保证耐波性要求的浮态。压载水量的多少因船而异，幅度变化很大，通常为（1/3~1/2）DW。

由于环境保护和防污染的规定，目前大型油船已不允许油舱兼作压载水舱，而设专用压载水舱。压载水量（或舱容）根据压载航行状态的浮态要求确定。对于货物船，根据航行实践经验，一般要求压载航行时首吃水$d_f = (2.5\% \sim 3\%) L_{pp}$；尾吃水要求尽可能全浸螺旋桨或至少$d_a = 0.8D$（$D$为螺旋桨直径）。

设计初期，压载水量可按下式估算：

$$W_b = k_b DW \tag{2-48}$$

式中：k_b——系数，一般取 0.2~0.5，可取自相近母型船。

压载水舱型容积V_b可按下式计算：

$$V_b = \frac{W_b}{\gamma k} \tag{2-49}$$

对于海船，通常用海水作为压载水，其密度$\gamma = 1.025\ t/m^3$，而型容积利用系数 k=0.975，γ与 k 相乘接近 1，故式（2-49）可写成

$$V_b = W_b = k_b DW \tag{2-50}$$

4）机舱所需型容积V_m

$$V_m = k_m l_m B(D - h_d) \tag{2-51}$$

式中：B——型宽；

D——型深；

h_d——双层底高度，按建造规范或相近型船确定；

k_m——系数，中机型无舷边水舱和顶边水舱$k_m = 1.0$，尾机型$k_m < 1.0$，可参考相近母型船确定；

l_m——机舱长度。

$$l_m = l_{m1} + C$$

式中：l_{m1}——主机长度；

C——根据机舱部位、主机类型和功率、螺旋桨数目及船舶主要尺度相近的母型船确定，对低速柴油机船，中机型C=4~5，中尾机型C=4~6，尾机型C=10~12。

5）其他舱所需的型容积V_a

其他舱是指首、尾尖舱和轴隧室等。如果是中机型船，机舱后的轴隧相当长，人可进去观察主轴运转情况、检查轴承、加润滑油等。轴隧后端一般还有逃口，直通露天甲板，也占有一定的容积。此外，油船的泵舱，机舱和油舱之间、油水舱之间、轻油舱与润滑油及重油舱之间的隔离空舱等都占有一定空间。V_a一般为主体总型容积的2%~4%。

综上所述，船主体各种舱室所需要的总型容积V_h为

$$V_h = V_c + V_{ow} + V_b + V_m + V_a - V_n \tag{2-52}$$

式中：V_n——上甲板以上装货的容积，如上甲板货舱口围板部分可用来装货的容积。

2. 布置地位型船所需的甲板面积

对于客船、渔船、推拖轮、科学考察船、汽车运输船、集装箱船等布置地位型船舶，其主要尺度受布置地位的约束很大。这类船有的要求有大量的内部舱室甲板面积和露天作业面积；有的要求装载单元货物，如车辆、集装箱、标准货驳；有的则需满足主机、装备及舱室布置的要求。因此确定这类船的主要尺度时，除了满足布置机舱、油水舱、压载水舱、货物、邮件及行李所需的内部容积外，还应提供一定的甲板面积装载单元货物和满足总布置的要求。

客船是典型的布置地位型船。为满足旅客、船员生活居住舱室的布置要求，要有相应的主体内部的甲板面积和上层建筑内的甲板面积。所需的甲板总面积与各等级船的旅客人数、客舱标准有关。为了估算设计船所需的甲板总面积，需先对相近母型船的各类舱室面积标准进行统计分析，通常应做下述统计计算工作：

（1）不同等级的旅客舱室标准（房间数、每室人数、每人占用面积数）；

（2）旅客居住舱室的面积及公共处所的面积，以及它们的比值；

（3）用于旅客娱乐、活动的场所（文娱休息室、咖啡室、舞厅、阅览室等）的总面积及其与旅客人数的比值；

（4）每位旅客占有的散步甲板面积；

（5）每层甲板主要通道的面积及能容纳的旅客人数；

（6）用于布置旅客的甲板面积与总的甲板面积（或$L_{pp}B$）的比值；

（7）各等级船员居住舱室的人数及面积；

（8）船员公共处所的面积及其与船员人数的比值；

（9）用于布置旅客及船员的总面积与$L_{pp}B$的比值；

（10）餐厅的人数及每人占有的面积数；

（11）其他有关布置地位的标准。

集装箱船运送的货物单元是集装箱，其甲板面积必须满足装载一定数量集装箱的要求。通常根据集装箱船的总布置简图可以判断可见货物单元（集装箱）的总数及其布置对船舶甲板面积及尺度选择的影响。

拖网渔船的设计通常应根据起网、理鱼、落舱作业的要求，结合鱼舱容积、绞网机的地位及生活舱室所需的上层建筑地位等，综合分析确定所需的最小船长与型宽。

推拖轮的长和宽的选择对船舶的操纵、推进、稳性、摇摆等性能均有影响，但首先是按布置要求选取船长和型宽。

布置地位型船的设计应先从甲板面积入手，可在参考母型船大体确定一组尺度后，勾画总布置草图，核算是否满足甲板面积要求，再确定合适的主要尺度，确定有关系数及排水量，继而进行重量与浮力的平衡计算，最后核算各项性能等。

2.2.3　容积估算及舱容校验

1. 容积估算

所谓容积估算是指在船舶设计初始阶段，选择某种方法估算该设计方案的容量。估算容积的主要目的是验证所拟定的主要尺度方案能否满足所需容积的要求，以便从容积的角度选择船舶主要尺度的合理方案。

估算容积的方法有多种，如用统计资料和统计经验公式的估算方法、型船资料换算方法、结合型线图和总布置图进行估算的方法等，应根据具体情况和资料的详细程度选用。就估算容积的完整性来说，可分全船容积估算和局部区域容积估算。

1）按经验公式估算舱容

Ⅰ. 主体总型容积估算

$$V_h = C_{bD}L_{pp}BD_1 \tag{2-53}$$

式中：L_{pp}——垂线间长；

B——型宽；

D_1——只计入首、尾舷弧影响的相当型深，$D_1 = D + S_m$，各符号含义同式（2-12）；

C_{bD}——计算到型深处的方形系数，按式（2-17）计算。

Ⅱ. 局部区域容积估算

局部区域主要指货舱区域。货舱区域的容积占主体总型容积的比例很大，它是影响船舶主要要素的一个主要方面。从船舶设计的实际情况来看，首尖舱、尾尖舱、机（炉）舱、深油舱、油船货油泵舱等的地位都可通过布置加以确定，通过调整各舱的长度来控制容积，因此，舱容校验只校验货舱区容积。

a. 干货船的货舱容积计算

$$V_{ct} = kl_c B(D-h_d) = k[L_{pp} - (L_a + L_f + L_m)]B(D-h_d) \tag{2-54}$$

式中：V_{ct}——货舱容积，m^3；

l_c——货舱长度，m；

L_f，L_a——首、尾尖舱长度，m；

L_m——机舱长度，m；

h_d——双层底高度，m；

k——系数，可参考相近的母型船选取。

b. 油船货油区容积估算

（1）货油区总容积：货油区范围型线所包围的容积。

$$V_{co} = K_t K_c L_{pp} BDC_{MD} \tag{2-55}$$

$$K_t = 0.526\,8 + 0.858\,6C_b - 0.138\,7K_c - 0.221\,6C_bK_c \quad (30\,000\ \text{t} \leqslant DW < 200\,000\ \text{t}) \tag{2-56}$$

$$K_t = 0.659\,6 + 0.647\,4C_b - 0.302\,2K_c \quad (200\,000\ \text{t} \leqslant DW < 300\,000\ \text{t}) \tag{2-57}$$

$$C_{MD} = 1 - (1 - C_M)d / D \tag{2-58}$$

式中：V_{co}——货油区总容积，m^3；

K_t——总容积利用系数；

K_c——长度利用系数；

C_{MD}——型深高度下中剖面面积系数；

C_M——中剖面面积系数，也称中剖面系数；

L_{pp}，B，D，C_b，d——意义同前。

（2）货油舱容积：货油区范围由内壳板、内底板、主甲板围成的空间的容积。

$$V_0 = K_0 L_c (B-2b)(D-h_d) \tag{2-59}$$

$$K_0 = (0.4C_b + 0.561)(9.5b \times 10^{-3} + 0.981) \quad (30\,000\ \text{t} \leqslant DW < 200\,000\ \text{t}) \tag{2-60}$$

$$K_0 = (0.25C_b + 0.701\,5)(0.017\,7b + 0.946\,9) \quad (200\,000\ \text{t} \leqslant DW < 300\,000\ \text{t}) \tag{2-61}$$

式中：V_0——货油舱容积，m^3；

K_0——货油舱容积系数；

L_c——货油区长度，m；

b——双层壳宽度，m；

h_d——双层底高度，m。

2）按型船资料换算设计船的舱容

选择一艘棱形系数与设计船相近的母型船，按母型船的横剖面面积曲线换算设计船的横剖面面积曲线，然后再用近似计算法算出各个舱室的容积及其形心的纵向位置，具体步骤如下。

（1）根据母型船资料，先算出母型船设计水线以下各理论站的横剖面面积A_{i0}与船中剖面面积A_{m0}的比值A_{i0}/A_{m0}。

（2）计算设计船对应站的横剖面面积A_i：

$$A_i=\frac{A_{i0}}{A_{m0}}A_m$$

式中：A_m——设计船中剖面面积。

$$A_m=C_M Bd$$

式中：C_M——设计船中剖面系数。

（3）计算母型船设计水线至上甲板间各站的横剖面面积A'_{i0}，并算出a_i：

$$a_i=\frac{A'_{i0}}{B_{i0}H_{i0}} \tag{2-62}$$

式中：a_i——系数；

B_{i0}——母型船各站处设计水线宽；

H_{i0}——母型船各站处设计水线至上甲板边线的垂直距离，可按型深及舷弧确定。

（4）计算设计船设计水线至上甲板间各站的横剖面面积A'_i：

$$A'_i=a_iB_iH_i \tag{2-63}$$

式中：H_i——设计船各站处设计水线至上甲板边线的垂直距离；

B_i——设计船各站处设计水线宽。

$$B_i=\frac{B_{i0}}{B_0}B$$

式中：B_0,B——母型船、设计船的型宽。

（5）绘出上甲板至基线的横剖面面积曲线，其各站横剖面面积应为$A_i+A'_i$。

（6）将初步拟定的机舱、货舱、油水舱等舱的布置区域及长度画在横剖面面积曲线的横坐标上，这样的图称为容量图。可用容量图近似积分计算出各舱型容积及其形心纵向位置。当然，计算时应计入货舱口及双层底的容积。

3）按初步绘制的型线图和总布置图估算舱容

按初步绘制的型线图和总布置图估算舱容的步骤如下。

（1）依据型线图，用求积仪或近似计算法求出各理论站上甲板、平台甲板、双层底下的横剖面面积A_i，面积对基线的静矩m_{zi}及面积对船中的静矩m_{xi}，并绘出A_i、m_{zi}及m_{xi}曲线。

（2）根据总布置图上机舱位置、货舱位置及双层底、油水舱等诸舱的划分，将其画在A_i、m_{zi}及m_{xi}曲线的相应位置上。

（3）根据各舱位置及A_i、m_{zi}及m_{xi}曲线上的数值，分别进行积分，求出各舱的型容积V、体积矩M_z及M_x并计算出各舱型容积的形心位置：

$$Z_v=\frac{M_z}{V} \tag{2-64}$$

$$X_v=\frac{M_x}{V} \tag{2-65}$$

式中：Z_v——各舱形心距离基线的高度；

X_v——各舱形心与船中的距离，中前为正，中后为负。

2. 舱容校验

设计船所能提供的主体型容积V_h应等于或略大于所需的主体型容积，这样才能满足设计技术任务书对舱容的要求。因此，对舱容的校验应使式(2-52)与式(2-53)相等。

$$C_{bD}L_{pp}BD_1 = V_c + V_{ow} + V_b + V_m + V_a - V_n \tag{2-66}$$

式(2-66)反映了设计船容量与主要尺度和各系数间的关系，称为容量方程式。在船舶设计初期，按此方程式，可验证所确定的主要尺度和船型系数是否能满足所需容量的要求，反之亦可根据容量的要求来确定设计船的有关要素。

经舱容校验后，若容量不足或过大，则应采取措施改善容量。设计者应该了解采取哪些措施对船舶性能影响较小，还能有效改善容量。

为了方便讨论问题，下面根据货舱的容量方程式来讨论影响货船容量的主要因素。

为满足使用要求，船舶所能提供的货舱容积应等于货舱所需容积，即式(2-54)与式(2-46)应相等，即

$$W_c\mu_c\frac{1}{k_c} = k[L_{pp} - (L_a + L_f + L_m)]B(D - h_d)$$

可求出

$$\mu_c = \frac{k_c}{W_c}kL_{pp}BD\left(1 - \frac{L_a}{L_{pp}} - \frac{L_f}{L_{pp}} - \frac{L_m}{L_{pp}}\right)\left(1 - \frac{h_d}{D}\right) \tag{2-67}$$

$$V_c = L_{pp}BDk\left(1 - \frac{L_a}{L_{pp}} - \frac{L_f}{L_{pp}} - \frac{L_m}{L_{pp}}\right)\left(1 - \frac{h_d}{D}\right) \tag{2-68}$$

式(2-67)和式(2-68)为货舱容量方程式的两种表达形式。可以利用这两个方程式来分析船舶主要尺度与货舱容量的内在联系及影响容量的主要因素。

对上述方程式，从纯数学概念出发，要提高某条船的容量，有两个途径：减小L_a、L_f、L_m和h_d；增大L_{pp}、B、D和C。船舶首尾尖舱瘦窄且受规范要求的制约，L_a、L_f减小不会明显增加货舱容量。双层底高度h_d根据使用要求及工艺条件确定，实际上很难有大幅度的变动。机舱长度L_m随选定的主机，由机舱布置确定，设计中力求缩短机舱长度。方形系数C_b的增加影响较小。增加船长L_{pp}，将增加船体钢料重量，造价会相应提高。增加型宽B，可提高积载因数，但B的选择必须受制于船舶稳性和摇摆的要求。一般散货船的L/D=10~14，B/D=1.6~2.0。从此数量关系可见，增加型深D是提高船舶容量的最有效措施。且对大船来说，加大D对总纵强度有利，从而对船体钢料重量影响很小。当然，增加D后，船的重心将升高，受风面积加大，对稳性有影响，但这些问题可采取其他措施弥补。

由上述讨论可知，增加D或D/T是提高船舶积载因数或舱容的最常用的有效措施。当然，如果设计中发现浮力偏小、稳性不足、快速性不尽理想等情况，则在解决容量问题的同时，应权衡各方面的因素，全面合理地调整主要尺度，而不是局限于仅仅改变型深。

2.2.4　舱容要素曲线

随着设计的深入，在总布置图、型线图及有关结构图确定以后，应精确计算各舱舱容形心位置，并给出舱容图或容量图及舱容要素曲线，以便计算船舶在各种装载情况下的浮态稳性和抗沉性等，为船舶在营运中进行配载和控制船舶的浮态及稳性提供基础资料。

1. 容量图

容量图表示全船舱容大小及分布，是以船长为横坐标，各舱的横剖面面积为纵坐标绘成的曲线。容量图是按总布置图、邦戎曲线图和型线图绘制出来的。根据邦戎曲线图可查出双层底、各层甲板及平台高度处各站的横剖面面积，选择适当的长度和面积比例，然后在长度方向画出船长及各舱室长度，在高度方向画出各舱室不同高度对应的横剖面面积，最后分别把双层底、各层甲板及平台高度处各站的横剖面面积连成曲线，得到容量图。显然，每个舱所包围的面积代表了舱室的容积，其面积形心长度方向的坐标代表了该舱容积形心在长度方向的位置。图中标明了各舱室的名称、型容积、形心距中位置。

利用容量图能计算出货物、油、水的重量及其重心的纵向位置，所以它是纵倾调整、浮态及稳性计算的辅助资料。

2. 舱容要素曲线

对于液体舱（包括货油舱、燃油舱、淡水舱、压载水舱等），由于在营运过程中，油、水均有变化，设计者应提供各液体舱的容积和容积形心随液面高度变化的曲线，即舱容要素曲线。

舱容要素曲线包括各液面高度处体积V及其形心坐标X_v、Z_v及边舱的Y_v，以及自由液面对通过其面积形心的纵轴的惯性矩i_x。计算时液面高度Z通常从舱柜底面算起。

舱容要素曲线可用来计算各种载况时的液体舱装载量和重心位置，是计算浮态与稳性（包括破舱稳性）的基础资料，并可用来制定液体舱“液位容积表”供船员使用。计算舱容要素需下列资料：总布置图、舱柜布置图、邦戎曲线图、型线图和肋骨型线图等。

计算的基本方法是，依据静力学中求体积及重心的公式，在实际计算中都画成表格。现以50 000 t 油轮燃油舱为例进行计算。该舱位于 212~222 肋位间，舱长为 7.0 m，计算中取 5 个横剖面，$\Delta l=1.75$ m，波面高度从基线面起取$Z_i=1.0$ m, 2.0 m, 4.0 m, 6.0 m, 8.10 m, 10.0 m, 14.0 m, 16.8 m, 18.7 m。

1）各液面高度下V_i及X_{vi}的计算

$$V_i=\frac{\Delta l}{3}\sum f(V) \tag{2-69}$$

$$X_{vi}=\Delta l\frac{\sum f(M)}{\sum f(V)} \tag{2-70}$$

具体计算列表进行，表 2-5 给出了$Z_i=1.0$ m时的容积和容积形心纵向坐标。其他液面高度的容积和容积形心纵向坐标，都可按表 2-7 的形式进行具体计算。

2）各液面高度下Z_{vi}的计算

计算出各液面高度下容积V_i后，可按照表 2-6 的形式对相应容积形心竖向坐标Z_{vi}进行计算。

表 2-5　$Z_i=1.0$ m时V_i及X_{vi}的计算

序号	横剖面面积	辛氏数	$f(V)$	力矩乘数	$f(M)$
（Ⅰ）	（Ⅱ）	（Ⅲ）	（Ⅳ）	（Ⅴ）	（Ⅵ）
0	16	1	16	0	0
1	14.5	4	58	1	58
2	13	2	26	2	52
3	11.5	4	46	3	138
4	9.5	1	9.5	4	38
$\sum$	—	—	155.5	—	286
$V_i=90.6\ \mathrm{m}^3$　$X_{vi}=3.22$ m					

表 2-6　Z_{vi}的计算

水线Z_i	容积V_i	（Ⅱ）项成对和	$\frac{\Delta Z}{2}$	（Ⅲ）×（Ⅳ）	（Ⅴ）项自上而下和	$Z_{WL}=\frac{(Ⅵ)}{(Ⅱ)}$	$Z_{vi}=$（Ⅰ）−（Ⅶ）
（Ⅰ）	（Ⅱ）	（Ⅲ）	（Ⅳ）	（Ⅴ）	（Ⅵ）	（Ⅶ）	（Ⅷ）
0	0						
1.0	90.6	90.6	1/2	45.3	45.3	0.5	0.5
2.0	203	293.6	1/2	146.8	192	0.94	1.06
4.0	472	675	2/2	675	867	1.84	2.16
6.0	777	1 249	2/2	1 249	2 116	2.74	3.26
8.10	1 100	1 877	2.1/2	1 970	4 086	3.72	4.38
10.0	1 408	2 508	1.9/2	2 383	6 470	4.60	5.40
14.0	2 047	3 455	4/2	6 910	13 380	6.53	7.47
16.8	2 524	4 571	2.8/2	6 400	19 780	4	8.96
18.7	2 810	5 334	1.9/2	5 067	24 847	8.85	9.85

3）绘制舱容要素曲线

将按表 2-5 和表 2-6 计算的结果整理成表 2-7 所示的汇总表。

汇总表中考虑了容积扣除系数（结构构件占据容积和油舱货油加热膨胀容积等）后，给出净容积，并将容积形心纵向坐标X_v换算成距船中的数值。

表 2-7　计算结果汇总表

吃水Z_i / m	1.0	2.0	4.0	6.0	8.10	10.0	14.0	16.8	18.7
毛容积/m³	90.6	203	472	777	1 100	1 408	2 047	2 524	2 810
净容积/m³	89	201	467	770	1 090	1 394	2 021	2 500	2 782
X_v（距中）/m	85.42	85.46	85.47	85.49	85.51	85.52	85.54	85.54	85.56
Z_v（距基面）/m	0.5	1.06	2.16	3.26	4.38	5.40	7.47	8.96	9.85

第 3 章　相关船舶公约及规范的基本内容

3.1　概述

船舶的设计和建造必须接受船籍国政府的法定检验。法定检验是指，为保障船舶和海上人命、财产的安全，防止水域环境污染以及保障起重设备安全作业等，按照《船舶与海上设施法定检验规则》（简称《法规》）和政府的法令、条例，对船舶进行所规定的各项检查和检验，以及在检查和检验合格后签发或签署相应的法定证书。法定检验是强制执行的，由政府的主管机关执行，也可以由主管机关认可的船级社或其他组织执行。我国政府的主管机关是中华人民共和国海事局（由原中华人民共和国船舶检验局和港务监督局合并组成）。中国船级社承担船舶及海上设施的具体检验业务。

船舶除了接受法定检验以外，入级船舶还需接受所入船级社的入级检验。船舶入级检验是指按照船级社制定的船舶入级与建造规范（简称“规范”）来检验船舶是否符合其规定，如符合就授予相应的入级标志，并载入该船级社的船舶录。入级检验由船级社执行，我国的船级社是中国船级社，英文缩写为“CCS”，船舶入级和入哪个船级社由船东决定。

船舶检验包括初次检验和营运期间的各种检验，初次检验主要是设计图纸的审查和建造检验。图纸审查是指新船或改建船舶在设计阶段按规定的送审图纸资料目录将设计资料送交审图部门审查，审图部门审查后提出对设计图纸资料的审查意见书，设计单位依此修改设计并提交对审图意见的答复书。这个图纸审查的过程通常称为“送审”。送审通过的图纸资料和审查意见书是船舶建造中船检部门验船师检验的依据。

从以上所述可知，船舶设计必须满足法规和规范的要求。船舶设计和建造人员应该了解、熟悉和掌握法规和规范的内容。建造规范中与总体设计相关的规定与法规的要求基本是一致的，因此本章仅介绍我国海船法规中的有关内容。

我国现行的《船舶与海上设施法定检验规则》是根据《中华人民共和国船舶和海上设施检验条例》的规定，由我国海事局制定的。其内容包括国际航行海船、国内航行海船、内河船舶、起重设备、海上拖航、集装箱、潜水系统与潜水器、海上移动平台、海上浮式装置、海上固定设施等十个法定检验技术规则。其中“国际航行海船法定检验技术规则”共分八篇，分别是：检验与发证、吨位丈量、载重线、船舶安全、船舶防污染、能效及压载水管理、船员舱室设备、乘客定额与舱室设备，国际航行非公约船舶法定检验技术规则。

我国法规对国际航行海船的法定检验技术规则与我国政府已批准、接受、承认或加入的国际公约（包括修正案）、议定书和规则的内容是完全一致的。主要的国际公约和规则有：1966年《国际船舶载重线公约》（简称《载重线公约》）；1969 年《国际船舶吨位丈量公约》（简称《吨位丈量公约》）；1974 年《国际海上人命安全公约》（英文缩写为 SOLAS）；经 1978 年议定书修订的 1973 年《国际防止船舶造成污染公约》（英文缩写为 MARPOL 73/78）；1972 年《国际海上避碰规则》（简称《避碰规则》）；国际海事组织（IMO）其他已经生效的有关决议和规则。

国际公约和规则是在不断修正和完善的，以上各公约自制定和生效以来，已有许多的修正案，这里不一一列举。

国际航行船舶除了要满足国际公约外，还要注意遵守某些相关国家或地区的规定，例如《澳大利亚码头工人法规》《苏伊士运河规则》等。

应当指出，现行的法规和规范是人们根据船舶设计、建造和使用的经验和认识，在现有的科学技术水平条件下制定的，随着科学、技术的发展和人们认识的深化，法规和规范也在不断改进和完善。因此在新船型、新技术的开发中会碰到现行法规和规范无法回答的问题。在这种情况下，设计者可根据新船的具体情况，在保证安全和不污染环境的基本原则下有所创新。当然这种创新应有科学依据，并应获得主管机关的审查同意。

法规的内容非常广泛，涉及船舶的各个方面，条文的规定很具体，这里不再一一介绍。本章仅介绍与总体设计关系密切的部分内容。这些内容是载重线、完整稳性、分舱与破舱稳性、吨位丈量以及船舶消防的有关规定，并以国际航行船舶为主。其他相关内容分散在相关章节中介绍。需要说明的是，法规防污染的规定十分重要，其中防止油类污染规定与油船的设计关系重大，该规定与油船总体设计直接有关的主要是对油船分舱的规定，因此本书将其主要内容归在 3.3.4 节中做简要介绍。

3.2 船舶完整稳性

完整稳性是指船舶未受破损时受外力作用发生倾斜而不致倾覆，当外力作用消失后，船舶仍能恢复到原来平衡位置的能力。完整稳性对船舶的安全性有重要的影响，也是船舶最基本的一项重要技术性能。法规对各类船舶的完整稳性规定了衡准要求。

3.2.1 稳性衡准

稳性的衡准包括以下两个方面的要求。

1. 气象衡准

气象衡准（Weather Criterion）也称为突风和横摇衡准，该衡准规定船舶所受的风浪等外力。计算出倾侧力矩与船舶的复原力矩，如果船舶的复原力矩大于或等于倾侧力矩，则认为船舶满足气象衡准的稳性要求，即通常所说的稳性衡准数$K \geqslant 1$。倾侧力矩计算中外力作用的物理模型有以下两种。

第一种模型是假定船舶无航速横对波浪发生共振横摇，当横摇到向风一侧的最大幅度时，遇到一阵突风的吹袭，此情况下要求船舶不倾覆。这种模型要求计及共振横摇后的船舶最小倾覆力矩应大于或等于风压倾侧力矩。我国法规原来都采用这种模型，现行法规对非国际航行船舶仍然这样要求。

第二种模型是假定船舶首先在一个定常风作用下产生一个初倾角，然后受波浪作用而发生横摇，当横摇到向风一侧的最大幅度时，再受到一个突风的吹袭，船舶在此状态下不倾覆。突风的作用力规定为定常风的 1.5 倍。国际海事组织关于完整稳性的衡准采用这种模型。我国现行法规规定国际航行船舶采用 IMO 的稳性衡准和计算方法。

上述两种模型的稳性衡准数计算方法不同，风压倾侧力矩和横摇角的计算规定也不一样。本节主要介绍 IMO 的稳性衡准规则。

2. 稳性曲线的特征值

由于船体形状不同，船舶在不同横倾角下产生的复原力矩也不同。根据对因为稳性不足而发生海难事故的船舶和长期安全航行船舶的稳性曲线参数的统计研究，法规对船舶稳性曲线的特征值做了规定。稳性曲线在原点处切线的斜率代表初稳性高度，对稳性曲线特征值的要求也包括初稳性高度值。

IMO 的稳性衡准中，除有特殊规定的船舶以外，对各类船舶稳性曲线特征值的规定如下。

（1）至横倾角 30° 时复原力臂曲线下的面积应不小于 0.055 m·rad。

（2）至横倾角 40° 或进水角 ϕ_F（若 ϕ_F <40°）时的复原力臂曲线下的面积应不小于 0.09 m·rad。

（3）在横倾角 30° 与 40° 之间或 30° 与 ϕ_F 之间（若 ϕ_F <40°）复原力臂曲线下的面积应不小于 0.03 m·rad。

（4）横倾角大于或等于 30° 处的复原力臂最大值至少为 0.2 m。

（5）最大复原力臂对应角最好大于 30°，但不得小于 25°。

（6）经自由液面修正后的初稳性高度应不小于 0.15 m。

非国际航行船舶，除了特别规定的以外，我国法规对各类船舶的静稳性曲线特征值规定如下。

（1）横倾角等于 30° 处的复原力臂应不小于 0.20 m。如船体进水角 ϕ_F 小于 30°，则进水角处的复原力臂应不小于该规定值。

（2）最大复原力臂所对应的横倾角 ϕ 应不小于 30°。当船宽与型深比 B/D 大于 2 时，最大复原力臂所对应的横倾角可以减小按下式计算所得的 $\Delta\phi$ 值：

$$\Delta\phi = 20\left(\frac{B}{D} - 2\right)(K - 1) \tag{3-1}$$

式中：D——船舶的型深，m；

B——型宽，m，当 B >2.5D 时，取 B =2.5D；

K——稳性衡准数（按非国际航行船舶 K 的计算规定计算，详见法规的规定），当 K >1.5 时，取 K =1.5。

（3）经自由液面修正后的初稳性高度不小于 0.15 m。

3.2.2　IMO 规则稳性衡准数的计算

国际航行船舶在各种装载情况下的稳性衡准数 K，应符合下式要求：

$$K = b/a \geqslant 1 \tag{3-2}$$

式中：a——风浪等外力所做的功；

b——船舶复原力所做的功。

在静稳性曲线上 a、b 分别为突风作用力臂对应角左右两部分的面积。式（3-2）的计算步骤如下。

1. 风压倾侧力臂的计算

定常风作用下的风压倾侧力臂 l_{w1} 按下式计算：

$$l_{w1} = \frac{pA_vZ}{9\,810\varDelta} \tag{3-3}$$

式中：p——风压，Pa，取 504 Pa，对有限航区的船舶，经主管部门同意，可适当减小；

A_v——水线以上船和甲板货的侧投影面积，m^2；

Z——受风面积中心至水下侧面积中心的距离，m，水下侧面积中心可近似取在吃水的一半处；

Δ——排水量，t。

突风作用下的风压倾侧力臂

$$l_{w2}=1.5l_{w1} \tag{3-4}$$

应注意的是，非国际航行船舶稳性计算方法中，计算风压倾侧力臂时，风压p是按不同航区确定的，且风压力臂公式中Z规定为受风面积中心至水面的距离。

2. 横摇角的计算

横摇角ϕ_A(°)按下式计算：

$$\phi_A=109KX_1X_2\sqrt{rs} \tag{3-5}$$

$$r=0.73+0.6\frac{OG}{d_m} \tag{3-6}$$

式中：K——系数，按表 3-1 查得；

X_1——系数，根据型宽吃水比（B/d）由表 3-2 查得；

X_2——系数，根据方形系数C_b由表 3-3 查得；

s——系数，根据横摇周期 T 由表 3-4 查得；

r——系数；

OG——重心至水线的距离，m，重心在水线以上为正，在水线以下为负；

d_m——平均吃水，m。

横摇周期T按下式计算：

$$T=\frac{2CB}{\sqrt{GM}} \tag{3-7}$$

式中：$C=0.373+0.023\dfrac{B}{d_m}-0.43\times L_{WL}\times10^{-3}$，其中$L_{WL}$为水线长度，m；

GM——经自由液面修正后的初稳性高度，m。

表 3-1　系数K

$\dfrac{A_{RK}\times100}{LB}$	0	1.0	1.5	2.0	2.5	3.0	3.5	≥4.0	尖舭型船
K	1.0	0.98	0.95	0.88	0.79	0.74	0.72	0.70	0.70

注：表中A_{RK}为舭龙骨总面积或方龙骨的侧投影面积，或这些面积之和（m^2）。

表 3-2　系数X_1

B/d	≤2.4	2.5	2.6	2.7	2.8	2.9	3.0	3.1	3.2	3.3	3.4	≥3.5
X_1	1.0	0.98	0.96	0.95	0.93	0.91	0.90	0.88	0.86	0.84	0.82	0.80

表 3-3　系数 X_2

C_b	≤0.45	0.50	0.55	0.60	0.65	≥0.70
X_2	0.75	0.82	0.89	0.95	0.97	1.00

表 3-4　系数 s

T/s	≤6	7	8	12	14	16	18	≥20
s	0.100	0.098	0.093	0.065	0.053	0.044	0.038	0.035

3. 面积 a、b 的计算

稳性衡准数 $K=b/a$，式中 a 和 b 分别表示稳性曲线图上的两块面积，如图 3-1 所示。

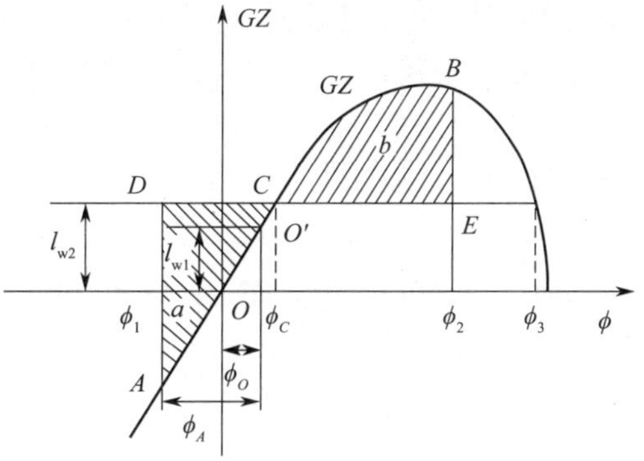

图 3-1　稳性横准数 K

a 和 b 可按以下方法求得：将前文所求得的 l_{w1} 和 l_{w2} 标在图 3-2 的纵坐标中，过这两点分别作横坐标的平行线，得到与 GZ 曲线的交点 O' 与 C，O' 对应定常风作用下的横倾角 ϕ_O。自 ϕ_O 向 ϕ 轴的负方向量取按式（3-5）计算的横摇角 ϕ_A 得 ϕ_1 点。再自坐标原点向 ϕ 轴的正方向量取 ϕ_2，ϕ_2 为进水角或 50° 或 ϕ_3（ϕ_3 为图中 $GZ=l_{w2}$ 与 GZ 曲线的第二个交点角）。过 ϕ_1 与 ϕ_2 分别作垂线，交 GZ 曲线于 A、B 两点，从而构成面积 a、b。

$$a=\int_{\phi_1}^{\phi_C}[l_{w2}-GZ(\phi)]\mathrm{d}\phi \tag{3-8a}$$

$$b=\int_{\phi_C}^{\phi_2}[GZ(\phi)-l_{w2}]\mathrm{d}\phi \tag{3-8b}$$

4. 关于稳性曲线的计算

计算稳性曲线时，除主船体以外，按规定还可计入下列各部分。

（1）符合《载重线公约》封闭上层建筑要求的第一层及第二层上层建筑（对非国际航行船舶按规定只计入上层连续甲板上第一层上层建筑）。

（2）符合封闭上层建筑要求的且设有通向上层甲板补充出口的干舷甲板上的第一层甲板室。

（3）凸形甲板和关闭装置符合风雨密要求的货舱口。

（4）干舷甲板上不能视为封闭的第一层上层建筑或甲板室的进水开口以下部分。

5. 关于进水角计算的规定

进水角是指船舶倾侧至进水口时的横倾角。关于进水口的规定为：凡是水能通过船侧、上层连续甲板、上层建筑或甲板室的非风雨密关闭的开口及非风雨密的货舱口、通风筒等进入船体内的开口，应视为进水口。对于小开口，如通过钢缆、锚链、索具的孔和流水孔、泄水管、卫生管等管口，一般不作为进水口。

通常，船上的进水口有多处，应取对应进水角最小的开口为进水口。应注意，在不同排水量时最先进水的开口可能不是同一开口，在不能明显确定时，应以这些开口分别计算进水角曲线，最终的进水角曲线由进水角较小的曲线段组成。

6. 关于自由液面对稳性影响的计算

液舱自由液面的存在影响船舶的稳性，使稳性变差，因此稳性计算中应计及自由液面的影响。

IMO 规则规定，初稳性高度和稳性曲线应根据以下假定进行自由液面影响的修正。

（1）在确定各横倾角下自由液体对稳性的影响时，计入的舱柜应包括按营运情况能同时存在自由液面的各种液体（包括航行中途加压载水的压载水舱）的单个舱柜或舱组。

（2）为了确定自由液面的修正值，假设未装满的液舱应计算装载 50%舱容液体的自由液面力矩M_{fs}。

（3）不同横倾角下自由液面力矩M_{fs}可按规定的近似公式计算。

（4）对于装载 50%液体在横倾 30° 时自由液面力矩小于 0.01$\varDelta_{min}$（$\varDelta_{min}$是指船舶的最小排水量）的小液舱，可不必计入。空舱中通常的剩余液体可不计入。

我国法规对计及自由液面影响的液舱的选取和自由液面修正的计算有更具体的规定，详见《非国际航行海船法定检验技术规则》关于完整稳性的规定。

3.2.3 稳性的特殊要求和应核算的装载情况

1. 稳性的特殊要求

IMO 稳性规则规定，除一般货船以外，某些船舶的稳性有下列特殊要求。

1）客船

客船除应满足前文所述的衡准以外，增加旅客集中一舷和回转航行时的横倾角应不大于 10°。旅客集中一舷的横倾力矩和回转航行时的横倾力矩计算有具体的规定。

2）船长大于 100 m 的集装箱船

对于船长大于 100 m 的集装箱船以及其他船体横剖面形状具有较大外飘或大水线面特征的货船，主管机关可应用船体形状因数来修正稳性曲线特征值。形状因数的计算有专门的规定。

3）运木船

运木船载运甲板木料货时，如木材装载满足相应的规定，则可采用下列衡准：

（1）横倾角 40° 或进水角（取小者）对应的动稳性力臂不小于 0.08 m·rad；

（2）复原力臂的最大值至少应为 0.25 m；

（3）出港情况初稳性高度应不小于 0.1 m，航行中任何时候在计及自由液面影响、甲板货吸水和暴露表面结冰等不利影响后的初稳性高度应为正值。

4)载运散装谷物的货船

载运散装谷物的船舶,由于散装谷物具有孔隙性和散落性,即使是满载谷物的货舱,船舶在航行中的摇摆、颠簸和振动,也会使谷物下沉从而产生间隙。此外,舱口端等货舱形状突变处也存在装货的空当。这些间隙和空当的存在使船横摇时谷物发生横移而产生倾侧力矩,从而影响船舶的稳性。IMO 稳性规则对载运散装谷物船舶的完整稳性提出了以下要求。

(1)由于谷物移动使船舶产生的横倾角ϕ_h应不大于 12° 或甲板边缘入水角之小者。

(2)在静稳性曲线图上,到达谷物移动倾侧力臂曲线与复原力臂曲线 GZ 纵坐标最大差值所对应的横倾角ϕ_m或 40° 或进水角ϕ_F之小者,该两曲线之间的剩余稳性面积在各种装载情况下应不小于 0.075 m·rad。

(3)经自由液面修正后的初稳性高度GM应不小于 0.3 m。

5)其他船舶

除以上几种用途的船舶以外,IMO 稳性规则对渔船、近海供应船及方形驳船的稳性也做了特殊规定。其中,对近海供应船($24\ m < L \leqslant 100\ m$)和方形驳船给出了替代衡准的方法和要求,因为这类船舶常常难以满足前文所述的对稳性曲线特征值的要求。

2. 应核算的装载情况

IMO 稳性规则规定,应按船东拟定的各种主要装载情况核算完整稳性。如船东未能提供上述装载情况的足够详细的资料,应核算表 3-5 所列基本装载情况下的完整稳性。对于渔船、近海供应船、方形驳船的基本装载情况,另有规定。

表 3-5　基本装载情况

	一般货船	客船	集装箱船	运木船	散装谷物船
出港(100%油水及备品)	满载均质货	满载客货	满载	满载(舱内均质货,甲板按规定载货)	满载
	压载	满客无货	压载	压载	压载
到港(10%油水及备品)	满载均质货	满载客货	满载	满载(甲板货加 10%吸水)	满载
	压载	满客无货	压载	压载	压载

3. 结冰对稳性的影响

船舶在寒冷区域航行,飞溅的浪花和雨雪会在船体和上层建筑及露天设备上结冰,结冰会增加船的重量并使重心升高,影响船舶稳性。IMO 稳性规则仅对渔船的结冰做了具体规定,对于其他各类船舶,则建议各主管当局根据环境条件采用本地标准。

我国法规规定,冬天经常航行于青岛(北纬 36° 04′)以北的国内沿海船舶,应对其稳性最差的基本装载情况,计算结冰时的稳性。冰的重量视为超载重量。法规对结冰的重量及其分布有具体的规定,详见法规。

4. 非国际航行船舶的稳性要求

非国际航行船舶除了稳性衡准与 IMO 规则不同以外,对特定用途船舶的稳性要求以及核算的基本装载情况与 IMO 规则也有所区别。其中对特定用途船舶的分类更具体,分别有客船、双体船、干货船、运木船、集装箱船、液货船、海驳、拖船、起重船、挖泥船等。其中对集装箱船最小初稳性高度要求经自由液面修正后不小于 0.3 m,这对集装箱船的设计有一定的影响。

设计非国际航行船舶时应根据船舶类型,按法规的具体规定来校核完整稳性。

3.3 船舶分舱和破仓稳性

3.3.1 概述

船舶在一舱或数舱破损进水后是否会沉没或倾覆,除了取决于受损的程度和破损后船员所采取的损害管制措施以外,船体水密舱壁的设置是关键的因素。分舱的规定就是对船舶用水密舱壁分隔的要求。破舱稳性的规定是指船舶在一舱或数舱破损进水后仍应保持一定的浮态和稳性的要求。破舱稳性也就是船舶残存的能力,它是保证船舶安全的一项重要性能。

近年来,为了进一步保障船舶的安全和防止造成海洋环境污染,国际公约和规则对船舶分舱和破舱稳性的要求越来越高,今后仍有更加从严要求的趋势。现行的国际公约和规则,除了小型船舶以外,几乎对所有各型运输船舶都有破舱稳性的要求,对客船和油船还有具体的分舱规定。

对于非国际航行船舶,我国现行法规规定:对船长 80 m 以下的客船仅要求满足一舱不沉,在一舱破损情况下的破舱稳性要求与国际公约相比有所放宽;船长 80 m 及以上的客船与国际公约的要求完全一致;对一般货船还没有提出破舱稳性的要求;对油船,除载重量小于 3 000 t 的油船可免除双壳体结构要求以外,其余要求与国际公约基本一致;对散装化学品船和散装液化气体船的要求与国际规则一致。

破舱稳性的衡准以往都采用确定性的计算方法。该方法规定了船体破损的范围、位置以及破舱前的船舶状态,确定一个或几个最危险的破损舱或舱组,计算出破舱后的浮态和稳性,按规定的残存条件来衡准船舶是否满足破舱稳性要求。确定性方法要求任一计算状态都必须满足所有的残存条件。但是,海损事故统计表明,船舶的破损是随机的,各种可能的水密舱壁的分隔情况在浸水后对船舶残存能力的贡献也存在概率因素。因此,在 20 世纪 70 年代初,建立在海损事故统计分析基础上的破舱稳性概率衡准方法被提出。1973 年国际海事组织大会通过决议,首先在客船的破舱稳性衡准中采用了这种方法,并以等效规则的形式来执行。随后,新建立起来的干货船的破舱稳性衡准也采用了概率衡准方法。概率衡准方法的校核计算工作量要比确定性方法大得多。目前,除了客船的等效规则和干货船的破舱稳性衡准方法以外,其他公约和规则仍采用确定性方法。随着计算机辅助设计的普及和计算能力的提高,今后有可能更多采用概率衡准方法。

破舱稳性概率衡准方法与确定性方法比较,主要有以下区别。

(1)规定了船舶破损的最大范围,在该范围内横向、纵向和水平的分隔都可能破损,即不限制破损的部位,无论单独舱或两个舱或两个以上相邻舱组都有破损浸水的概率。

(2)规定了船舶受损浸水后的残存概率,即规定了残存船舶的浮态和稳性指标与生存概率之间的关系。

(3)规定了破损前船舶的状态,然后对每一种状态计算所有可能对船舶破损后的"生存力"有贡献的舱和舱组(假定这种舱或舱组浸水),全部的这些贡献之和称为船舶达到的分舱指数(A)。

(4)破除了确定性方法中分舱因数F("一舱制""两舱制""三舱制")的概念,允许某些舱或舱组浸水后船舶残存能力低于衡准的要求。取而代之的是，根据统计资料规定了一个要求的分舱指数（R），当船舶达到的分舱指数（A）不小于要求的分舱指数（R）时，就认为船舶破舱稳性满足要求。

值得注意的是，由于船首的破损可能性最大，因此所有船舶分舱时，都必须设置防撞舱壁。在货船的破舱稳性概率衡准方法中，还特别规定了防撞舱壁前的舱室破损时，其生存概率必须等于 1。此外，法规在船舶构造的规定中，对防撞舱壁距首垂线的距离也做了明确的规定，其原因主要也是基于船首易破损的考虑。

由于涉及分舱和破舱稳性要求的公约和规则很多，且方法各不相同，本书不可能一一介绍。本节简要介绍国际航行货船（指一般干货船）、客船和油船的分舱和破舱稳性规则。对于客船，因其概率衡准的等效规则与货船的概率衡准规则在原理上是一致的，所以仅介绍确定性方法。对于国际航行的散货船，当船长大于或等于 150 m 时，SOLAS 要求在各种装载情况下任一货舱进水后能在规定的平衡状态下保持漂浮（确定性方法），其破舱稳性的要求与《载重线公约》的有关规定一样，本节也不再介绍。

3.3.2　国际航行干货船的破舱稳性要求

现行的《国际海上人命安全公约》（SOLAS）对船长大于或等于 80 m 的干货船规定了破舱稳性的要求，但对分舱没有特殊的规定。对于已满足 IMO 其他公约、规则中关于分舱与破舱稳性要求的船舶（如符合《载重线公约》的 B-60 或 B-100 船和符合 MARPOL 的油船等），可免除此项要求。

SOLAS 对货船破舱稳性的基本要求是：船舶达到的分舱指数A应不小于要求的分舱指数R。这种方法是基于概率理论建立起来的，所以通常称为概率衡准方法。

1. 要求的分舱指数R

要求的分舱指数R是根据海损事故资料统计分析得出的一个最低的分舱标准，按下式计算：

$$R=1-1\Bigg/\left(1+\frac{L_S}{100}\cdot\frac{R_0}{1-R_0}\right)\quad (80\leqslant L_S\leqslant 100\ \text{m})$$

$$R=R_0\quad (L_S>100\ \text{m})\tag{3-9}$$

式中：$R_0=(0.002+0.000\,9L_S)^{1/3}$；

L_S——船舶的分舱长度，m，分舱长度一般是指水密船体一部分的最大型长。

2. 船舶达到的分舱指数A

$$A=\sum P_iS_i\tag{3-10}$$

式中：i——所考虑的每一个舱或舱组；

P_i——所考虑的舱或舱组可能浸水的概率，不考虑任何水平分隔；

S_i——所考虑的舱或舱组浸水后的生存概率，包括水平分隔的影响。

计算A时假定船舶处于正浮。式（3-10）表示的总和是指可以计及整个船长范围内每一个单独舱和两个及两个以上相邻舱组的所有浸水情况，一直计算到那些舱或舱组浸水后无助于增加分舱指数A值时为止。也就是说，任何考虑的舱或舱组浸水后，只要在浸水的最终阶段船的浮态和稳性满足最低要求，使得生存概率$S_i>0$，就能对达到的分舱指数A有贡献。若设有边舱，边舱（或舱组）与其相邻的内侧舱同时浸水的情况也可考虑，此时假定破损横向穿透扩展至船中心线，但不包括中心线处的舱壁破损。

关于P_i和S_i的计算简述如下（为叙述简便起见，以下除特别说明的以外，将“所考虑的舱或舱组”简称为“舱”）。

1）破损概率P_i的计算

破损概率P_i仅与在船长L_S方向上的破损位置和长度有关。破损的位置和长度由舱的前后两端点X_1和X_2确定。也就是说，从X_1到X_2的破损仅引起该舱浸水。X_1为从L_S的后端点到舱的后端的距离；X_2为从L_S的后端点到舱的前端的距离。

P_i按以下各式计算。

当舱延伸至整个船长L_S时，

$$P_i = 1 \tag{3-11}$$

当舱的后端点与L_S的后端点重合时，

$$P_i = F + 0.5ap + q \tag{3-12}$$

当舱的前端点与L_S的前端点重合时，

$$P_i = 1 - F + 0.5ap \tag{3-13}$$

当舱的两端位于L_S的前后端点以内时，

$$P_i = ap \tag{3-14}$$

以上各式中：

$$\begin{aligned}
&F = 0.4 + 0.25E(1.2 + a)\\
&a = 1.2 + 0.8E\text{（但不大于 1.2）}\\
&p = F_1 J_{max}\\
&q = 0.4F_2 J_{max}^2\\
&E = E_1 + E_2 - 1\\
&E_1 = X_1 / L_S\\
&E_2 = X_2 / L_S\\
&J_{max} = 48 / L_S\text{（但不大于 0.24）}
\end{aligned} \tag{3-15}$$

$$\begin{aligned}
&F_1 = Y^2 - Y^3/3 \quad (Y<1)\\
&F_1 = Y - 1/3 \quad (Y \geqslant 1)\\
&F_2 = Y^2/3 - Y^4/12 \quad (Y<1)\\
&F_2 = Y^2/2 - Y/3 + 1/12 \quad (Y \geqslant 1)\\
&Y = J / J_{max}\\
&J = E_2 - E_1
\end{aligned} \tag{3-16}$$

对以上各式中的符号做如下解释。

J是一个无因次破损长度。根据统计资料，破损长度一般不超过$0.24L_S$，所以最大无因次破损长度J_{max}取不大于 0.24。

a是破损位置沿船长的假定分布密度。虽然船长L_S范围内的任意位置都有发生破损的可能性，但显然中前部分的可能性比较大，根据破损船舶统计分析所得的直方图，可假定破损位置沿船长的分布密度。

p是破损长度沿船长的假定分布密度。ap表示两者的积分，也就是破损舱可能的进水概率。

在应用上述公式时，当舱的位置跨越船长中点时，按这些公式计算的P_i值应减去一个按式（3-15）求得的q值，此时式（3-16）中应以Y'替代Y，Y'按下式计算：

$$Y' = J' / J_{max} \tag{3-17}$$

式中：$J' = J - E$（$E \leqslant 0$）或$J' = J + E$（$E > 0$）。

设有边舱时，还需考虑破损深度的影响。从统计资料分析，也可得出破损深度的分布密度。对此的处理方法是：若仅考虑边舱破损的概率，则P_i应乘以一个缩减因数r，以表示考虑相邻内侧舱同时破损的概率；若考虑了边舱和相邻内侧舱同时浸水，则P_i应乘以系数（$1-r$）。r的计算如下。

当$J \geqslant 0.2b/B$时，

$$r = \frac{b}{B}\left(2.3 + \frac{0.08}{J+0.02}\right) + 0.1 \quad \left(\frac{b}{B} \leqslant 0.2\right) \tag{3-18a}$$

$$r = \left(\frac{0.016}{J+0.02} + \frac{b}{B} + 0.36\right) \quad \left(\frac{b}{B} > 0.2\right) \tag{3-18b}$$

当$J < 0.2b/B$时，r由线性内插求得。线性内插的两点分别为$(J = 0, r = 1)$和（$J = 0.2b/B, r = 0$）按式（3-18）求得。上式中，B为型宽；b为边舱在最深分舱载重线（夏季载重线）处的平均宽度。

单独一个舱的破损概率P_i的计算比较简单。对于由多个舱组成的舱组，如作为一个舱（不考虑相邻舱之间的分隔）考虑，也可直接用以上各式计算；如考虑舱组相邻间的分隔，P_i的计算就要复杂得多。

2）生存概率S_i的计算

生存概率S_i按下式计算：

$$S_i = C\sqrt{0.5 l_{max} R_{angle}} \tag{3-19}$$

式中：$C = 1$（$\phi_e \leqslant 25°$），或$C = 0$（$\phi_e \geqslant 30°$），或$C = \sqrt{\frac{30° - \phi_e}{5}}$（$25° < \phi_e < 30°$）；

R_{angle}——超出平衡角的正复原力臂范围，（°），取不大于 20°，而且此范围应在不能风雨密闭的开口下缘被淹没的角度处中止；

l_{max}——在R_{angle}范围内的最大正复原力臂，m，取不大于 0.1 m；

ϕ_e——最终平衡状态的横倾角。

计算S_i时需考虑以下情况。

（1）所考虑的舱破损后，当船舶下沉、横倾及纵倾后的最终水线淹没了通往所考虑的舱以外的其他舱室的开口下缘，从而可能发生继续浸水时，则取$S_i = 0$。

（2）对每个舱的S_i应以两种初始装载情况分别计算S_{li}和S_{pi}，然后按下式求得S_i：

$$S_i = 0.5S_{li} + 0.5S_{pi} \quad (3\text{-}20)$$

式中：S_{li}——以吃水为最深分舱载重线（夏季载重线）正浮状态算得的生存概率；

S_{pi}——以吃水为部分载重线正浮状态算得的生存概率。

部分载重吃水d_p按下式确定：

$$d_p = d_{ls} + 0.6(d_l - d_{ls}) \quad (3\text{-}21)$$

式中：d_{ls}——空船吃水；

d_l——最深分舱载重线的吃水（夏季载重线吃水）。

（3）对防撞舱壁前面的所有舱，按最深分舱载重线的装载状态，且不限制垂向破损范围算得的S_i值必须等于1，否则即认为破舱稳性不合格。

（4）如果在所考虑的吃水线以上设有水平分隔，则可按以下两种方法处理。

第一种方法，对水平分隔以下的舱按式（3-19）计算所得的值S_i，乘上一个缩减因数V_i，表示对该水平分隔以上舱不浸水的生存概率的缩减。

第二种方法，如果以水平分隔的相邻上下舱同时浸水的情况计算能使指数A增加一个正值，则按式（3-19）算得的S_i乘以因数$(1-V_i)$。

因数V_i按下式计算：

$$V_i = \frac{H-d}{H_{max}-d} \text{（取不大于 1）} \quad (3\text{-}22)$$

式中：H——假定限制垂向破损范围的水平分隔在基线以上的高度，m；

d——在船长中点处从基线至所述水线间的垂直距离，m；

H_{max}——在基线以上最大可能的垂向破损范围，m。

$$H_{max} = d + 0.056L_S\left(1-\frac{L_S}{500}\right) \quad (L_S \leqslant 250\text{ m})$$

$$H_{max} = d + 7 \quad (L_S > 250\text{ m})$$

取其中较小者。

（5）计算时每一处所的渗透率按表3-6的规定，取表中“一般货船”的值。

表 3-6 浸水处所的渗透率

处所	一般货船	客船	油船
储物处所	0.60	0.60	0.60
起居处所	0.95	0.95	0.95
机器处所	0.85	0.85	0.85
空舱处所	0.95	—	0.95
干货处所	0.7	0.6	—
液体处所	0 或0.95[1]	0 或0.95[1]	0.95[2]

注：1. 视何者导致较严重后果而定。

2. 装载液体处所一旦破损，应假定所载液体全部流失，并由海水替换至最终水线。

3.3.3　客船的分舱和破舱稳性要求(确定性方法)

客船由于载运乘客的关系,国际公约(SOLAS)及法规对客船的分舱和破舱稳性要求比较高。除个别情况以外,所有海洋客船(载客人数超过 12 人的船舶)都必须满足分舱和破舱稳性的要求。

按确定性方法计算客船的分舱和破舱稳性时,首先根据型线图计算出可浸长度曲线,然后根据船舶的业务性质(由船的长度、乘客人数、乘客处所容积、机器处所容积和主船体总容积等因数决定),确定其分舱因数(F),由可浸长度和分舱因数计算得许可舱长。许可舱长是对船舶分舱最大长度的限制。再根据实际的分舱情况和破损范围,选取使船破损后的浮态和稳性出现最不利情况的浸水舱或舱组(不能确定时,选择几种可能出现不利情况的舱或舱组分别计算),计算出破舱后的浮态和剩余稳性,校核是否满足规定。计算中,可浸长度曲线和破损舱的进水量应考虑渗透率的影响,浸水舱的数量由分舱因数(F)以及规定的破损范围确定。

非国际航行船舶的客舱(船长小于 80 m),因仅要求任意一舱破损后满足浮态和破舱稳性要求,所以,可以不用计算分舱因数(F),也可以不提供可浸长度曲线。但在船舶设计过程中,先计算出可浸长度曲线有助于对分舱的考虑,减少分舱时的盲目性。

可浸长度曲线的计算原理和方法在船舶静力学中已有介绍,这里不做详细说明。本节主要介绍许可舱长的计算及对单体客船的破舱稳性和浮态的规定(国际航行客船)。对于滚装客船,SOLAS 还有特殊规定。此外,我国法规对双体客船的分舱和破舱稳性也做了具体规定。

1. 许可舱长

许可舱长按下式计算:

$$\text{许可舱长}=\text{可浸长度}\times\text{分舱因数}(F) \tag{3-23}$$

下面对上式中可浸长度和分舱因数的计算分别做说明。

1)可浸长度

在考虑了渗透率影响的可浸长度曲线图上,船长范围内某一点的可浸长度表示:当以该点为中心,舱长为可浸长度的舱在相同的渗透率情况下破损后,船舶下沉和纵倾后正好不至于淹没限界线。限界线一般是指平行于舱壁甲板边线并位于其以下 76 mm 的一条线。渗透率应按法规的有关规定计算;经船检部门同意也可采用详细计算方法求得,此种情况下,各处所渗透率可取表 3-6 规定的值。

2)分舱因数

一定船长的分舱因数由业务衡准数C_S确定。C_S用下式计算:

$$C_S = 72\frac{M+2P}{V+P_1-P'} \quad (P_1>P) \tag{3-24a}$$

$$C_S = 72\frac{M+2P}{V} \quad (P_1\leqslant P) \tag{3-24b}$$

式中:M——限界线以下机器处所的容积加上机器处所前后双层底以上的固定燃油舱的容积,m^3;

P——限界线以下乘客处所的总容积,m^3;

V——限界线以下船舶总容积,m^3;

L——船长,为最深分舱载重线处的垂线间长,m。

$P_1 = KN$，其中$K = 0.056L$，N为乘客人数，如果KN的数值大于全船乘客处所总容积，则P_1应采用全船乘客处所总容积值与 $2KN/3$ 中较大者。

分舱因数F的计算规定如下。

令

$$A = \frac{58.2}{L-60} + 0.18$$

$$B = \frac{30.3}{L-42} + 0.18$$

（1）$L \geqslant 131$ m 的船舶，有

$$F = A \quad (C_S \leqslant 23) \tag{3-25a}$$

$$F = B \quad (C_S \geqslant 123) \tag{3-25b}$$

$$F = A - \frac{(A+B)(C_S - 23)}{100} \quad (23 < C_S < 123) \tag{3-25c}$$

如果$C_S \geqslant 45$，且$0.50 < F \leqslant 0.65$，取$F = 0.5$；如果$F < 0.4$，机舱的分舱有困难时，经主管机关同意，F可取不大于 0.4 的较大值。

（2）$L < 131$ m 的船舶，令

$$S = \frac{3\,574 - 25L}{13}$$

$$F = 1.0 \quad (C_S = S) \tag{3-26a}$$

$$F = B \quad (C_S \geqslant 123) \tag{3-26b}$$

$$F = 1 - \frac{(1-B)(C_S - S)}{123 - S} \quad (S < C_S < 123) \tag{3-26c}$$

（3）对于$C_S < S$和$L < 79$ m 的船舶，$F = 1.0$。当此因数在该船的任何部分不适用时，经主管机关同意，可适当放宽。

3）关于许可舱长的说明

从上述计算可知，许可舱长仅考虑了破舱后船的下沉和纵倾，还没有考虑破舱后船的横倾和稳性，按此许可舱长来分舱还没有达到完整意义上的“许可”，只能称为可能达到的最大许可舱长。所以为满足客船的分舱和破舱稳性的要求，还需要根据分舱因数，以实际船的分舱情况来计算检验，核算在此分舱情况下船舶破损后的浮态和剩余稳性是否都满足要求。除此以外，公约对分舱还有其他一些特殊的规定，这里不再一一详述。

2. 单体客船破舱稳性及浮态的规定

单体客船应对每一种营运状态计算破舱（假定只有一个破洞）情况下的稳性和浮态。

1）破损舱的数量

根据分舱因数的计算结果，确定客船应考虑的同时破损舱的数量。

当$F > 0.5$ 时，考虑任一主舱浸水，这种船称为一舱制船。

当 $0.33 < F \leqslant 0.5$ 时，任意相邻两主舱破损（破 1 道主横舱壁），这种船称为两舱制船。

当$F \leqslant 0.33$ 时，任意相邻三个主舱破损（破 2 道主横舱壁），这种船称为三舱制船。

2）破损范围

（1）纵向范围：3.0 m+0.03L或 11.0 m，取小者。若$F \leqslant 0.33$，则纵向的破损范围实际上增加

至使其包括任何两个相邻的主横水密舱壁。

（2）横向范围：在最深分舱载重线处，自舷侧向中心线$B/5$的距离。

（3）竖向范围：自基线向上无限制。

（4）如小于上述范围的浸水会引起更严重的后果，则应对这种破损情况进行计算。

3）破损后船的浮态

船舶在布置上应使不对称浸水降至最小，如需采用横贯装置来平衡横倾，则平衡所需时间应不超过 15 min，平衡前的最大横倾角应不超过 15°。

船舶破损后以及不对称浸水情况下经采取平衡措施后，其最终状态的浮态要求如下。

（1）在对称浸水情况下，当采用固定排水量法计算时，剩余初稳性高度至少为 0.05 m。

（2）在不对称浸水情况下，一舱浸水的横倾角不得超过 7°，两舱或两舱以上同时浸水时的横倾角不超过 12°。

（3）在任何情况下，船舶浸水的最终状态不得淹没限界线。

4）破损后的剩余稳性

船在破损后以及经平衡后（若有平衡装置），其最终状态的稳性要求如下。

（1）剩余复原力臂曲线在平衡角以外应至少有一个 15° 的正值范围；这个范围可以减小到最小 10°，在这种情况下按（2）所规定的复原力臂曲线下的面积应按 15°/（范围）的比例增加，这个“范围”以度表示。

（2）从平衡角量到下列角度中之较小者之间的复原力臂曲线下的面积应不小于 0.015 m·rad：

①发生继续浸水的角度；

②在一舱浸水时为 22°，或在两舱及两舱以上浸水时为 27°，该角度均从正浮状态量起。

（3）在（1）所述稳性正值范围内的最大剩余复原力臂应不小于按下式计算所得的值，且应不小于 0.1 m：

$$l_{\text{smax}} = \frac{M}{\Delta} + 0.04 \tag{3-27}$$

式中，M为下列三种情况下倾侧力矩中的最大值：全部旅客集中于一舷；在一舷满载降放所有吊架降落式救生艇和筏；风压倾侧力矩（按 IMO 完整稳性中风压倾侧力矩计算方法计算，风压取 120 N/m²）。

此外，在浸水中间阶段，最大复原力臂应不小于 0.05 m；正的复原力臂范围至少为 7°。

上述计算破舱稳性时各处所的容积和面积渗透率取表 3-6 中客船的规定值。

3.3.4　油船的分舱和破舱稳性要求

国际防污染公约（MARPOL 73/78 及 1992 年修正案）从防止造成油类污染的角度，对油船的分舱和破舱稳性做出了规定。此外，船长大于 150 m 的油船以“A 型船舶”勘划载重线时，《载重线公约》对这类船也有破舱稳性的要求，但没有分舱的具体规定。下面根据国际防污染公约的有关规定，介绍油船的分舱和破舱稳性要求。

1. 分舱的要求

防污染公约对油船分舱的要求，主要是基于对货油舱的保护和一旦货油舱破损将油污染降至最低限度的考虑。油船分舱的要求主要有以下三个方面。

1)对货油舱的保护

公约规定载重量 600 t(国内沿海油船放宽到 3 000 t)及以上的油船,在整个货油舱范围内应至少设双层底舱加以保护;载重量 5 000 t 及以上的油船要求在整个货油舱长度范围内设置双层底舱和边舱加以保护,其中对双层底高度等的要求见表 3-7。如果设置了中高甲板,则可替代设双层底舱。双层底舱和边舱不能用于装运货油。

表 3-7 MARPOL 公约对h、w、h_e的要求

载重量DW	双层底高度h	边舱宽度w^*	中高甲板h_e
$600\ \text{t} \leqslant DW < 5\ 000\ \text{t}$	$B/15$,最小值0.76 m	$0.4+\frac{2.4DW}{20\ 000}$, 最小值 0.76 m	—
$DW \geqslant 5\ 000\ \text{t}$	$B/15$或2.0 m, 取小者,最小值 1.0 m	$0.5+\frac{DW}{20\ 000}$或 2.0 m, 取小者,最小值 1.0 m	$h_e \geqslant B/6$或 6 m 中的小者,且$<0.6D$,并且满足下列不等式: $1.1h_e\rho_c g+100\delta p \leqslant d_s\rho_s g$ 式中:h_e—在船底壳板上的货油高度,m; ρ_c—最大货油密度,t/m^3; δp—货油舱用的压力/真空阀的最大调定压力,10^5 Pa; d_s—最小营运吃水,m; ρ_s—海水密度,t/m^3; g—重力加速度,m/s^2,取 9.81 m/s^2

注:每个货油舱容积不超过 700 m^{3}的油船可不设边舱。

2)货油舱长度的限制

每一个货油舱的长度应不超过 10 m 或按表 3-8 计算所得值,取大者。

表 3-8 货油舱的许用长度

纵舱壁数		1(中纵剖面处)	2	3(一道在中纵剖面处)	无纵舱壁
边舱长度		$(0.25b_i/B+0.15)L$	$0.2L$	$0.2L$	$(0.5b_i/B+0.1)L$ 且$<0.2L$
中舱长度	$b_i \geqslant 0.2B$	—	$0.2L$	$0.2L$,左、右舷	—
	$b_i < 0.2B$	—	$(0.5b_i/B+0.1)L$	$(0.25b_i/B+0.15)L$,左、右舷	—

注:L—量自龙骨上面型深 85%处水线总长的 96%,或为该水线处自首柱前缘至舵杆中心线的长度(m),取两者中之大值;

B—船舶型宽(m);

b_i—从船侧到所考虑的货舱纵向舱壁外侧的最小距离(m),在相应于勘定夏季干舷水平面上自舷侧向船内量取。

3)货油舱容积的限制

对货油舱容积的限制是基于将因破损而造成的油污染降至最低限度的考虑。货油舱容积限制的规定如下。

(1)对载重量小于 5 000 t 的油船,如果货油舱仅设双层底舱保护,则每个货油舱的容积不能超过 700 m^3;如果是双底双壳保护,则没有 700 m^{3}的限制。

(2)对载重量 5 000 t 及以上的油船,货油舱的尺度和布置应满足假定流出油量的规定,其中因船侧破损的流出油量Q_c或因舱底破损的流出油量Q_s都不能超过 30 000 m³或 400 $(DW)^{1/3}$，取大者，但最大不超过 40 000 m³。任何一舷边油舱的容积，不得超过假定流出量限额的 75%，任何一个中间货油舱的容积，最大不得超过 50 000 m³。

2. 破损的假定

1）破损部位

在船长（L）范围内，破损部位规定如下。

（1）对$L \leqslant 150$ m 的油船，为除了机器处所以外，相邻横舱壁之间的任何位置（考虑一舱破损），但是如果水密横舱壁的间距小于船侧纵向破损范围，则其中一个横舱壁不能视为有效。

（2）对 150 m< $L \leqslant 225$ m 的油船，为在船长范围内的任何位置，但对处于船尾的机器处所可按单舱浸水处理。

（3）对L >225 m 的油船，在船长范围内的任何位置。

对于以上（2）和（3）的情况，横向水密舱壁的间距至少应为船侧纵向破损范围，才能被认为是有效的，否则这种在纵向破损范围以内的一个或几个横向舱壁应假定不存在。

2）破损范围

根据破损的性质（船底破损、船侧破损以及船底碰擦破损），规范分别规定了纵向、横向和垂向的破损范围，具体规定见表 3-9。如果更小的破损会造成更为严重的后果，则应对此种破损予以考虑。

表 3-9　破损范围

破损方向		纵向范围	横向范围	垂向范围
船底破损	自首垂线起 0.3L内	l_1或 14.5 m，取小者	B/6或 10 m，取小者	基线起B/15或6 m，取小者
	其他部位	l_1或 5 m，取小者	B/6或 5 m，取小者	
船侧破损		l_1或 14.5 m，取小者	B/5或 11.5 m，取小者	无限制
船底碰擦破损（$DW \geqslant$ 20 000 t的双底双壳油船）	$DW \geqslant$ 75 000 t	首垂线起 0.6L	B/3船底任何部分	外壳板破裂
	DW < 75 000 t	首垂线起 0.4L		

注：$l_1 = L^{2/3}/3$，船长L的定义同表 3-8。

3. 破舱稳性的要求

考虑下沉、横倾及纵倾，船舶浸水后的最终水线应位于可能发生继续浸水的任何开口下缘的下方。这些开口应包括空气管、通风筒和以风雨密舱盖关闭的开口，但以水密人孔盖或平舱口盖、小水密油舱口盖、永闭式舷窗及遥控关闭水密滑门等关闭的开口，可以除外。

在浸水最后阶段，不对称浸水所产生的横倾角不得超过 25°，但如果甲板边缘无浸没现象，则这一角度可增大至 30°。

在浸水最后阶段，稳性复原力臂曲线在平衡点以外的正值范围至少为 20°，相应的最大剩余复原力臂，在此 20° 范围内至少为 0.1 m，复原力臂曲线下的面积应不小于 0.017 5 m·rad，在此范围内无保护的开口不应存在（除了该开口所在处所是假定浸水的）。

浸水中间阶段的稳性应被认为是足够的。

借助于机械的平衡装置，例如设有阀门的横贯水平管，不应作为减少横倾角或增加剩余稳性来满足公约要求的措施。

应对部分装载状态和满载状态核算其破舱稳性，这种状态包括与船舶实际浮态、强度及货物积载因数相一致的任何营运吃水。压载状态不予考虑。

破损处所的渗透率按表 3-6 中油船的规定选取。

3.4 船舶最小干舷

3.4.1 概述

干舷是指船舶浮于静水面时，自水面至露天甲板上表面舷边处的垂直距离。通常是指船长中点处载重线上的距离，即

$$F = D - d + t \quad (3\text{-}28)$$

式中：t——甲板边板厚度。

船舶的营运实践表明，装载过重、干舷不足，常常是发生海难事故的一个重要原因。因此，船舶必须具有足够的干舷，这一认识很早就已被人们接受。国际上早在 1930 年就制定了《国际船舶载重线公约》，作为核算船舶最小干舷、限制船舶营运中装载吃水的规则。现行的国际载重线公约是 1966 年签订的（英文缩写为 ICLL66）。国际海事组织 1988 年的议定书对 1966 年国际载重线公约进行了修订，该议定书于 2000 年生效。对于非国际航行船舶以及内河航行船舶，法规根据我国沿海和内河实际情况制定了核算最小干舷的规则。计算方法对国际公约的规则做了简化。

最小干舷是按载重线法规的有关规定计算所得的值。这是为保证船舶安全航行，限制船舶在营运过程中的最大吃水而提出的。规定最小干舷是从两个方面来考虑的。

（1）减少甲板上浪。因船的干舷过低，航行中甲板容易上浪，从而造成船的重量增加，重心升高，初稳性高度下降。严重的甲板上浪，可能冲坏甲板上的设备及封闭设施，影响船员作业和人身安全。

（2）保证一定的储备浮力。干舷大小表征船的储备浮力大小。如果干舷过小，当海水打到甲板上时来不及排水，或甲板上封闭开口被破坏，大量海水灌入船主体内，船舶发生下沉，因储备浮力或稳性不足而沉没或倾覆。

船首甲板最容易上浪，为此，载重线法规还规定了最小船首高度。一般干舷较小的海船，设置首楼的目的主要是减少首部甲板上浪，满足法规最小船首高度的要求。法规对最小干舷规定的基本着眼点是保证船舶具备必要的储备浮力。储备浮力除与干舷有关外，还取决于下列因素。

1. 甲板上浪的程度

船舶的甲板上浪程度与船在波浪中的纵摇及升沉运动的幅度、船舶舷弧的大小、上层建筑的地位和大小有关。当后两个条件相同时，船舶相对于波浪的运动幅度，显然与航区的风浪及船长密切相关。因此，公约根据各海区一年内各时期的风浪情况将其划分为若干“季节区”，同一海区在不同时期也可能分属不同季节区。船在不同季节区内航行，以季节区及船长作为确定最小干舷的基本参数。可见，载重线法规中所定义的季节区与日常生活中所说的冬、夏季属于不同的概念。

季节区分为北大西洋冬季区、夏季区、热带区、夏季淡水区和热带淡水区。冬季区为北纬 35°~36° 以北和南纬 33°~34.5° 以南的一些风浪较大的海域；夏季区对应于蒲氏 8 级以上风力发生频率不超过 10%的海域；热带区对应于蒲氏 8 级以上风力发生频率不超过 1%的海域；淡水区考虑淡水与海水密度对载重线的影响。世界海区中各季节的划分可查阅国际航行海船法规《商船用区带、区域和季节期海图》。我国沿海属于夏季区和热带区。

2. 方形系数C_b、上层建筑及舷弧

C_b影响储备浮力。C_b大者船的水下体积大，储备浮力相对减小，为保持相应的储备浮力，干舷应大些；上层建筑和舷弧都形成一定的储备浮力，故实船的最小干舷可依上层建筑和舷弧的大小适当增减。当然，它们的有效性还应视其开口的封闭条件和位置而定。

3. 水灌进船体内部的可能性

舱口小、水密程度高、货物的渗透率低，则水灌进船体内部的可能性就小，所以其最小干舷可小些。为此，法规根据船体内部灌进水的可能性，把船舶分成两类。

（1）A 型船舶——载运液体货物的船舶，如油船。该类船的货舱口小且封闭条件好，露天甲板的完整性较好，货物的渗透率低，故将其划为一类，称为 A 型船舶，法规对其最小干舷的要求较低。

（2）B 型船舶——不符合 A 型船舶特点的其他船舶，法规对其最小干舷的要求较高。但运木船的甲板木料货本身具有浮力，且可以阻止甲板上浪，所以其最小干舷也可适当降低。

4. 船舶的破舱稳性

船舶的破舱稳性好，即使船体局部破损，水灌进部分主船体内，船舶的安全性也仍有保障。因此船舶的破舱稳性与最小干舷有关。《载重线公约》对船长超过 150 m 的 A 型船舶提出了破舱稳性的要求，同时还规定船长大于 100 m 的 B 型船舶如果破舱稳性满足有关的规定，则最小干舷也可以减小，直至降到与 A 型船舶一样的干舷。

载重线法规确定的最小干舷，主要依船的外部特征确定，故称为形状干舷。法规关于载重线规定的主要内容有：核定干舷的各种条件、最小干舷的计算、载重线标志的勘划等。本节介绍《载重线公约》的部分主要内容。

3.4.2　名词定义和有关规定

1. 干舷甲板

干舷甲板是用于计算干舷的甲板，通常是最高一层露天甲板，该甲板上所有的露天开口有永久性的封闭装置，其下在船侧所有开口有永久性的水密封闭装置。对具有不连续甲板的船舶，露天甲板的最低线及其平行于升高部分甲板的延伸线取为干舷甲板。应船东要求，经主管机关批准，较低一层甲板也可作为干舷甲板，但应符合有关规定，此时干舷甲板以上部分船体在计算最小干舷时视为上层建筑。

2. 船长L、船中和首尾垂线

船长L为量自龙骨板上缘的最小型深 85%处水线总长的 96%，或沿该水线从首柱前缘至舵杆中心线的长度，取大者。对于无舵杆的船舶，船长取为最小型深 85%处水线总长的 96%。如在最小型深 85%处水线以上的首柱外形为凹形，则总长的最前端和首柱前缘都应从该水线以上的首柱外形最后一点垂直投影在该水线上的点量起。龙骨设计成倾斜的船舶，其计量长

度的水线应和最小型深D_{min}的85%处的设计水线平行。船中系指船长的中点。首尾垂线应取自船长的前后两端。首垂线应与在计量长度的水线上的首柱前边重合。

需要注意的是,这里定义的船长与船舶主尺度中定义的船长不同,应根据型线图仔细确定,一旦发生错误,后续的计算都将有错。

3. 计算型深D_1

计算型深D_1是船中处型深加上该处干舷甲板的厚度。当露天甲板上设有敷料时,再加上按$t_1(L-s)/L$计算的值(其中,t_1为敷料平均厚度,s为上层建筑总长)。

4. 船宽 B

除另有明文规定外,船宽 B 指船舶的最大型宽。对于金属船壳的船舶,是从船中处量至两舷肋骨型线,其他材料的船舶从船中处量至两舷船壳的外表面。

5. 方形系数C_b

方形系数C_b由下式确定:

$$C_b = \frac{\nabla}{LBd_1} \tag{3-29}$$

式中:∇——对于金属船壳的船舶是型排水体积,不包括附体,对于其他材料船壳的船舶是量到船体外表面的排水体积,两者均取自d处的型吃水;

d_1——计算型深D_1的85%处的吃水。

6. 上层建筑、封闭上层建筑和上层建筑有效长度E

上层建筑是指干舷甲板上从舷边跨到舷边或侧壁板离舷边向内不大于0.04B的第一层建筑。

封闭上层建筑是一种结构坚固、端壁和侧壁的开口设有符合要求的风雨密关闭装置的上层建筑。当端壁开口关闭时,如上层建筑内的船员不能经过内部通道前往机舱和其他工作处所,则这些上层建筑不能视为封闭上层建筑。

上层建筑有效长度E是指宽度从舷边至舷边,高度不小于标准高度的封闭上层建筑长度;如宽度从舷边内缩,则其有效长度按长度中央处实际宽度与该处船宽之比修正减小;如高度超过标准高度,则还需按实际高度与标准高度之比修正减小,超过标准高度则不予修正。上层建筑的标准高度见表3-10。

表3-10 上层建筑的标准高度

L / m	后升高甲板/m	其他上层建筑/m
≤30	0.90	1.80
75	1.20	1.80
≥125	1.80	2.30

注:长度为中间值的船舶,其标准高度用线性内插法求得。

7. 凸形甲板

凸形甲板是指干舷甲板上,其结构至少与上层建筑一样坚固,但不延伸到船舷两边,宽度至少为船舶宽度的60%以上的建筑;如果没有上层建筑,凸形甲板长度至少为0.6L。凸形甲板的标准高度是上层建筑的标准高度，而不是后升高甲板的标准高度。凸形甲板的有效长度，应为其全长按其平均宽度与船宽B的比例折减。如果凸形甲板的高度小于标准高度，则其有效长度应按实际高度与标准高度的比例折减。

8. 位置 1 和位置 2

位置 1：在露天的干舷甲板上和后升高甲板上，以及位于从首垂线起船长的 1/4 以前的露天上层建筑甲板上。

位置 2：位于从首垂线起船长的 1/4 以后，且在干舷甲板以上至少一个标准上层建筑高度的露天上层建筑甲板上；或位于从首垂线起船长的 1/4 以前，且在干舷甲板以上至少两个标准上层建筑高度的露天上层建筑甲板上。

9. 风雨密和水密

风雨密是指任何海况下水都不会透入船内。水密是指能够在任何方向上具有以适当程度抵抗所需承受的最大水压头压力而防止水透过结构的能力。

10. 船体开口的特别规定

为保证船体的密性要求，《载重线公约》中对船体开口和开口的关闭装置有详细的规定，这里列举主要的几点。

（1）封闭上层建筑上所有出入口的门要求风雨密，门槛高度至少高出甲板 380 mm。

（2）货舱口和其他舱口的结构及保持风雨密的方法要取得主管机关的认可。

（3）通风筒的开口除特殊规定外，应设有钢质或其他相当材料的风雨密关闭设备。在位置 1 的通风筒，围板在甲板以上的高度应至少为 900 mm；在位置 2 的通风筒，围板在甲板以上的高度应至少为 760 mm。

（4）空气管高度在干舷甲板上应至少为 760 mm，在上层建筑甲板上至少为 450 mm。

（5）舱口围板应按其位置具有坚固结构，其在甲板上的最小高度至少应满足在位置 1 时，为 600 mm；在位置 2 时，为 450 mm。

（6）机舱棚出入口应装设符合要求的门。如果在位置 1，门槛高度应至少高出甲板 600 mm；如果在位置 2，门槛高度应至少高出甲板 380 mm。

11.B-60 型船舶和 B-100 型船舶

船长超过 100 m 的 B 型船舶，在计算干舷时，其基本干舷取为 B 型船舶表列干舷值减去对应船长的 B 型船舶表列干舷值与 A 型船舶表列干舷值之差的 60%，这种船称为 B-60 型船舶。B-60 型船舶必须满足下列条件：对船员的保护设施和排水装置是足够的；在位置 1 和位置 2 的舱盖符合有关要求；船长不大于 150 m 时，不包括机舱在内的任意一舱破损时，满足破舱稳性的有关要求；船长大于 150 m 时，机舱破损也应考虑。

当基本干舷的减小值增大到 B 型船舶表列干舷和 A 型船舶表列干舷的总差值（B 型船舶的基本干舷取为 A 型船舶的表列干舷）时这种船称为 B-100 型船舶。B-100 型船舶的破舱稳性要求更高，破舱规定为：船长不大于 150 m 时，不包括机舱在内的任意相邻两舱破损时，应满足破舱稳性的要求；船长大于 150 m 时，机舱作为单独浸水的情况也应考虑。

3.4.3　国际航行船舶最小干舷计算

船舶最小干舷计算中，夏季最小干舷的计算是其他各季节区最小干舷计算的基础。

1. 夏季最小干舷F_{min}计算

$$F_{min} = f_0 + f_1 + f_2 + f_3 + f_4 + f_5 \tag{3-30}$$

式中：f_0——基本干舷，也称为表列干舷，mm；

f_1——船长L <100 m 的 B 型船舶对基本干舷的修正值，mm；

f_2——方形系数对基本干舷的修正值，mm；

f_3——计算型深对基本干舷的修正值，mm；

f_4——有效的上层建筑和凸形甲板对基本干舷的修正值，mm；

f_5——非标准舷弧对基本干舷的修正值，mm。

按上式计算所得的F_{min} <50 mm 时，取$F_{min}=50$ mm；当在位置 1 的舱盖不符合《载重线公约》要求时F_{min}取不小于 150 mm。对于不配备船员的非机动船舶，最小干舷可按计算所得值减小 25%。设计船实取的夏季干舷F_S应不小于F_{min}。

1）基本干舷f_0

《载重线公约》以船长为参数分别给出了 A 型船舶和 B 型船舶的基本干舷。表 3-11 和表 3-12 分别是部分船长的 A 型船舶和 B 型船舶的基本干舷。

表 3-11　A 型船舶的基本干舷

船长/m	干舷/mm	船长/m	干舷/mm	船长/m	干舷/mm	船长/m	干舷/mm	船长/m	干舷/mm
60	573	72	733	84	897	96	1 074	108	1 260
61	587	73	746	85	911	97	1 089	109	1 276
62	600	74	760	86	926	98	1 105	110	1 293
63	613	75	773	87	940	99	1 120	111	1 309
64	626	76	786	88	955	100	1 135	112	1 326
65	639	77	800	89	969	101	1 151	113	1 342
66	653	78	814	90	984	102	1 166	114	1 359
67	666	79	828	91	999	103	1 181	115	1 376
68	680	80	841	92	1 014	104	1 196	116	1 392
69	693	81	855	93	1 029	105	1 212	117	1 409
70	706	82	869	94	1 044	106	1 228	118	1 426
71	720	83	883	95	1 059	107	1 244	119	1 442

注：长度为中间值的船舶，其基本干舷用线性内插法求得。长度超过 365 m 的船舶，其基本干舷由主管机关确定。

表 3-12　B 型船舶的基本干舷

船长/m	干舷/mm	船长/m	干舷/mm	船长/m	干舷/mm	船长/m	干舷/mm	船长/m	干舷/mm
60	573	72	754	84	960	96	1 190	108	1 440
61	587	73	769	85	978	97	1 209	109	1 459
62	601	74	784	86	996	98	1 229	110	1 479
63	615	75	800	87	1 015	99	1 250	111	1 500
64	629	76	816	88	1 034	100	1 271	112	1 521
65	644	77	833	89	1 054	101	1 293	113	1 543
66	659	78	850	90	1 075	102	1 315	114	1 565
67	674	79	868	91	1 096	103	1 337	115	1 587
68	689	80	887	92	1 116	104	1 359	116	1 609
69	705	81	905	93	1 135	105	1 380	117	1 630
70	721	82	923	94	1 154	106	1 401	118	1 649
71	738	83	942	95	1 172	107	1 421	119	1 670

注：长度为中间值的船舶，其基本干舷用线性内插法求得。长度超过 365 m 的船舶，其基本干舷由主管机关确定。

基本干舷f_0实际上是“标准船”的夏季最小干舷。该“标准船”具有以下特征：光甲板（干舷甲板上无上层建筑或凸形甲板）；方形系数$C_b = 0.68$；$\dfrac{L}{D_1} = 15$；首尾具有标准舷弧。通常，设计船与标准船不一样。因此式（3-30）中$f_1 \sim f_5$是对“标准船”夏季最小干舷的修正。

2）$L < 100$ m 的 B 型船舶对基本干舷的修正值f_1

长度为 24~100 m 的 B 型船舶，其封闭上层建筑有效长度E小于船长的 35%时，有

$$f_1 = 7.5(100 - L)\left(0.35 - \frac{E}{L}\right) \tag{3-31}$$

不满足上述条件的船，取$f_1 = 0$。

3）方形系数对基本干舷的修正值f_2

当$C_b > 0.68$ 时，有

$$f_2 = (f_0 + f_1)\left(\frac{C_b + 0.68}{1.36} - 1\right) \tag{3-32}$$

当实船的方形系数$C_b \leqslant 0.68$ 时，取$f_2 = 0$。

4）计算型深对基本干舷的修正值f_3

当$D_1 > L/15$时，因相当于增加型深，所以要求增加干舷值，则

$$f_3 = \left(D_1 - \frac{L}{15}\right)R \tag{3-33}$$

式中：R——系数，当$L < 120$ m时，$R = L/0.48$；当$L > 120$ m时，$R = 250$。

当$D_1 \leqslant L/15$ 时，取$f_3 = 0$。但如船中具有长度不小于 $0.6L$的封闭上层建筑，或具有全通的凸形甲板，或具有延伸全船的分立封闭上层建筑与凸形甲板的组合体时，干舷可按式（3-33）计

算修正(f_3为负值)。此情况下如果上层建筑或凸形甲板的高度小于标准高度,则干舷减小值f_3应乘以实际高度与标准高度之比值。

5)有效的上层建筑和凸形甲板对基本干舷的修正值f_4

$$f_4 = Kf_4' \tag{3-34}$$

式中:K——上层建筑和凸形甲板的总有效长度小于L时f_4'的折扣系数,由表 3-13 查得;

f_4'——上层建筑和凸形甲板的总有效长度等于L时的干舷减少值。当$L = 24$ m时,$f_4' = -350$ mm;$L = 85$ m时,$f_4' = -860$ mm;$L \geqslant 122$ m时,$f_4' = -1\ 070$ mm;船长为中间值者,减少值用线性内插法求得。

表 3-13　系数K的值

上层建筑和凸形甲板的总有效长度		0	0.1L	0.2L	0.3L	0.4L	0.5L	0.6L	0.7L	0.8L	0.9L	L
A 型船舶K值/%		0	7	14	21	31	41	52	63	75.3	87.7	100
B 型船舶K值/%	a. 有首楼,无分立桥楼	0	5	10	15	23.5	32	46	63	75.3	87.7	100
	b. 有首楼,有分立桥楼	0	6.3	12.7	19	27.5	36	46	63	75.3	87.7	100

注:1. 上层建筑和凸形甲板总有效长度为中间值时,K值按线性内插法求得。

2. B 型船舶如首楼的有效长度小于 0.2L,K值应该在情况 a、b 中间用线性内插法求得。

3. B 型船舶如首楼的有效长度大于 0.4L,K值应该取情况 b 的值。

6)非标准舷弧对基本干舷的修正值f_5

当船舶的实际舷弧为非标准舷弧时,应分别计算出前半段和后半段舷弧的不足或多余数S_F和S_A。此外,当实船封闭首、尾楼超过标准高度或为标准高度而其舷弧比干舷甲板大时,实船干舷甲板舷弧可增加一个S值。修正值f_5按下式计算:

$$f_5 = -\left(\frac{S_F + S_A}{2} + S\right)\left(0.75 - \frac{l}{2L}\right) \tag{3-35}$$

式中:l——位于船长L范围内的封闭上层建筑的总长度,m;

S_F——前半部舷弧不足或多余数;

S_A——后半部舷弧不足或多余数;

S——干舷甲板舷弧的增加值。

如封闭首楼或尾楼的高度为标准高度,而有比干舷甲板大的舷弧,或其舷弧相同但高度大于标准高度,S为

$$S = S_P + S_F \quad S_P或S_F = \frac{yL'}{3L}$$

式中:y——在首垂线或尾垂线处上层建筑的实际高度与标准高度之差,mm;

L'——首楼或尾楼的平均封闭长度,取不大于 0.5L,m;

L——船长,m。

舷弧不足或多余数S_F和S_A以及后半部标准舷S_{A0}按法规规定算法计算。根据计算结果,如

S_F和S_A均小于 0，则表示首尾舷弧都不足，需按式（3-35）计算增加干舷；其他情况按以下规定确定。

若$S_F<0$而$S_A>0$，则取$S_A=0$，S_F不变。

若$S_F>0$，则当$S_A>0.75S_{A0}$时，S_F和S_A都不变；当$S_A<0.5S_{A0}$时，$S_F=0$，S_A不变；当$0.5S_{A0}\leqslant S_A\leqslant 0.75S_{A0}$时，$S_F$按比例减小，$S_A$不变。

如舷弧小于标准舷弧，按式（3-35）计算的f_5为正值，则舷弧不足的修正数f_5应加入干舷。如舷弧多余，按式（3-35）计算的f_5为负值，还需满足其他条件后方可减少干舷，详见法规的有关规定。

以上所述的舷弧通常是指干舷甲板的舷弧，如果船舶设有贯通干舷甲板全长且具有标准高度的上层建筑，则舷弧量自上层建筑甲板。此时如上层建筑高度超过标准高度，则舷弧值可增加一个数值，具体见法规相关条款。

2. 季节区最小干舷计算

1）热带区最小干舷F_T

$$F_T=F_S-\frac{1}{48}d_S \tag{3-36}$$

式中：F_S——夏季干舷，mm；

d_S——夏季吃水，即龙骨上缘至实际勘划的夏季载重水线的距离，mm。

热带区最小干舷不得小于 50 mm，对位置 1 的舱口盖不符合法规有关要求的船舶，F_T不得小于 150 mm。

2）冬季区最小干舷F_W

$$F_W=F_S+\frac{1}{48}d_S \tag{3-37}$$

3）淡水区最小干舷F_F

$$F_F=F_S-\frac{\Delta}{40T_{PC}}\times 10 \tag{3-38}$$

式中：Δ——夏季载重水线时的海水排水量，t；

T_{PC}——夏季载重水线处在海水中每厘米吃水吨数，t/cm。

4）热带淡水区最小干舷F_{TF}

$$F_{TF}=F_F-\frac{1}{48}d_S \tag{3-39}$$

5）北大西洋冬季区最小干舷F_{WNA}

$L\leqslant 100$ m 的船舶：

$$F_{WNA}=F_W+50 \tag{3-40a}$$

$L>100$ m 的船舶：

$$F_{WNA}=F_W \tag{3-40b}$$

3. 最小船首高度

船首高度为在首垂线处，自相应于核定夏季干舷和设计纵倾的水线，量到船侧露天甲板上

边的垂直距离，此高度应不小于

$$F_b = \left[6\,075\left(\frac{L}{100}\right) - 1\,875\left(\frac{L}{100}\right)^2 + 200\left(\frac{L}{100}\right)^3\right] \times \left[2.08 + 0.609C_b - 1.603C_{wf} - 0.012\,9\left(\frac{L}{d_1}\right)\right] \tag{3-41}$$

$$C_{wf} = \frac{A_{wf}}{\frac{L}{2} \times B}$$

式中：F_b——计算的最小船首高度，mm；

L——船长，m；

d_1——计算型深D_1的 85%处的吃水，m；

C_b——方形系数；

C_{wf}——$L/2$ 的前体水线面面积系数；

A_{wf}——吃水d_1处$L/2$ 的前体水线面面积，m^2；

B——船宽，m。

法规规定，如上述所要求的船首高度是用舷弧来达到的，则该舷弧应自首垂线量起至少延伸到船长的 15%处；如果它是用设置上层建筑来达到的，则上层建筑应自首柱延伸至首垂线以后至少 0.07L处。为适应特殊作业要求，最小船首高度达不到要求的船舶，主管机关可对其做特殊考虑。

3.4.4　载重线和甲板线标志

为便于识别与监督，法规规定所有船舶均应按规定的式样在船的两舷永久性地勘划载重线和甲板线标志。船舶各种装载情况下的吃水均不得超过航区所对应的季节区的载重线。图 3-2 所示为国际航行船舶的载重线和甲板线标志。对于运木船，应加绘载运甲板木料的载重线标志。

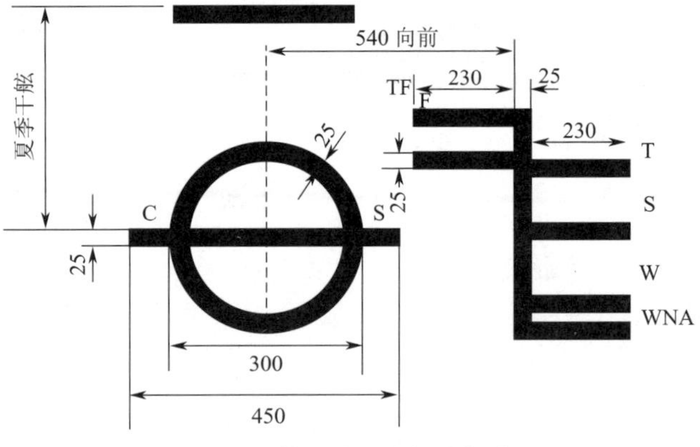

图 3-2　载重线和甲板线标志

注：C，S—中国船级社；S—夏季载重线；W—冬季载重线；WNA—北大西洋冬季载重线；T—热带载重线；F—夏季淡水载重线；TF—热带淡水载重线

图 3-2 中的圆环中心应位于船长L的中点，各载重线段的上边缘为对应的载重水线，与圆环相交的一段水平线的上缘通过圆心，两侧的字母 C、S 为中国船级社的组织标志。圆心距甲板线上缘的垂直距离等于所核定的夏季干舷。

甲板线为长 300 mm、宽 25 mm 的一条水平线。甲板线应标注在船中处的每侧，其上缘一般应经过干舷甲板上表面向外延伸与船壳外表面的交点。有关载重线勘划的详细规定见法规有关条文。

3.4.5 设计中的一些考虑

上面介绍的《载重线公约》对最小干舷的要求，主要是从阻挡波浪涌上甲板和保证一定储备浮力出发，它只是确定干舷的基本因素之一。除此之外，船舶干舷的确定还应考虑完整稳性、破舱稳性、船舶容量、总布置以及其他使用方面的因素。

对于货船来说，干舷的大小主要考虑两方面的要求：一是法规要求的最小干舷值；二是货舱容积要求的型深所确定的干舷值。应根据设计船的使用要求区别处理。通常设计中有如下几种情况。

1. 最小干舷船

对于载运积载因数小($\mu_c < 1.3$)的重货（如煤、矿石等）船，可按《载重线公约》确定其最小干舷，从而确定出船的型深D，这种船称为最小干舷船。这种船按最小干舷确定的型深D，一般也能满足货舱容积的要求。

2. 富裕干舷船

对于载运积载因数较大的轻货船，按《载重线公约》求得的最小干舷所确定的型深D，往往不能满足货舱容积的要求，型深需根据舱容要求确定，船的实际干舷大于最小干舷，这种船称为富裕干舷船。

3. 变吃水船

对于富裕干舷船，在设计时根据法规核算其最小干舷，求得最大装载吃水，按此d_{max}来进行船体结构设计。此时，d_{max}又称结构吃水，一般情况下，装载至满载吃水（设计吃水）；在装重货时，吃水达到d_{max}。根据这种要求设计的船称为变吃水船，显然这种船使用灵活方便，在经济上有时是有利的。

对于客船，其干舷及型深主要取决于破舱稳性。

通常，在设计初期确定主尺度时，可参考母型或统计资料，选取适宜的型深吃水比（D/d），然后核算舱容及最小干舷。随着设计的深入，应注意法规对船壳及甲板开口的封板性、甲板泄水的顺畅性和保证船员安全的有关规定。如水密门、开敞甲板上开口的围板高度及门槛高度、机舱开口的保护、舷窗结构、通风管及空气管的高度和结构、舷墙排水口的大小以及 A 型船的步桥及出入通道等的要求，都应在总布置及结构设计中加以贯彻。

3.5 船舶吨位计算

3.5.1 概述

船舶登记吨位（RT）是指根据国际船舶吨位丈量公约或船籍国政府制定的吨位丈量规则

核定的登记吨位，包括总吨位（GT）和净吨位（NT）。总吨位以全船围蔽处所的总容积（扣除特别规定的免除处所容积以后）来量计，它表征船舶的大小。净吨位按船舶能用于营利部分的有效容积（载货处所容积和以乘客人数折算所得的容积）来量计，它表征船舶营利的能力。由此可见，登记吨位（RT）与载重吨位（DW）的概念完全不同，后者以重量（t）为度量单位。

船舶吨位的作用主要有以下几方面。

（1）作为税收和各类收费的基准。例如关税、保险费、港务费（停泊费、码头费、引水费等）、代理费、运河通航费、进坞费、检验费以及船舶买卖、租借金等，都是以总吨位或净吨位的大小来计算的。

（2）作为船舶统计的量度标准。例如统计一个国家、船级社、运输公司的船舶拥有量时都以登记吨位作为量度标准。

（3）在国际公约、法规和规范中，有些是以总吨位来划分船舶大小等级的，以此来规定设备配备的标准。总吨位大的船舶在设备配备以及安全标准方面要求更高。

（4）作为船舶营运管理的一个标准。例如航运管理部门以总吨位来划分，规定船员的资格等级。

从上述船舶吨位的作用可知，登记吨位与船舶经济性有密切关系。吨位大，船的造价和营运成本就高。由于公约、法规以及有些收费、管理往往是将船舶总吨位划分成若干档次来区别对待的，如在设计中不加注意，使基本上同等载重能力的船在总吨位上增大了一个档次，就会使船舶的造价和营运费用增加很多，因此，应注意尽可能使船舶的总吨位确定在经济上合算和其他方面也有利的限度以内，这一点对中小型船舶尤为重要。有些船东在船舶设计技术任务书中将总吨位的大小作为限制条件之一，在这种情况下，设计中要控制船舶的总容积。

船舶登记吨位的概念起始于海上商船的萌芽时期，目的是寻求一种衡量船舶运载能力和表征船舶大小的标准，作为税收和船舶买卖等的一种依据，船舶吨位的丈量由此而产生。早期，人们曾以装载酒桶数的多少来表征船舶的大小，这种酒桶当时叫作“吨”（Tonneaux），至今仍以“吨位”（Tonnage）来表征船舶大小的单位即源于此。17 世纪末，人们曾利用LBD作为衡准，但由于船深D不易丈量，后改用$L \times B \times B/2$ 作为衡准。这个方法有很多弊病，因为计算公式中只涉及船长和船宽，尤其船宽对吨位影响很大，船东为了少缴税把船造得深而窄，导致稳性不够，造成了不少翻船事故。到 1854 年，英国政府将乔治·摩逊（George Moorsom）提出的用辛普森（Simpson）第一近似积分法计算船舶内部容积，并以 100 ft^3（2.832 m^3）作为“1 登记吨位”的方法纳入了英国商船法规中。摩逊方法是现代船舶登记吨位丈量方法的蓝本。由于历史原因和各国出于各自利益的考虑，吨位丈量的方法不尽一致，特别是在免除处所的规定上有相当大的差别。直到 1969 年，经过联合国“政府间海事协商组织”（国际海事组织的前身）各成员国的努力，通过了《国际船舶吨位丈量公约》，该公约于 1982 年生效，它统一了国际航行船舶的吨位丈量规则。我国于 1980 年参加该公约，成为缔约国之一。至今，苏伊士运河当局还没有接受国际船舶吨位丈量公约，仍采用《苏伊士运河船舶吨位丈量规则》，通过该运河的船舶应按其规则丈量吨位。巴拿马运河船舶吨位丈量方法已于 1994 年与国际船舶吨位丈量规则接轨，新的丈量方法是以国际公约吨位计算中的总容积值为基础，可以用公式换算出巴拿马运河净吨位，该净吨位用于确定船舶通过运河的费用，自此巴拿马运河船舶总吨位的概念废除。

1969 年《国际船舶吨位丈量公约》在摩逊方法的体系上做了较大的修改，虽然其吨位仍体现船舶容积的概念，但已不再是一种容积单位，“1 登记吨位”也不等于 100 ft^3（2.832 m^3），吨位由计算公式确定。此外，该公约将摩逊法丈量内部容积改为丈量型容积，使丈量工作可以在图纸上进行，减少了丈量工作量。

我国海事局最新颁布的《吨位丈量规则（2022）》分别针对海上、内河船舶与浮动设施的吨位丈量方法做出了相关规定，对其适用范围做出了详细说明，其中海上船舶又分为国际海船与国内海船。

本节介绍国际船舶吨位丈量公约中有关吨位计算的主要内容。

3.5.2　国际航行船舶吨位计算

1. 总吨位

船舶总吨位（GT）按下式计算确定：

$$GT = K_1V = (0.2 + 0.02\lg V)V \tag{3-42}$$

式中：V——扣去免除部分后的船舶所有围蔽处所的型容积，m^3。

围蔽处所定义如下：由船体（包括上层建筑和甲板室）外板、固定或可移动的隔壁或舱壁、甲板或盖板所围成的处所，包括主船体（含船体凸出部分）、上层建筑、甲板室、上甲板上固定箱柜及货舱口的风雨密箱形舱口盖等。

免除处所包括以下部分。

（1）上甲板以上且与之分开的不能进入的处所，如桅杆、起重柱、起重机及座、集装箱支承结构物以及截面面积不超过 1 m^2的通风筒等。

（2）锚链筒、海底阀凹穴、侧推器孔道以及建筑物内直接位于其顶甲板上无遮盖的开口下的那部分体积。但无舱盖集装箱船、坞船等敞口载货处所不能免除，此种船舶称为特殊船舶，公约有专门规定。

（3）仅由固定或可移动的天棚遮盖的处所。

（4）部分免除处所。例如：围蔽处所的一端敞开，开口宽度大于 $0.9B$（B为开口处船的宽度），则从该端向内$B/2$ 距离的空间可以免除，其余部分仍为围蔽处所；舷侧有较大开口时，开口长度一段的容积可免除，如仅为单侧开口则只能免除宽度的 1/2；等等。关于部分免除处所的定义，公约有详细的规定。

2. 净吨位

净吨位（NT）按下式计算确定：

$$NT = K_2V_c\left(\frac{4d}{3D}\right)^2 + K_3\left(N_1 + \frac{N_2}{10}\right) \tag{3-43}$$

$$K_2 = 0.2 + 0.02\lg V_c$$

$$K_3 = 1.2\frac{5GT + 10\,000}{10\,000}$$

式中：V_c——各载货处所的总容积，m^3；

d——对应于夏季载重线的型吃水，对于客船 d 为对应于最深分舱的载重线；

D——型深；

N_1——不超过 8 个铺位的客舱的乘客总人数；

N_2——其他乘客数，当$N_1+N_2<13$时，N_1及N_2取为零。

此外，对式(3-43)有以下规定：

(1)$\left(\frac{4d}{3D}\right)^2$不大于1；

(2)$K_2V_c\left(\frac{4d}{3D}\right)^2$不小于$0.25GT$；

(3)NT应不小于$0.3GT$。

3. 关于吨位丈量和计算的说明

1)关于容积计算的精确度

《吨位丈量公约》仅规定量度应取至cm的最近值，对近似积分的计算方法未做具体规定，由各国主管机关决定。我国法规对此做了具体规定，例如对曲面体容积计算，应采用辛普森第一近似积分法，积分时分长点和分深点有明确规定，这些规定是为了保证近似积分结果的统一性。计算时应遵守这些规定，不能任意确定分长点和分深点，也不能采用其他近似积分方法。

2)量计上甲板以下围蔽处所的容积

该容积应分三部分计算：

(1)主体部分——首尾垂线之间；

(2)附加部分——首垂线以前部分和尾垂线以后部分；

(3)突出体部分，如球鼻首、推进器轴毂和流线体等。

3)量计直线型甲板室和货舱口容积

量计时将平均长度、平均宽度和平均高度三者相乘即得容积，流线型甲板室则应按辛普森第一近似积分法量计容积。

4)量计所得的总吨位和净吨位

量计时总吨位和净吨位的数值只取整数部分，小数点后面的数值不要。吨位数后面没有单位。

3.6 防止船舶污染

船舶在航行和停泊中泄漏的油类、有毒物质和排放的废物会对周围水域和大气环境产生污染。这些污染主要包括油类污染、散装有毒液体物质污染、包装的有害物质污染、船舶生活污水污染、船舶垃圾污染及放射性污染等。《国际航行海船法定检验技术规则(2023年修改通报)》与《国内航行海船法定检验技术规则(2022年修改通报)》第五篇分别对航行于国际和国内的船舶做了防止船舶污染的具体规定。在船舶设计和使用过程中，对于船舶污染问题，必须遵循法规的要求，予以足够的重视。

1. 防止油类污染

1)一般船舶防止油类污染的规定

《法规》对所有船舶防止油类污染的设备和措施提出了下列要求：

(1)将燃油与压载水分隔；

(2)装设舱底水排油监控和油水分离设备、滤油设备；

（3）在机舱中设置残油（油泥）舱；

（4）装设标准排放接头；

（5）实施燃油舱保护。

2）油船防油污结构和设备要求

（1）油船上应设置污油水舱，以便保留洗舱后的污油水，污油水舱的总容量一般不得小于船舶载油量的 3%。

（2）凡载重量为 20 000 t 及以上的新原油油船及载重量为 30 000 t 及以上的新成品油船，均应设置专用压载水舱。专用压载水舱的容量应满足如下的压载吃水要求：

船中部型吃水不小于$d_{\mathrm{m}}=2.0+0.02L$；

首、尾垂线处吃水差不大于 $0.015L$；

船尾垂线处吃水必须使螺旋桨全部浸没。

（3）载重量为 20 000 t 及以上的新原油油船应装有原油洗舱系统。

（4）关于油船双壳结构的规定。1989 年 3 月，超级油船“埃克森·瓦尔迪兹”（Exxon Valdez）号在美国阿拉斯加州威廉王子湾触礁，造成 33 275 t 原油泄漏污染海洋的严重事故，这一事件引起了世界各国的普遍关注。美国率先于次年颁布了《美国 1990 年防油污染法》，对新建油船提出了双壳船体结构的要求。IMO 海洋环境保护委员会（MEPC）第 32 次会议通过了 MARPOL 73/78 附则一的修正案。该修正案于 1993 年 7 月 6 日生效，规定 50 000 DWT 及以上的油船应采用双壳船体结构。关于油船双壳船体结构的具体要求如下。

①边舱的宽度b：

$$b=0.5+\frac{DW}{20\,000}\quad\text{或}\quad b=2\ \mathrm{m}$$

取小者，但不得小于 1 m。

②双层底舱高度h：

$$h=B/15\quad\text{或}\quad h=2\ \mathrm{m}$$

取小者，但不得小于 1 m。

2. 防止散装运输有毒液体物质污染

有毒液体物质主要分为三类：X 类，该类物质从洗舱或排除压载的作业中排放入海将会对海洋资源或人类健康产生重大危害，因而严禁向海洋环境排放；Y 类，该类物质从洗舱或排除压载的作业中排放入海将会对海洋资源或人类健康产生危害，因而对排放入海的这类物质的质和量应采取限制措施；Z 类，该类物质从洗舱或排除压载的作业中排放入海将会对海洋资源或人类健康产生较小的危害，因而对排放入海的这类物质应采取较严格的限制措施。上述三类有毒液体物质在《国际散装化学品规则》第十七或第十八章“污染类别”一栏中有具体说明。

为了防止散装运输有毒液体物质污染，《法规》对运输散装有毒液体物质的船舶（NLS 船）的构造、布置和排放操作做了以下的明确规定。

（1）2000 年 1 月以后建造的 NLS 船，应设置泵吸和管路设施以确保装运 X、Y 或 Z 类物质的船在卸载后每个舱内及其附属管路内的残余物不超过 75 L。

（2）禁止把 X、Y 或 Z 类物质的残余物或含有此类物质的压载水、洗舱水直接排放入海，而应排入岸上接收设备。

（3）船舶所在港口或装卸站应有足够的接收设备。

（4）NLS 船应设有一个或几个水下排放口。

（5）水下排放口应位于液货舱舭部，排放口的直径和布置要满足法规的规定。

（6）在非限制海域允许将 X、Y 或 Z 类物质的残余物或含有此类物质的压载水、洗舱水排放入海时，应符合以下的排放标准：自航船的航速至少为 7 kn，非自航船的航速至少为 4 kn；在水线以下通过水下排放口进行排放；排放时距离最近陆地不少于 12 n mile，海域水深不小于 25 m。

3. 船舶生活污水的处理

为了防止船舶排放生活污水污染环境，《法规》要求在距最近陆地 3 n mile 以内排放生活污水时，船舶应装有认可的生活污水处理装置；如只需在距离最近陆地 3 n mile 以外排放生活污水，船上应装经认可的把生活污水打碎和消毒的装置；如果只需在距离最近陆地 12 n mile 以外排放生活污水，船上可只设容量足够大的集污舱柜，集污舱柜应设有观察生活污水液位的装置；船上应设有便于将生活污水排往接收设备的管路，同时该管路上应装有规定的生活污水标准排放接头。但不论何种情况，都不得将集污舱中储存的生活污水顷刻排光，而应在船舶以不低于 4 kn 的航速在途中航行时，以中等速率进行排放；或船上装有经认可的生活污水处理装置正在运转，其试验结果已写入该船的"国际防止生活污水污染证书（1973）"，同时排出的污水在其周围的水域中不产生可见的漂浮固体，也不使变色。当生活污水混有废弃物或废水，针对不同的排放要求，应按较严格的要求处理。

船舶生活污水处理方式有三种类型。

（1）储存柜式：在船上设置储存柜，当船舶航行于内河或沿海时，将生活污水储存于柜内；船舶到港时由岸上接收装置接收（或派船接收），或船舶航行至非限制海域排放入海。

（2）处理排放式：在船上设置生活污水处理装置，将生活污水净化、消毒，达到排放标准后排放到舷外。

（3）再循环式：将生活污水经过处理装置处理后的液体作为再循环冲洗介质，液体再循环前，一般需经过滤、澄清、添加化学药剂杀菌及改变冲洗介质的外观（加染料）处理。

4. 船上垃圾的处理

船舶在营运过程中会产生各种垃圾，包括生活垃圾、运行垃圾、货舱垃圾等。生活垃圾有厨房垃圾（食品残渣、罐头盒等）、居住舱室垃圾和生活污水处理装置中的污泥等；运行垃圾有各种废油、油泥以及工作用品的废弃物（如棉纱头、橡皮和金属等）；此外，还有来自清扫货舱的各种垃圾，如垫舱物、包装材料和破损货物等。这些垃圾必须妥善处理，不能随意抛卸。

船上垃圾的处理方法主要有以下几种。

1）直接投弃法

当船舶在管制海域时，先将垃圾保存在船上，待船舶航行到非限制海域时，再将垃圾直接排放入海。此法的缺点是垃圾储存时会腐烂而产生臭气、不卫生。

2）粉碎处理法

用粉碎机将垃圾粉碎，使其粒度达到排放要求后再排放入海。长期航行在禁止投弃垃圾海域的船舶可在舷侧设置一个储存柜，粉碎后的垃圾储存在里面，当船舶航行至非限制海域时再排放。

3）焚烧处理法

将可燃烧的垃圾（固体垃圾和液体垃圾）送入焚烧装置内焚烧掉。垃圾焚烧装置主要由焚烧炉、燃烧器、风机、废油柜、燃油泵及电气控制箱等组成。

焚烧处理法有很多优点：垃圾焚烧前不需要分类；垃圾焚烧后减容（减重）比大，如减重可达 97%~99%；处理后的残渣稳定，其排放不受海区的限制；二次污染小。其缺点是需要消耗一定的能源（燃油），但如能设法利用焚烧的热量，则会收到较好的效益。

3.7　船舶防火

3.7.1　概述

船舶火灾是船舶遇难的一个主要因素，也是最危险的事故之一。它不仅会造成重大的经济损失，还会使人员的生命安全受到严重的威胁。因此，预防和控制火灾的发生以及一旦发生火灾及时地发现和有效地将其扑灭，是船舶消防的主要任务。

《国际航行海船法定检验技术规则（2023 年修改通报）》第四篇中对船舶消防（构造——防火、探火和灭火）的要求做了严格的规定。这些规定反映了人们对维护海上生命财产安全重要性的认识及所采取的对策。船舶设计和建造必须遵守这些规定。

在船舶消防的实践中，人们认识到必须贯彻“预防为主”的消防方针，法规的消防规则也充分地体现了这一方针。船舶消防的基本原则可归纳为以下几点：

（1）用耐热与结构性限界面，将客船划分为若干主竖区；

（2）用耐热与结构性限界面，将船舶的不同处所相互隔开；

（3）限制使用可燃材料；

（4）探知火源区域内的任何火灾；

（5）抑制和扑灭火源处所内的任何火灾；

（6）保护脱险通道或灭火出入口；

（7）灭火设备的即刻可用性；

（8）将易燃货物蒸汽着火的可能性减至最低限度。

物质燃烧的必要条件是：可燃物质、温度和空气中的氧气，三者缺一不可。根据这一条件和上述基本原则，船舶消防的主要措施有以下几个方面。

1. 结构防火

结构防火的作用是，在火灾高温作用下，结构物在一定的时间内不被破坏，不传播火灾，从而起到延缓或阻止火焰蔓延的作用，为人员的撤离和扑灭火灾赢得时间，使火灾造成的损失降到最低。结构防火的主要措施是用耐火的结构性限界面将船上的控制站、通道、起居处所、机器处所及具有失火危险的载货处所等相互隔开。对客船还需设置水平长度不超过 40 m 的主竖区（如果在一层甲板上主竖区的总面积不大于 1 600 m^2，则主竖区的长度和宽度的最大值可增加到 48 m），主竖区的限界面舱壁及甲板是较高等级的耐火限界面。限界面的耐火分隔等级根据被保护处所的重要性和使用特点来确定。

2. 限制可燃材料和控制可燃物质

在起居处所，由于对舱室的分隔以及隔热、隔声和表面装饰的需要，须设置内装材料。以往的做法是采用大量的可燃材料,如胶合板、刨花板及泡沫塑料等。这些材料的采用增加了舱室的火灾危险性。此类材料以及室内的家具、纺织品和外露表面的油漆、饰面材料等,在火灾时产生的高热及所生成的浓烟和有害气体,都对人员安全造成严重威胁。根据统计,死于火灾的人,其中62%以上是由于烟气中毒而亡。可见,改革传统的舾装材料,严格限制可燃材料,广泛采用不燃材料和低播焰材料,对维护人员安全是很重要的。

控制可燃物质主要是指对易燃油类的使用、贮存和布置进行限制和规定。例如机舱内燃油柜和排气管如果布置不当,可燃液体溅落到炽热的排气管上很容易引起机舱失火。因此,机舱内燃油及滑油等油柜严禁布置在排气管等热源的上方。

3. 通风和热源的控制

船舶失火后,除应迅速切断可燃物质外,另一重要措施是迅速切断空气。因此,一切通风系统的主要进风口和出风口均应能在被通风处所的外部加以关闭,到达操作位置的通道应在失火时不易被切断。

热源(包括火源)的控制在设计建造中的措施主要包括:对排气管及过热蒸汽管进行绝热保护;油船上可能产生火花和火星的设备必须在材料及装置上加以特别注意。

4. 脱险通道的布置和保护

船上发生火灾时,为了让人员能通过最短的距离抵达安全处所,必须有从失火处所到达安全处所的适宜通道,这类通道称为脱险通道。平时供人员使用的出入通道,当符合自身的保护要求时,可以作为火灾时的脱险通道。法规特别对机器处所、起居和服务处所脱险通道的数量、布置和保护有具体的规定。通常,上述处所都要求至少有两个脱险通道,并且应相互远离。

5. 设置探火和报警设备

船舶不可能绝对地完全不发生火灾。一旦发生火灾,如能尽早发现,对扑救和控制火灾十分有利。探火和报警设备能自动、及时地发现火灾的征兆(如烟、热的气流或其他现象),一旦出现这种征兆,能立刻发出警报,呼唤人员采取施救措施。在船舶设计建造中,应根据所保护处所内可燃物的特点,选择适用的探火装置,并按法规要求进行布置和安装。

6. 配备有效的灭火设备

一旦发现火情,灭火设备的合理配置和保证能即刻有效地使用至关重要。船上的灭火设备分为移动式和固定式两类。移动式灭火设备施救初起的小火,例如手提式灭火机、可移式泡沫装置、沙箱和成套消防工具等。固定式灭火设备可以扑救达到一定规模的火灾。固定式灭火设备包括气体灭火系统(目前主要是二氧化碳气体灭火系统)、压力水雾系统、泡沫灭火系统。通常某一处所(如机舱)可选择上述三种灭火系统中的一种来配置。船上固定式灭火系统的配置基于单一故障理论,即只考虑某一处所起火作为扑救对象,而不是考虑几个处所同时起火的情况,这主要是受船舶地位所限。因此,灭火设备的使用不能错过时机,要求一举成功,否则后果不堪设想。

油船货油舱内存在碳氢化合物气体,极易发生爆炸。油船货油舱的防爆措施主要是设置惰性气体系统。惰性气体系统能使货油舱内气体处于惰性状态,从而可起到有效的防爆作用。货油舱的灭火设备主要是甲板泡沫灭火系统。该系统可以有效地扑灭货油舱发生的火灾。

此外,水灭火系统是所有船舶要求必备的灭火设备,因为用水灭火(或用于对设备和结构物的冲刷冷却)对船舶来讲,取之方便,用之有效。以上列举的船舶主要消防措施,在法规中都有详细的规定。由于船舶类型和用途不同,发生火灾的危险程度和后果的严重性有所差别,法规将船舶分为客船、货舱和油船三大类型，且分别做了不同要求的消防规定。我国法规对国际航行船舶的消防要求符合 SOLAS 的有关规定，对国内航行船舶的规定，考虑到建造成本等因素做了适当放宽。

法规关于船舶消防方面的规定和要求涉及的内容很多，限于篇幅，本节仅介绍国际航行货船消防措施中有关结构防火方面的规定，其他方面的内容在相关章节中再做适当介绍。有关船舶消防的各种规定，作为船舶设计人员都应了解，在实际的设计工作中应加以贯彻执行。

3.7.2　有关名词的定义和解释

货船结构防火规则中的名词定义如下。

1. 不燃材料与可燃材料

不燃材料是指加热至约 750 ℃时，既不燃烧，也不放出足量能自燃的易燃蒸气的材料。它是按照《国际耐火试验程序应用规则》确定的。除此以外的其他材料均为可燃材料。

2. 钢或其他等效材料

等效材料是指任何不燃材料本身或由于所设隔热物，当经过标准耐火试验的相应暴火时间后，在结构性和完整性上与钢具有同等效能的材料（例如设有适当隔热材料的铝合金）。

3. 低播焰性

低播焰性是指按照《国际耐火试验程序应用规则》规定确定的其表面能有效地限制火焰蔓延的材料性能。

4. 标准耐火试验

标准耐火试验是指将需要试验的舱壁或甲板的试样置于试验炉内，加温到大致相当于下述标准时间-温度曲线的一种试验。试验应按照《国际耐火试验程序应用规则》规定的方法进行。标准时间-温度曲线是指下式定义的时间-温度曲线：

$$T = 345\lg(8t+1)+20 \tag{3-44}$$

式中：T——平均炉温，℃；

t——时间，min。

5.“A”级分隔

“A”级分隔是由符合下列要求的舱壁与甲板组成的分隔。

（1）它们应以钢或其他等效材料制造。

（2）它们应有适当的防挠加强。

（3）它们的构造应在一小时的标准耐火试验至结束时，能防止烟及火焰通过；

（4）它们应用认可的不燃材料隔热，使在下列时间内，其背火一面的平均温度较原温度增高不超过 140 ℃，且在任何一点包括接头在内的温度较原温度增高不超过 180 ℃：

“A-60”级　60 min

“A-30”级　30 min

“A-15”级　15 min

“A-0”级　0 min

（5）主管机关应要求将原型的舱壁或甲板进行一次试验，以保证满足上述完整性及温升的要求。

6.“B”级分隔

“B”级分隔是由符合下列要求的舱壁、甲板、天花板或衬板组成的分隔。

(1)它们的构造应在最初半小时的标准耐火试验至结束时,能防止火焰通过。

(2)它们应具有这样的隔热值,使在下列时间内,其背火一面的平均温度较原温度增高不超过 140 ℃,且在包括任何接头在内的任何一点的温度较原温度增高不超过 225 ℃:

“B-15”级　　15 min

“B-0”级　　0 min

(3)它们应以认可的不燃材料制成,“B”级分隔的结构和装配所用的一切材料为不燃材料,但是并不排除可燃镶片的使用,只要这些材料符合有关规定。

(4)主管机关应要求将原型分隔进行一次试验,以保证满足上述完整性和温升的要求。

7.“C”级分隔

“C”级分隔应以认可的不燃材料制成,它们不需要满足有关防止烟和火焰通过以及限制温升的要求,允许使用可燃镶片,只要这些材料符合有关规定。

8. 控制站

控制站是指船舶无线电设备、主要航行设备或应急电源所在的处所以及火警指示器或灭火控制设备集中的处所,如驾驶室、海图室、报务室、应急电源室、灭火设备室等。

9. 起居处所

起居处所是指用作公共处所、盥洗室、住室、办公室、医务室、放映室、游戏室、娱乐室、理发室、无烹调设备的配膳室以及类似的处所。公共处所是指用作大厅、餐厅、休息室以及固定围蔽的类似处所。

10. 梯道

梯道是指内部梯道、电梯、自动扶梯(完全设在机器处所内者除外)以及通往上述处所的梯道等环围。至于仅环围于一层甲板的梯道,应作为未被防火门隔开的处所的一部分。

11. 较小失火危险的服务处所

较小失火危险的服务处所是指面积小于4 m^2的小间和贮藏室(贮存易燃液体的处所除外)、干燥室和洗衣间。

12.A 类机器处所

A 类机器处所是指装有下列设备的处所以及通往这些处所的围壁通道:

(1)用于主推进的内燃机;

(2)其他用途的合计总输出功率不小于 375 kW 的内燃机;

(3)任何燃油锅炉或燃油装置。

13. 其他机器处所

其他机器处所是指除 A 类机器处所以外一切其他具有推进机械、锅炉、燃油装置、内燃机、发电机和主要电动机、加油站、冷藏机、防摇装置、通风机和空气调节机械的处所以及类似处所和通往这些处所的围壁通道。

14. 装货处所

装货处所是指所有用作装货的处所以及通往这些处所的货舱围壁及舱口。

15. 较大失火危险的服务处所

较大失火危险的服务处所是指厨房、具有烹调设备的配膳室、油漆间和灯间,面积4 m^2及以上的小间和储藏室，不属于机器处所组成部分的工作间和贮存易燃液体的处所。

16. 开敞甲板处所

开敞甲板处所是指开敞甲板处所和没有失火危险的围蔽的游步甲板处所、露天处所（上层建筑及甲板室外部的处所）。

17. 滚装装货处所

滚装装货处所是指用以载运油箱中装有自用燃料机动车辆的装货处所。

以上各处所的定义适用于货船，客船和油船的各处所定义有所不同，详见法规。

3.7.3　货船的防火结构

根据国际航行货船消防措施的规定，货船结构防火的主要要求如下。

1. 结构材料

船体、上层建筑、甲板室、结构舱壁和甲板应以钢或其他等效材料建造。如结构的材料为铝合金时，“A”和“B”级分隔的部件，除无负荷的结构外，通过耐火标准试验，其隔热层应使结构芯材的温升不超过环境温度 200 ℃。

A 类机器处所的顶盖及机舱棚，应为足够隔热的钢结构，其上的任何开口均应适当布置和保护，以防止火灾蔓延。

起居处所、服务处所内的衬板、衬档、天花板及隔热物若无明文规定不予限制外，均应为不燃材料。

对于允许使用可燃材料的走廊及梯道环围内的所有外露表面，以及包括起居处所、服务处所和控制站内隐蔽或不能到达处所的衬档，均应具有低播焰性。起居处所、服务处所和控制站内天花板的外露表面，也应具有低播焰性。

起居处所、服务处所及控制站内使用的甲板基层敷料应为高温时不易着火和不致产生有毒气体或爆炸性危险的认可材料。

2. 起居处所和服务处所的保护

货船起居处所和服务处所的保护可采取下列三种保护方法之一。

（1）ⅠC 法：在起居处所和服务处所内，以不燃的“B”级或“C”级分隔作为内部分隔舱壁，一般不设有自动喷水器及探火和失火报警系统。

（2）ⅡC 法：在可能发生火源的所有处所，应装设为探火和灭火用的自动喷水器及探火和失火报警系统，一般对内部分隔舱壁的形式不予限制。

（3）ⅢC 法：在可能发生火源的所有处所设有固定式探火和失火报警系统。一般对内部分隔舱壁的形式不予限制，但在任何情况下任一起居处所或用“A”或“B”级分隔的各处所的面积不得超过 50 m^2，对公共处所面积可适当放宽。

上述ⅠC 法和ⅡC 法的主要区别是，ⅡC 法在起居处所和服务处所内设置了自动喷水器及探火和失火报警系统。如果设有这种系统，这些区域内一旦发生火灾现象，探测器探得火灾信号后就能自动启动喷水器，并立即发出声光警报，进而可以运用船上的消防设备去扑救。因此，设置该系统后可以起到延滞火灾蔓延和控制火灾的作用，此时起居处所和服务处所内部分隔舱壁的形式和材料要求就可以降低。

一般情况下，小型船舶起居处所和服务处所面积较小，通常采用ⅢC 法保护，而大、中型船舶较多采用ⅠC 法保护。其原因是自动喷水器及探火和失火报警系统设备比较复杂，平时需要经常维护方可保证即时使用。油船规定只准采用ⅠC法。

3. 舱壁和甲板的耐火完整性要求

船舶不同处所之间作为分隔的舱壁和甲板必须满足所规定的耐火完整性标准。如因船舶的任何特殊结构,使得任何分隔的最低耐火完整性难以从以下规定中确定时,则该耐火等级的确定应取得船检主管机关的同意。

表 3-14 是货船舱壁分隔的耐火完整性要求。表中第 1 列各处所的定义见 3.7.2 节,第 1 行括号内的数字表示第 1 列对应数字的处所。表中的耐火分隔等级就是对应行和列处所之间的耐火分隔要求。例如第 2 行第 4 列的“A-60”表示控制站与起居处所之间的耐火分隔要求为“A-60”级。

表 3-14 分隔相邻处所舱壁的耐火完整性要求

处所	(1)	(2)	(3)	(4)	(5)	(6)	(7)	(8)	(9)	(10)	(11)
控制站(1)	A-0[e]	A-0	A-60	A-0	A-15	A-60	A-15	A-60	A-60	*	A-60
走廊(2)		C	B-0	B-0 A-0[c]	B-0	A-60	A-0	A-0	A-0	*	A-30
起居处所(3)			C[a,b]	B-0 A-0[c]	B-0	A-60	A-0	A-0	A-0	*	A-30
梯道(4)				B-0 A-0[c]	B-0	A-60	A-0	A-0	A-0	*	A-30
较小失火危险的服务处所(5)					A-0[c] C	A-60	A-0	A-0	A-0	*	A-0
A 类机器(6)						*	A-0	A-0[g]	A-60	*	A-60[f]
其他机器处所(7)							A-0[d]	A-0	A-0	*	A-0
装货处所(8)								*	A-0	*	A-0
较大失火危险的服务处所(9)									A-0[d]	*	A-30
开敞甲板处所(10)										—	A-0
滚装装货处所(11)											*[h]

表 3-15 是甲板分隔的耐火完整性要求。表中第 1 行是指所考虑甲板上面的处所,第 1 列是指所考虑甲板下面的处所。例如,当甲板上面是控制站(1),甲板下面是起居处所(3)时,该甲板必须达到“A-60”级耐火分隔要求。

表 3-15 分隔相邻处所甲板的耐火完整性

处所	(1)	(2)	(3)	(4)	(5)	(6)	(7)	(8)	(9)	(10)	(11)
控制站(1)	A-0	A-0	A-0	A-0	A-0	A-60	A-0	A-0	A-0	*	A-60
走廊(2)	A-0	*	*	A-0	*	A-60	A-0	A-0	A-0	*	A-30
起居处所(3)	A-60	A-0	*	A-0	*	A-60	A-0	A-0	A-0	*	A-30

续表

处所	(1)	(2)	(3)	(4)	(5)	(6)	(7)	(8)	(9)	(10)	(11)
梯道(4)	A-0	A-0	A-0	*	A-0	A-60	A-0	A-0	A-0	*	A-30
较小失火危险的服务处所(5)	A-15	A-0	A-0	A-0	*	A-60	A-0	A-0	A-0	*	A-0
A 类机器(6)	A-60	A-60	A-60	A-60	A-60	*	A- 60[i]	A-30	A-60	*	A-60
其他机器处所(7)	A-15	A-0	A-0	A-0	A-0	A-0	*	A-0	A-0	*	A-0
装货处所(8)	A-60	A-0	A-0	A-0	A-0	A-0	A-0	*	A-0	*	A-0
较大失火危险的服务处所(9)	A-60	A-0	A-0	A-0	A-0	A-60	A-0	A-0	A- 0[d]	*	A-30
开敞甲板处所(10)	*	*	*	*	*	*	*	*	*	—	*
滚装装货处所(11)	A-60	A-30	A-30	A-30	A-0	A-60	A-0	A-0	A-30	*	*[h]

注:表 3-14 和表 3-15 中字母和符号的含义如下。

a. 在ⅡC 及ⅢC 防火法中对舱壁不强加特殊要求。

b. 在ⅢC 法中,在面积为 50 m^2及以上的处所之间或处所群之间应装设“B-0”级舱壁。

c. 根据起居处所和服务处所保护方式以及梯道围壁保护要求确定。

d. 当这些处所具有相同的数字类别并有注脚“d”时,只有不同用途的相邻处所才要求表中所列等级的舱壁或甲板,例如在较大失火危险的服务场所中,在两个厨房之间不要求装有舱壁分隔,但油漆间和厨房之间要求有“A-0”级舱壁。

e. 分隔驾驶室、海图室和无线电室的舱壁可以为“B-0”级。

f. 如果不打算用于载运危险货物或危险货物的堆装离开舱壁的水平距离不小于 3 m,则该舱壁可为“A-0”级。

g. 拟用于载运危险货物的装货处应为“A-60”级,除非危险货物堆装离开这种舱壁不小于 3 m。

h. 分隔滚装船装货处所的舱壁和甲板应能适当气密地予以关闭,这样的分隔应在主管当局认为合理和可行的范围内具有“A”级完整性的标准。

i. 经主管当局同意,对于很小失火危险或没有失火危险的其他机器处所可以不设置耐火隔热层。

*. 该分隔要求用钢或其他等效材料制成,但不要求“A”级标准。

4. 耐火分隔上的开口

由于各种需要,作为耐火分隔的舱壁和甲板,往往要设置开口,如人员进出的门、梯道,通风管、电缆等通过的管道等。这些开口的设置不应降低耐火分隔的完整性。法规对耐火分隔上的开口有具体规定,其基本原则如下。

(1)各级耐火分隔上的门应具有与所在分隔相同的耐火等级。

(2)开口截面面积的限制:在满足使用要求的情况下,开口愈小愈好,开口增大,对开口处构造的要求(包括刚度和绝缘材料)将更严格。

(3)开口的构造因耐火等级(A 级或 B 级)、开口所在位置的不同而各不相同。开口的设计,着重考虑不减弱刚度,不削弱阻止热的传递(开口处的热绝缘要求)。

(4)开口处所用的材料,原则上均应为不燃材料。

(5)通风开口应在火灾发生时能关闭。

根据以上原则,设计中应满足以下要求。

(1)耐火分隔上的门应为防火门。防火门的选用应遵循能“提供等效于其所在舱壁的耐火性能”这一规定,即 A 级或 B 级分隔上的门也应为 A 级或 B 级。

(2)起居处所、服务处所及控制站内的梯道应以围壁保护。如果该梯道仅穿过一层甲板,应至少在一个水平面上用至少为“B-0”级分隔及自闭门保护；当梯道穿过多于一层的甲板时，应在每层上至少用“A-0”级分隔环围，并用自闭门保护。

（3）通风导管、电缆、管子以及结构中的桁材等穿过耐火分隔时，应采取措施以保证分隔的耐火性不受损害。各种开口的设计与耐火分隔设计一样，应获得主管机关的批准。

第 4 章　船舶主要要素的确定

4.1　概述

船舶的排水量、主要尺度（长、宽、型深、吃水等）以及船型数（方形系数、棱形系数、水线面系数、中剖面系数等）统称为船舶主要要素。它们是描述船舶几何形状的一些最基本的特征性数据，这些要素对船舶的主要技术性能（诸如快速性、稳性、适航性、容量、总布置）以及船舶的经济性等都有重大的影响，对船舶质量也有决定性作用。因此，恰当地确定这些要素，是船舶总体设计中的一项最基本、最重要的工作。一条船的设计，通常就是由确定这些要素开始的。

确定船舶排水量和主要尺度有几个突出的特点：矛盾错综复杂；问题具有多解；过程逐步近似。

1. 矛盾错综复杂

设计一条新船，要达到浮性、稳性、快速性、操纵性、耐波性、容量、总布置等技术要求，要满足船坞、船台、航道、码头等限制条件，还要得到最佳的经济和社会效益，考虑的因素是很多的。这些因素错综复杂地交织在一起，相互影响，一项性能或指标的改善往往会带来其他性能或指标的恶化，从而产生矛盾。因此，必须综合地考虑可能遇到的各种问题，才能妥善解决多种矛盾，得到好的设计。在船舶设计过程中，这一特点最集中地反映在主要要素的确定中。

2. 问题具有多解

在主要要素确定过程中，待定要素很多，而可以确切写出的方程式只有浮性方程式一个，其余的各种关系式大都是不确定的或是不等式，对应这样一组关系式的解显然是不确定的。因此，如果把满足船东要求的船舶主要要素方案称为可行方案，那么一条船的可行方案可以有很多。由船东提出的各项要求、由设计者制定的各项技术要求及由船舶规范规定的有关条款实际上在设计空间中形成了一个可行域，在此区域中的任意一点都是满足要求的可行方案。

3. 过程逐步近似

上述两个特点带来了第三个特点，即确定主要要素的过程是逐步近似的。

按逐步近似过程进行船舶设计，就可以把复杂的设计工作分为若干个循环，初次近似时只考虑少数最主要的因素，下一次则计入较多的因素，反复进行几次近似，每一次近似都是前一次结果的补充、修正和发展，则经若干次近似之后，总可以得到一个符合要求的设计结果。由此看来，这种逐步近似过程虽然是循环进行的，但却不是简单的重复，而是个螺旋式上升的过程，其特征是每一个循环都提高了复杂程度，但减少了方案数量。第一次循环可从航线及货源出发，拟定几百个不同的主要尺度及船型特征方案，计算出它们的舱容、载重量、稳性、造价等。第一次循环之后，方案即可大大减少，大量造价高或性能不好的方案均被淘汰。第二次循环集中在可行方案范围内探索，得出较佳方案。第三次循环可集中在一个或几个较佳方案及其附近方案进行更深入的计算分析，从而最后确定出最优方案。

读者以后可以发现，确定船舶主要要素时，所利用的各种统计公式及所进行的数学运算都是很简单的。实际上,确定船舶主要要素的关键性工作,不是数学运算,而是分析和选择。例如,确定要素时应考虑哪些因素;各种不同的矛盾之间有怎样的辩证统一关系;在多种复杂的矛盾中如何针对设计船的具体情况抓住主要矛盾;怎样能解决好主要矛盾与其他矛盾之间的关系;如何根据设计船的具体情况确定技术性能适宜数值,以便按这些数值选择最佳方案等。

4.2 选择船舶主要要素考虑的因素

船的主要要素受到一系列因素的制约,航道、码头、泊位和建造、修理条件对主要尺度有限制;船舶的各项技术性能对主要要素有各种要求;船东的要求和设计者所采取的技术措施也影响主要要素的选择;货源、运费、造价和油价等经济因素也对主要要素有影响。选择主要要素时,必须首先对主要要素的各种因素进行研究和综合分析。

4.2.1 选择船长考虑的因素

1. 船长对阻力的影响

在保持排水量不变时,改变船长必然引起L/B及$L/\nabla^{1/3}$的变化,当排水量一定时,选用较大的船长L,则B、d、C_b必然适当减小,L/B、$L/\nabla^{1/3}$随之增加。随着L/B或$L/\nabla^{1/3}$的增加,船体变得瘦长,船体型线的纵向曲率变小,船体兴波区域的型线变得平直,兴波作用趋于和缓,波高变低,兴波作用所消耗的能量减少,兴波阻力随之变小。同时,由于船长增加,尾部型线变得平顺,减少了旋涡的产生,从而减小了旋涡阻力。剩余阻力等于兴波阻力与旋涡阻力之和,所以剩余阻力随船长的增加而减小。

与此相反,摩擦阻力却随船长的增加而增大。这是因为,摩擦阻力与船的湿表面面积Ω成正比,在排水量不变时,Ω随$\sqrt{L}$增加,虽然船长增加时雷诺数也增加,使得摩擦阻力系数稍有下降,但下降很小,抵消不了Ω的增加。所以,当船长增加时,摩擦阻力随之增大。

不同航速下,摩擦阻力和剩余阻力占总阻力的比例是不同的。所以,船长对阻力的影响因船速不同而不同。对低速船($F_n < 0.18$的船)来说,摩擦阻力占总阻力的比例很大,所以总阻力随船长的增加而增大,较短的船长可以获得较低的摩擦阻力,其最低阻力船长较短,如图 4-1(a)所示。高速船($F_n > 0.30$的船)因剩余阻力占总阻力的比例很大,所以总阻力随船长的增加而减小,较长的船长可获得较低的剩余阻力,其最低阻力船长较长,如图 4-1(b)所示。基于上述原因,通常低速船都设计得短而肥,而高速船设计得较为瘦长。

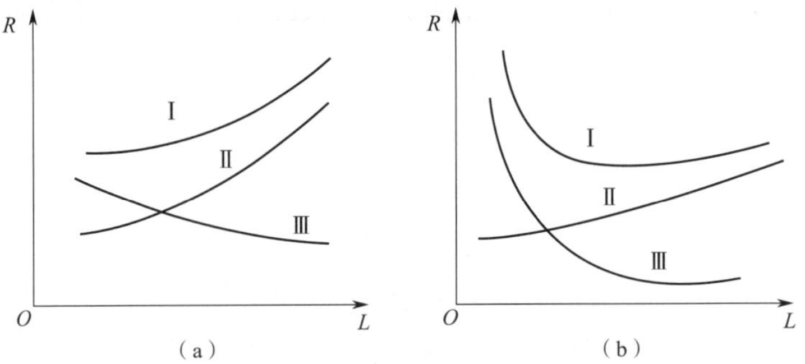

图 4-1 船长对摩擦阻力的影响

Ⅰ—总阻力;Ⅱ—摩擦阻力;Ⅲ—剩余阻力

(a)低速船 (b)高速船

对中高速船（F_n不十分低的运输船），在排水量不变的情况下，随着船长的变化，对应一定航速可以得到总阻力最低的船长L_{opt}，同时也可找到使总阻力开始显著增加的最短船长（称临界船长）。

由于船长增加，船体钢料重量将显著增加，从而引起船的造价及与造价相关的营运开支增加，对经济性不利。因此，民用运输船从营运经济角度出发，常选用阻力稍有增加的较短船长，称其为经济船长L_e。不言而喻，船长不能缩小到总阻力开始显著增加的临界船长，否则，为保证航速将使主机功率增加，耗油量及燃料开支增加，对经济性也是不利的。

经济船长通常受到各方面因素的影响，包括不同国家在不同时期的船舶造价、燃料价格、运费、船体型线研究、船舶动力装置的发展等。从国外造船的发展过程看，在 1973 年石油危机前，运输船设计时，L_e比L_{opt}小很多，以使造价大幅度下降，即使平时耗油量及燃料费用增加，但对总的经济性还是有利的。自石油危机以后，船价的影响没有油价上涨的影响大，因此，减少阻力、降低燃油消耗量就成了主要矛盾，L_e又有加大的趋势。

2. 使用条件及建造条件对船长的限制

确定设计船的长度，首先必须调查该船预定航线上码头、船闸及航道等的具体条件，因为船长往往要受到这些具体条件的限制。对于进入运河或内河的船舶，要考虑航道最小曲率半径对船长的限制，如进入长江口和黄浦江航道的船舶，其总长不能超过 200 m。航道上如设船闸，船进入船闸后，船闸两端应有富裕长度，这就对船舶最大长度有限制，如巴拿马运河船闸长 295 m，限制通航船舶最大长度为不能超过 274.32 m（客船、集装箱船船长允许达到 289.56 m）。

确定船长时，应考虑与航线各港的码头的泊位长度相适应。为方便系缆及节省靠泊费，一般不希望船长大于泊位长度。为此，有的船东在设计技术任务书中往往对船长提出限制。

从建造角度来说，应考虑船坞及船台对船长的限制。船进坞后首尾应留操作间隙，当船体建造采用整体式纵向下水时，选定的船长应保证方便进行尾部的装配及焊接工作。

3. 应考虑总布置对船长的要求

船长应满足舱容和甲板面积的要求，满足布置要求的船长可以作为设计船船长的下限值。对客船和推拖轮等布置地位型船舶，在选取船长时，往往参照相近型船绘出布置草图，以确定设计船满足布置要求的最小船长的数值。

4. 船长对操纵性、耐波性、抗沉性的影响

船长增加对船的回转性不利，因此对回转性要求高的船舶，应尽量使其船长短些。从航向稳定性来说，则与回转性相反，适当增加船长更容易保持航向。

船长主要影响船的纵摇和升沉，增大船长可以使纵摇减轻。当船长大于海上常见波长的 1.3 倍时，纵摇幅值及加速度将不会很大，且增加船长后，$L/\nabla^{1/3}$增加，在海上也较易保持航速，因此，增加船长对耐波性有利。

增加船长对改善抗沉性有利，包括可浸长度增加和海损时稳性损失相对下降。

5. 船长对重量及造价的影响

一般，增加船长会使船体钢料及舾装设备的重量增加，船的造价也会增加。船长对重量影响最大，其次是型宽，再次是型深，吃水及方形系数对重量的影响较小。因此，从造价方面考虑，应尽可能减小船长，这可获得造价上的较大收益。但也应注意，船长过短也可能对经济性不利，因为当船价的影响没有油价上涨影响大时，船长过短使阻力和主机功率增大，引起燃油

费用大幅度增加。

6. 船长应满足浮力要求

任何船舶均应满足浮力与重力平衡的条件，选择船长时，应满足浮性方程式。

从以上论述中可知，选择船长时要考虑多方面的因素，需要解决的矛盾很多，但对具体船舶来说，必有起主导作用的主要矛盾，这个主要矛盾对船长起着决定性作用。在选择设计船船长时，针对具体情况及使用特点，找出影响船长的主要矛盾。例如，港作推拖轮的主要任务是在港区内及锚地拖带顶推其他船舶，要求操纵灵活，回转性能好，故设计时通常取满足布置要求的最小船长。客船的载客舱室、生活舱室多，总布置是影响船长的主要因素，船长通常是按各等级旅客舱室及公共性舱室的布置确定的。集装箱船在满足总载箱量布置要求的前提下，力求选取的船长对快速性有利。对大型油船，在保证货油舱舱容及专用压载水舱舱容所需船长的条件下，力求取经济船长，对经济性有利。

4.2.2 选择船宽考虑的因素

1. 型宽对稳性及耐波性的影响

1）型宽对稳性的影响

Ⅰ. 型宽对初稳性的影响

初稳性高度$\overline{GM}$受稳心半径$\overline{BM}$影响很大，由于$\overline{GM}$正比于B^2，所以，增加型宽B，$\overline{BM}$将迅速增加，因此，型宽B增加，$\overline{GM}$也将迅速增加。也就是说，增加型宽对改善初稳性有显著效果。

Ⅱ. 型宽对大角稳性的影响

增加型宽除可增加初稳性高度外，还对增加大倾角时的恢复力臂起很大作用。型宽增加时，出水及入水楔形体积静矩也增大，因而使船的形状稳性臂增大，此时，如重心及浮心高度基本保持不变，则重量稳性臂也保持不变，那么恢复力臂将显著增加。但型宽增加，甲板边缘的入水角减小，因而使恢复力臂的最大值所对应的横倾角减小。另外，如果由于型宽增加而引起进水角减小，那么会使静稳性曲线提前中断，稳性范围减小，因此，型宽对大角稳性的影响是：在横倾角较小阶段，增加型宽对大角稳性是有利的，但在横倾角较大时是否仍然有利，则视具体情况经过计算才能确定。

2）型宽对耐波性的影响

型宽对耐波性的影响主要反映在对横摇的影响上。船的横摇周期与初稳性高度的平方根成反比，增加型宽，横摇周期减小，引起横摇剧烈。增大型宽对横摇不利，因此，对型宽应加以控制。

2. 型宽对阻力的影响

型宽对阻力的影响没有船长那么大，通常在实用范围内改变型宽对阻力不会造成重大影响。

就摩擦阻力来说，在L、C_b、Δ都不变的情况下，改变型宽也就是改变B/d。试验研究表明，B/d在实用范围内改变，船的湿表面面积变化较小，对摩擦阻力不会产生太大的影响。图4-2 表明B/d变化对湿表面面积的影响，可见B/d可在一个相当大的范围内变动，而湿表面面积变化并不大。

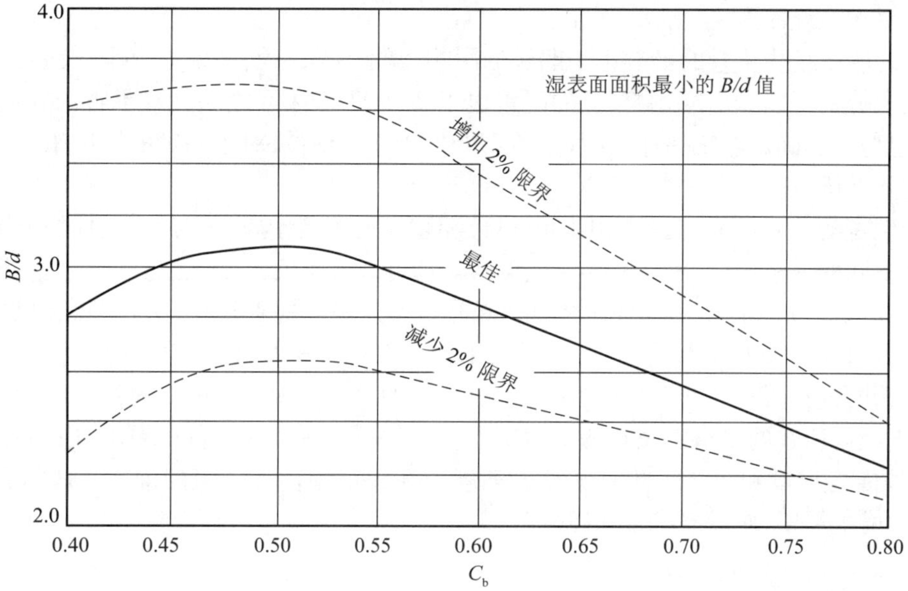

图 4-2　最小浸水面积与B/d关系

对剩余阻力来说，在L、C_b、Δ都不变的情况下，增加B/d会使设计水线变肥，进流角及去流角均增大，一般情况下会加大兴波阻力和旋涡阻力。所以对剩余阻力来说，B/d小一些较为有利。

对$F_n>0.30$的高速船，在Δ、L基本不变的情况下，减小C_b以增加B，对阻力是有利的。特别是对中高速船舶，当C_b与F_n配合偏大的情况下，宜增大B以减小C_b，以改善快速性。

3. 使用条件和建造条件对型宽的限制

型宽的大小受到航道、闸门、桥孔、船坞、船台等宽度的限制，如通航巴拿马运河的船舶，型宽不能超过 32.26 m；通航圣劳伦斯河道的船舶，限宽为 22.86 m。

设计大型船时，要考虑造船厂船台和船坞的具体尺度对型宽的限制。20 世纪 70 年代，建造 2.5 万吨级散货船（郑州号）时，由于受到沪东船厂船台的制约，型宽只能取 23.2 m。在 20 世纪 80 年代初，论证秦申线浅吃水肥大型运煤船时，由于受黄浦江航道的制约，型宽不得超过 32 m。近几年来，我国造船工业有很大发展，许多造船厂均建设了 30 万吨级甚至更大的船坞和浮船坞，造船厂由于船台和船坞限制船舶尺度的情况有了很大改善。

4. 总布置对型宽的要求

增加型宽，可增大舱室宽度，加大甲板面积，增加货舱口的宽度，对船舶的布置及使用一般是有利的。

对于客船及推拖轮、滚装船、集装箱船等布置型船，型宽往往都是通过总布置确定的，将满足总布置要求的型宽作为型宽的下限。

5. 型宽应满足浮力要求

型宽应满足浮性方程式，这对调整重力与浮力平衡也有作用。由于型宽对船体钢料重量和舾装重量的影响低于船长（尤其是大型船舶），故对保证浮力和增加船的载重量而言，减小船长、增大型宽是有利的。

6. 型宽对造价的影响

型宽对船体结构重量的影响小于船长的影响，减小船长以增加型宽，对降低造价有利。

从以上分析可以看出，影响型宽的因素也很多，而不同因素之间又有矛盾，如稳性和横摇。因此，确定型宽和确定船长一样，这些矛盾不能处于同等地位，对于一定的船舶来说，必然能找到一个主要矛盾。

确定型宽的首要任务，就是找出影响设计船型宽的主要矛盾。设计船具体情况不同，其主要矛盾是不同的。

拖轮在工作过程中，往往受到被拖轮舶的急牵，其稳性要求较高，所以型宽通常按稳性要求选用较大型宽。而对于有些船舶，布置要求往往对确定型宽起决定性作用。集装箱船的型宽是按货箱的列数、每列货箱之间的间隙以及甲板的最小宽度确定的。海洋客船、客货船及工作船，由于载运旅客的要求以及在恶劣海况下仍需保持良好工作条件的要求，应当有良好的耐波性，要求横摇尽量和缓。因此对这类船舶就应在保证稳性下限值的前提下，尽可能减小型宽，以增大横摇周期，使横摇尽量和缓。

4.2.3 选择吃水考虑的因素

1. 吃水对快速性的影响

从提高螺旋桨性能来说，选择尽量大些的吃水是有好处的。这是因为增加设计吃水，可加大螺旋桨直径，提高其效率；可加大螺旋桨的埋水深度、降低空泡，有利于螺旋桨工作。在Δ一定时，保持L、B不变，增加吃水d以减小C_b及B/d，会使剩余阻力有所降低，因此对于吃水不受限制的船舶，选用大的吃水对提高螺旋桨工作性能和降低阻力有利。同时，增加吃水，可加大螺旋桨的埋水深度，还能在纵摇时减小螺旋桨出水的可能性，对耐波性也有好处。

一般海洋船舶，其螺旋桨轴的埋水深度至少等于螺旋桨直径。一些小型船舶，如拖轮和渔船，由于功率相对较大，螺旋桨直径也相对较大，为增大螺旋桨轴埋水深度，设计成尾倾斜龙骨，以增加尾吃水。

2. 吃水对其他性能的影响

1）吃水对初稳性的影响

在Δ一定时，增加吃水d，浮心垂向坐标Z将提高，但由于B/d减小，稳心半径$\overline{BM}$减小较大，总的说来，初稳性高度将减小。

2）吃水对大角稳性及抗沉性的影响

在型深D不变的情况下，增加吃水降低了干舷，使储备浮力减小，大角横倾时，甲板边缘提前入水，对抗沉性及大角稳性都是不利的。

吃水深的船在航行时不易产生碰击和漂移，吃水浅的船在海上航行时耐波性较差。

3. 吃水应满足浮力要求

吃水是影响浮力的重要因素之一，选择吃水应满足浮性方程式。从满足浮力角度来说，增加吃水 d 可减小C_b或 L、B，有利于减少船体重量和造价，也有利于快速性。

4. 航道及港口水深对吃水的限制

大型船舶和内河船舶吃水常受航道及港口水深的限制。例如，苏伊士运河航道水深限制通航船舶最大吃水为 16.15 m；巴拿马运河船闸水深限制船舶最大吃水为 12.04 m；圣劳伦斯河道水深限制船舶最大吃水为 9.2 m；上海长江口航道水深为 9 m，可利用潮位为 3 m，考虑富裕水深后，限制通过船舶最大吃水为 9.5 m；大连鲇鱼湾油港，10 万吨级泊位前沿水深为 17 m，15 m 以内吃水的船舶可自由进出。

确定船舶受限制的吃水时应考虑在船底与水底间留有一定间隙，以防搁浅及水底砂石触及船体。水底为泥沙质者间隙可小些，石质者间隙须大些；该处风浪小间隙可小，风浪大则间隙须大些；船小间隙可小，船大间隙须大些；载况稳定、吃水及纵倾变化小的船间隙可小些，载况经常变化、吃水及纵倾变化大的船间隙应大些。航道水深与船舶吃水之间的关系为

$$d = H - \delta H$$

式中：d——设计船吃水，m；

H——航道水深，m；

δH——富裕水深，m。

我国《内河通航标准》（GB 50139—2014）对内河船舶航行于流沙质河床航道的富裕水深做出规定。从规定可知，富裕水深与航道设计水深有关，最大富裕水深为 0.5 m，石质河床另加 0.1~0.2 m。

综上所述，确定吃水主要从限制条件、浮力及螺旋桨的适宜直径几个方面考虑。

4.2.4　选择型深考虑的因素

1. 型深对稳性的影响

在L、B、d均不变的情况下，加大型深D，使船的干舷F增加，当船舶大角度横倾时，形状稳性臂将增加。此时，若船的重心高度Z_g不变，最大静稳性臂及其对应角度和稳性消失角均相应地增大，对稳性有利。但在一般情况下，船的型深加大时，其重心也要相应提高，型深增加，船的重心高度相应提高为δZ_g，则改变l_b后的恢复力臂为

$$l_b = l_{b1} - \delta Z_g \sin\theta_1$$

其中，l_b是否仍比原恢复力臂l_{b1}大，要视δZ_g大小而定。但多数情况下，在实用范围内增加型深，对大角稳性一般是有利的，对初稳性是不利的。

小型沿海船在波浪上的稳性损失对安全性极为不利，而干舷对保证最大复原力臂、甲板边缘入水角及稳性消失角有显著的作用。因此，海洋小型船舶常按保证大角稳性要求来确定型深。

2. 型深对其他性能的影响

1）对淹湿性的影响

吃水d一定时，增加型深D，即加大干舷F，对减少甲板上浪、保持甲板干燥等起重要作用。为了使船舶有较好的淹湿性以保证船舶的安全，我国《船舶与海上设施法定检验规则》中对船舶的最小干舷做了规定。受该规则约束的船舶，其干舷不得小于规范规定的数值。这一点，在确定设计船的型深，特别是设计最小干舷船的型深时，必须加以考虑。

2）对抗沉性的影响

吃水d一定时，型深D大，则干舷F大，船舶储备浮力大。当船舱破损淹水时，型深大的船经下沉后，还可保留一定量的干舷（剩余干舷），而且具有足够的生存力和安全性。对有抗沉性要求的船舶，按该规则计算出要求的许可舱长不能满足总布置的需要，而需将许可舱长加长

时，就需加大型深。

3. 型深对总强度及造价的影响

增加型深，可使船体结构的剖面模数迅速加大，有利于船体的纵向强度。对大型船舶，其结构构件尺度是按强度计算确定的，增大型深D，船体钢料重量一般不会增加甚至会有所下降。按工艺及构造要求（强度不起控制作用）设计的小型船舶，随型深D的加大，船体钢料重量将增加，造价也有所提高。从保证船体结构强度的角度出发，船舶建造规范对船舶的L/D和B/D的最大值做出了规定，若超出规定，即L/D及B/D过大，船过于长扁，抗纵向弯曲强度及弯扭强度差，船检部门是不能同意的。

4. 型深对容量、布置及使用性能的影响

型深的大小直接影响舱容，增加型深是提高舱容的最有效措施。型深的大小也直接影响舱室的高度，小型船舶选择型深时，要注意机舱及生活舱的舱室高度对型深的要求。

当吃水一定时，型深的大小反映了干舷的大小，因此，在选择型深时，必须考虑和趸船干舷的配合，内河短程客船、港内渡船应特别注意这点，否则会影响使用效果。某些工作船的型深大小还会影响作业的效果。

明确了选择型深应考虑的主要因素之后，在确定型深时，应按船舶类型和用途，从不同的角度去处理。

对于载重型船舶、积载因数μ_c小的重货船，按满足载重线规范最小干舷来确定其型深，此时一般也能满足舱容及其他要求；而对积载因数大的轻货船（$\mu_c>1.4\ \mathrm{m^3/t}$），型深按舱容要求确定。

对于布置地位型船舶，其型深主要取决于上甲板以下各层甲板间高度及舱室高度。例如，在内河中航行的小型客船，为了能在干舷甲板下布置舱室，或为了机舱布置，需有一定的舱深，型深常根据住舱和机舱所需的高度确定。

4.2.5 选择方形系数考虑的因素

方形系数C_b是一个反映船体水下部分肥瘦程度的系数，是排水量和各主要尺度间的纽带，在选择主要尺度时，也要同时选择方形系数。

1. 方形系数应满足浮性方程式

根据浮性方程式，方形系数应满足

$$C_b=\frac{\Delta}{k\gamma LBd}$$

方形系数是调节重力与浮力平衡的一个常用的系数。

2. 方形系数对布置的影响

从保证布置地位的观点来看，大的C_b有利于货船舱容的合理利用，对船体内部的舱室布置、机舱布置也是有利的。C_b过小会给布置带来困难，特别是尾机型船舶，若C_b过小，尾部太尖瘦，则不利于机舱的布置；对双桨船还可能导致轴出口过前。

3. 方形系数对船体重量及载重量的影响

当Δ一定时，增大C_b，船的主要尺度即可减小，船体钢料重量亦可减轻，钢料消耗减小，造价降低，同时由于空船重量减轻，载重量可相应提高。

4. 方形系数对阻力的影响

对一般船舶来说，选择C_b主要考虑它对阻力的影响。一般来说，C_b对摩擦阻力影响较小，对剩余阻力的影响较大。当F_n一定时，在F_n等值曲线上可找到一个R_t / Δ最小（阻力最低）的方形系数，称之为最佳方形系数C_{bopt}。各F_n下的C_{bopt}所连成的曲线表明F_n与C_{bopt}的对应关系。另外，在F_n等值曲线上还可找到一个阻力显著增加的方形系数，称之为临界方形系数C_{bk}。随着F_n增加，C_b对R_t / Δ的影响加剧，且C_{bopt}和C_{bk}值减小。这表明，随着航速提高，C_b应相应减小。

所以，从快速性角度出发，对中低速船，选取的C_b不应超过对应的临界方形系数。赛维尔雷夫分析大量资料后得出估算临界方形系数与F_n的关系式为

$$C_{bk} = 1.216 - 2.4F_n$$

显而易见，当Δ一定时，选用接近于临界方形系数的C_b，主要尺度可适当减小，对降低造价有利，但阻力会有所增加。特别是，当C_b超过临界方形系数时，因阻力剧增，以致为达到规定的航速不得不增大主机功率，燃油消耗及燃料开支都要增加，对经济性反而不利。若选用最佳方形系数，虽因船体尖瘦，剩余阻力有望减小，但为保持一定的Δ，主要尺度将增大。这将使湿表面面积增大而导致摩擦阻力增大，而且船体钢料重量增加，导致造价增加。这就需根据具体情况进行综合分析，得出经济上有利的C_b，该方形系数称为经济方形系数C_{be}。

对于中速以上船舶，尤其是高速舰船，因L / B或$L / \nabla^{1/3}$对阻力的影响十分显著，一般C_b小些对快速性总是有利的，故通常选用C_{bopt}。表 4-1 为F_n≥0.30 时，C_b与F_n大体的配合。对应$L / \nabla^{1/3}$或L / B值大者，C_b与棱形系数C_p可用表中大的数值。

表 4-1　C_b、C_p与F_n的配合

F_n	C_b	可用C_p	剩余阻力最佳的C_p
0.30	0.55~0.57	0.58~0.62	0.50~0.52
0.32	0.51~0.56	0.57~0.61	0.50~0.52
0.34	0.50~0.55	0.58~0.60	0.52~0.53
0.36	0.49~0.54	0.56~0.58	0.54~0.56
0.38	0.53	0.56~0.58	0.56~0.58
0.40	0.52	0.59~0.61	0.59~0.61
0.42	0.51	0.60~0.62	0.60~0.62
≥0.44	0.5	0.63~0.65	0.63~0.65

上面分析了选择C_b时应考虑的主要因素。一般来说，C_b主要根据浮力和快速性两个基本条件，再结合总布置地位（舱容和舱内地位的合理利用）和经济性等因素来选择。设计时应根据设计船的具体情况，采用不同的处理方法。

对于载重型船舶，从经济角度考虑，为减小L、B，常选用不引起阻力显著增加的经济方形系数。大的C_b也有利于装货和机舱的布置。但应注意C_b过大对耐波性的不利影响，尤其是中小型船舶，L相对较小，在波浪中运动幅度较大，C_b不宜取得过大，一般C_b不能超过 0.75。

对于布置地位型船舶，如客船、海洋调查船，因L、B受布置地位条件限制，通常其主要尺度较大而排水量相对较小，所以C_b的确定主要是满足重力与浮力平衡的要求，并考虑C_b与F_n的配合。有时，还需考虑螺旋桨直径对吃水的要求、舱内布置等因素，适当调整C_b和d。

对于浅水航行或经常出入河港的小型运输船，如港口供水船及供油船，因航线较短，停港时间相对较长，且吃水受限制，适当加大C_b以减小主要尺度，适应停靠小港的要求，提高营运效率，在经济上也较有利，故其C_b可取接近临界方形系数的值。

拖轮和其他工作船，因船小，相对速度F_n较高，有时临近兴波阻力的"峰区"，而L/B通常又较小，为了降低阻力，利用其不载货的特点，一般取较小的C_b。

4.2.6 小结

综上所述，影响船舶主要要素确定的因素很多，关系很复杂。确定船舶主要尺度时，既要考虑不同尺度要素间的相互影响，又要考虑不同性能间相同或者相反的要求，绝不可片面考虑个别性能要求而不照顾到全局的变化。例如，稳性与横摇二者之间的关系就是如此。稳性和横摇，都直接关系到船舶的安全性，稳性不足或者横摇过剧都会使船舶的安全性受到威胁。因此，从稳性角度来说，虽然增大型宽来加大初稳性高度会使船舶的稳性提高，从而提高船舶的安全性，但也并不是无限制地增大型宽对安全性总是有利的。当型宽增加过大而使初稳性高度过大时，横摇将极度加剧，一些由激烈横摇所引起的严重后果就可能发生，如舱内货物移动引起船舶倾覆；机械设备工作失常而使船舶在风浪中失去控制；船员的工作条件过于恶劣造成工作失误，引起事故等。这说明，型宽如果不适当地增加，超过了一定的界限以后，反倒会使船舶的安全性下降，事物就向相反的方向转化了。从适航性的角度来看也一样，虽然适当减小型宽来减小初稳性高度可以使船舶的横摇和缓，会提高人员的舒适性和船舶的安全性，但过分减小初稳性高度，使船的稳性储备过小，稍遇不利情况，就可能使船处于险境。例如，当船的初稳性高度过小而船中处于波峰时，由于首尾水线面积的大量减少，初稳性高度可能下降到负值，此时如正在顺浪航行，这种负值状态可能持续很长时间，如果该船的大角稳性储备也不足，船就将倾覆。因此，型宽的过分减小也是不允许的，因其会使船的安全性下降，会使事物向相反的方向转化。因此，从安全性角度来说，任何船舶的型宽确定，都不可孤立地考虑稳性，也不可孤立地考虑横摇，而必须考虑二者既矛盾又统一的关系，再联系其他方面的要求，综合权衡，才能合理地确定下来。

综合来看，船长与型宽是对各项性能影响最大也是决定船舶质量的最重要的主要尺度，在船舶主要尺度确定时应予以特别重视。

4.3 确定船舶主要要素的基本原理

4.3.1 确定船舶主要要素的基本思路和流程

从船舶主要尺度确定方法的不同特点来看，可分为两类问题：第一类，影响主要尺度确定的主要因素是船的总布置，这类问题称为布置型问题；第二类，影响主要尺度确定的主要因素是重量、容量或其他要求，这类问题称为非布置型问题。

任何船舶为满足其功能要求，必须有必要的空间（包括舱容和甲板面积）装载货物、载运旅客及安装设备。有些船舶不仅要求舱容或甲板面积达到一定数值，而且由于载运物具有特定的较大外形或所装设备具有较大尺寸，还要求舱室或甲板具有一定形状，这就影响到船舶主要尺度的确定，一般来说，这些船舶的主要尺度就是布置型问题。像集装箱船、滚装船、载驳船、拖轮、客船、工程船、某些小型运输船、某些大件货运输船、军舰等船舶的主要尺度，就主要是靠布置确定的。

另一些像油船、散货船、杂货船等船舶，货物无一定外形，容量只要足够，即可满足要求，货舱形状并无特定限制。这类船舶的主要尺度确定就是非布置型问题。

还有一些特种类型船舶，如滑行艇、水翼艇、气垫船等，其主要尺度确定在很大程度上受水动力特性影响，这也属于非布置型问题。

解决布置型问题的一般思路是：首先根据总布置要求初步拟定船长、型宽及型深的最小值，然后根据尺度比的适宜值对船长、型宽、型深做适当调整，计算重量，选择吃水，计算方形系数，调整各有关数值，使尺度绝对值、尺度比及方形系数协调，然后进行性能校核。如不满足要求，还需调整主要尺度，满足要求即可结束或做经济分析。图 4-3（a）、（b）所示是解决这类问题的两种流程。

大中型油船及大中型散货船的主要尺度确定属典型的非布置型问题。解决这类问题的一般思路是：从重量入手，首先选取载重量系数，然后估算排水量，按适宜尺度比及限制条件等算出主要尺度，重力与浮力平衡后进行性能校核，若满足，则结束或进行经济分析，否则，修改主要尺度重新计算。图 4-3（c）就是解决这类问题的典型流程。

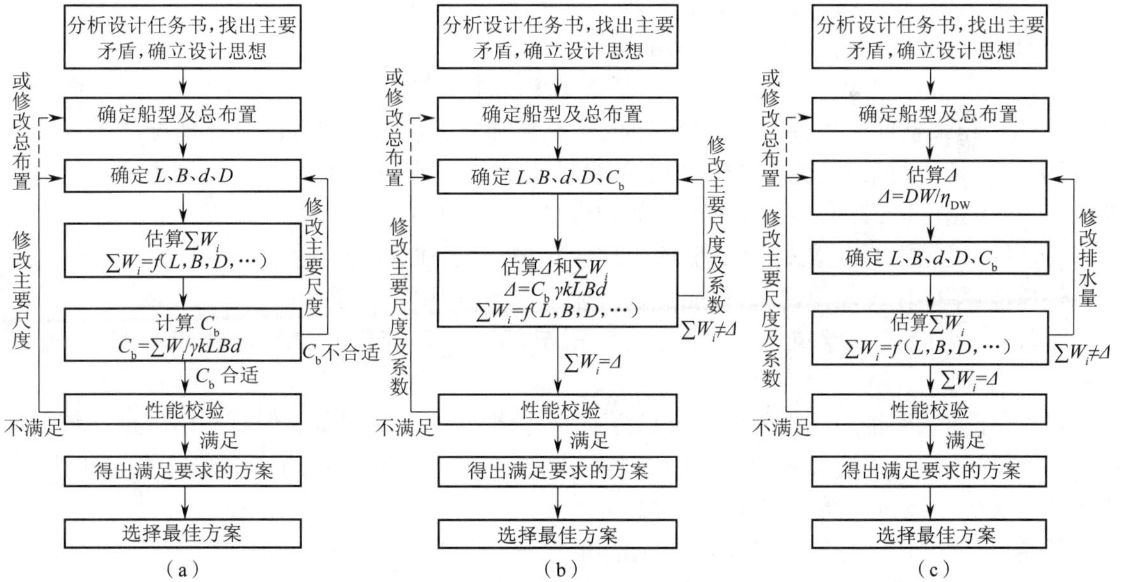

图 4-3　确定船舶主要要素的流程

（a）（b）布置型问题　（c）非布置型问题

船的主要尺度及船型系数是相互联系、相互制约的，船长、型宽、吃水、方形系数及排水量之间既以浮性方程式相联系，又以重量方程式相联系，重力与浮力还应平衡，确定下来的一组主要要素最终要满足对设计船的各项要求，所以船舶的各主要要素并不是孤立地确定的，而是从它们的普遍联系出发,通过分析相互间的关系,并经过一定的逐步近似过程,揭示和解决所遇到的各种矛盾,在相互联系中逐个或同时把各要素确定下来。

图 4-3(a)、(b)、(c)中的最下面一个框"选择最佳方案",在小船设计中一般不进行,只得出满足要求的方案即可。而对于大型船或某项性能要求较高、需做深入探讨选优的船舶,则仅得出满足要求的方案还不行,因为船舶设计中满足要求的方案不是唯一的,初步得到的方案虽然满足设计要求,但不一定是能够满足要求的诸方案中比较好的方案,即所谓的最佳方案,因此,应当通过适当方法寻求最佳方案。

图 4-3 所示各种基本步骤及其他种种不同的确定过程,尽管其做法不同,但一些基本环节是相同的:第一,在分析设计要求的基础上,找出设计船的主要矛盾,确立设计的基本指导思想;第二,初步拟定主要尺度及船型系数;第三,使$\sum W_i = 0$,即重力与浮力平衡;第四,性能校核。

下面将分别说明这几个问题。

4.3.2 确定设计船的基本思想

衡量一条船质量好坏的技术性能及经济指标是多方面的,如前所述,不同性能间往往存在矛盾,任何船的设计都不可能得到所有技术性能和经济指标都最好的设计方案,实际结果必然是有好的方面,也有相对较差的方面。重要的是,在一条船的设计过程中,设计者必须自觉地明确该船设计要达到的首要要求是什么,哪些性能和要求是要争取最优的,哪些要求是要确保达到的,哪些要求只要适当照顾即可,哪些要求是可以放弃的。只有明确了这些基本思想,才能对设计中所碰到的各种问题有清楚的处理原则,进而得到成功的、有特色的设计方案。这些基本思想,就是本节所说的设计船的基本设计思想。

设计一条船时,首先要弄清设计技术任务书中的主要要求和航线港口的限制条件,明确了设计目标及约束条件之后,基本设计思想也就容易确立了。设计目标因具体情况的差异而不同,只有针对具体的某条航线上的某种船的设计要求,才能做出确切分析。但同类船还是有共性的,将共性相比较,其重要程度对不同船舶也是有区别的。

经济性:民船比军船重视;运输船比工作船重视;货船比客船重视。

快速性:军船比民船重视;远洋船比近海船重视;客船比货船重视。

耐波性:小船比大船重视;客船比货船重视;工作船(拖轮、渔船、调查船等)比运输船重视。

稳性:任何船舶都应无例外地满足稳性要求,否则保证不了安全。但有些船的稳性较难保证,因此在设计中应当更加重视。小船比大船重视;客船比货船重视;散货船比干货船重视;干货船比液货船重视;轻货船比重货船重视。

回转性:河船比海船重视;近海船比远洋船重视;工作船比运输船重视。

航向稳定性:远洋船比近海船重视;运输船比工作船重视。

抗沉性:军船比民船重视;客船比货船重视。

上述结论的理由是不难理解的,此处不再赘述。

4.3.3　船舶主要要素的初步拟定

在排水量及主要尺度确定的最初阶段，一般要对设计船的排水量及船长、型宽、型深、吃水、方形系数等要素有个初步估计，以作为逐步近似过程的第一次近似值或作为最优化过程的初始出发点。初始估计值的准确度会影响逐步近似过程的循环次数，但一般对最后结果影响不大，初始估计值与最后结果相差越大，循环次数就越多。估计值越准确，则会越快得到最后结果。

1. 排水量估算

估算排水量的方法很多，大体上可分为两类。

1）重量方程式法（亦称代数法）

该方法将船的各项未知重量表示成以排水量或主要要素为变量的代数形式的重量方程式。

Ⅰ. 以载重量为变量的代数形式的重量方程式

a. 较简单的形式

将船的各部分重量看作与排水量成正比，即

$$\varDelta = LW + DW = W_{\mathrm{h}} + W_{\mathrm{f}} + W_{\mathrm{m}} + DW = C_{\mathrm{h}}\varDelta + C_{\mathrm{f}}\varDelta + C_{\mathrm{m}}\varDelta + DW$$

$$\varDelta = \frac{DW}{1-(C_{\mathrm{h}} + C_{\mathrm{f}} + C_{\mathrm{m}})} = \frac{DW}{\eta_{DW}}$$

式中：η_{DW}——载重量系数；

DW——设计船的载重量。

该方法又称载重量系数法。

η_{DW}表示船舶的载重量占排水量的百分数，可取自相近母型船或统计资料，各类船舶η_{DW}的大致范围见表 4-2。

表 4-2　各类船舶η_{DW}的大致范围

船舶类型	η_{DW}范围	船舶类型	η_{DW}范围
客滚船	0.26~0.51	1 000~2 000 TEU 集装箱船	0.70~0.77
双壳散货船	0.78~0.86	2 000~4 000 TEU 集装箱船	0.72~0.77
矿砂船	0.81~0.88	4 000~8 000 TEU 集装箱船	0.73~0.78
化学品船/油船	0.61~0.76	拖轮/消防船	0.27~0.55
沥青船/油船	0.62~0.68	拖轮/补给船	0.16~0.59
通用型油船	0.55~0.79	拖轮/救生船	0.33~0.48
灵便型油船	0.66~0.81	浮吊	0.52~0.75
巴拿马型油船	0.72~0.84	杂货船	0.51~0.81
阿芙拉型油船	0.84~0.88	液化石油气船	0.44~0.65
超大型油船	0.86~0.89	双体高速船	0.18~0.36
滚装船	0.42~0.67	驳船	0.65~0.87

b. 较精确的形式

可将船各部的重量以如下关系式表示。

船体钢料重量

$$W_{\mathrm{h}}=C_{\mathrm{h}}\varDelta$$

舾装设备重量

$$W_{\mathrm{f}}=C_{\mathrm{f}}\varDelta^{2/3}$$

机电设备重量

$$W_{\mathrm{m}}=C_{\mathrm{m}}\frac{\varDelta^{2/3}v^{3}}{c}\times10^{-3}$$

燃料重量

$$W_{\mathrm{r}}=kg_{\mathrm{r}}\frac{\varDelta^{2/3}v^{3}}{c}\frac{R}{v}\times10^{-3}$$

其他已知重量

$$DW_{\mathrm{r}}=DW-W_{\mathrm{r}}$$

将上述各部重量相加，则得重量方程式

$$\varDelta=C_{\mathrm{h}}\varDelta+C_{\mathrm{f}}\varDelta^{2/3}+C_{\mathrm{m}}\frac{\varDelta^{2/3}v^{3}}{c}\times10^{-3}+kg_{\mathrm{r}}\frac{\varDelta^{2/3}v^{3}}{c}\frac{R}{v}\times10^{-3}+DW_{\mathrm{r}}$$

或

$$A\varDelta+B\varDelta^{2/3}+C=\varDelta$$

按照设计技术任务书给定的续航力R和航速v，根据母型船确定各部重量系数C_{h}、C_{f}、C_{m}及海军部系数c，并计算出其他已知重量，则上式中A、B、C的数值即可确定，解此方程即可求得设计船排水量$\varDelta$。

Ⅱ. 以主要要素为变量的代数形式的重量方程式

这种形式的重量方程式，由于船体钢料重量和舾装设备重量以主要尺度为变量的表达式不同，也有多种形式。例如，船体钢料重量W_{h}和舾装设备重量W_{f}的表达式分别以立方模数LBD为函数，即

$$W_{\mathrm{h}}=C_{\mathrm{h}}(LBD)$$

$$W_{\mathrm{f}}=C_{\mathrm{f}}(LBD)^{2/3}$$

则以主要要素为变量的代数形式的重量方程式为

$$\varDelta=C_{\mathrm{h}}(LBD)+C_{\mathrm{f}}(LBD)^{2/3}+\left(C_{\mathrm{m}}+kg_{\mathrm{r}}\frac{R}{v}\right)BHP\times10^{-3}+DW_{\mathrm{r}}$$

可以看出，式中含有L、B、D及主机的额定功率BHP等未知量。为了求解它们，就必须引入补充条件组成方程式，使方程式的数目与未知量的数目相同。

2）修改母型法（亦称微分法）

通常用下式表示：

$$\varDelta=\varDelta_{0}+\delta\varDelta$$

式中：$\varDelta_{0}$——母型船的排水量；

$\delta\varDelta$——设计船相对于母型船的排水量增量。

该法实质是在母型船排水量的基础上，根据设计船与母型船在设计技术任务书的要求（如DW，v，R等）及技术条件（船体材料、设计技术条件、机型及船的建筑特征等）上的差别，考虑由此而引起的排水量的增量$\delta\Delta$，从而求得设计船的排水量。

由前面所述，船各部重量表示为排水量函数的代数形式的重量方程式为

$$\begin{aligned}\Delta &= C_h\Delta + C_f\Delta^{2/3} + C_m\frac{\Delta^{2/3}v^3}{c}\times 10^{-3} + kg_r\frac{\Delta^{2/3}v^3}{c}\frac{R}{v}\times 10^{-3} + DW_r \\ &= f_h(\Delta, C_h) + f_f(\Delta, C_f) + f_m(\Delta, C_m, v, c) + f_r(\Delta, g_r, v, R, c) + DW_r \\ &= F(\Delta, A, B, C, \cdots) + DW_r\end{aligned}$$

其中，A、B、C分别为确定未知重量的已知参数，可根据设计技术任务书或所采取的技术措施确定。

排水量增量（或全微分）$\delta\Delta$应由以下几部分组成，即

$$\delta\Delta = \delta W + \delta F_0 + \delta F_1$$

式中：δW——设计船相对于母型船的已知重量的增量，这项增量是由设计技术任务书给定的，与排水量无关；

δF_0——设计船因给定的各项技术条件的改变而引起的重量增量，这部分增量是可以计算的，与排水量无关；

δF_1——排水量的改变所产生的各部重量的增量。

增量δW、δF_0将引起排水量的变化，而排水量的变化又必将引起与排水量相关的各部重量产生增量。

下面给出排水量增量的具体求法。

Ⅰ. 求解δF_0

设计船的技术条件与母型船不同，从而引起了各部重量的改变，因此δF_0各组成部分的表达式为

$$\delta F_0 = \delta W_{h0} + \delta W_{f0} + \delta W_{m0} + \delta W_{r0}$$

$$\delta W_{h0} = \frac{\partial W_{h0}}{\partial C_{h0}}\delta C_h = \frac{W_{h0}}{C_{h0}}\delta C_h$$

$$\delta W_{f0} = \frac{\partial W_{f0}}{\partial C_{f0}}\delta C_f = \frac{W_{f0}}{C_{f0}}\delta C_f$$

$$\delta W_{m0} = \frac{\partial W_{m0}}{\partial C_{m0}}\delta C_m + \frac{\partial W_{m0}}{\partial v_0}\delta v + \frac{\partial W_{m0}}{\partial c_0}\delta c = \left(\frac{\delta C_m}{C_{m0}} + \frac{3\delta v}{v_0} - \frac{\delta c}{c_0}\right)W_{m0}$$

$$\begin{aligned}\delta W_{r0} &= \frac{\partial W_{r0}}{\partial g_{r0}}\delta g_r + \frac{\partial W_{r0}}{\partial R_0}\delta R + \frac{\partial W_{r0}}{\partial v_0}\delta v + \frac{\partial W_{r0}}{\partial c_0}\delta c \\ &= \left(\frac{\delta g_r}{g_{r0}} + \frac{\delta R}{R_0} + \frac{2\delta v}{v_0} - \frac{\delta c}{c_0}\right)W_{r0}\end{aligned}$$

Ⅱ. 求解δF_1

由于设计船已知重量增量δW和诸技术条件引起的重量增量δF_0引起设计船排水量相对母

型船有增量，故凡与排水量相关的各部重量必将产生相应的增量，分别以δW_{h1}、δW_{f1}、δW_{m1}、δW_{r1}表示。δF_1各组成部分的表达式为

$$\delta F_1 = \delta W_{h1} + \delta W_{f1} + \delta W_{m1} + \delta W_{r1}$$

$$\delta W_{h1} = \frac{\partial W_{h0}}{\partial \varDelta_0}\delta\varDelta = \frac{W_{h0}}{\varDelta_0}\delta\varDelta$$

$$\delta W_{f1} = \frac{\partial W_{f0}}{\partial \varDelta_0}\delta\varDelta = \frac{2W_{f0}}{3\varDelta_0}\delta\varDelta$$

$$\delta W_{m1} = \frac{\partial W_{m0}}{\partial \varDelta_0}\delta\varDelta = \frac{2W_{m0}}{3\varDelta_0}\delta\varDelta$$

$$\delta W_{r1} = \frac{\partial W_{r0}}{\partial \varDelta_0}\delta\varDelta = \frac{2W_{r0}}{3\varDelta_0}\delta\varDelta$$

将上述所得δF_0及δF_1的表达式代入排水量增量表达式，就得到以排水量为变量的微分形式的重量方程式：

$$\begin{aligned}\delta\varDelta &= \delta W + \delta F_0 + \delta F_1 \\ &= \delta W + \left(\frac{\partial W_{h0}}{\partial C_{h0}}\delta C_h + \frac{\partial W_{f0}}{\partial C_{f0}}\delta C_f + \frac{\partial W_{m0}}{\partial C_{m0}}\delta C_m + \frac{\partial W_{m0}}{\partial v_0}\delta v + \frac{\partial W_{m0}}{\partial c_0}\delta c + \frac{\partial W_{r0}}{\partial g_{r0}}\delta g_r + \right. \\ &\quad \left. \frac{\partial W_{r0}}{\partial R_0}\delta R + \frac{\partial W_{r0}}{\partial v_0}\delta v + \frac{\partial W_{r0}}{\partial c_0}\delta c\right) + \left(\frac{\partial W_{h0}}{\partial \varDelta_0}\delta\varDelta + \frac{\partial W_{f0}}{\partial \varDelta_0}\delta\varDelta + \frac{\partial W_{m0}}{\partial \varDelta_0}\delta\varDelta + \frac{\partial W_{r0}}{\partial \varDelta_0}\delta\varDelta\right)\end{aligned}$$

上式从形式上看似乎较烦琐，其实，当知道了各部重量的表达式后，各项偏导数的计算并不困难。上式可表示为

$$\delta\varDelta = \frac{\delta W + \delta F_0}{1 - \left(\frac{\partial W_{h0}}{\partial \varDelta_0} + \frac{\partial W_{f0}}{\partial \varDelta_0} + \frac{\partial W_{m0}}{\partial \varDelta_0} + \frac{\partial W_{r0}}{\partial \varDelta_0}\right)}$$

令

$$N = \frac{1}{1 - \left(\frac{\partial W_{h0}}{\partial \varDelta_0} + \frac{\partial W_{f0}}{\partial \varDelta_0} + \frac{\partial W_{m0}}{\partial \varDelta_0} + \frac{\partial W_{r0}}{\partial \varDelta_0}\right)}$$

则有

$$\delta\varDelta = N(\delta W + \delta F_0)$$

系数N称为排水量增量系数。

按照本方法最后可得设计船的各部分重量如下。

船体钢料重量：

$$W_h = W_{h0} + \delta W_{h0} + \delta W_{h1}$$

舾装设备重量：

$$W_f = W_{f0} + \delta W_{f0} + \delta W_{f1}$$

机电设备重量：

$$W_m = W_{m0} + \delta W_{m0} + \delta W_{m1}$$

燃料重量：

$$W_r = W_{r0} + \delta W_{r0} + \delta W_{r1}$$

设计船的排水量为

$$\Delta = \Delta_0 + \delta\Delta$$

设计船的主要尺度的增量，按浮性方程式$\Delta_0 = k\gamma L_0 B_0 d_0 C_{b0}$的微分式确定，微分形式为

$$\delta\Delta = \frac{\partial\Delta_0}{\partial C_{b0}}\delta C_b + \frac{\partial\Delta_0}{\partial L_0}\delta L + \frac{\partial\Delta_0}{\partial B_0}\delta B + \frac{\partial\Delta_0}{\partial d_0}\delta d = \frac{\Delta_0}{C_{b0}}\delta C_b + \frac{\Delta_0}{L_0}\delta L + \frac{\Delta_0}{B_0}\delta B + \frac{\Delta_0}{d_0}\delta d$$

$$\frac{\delta\Delta_0}{\Delta_0} = \frac{\delta C_b}{C_{b0}} + \frac{\delta L}{L_0} + \frac{\delta B}{B_0} + \frac{\delta d}{d_0}$$

可根据设计船的技术要求确定应改变哪几个尺度，例如，保持C_b不变，取$\frac{\delta L}{L_0} = \frac{\delta B}{B_0} = \frac{\delta d}{d_0}$，则得

$$\frac{\delta L}{L_0} = \frac{\delta B}{B_0} = \frac{\delta d}{d_0} = \frac{1}{3}\frac{\delta\Delta_0}{\Delta_0}$$

又如，只要方形系数不变，则$\delta C_b = 0$；吃水又有限制，则$\delta d = 0$，任取$\frac{\delta L}{L_0} = \frac{\delta B}{B_0}$，从而可得到

$$\frac{\delta L}{L_0} = \frac{\delta B}{B_0} = \frac{1}{2}\frac{\delta\Delta_0}{\Delta_0}$$

在排水量确定的最初阶段，对载重量型船舶，由于η_{DW}随Δ变化有相对稳定的范围，通常用载重量系数法估算排水量。

对布置型船舶，通常根据总布置及吃水限制先初步拟定L、B、D、d和C_b，然后计算空船重量和载重量，最后确定出初始排水量，即

$$\Delta = LW + DW = W_h + W_f + W_m + DW$$

或者，根据总布置及航速分析初步拟定L、B、D、d、C_b，利用浮性方程式确定初始排水量，即

$$\Delta = k\gamma LBdC_b$$

式中：γ——水的密度，t/m^3，淡水为1.0 t/m^3，海水为 1.025 t/m^3；

k——附体体积系数。

2. 主要尺度及方形系数的初步拟定

主要尺度确定的最初阶段，通常采用母型船修改法和统计法确定主要要素初始值。

母型船修改法：通过分析设计船与母型船在性能要求及限制条件等因素上的区别确定设计船与母型船相比的修改方向，确定出设计船的尺度比、方形系数等无因次系数，再考虑排水量的变化，即可定出主要要素的初始值。

统计法：根据以往设计建造的船舶，对同型船的相应数据进行统计分析，得出适当的统计公式或图表，可以用来估计主要要素的初始值。

1）主要尺度的初始值

Ⅰ. 裘宁公式

$$L_\Delta = c\left(\frac{v}{2+v}\right)^2 \nabla^{1/3}$$

式中：L_{Δ}——排水量船长，m，其与垂线间长L_{pp}的关系为，单螺旋桨或三螺旋桨船巡洋舰尾，$L_{\Delta}=1.01L_{pp}$，双螺旋桨或四螺旋桨船巡洋舰尾，$L_{\Delta}=1.03L_{pp}$。

c——系数，依船种按表 4-3 选取。

表 4-3　系数c的选取

船舶类型	试航速度/kn	c
单螺旋桨客船及货船	10.1~16.5	7.16
双螺旋桨客船及货船	15.5~18.5	7.32
高速邮船	> 20	7.93

上式适用于排水量为 1 600~42 000 t，航速为 8~20 kn 的各类民船。式中系数c如能取自母型船，则会更好。

Ⅱ. 预报现代油船主要尺度的统计式

$$L_{pp}=60.473\ln DW-455.6 \quad (3.5\text{ 万吨}\leqslant DW\leqslant 13\text{ 万吨})$$

$$L_{pp}=9.55\times10^{-3}\ln DW+151.1 \quad (12\text{ 万吨}\leqslant DW\leqslant 22\text{ 万吨})$$

$$B=10.853\ln DW-84.9 \quad (3.5\text{ 万吨}\leqslant DW\leqslant 13\text{ 万吨})$$

$$B=0.75DW^{1/3}+5.05 \quad (12\text{ 万吨}\leqslant DW\leqslant 22\text{ 万吨})$$

$$d=6.546\times10^{-5}DW+8.127 \quad (3.5\text{ 万吨}\leqslant DW\leqslant 13\text{ 万吨})$$

$$d=0.84+0.46DW^{0.3} \quad (12\text{ 万吨}\leqslant DW\leqslant 22\text{ 万吨})$$

$$D=1.2d+3.3 \quad (11\text{ m}\leqslant d\leqslant 16\text{ m})$$

$$D=7.75DW^{0.15}-22.2 \quad (12\text{ 万吨}\leqslant DW\leqslant 22\text{ 万吨})$$

式中：DW——载重量，t。

Ⅲ. 预报 1 万~10 万吨级散货船主要尺度的统计式

$$L_{pp}=8.545DW^{0.2918}$$

$$B=0.0734L^{1.1371}$$

$$d=0.0441L^{1.051}$$

式中：DW——载重量，t；

L——船长，m。

Ⅳ. 预报 0.5 万~2.5 万吨级多用途船主要尺度的统计式

$$L_{pp}=29.4\left(\frac{DW}{100}\right)^{1/3}-17$$

$$B=4.1\left(\frac{DW}{100}\right)^{1/3}$$

$$d=1.9\left(\frac{DW}{100}\right)^{1/3}-1$$

$$D=2.9\left(\frac{DW}{100}\right)^{1/3}-3.1$$

式中符号意义同上。

Ⅴ. 预报适合我国柴油机港作拖轮主要尺度的统计式

$$L_{pp} = 22.8 + 5.57 \times 10^{-3} BHP$$

$$B = 0.225 L_{pp} + 2.04 BHP$$

$$d = 0.1 L_{pp} \pm 0.1$$

式中：BHP——主机的额定功率，kW。

2）方形系数的初始值

Ⅰ. 按浮性方程式计算

当初步选定了主要尺度和初始排水量后，满足浮力要求的C_b为

$$C_b = \frac{\Delta}{k\gamma LBd}$$

式中符号意义同上。

Ⅱ. 根据母型船统计资料或统计公式确定

统计公式的一般形式为

$$C_b = A - B\frac{v}{\sqrt{L}}$$

系数A、B的值见表 4-4。

表 4-4　方形系数统计式中系数A、B的值

作者	A	B	备注
上船研究所	0.943	0.208	大型油船，散货船
诺吉德	1.002	0.432	$\frac{v}{\sqrt{L}} \leqslant 0.874$
Nawaoki	1.21	0.73	—
亚历山大	1.08	0.5	一般可取
	1.04~1.06	0.5	快速货船，集装箱船
	1.01~1.12	0.5	大型油船，散货船
蒋乾伟	1.35	0.8	$\frac{v}{\sqrt{L}} \geqslant 0.70$的货船
	1.00	0.3	$\frac{v}{\sqrt{L}} < 0.70$的货船
	0.995	0.3	$\frac{v}{\sqrt{L}} < 0.70$的油船
大连理工大学	0.912	0.145	上限值，$0.5 \leqslant \frac{v}{\sqrt{L}} \leqslant 0.70$的油船
	0.907	0.165	中值，$0.5 \leqslant \frac{v}{\sqrt{L}} \leqslant 0.70$的油船
	0.915	0.215	下限值，$0.5 \leqslant \frac{v}{\sqrt{L}} \leqslant 0.70$的油船
泰勒公式	1.08	0.5	拖轮

注：表中L可用垂线间长，单位为ft；除拖轮用自由航速外，其他船舶式中速度可用服务航速，单位为 kn。

3）根据主要尺度比估算主要尺度的初始值

选择出$L/B=K_1$，$B/d=K_2$及方形系数C_b，当已知排水量Δ后，就可应用浮性方程式算出L、B、d：

$$\Delta = k\gamma LBdC_b$$

$$L=\sqrt[3]{\frac{\Delta K_1^2 K_2}{k\gamma C_b}}$$

$$B=\frac{L}{K_1}$$

$$d=\frac{B}{K_2}$$

当已知排水量Δ和吃水所受的航道限制时，选择好方形系数C_b，根据选择的$L/B=K_1$，可计算出L、B。

$$L=\sqrt[3]{\frac{\Delta K_1}{k\gamma d C_b}}$$

$$B=\frac{L}{K_1}$$

表 4-5 是各种船舶长宽比L/B和宽度吃水比B/d的一般范围。

表 4-5 各类船舶L/B、B/d的一般范围

船舶类型	L/B	B/d
双体客船	2.68~3.47	5.63~9.93
客滚船	3.78~6.90	2.72~5.38
双壳散货船	5.6~6.87	2.4~3.2
矿砂船	5.93~6.96	2.43~3.13
化学品船/油船	4.71~6.57	2.25~3.85
沥青船/油船	5.63~6.69	2.24~2.71
通用型船舶	3.26~6.75	2.24~3.91

4）按限制条件估算主要尺度

根据航道水深及曲率半径对吃水及船长的限制、港口水深及泊位长度对吃水及船长的限制、修造船厂的船台及船坞尺度对船长及宽度的限制等来估算主要尺度。

5）按总布置估算主要尺度

根据集装箱船集装箱布置所需型宽、船长、型深，客船总布置所需要的甲板面积对$L\times B$或L最小值的限制，推拖轮、渔船及其他小型船舶所要求的最小船长，机舱布置所需最小型宽及型深等来估算主要尺度。

4.3.4 重力与浮力平衡

当初步拟定船舶主要尺度L、B、d、D、C_b和Δ之后，对应这一组初步拟定的尺度，可以计算出设计船的各项重量之和$\sum W_i$,这个最初的排水量Δ与重量$\sum W_i$不一定相等,因此需要进行平衡,使它们相等。重力与浮力的平衡可以有几种做法。

1. 改变载重量

保持浮力不变,也就是保持L、B、d、C_b不变,改变船舶的载重量,从而改变$\sum W_i$,使其与浮力达到平衡。当设计船对载重量没有十分严格的要求时,这种做法是最方便的。

2. 改变浮力

这种方法就是改变L、B、d、C_b等主要要素,则与浮力相关各部分重量也发生变化,即$\sum W_i$中空船重量相应也发生变化,要通过若干次逐步近似,才能使它们达到平衡。

这种平衡方法中简单的一种是用方形系数C_b平衡。按重力等于浮力求出C_b,即$C_b = \sum W_i / (LBd\gamma k)$。这种方法较为粗糙,因为有的重量也与方形系数有关,完全不考虑方形系数对重量(如船体钢料重量)的影响是不恰当的。

当空船重量LW与要求的载重量DW之和与由主要尺度确定的排水量Δ不相等时,使DW具有增量$\delta DW = LW + DW - \Delta = DW - (\Delta - LW)$,为满足重力与浮力平衡的要求,排水量也必有增量$\delta L$。排水量变化后,与排水量相关的空船重量也相应发生变化,这又引起排水量的进一步增加,所以必然是

$$|\delta L| > |\delta DW|$$

令

$$\delta\Delta = N \times \delta DW$$

式中:N——诺曼系数,亦称排水量增量系数。该系数恒大于1.0,这说明排水量的增量永远大于已知重量的增量。

诺曼系数N的具体表达式是由以排水量Δ为变量的代数形式的重量方程式求排水量增量$\delta\Delta$得出的。

$$\begin{aligned}\Delta &= W_h + W_f + W_m + DW \\ &= C_h + C_f \Delta^{2/3} + C_m \frac{\Delta^{2/3} v^3}{c} \times 10^{-3} + DW\end{aligned}$$

全微分,得

$$\delta\Delta = \frac{\partial W_h}{\partial \Delta}\delta\Delta + \frac{\partial W_f}{\partial \Delta}\delta\Delta + \frac{\partial W_m}{\partial \Delta}\delta\Delta + \delta DW = \frac{W_h}{\Delta}\delta\Delta + \frac{2W_f}{3\Delta}\delta\Delta + \frac{2W_m}{3\Delta}\delta\Delta + \delta DW$$

$$\delta\Delta - \frac{W_h}{\Delta}\delta\Delta - \frac{2W_f}{3\Delta}\delta\Delta - \frac{2W_m}{3\Delta}\delta\Delta = \delta DW$$

$$\delta\Delta\left(1 - \frac{W_h}{\Delta} - \frac{2W_f}{3\Delta} - \frac{2W_m}{3\Delta}\right) = \delta DW$$

$$\delta\Delta = \frac{\delta DW}{1 - \frac{W_h}{\Delta} - \frac{2W_f}{3\Delta} - \frac{2W_m}{3\Delta}}$$

$$\delta\Delta = N \times \delta DW$$

其中

$$N=\frac{1}{1-\frac{W_h}{\Delta}-\frac{2W_f}{3\Delta}-\frac{2W_m}{3\Delta}}=\frac{\Delta}{\Delta-W_h-\frac{2W_f}{3}-\frac{2W_m}{3}}$$

上述诺曼系数N的表达式是在考虑船体钢料重量正比于Δ、舾装设备重量正比于$\Delta^{2/3}$、机电设备重量正比于$\Delta^{2/3}$、燃料重量与Δ无关的假定下得出的。

在民船设计中，对各重量项与排水量间的幂次关系可以做如下假定：大致符合实际情况且船体钢料重量W_h正比于排水量Δ；舾装设备重量W_h中，$\frac{3}{5}W_f$正比于$\Delta^{2/3}$，$\frac{1}{5}W_f$正比于$\Delta^{2/3}$，$\frac{1}{5}W_f$与排水量无关；机电设备重量W_m中，$\frac{3}{5}W_m$正比于$\Delta^{2/3}$，$\frac{2}{5}W_m$与排水量无关，则得诺曼系数

$$N=\frac{\Delta}{\Delta-W_h-\frac{2}{3}\left[\frac{3}{5}\left(W_f+W_m\right)\right]-\frac{1}{3}\times\frac{1}{5}W_f}=\frac{\Delta}{\Delta-W_h-0.46W_f-0.4W_m}$$

诺曼系数N确定后，即可按$\delta\Delta=N\times\delta DW$确定排水量增量。

诺曼系数既可用于排水量确定时的重力与浮力平衡计算，也可用于按母型船考虑重量变化时直接确定设计船的排水量。

4.3.5 性能校核

在确定排水量和主要尺度阶段，性能校核一般包括稳性校核、航速校核、干舷校核、容量校核，如有需要，还要进行横摇周期、振动频率和回转半径的校核。

1. 稳性校核

稳性校核包括初稳性校核和大角稳性校核，在主要尺度确定时通常只做初稳性校核。因为在初稳性校核之后，按初稳性高度，根据母型船的大角稳性情况，一般可以判断出设计船的大角稳性如何。只有当把握不大时，才做大角稳性校核。

初稳性校核的内容是估算初稳性高度，并检查其是否符合设计船所要求的数值。

初稳性高度的估算按初稳性方程式进行：

$$\overline{GM}=Z_b+r-Z_g-\delta h$$

式中：$\overline{GM}$——核算状态下的初稳性高度；

Z_b——相应吃水下的浮心垂向高度；

r——相应吃水下的横稳心半径；

Z_g——核算状态下的重心高度；

δh——自由液面对初稳性高度的修正值，一般可直接取自母型船或按实际情况估算。

重心高度Z_g的估算已在前文中介绍，这里就Z_b和r的近似求法进行介绍。

1）按相似母型船资料换算

设计船的静水力要素可按表 4-6 所示的转换关系式换算得到。

表 4-6　按母型船换算静水力要素

要素	换算公式	要素	换算公式
排水量	$\Delta = \Delta_0 lbt$	纵稳心半径	$R = R_0 l^2 / t$
水线面面积	$A_w = A_{w0} lb$	浮心垂向高度	$Z_b = Z_{b0} t$
水线面横向惯性矩	$I_x = I_{x0} lb^3$	浮心纵向高度	$X_b = X_{b0} l$
水线面纵向惯性矩	$I_y = I_{y0} l^3 b$	漂心纵向高度	$X_f = X_{f0} l$
横稳心半径	$r = r_0 b^2 / t$		

表 4-6 中，$l = L / L_0$，$b = B / B_0$，$t = d / d_0$，分式的分子为设计船的各项数据，分母带有下标“0”者为母型船的各项数据。

2）利用近似公式估算

浮心垂向高度Z_b和横稳心半径r可用近似公式估算：

$$Z_b = a_1 d$$

$$r = a_2 \frac{B^2}{d}$$

式中：a_1,a_2——系数，与船型系数C_b、C_w及型线有关，可分别按表 4-7、表 4-8 所列的近似公式计算。

表 4-7　a_1的近似公式

序号	公式名称	a_1	适用情况
1	诺曼	$\left(2.5 - \frac{C_b}{C_w}\right)/3$	适用于 U 形及 V 形横剖面之间的中间剖面
2	波兹秋宁	$\frac{C_w}{C_b + C_w}$	适用于 U 形横剖面，有时结果偏低
3	阿希克	$0.858 - 0.37\frac{C_b}{C_w}$	适用于$\frac{C_b}{C_w} = 0.6 \sim 0.9$，$\frac{C_b}{C_w}$大时偏低
4	诺吉德	$0.5\left(\frac{C_b}{C_w}\right)^{1/2}$	适用于$\frac{C_b}{C_w} > 0.65$，有时偏高
5	方-杰-弗里特	$\frac{1.5C_w - C_b}{2C_w - C_b}$	适用于 V 形横剖面
6	薛安国	$0.948 - 0.68\frac{C_b}{C_w} + 0.23\left(\frac{C_w}{C_b}\right)^2$ $0.5\left(\frac{C_w}{C_b}\right)^{0.437}$	适用于我国海洋干货船、散货船、油船、客货船
7	王彩当	$0.85 - 0.372\frac{C_b}{C_w}$	适用于我国内河船

表 4-8 a_2的近似公式

序号	公式名称	a_2	适用情况
1	诺曼	$\frac{0.008+0.745C_w}{C_b}$	当$C_w<0.7$时,偏小
2	方-杰-弗里特	$\frac{C_w^2}{11.4C_b}$	广泛应用于普通形状的满载水线
3	霍天格德	$\frac{0.010\,6C_w+0.072\,7C_w^2}{C_b}$	适用于军舰
4	薛安国	$\frac{0.083C_w^{1.81}}{C_b}$	适用于单桨海船
		$\frac{0.083C_w^{1.9}}{C_b}$	适用于双桨海船
5	王彩当	$\frac{0.136\,3C_w-0.054\,5}{C_b}$	适用于内河船
		$\frac{0.136\,3C_w-0.050\,5}{C_b}$	适用于喷水船及尾隧道船

初稳性高度的上、下限的确定方法如下。

不同船舶对稳性的要求是不一样的,因此其适宜的初稳性高度也是不一样的,只有针对具体的船舶,才能确定具体的数值。尽管如此,各类船舶对初稳性高度的要求在以下两方面的考虑是一致的。

Ⅰ. 初稳性高度下限

使船具有足够的初稳性高度下限,以便保证船舶航行和使用安全。

(1)在较小的静横倾力矩作用时,船的横倾角也尽量小,从而使船有较为稳定的正浮状态。

(2)有抗沉性要求的船舶在海损后有足够的剩余初稳性高度。

(3)船顺浪航行,船中较长时间处于波峰时初稳性高度长时间减少可能会危及船舶的安全,因此,减少后的初稳性高度应为正值。

(4)客船旅客集中一舷或全速回航时,船舶的静倾角不得超过极限静倾角,为此船舶初稳性高度应具有足够值。

(5)对起重船起吊时的极限静倾角、集装箱船在横风作用下的静倾角的限制,也要求具有足够的初稳性高度。

(6)大角稳性的复原力臂曲线在原点处的斜率不应太低,以免曲线下所包围的面积过小,使稳性储备和稳性范围不能满足有关要求。

由此可见,从船的安全性与使用性要求考虑,设计船的初稳性高度应大于或等于下限。我国《船舶与海上设施法定检验规则》对各种船的最低初稳性高度(下限)有如下规定:

客船、货船、油船 $\overline{GM}\geqslant 0.15$ m

集装箱船、渔船 $\overline{GM}\geqslant 0.3$ m

运木船 $\overline{GM}\geqslant 0$ m

起重船(航行状态) $\overline{GM}\geqslant 0.16B$

同时还对客船旅客集中一舷或全速回航时、集装箱船受横风作用时、起重船作业及避风时的横倾角加以限制。

Ⅱ. 初稳性高度上限

初稳性高度上限$\overline{GM}_{\max}$就是保证船舶横摇和缓的最大初稳性高度。设计船的初稳性高度应小于或等于初稳性高度上限。船舶横摇自摇周期可近似写成

$$T_\theta = 0.58 f \sqrt{\frac{B^2 + 4Z_g^2}{\overline{GM}}}$$

式中：T_θ——船的横摇自摇周期，s；

f——B/d不同的系数；

B——型宽，m；

Z_g——重心高度，m；

$\overline{GM}$——船的初稳性高度，m。

显然，T_θ随$\overline{GM}$增大而减小。横摇自摇周期短、摇幅大，会影响船舶安全和作业，因此，设计中总是在保证初稳性高度下限的条件下力求使船舶的横摇和缓。

通常，为使T_θ不太低、摇幅不过大，希望不发生谐摇，即

$$\Lambda = \frac{T_\theta}{T_w} \geqslant 1.3$$

式中：Λ——调谐因数；

T_w——航区常见的大波浪周期，$T_w \approx 0.8\sqrt{\lambda}$。

我国沿海波浪的波长λ多在 60~70 m。为避免谐摇，沿海船的T_θ应大于 8 s；远洋波浪波长按 150~160 m 计算，则T_θ大于 13 s 为宜。上述数值对大型船舶较易满足，而对中小型船舶尤其是小型船舶则难以满足。

为了缓和船舶的横摇并避免谐摇，希望设计船初稳性高度不宜过大。如预期到$T_\theta = 1.3T_w$时，允许的最大初稳性高度（上限）为

$$\overline{GM}_{\max} \leqslant (0.58f)^2 \frac{B^2 + 4Z_g^2}{T_\theta^2}$$

船舶安全性和横摇和缓性所要求的初稳性高度是相互矛盾的，处理这一矛盾的原则是在保证安全和符合使用要求的前提下，为使横摇和缓，尽量减小初稳性高度。

3）典型实例

下面介绍根据设计实践总结出的各种典型船舶的$\overline{GM}$或$\overline{GM}/B$的实用数据，以供设计初始阶段分析问题及选择主要尺度时参考。

Ⅰ. 干货船

这类船在满载到港时的稳性最差。

（1）对$B > 12$ m的船，如果满载出港时$\overline{GM}/B$为 0.04~0.05，一般可保证到港时仍有必要的初稳性高度（$\overline{GM} > 0.25$ m），且不必在航行中途加压载水。但对油水储备占载重量的比例较大，又不考虑在中途加压载水的船，宜取较大的$\overline{GM}/B$。

（2）对中小型船，由于初稳性高度下限的要求，其$\overline{GM}/B$比大型船舶大，$\overline{GM}/B$为0.05~0.07。

（3）设计船如考虑中途加压载水，则设计状态的$\overline{GM}/B$可相对取小些。

（4）干舷较低的船，$\overline{GM}/B$不宜过大，否则不能满足稳性规范对稳性消失角的要求。

（5）对矿砂船，应控制$\overline{GM}$，选取较小的$\overline{GM}/B$为宜。

Ⅱ.客船及客货船

（1）对大中型海洋客船，海损稳性是主要矛盾，通常$\overline{GM}/B$为0.045~0.055；对小型沿海客船，尤其是载客数相对较多者，其主要矛盾是旅客集中一舷对横倾角的限制，要求的初稳性高度下限较大，且因短途船一般不宜在中途加压载水，故满载出港时，$\overline{GM}/B$应相应大些，通常$\overline{GM}/B$为0.05~0.07。

（2）内河船的$\overline{GM}/B$比海船大。内河船上层建筑较为发达，受风面积较大，且载客相对较多，常受到较大的定常风压力矩和旅客集中一舷力矩的作用。另一方面重心较高，排水量较小，干舷与型宽之比亦甚小，对倾角的限制较严。在这样的条件下，为维持必要的复原力矩就必须有较大的$\overline{GM}/B$，由于内河船舶的摇摆极其轻微，所以也不会对舒适性带来危害。通常长江中下游客货船$\overline{GM}/B$为0.13~0.14，中上游客货船$\overline{GM}/B$约为0.20，内河客货船$\overline{GM}/B$为0.20~0.25。

Ⅲ.运木船

运木船满载时，甲板上堆放大量木材，整个船的重心很高。为避免船在回程中仅在舱内装货或空载，初稳性高度过大使横摇过剧，通常只要求在满载且甲板装货时的$\overline{GM}$大于0.3 m即可。这是考虑到甲板上木材的浮力有助于大倾角稳性，不致因$\overline{GM}$低而影响船的安全性。

Ⅳ.油船

布格氏认为，油船在修正自由液面影响后的$\overline{GM}$大于$0.1\sqrt{\Delta/L}$即可。

Ⅴ.拖轮

由于作业特点的要求，选择拖轮的初稳性高度，通常都以在拖索急牵力矩作用下，船舶横倾角不超过甲板边缘入水角为衡准，按此要求初稳性高度的下限为

$$\overline{GM}_{\min} \geqslant \frac{F_t l}{\Delta \sin\theta}$$

式中：F_t——拖索作用力，正比于主机的额定功率BHP或$(BHP\times D)^{2/3}$，其中D为螺旋桨直径；

l——横倾力臂，水压力作用中心到拖力F_t的作用中心的距离；

θ——横倾角，取甲板入水角，通常取$\sin\theta\approx\tan\theta=2F/B$，其中$F$为干舷。

2. 航速校核

航速校核实质就是航速估算或主机功率估算。其目的是：初步估算设计船在给定主机情况下的航速；初步确定在所要求航速下需要的主机功率；检查在给定主机情况下所要求的航速是否合理；在方案比较时，通过对各方案的航速估算，为选择最佳方案提供航速方面的依据。

估算航速v或主机的额定功率BHP的主要工作有两项：一是估算设计船的阻力，即有效功率曲线EHP-v曲线；二是估算总推进系数C_t。这是因为它们存在如下关系：

$$C_t = \frac{EHP}{BHP}$$

因此，当主机的额定功率BHP给定时，估算出C_t及$EHP-v$曲线后，即可按$EHP=C_t \cdot BHP$在$EHP-v$曲线上查出所能达到的航速。而当所要求的航速v给定时，估算出C_t及$EHP-v$曲线后，即可用C_t去除给定的v所对应的EHP，其商就是所需的主机功率，即

$$BHP=\frac{EHP}{C_t}$$

下面分别说明有效功率和总推进系数的估算。

1）有效功率的估算

目前，确定设计船有效功率的最可靠的方法仍然是船模拖曳试验，因此，一般船舶设计中如果要比较有把握地确定其有效功率，除非用成熟的系列试验资料，否则船模拖曳试验是必不可少的。但是在设计的最初阶段，一般需对多种尺度方案的航速进行分析比较，如每个方案都做船模拖曳试验，是很难办到的，经济上太浪费，时间上也不允许，所以此时船舶的有效功率一般是用近似方法估算。

估算船舶有效功率的方法很多，其中最简单的方法是众所周知的海军部系数法，其表达式为

$$BHP=\frac{\Delta^{2/3}v^3}{c}$$

式中：Δ——排水量，t；

v——航速，kn；

c——海军部系数，可取自母型船。

此方法优点是简便；缺点是考虑因素过少，比较粗糙，因而误差也较大。

表 4-9 介绍了其他一些估算有效功率的方法，使用这些方法的条件是设计船的型线与方法中所使用的差别较小，否则误差较大。

表 4-9　各种有效功率估算方法的概况

序号	方法	制定依据	适用范围	计算结果
1	爱尔法	实船试航结果及船模拖曳试验结果	适用于$L=20\sim150$ m的中低速商船及正常尺度的拖轮	已考虑 8%的附体阻力
2	莱普法	船模拖曳试验结果	适用于$C_p=0.6\sim0.85$的单桨商船	已考虑粗糙度影响和附体及空气阻力
3	陶德法	60 系列船模拖曳试验结果	适用于$C_p=0.6\sim0.8$的 U 形横剖面单桨商船	未计入附体阻力和空气阻力
4	泰勒法	船模拖曳试验结果	适用于相对速率较高的双桨船舶	未计入附体阻力和空气阻力
5	Holtrop 法	实船及模型试验资料	适用于一般运输船	—

近似估算有效功率的方法还有很多，读者可按自己的需要在有关资料中自行选择，这里不再介绍。

2）总推进系数的估算

在设计初期，可以近似地认为设计船的总推进系数与母型船相等，按此选取设计船的总推

进系数。这在设计船与母型船的主要尺度及船型系数相差不大、主机功率及转速相近、螺旋桨直径差不多的情况下,能够给出较为准确的结果。但如果这些要素相差较大,直接取用母型船的总推进系数,则可能造成较大误差。在这种情况下,较好的做法是用图谱设计法,按设计船主机及船型要素的各有关数据,实际估算设计船的总推进系数。这样估算出的数值较为可靠,计算工作量也不太大。

也有一些其他的方法,如螺旋桨效率的近似估算法,但这类方法的计算并不会简便很多,其结果又不甚可靠,故不予推荐。

设计船的EHP-v曲线及总推进系数C_t估算出之后,在主机的额定功率BHP给定的情况下求出设计船的航速,或者确定出要求航速下所需的主机的额定功率BHP。

3. 干舷校核

船舶干舷的大小对船的耐波性、抗沉性(干舷甲板与舱壁甲板一致时)及稳性都有重大影响。因此,为使船舶具有一定的储备浮力,减少甲板上浪的程度,保证船舶的安全,任何一艘船都应保证一定的干舷数值。对民用船舶来说,最小干舷受技术法规的约束,国际上有《载重线公约》,国内有《船舶与海上设施法定检验规则》。它们对受其约束的船舶的最小干舷值都做了规定,设计船的干舷应当符合其要求。

船舶设计中的干舷校核,就是按照规范的各项规定,检验设计船的干舷是否满足规范关于最小干舷的要求,如不满足,应采取适当措施使其满足。

在主要尺度确定阶段,并不是每种船都需进行干舷校核,如载运轻货的干货船、设有大容量专用压载舱的油船、客船等,这些船都是富裕干舷船,在确定主要尺度时不会出现由于干舷不足而改变型深或吃水的情况,故此时可不做干舷校核。而载运较重货物的船,如矿砂船、水泥船、货物积载因数较小的货船等,多为最小干舷船,因此在主要尺度确定时须进行干舷校核,以便确定设计船的型深。

4. 容量校核

容量校核应分别估算货舱、油舱、水舱及其他舱室的容积。估算方法一般有两种:第一种方法是用各种统计资料或统计公式近似计算,或者根据母型船换算;第二种方法是按初步选定的主要尺度及船型系数绘制一个型线草图(可仅绘出横剖面图),按此图计算容积。这两种方法中第二种用得较多,因其结果可靠。经校核如发现容量不足或过剩太多,则应对初步选定的主要尺度加以修改,以取得适宜容量。

5. 其他校核

根据设计船的具体情况,有些船舶还要进行一些其他校核。

如对回转性要求较高的船舶,应估算其回转半径。若估算出的半径过大,如果可能,应采取缩短船长的办法或其他措施使其减小。

有的船舶对振动要求较高,应估算船体的总振动频率,以便设法避免谐振。

为避免船的横摇周期与海上常见波浪的周期相近而引起船舶谐摇,应估算船的横摇周期,以防在可能出现谐摇时没法避免。

所有这些其他校核项目的估算方法在设计手册或其他有关资料中都可以找到,但现有的各种估算方法一般误差较大,故其结果都只能作为参考。

4.4　确定载重量型船舶主要要素的一般步骤及实例

4.4.1　一般步骤

油船、散货船、煤船、矿砂船等运输船均属载重量型船舶，其主要要素确定的步骤和方法一般如下。

（1）分析设计任务书，确立设计船的基本设计思想。

（2）从浮力入手初步拟定排水量、主要尺度和方形系数。

排水量初始值按载重量系数法估算：

$$\Delta_1 = \frac{DW}{\eta_{DW0}}$$

式中：DW——设计要求的载重量，t；

η_{DW0}——初选的载重量系数；

Δ_1——排水量第一近似值，t。

得到Δ_1后，通过浮性方程式及附加条件（如选定L/B、B/d或限制B及d等），可拟定出主要尺度及方形系数的初始值。

（3）计算空船重量、重力与浮力平衡。

有了主要尺度和方形系数初步值后，可选择切合实际的空船重量数学模型，计算出空船重量第一近似值LW_1。第一近似载重量DW_1为

$$DW_1 = \Delta_1 - LW_1$$

要求载重量精度为ε。

若$|DW_1 - DW| \leqslant \varepsilon$，则载重量合乎要求。

若$|DW_1 - DW| > \varepsilon$，则载重量不合乎要求，需进行重力与浮力平衡。最简便的方法是通过改变方形系数来改变浮力，以平衡重量。新的方形系数为

$$C_b = \frac{DW + LW_1}{k\gamma LBd}$$

此外，也可用诺曼系数法求出排水量增量$\delta\Delta$：

$$\delta\Delta = N \times \delta DW$$

$$N = \frac{\Delta_1}{\Delta_1 - \sum_{i=1}^{n} K_i W_i}$$

式中：Δ_1——前一次近似排水量，t；

W_i——前一次近似船体钢料、舾装设备、机电设备重量，t；

K_i——W_i与排水量成函数关系的幂指数。

得到$\delta\Delta$后，则可按浮性方程微分式调整主要尺度和方形系数：

$$\frac{\delta\Delta}{\Delta_1} = \frac{\delta L}{L_1} + \frac{\delta B}{B_1} + \frac{\delta d}{d_1} + \frac{\delta C_b}{C_{b1}}$$

式中：$\Delta_1, L_1, B_1, d_1, C_{b1}$——前一次近似结果。

新的主要尺度及方形系数为

$$L_2 = L_1 + \delta L$$

$$B_2 = B_1 + \delta B$$

$$d_2 = d_1 + \delta d$$

$$C_{b2} = C_{b1} + \delta C_b$$

得到新的主要尺度和方形系数后，重新计算空船重量、校核载重量，直到满足要求为止。

除上面介绍的两种平衡方法外，还可通过载重量系数η_{DW0}估算浮力增量，计算新的排水量来平衡。当求得第一近似载重量$DW_1 = \Delta_1 - LW_1$后，若$DW - DW_1 > 0$，且不满足精度要求，说明第一近似排水量Δ_1小了，应增加排水量。新的排水量为

$$\Delta = \Delta_1 + \frac{DW - DW_1}{\eta_{DW0}}$$

（4）性能校核。对容积、干舷、航速、稳性、耐波性、操纵性等进行校核。经检验均满足要求后，就得到一组可行设计方案。

4.4.2 实例

实例：26 500 DWT 成品油船主要尺度确定。

1. 设计技术任务书提要

本船为总 26 500 DWT 成品油的尾机型柴油机油轮，定员 25 人，航行于近海航线，成品油密度为0.75 t/m³。主机采用船用低速柴油机，使用燃料油。当主机发出的最大连续功率为 6 480 kW 时，航速不低于 14 kn，续航力为 6 000 n mile。本船的满载最大吃水不得超过 11 m；方形系数不得小于 0.8；其他尺度按最佳状态选取。船体材料采用普通船用碳素钢，部分结构（船底及甲板）可采用高强钢，易腐蚀和难维修处的构件应适当加厚，船体结构依据规范要求进行冰区加强。

2. 对设计船的分析

本设计船是一条运输船舶，满足设计任务书所规定的各项要求，使本船在技术上具有必要的能力，从而保证其运输任务的完成，显然是本船设计中应当首先考虑的因素。

其次，应考虑到本船所运的货物是成品油，成品油是一种货值相对较低、运价也较低的低档货物，因而本船设计中更应特别注意降低造价、消耗，提高运输能力，以尽量少的投资获得尽量大的运输能力，提高本船的经济性。

另外，在确定本船的主要尺度时，还必须考虑到有关船厂的具体设备情况，不得超过船坞及船台所允许的最大尺度。在确定本船主要尺度时，为提高其经济性，应从以下两方面考虑。

第一，在满足容量及布置要求的情况下，应力求减小其主要尺度，特别应力求缩短船长，以便减少船体钢料的消耗量，降低造价。

第二，在主机功率一定的情况下，应力求获得较高的航速，以便缩短单航次的航行时间，增加年航次数，从而提高运输能力。

本船为双壳结构，双壳内设专用压载舱，这对防止污染有利，同时能使油舱及压载舱分开，装卸油与排抽压载水可同时进行，因而可缩短停港时间，增大运输能力。但带来的问题是所需

的舱容较大，型深的选取应充分考虑舱容的要求，船长及型宽则基本保持在正常范围。因此，具有相对较大的型深，同时有剩余干舷将是本船在结构形式上的一个特点，这说明本船的干舷肯定会满足载重线规范中有关最小干舷的规定，因而在主要尺度确定阶段可不做干舷校核。此外，只要本船的型宽吃水比B/d不过小，货油舱纵向分割合理，则稳性也能够满足要求。

本船吨位及尺度较大，实践证明，这种大型船舶抵御风浪的能力比小船强，风浪中失速相对较小，所以适航性也不是本船尺度确定时的主要矛盾，只需在保证其他要求的情况下适当加以考虑即可。

综上所述，可以归纳出本船主要尺度确定时的主要设计思想为：在建造条件限定的主要尺度范围内及保证容量及航速要求的情况下，应力争减小本船的主要尺度。

3. 主要尺度及排水量的确定

1）型船资料

26 500 DWT 级别的油船资料相对较少，可以参考载重量位于20 000 ~ 50 000 t的油船统计资料来确定设计船的主要尺度。载重量为20 000 ~ 50 000 t的油船主要尺度统计范围如下。

$$C_b = 0.79 \sim 0.83$$

$$L_{pp}/B = 5.32 \sim 6.10$$

$$B/d = 2.50 \sim 3.16$$

$$L_{pp}/D = 9.17 \sim 11.73$$

$$DW/\Delta = 0.74 \sim 0.82$$

2）母型船的选择

选择一条载重量为 26 300 t 的双壳油船作为母型船。母型船的主要尺度如下。

总长L_{oa}	171.20 m
垂线间长L_{pp0}	162.00 m
型宽B_0	27.40 m
型深D_0	17.30 m
设计吃水 d_0	9.75 m
方形系数C_{b0}	0.795 3
中剖面面积系数C_M	0.995 3
棱形系数C_{p0}	0.799 1
结构吃水d_{s0}	11.85 m
设计吃水排水量Δ_0	35 385 t
结构吃水排水量Δ_{s0}	43 748 t
设计吃水载重量DW_0	26 300 t
结构吃水载重量DW_{s0}	34 751 t
船体钢料重量W_{h0}	7 143 t
机电设备重量W_{m0}	1 039 t
舾装设备重量W_{f0}	903 t

空船重量LW_0 9 085 t

空船重心纵向位置X_{LW0} −11.67 m

空船重心垂向位置Z_{LW0} 10.70 m

服务航速v_0 14.5 kn

主机的额定功率BHP_0 7 150 kW

3)初始方案的拟定

采用载重量系数法确定船舶的主要尺度。母型船的载重量系数为

$$\eta_{DW}=\frac{DW_0}{\Delta_0}=\frac{26\,300}{35\,385}=0.743\,3$$

本例中,下标"0"均指母型船相应变量。

设计船的载重量系数取自母型船,则设计船的排水量为

$$\Delta=\frac{DW}{\eta_{DW}}=\frac{26\,500}{0.743\,3}=35\,652\ \text{t}$$

根据参考母型船资料,并考虑到建造中船坞及船台的尺寸限制情况,初步确定垂线间长$L_{pp}=164$ m,型宽$B=27.40$ m。根据运载类似货物的船型的船长型深比,初步确定型深$D=14.5$ m。根据统计资料范围,方形系数C_b初步拟定为0.8。根据主要尺度要求及上述初步确定参数,计算设计吃水:

$$d=\frac{\Delta}{L_{pp}\times B\times C_b\times\rho\times k}=\frac{35\,652}{164\times27.40\times0.8\times1.025\times1.003}=9.647\ \text{m}$$

式中:ρ——海水密度;

k——附体体积系数。

初步选择的这一组尺度符合一般26 500 DWT级油船尺度的通常范围,吃水也符合设计技术任务书提出的限制,按建造厂船坞及船台的尺寸来检查,设计船如选用该方案也是可以建造的,因此可以把这一尺度方案作为初始方案。

4)空船重量的估算

空船重量LW按船体钢料重量W_h、舾装设备重量W_f及机电设备重量W_m三大项来估算。选择一条载重量相近的原油船为母型船,选取W_h、W_f和W_m,估算设计船的空船重量。

Ⅰ. 船体钢料重量W_h

按立方模数公式估算该项重量。母型船钢料重量系数为

$$C_{h0}=\frac{W_{h0}}{L_{pp0}\times B_0\times D_0}=\frac{7\,143}{162.00\times27.40\times17.30}=0.093\,02$$

设计船为满足共同规范的船舶,而母型船不满足共同规范。通常情况下,同一船型满足共同规范的船舶结构重量要大于不满足共同规范的船舶结构重量。根据经验,取设计船的钢料重量系数比母型船大5%。则设计船钢料重量系数为

$$C_h=1.05C_{h0}=0.097\,67$$

则设计船钢料重量为

$$W_h=C_h\times L_{pp}\times B\times D=0.097\,67\times164\times27.40\times14.5=6\,363.9\ \text{t}$$

Ⅱ. 舾装设备重量W_f

由统计可以发现，立方模数公式的重量系数C_f随船舶吨位的增加降低很快，因此采用立方模数法估算舾装设备重量时，应当选择船型与吨位均相似的船型确定重量系数C_f。如果没有合适的母型船，可以以舾装设备相似的同船型船舶为母型，用比较换算法来确定该部分重量。例如，母型船与设计船相比，有些重量基本不变或者变化较小，如房间设备钢质门窗、救生设备、全船梯子、通风设备、各种缆索、供应品等。油漆防腐及水泥等涂敷料、锚泊设备、舵系统等的重量随着船舶吨位的变化而变化，这类重量需要根据设计船与母型船吨位的差异采取适当的方法加以修正。本例所选择的母型船与设计船吨位相近且船型相同，所以可以利用母型船的舾装设备重量系数C_f，采用立方模数法估算舾装设备重量。母型船舾装设备重量系数为

$$C_{f0}=\frac{W_{f0}}{\Delta_0^{2/3}}=\frac{903}{35\,385^{2/3}}=0.837\,8$$

设计船的舾装设备重量系数取与母型船相同，即

$$C_f=C_{f0}=0.837\,8$$

则设计船舾装设备重量为

$$W_f=C_f\times\Delta^{2/3}=0.837\,8\times35\,652^{2/3}=907.5\ \text{t}$$

Ⅲ. 机电设备重量W_m

机电设备重量同样可以采用两种方式估算。如果母型船与设计船的吨位差异较大，采用比较换算法，而不用以主机功率为参数的换算公式，可以得到相对准确的计算结果。逐项比较设计船与母型船减小或者增加的重量分项，如主机、锅炉、油舱加热及货油输送系统、管系、发电机及动力设备等。通过将母型船的机电设备重量增加或者减少各分项重量的变化量，得到设计船的机电设备重量。对于本例，可以采用以主机功率为参数的换算公式计算设计船的机电设备重量。母型船与设计船的主机功率均为已知，所以可以将主机功率直接代入机电设备重量计算公式中。对于母型船，机电设备重量为

$$W_{m0}=C_{m0}\frac{\Delta_0^{2/3}v_0^3\times10^{-3}}{c}=C_{m0}\frac{\Delta_0^{2/3}v_0^3\times10^{-3}}{\Delta_0^{2/3}v_0^3/HP_0}=C_{m0}\times HP_0\times10^{-3}$$

设计船机电设备重量系数取自母型船，即

$$C_m=C_{m0}=\frac{W_{m0}\times10^3}{HP_0}=\frac{1\,039\times10^3}{9\,721}=106.882$$

则设计船机电设备重量为

$$W_m=C_m\times HP\times10^{-3}=106.882\times8\,810\times10^{-3}=941.6\ \text{t}$$

5）重力与浮力平衡

按照初步确定的主尺度，计算空船重量，同时考虑 5%的空船重量估算误差储备，则空船重量为

$$LW=1.05(W_h+W_f+W_m)=1.05\times(6\,363.9+907.5+941.6)=8\,624\ \text{t}$$

由重力与浮力的关系可得到

$$\delta W=\Delta-LW-DW=35\,652-8\,624-26\,500=528\ \text{t}$$

保持L_{pp}、B、C_b不变，通过修改吃水d满足重力与浮力平衡。本例采用的空船重量计算公

式中，船体钢料重量和机电设备重量均与吃水无关，仅舾装设备重量取决于排水量，与吃水相关。重力与浮力平衡方程为

$$\varDelta = LW + DW$$

将上式展开后得

$$\varDelta = 1.05(W_{\mathrm{h}} + W_{\mathrm{m}}) + 1.05 \times C_{\mathrm{f}} \times \varDelta^{2/3} + DW = 34\,170 + 0.879\,7\varDelta^{2/3}$$

整理后得

$$\varDelta - 0.879\,7\varDelta^{2/3} - 34\,170 = 0$$

采用迭代法或者借助数学软件求解上述方程，得

$$\varDelta = 35\,113\ \mathrm{t}$$

则新的吃水为

$$d = \frac{\varDelta}{L_{\mathrm{pp}} \times B \times C_{\mathrm{b}} \times \rho \times k} = \frac{35\,113}{164 \times 27.40 \times 0.8 \times 1.025 \times 1.003} = 9.501\ \mathrm{m}$$

通常情况下，船舶的主要尺度需要圆整以便于后续的计算及船舶工艺。圆整吃水值，取设计吃水$d = 9.5$ m，此时重力与浮力平衡方程不成立。本例中采用的空船重量计算公式与方形系数无关，通过调整方形系数可以改变排水量，使排水量与空船重量相等，即

$$C_{\mathrm{b}} = \frac{\varDelta}{L_{\mathrm{pp}} \times B \times d \times \rho \times k} = \frac{35\,113}{164 \times 27.40 \times 9.5 \times 1.025 \times 1.003} = 0.800\,1$$

根据上述参数，最终确定船舶排水量为 35 113 t。最终确定空船重量为

$$LW = 1.05(W_{\mathrm{h}} + W_{\mathrm{f}} + W_{\mathrm{m}}) = 1.05 \times \left(6\,363.9 + 941.6 + 0.837\,8 \times 35\,113^{\frac{2}{3}}\right) = 8\,613\ \mathrm{t}$$

6）载货量W_{c}计算

载货量W_{c}等于设计吃水载重量DW减去油水等消耗品重量之和。对油水及备品、供应品的重量计算如下。

Ⅰ. 主机燃油（重油）

该主机的持久使用功率为 6 480 kW，相当于服务状态下的功率，服务状态下的航速为 14 kn。续航力为 6 000 n mile，另加 5 天燃油储备，正常航行中主机烧重油，单位耗油量为 177 g/（kW·h），则燃油总量应为

$$177 \times 6\,480 \times \left(\frac{6\,000}{14} + 24 \times 5\right) \times 10^{-6} = 629\ \mathrm{t}$$

Ⅱ. 轻柴油

设计船航行时发电机的电力负荷约为 377 kW，停泊时低于此值，而进出港时均高于此值。由于进出港时间较短，故按电力负荷的平均状态为 377 kW 计算轻柴油消耗量是足够的。考虑到发电机效率为 0.8，柴油机的单位耗油量取为 177 g/（kW · h），时间按 60 mile 续航力加 5 天储备，并停泊 5 天计算，则柴油机耗油量为

$$177 \times \frac{377}{0.8} \times \left(\frac{6\,000}{14} + 24 \times 10\right) \times 10^{-6} = 56\ \mathrm{t}$$

Ⅲ. 锅炉燃油

设计船采用两台副锅炉，蒸发量总共为 40 t/h，燃油消耗量总共为 2.7 t/h，以下分四种工况

进行计算。

（1）卸油时锅炉满负荷工作，卸油时间为 20 h，耗油量Q_1为

$$Q_1 = 2.7 \times 20 = 54\ \mathrm{t}$$

（2）卸油前 48 h，要向货油舱内的加热盘管通入蒸汽对货油加热，加热时锅炉负荷约为 35%，耗油量Q_2为

$$Q_2 = 2.7 \times 0.35 \times 48 = 46\ \mathrm{t}$$

（3）打压载水平均每个单程有一次抽或排，要求每次抽或排的时间不超过 12 h，蒸汽泵的耗汽量约为锅炉负荷的 40%，则抽排压载水耗油量Q_3为

$$Q_3 = 2.7 \times 0.40 \times 12 = 13\ \mathrm{t}$$

（4）航行时主要利用废汽锅炉的蒸汽，副锅炉保持不灭火的状态即可，负荷很低，可取 5% 计算。停泊时，船上的蒸汽消耗很少，故也取 5%负荷计算。所以除去卸油、加热及抽排压载水以外的航行及停泊时间锅炉的耗油量Q_4为

$$Q_4 = 2.7 \times 0.05 \times \left(\frac{6\,000}{14} + 24 \times 10 - 20 - 48 - 12 \right) = 79\ \mathrm{t}$$

增加 10%裕度，则锅炉燃油总需要量 Q 为

$$Q = (Q_1 + Q_2 + Q_3 + Q_4) \times 1.1 = (54 + 46 + 13 + 79) \times 1.1 = 211\ \mathrm{t}$$

Ⅳ. 锅炉用水

在营运过程中，设计船每次出港之前，锅炉及管路里应有的水总是装满的，而蒸汽系统工作中的废汽总要冷凝成水再送回锅炉循环使用，因此船上所携带的锅炉用水只需能够补足由于管理不严等原因漏失的一部分水即可，设计船的蒸汽漏失量取为总蒸发量的 5%。所以锅炉水总量应为

$$\frac{Q}{2.7} \times 40 \times 5\% = 156\ \mathrm{t}$$

Ⅴ. 滑油

按主机燃油总量的 2.5%计，滑油总量为

$$Q = 629 \times 0.025 = 16\ \mathrm{t}$$

取为 20 t。

Ⅵ. 生活用水

设计船船员 25 人，每人每天用水按 110 kg 计，则生活用水总量为

$$25 \times 110 \times \left(\frac{6\,000}{14 \times 24} + 10 \right) \times 10^{-3} = 77\ \mathrm{t}$$

取为 200 t。其中增加的 10 天为 5 天储备，5 天停港。

Ⅶ. 人员及行李

每人体重按 70 kg 计，每人的行李按 40 kg 计，则人员及行李重量为

$$(70 + 40) \times 25 \times 10^{-3} = 3\ \mathrm{t}$$

取为 6 t。

Ⅷ. 食品

每人每天按 5 kg 计，食品重量为

$$5\times25\times\left(\frac{6\,000}{14\times24}+10\right)\times10^{-3}=3\ \text{t}$$

取为 5 t。

Ⅸ. 备品

备品重量一般为 50~70 t，设计船取为 50 t。

以上油水等消耗品重量之和为 1 333 t。已知总载重量$DW=26\,500$ t，则载货量

$$W_c=DW-1\,333=25\,167\ \text{t}$$

7)航速校核

航速校核的目的是校验在选定的主要尺度及系数下，当主机输出功率为 6 480 kW 时，航速能否达到设计技术任务书 14 kn 的要求。

有效功率的估算采用兰普法进行，计算结果及步骤列于表 4-10 中。表中船中剖面面积系数C_M暂取为 0.995，浮心位置X_b取为船中前2.0%L_{pp}。

表 4-10 航速校核

v/kn	V/kn	$\frac{V_s}{\sqrt{C_{pd}L_d}}$	$\left(\frac{C_rS}{A_m\times10^3}\right)$，查表	L_d/B修正	修正后$\frac{C_rS}{A_m\times10^3}$	$C_r\times10^3$	$R_n=V_sL_d/v$	$C_f\times10^3$ 桑海公式
14	13	0.579 5	23.079 0	7.386 7%	24.783 7	1.027 2	$9.323\,8\times10^8$	1.544 2
15	14	0.624 0	25.918 1	7.386 7%	27.832 6	1.153 5	$1.004\,1\times10^9$	1.530 2
16	15	0.668 6	31.138 1	7.386 7%	33.438 2	1.385 9	$1.075\,8\times10^9$	1.517 2
17	16	0.713 2	41.313 0	7.386 7%	44.364 6	1.838 8	$1.147\,5\times10^9$	1.505 3

ΔC_{AR}，查表	$(C_f+\Delta C_{AR})\times10^3$	$C_t\times10^3$	$V_s^2/(\text{m}^2\cdot\text{s}^{-2})$	$0.5\rho V_s^2S$	$R_t=0.5\rho V_s^2SC_t$/N	B/d修正，查表	修正后R_t/N	$EHP=R_t\times V_s$
0.000 2	1.694 2	2.721 4	44.718 6	$1.432\,2\times10^8$	389 743	1.024 2	399 179	2 669
0.000 2	1.680 2	2.833 8	51.863 0	$1.661\,0\times10^8$	470 687	1.024 2	482 083	34 723
0.000 2	1.667 2	3.053 1	59.536 7	$1.906\,7\times10^8$	582 150	1.024 2	596 244	4 601
0.000 2	1.655 3	3.494 1	67.739 5	$2.169\,4\times10^8$	758 020	1.024 2	776 372	6 390

采用螺旋桨设计的通常方法，利用 MAU 图谱估算出设计船航速约为 14 kn 时推进系统的总推进系数约为 0.59，考虑适当裕度，取为 0.585，则主机输出功率为 6 480 kW，折算成推进功率为

$$THP=6\,480\times0.585=3\,791\ \text{kW}$$

航速校核用到的基本参数汇总如下。

$$L_{pp}=164\ \text{m}$$

$$C_M=0.995$$

$$L_d=1.01L_{pp}=165.6\ \text{m}$$

$$C_p=0.804\,1$$

$$B=27.40\ \text{m}$$

$d = 9.5\ \text{m}$

$B / d = 2.884$

$\nabla = 34\,256\ \text{m}^3$

$L_d / B = 6.045$

$C_b = 0.800\,1$

$X_b = +2.0\% L_{pp}$

$S = (3.4\nabla^{1/3} + 0.5L_{pp})\nabla^{1/3} = 6\,249\ \text{m}^2$

$\rho = 1\,025\ \text{kg/m}^3$

按计算得到的EHP绘制有效马力曲线，插值得到EHP为 3 791 kW 时，航速为 14.33 kn，大于 14 kn，说明设计船航速达到设计技术任务书的要求。

8）容积校核

《船舶与海上设施法定检验规则》中有关新建油船双层壳双层底的规定如下。

（1）600 t≤DW≤5 000 t 的油船，至少应设双层底结构，其高度 h_d=B/15，但不得小于 0.76 m。

（2）DW≥500 t 的油船，必须设双层壳双层底结构。整个货油舱长度范围应由压载舱、非货油和燃油处所加以保护。双层壳宽度 b 不得小于 0.5 m+ DW /20 000 或 2 m（取小者），且不得小于 1 m。双层底高度h_d不得小于B /15 或 2 m（取小者），且不得小于 1 m。

按上述规定，设计船货油区结构必须采用双层壳双层底结构。对双层壳宽度b及双层底高度h_d选择如下。双层壳宽度为

$$b = 0.5 + DW / 20\,000 = 0.5 + 26\,500 / 20\,000 = 1.825\ \text{m}$$

设计船双层壳宽度b实取 2 m。

双层底高度为

$$h_d = B / 15 = 27.4 / 15 = 1.826\,7\text{m}$$

圆整后h_d实取 1.83 m。

对双层壳双层底型油船容积校核要分项检验，即分别对货油舱容积和专用压载舱容积进行检验。要求：

$$V_{tk} \geqslant V_{cn}$$

$$V_{wb} \geqslant V_{bn}$$

式中：V_{tk}——货油舱能提供的容积，m^3；

V_{cn}——货油舱所需型容积，m^3；

V_{wb}——压载舱能提供的容积，m^3；

V_{bn}——压载舱所需容积，m^3。

Ⅰ. 货油区能提供的总容积V_D

货油区能提供的总容积V_D按下述统计式计算：

$$V_D = K_t L_c BDC_{MD}$$

$$C_{MD}=1-\frac{d}{D(1-C_M)}=1-\frac{9.5}{14.5}\times(1-0.995)=0.996\,7$$

式中：K_t——货油区容积利用系数；

L_c——货油区长度；

C_{MD}——船中型深中剖面面积系数。

L_c可以由两种方式确定。对于没有准确母型资料的情况，L_c可以由货油区长度利用系数K_c确定：

$$L_c=K_cL_{pp}$$

现代大型油船K_c一般为0.70～0.79。对于有准确母型资料的情况，可以分项相对准确地估算L_c。对于大多数油船，纵向由尾向首依次划分为尾部、机泵舱、货油区、隔离空船（部分船舶）和首部。货油区长度等于总长度减去其余部分长度。尾部长度、机泵舱长度和首部长度可以根据母型船的相应长度换算得到。本例中，设计船的主机比母型船的主机长约 0.2 m，两船的尺度相近且载重量相似，所以在确定设计船货油区长度时，设计船的泵舱长度、首部长度和尾部长度可以取自母型船。两船均不设置隔离空舱。母型船将燃油舱设置于货油区后方，燃油舱占用机舱区域长度 1.6 m。设计船拟对燃油舱进行优化布置，将燃油舱设置在泵舱的两侧，不单独占用机舱长度，则设计船对机舱的长度要求可以减少 1.6 m。经上述分析，对于除了货舱区域以外的首尾垂线之间长度，可以认为设计船比母型船短 1.6−0.2=1.4 m。母型船除货油区以外的长度为 39.68 m，所以设计船的货油区长度为

$$164-39.68+1.4=125.72\text{ m}$$

K_t同样可以采用两种方式确定。对于没有准确母型资料的情况，K_t可以由经验公式估算：

$$K_t=0.659\,6+0.674\,9C_b-0.302\,2\,K_c$$

K_t对于有船型、吨位均相似的母型船的情况，可以先计算母型船的货油区容积利用系数，设计船的货油区容积利用系数取自母型船。本例中，母型船的货油区总型容积为 56 585 m^3，母型船的货油区长度为 122.32 m，母型船船中型深中剖面面积系数为$1-\frac{9.75}{17.3}\times(1-0.995\,3)=0.997\,35$，则设计船的货油区容积利用系数为

$$K_t=K_{t0}=V_{D0}/(L_0B_0D_0C_{MD0})=56\,585/(122.32\times27.40\times17.3\times0.997\,35)=0.978\,5$$

其中，下标“0”表示母型船对应变量。

设计船能提供的总容积V_D为

$$V_D=K_tL_cBDC_{MD}=0.978\,5\times125.72\times27.40\times14.5\times0.996\,7=48\,713\text{ m}^3$$

Ⅱ.货油舱能提供的容积V_{tk}

设计船货油舱能提供的容积V_{tk}按下式计算：

$$V_{tk}=K_aL_c(B-2b)(D-h_d)$$

式中：b——双层壳宽度，m；

h_d——双层底高度，m；

K_a——货油舱容积利用系数。

K_a可以通过两种方式计算。对于无准确母型船的情况，可以采用经验公式计算：

$$K_a = (0.25C_b + 0.702)(0.018b + 0.950)$$

对于有船型、吨位均相似的母型船的情况，设计船的货油舱容积利用系数可以取自母型船。本例中，母型船的双层底高度为 1.83 m，双层壳宽度为 2.0 m，货油舱总型容积为 41 606 m³，设计船货油舱容积利用系数为

$$K_a = K_{a0} = 41\,606 / 122.3 / (27.4 - 2\times 2.0) / (17.3 - 1.83) = 0.939\,8$$

设计船货油舱能提供的容积V_{tk}为

$$V_{tk} = K_a L_c (B - 2b)(D - h_d) = 0.939\,8 \times 125.72 \times (27.4 - 2\times 2.0) \times (14.5 - 1.83) = 35\,029\ \text{m}^3$$

Ⅲ. 压载舱能提供的容积V_{wb}

设计船的货油区仅用于设置货油舱与压载舱，即$V_D - V_{tk}$可近似作为设计船能够提供的压载舱容积。设计船货油区压载舱能提供的容积

$$V_{wb} = V_D - V_{tk} = 48\,713 - 35\,029 = 13\,684\ \text{m}^3$$

Ⅳ. 货油舱所需型容积V_{cn}

设计船货油舱所需型容积V_{cn}为

$$V_{cn} = \frac{W_c}{k_t \times k_p \times r_c}$$

式中：$W_c = 25\,177$ t，货油量；

$r_c = 0.75\ \text{t/m}^3$，货油密度；

k_t——考虑结构构件等因素的舱容利用系数，取 98%；

k_p——考虑货油受热膨胀的货油舱装载系数，取 98%。

$$V_{cn} = \frac{25\,177}{0.98 \times 0.98 \times 0.75} = 34\,953\ \text{m}^3$$

Ⅴ. 货油舱与压载舱容积校核

经上述计算可知，设计船的$V_{tk} > V_{cn}$。同时，V_{tk}与V_{cn}二者不能相差太大，否则可能导致设计舱容超过实际需要舱容，装载时不能满载，导致设计船的经济性变差。设计船的V_{tk}与V_{cn}二者差为$V_{tk} - V_{cn} = 35\,029 - 34\,953 = 76\ \text{m}^3$，在合理的范围内，所以货油舱容积满足设计要求。

设计船应设专用压载舱。据统计，大型油船压载舱容积为30%DW ~ 40%DW。粗略的压载舱容积估算，可以参照上述统计值进行。如果需要准确估算压载舱所需容积，需要详细考虑《船舶与海上设施法定检验规则》中关于防污染对专用压载舱的要求。专用压载舱全船压载总量（油舱不做压载舱）应保证空船压载航行时满足以下要求。

（1）船中处平均吃水d_m不小于2.0 m + 0.02L。船长L指量自龙骨板上缘的最小型深 85%处水线总长的 96%，或沿该水线首柱前缘至舵杆中心的长度，取大者。船舶设计为倾斜龙骨时，其计量长度的水线应与设计水线平行。

（2）最大纵倾引起的首尾吃水差不大于 0.015L，且船舶的首垂线、尾垂线处吃水满足纵倾限制与最小吃水要求。

（3）螺旋桨不得出水，尾部吃水应满足螺旋桨埋没的要求。

（4）除特殊情况外，货舱不得兼作压载舱。

对于设计船，船长$L=164.746$ m，船中平均吃水不应小于$2+0.02L=5.29$ m。螺旋桨顶部边缘至基线距离可以参考母型船取 5.95 m，最大允许的首尾吃水差为$0.015\times164.746=2.47$ m。偏于保守估计，假设压载时首尾吃水差为 1.0 m，则满足螺旋桨埋没要求的船中最小吃水为$5.95-1.0/2=5.45$ m。综上考虑，压载时船中最小吃水为 5.45 m。参考母型船，估算设计船在吃水为 5.45 m 时的方形系数为 0.75，则此时的排水量为

$$\Delta_{b}=L_{pp}\times B\times d_{b}\times C_{bb}\times\rho\times k=164\times27.4\times5.45\times0.755\times1.025\times1.003=19\,009\ \text{t}$$

式中：Δ_b——压载时的排水量；

d_b——压载时的吃水。

C_{bb}——压载时的方形系数。

取压载到港载况，燃油、淡水等消耗品取总量的 10%为 132 t，则需要的压载舱容积为

$$V_{bn}=\frac{\Delta_{b}-W_{r}-LW}{\rho\times k_{b}}=\frac{19\,009-132-8\,613}{1.025\times0.98}=10\,218\ \text{m}^3$$

式中：k_b——压载舱容积利用系数。

设计船的舱容满足$V_{wb}>V_{bn}$，压载舱舱容满足设计要求。

设计船拟采用平板横舱壁与平板中纵舱壁，横舱壁、中纵舱壁均不设置底凳或者顶凳。对于舱壁形式为槽形的船舶，通常需要设置底凳，部分船舶横舱壁、中纵舱壁设置顶凳。对于带有横舱壁、纵舱壁底凳/顶凳的船舶，底凳/顶凳内部区域通常不作为货油舱，可设置为空舱或者压载舱。此时，估算舱容时必须考虑底凳/顶凳体积的影响。特别是母型船与设计船底凳/顶凳设置不同时，估算母型船的货油区容积利用系数K_{t0}，货油舱容积利用系数K_{a0}时，需要根据实际情况，合理考虑底凳/顶凳体积的影响。如果设计船带有底凳/顶凳，计算压载舱可提供的容积时，需要从V_D-V_{tk}中扣除底凳/顶凳的体积，将扣除后的容积作为压载舱可提供的容积V_{wb}。同理，如果母型船或者设计船在货油区设置有空舱、燃油舱等其他类型舱室时，容积校核需要采取合理的计算方法考虑其影响。

通过容积校核后，设计船主要尺度及方形系数确定如下。

垂线间长	L_{pp} =164 m
型宽	B =27.40 m
设计吃水	d =9.5 m
型深	D =14.5 m
方形系数	C_b =0.800 1
空船重量	LW =8 613 t
载重量	DW =26 500 t
排水量	Δ=35 113 t

4.5　确定布置地位型船舶主要要素的一般步骤及实例

4.5.1　一般步骤

有些船舶的主要尺度确定主要取决于体内及甲板上的布置所需地位，像集装箱船、滚装船、客船、拖轮、工程船等的主要尺度，主要是靠布置地位确定的。这些船舶的主要尺度确定就是布置地位型问题，确定布置地位型船舶主要尺度的一般步骤如下：从布置入手初步拟定 L_{pp}、B、D；计算重量，选择吃水，保持重力与浮力平衡，计算方形系数；进行性能校验，调整主要要素。

布置地位型船舶中，由于各类船舶的性能特点有差异，在确定步骤和方法上会有些区别，要根据设计船的具体情况采取相应的步骤与方法，下面以集装箱船为例具体介绍布置地位型船舶主要尺度确定的一般步骤及方法。

集装箱船运送货物的单元是集装箱，其主要尺度必须满足一定数量集装箱所需的地位。

1. 甲板箱数与舱内箱数的分配及行、列、层的选择

集装箱船舱内容积利用率比普通货船低，为增大载箱量，一方面可将货舱口开得尽量大，以增加舱内集装箱数；另一方面可在甲板上装载一定数量的集装箱。甲板箱数的多少与甲板及舱口盖的承载能力、船舶尺度、稳性、有无起重设备、固缚设备装拆时间、驾驶视线等因素有关。所以，甲板集装箱与舱内集装箱的分配，应视船型大小、航线情况、港口装卸条件、船舶造价及性能各方面因素确定。甲板上堆放的集装箱数（N_D）和舱内布置的集装箱数（N_H）分别与各自布置的行、列、层有关。通常中小型集装箱船甲板箱一般为 1~3 层，以 2~3 层居多，现代大型集装箱船（巴拿马型或超巴拿马型）甲板箱可达 5~6 层。

集装箱布置的行、列、层选择问题：集装箱在船长、型宽和型深方向的排列，依次称为行、列、层，分别以 X、Y、Z 表示。

确定了 N_D 与 N_H 的分配之后，需进一步确定舱内集装箱在船长、型宽和型深方向的分布，即行数、列数、层数。行数、列数、层数对船舶主要尺度有很大影响，在确定货舱尺度之前要选择好行数、列数、层数。

行数、列数、层数与舱内集装箱数 N_H 的统计关系为

$$X \times Y \times Z = 1.445N_H - 62$$

表 4-11 给出了 $Y \times Z$ 与 N_H 的大致关系，运用此表和前述的统计关系式，就可确定出 X、Y、Z。显然 X、Y、Z 均应取整数。

表 4-11　$Y \times Z$ 与 N_H 的关系

$Y \times Z$	N_H	$Y \times Z$	N_H	$Y \times Z$	N_H
5×3	120~250	7×5	300~450	9×7	850~1 200
6×4	250~300	8×6	450~850	10×9	>1500

2. 主要尺度初步选择

按舱内箱分布的行数、列数、层数确定船长、型宽与型深。

1)船长的确定

集装箱船的垂线间长L_{pp},根据布置要求,一般表示为

$$L_{pp} = L_a + L_m + L_f + L_d + L_c$$

式中:L_a——尾尖舱长度,为(4%~5%)L_{pp};

L_f——首尖舱长度,规范规定≥5% L_{pp},一般为(5%~7%)L_{pp};

L_d——深油舱长度,尾机型船舶因纵倾调整和布置需要,常在首部设有燃油深舱或压载舱,一般为(3%~5%)L_{pp};

L_m——机舱长度;

L_c——货舱长度。

小型船的机舱长度为主机长加 10 m,低速柴油机的机舱长度可由下式计算:

$$L_m = 23 + 2\times10^{-4} \times \frac{BHP}{0.376}$$

式中:BHP——主机的额定功率,kW。

货舱长度根据舱内集装箱布置的行数、集装箱间纵向间隙及集装箱与横舱壁间的间隙确定。初始阶段可用下述各式估算:

$$L_c = KL_T X$$

$$L_c = 7.7X - 8$$

式中:X——行数;

L_T——20 ft(1 ft=30.48 cm)的标准箱长,$L_T = 6.058$ m;

K——系数,一般为 1.2~1.3。

2)型宽的确定

型宽根据集装箱装载的列数Y,考虑货箱之间的间隙与甲板通道(或边舱)的宽度确定。型宽按下式计算:

$$B = Y(d+\alpha) + a(Y-M) + 2Mc + (M-1)e + 2b$$

式中:Y——舱内集装箱列数;

d——20 ft(1 ft=30.48 cm)集装箱宽度,d=2.438 m;

α——集装箱与导箱轨之间的间隙,一般为 0.025~0.03 m;

M——沿型宽方向舱口的数目;

a——导箱架的组合构件的厚度(格栅宽度),一般为 0.2~0.25 m;

e——舱口纵梁面板宽度,一般为 0.5~0.7 m;

c——集装箱至舷侧纵隔壁的距离,一般为 0.15 m;

b——甲板边板宽度(舷侧水舱宽度),一般 $2b/B$ =10%~23%,通常取 3.0~3.2 m。

3)型深的确定

型深主要取决于集装箱在舱内的层数。按下式计算:

$$D = h_d + H_n + h_t + f - (H_c + C)$$

式中：h_d——双层底高度，m；

H_n——货舱内集装箱总高度，H_n =箱高（H_{TEU}）× 层数（Z），20 ft（1 ft=30.48 cm）标准箱高H_{TEU} =2.591 m；

h_t——内底距最下层集装箱的间隙，一般为 0.025~0.05 m。

f——集装箱顶与舱口盖板下缘的距离，一般单板开敞式大舱口取 0.45~0.5 m；

C——上甲板梁拱，可按B /50 选取；

H_c——货舱口围板高度，一般在 0.6 m 以上，某些集装箱船，货舱口至舷墙间要堆放集装箱，其下设走道，舱口围板高度可达 1.5~2.0 m。

3. 重量估算

1）空船重量

空船重量可根据母型船重量资料经换算确定。

2）载重量

集装箱船载重量包括集装箱、燃油、滑油、淡水、船员及行李、供应品、备品及为调节浮态和稳性而加的压载水等的重量。

油、水、供应品、备品、船员及行李等的重量按前文所述方法计算。

集装箱重量或载货量按下式计算：

$$W_c = \alpha N_T W_{max}$$

式中：W_{max}——每个集装箱的最大重量，t；

N_T——总装箱数；

α——每箱平均重量系数，一般为 0.6~0.7。

压载水重量按相近型船确定。

4. 确定吃水d和方形系数C_b

根据重力与浮力平衡条件可得

$$dC_b = \frac{\Delta}{k\gamma L_{pp}B}$$

$$\Delta = LW + DW$$

吃水受航道及港口水深限制时，取限制吃水，否则取较大吃水，对推进性能有利。得出吃水后，就可由上式求出方形系数。若不合适，则应视具体情况对吃水和方形系数加以调整。

5. 绘制型线草图和进行总布置

有了初步的主要尺度和排水量之后，可绘制型线草图和进行总布置，通过总布置检验舱内箱和甲板箱的总数是否满足要求，然后再核算航速及初稳性。根据总箱数和性能校核结果，视具体情况调整主要尺度，进行较深入的计算。

4.5.2　实例

实例：确定一艘总装箱数N_T为 700~750 TEU，航速不小于 15 kn 的吊装式集装箱船的主要尺度。

载箱量为 700~750 TEU 的集装箱船属中小型集装箱船。目前，集装箱船已发展到第五代，载重量为 4 万~8 万吨，载箱量为 3 500~5 000 TEU，分巴拿马型($B = 32.2$ m)和超巴拿马型($B > 32.2$ m)两种。尽管各代集装箱船载箱量和载重量有很大差异，但其尺度确定均属于布置地位型，其一般步骤和方法是一致的。

1. 通过布置确定船长、型宽、型深

载箱量为 700~750 TEU 的集装箱船属中小型集装箱船，通常设计成单舱口形式，一般设三个货舱。考虑到兼顾运输重长货物的可能，一般是长短舱配置，设两个短舱和一个长舱（第二个货舱为长舱）。

根据设计要求并参考同型船的实船资料，拟定本船舱内布置 6 列 4 层集装箱，甲板上布置 9 列 3 层集装箱，货箱全部纵向安放。

1）型宽

按舱内集装箱布置计算，取边舱宽 $b = 3.1$ m，货箱与侧壁间隙 $c = 0.12$ m，格栅宽度 $a = 0.2$ m，集装箱在格栅中宽度方向的间隙 $\alpha = 0.025$ m，集装箱宽度 $d = 2.438$ m，则型宽 B 为

$$\begin{aligned} B &= 6(d+\alpha) + 2b + 2c + 5a \\ &= 6(2.438 + 0.025) + 2\times 3.1 + 2\times 0.12 + 5\times 0.2 \\ &= 14.778 + 6.2 + 0.24 + 1.0 \\ &\approx 22.2 \text{ m} \end{aligned}$$

按甲板上集装箱布置计算，取货箱间隙为 0.025 m，则所需型宽为

$$B = 9d + 8\times 0.025 \approx 22.0 \text{ m}$$

综合考虑按舱内布置及甲板布置所得的两个值，取型宽 B 为 22.2 m。

2）型深

取双层底高度 $h_d = 1.5$ m，内底及其上垫板厚 $h_t = 0.04$ m，舱内集装箱最上层货箱顶面至舱口盖下缘距离 $f = 0.15$ m，舱口围板高度 $H_c = 1.5$ m（考虑到货舱口两侧的上方布放集装箱时，其下面通道的最低高度），集装箱高度 $H_{TEU} = 2.591$ m，舱口纵围板下面的拱高很小，可忽略不计，则型深为

$$\begin{aligned} D &= h_d + h_t + 4\times H_{TEU} + f - (H_c + 0) \\ &= 1.5 + 0.04 + 4\times 2.591 + 0.15 - (1.5 + 0) \\ &= 10.554 \text{ m} \end{aligned}$$

取型深 $D = 10.6$ m。

3）船长

设三个货舱，第一货舱和第三货舱布置 4 行 20 ft 集装箱，第二货舱布置 6 行 20 ft 集装箱。在长度方向上的每两个 20 ft 箱可以换装一个 40 ft 箱，故货舱长度可按 40 ft 箱长 12.192 m 计，但行数是上述行数的 1/2。按导轨的通常尺度，取货舱口端壁与货箱间的距离为 0.27 m，取货箱间纵向间隙为 0.55 m，货箱与导轨间每面留 0.02 m 间隙，则第一和第三货舱口长度为

$$l_1 = l_3 = (12.192 + 0.04)\times 2 + 2\times 0.27 + 0.55 = 25.554 \text{ m}$$

第二货舱口长度为

$$l_2 = (12.192 + 0.04)\times 3 + 2\times 0.27 + 2\times 0.55 = 38.336 \text{ m}$$

取实际肋骨间距长度为 710 mm，按肋位数计算。

第一和第三货舱口取 36 个肋位，其长度为

$$36\times0.71=25.56\ \mathrm{m}$$

第二货舱口取 54 个肋位，其长度为

$$54\times0.71=38.34\ \mathrm{m}$$

货舱长度的确定：在第一和第二货舱及第二和第三货舱间设单柱旋转式吊车（克林吊），吊柱两侧设 1 行 20 ft 箱，吊柱中心线至舱口横向围板间距为 4 个肋位；第一货舱口的前围板至首楼后壁及第三货舱口的后围板至尾楼前壁的间隙各取 2 个肋位（交通通道需要），则第一、第二、第三货舱长度分别为

$$l_1=l_3=25.56+6\times0.71=29.82\ \mathrm{m}$$

$$l_2=38.34+8\times0.71=44.02\ \mathrm{m}$$

货舱区总长度为

$$l=2\times29.82+44.02=103.66\ \mathrm{m}$$

船长的确定：参考母型船，尾尖舱长度取 7.2 m，机舱长度取 17.04 m，首侧推装置舱长度取 3 m，首尖舱长度取 7.1 m，则船长为

$$L_{pp}=7.2+17.04+103.66+7.1+3=138\ \mathrm{m}$$

2. 重量估算

1）空船重量估算

Ⅰ. 船体钢料重量 W_h

船体钢料重量 W_h 按下式估算：

$$\begin{aligned}W_h&=0.046\,07L^{1.659}B^{0.777}D^{0.282\,5}\\&=0.046\,07\times138^{1.659}\times22.2^{0.777}\times10.6^{0.282\,5}\\&=0.046\,07\times3\,548.62\times11.120\times1.948\,3\\&=3\,542\ \mathrm{t}\end{aligned}$$

取 $W_h=3\,550$ t。

Ⅱ. 舾装设备重量 W_f

舾装设备重量 W_f 按下式估算：

$$\begin{aligned}W_f&=0.091\,2L^{1.604}B^{0.470\,5}D^{0.015\,4}\\&=0.091\,2\times2\,706.24\times4.3\times1.037\\&=1\,100\ \mathrm{t}\end{aligned}$$

Ⅲ. 机电设备重量 W_m

机电设备重量 W_m 按下式估算（取主机的额定功率 $BHP=5\,770$ kW）：

$$\begin{aligned}W_m&=169.14\left(\frac{BHP}{1\,000}\right)^{0.5}+370.3\\&=169.14\left(\frac{5\,770}{1\,000}\right)^{0.5}+370.3\end{aligned}$$

$$=777\ \text{t}$$

空船重量：

$$LW=(W_h+W_f+W_m)\times 1.045$$
$$=(3\,550+1100+777)\times 1.045$$
$$=5\,671\ \text{t}$$

其中 1.045 是考虑了 4.5%的储备重量时的系数。

2）载重量估算

初步估算时，根据总装箱数N_T估算载重量：

$$DW=K_c N_T P_C$$

式中：K_c——计入集装箱固缚设备、人员、食品、油水、压载水等重量的系数，参照母型船可取为 1.325；

P_C——集装箱每箱计算重量，取为 13 t/箱（相当于标准重量的 65%）；

N_T——总装箱数，TEU。

总装箱数N_T估算。舱内箱数为

$$N_H=K_0 XYZ=0.91\times 14\times 6\times 4=306\ \text{TEU}$$

式中：$K_0=0.91$，折减系数，取自母型船；

$X=14$，舱内箱总行数；

$Y=6$，舱内箱列数；

$Z=4$，舱内箱层数。

甲板上货箱数为

$$N_D=K_1 XYZ=0.92\times 17\times 9\times 3=422\ \text{TEU}$$

甲板上布置三层，总行数$X=17$，列数$Y=9$，层数$Z=3$，折减系数取为$K_1=0.92$。所以总装箱数N_T为

$$N_T=N_H+N_D=306+422=728\ \text{TEU}$$

载箱量符合设计要求。

本集装箱船载重量为

$$DW=1.325\times 728\times 13=12\,540\ \text{t}$$

3. 吃水及方形系数的确定

1）吃水

考虑集装箱船的稳性要求并兼顾航速，吃水选得太大，则宽度吃水比变小，对稳性不利；但吃水太小，则对航速不利。综合考虑选择 7.9 m 作为设计吃水。

2）方形系数按重力与浮力平衡确定

本船满载排水量为

$$\Delta=LW+DW=5\,671+12\,540=18\,211\ \text{t}$$

方形系数为

$$C_b = \frac{\Delta}{L_{pp} B d \gamma_a} = \frac{18\,211}{138 \times 22.2 \times 7.9 \times 1.026} = 0.733$$

4. 性能校核

1)航速校核

主机的额定功率$BHP = 5\,770$ kW(MCR),转速$N = 155$ r/min,计算航速时取功率为0.95MCR,即5 482 kW。

初步估算航速,用下面的经验公式计算:

$$\begin{aligned} V_s &= 1.765 L_{pp}^{0.209\,8} B^{-0.181} d^{-0.091\,1} C_b^{0.481\,6} BHP^{0.199\,5} \\ &= 1.765 \times 138^{0.209\,8} \times 22.2^{-0.181} \times 7.9^{-0.091\,1} \times 0.733^{0.481\,6} \times 5\,482^{0.199\,5} \\ &= 15.18 \text{ kn} \end{aligned}$$

航速满足设计要求。

2)稳性校核

初稳性高度按下式核算:

$$\overline{GM} = Z_b + r - Z_g$$

$$A_1 = \frac{C_w}{C_w + C_b} = \frac{0.83}{0.83 + 0.732} = 0.531$$

$$Z_b = A_1 d = 0.531 \times 7.9 = 4.195 \text{ m}$$

$$A_2 = \frac{C_w^2}{11.4 C_b} = \frac{0.83^2}{11.4 \times 0.732} = 0.082\,6$$

$$r = A_2 \frac{B_2}{d} = 0.082\,6 \frac{22.2^2}{7.9} = 5.153 \text{ m}$$

$$Z_g = \xi D = 0.78 \times 10.6 = 8.268 \text{ m}$$

$$\overline{GM} = 4.195 + 5.153 - 8.268 = 1.08 \text{ m}$$

水线面面积系数C_w及重心垂向高度系数ξ参照母型船确定。

以上通过初步草图布置和重量估算,初步确定出船舶主要尺度、方形系数及总装箱数。但这只是一个初次近似计算结果,接下来应绘制型线图,进行较详细的布置,进一步修正和完善主要尺度及船型系数。

5. 通过绘制型线草图进行实际布置,修正主要尺度及排水量

当初步确定主要尺度之后,可通过绘制型线草图进行实际布置,确定总装箱数,进一步修改主要尺度。舱内各层自下而上安放的货箱数分别为:第一层 70 箱,第二层 76 箱,第三层 78 箱,第四层 80 箱,舱内共计 304 箱。甲板上在尾楼以前布置 3 层 16 行,每层安放 136 箱,共计 408 箱;尾楼后面安放 2 层 1 行,每层 6 箱,共计 12 箱。甲板货箱共计 420 箱。

1)载重量及排水量计算

根据实际布置和实际箱重再次计算载重量。舱内货箱单箱重量各层分别取为:一层 20 t、二层 18 t、三层 16 t、四层 14 t;甲板货箱每箱重量取 8.5 t。船员、油水及货箱固缚设备重量经换算共计 1 582 t;压载水重量参照母型船取为 2 208 t。载重量及满载排水量、重量、重心见表 4-12。

表 4-12 载重量、满载排水量、重量重心

序号	项目名称	P/t	Z_g/m	M_{xy}/(t·m)
1	船员、油水及货箱固缚设备等的重量	1 582	5.128	8 112.5
2	压载水重量	2 208	1.649	3 641
3	集装箱重量	8 706	9.94	86 537.64
4	载重量	12 496	7.866	98 291.14
5	空船重量	5 632	8.80	49 561.6
6	排水量	18 128	8.156	147 852.74

2)主要尺度及方形系数修正

船长、型宽、吃水仍保持不变,这里主要修正方形系数。修正后的方形系数为

$$C_b = \frac{\Delta}{L_{pp}Bd\gamma_a} = \frac{18\,128}{138\times 22.2\times 7.9\times 1.026} = 0.730$$

3)航速与稳性校核

Ⅰ.航速校核

应该说明,这一阶段有条件应采取较精确的方法校核航速(如计算有效功率和螺旋桨初步设计),为简化说明问题,仍以前述方法进行航速校核。

$$V_s = 1.765L^{0.209\,8}B^{-0.181}d^{-0.091\,1}C_b^{0.481\,6}BHP^{0.199\,5}$$
$$= 15.21\text{ kn}$$

Ⅱ.稳性校核

$$\overline{GM} = \overline{KM} - \overline{KG} = 9.15 - 8.156 = 0.994\text{ m}$$

式中:$\overline{KM}$——稳心距基线的高度,取自静水力曲线;

$\overline{KG}$——重心距基线的高度,取自表 4-12。

经自由液面修正后的$\overline{GM}_0$为

$$\overline{GM}_0 = \overline{GM} - h = 0.994 - 0.002 = 0.992\text{ m}$$

第 5 章　型线设计

5.1　概述

型线设计是船舶总体设计的重要内容之一。船体型线是关系到船舶技术和经济性能的全局性设计项目之一，它与船舶的静力与动力性能、总布置、结构与建造工艺等密切相关，是评定船舶设计质量的一个重要指标。因此，在船舶设计的初始阶段确定总体设想及主要要素时，就要对型线设计问题进行考虑，并在型线设计中加以体现和检验。正式的型线图是性能计算、结构设计以及各种布置和建造放样的依据，必须认真对待。

型线设计对船舶的航行性能、营运经济性以及建造工艺性等方面有很大的影响。首先，型线与阻力性能关系重大，尾部型线与螺旋桨和舵系的配合对推进效率和振动有很大的影响。此外，型线与船舶的浮态、稳性、操纵性以及船在波浪上的运动特性和碰击等都有关系。在使用方面，型线能够影响布置和舱容，如机舱内的布置条件、货舱和压载舱的容积、甲板舾装布置等。在建造工艺性方面，型线的平直部分、可展曲面部分可以简化施工的工艺，而复杂曲面增加了施工难度和建造工作量。所以，型线设计需要考虑许多方面的要求，有些要求还会相互抵触，设计者必须仔细权衡。综合起来讲，型线设计应该注意以下几个方面。

1. 保证设计船具有良好的性能

一般说来，船体水线以下部分的型线决定了船舶的浮力、稳性、快速性、操纵性、耐波性等；水线以上部分的型线对船舶的耐波性、稳性、分舱及破舱稳性等有重大影响。船体水线以上和水线以下部分的型线要做到几何上的合理配合。型线设计中要把握船体型线与流体动力性能之间的关系，目前还不能完全按理论的方法来进行船体型线设计，通常采用优良的母型船或系列船型资料，根据型线设计的原理和方法加以修改。在这过程中，设计者的经验具有重要的作用。型线设计的经验除了在设计工作中积累以外，还可以通过多参加船模试验研究工作来获得。

2. 与总布置及总体结构相互协调

型线设计中应该考虑和满足总布置所需的船体容积、甲板面积、舱壁的位置、货舱大开口的尺寸机能及设备的布置和纵倾的调整等。有些情况下，当布置与性能对型线的要求发生矛盾时，通常是适当降低对性能方面的要求，来满足布置和使用功能的需要。例如，装载特殊货物（如集装箱车辆、大件设备等）的船舶对甲板和舱内的尺寸及形状有要求；机舱在尾部的小型船舶的船尾型线与主机和齿轮箱的布置关系较大。这些都必须加以注意，目的是使船舶能以比较紧凑的尺度满足布置和装载的要求。

3. 考虑船体结构的合理性和建造工艺性

例如，从建造工艺性角度来说，船体表面应尽可能地采用可展曲面或平面与折角线组成的简易型线，这有利于降低造价和提高施工质量，但这种型线对船舶快速性不利，因此选用哪种方案还需根据具体情况权衡利弊；过长过浅的尾悬体影响船尾部的强度和刚度；过度的外飘和船首平坦的底部增加了波浪的冲击和船底的碰击。这些都是型线设计中应注意的问题。

4. 考虑美观的船体线型轮廓

水线以上的首尾轮廓线、甲板边线以及外露的折角线应考虑美观和造型方面的要求。对于客船、游船等，更应考虑型线与上层建筑等之间的协调，使之成为一个优美和谐的整体。

鉴于当前型线设计的复杂性，在船舶主要要素确定之后，型线设计通常与总布置设计及总体结构设计配合进行，重要产品的型线往往需要通过船模试验来确定。型线设计的方法归纳起来有以下三种。

1）自行设计法

当缺乏适当的母型资料时，设计者可根据设计船对型线的特殊要求，按型线设计的基本原则和规律，参考相近船型的优良型线资料，经分析和思考，对新船型线特征有把握后，自行设绘型线图。这种方法通常在设计特殊新船型时采用。

2）母型改造法

其中一类是以与设计船较接近的现有优秀船舶的船体型线为母型，通过某种型线变形方法，由母型船的型线得到设计船的型线，如$1-C_p$法和 Lackenby 法等均属于这一类方法，这是目前船舶型线设计的常用方法；另一类是船模系列资料法，即利用某一系列船模试验资料，按其规定的方法设计得到设计船的型线。利用船模系列资料的好处是不仅能得到船体型线，而且能使设计者具体掌握各种因素对阻力和推进等性能的影响，为型线的设计和进一步改进提供依据。

3）数学船型法

这种方法是利用数学公式对船舶的型线进行表述。例如，通常使用的参数设计法，是根据船体外形曲面几何形状参数和按照某种规律变化的平面曲线构成船体曲面，即两步法，包括吃水函数法、纵向函数法和横向函数法；参数设计法的另一种方法是曲面法（一步法），即把船体曲面分成若干块曲面片，然后按照连续条件将其拼接起来，构成船体曲面。此外，人们还进行了直接按船舶的性能准则产生船型的研究，通常是根据船舶的设计参数要求及性能指标构造船体外形的数学模型，对其求解得到实用的船体型线，这已成为数学船型法研究的重点内容。

以上三种方法中应用比较多、比较广泛的是母型改造法。因为该方法可以借鉴和继承优秀的母型船或优秀系列船型的型线资料，其简单、可靠，可保持原型线的优点。关于数学船型法，因为目前尚未找到同时反映船舶各种要求的船型微分方程，还只是利用若干函数来表示船体表面形状，而这些函数与主要性能的直接相关性是今后要进一步研究的内容，因此，该方法没有达到实用程度。自行设计法只是在某些特种船型开发时才被采用，但也要参考有关母型船或系列船型资料。

随着计算机在造船工业中的广泛应用，前面所述的型线设计方法都已通过计算机编程实现，并在船舶设计与建造中得到成功的应用，这大大提高了船舶型线设计的效率和质量，减轻了设计者的工作强度。但是，船舶设计师所面临的基本问题并没有改变，即不论用哪种方法设计船体型线，都必须掌握船体主要形状参数和特征对船舶性能、布置、结构等方面的影响规律，并以此作为型线设计的基础。

5.2　主要型线要素

船体型线设计就是确定船舶主体部分的形状，即露天连续甲板以下部分的外板形状，包括水线以下部分与水线以上部分，而研究的主要方面是水线以下部分的形状。

表征船体外形特征的主要参数有：

（1）主要尺度与船型系数，包括L、B、d、D、C_b、C_M、X_b等；

（2）横剖面面积曲线形状；

（3）设计水线形状；

（4）横剖线形状；

（5）首尾轮廓及甲板线（甲板中心线、舷弧线）形状；

（6）平边线和平底线。

其中，（2）~（6）称为型线要素。因此，型线设计应首先考虑和确定以上要素。选择好这些要素，型线生成就可以得到有效的控制。

在船舶设计中，确定Δ、B、d、D、C_b以后，就开始设计船体型线，通常从横剖面面积曲线形状、设计水线形状、横剖线形状、首尾轮廓线及甲板线的形状等几个方面来进行控制与协调，最后完成型线设计。

这些形状特征和参数不但与船的性能有关，而且在几何上有其内在的联系。例如，方形系数C_b确定以后，再选取船中横剖面系数C_M，就确定了棱形系数C_p，从而很大程度上确定了设计水线以下排水体积沿船长的分布，定出了各站横剖面面积。各站横剖面面积与设计水线半宽、侧面轮廓线及横剖线结合起来就决定了各剖面的 UV 度和排水体积的竖向分布。不仅如此，水线以下部分的形状还影响着水线以上部分的形状特征。设计水线过狭、甲板过宽、干舷过小，从水线以下部分向甲板过渡时，就会产生过度的外飘。可见，设计水线、横剖线、侧面轮廓线和横剖面面积曲线之间，设计水线以下部分的形状与甲板、干舷等水线以上部分的形状之间都在几何上形成互相联系、互相制约的关系。

5.2.1　横剖面面积曲线

横剖面面积曲线是以船长为横坐标、设计水线下横剖面面积为纵坐标所绘制的曲线，如图 5-1 所示。横剖面面积曲线的形状特征可用下列参数表示。

（1）横剖面面积曲线下的面积相当于船的型排水体积V。

（2）曲线下面积的丰满度系数等于船的棱形系数C_p。

（3）面积形心的纵向位置相当于船的浮心纵向位置X_b。

（4）曲线的最大纵坐标值代表最大横剖面面积A_m，通常是船中剖面面积（如较丰满的船）。

（5）丰满船的横剖面面积曲线中部水平段长度即船舶的平行中体长度L_P。

（6）平行中体前后的两段长度分别称为进流段长度L_E和去流段长度L_R。

（7）无平行中体船的最大横剖面位置。

（8）曲线两端端部形状。

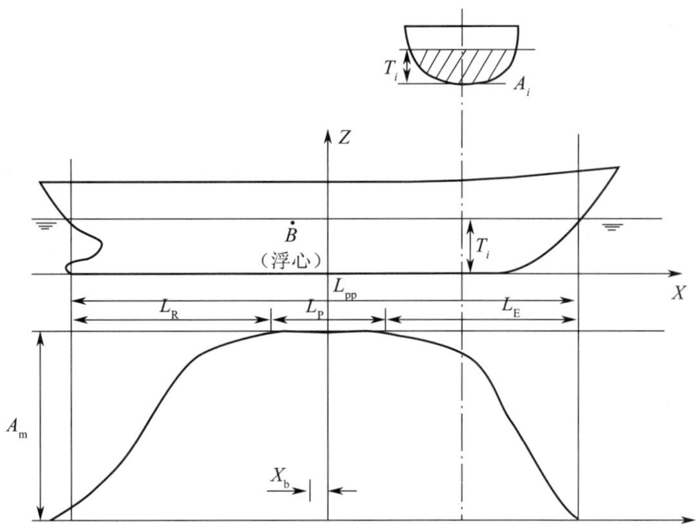

图 5-1 船体横剖面面积曲线

为便于将各种船型进行对比，通常采用无因次横剖面面积曲线，即取纵坐标为各站横剖面面积A_i与最大横剖面面积A_m的比值，取横坐标为剖面至船中的实际距离与$L_{pp}/2$的比值。

不同类型的船舶，其横剖面面积曲线的形状差别很大。C_p决定了横剖面面积曲线的丰满程度，对曲线形状影响极大。影响横剖面面积曲线的另一个重要参数是X_b。可见，横剖面面积曲线在很大程度上决定了船体型线，是型线设计的出发点。本节主要从船舶快速性角度对其特征参数的选取做简单的介绍与分析。

1. 棱形系数C_p的选择

C_p的大小反映了浮力沿船长的分布，因为$C_p=\dfrac{C_b}{C_m}$，所以当C_b一定时，C_p小表示浮力相对集中在船中附近，面积曲线首尾两端较尖瘦；而C_b一定时，C_p大则说明浮力沿船长分布得比较均匀，面积曲线两端较丰满。通常选取C_p时考虑的因素有以下几个。

1）对阻力的影响

由于C_p的大小反映了浮力沿船长的分布，所以C_p的选择决定了水动压力沿船长的分布情况，因此C_p对船舶的阻力（主要是剩余阻力）有较大的影响。

理论上对剩余阻力最有利的C_p：当$F_n<0.30$时，C_p约为 0.52；当F_n为 0.30~0.45 时，C_p的最佳值由 0.52 增大到 0.65；当$F_n>0.45$时，具有最低剩余阻力的C_p应为 0.65 左右，并基本上保持在 0.65 不再继续增加。

然而，对中低速运输船而言，具有最低剩余阻力的C_p与从经济角度所选用的方形系数C_b是无法配合的。因为中低速船一般选用经济的C_b，此时即使将中横剖面系数C_M取为最大的数值，实际的C_p也难以达到理论上的最佳值。所以在较小的F_n下，从C_b的经济值及与之相适应的C_M出发选择C_p较为适宜。这种从船体重量及经济角度来考虑的C_p称为C_p的经济值(C_{pe})。表 5-1 为C_p经济值的统计范围。

表 5-1　C_p经济值的统计范围

F_n	C_{popt}	C_{pe}	F_n	C_{popt}	C_{pe}
0.24~0.28	~0.52	0.62~0.65	0.38	0.56~0.58	0.58~0.58
0.30	~0.52	0.58~0.62	⩾0.44	0.63~0.65	0.63~0.65
0.34	0.52~0.53	0.56~0.60			

上述C_p的经济值虽然高过了理论值，但由于F_n较低，剩余阻力所占比重不大，选用大的F_n使剩余阻力增加是有限的，另外由于选用经济的C_b或C_p，相应地可减小船的尺度，摩擦阻力亦可相应减小。船的尺度减小，船体重量可减轻，载重量可增加，造价可降低。总的结果是不会给总阻力造成大的增加，而经济上却是有益的。

当F_n较高时，阻力上最佳的C_{popt}与实用的C_{pe}已接近一致。

2）对总布置与建造工艺的影响

选择C_p时还必须考虑到对布置与建造工艺的影响。C_p较小时，船两端尖瘦，不利于布置。特别是尾机型船舶，过小的C_p给机舱及轴系布置造成困难。对双桨船，尾端过于尖瘦，尾轴过早穿出船体，悬臂轴很长，对强度和振动不利。

对小船来说，C_p太小，船体两端过分尖瘦，将给施工建造带来困难。

3）与其他参数和船体型线的协调配合

选择C_p时还应考虑与C_b、C_M、L/B的协调配合。对L/B小的船，C_p不能太小。因为当船的排水量一定时，L小的船，若C_p太小，则前体易产生突肩，出现附加的横波系，使阻力增加。对于设计船的C_b，已达到F_n所允许的上限时，则应取尽可能大的C_M，以降低C_p。这些都是在设计型线时应加以注意的。

2. 浮心纵向位置的选择

浮心纵向位置X_b决定了船前后半体的相对丰满度，对船的阻力及船的纵倾调整都有很大影响。浮心纵向位置的选择主要从对快速性有利的最佳浮心纵向位置和与总布置所确定的重心纵向位置相配合这两个方面来考虑。

1）对阻力的影响

在一定的棱形系数下，浮心纵向位置X_b表明了排水量对船中分布不对称的程度，即排水量沿船长的分布情况。因此它对船的剩余阻力有较大影响，特别是对中低速船。当浮心纵向位置向首部移动时，船的兴波阻力增加，而旋涡阻力降低；浮心纵向位置移向尾部时则产生相反的效果，减小了兴波阻力，增大了旋涡阻力。

这样，对于每种情况而言，一定的浮心纵向位置必有一定的最小总阻力与之对应，这个浮心纵向位置通常称作最佳浮心位置。船模试验证实，最佳浮心位置是和很多因素有关的，但其中最主要的是船的相对速度（傅汝德数）F_n和棱形系数C_p。X_b对船的主尺度比L/B、B/d及横剖面形状也有一定的影响。目前，对最佳浮心位置的见解不一致，这是因为浮心位置变化必引起船形变化，而船形略有变化就可能使阻力最低的浮心位置发生变化；另外，阻力最低时的浮心纵向位置的曲线变化较缓，即在一定范围内它的位置变化对阻力影响不很明显。因此，仅就阻力而言，总的原则应当是：对于低速货船及油船，由于方形系数较大，其兴波阻力所占比重较小，所以浮心纵向位置应在船中以前，以免在船尾产生大量旋涡增加旋涡阻力。对$F_n > 0.24$的中高速船，因船形较瘦，不致发生大量旋涡，因此浮心纵向位置需在船中以后，以使前端变得较为尖瘦从而减小兴波阻力。

双桨船的X_{bopt}比相应的单桨船偏后 1%左右，快速双桨船的X_{bopt}在中后$(2.0\% \sim 3.5\%)L_{pp}$。此外，从总的推进效率看，实际浮心纵向位置稍后于阻力上最佳位置（如向后$(0.2\% \sim 0.3\%)L_{pp}$）是有利的。

应该指出，一般试验资料给出的X_{bopt}都是以C_b与F_n的配合恰当为前提的。如果设计船的C_p（或C_b）相对于主要使用状态下的F_n偏大（接近上限界值），则选取的X_b应适当偏后，以降低首部的兴波阻力。对设计储备功率较多的定期船，为了有效地使用储备功率来增加航速，浮心纵向位置也应比正常使用航速下所对应的X_{bopt}稍后些。

2）对纵倾调整的影响

浮心纵向位置的选取，还应注意船舶的纵倾调整，即要保证与船舶重心纵向位置相配合，使船不致产生首倾和不允许的尾倾，尤其对尾机型船舶更要认真对待。这类船阻力和纵倾调整对浮心纵向位置的要求往往是矛盾的。例如，快速杂货船因其F_n较大，阻力上适宜的浮心纵向位置偏后，但船的重心则在中前。因此，在设计中不得不适当地损失快速性而去兼顾布置上的适宜性。由于在一定范围内移动浮心纵向位置时阻力增加有限，在设计实践中，常根据纵倾调整的要求将浮心向首或向尾做必要的移动。

另外，选取浮心纵向位置还必须考虑与船舶型线的配合。内河浅水船舶多采用隧道型线。由于隧道损失的排水体积很多，浮心纵向位置也不宜取得太后，否则难以设计型线，螺旋桨和舵得不到足够稳定的水流，倒车性能差。

3. 平行中体的长度和位置，最大横剖面位置

1）平行中体的长度和位置

平行中体就是船中部设计水线下横剖面积大小和形状完全一样的部分，其长度通常用L_P表示。平行中体的前后部分分别称作进流段、去流段，其长度分别以L_E和L_R表示。平行中体主要用于低速的运输货船、油船。在一定的F_n范围内，船体采用适量的平行中体，无论在阻力性能方面还是在使用和建造方面都是有利的。因为当船的排水量、主要尺度及棱形系数C_p确定后，采用适当长度的平行中体，将使船的排水体积相对移向中部，而船的两端形状变得瘦削，所以使横剖面面积曲线在平行中体两端形成两个肩形，两肩附近引起的波浪与船两端引起的波浪将产生干扰现象。船模试验证实，合适的平行中体长度和位置，对改变兴波主要集中于端部的低速船和兴波干扰作用明显的中速船的兴波阻力是有意义的。通常在$F_n < 0.24$、对应的方形系数$C_b > 0.62$、棱形系数$C_p > 0.63$的船上都采用平行中体。因为除阻力上有收益外，还可以增大货舱容量，简化建造工艺，降低建造成本。

根据船模试验研究可知，平行中体对阻力的影响主要是由它的最适宜的长度及最有利的位置决定的。平行中体在船的后半体的长度增大，必然导致形状阻力增加。而船的前半体平行中体过长也很难实现进流段向平行中体的光滑过渡。这样会使平行中体起点处所产生的波浪强化，势必增加兴波阻力。因此，一定的船型必有较为适宜的平行中体长度L_P和进流段长度

L_E、去流段长度L_R与之配合。在设计中往往依据方形系数C_b来确定各段的长度。

表 5-2　不同方形系数C_b下的各段适宜长度

方形系数 C_b	进流段长度 L_E	平行中体长度 L_P	去流段长度 L_R	比值 L_E/L_R
0.81	24.0%L	44.0%L	32.0%L	0.750
0.80	24.0%L	43.5%L	32.5%L	0.738
0.79	24.5%L	42.0%L	33.5%L	0.731
0.78	25.5%L	39.0%L	35.5%L	0.718
0.77	26.0%L	37.0%L	37.0%L	0.703
0.76	27.0%L	34.5%L	38.5%L	0.701
0.75	28.0%L	33.0%L	39.0%L	0.718
0.74	29.5%L	31.5%L	39.5%L	0.747
0.73	31.0%L	29.5%L	39.5%L	0.785
0.72	33.0%L	27.0%L	40.0%L	0.825
0.71	36.0%L	23.0%L	41.0%L	0.878
0.70	38.0%L	（18%~20%）L	42.0%L	0.905
0.69	—	14.5%L	—	—
0.68	—	11.0%L	—	—
0.67	—	8.5%L	—	—
0.66	—	6.0%L	—	—

对于丰满船，平行中体长度L_P可比表中所建议的数值大些。

2）最大横剖面位置

无平行中体的船舶，最大横剖面位置决定了进流段和去流段的长度。在$C_b < 0.65, F_n > 0.24$的船上，从有利于阻力的角度考虑都不采用平行中体。这是因为这类船较瘦长，剩余阻力所占比例大，如采用平行中体难以保证型线光顺和缓，这样就易导致剩余阻力增加。当船速较高时，进流段长度应大于去流段长度，最大横剖面位置应移向中后。大致是：当$F_n \leqslant 0.30$时，最大横剖面可位于船中；当$F_n \geqslant 0.50$时，则宜渐向尾部移动约5%L。一般说来，最大横剖面的绝对位置比起浮心纵向位置对阻力的影响还是次要的。

4. 横剖面面积曲线的端部形状

横剖面面积曲线端部形状与平行中体长度L_P、进流段长度L_E、去流段长度L_R、前体棱形系数C_{pf}和后体棱形系数C_{pa}等参数有关，其关系如下：

$$C_{pe} = 1 - \frac{1 - C_{pf}}{2(L_E / L_P)} \tag{5-1}$$

C_{pf}和C_{pa}与浮心纵向位置X_b密切相关，有以下的统计关系式：

$$C_{pf} = C_p + (1.4 + C_p)\frac{X_b}{L_P} \tag{5-2}$$

$$C_{pa} = C_p - (1.4 + C_p)\frac{X_b}{L_P} \tag{5-3}$$

确定横剖面面积曲线的端部形状时要对下述问题予以考虑。

（1）对于低速船（$F_n < 0.22$），首波发生在首柱附近，希望横剖面面积曲线有较尖的首端，如取凹形的首端。但是必须考虑到这种低速船的C_p及C_b均较大，通常都有较长的平行中体，而进流段都较短。凹形的首端将导致进流段与平行中体相接处出现大的“肩”点，将会引起额外的兴波阻力，所以还是取直线形首端为宜。

（2）当$F_n = 0.22 \sim 0.28$时，由于兴波逐渐加剧，首波发生点后移。为避免过大的兴波阻力，进流段宜增大，平行中体宜减小或取消，横剖面面积曲线的首端宜取凹形或微凹形。

（3）当$F_n > 0.28$时，首波范围增大且后移。为适应这种情况，进流段更应增大。当$F_n > 0.30$时，甚至可以考虑将最大横剖面位置移到中后。这时横剖面面积曲线的首端宜取微凹形甚至直线形。

（4）横剖面面积曲线的尾端常采用直线形或微凹形，以避免水流分离。

5.2.2 设计水线形状

设计水线就是船舶满载时的载重水线，其形状由水线面系数C_w、平行中体长度L_P、半进流角i_E、半去流角i_R、漂心纵向位置X_f及首尾端部形状等确定。设计水线形状对船舶阻力、稳性、耐波性及型线光顺等方面均有影响。

1. 水线面系数

水线面系数C_w的大小反映了设计水线面面积的大小。选取C_w时应考虑的因素如下。

1）对稳性的影响

水线面系数C_w和型宽B一样对初稳性有很大影响。增大C_w初稳性高度可提高。由于C_w增大后，水线以上部分也相应加宽，使储备浮力有所增加，对抗沉性和大倾角时的稳性均有利。

2）对布置的影响

从总布置角度考虑，大的C_w配以 V 形的横剖面，可加大甲板面积及设计水线以上部分的容积，有利于甲板设备及舱室的布置。

3）对耐波性的影响

增大C_w对纵摇有较强的阻尼作用。如采用大的C_w并配以 V 形首横剖面及适度的首外飘，有利于减缓迎浪航行时易发生的首部钻浪现象，从而可减小纵摇幅度并改善船的甲板上浪。

4）对快速性的影响

从静水阻力考虑，C_w过大是不利的，随着F_n的增加应使C_w减小。但对浅水阻力而言，C_w大则垂向棱形系数C_{vp}下降，使排水体积集中在上部可以增加船底与河床之间的间隙，从而减小回流速度及浅水摩擦阻力。

船舶设计中，一般对C_w的选取是从快速性出发，然后校核稳性、总布置及型线等方面是否合适。通常，C_w与C_p有一个大体的协调范围，某些系列船型给出了下面的建议公式：

$$C_w=(0.97\sim1.01)C_p^{2/3}$$

2. 设计水线首端形状与半进流角

设计水线首尾端形状有凸形、直线形、凹形及微凹形之分，其形状对剩余阻力有较大影响，特别是首部的形状对兴波阻力有较大的影响。设计原则是：为了保证获得较低的阻力，设计水线首部应当瘦削，尾部应当很好地圆削。

对于低速船，由于兴波阻力所占比重较小，这种船的主要着眼点应以低速换取较大的载重量，因此首部不易削尖。否则，由于中部较肥，首部太尖，势必破坏型线的光顺。因而它的首端形状做成接近于直线的凸形是合理的。故在$F_n<0.16$时用凸形；$F_n=0.16\sim0.19$时用微凸形或直线形；$F_n=0.20\sim0.22$时可采用直线形或微凹形。随着F_n的增加，引起兴波长度逐渐增大，其高压区不断后移，要降低兴波阻力就必须使首部水线拐点向后移动，但也不应移动太大，否则会使船体表面型线变化剧烈，破坏型线光顺反而增加了阻力。因此，对于$F_n=0.22\sim0.32$的中速船，多采用缓和凹形的首部水线。对于高速船，由于兴波高压区已扩展到近船中，为了减小兴波阻力，希望整个水线前半部变瘦，因而在$F_n>0.32$时应采用直线形甚至微凸形首部。

从耐波性角度看，设计水线丰满是有利的，而呈 S 形的则不利。小型船舶从稳性和总布置角度来讲，常常要求较丰满的首部水线，因此，常采用较大的C_w及i_E。

由前述可知，设计水线首端的形状对兴波阻力有很大影响，而设计水线的半进流角则对设计水线首端形状有决定性作用。所谓半进流角就是设计水线在船首处所作的切线与船的中纵剖面所成的角度，以i_E表示。根据船模试验的结果，它的大小应和船的相对速度及船形瘦削程度（长宽比）及浮心纵向位置X_b等有关。

3. 设计水线尾端形状

设计水线尾端的形状主要对形状阻力有影响，一般情况下，它对总阻力的重要性次于首端形状。为减缓水流分离，要求尾端保证顺滑，一般应以直线形为宜，且与纵中剖面线夹角多为20°～28°。特别是对于中速船，尾端应尽可能变瘦以免产生大量旋涡。高速船的水流大都顺着纵剖线，很少顺着水线，所以尾端反而要做得丰满些。此外，位于设计水线下的首部水线应当尽量做得尖削，特别当有球鼻首时，应当注意主船体与球鼻首的配合。尾部形状也一样，应尽量做得尖削或圆削以利于水流流动。设计水线以上水线形状对静水阻力无影响，但在风浪中对阻力产生影响，因此首部往往靠倾斜的首柱使水线变得尖削。另外，注意到在风浪中对起伏运动有影响时，应使水线形状不要造成漂心过后，否则当波峰沿船长移动时，浮心变化较快，波长或波面略有变动即影响起伏振幅。因而水线面形状要避免过于“前瘦后肥”。去流角大小比较难确定，巡洋舰尾因倾斜缓慢，一般为15°～18°；普通型船尾要大些（个别船达到 30° 以上），但角度大容易产生旋涡，使形状阻力增大，设计时要考虑C_w等因素才能确定。

4. 设计水线的平行中段长度

设计水线平行中段的长度取决于水线面系数的大小和水线首尾端的形状。通常单桨船约为横剖面面积曲线平行中体长度的 2 倍。速度较快、C_b小的船没有平行中体，但设计水线在船中偏后部仍有一段平行中体，因为首部瘦削、尾部丰满的设计水线对快速船具有更小的阻力。

5.2.3 横剖线形状

当横剖面面积曲线及设计水线确定后，就可着手确定横剖面形状。首先应确定中剖面的形状。它的形状与摩擦阻力关系不大，主要和剩余阻力有关系。中剖面形状主要体现在舭部升高h和舭部半径R。对h和R的选取要符合使纵向水流平顺的要求，特别是舭部水流从前体向下越过舭部到底部以后，再越过舭部升向尾部的整个过程中不易发生离体，这要求舭部半径R不宜过小。具体设计中应视尺度比B/d及中横剖面系数C_M而定。中横剖面系数，试验证明，实际上对阻力影响不大，选取时主要从易于型线平顺、布置等方面加以考虑。对于低速船，目前的趋势是采用相当肥满的中剖面，在一定的方形系数配合下可使船的两端尖瘦，对减小兴波有些好处；对于高速船，中横剖面系数应取得小一些，因为小的方形系数要求中横剖面系数小，以使棱形系数接近最佳值，所以高速船中剖面具有相当大的h和R。低速船常无h，其目的在于获得尽可能大的中横剖面系数。

在横剖面面积曲线和设计水线一定的情况下，船的首尾端横剖面形状的选取就要受到限制。在满足横剖面面积曲线要求的横剖面面积的前提下，横剖线水下形状相对来讲可分为 V 形和 U 形以及介于两者之间的中 V 形及中 U 形和极端的极 V 形和极 U 形等。通常，由于 U 形横剖线排水体积可集中于下部，故与较瘦削的设计水线相对应；而 V 形横剖线由于排水体积集中于上部，故对应于较丰满的设计水线。但由于目前对船舶横剖线的 UV 度还没有一个被普遍接受的定义，因而对于较为缓和的中 V 形和中 U 形横剖线，只有通过相互对比才能区分。

1. 静水阻力方面

从阻力上看，U 形横剖线使排水体积在竖向的分布较均匀，有利于提高螺旋桨的推进效率，且有利于降低螺旋桨的激振力。但相对于 V 形横剖线，U 形横剖线的湿面积较大，导致摩擦阻力较大。V 形横剖线不仅因为湿面积较小，对减小摩擦阻力有利，对尾部来说，V 形横剖线还可以使去流段水流顺畅，有利于减小旋涡阻力。

瑞典哥德堡船舶研究院对前体横剖线分别为 U 形和 V 形的船做了试验研究。这两条船具有相同的横剖面面积曲线和相同的主要尺度比，由于前体的 V 形横剖线兴波阻力较大而摩擦阻力较小，因此在$0.18 < F_n < 0.25$范围内（也与其他形状影响因素有关），总阻力比 U 形横剖线的高。

2. 耐波性方面

船在纵摇和升沉运动中，V 形横剖线使纵摇、垂荡的阻尼增加，有利于降低纵摇角和垂荡幅度。另外，V 形横剖线也使船体具有较大的储备浮力。而 U 形横剖线的耐波性（如纵摇、垂荡、首部碰击等性能）相对于 V 形横剖线要差些。

3. 稳性方面

在稳性方面，V 形横剖线设计水线处的局部宽度较大，与此相关的水线面惯性矩和浮心高度也较大，这两者都使初稳心高度$\overline{KM}$增大。因此在水线宽度相同，与之对应的稳心半径相同的情况下，V 形横剖线为主的船应较 U 形横剖线为主的船有较大的初稳心高度。

综合静水阻力和耐波性的因素，船的前体横剖线形状大致可这样考虑：低速船采用 V 形比较有利；船长较长的中速船（如$F_n \approx 0.23$），航行中较少遇到波长超过船长的波浪，可偏重静水阻力来考虑，采用偏 U 形的横剖线形状；小船更偏重耐波性因素的考虑，加上L/B通常较小，从几何关系上处理也应采用偏 V 形的横剖线形状。

在船舶设计时具体选用何种横剖线形式，要视具体情况而定，如大型运输船及中速船，采用 U 形横剖线的较多；小型船舶（如渔船、拖轮及快艇等）多采用 V 形横剖线；双桨船用 V 形横剖线可保证螺旋桨有较好的供水，有利于提高推进效率；而对于中型船舶，多采用中 V 形或中 U 形横剖线，以兼顾阻力和耐波性等要求。

4. 水上部分的形状

在确定船舶水线以上横剖线形状时应从船体型线的光顺配合、船舶布置及使用要求等方面考虑。从船舶适航性、耐波性和布置等方面的要求讲，常使首部具有适度外飘以减少船在波浪中航行时的甲板上浪，增加局部储备浮力，减小纵摇幅度，增大复原力臂曲线的高度。但应注意的是，过度外飘会产生飞溅，且可能引起大的纵摇加速度和碰击。从使用角度上说，适当外飘可以保证集装箱船船首甲板上的载箱数，并且在滚装船上船首设计水线附近保证最小的滚装货进口宽度。

5. 折角线式直线形横剖线

所谓直线形横剖线就是横剖面由数段直线组成，各段直线相交成尖角或圆角，该折角线须为光顺曲线。此船型可简化横向构件的制造工作，因而可节省人工、建造时间和降低对技术熟练程度的要求。一般认为，如折角线按流线方向设置，则与普通船型的阻力无大差别。

近年来，船模试验结果指出，对于渔船和拖轮等长宽比较小的船，F_n在 0.33 以下时，采用双折角线式直线船型，快速性和耐波性都不差。此类型尾部型线的设计使流线沿很舒顺的纵剖线方向，伴流分布均匀，因此螺旋桨桨叶与船体的间隙可以减小，以容纳较大直径的螺旋桨而获得较高的推进效率；又由于其船首部分的 V 形横剖线，在波涛中纵摇角度较小，所以速度损失也少；更由于丰满的设计水线面，其稳性较佳，这对于渔船和拖轮等海上小船而言很重要。

5.2.4　船首和船尾形状

1. 船首形状

现在设计和建造的船舶，设计水线以上的首柱一般都做成倾斜的，倾角可达到15°~30°。它的主要优点在于能够使设计水线以上的水线变得瘦削，因而可减少首端的激波。倾斜的首柱使设计水线以上的水线面积迅速增加，有利于减小船在迎浪航行中的纵摇和升沉运动，从航行安全角度考虑，采用倾斜的首柱对改善碰撞时水线以下部分的安全也是合理的；另外，倾斜的首柱加了甲板面积，并与外飘相配合使船外形美观大方。但从经济性和实用性来看，前倾不宜过大，因为这样增加总长和造价，增大吨位，增长泊位，降低进出港靠离码头时首端的安全。在设计水线以下首柱的形状，有的是继续保持水上的倾斜度并和底龙骨圆滑地连接；另外，也有的几乎做成与龙骨线垂直。就阻力而论，两者差别不明显。当首部船底有足够的倾斜时，可使首底冲击得以缓和。

此外，与船首形状有关的问题就是球鼻首的应用。自 20 世纪 20 年代在商船上首次设置球鼻首以来，球鼻首已经在现代商船上得到广泛应用。模型对比试验表明，设置球鼻首的船，比同样的无球鼻首的船，需要的推进功率小得多，阻力性能也好得多。球鼻首对船型的影响涉及船舶设计、结构、制造和使用等各个方面，因此选用球鼻首船型时，必须综合考虑船舶的快速性、耐波性(尤其是首底碰击)、操纵性、纵倾调整、结构强度、建造成本及工艺性、航行(包括冰区航行)和锚泊布置等方面的影响。然而,改善船舶的流体动力性能仍是目前选用与确定球鼻首船型所考虑的主要因素。

1)球鼻首的降阻机理

Ⅰ.高速船

对于F_n为0.25~0.35的中高速船,安装球鼻首可以减小兴波阻力。泰勒首先提出球鼻首减小阻力的原因是兴波干扰。以后的理论和试验研究表明,球鼻首产生兴波由波谷开始,而船体首波系由波峰开始。如球鼻首产生的球鼻首波支系的波谷,恰好与主船体波系的波峰相重合,就可取得消波的效果。从理论上说,若两者波幅相等,相位相反,则可能完全消波。

Ⅱ.低速肥大型船舶

以前一般认为球鼻首仅适用于$C_b < 0.70$的尖瘦船。近年来球鼻首的应用已推广到低速肥大型船舶。这类船航速低($F_n = 0.16 \sim 0.20$),压载航行时,首波系产生的兴波阻力约占总兴波阻力的2/3,而总的兴波阻力仅为总阻力的5%~15%。然而船模试验表明,球鼻首船型与常规船型相比,总阻力减少达20%~25%,减少的阻力已超过首波系的兴波阻力,因此仅应用球鼻首的消波理论无法对此做出解释。破波阻力成分被揭示后,低速丰满船型球鼻首降阻机理得到明确。肥大船在压载航行时,首部受水流冲击,紊流使首波破碎消耗能量,破波阻力相当明显。而球鼻首使船首前伸,该处横剖面面积曲线的陡度和首部水线半进流角减小,改善了船首柱附近的水压力分布,因而缓和了船首破波情况,从而降低了破波阻力。而在满载情况下,普通船型由于舭部半径很小,船底很平坦,首部舷侧水流绕过舭部斜向进入船底,与船底原来向后的水流交叉相混,形成舭涡,球鼻首具有整流作用,可将侧流顺导向后,大的首部舭半径也改善了舭部的流动,从而使船首部不发生或少发生微调,黏压阻力减小,根据资料,满载时球鼻首可使主机功率降低10%~20%,正载时可降低20%~25%。我国在载重量2 400 t油船、载重量25 000 t及35 000 t散货船、载重量50 000 t油船的船型研究中也证明了这一点。

2)球鼻首的形式

几种典型的球鼻首形式如图5-2所示。

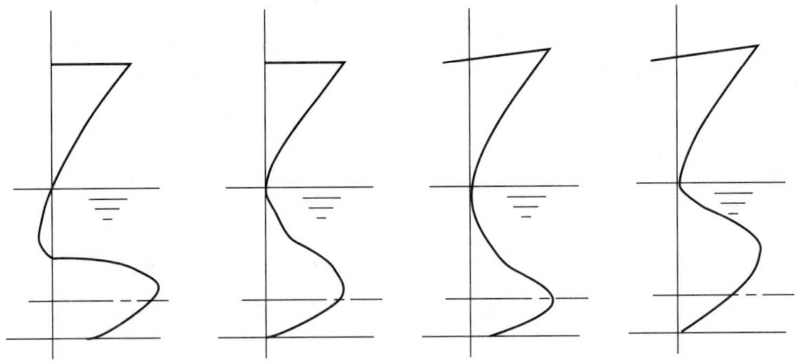

图5-2 球鼻首形式

(a)撞角形 (b)水滴形 (c)梨形 (d)SV形

撞角形球鼻首前伸较长,前端较尖,其横剖面呈圆形或椭圆形,浸深较大,通常用于低速肥大船型。满载和压载时降阻效果均较好。

水滴形球鼻首出现最早，其特征是体积较小且集中于中下部，此种球鼻首有利于减小设计水线的进流角，多用于中高速船。

SV 形球鼻首于 20 世纪 60 年代提出并被广泛使用。其特征是首柱呈 S 形，球鼻首下部横剖线呈 V 形。SV 形球鼻首适用于首部横剖线呈 V 形的船，在速度范围（$F_n = 0.15 \sim 0.38$）内均能降低船体阻力和提高推进效率，且能显著改善船首底部的砰击。此外，SV 形球鼻首还有较好的破冰性能。

另外，为了克服球鼻首突出首垂线外对某些船舶在使用上造成不利影响，又出现了柱形球鼻首。研究表明，这种球鼻首也可以在快速性方面获得有效收益。

3）球鼻首的几何参数

球鼻首的几何特征通常由以下几个参数来描述，如图 5-3 所示。

Ⅰ. 球鼻面积比f_b（%）

f_b为首垂线处球鼻首横剖面面积A_b与船中横剖面面积A_m之比，即$f_b = (A_b / A_m) \times 100$。此参数反映球鼻首幅值条件。

Ⅱ. 球鼻相对长度l_b（%）

l_b为球鼻首前端点至首垂线的距离L_b与船长之比，即$l_b = (L_b / L_{pp}) \times 100$。$l_b$描述球鼻首的前伸程度，反映球鼻首的相位条件。

Ⅲ. 最大宽度比b_b（%）

b_b为首垂线处球鼻首横剖面的最大宽度b_{max}与船型宽B之比，即$b_b = (b_{max} / B) \times 100$。它反映球鼻首的幅值条件。

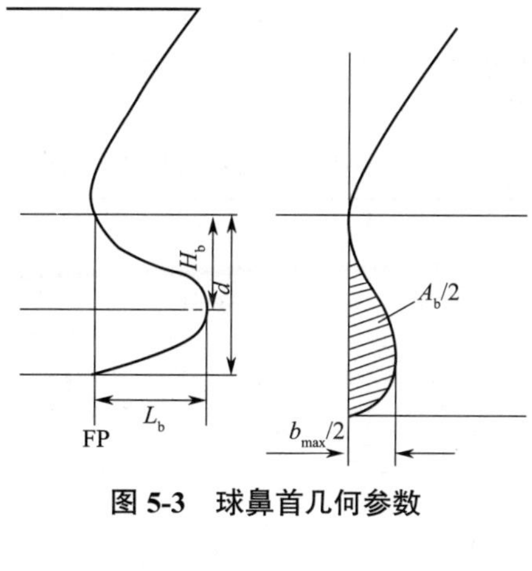

图 5-3　球鼻首几何参数

Ⅳ. 相对浸深h_b（%）

h_b为球鼻首前端点或最大宽度处至静水面的距离H_b与船的设计吃水d之比，即$h_b = (H_b / d) \times 100$。它对相位、幅值都有影响，但主要对后者影响较大。

Ⅴ. 相对排水体积v_b（%）

v_b为球鼻首排水体积∇_b与主船体排水体积∇之比，即$v_b = (\nabla_b / \nabla) \times 100$。它反映球鼻首的

幅值条件。

从快速性方面来说，球鼻首形状和要素主要与球鼻首波系的幅值、相位及首部流场的状态有关，其对船体首部横剖面面积曲线和水线形状有很大的影响。因此，阻力上适宜的球鼻首要素是船型要素和F_n的函数。具体设计时，选择球鼻首形状和要素的关键是使球鼻首与船体有适当的配合。一般做法是参考优秀母型船，分析其球鼻首的形状和要素与船体的配合情况，并根据设计船的特点，设计几种方案，通过船模试验来进行选择并做进一步的改进。

设计球鼻首时首先要判明设计船加设球鼻首后是否会有阻力收益。使球鼻首开始有阻力收益的航速为“界限速度”。赛维尔雷通过大量试验分析，提出判断球鼻首有利的界限$[F_n]_b$：

$$[F_n]_b = 0.566 - 0.416C_b \tag{5-4}$$

对中速船和低速船也可由下式大致估算。

中速货船

$$[F_n]_b = 0.644 - 0.641C_b \tag{5-5}$$

低速丰满船

$$[F_n]_b = 0.582 - 0.493C_b \tag{5-6}$$

同一船型，球鼻面积比f_b应随F_n的增大而增加；同一F_n，适宜的f_b应视船型而变。C_b大、L/B小者，其f_b应比C_b小、L/B大者大。

球鼻首的大小及形状对其他载况（尤其是压载航行）的阻力性能尤为重要。表 5-3 为海涅尔等对一艘快速货船的研究资料。船的主要要素为：$L_{pp}=165$ m，$B=23.6$ m，$d=9.34$ m，$\nabla=20\,000$ m^3，$C_b=0.55$。研究表明，航速超过20 kn($F_n>0.26$)后，采用球鼻首在设计载况下主机功率可降低 5%~10%，航速可提高 0.4~0.7 kn，f_b越大越有利；压载（$\nabla=10\,000$ m^3，尾倾）航行时，航速损失12 kn，f_b越大越不利。就球鼻首的形状来说，几种球鼻首在设计载况时效果差别不大，但在压载航行时，流线型球鼻首尤其是下部消瘦的 SV 形球鼻首更有利。

表 5-3 球鼻首要素对剩余阻力的影响

∇/m^3	形式	f_b/%	l_b/%	R_r变化/%		
				$F_n=0.25$	$F_n=0.29$	$F_n=0.32$
20 000（满载）	撞角形	9.0	4.0	−20.7	−21.3	−23.6
	梨形	9.0	3.4	−23.9	−23.3	−23.6
	水滴形	9.0	3.2	−20.7	−21.3	−22.7
	水滴形	3.0	1.4	−6.5	+6.4	−8.7
	SV 形	6.0	2.5	−13.7	−14.0	−15.1
10 000（压载）	撞角形	15.0	4.0	+111.0	+67.0	+39.0
	梨形	15.0	3.4	+92.0	+57.0	+35.0
	水滴形	15.0	3.2	+63.0	+36.0	+27.0
	水滴形	5.0	1.4	+5.5	−3.0	−3.9
	SV 形	10.0	2.5	+1.3	−3.4	+0.8

大球鼻首在压载情况下的不利性，可粗略地解释为：球鼻首造成了激波（局部碎波）。首部流线变坏使形状阻力增加，摩擦阻力也增加，而球鼻首波系与船波的有利干扰则降低。因此，为改善快速船及一般船压载航行时的快速性，球鼻首尺度不宜过大，且要注意下部的尖瘦性，球鼻首前端点以在压载水线之上为宜。

2. 船尾形状

船尾轮廓线形状的选择主要考虑舵和螺旋桨的布置以及与横剖线的配合。现代船舶通常采用巡洋舰尾及方尾等常规尾型。20 世纪 70 年代以来，由于快速货船及大型运输船舶主机功率的增加，推进效率及螺旋桨的空泡及激振力问题日益突出，特殊尾型的研究受到重视。一般来说，设计船尾水下形状时应注意使流线分离减至最小；使螺旋桨的吸水作用减至最小；使螺旋桨盘面处伴流尽量均匀；另外，还要有合理的布置螺旋桨的空间。

1）常规船尾

常见的船尾形式主要有巡洋舰尾和方尾，如图 5-4 所示。

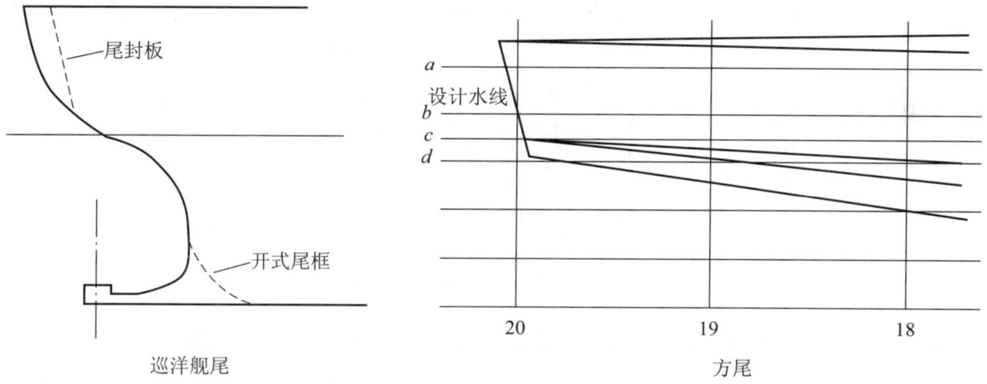

图 5-4　巡洋舰尾及方尾

巡洋舰尾出现在 19 世纪后半叶的军舰建造中，其原始设计目的是降低操舵装置及对舵予以保护。但由于此种尾型具有较好的阻力性能，因而在商船上得到了广泛的应用。一般来说，船尾悬体的长度为船长的3.5% ~ 4.5%，这对提高船尾的强度和减轻螺旋桨引起的振动有利。

现在有不少船将巡洋舰尾后面的水上部分做成平面（图 5-4 左图中虚线所示），这样可以简化建造工艺，同时又不影响船舶的性能。

在中高速船上设置方尾的目的是使船产生虚长度效应，还可以减小船舶尾倾的可能性，上述两方面的作用都可以改善船舶的阻力性能。

方尾具有以下优点：

（1）方尾最突出的优点是能降低高速航行时的阻力，当$F_n > 0.5$以后，阻力可减小10% ~15%；

（2）由于方尾比较丰满，有利于尾部上甲板、舵机舱和推进器的布置；

（3）方尾能增加稳性，便于施工。

方尾具有如下缺点：

（1）在波浪中航行时方尾要受到较大的冲击，尾部容易被波浪掀起而产生埋首现象，从而导致舰艇在波浪中的快速性和适航性恶化；

（2）倒车时阻力较大，并易使尾部甲板上浪或溅水，从而迫使倒车航速降低；

（3）在低速时，方尾的静水阻力较大。

巡洋舰尾的优缺点正好与方尾相反。

2）球尾

早在20世纪30年代就产生了球尾型线的设想，如1932年提出的霍格纳（Hogner）雪茄形球尾，如图5-5所示。球状部分位于螺旋桨轴的圆心上，并光顺成轻微外鼓的毂体。上部由光顺曲面与普通船体连接。该船型最早用于快速运输船“航海者”上，当$F_n > 0.28$时，主机功率稍有收益。在瑞典船模试验水池（SSPA）对30万吨原油船在排水量相同时分别采用V形尾、U形尾和球尾进行了阻力推进性能和伴流测量等试验，结果表明，在相同航速下，球尾所需主机功率最小。

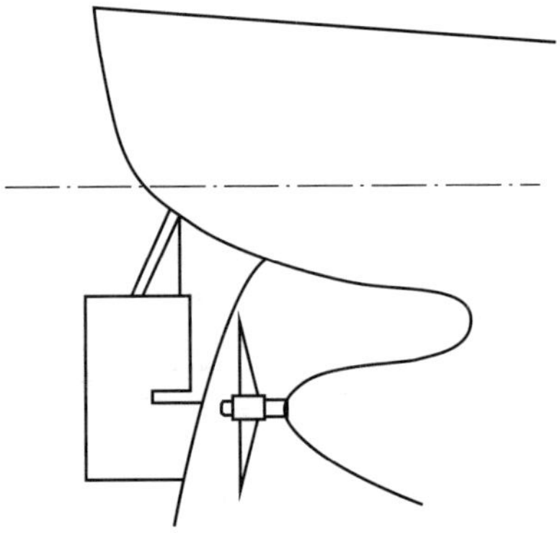

图5-5 雪茄形球尾

球尾被现代商船普遍采用的主要原因之一是节省功率。由于球尾的整流作用，其推进因子较常规的V形尾和U形尾均有所改善。推力减额下降，伴流分数增大（满载时），从而使船身效率提高，相对旋转效率也提高。另外，伴流测量结果表明，球尾型线尾部伴流均匀，因此可降低螺旋桨的激振力，有利于改善船舶振动。

在设计球尾时，应选择适宜的球尾特征参数。球尾的特征参数由特征站（在尾垂线前$5\%L_{pp}$处）上的a/b和h_b/h_s等参数来表达。

3）双尾鳍船型

双尾鳍船型是20世纪80年代出现的一种新船型，适宜于船宽大、吃水浅、后体丰满的高速滚装船、渡轮、客船等。表5-4为某双尾鳍滚装船与普通单尾船的阻力及推进性能的比较。

表5-4 双尾鳍船与单尾船阻力与推进性能比较

船型	螺旋桨转速 $n/(\mathrm{r \cdot min^{-1}})$	螺旋桨效率 η_0	船身效率 η_h	黏压阻力 R	$\eta_0\eta_h$	$R/\eta_0\eta_h$
常规双桨	120	0.63	1.00	$1.05R_0$	0.63	$1.67R_0$
常规单桨	120	0.54	1.24	R_0	0.67	$1.49R_0$
双尾双桨	60	0.74	1.02	$0.94R_0$	0.75	$1.25R_0$

当$F_n > 0.2$时，双尾鳍船的阻力比常规单尾船低，这是因为双尾鳍之间形成的中央隧道为

纵流型线，对减小阻力有利。双尾鳍船的两个尾体可分别看成一个细长体，若两桨尾轴之间距为船宽的 1/2，则细长体可看成细长船之尾部，细长船的长宽比为原船的 2 倍，而宽度吃水比为原船的 1/2，因而具有良好的阻力性能。另外，由于尾部型线的纵向梯度较小，可避免边界层分离，从而降低黏压阻力，所以总阻力比常规单尾船小。当$F_n < 0.2$时，由于船的总阻力中绝大部分是摩擦阻力，该阻力与船体湿表面面积大小成正比，而双尾鳍船的湿表面面积较大，所以摩擦阻力也大。

双尾鳍船由于两个尾细长体使中央隧道平顺，船体的去流段可能缩短，允许最大横剖面自船中后移 10%~15%船长，这样就增加了前体长度，因而其兴波阻力系数减小。

从表 5-4 可以看出，双桨船对提高螺旋桨效率η_0具有显著效果，这是因为双桨船每一个桨所承受的负荷只有单桨船的 1/2，螺旋桨的负荷减轻，有利于提高螺旋桨效率，因此在相同的转速下，螺旋桨效率η_0与单桨船相比有较大幅度的提高。但是亦可看出，常规双桨船的推进效率反而比单桨船低，这是因为双桨船的螺旋桨离船体较远，不能很好地利用船体伴流，所以引起船身效率显著下降，导致双桨船的推进性能比单桨船差。

由于双尾鳍船为降低螺旋桨转速创造了条件，因而在双桨效率较高的基础上通过降低转速进一步提高了螺旋桨效率，而且直径也不必过大，从而可减少船尾振动及空泡等现象。

双尾鳍船由于其内侧是限制流场，外侧是无限流场，两侧是不对称的，故通常会产生一个外旋流场，导致螺旋桨内旋和外旋时船身效率不同，可以根据这一特性将螺旋桨设计成内旋，以充分利用反桨效应获得较高的推进效率。根据试验结果，双尾鳍船的内外旋伴流分数及船身效率见表 5-5。

表 5-5　双尾鳍船伴流分数ω及船身效率η_h

船型编号	伴流分数ω		船身效率η_h	
	外旋	内旋	外旋	内旋
A	0.28~0.34	0.29~0.38	1.14~1.20	1.18~1.32
B	0.28	0.296	1.27	1.31

4）不对称尾船型及涡尾船型

由双桨和多桨船模试验可知，螺旋桨的旋转方向对推进效率有很大影响，改变螺旋桨的旋向有可能导致推进效率增加或减小。由于螺旋桨是朝一个方向旋转的，其左旋和右旋的性能是不相同的，压力中心将偏向螺旋桨叶片向下运动的一侧。

试验结果表明，在螺旋桨的前上方存在着流动分离现象。当螺旋桨顺时针旋转时，最显著的分离发生在桨轴的左上方，解决的办法是使该区域的水流偏离中心以减小去流角，也就是将尾部型线做成不对称的，如图 5-6 所示。

由伴流测量可以看到，不对称尾可使螺旋桨的来流产生与螺旋桨旋向相反的预旋流，这种预旋流可以减少螺旋桨尾流的旋转损失，从而改善了伴流，提高了推进效率。不对称尾之所以能提高推进效率，除了减少螺旋桨旋转的能量损失外，还有其他因素，其中最明显的是由于船尾水线去流角较小的一侧边界层较薄，故流动分离较小。

试验结果表明，不对称尾船型在各种航速和海况下都具有显著的节能效果（通常为5%~7%）。

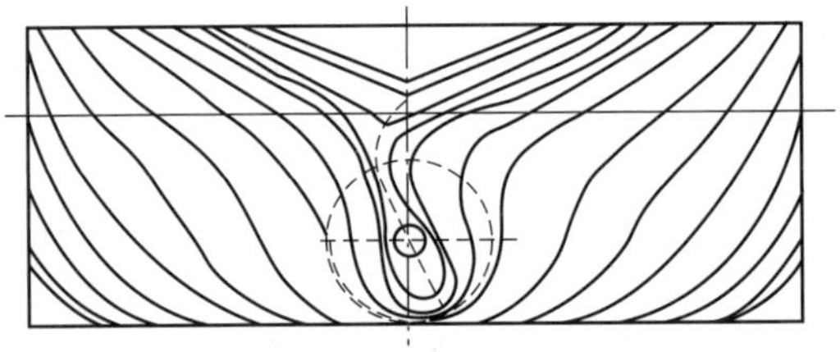

图 5-6　不对称尾船型

涡尾船型是意大利 G. B. Tommasi 于 1960 年开发的一种新船型（图 5-7）。其设计思想与不对称尾船型类似。涡尾是将船体尾部设计成如同涡轮机叶片形式的轴包架，以此来取代常规船尾的人字架。其基本的作用原理是：由于船涡尾槽的诱导作用，使来流在螺旋桨前方形成一个与螺旋桨旋向相反的预旋流，减少了由于螺旋桨工作时形成旋涡而引起的能量损耗。因此，既提高了推进效率，又由于伴流均匀而改善了船尾振动。

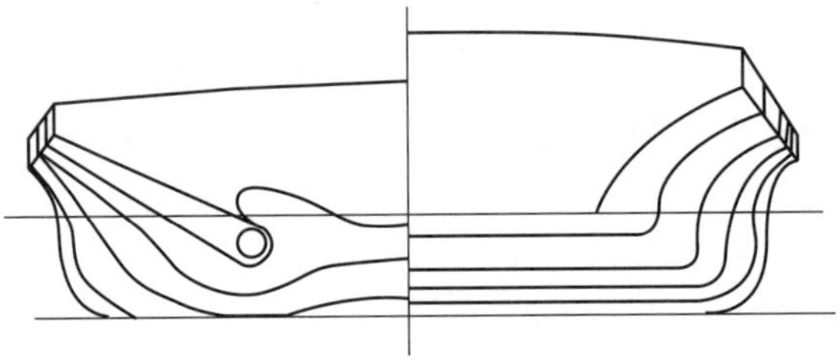

图 5-7　涡尾船型

5）隧道船型

近年来，造船界对降低螺旋桨的设计转速颇感兴趣，降低转速，增大直径，可使螺旋桨的效率显著提高。在一般情况下，螺旋桨转速每降低 10%，就可使螺旋桨效率提高 3%左右。如果采用低转速主机并通过减速齿轮传动，则有可能将螺旋桨转速降低 25%~30%。这样将使螺旋桨推进效率提高 8%~9%，扣除减速齿轮的功率损失，其效率仍可提高 6%~7%。以某货船为例，其方形系数为 0.70，设计航速为 16 kn，如果螺旋桨转速从 150 r/min 减到 112 r/min 和 58 r/min，按楚思德 B 系列四叶图谱进行计算，则螺旋桨直径将由 5.20 m 加大到 6.20 m 和 9.05 m，螺旋桨敞水效率由 0.55 提高到 0.604 和 0.705，即分别提高 9.8%和 28.2%。不过，总推进效率的收益将低于敞水效率的收益，因为螺旋桨直径加大后伴流分数减小，船身效率有所下降，但总推进效率仍可提高 10%左右。

日本门井弘行对 2 000 t 及 4 000 t 船舶进行研究后提出，螺旋桨转速和最佳直径之间存在如下的关系：

$$\frac{D}{D_0}=\left(\frac{n_0}{n}\right)^{0.56} \tag{5-7}$$

式中：n_0——原螺旋桨设计转速，r/min；

n——减速后的螺旋桨转速，r/min；

D_0——原螺旋桨直径，m；

D——减速后的螺旋桨直径，m。

推进效率由下列三个推进因子组成：

$$\eta = \eta_h \eta_0 \eta_r \tag{5-8}$$

式中：η——推进效率；

η_h——船身效率；

η_0——螺旋桨敞水效率；

η_r——相对旋转效率。

螺旋桨转速降低后，敞水效率将显著增加，船身效率略有下降，相对旋转效率基本不变。为了达到既能增大伴流收益，又能减小空泡及螺旋桨激振力的不良影响，必须把伴流引向螺旋桨盘面并使之分布均匀。为此，国内外造船界通过理论研究及船模系列试验，提出了 T 型（宽隧道型）、P-T 型（平底隧道组合型）、BV 型（船涡型）、TBV-T 型（船逆涡组合型）等各具特色的船尾形状。图 5-8 为 T 型船尾示意图。

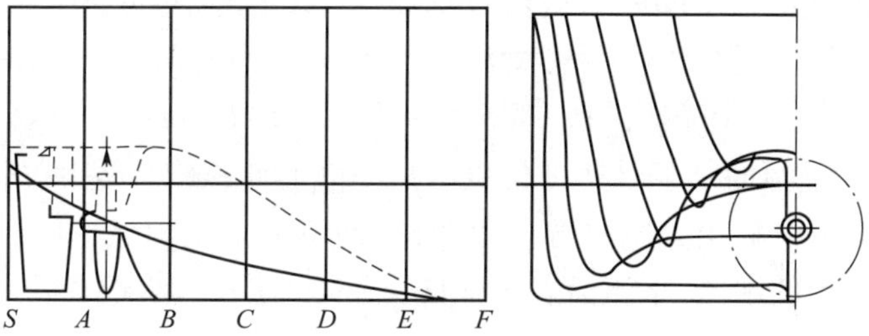

图 5-8　T 型船尾示意图

隧道型主要应用于在内河浅水航道中航行的船舶。隧道型线设计直接影响船的速度和拖力，好的隧道型线可使水流顺畅地通过隧道并充满隧道，有力而平滑地流入螺旋桨盘面。

隧道型线的主要参数如图 5-9 所示。

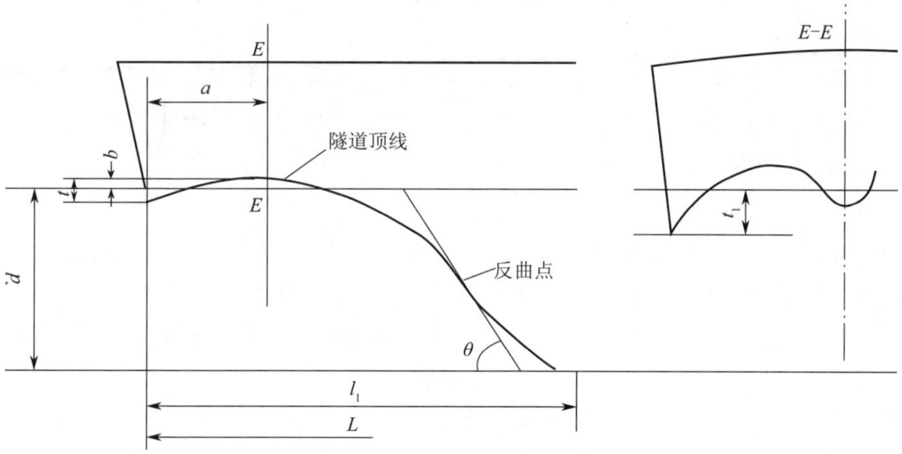

图 5-9　隧道型线的主要参数

(1)隧道长度l_1。一般情况下,l_1取为船长的 1/3 左右。过短对推进效率不利,在可能的条件下越长越好。但也不宜太长,否则尾部削去太多,对航向稳定不利,需经常用舵校正航向,舵工的劳动强度加大,同时还影响航速。近年来,为适应布置导管、正倒车舵及大径深比螺旋桨的需要,隧道的相对长度增加,苏联博格达诺夫建议$l_1=(0.33\sim0.45)L$,德国休塞建议$l_1=(0.42\sim0.58)L$。相对长度增加,隧道顶线平顺,保证有充沛的水流进入导流管,并使进入导流管的湍流减少到最低限度,以取得最佳正车性能。

(2)隧道顶线反曲点处切线夹角θ。隧道顶线越平坦越好。顶线曲率不要有突变,其反曲点处切线之夹角为θ。高速船$\theta<15°$,最好小于 12°;低速船$\theta<18°$。但随着隧道长度的增加,θ有增大的趋势,休塞建议$\theta=15°\sim25°$。

(3)隧道顶线最高点在桨盘处,其至水线的距离b为$(0.06\sim0.20)d$;至尾垂线的距离a为$(1.2\sim1.5)d$。这样就有足够的长度使隧道顶线向尾也能徐徐下降,不致突然下跌,从而造成正航时的阻力增加。为此,休塞建议隧道流出角$\theta_0<12°$。

(4)闭式隧道尾封板在水下浸沉深度t为$(0.05\sim0.10)d$,至少为 50 mm,以免倒航时空气吸入而使螺旋桨效率降低。但此值也不宜太大,太大会造成涡流阻力,正航时阻力大增。在螺旋桨盘面处隧道侧壁在水下浸沉深度为t_1,如图 5-9 所示的 E–E 剖面。一般t_1为$(1.5\sim1.65)b$,至少应为50 ~ 70 mm,以免航行时从船舷边波谷处吸进空气而使螺旋桨效率降低,推力减小。

(5)闭式隧道船尾应采用方尾或带折角船尾,而不宜采用圆弧形船尾。圆弧形船尾不能很好地压住螺旋桨打出的水流,水流沿着圆弧向上翻滚,使螺旋桨效率降低。同时圆弧形船尾还会增加施工的困难。

(6)隧道进口处宽度为螺旋桨直径D的2.5 ~ 3.5倍,以保证有足够的水流进入隧道供给螺旋桨。具体取值视航道深度吃水比h/d大小而定,h/d小者应取大值,否则取小值。一般单桨船取为 $3D$,双桨船取为$(2.0\sim2.5)D$。螺旋桨处的隧道应以保证水流平直集中为原则,故应使隧道顶线平顺。

(7)对于双桨船,为使螺旋桨能更好地获得两舷来的水流,应使隧道顶线弯向两舷。隧道顶线在半宽水线图上的投影线应设计成略具斜度(3° ~ 5°)。特别是在航道深度吃水比h/d较小时更应这样设计。

(8)双螺旋桨浅水船的螺旋桨中心距离,一般约为$B/3$,如机舱条件允许,可适当加大,约$40\%B$,内河推船可达$50\%B$。这样螺旋桨除可获得从舷侧来的水流外,同时可改善船舶回转性以及减少绘制隧道部分型线的困难。

6)纵流船型

内河船舶因受航道水深的限制,B/d和L/d都比较大,而L/B则偏小,因此对内河快速船舶,如果采用一般船型,常使船的首波(尤其是散波)较大,阻力性能较差,特别是首波对小船的安全及对堤岸的保护极为不利,在浅水急流的险滩航行时,对冲过险滩也很不利,因此有关单位在总结我国内河浅水急流船型的基础上,发展了内河纵流船型。

纵流船型是指水流主要沿纵剖线方向流动的船型,其特点是宽度吃水比很大,尾部纵剖线比较平顺。纵流船型在消波(尤其是首波)及减小阻力方面有显著的效果。

纵流船型诱导速度低,大部分水流以较短的路径沿船底向后流动。纵流压浪船型首部伸出水线以上，与水面成较小的夹角制约了水流的升高并迫使水流向底部流动，起了压浪板的作用，因此消波作用显著。另外，纵流船型的水线较平直，也有利于减少兴波，尤其是首散波。

试验资料表明，图 5-10 所示的压浪长度l及纵流角 ψ是纵流船型的两个重要参数。当$F_n = 0.27 \sim 0.35$时，宜取$l / L_{WL} = 4\% \sim 3.5\%$（$F_n$大时取低值），$\psi = 6°$，$l / L_{WL} \approx 5\%$，$t_1 / d \approx 0.2$。

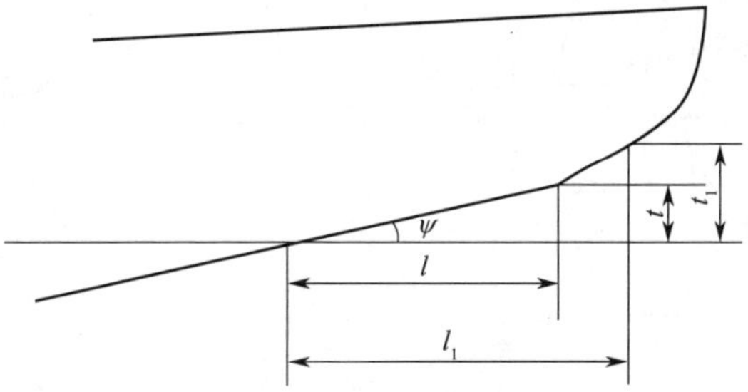

图 5-10　纵流压浪船型

此外，纵流船型还有下列优点：甲板面积大，稳性好，型线简单，施工容易，内河中可用船头顶岸停靠。纵流船型的缺点：在风浪中航行时底部容易发生拍击。因此，航行在开阔水域的船舶，是否采用这种船型必须慎重考虑。

5.2.5　螺旋桨的布置

螺旋桨通常设置在船尾。如果设置在船首，螺旋桨喷出的水流冲击船体，会使船体受到较大的摩擦阻力，其推进效果变差。但船首螺旋桨在某些情况下也被采用，如在破冰船上，利用船首螺旋桨前的负压力场破冰；在频繁改变方向的双头渡船及一些内河机动货船上，起舵推进器的作用。

通常螺旋桨的位置应使上叶梢至满载水线面的间距达到规定的要求，这样可以使螺旋桨在压载吃水下尾倾时仍有足够的浸深。

当螺旋桨桨叶有规律地转动时，会产生流体动力脉冲，这种脉动压力通过外板和桨轴传到船体内部，引起船体振动，这种振动还可能与船上的振动相互干扰，而且还会引起疲劳破坏。因此，从阻力、推进效率和振动角度，均需要螺旋桨与船体之间具有合适的间隙。螺旋桨与船体之间的间隙如图 5-11 所示。

从减小振动角度来说，间隙应尽量大。而间隙小对减小阻力有利，因为这样可使尾悬体下降，螺旋桨桨柱后移。从提高推进效率角度来说，c和d应小，以便提供大的螺旋桨直径；a应尽量小，以便尽可能回收舵剖面处的旋转能量；b应大，这样显然伴流减小，但螺旋桨的吸水作用比伴流减小作用更强，从而能改善船身效率$\eta_h = \dfrac{1-t}{1-\omega}$。可见，间隙$a$、$c$和$d$应仔细地加以权衡，因为获得良好的振动特性和低的输出功率这两种要求是相互制约的。

不同船级社对螺旋桨与船体间隙的要求大同小异，表 5-6 为我国船舶建造规范对最小间隙的要求。

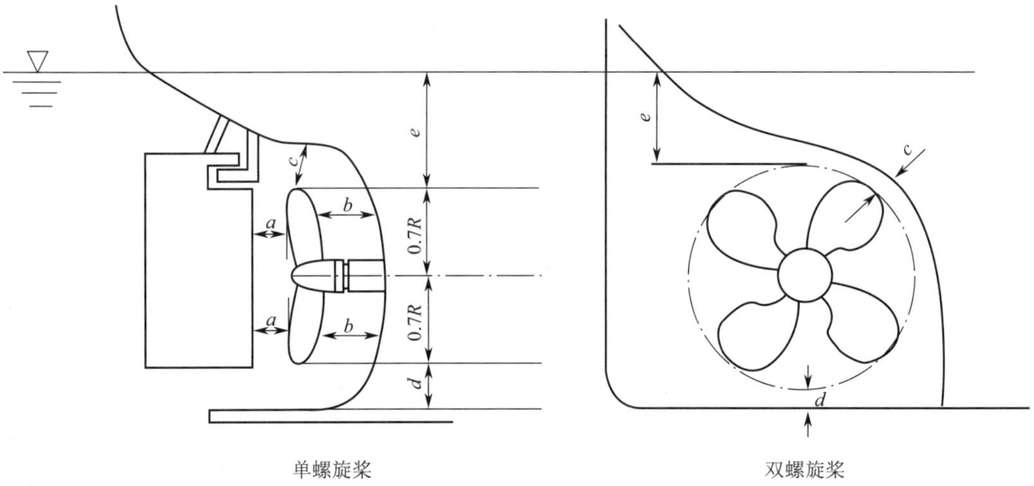

图 5-11　螺旋桨与船体之间的间隙

表 5-6　单桨船与尾型和舵之间的最小间隙

规范名称	a	b	c	d
《钢质海洋渔船建造规范》	0.12D	0.20D	0.14D	0.04D
《钢质海船入级与建造规范》	0.12D	0.20D	0.14D	0.04D

注：D为螺旋桨直径（mm）。

《钢质内河船舶建造规范》规定双桨船的螺旋桨桨叶与外板间隙c应不小于按下式计算的值：

$$c = k_1 k_2 \frac{0.1166\sqrt{BHP}+10}{100}D \tag{5-9}$$

式中：BHP——主机的额定功率，kW。

D——螺旋桨直径，m。

k_1——螺旋桨叶数修正系数，三叶取$k_1=1.20$，四叶取$k_1=1.00$，五叶取$k_1=0.85$；

k_2——船型修正系数，船长大于或等于 40 m 的船舶，$k_2=1.10$，船长大于 30 m 的船舶，$k_2=1.00$，船长小于或等于30 m的船舶，$k_2=0.80$。

单桨船的c建议不小于 0.10D。为避免螺旋桨在纵摇时露出水面，特别为避免空泡产生，应保证桨叶的沉水深度。如图 5-11 所示，叶梢沉水深度应不小于下列值。

单桨船：

$$e=(0.25\sim0.30)D$$

双桨船：

$$e=(0.45\sim0.50)D$$

根据试验，舵与桨盘的距离大于$(0.75\sim1.0)D$时，桨的尾流速度最大，可改善舵效。但是由于尾型的限制，舵与桨的距离通常不可能这样大，一般只留出保证桨可以拆卸的间隙。在双桨单舵的情况下，为保证低速航行时的舵效，应使舵与桨的距离大于$(0.75\sim1.0)D$。但是对于内河航道，特别是川江，泡漩和横流对桨的尾流影响很大，越是远离的尾流其影响越大，因此，要求舵与桨距离小些。

对于转速高、负荷大的双桨双舵船，其舵的位置应偏离螺旋桨轴线一定的距离，以避开螺旋桨的涡流区，便于拆卸螺旋桨和尾轴，同时可获得较大的尾流。因双桨外旋时桨之推力中心稍向外移，内旋时桨之推力中心稍往内移，所以在双桨外旋时，建议舵位于螺旋桨轴线之外。内旋时，舵应位于螺旋桨轴线之内，偏移距离一般为 (0.05 ~0.10)D。

5.2.6　龙骨线与甲板线

1. 龙骨线

龙骨线即平板龙骨上缘的船底线。对于没有初始纵倾的船舶，龙骨线与基线一致。初始纵倾是指龙骨线与基线不一致，有一个初始的纵倾值，通常为尾倾。船舶设有初始尾倾，目的是加大尾吃水，以便能设置更大直径的螺旋桨。小型拖轮常设有初始纵倾。初始纵倾是指在首尾垂线处龙骨线与基线的高度之差。

2. 甲板线

甲板线包括甲板边线和甲板中心线。甲板边线是一条空间曲线，在侧视图上反映了其高度，在水平面图上表示甲板宽度。甲板边线的宽度根据总布置的要求结合水上部分横剖线的形状确定。对于大开口的船或者甲板布置集装箱时，甲板边线宽度的确定更应与总布置配合好。甲板边线的高度根据首尾舷弧确定。

1）舷弧的选择

舷弧是指首尾垂线处甲板边线高度减去型深后的值，分别称为首舷弧（S_F）和尾舷弧（S_A）。船舶设舷弧的目的是增加露天甲板在首尾处的高度，减少甲板上浪，提高抗淹湿性能。此外，船首尾上翘也比较符合人们审美的要求。大船由于干舷较大，甲板不易淹湿，为了简化建造，常取消舷弧（所谓取消舷弧，实际上是取脊弧为零，首尾脊弧的定义如图 5-12 所示）。上层建筑在尾部的、中等大小的船舶常取消尾舷弧而仅保留首舷弧。小型船舶舷弧（特别是首舷弧）一般比较大，其原因是小船耐波性差，首部容易上浪，取较大的舷弧有利于减少甲板上浪。

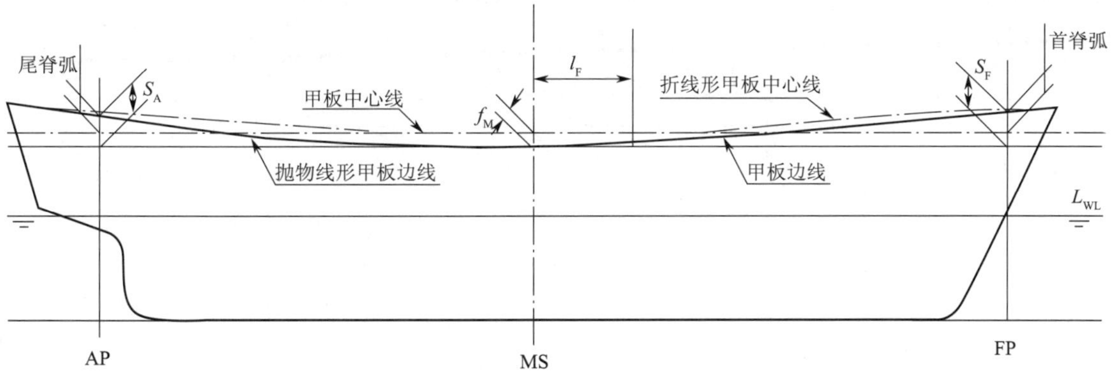

图 5-12　甲板线形状

首尾舷弧的值一般可参考母型船来选取。对于设计为最小干舷的船应注意，《1966 年国际船舶载重线公约》的最小干舷计算中，标准舷弧（单位：mm）的规定如下。

首舷弧：

$$S_F = 50(L/3+10)$$

尾舷弧：

$$S_A = 25(L/3+10)$$

现代船的实际舷弧一般都达不到标准舷弧，需以增加型深来满足舷弧不足对干舷的修正。此外，还应注意公约对最小船首高度的规定。

2）侧视图上甲板线形状

Ⅰ. 抛物线形甲板边线

抛物线形甲板边线的形状如图 5-12 所示，以前半体为例，在距船中X处($X > l_F$)，甲板边线距基线的高度为

$$D_s = D + S_F\left(\frac{X-l_F}{L_{pp}/2-l_F}\right)^2 \tag{5-10}$$

式中：l_F——前半体起弧点至船中的距离。

对于小型船舶，起弧点常取为船中或船中偏后，大中型船可根据S_F的大小和甲板布置情况确定，常取船中前某一位置。小型船应注意甲板边线在船首不宜太陡，否则当甲板结冰或落霜时容易造成人员行走困难。

Ⅱ. 折线形甲板中心线

为简化建造工艺，也可将甲板首尾升高的形状设计成折线，这种情况下通常将甲板中心线定为折线，如图 5-12 中前半体所示。甲板中心线在首尾垂线处相对船中处甲板中心线的升高值称为首尾脊弧。实际的甲板边线和舷弧由甲板中心线减去梁拱所得。应注意不同甲板宽度处梁拱是不同的。

3）梁拱

梁拱是指在横剖面上甲板中心线相对甲板边线拱起。梁拱值f_M是指在船的最大型宽处甲板中心线与甲板边线的高度差。海船的标准梁拱值为$B/50$，一般取$B/100 \sim B/50$。梁拱的形状可采用圆弧形或折线形，如图 5-13 所示，中小型船采用圆弧形较多。

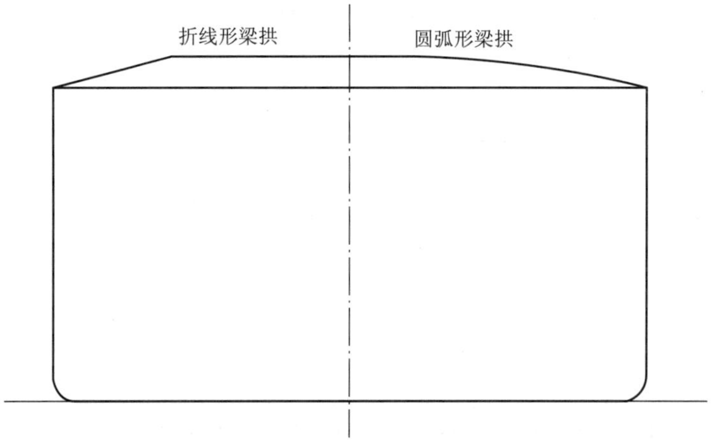

图 5-13 梁拱形状

梁拱采用圆弧形时,圆弧半径为

$$R=\left[f_{\mathrm{M}}^{2}+(B/2)^{2}\right]/2f_{\mathrm{M}} \tag{5-11}$$

为方便施工,通常整个甲板的梁拱取为相同的形状(即一块样板),甲板宽度变小时梁拱相应减小。梁拱为圆弧形时,任意半宽(b)处的梁拱拱值为

$$f_{\mathrm{b}}=R-(R^{2}-b^{2})^{1/2} \tag{5-12}$$

或

$$f_{\mathrm{b}}\approx f_{\mathrm{M}}(2b/B)^{2} \tag{5-13}$$

为了简化建造工艺,也可取消梁拱,但小型船舶甲板较薄,平的甲板变形后容易积水,所以小型船舶一般都设梁拱。非露天的甲板一般不设梁拱。

4)甲板中心线

有舷弧的船,甲板中心线高度由甲板边线高度值加上梁拱所得。不设舷弧时,应取脊弧为零(脊弧为零时仍有舷弧,在首端半宽为零处的舷弧等于梁拱值)。因为,如果舷弧为零,则甲板中心线在甲板宽度变小时就会出现下弯。为避免出现这种情况,可先设定甲板中心线的形状,然后由梁拱值求得甲板边线,也可采取局部加大舷弧的办法。

5.3　型线设计及绘制方法

型线图的设绘方法有以下几种。

自行设绘法:根据新船的具体要求,按型线设计的基本原则和规律,参考相近船型的优良型线资料,设计者经分析和思考,对新船型线特征有所把握后,自行设绘型线图。

母型改造法:利用与新船相近的优秀母型船的型线资料,应用适当的修改方法,将其改造成符合设计要求的新船型线。

系列船型方法:选择与新船船型特征相近的系列船型,直接应用系列船型的型线资料,查得设计水线以下及部分设计水线以上的船体型值,需要时做局部修改。

数学型线方法:应用数学函数来表达水线或横剖线或船体曲面,控制形状特征参数,由计算机程序完成型线生成工作。

无论采用何种型线设计方法,现在都可以借助计算机和绘图机来进行型线图的设绘。目前,国内外已开发应用的许多船舶 CAD 软件系统中,很多具有型线设计的功能。但是,应用任何型线设计软件,使用者都必须掌握型线图设绘的基本原理和方法,否则,盲目操作软件是不可能得到符合设计意图的优良型线的。

本节主要介绍型线图的自由设绘方法和母型改造方法,并对几个比较著名的系列船型的型线特征进行简要介绍。有关数学型线的生成方法请查阅数学船型专著。

5.3.1　绘制型线图的基本要求

型线设计的结果是以型线图来表达的。型线图以横剖线图、水线图和纵剖线图(包括斜剖线)来表达船体形状。

横剖线图是以一组沿船长不同位置,垂直于基平面的横剖面与船体型表面相交的横剖线叠绘在一起而得到的。由于船体形状一般左右对称,所以仅绘一侧横剖线即可,规定前半体绘

右侧,后半体绘左侧。横剖面的位置称为站,站号编排自尾向首(军船和国外有些民船也有自首向尾的)。站距通常按垂线间长二十等分,也可十等分,首尾部分可适当加密(如 1/2 站或 1/4 站等)。

水线图是以一组平行于基平面的平面与船体型表面相交的水线叠绘在一起而得到的,通常只绘左侧。水线的数目在设计水线以下常取 5~10 根,在底部船体表面宽度变化剧烈处加密,设计水线以上的水线根数可取 2~6 根。水线间距可不按设计吃水等分而取整数。

纵剖线图是以一组平行于中纵剖面的平面与船体型表面相交的纵剖线叠绘在一起而得到的。纵剖线的数目和位置根据船体表面的弯曲程度来选取,可取 2~5 根。纵剖线的间距最好与水线间距一致或成倍数,这样便于放样。纵剖线图还包括侧面轮廓线。

甲板边线、折角线、舷墙顶线等空间曲线在三个平面上的投影线均应分别绘制在横剖线图、水线图和纵剖线图上。

绘制型线图的基本要求和注意点如下。

1. 格子线

横剖面、水线面和纵剖面在各自另外两个平面上的投影线称为格子线。格子线是绘制剖面曲线的基准线,手工绘制时其尺寸和垂直度务求精确。绘格子线是绘制型线图的重要工序,它的质量高低影响到型线图的绘制工作能否顺利进行,必须加以重视。

绘格子线以前,应选取恰当的比例,安排好图面的布置。通常水线图放在图面的下部,平行中体较长的船,横剖线图可安排在纵剖线图的中部,否则可安排在纵剖线图的上部。型线图上应留出安排型值表和标写主要要素的位置,有困难时,型值表可另起一页。

2. 光顺性

型线设计中光顺的概念比一般数学意义上的光顺概念更广泛,除了一般的光顺概念以外,它还与船体曲面在流体中的性能相联系。反映在型线图上,曲线的凹凸性和曲率的变化是型线设计中重点考虑的光顺性问题,例如不该凸的地方曲线凸了,我们也称之为不光顺。从几何关系上,单根曲线应在三向投影正确的前提下达到光顺的要求。型线图绘制过程中,曲线的三向光顺工作量很大。一个有经验的设计师从一簇曲线的变化规律中可判断出另外两向的光顺性,但在设绘型线图之初,不必花很多时间将某一方向的剖线都绘得光顺,因为很可能会返工。有效的做法是从控制曲面的重要部位开始,三向(至少两向)恰当地间隔交叉进行,使三向光顺经过一个逐步逼近的过程来完成。当出现不光顺型值点需要修改时,应首先分析一下该型值点修改后对另两向剖面线的影响,如果其影响不利于另外两向剖面线的光顺,则应考虑通过修改其他型值点来达到光顺的目的。

绘制剖面曲线时还应注意平底线和平边线以及曲线与圆弧相切点连线的光顺性。平底线是指横剖线与船底平面切点在另外两向投影面上的连线。平边线是指横剖线和水线与船侧平面切点在纵剖线图上的连线。

5.3.2 型线自由生成方法

型线的自由生成方法是在缺乏相近母型资料时,根据新船的具体要求和型线生成的基本原则,自行设绘。这种方法如果没有专门的计算机型线图设绘软件,通常用手工方法进行,或者在手工绘制草图的基础上应用一般工程绘图软件在计算机上交互进行。直接用一般的工程绘图软件来做型线自由设绘工作可能并不省事。

型线设绘按以下步骤进行。

1. 绘制横剖面面积曲线

根据已确定的棱形系数C_p和浮心纵向位置X_b，按直接生成面积曲线的方法，在方格线上将面积曲线绘出，并根据有关面积曲线的各项要求，检验面积曲线的平行中体长度、进流段和去流段长度、曲线形状等是否恰当，再验算C_p和X_b，需要时再做修改。如曲线形状已经满意，而C_p和X_b还不满足要求，则可以以该面积曲线作为母型，用修改面积曲线的方法调整C_p和X_b。

2. 绘制设计水线、中横剖面线、侧面轮廓线和甲板线

这些线都是决定船体几何形状的重要控制线，需要首先确定，在此基础上方可进一步设绘横剖线、水线和纵剖线等。当然，如果根据这些初始确定的控制线所绘出的横剖线或水线形状不理想，则可对这些控制线进行适当调整，经过逐步修改最终确定下来。

如果设计船设有初始纵倾，则在侧面轮廓线上将龙骨线绘上。有初始纵倾的船基平面仍为基线处的水平面。

3. 绘制横剖线和水线

各站横剖线是以横剖面面积曲线和设计水线为基础绘制的。横剖线的 UV 度形状很大程度上受设计水线控制，所以初始确定设计水线时对横剖线形状应已有所考虑，当设绘出的横剖线形状不满意时，可以再调整设计水线。

设计水线以下的横剖线绘制可参照图 5-14 所示的方法进行。图中A_i和y_i分别为横剖面面积和设计水线半宽，分别从横剖面面积曲线和设计水线图上量得；图 5-14 中（a）、（b）、（c）三种情况大体上分别适用于绘制 U 形、中间形和 V 形的横剖线；图中上下阴影部分的面积应相等，初始绘制时可目测决定，绘出曲线后再核算和修改。

设计水线以上的横剖线根据初始确定的甲板边线对应点（高度和宽度分别从纵剖线图和水线图的甲板边线上量得）和水下横剖线，用曲线光顺地连接。首部横剖线形状应注意控制外飘的程度。船舶如设有首楼、尾楼及舷墙，则横剖线应绘至该剖面的最高点。水上部分是否需要设折角线，主要根据横剖线形状确定。

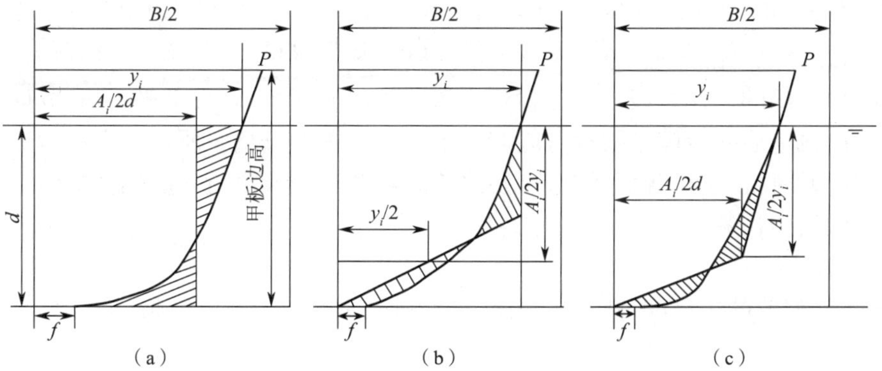

图 5-14　横剖面的绘制方法

（a）U 形　（b）中间形　（c）V 形

绘制横剖线时，可隔站进行，然后在这些横剖线水下和水上部分各取少数几根水线的半宽，绘制水线并进行校核和光顺。此时最好将平底线也绘出。待这几根水线（包括平底线）与

横剖线之间初步协调光顺后，再从水线图上将中间站型值读出，绘制中间站的横剖线，绘制过程中也要对已绘的水线进行光顺性校核。这个过程完成后，各横剖线之间的协调性已基本有了保证。最后再将剩余水线的型值从横剖线图上读出，绘制水线。这样做既可节省时间，也比较容易控制各横剖线之间或各水线之间的协调性，光顺工作也比较容易进行。

绘制水线时，水线的首尾端点应与侧面轮廓线一致。首尾端的形状和尺寸，应符合首尾柱的结构形式和尺寸。通常水线的首端用圆弧，圆弧与水线的切点连线应为一条光顺的曲线，该曲线在另两个投影面上也应是光顺的。

4. 绘制纵剖线和斜剖线

一般情况下，绘制纵剖线是为了检验型线的三向光顺性，如果纵剖线连不光顺，则需要修改水线和横剖线。纵剖线的形状应避免出现明显的凹陷。对于高速船和纵流型船，纵剖线的形状对阻力性能影响甚大。

斜剖线是在横剖线图上作一根尽可能垂直于各横剖线的直线，沿该直线量取与各横剖线交点至斜剖线与中心线交点的距离，将此距离标在纵剖线图对应站线上并连成曲线。斜剖线主要用来检验横剖线在舭部处的协调性。斜剖线必须光顺，避免出现凹陷。低速船的后体斜剖线曲率变化应平缓。根据横剖线的形状，需要时，斜剖线也应绘制多根。

当设有折角线时，折角线应三向光顺。各剖面曲线在折角线处应分段光顺。

型线光顺结束后，就可量取型值，编制型值表和标注尺寸。型值表的格式可参照静水力曲线计算机计算程序所用的型值表。该型值表包括各剖面线端点的型值。

5.3.3 母型改造法

设计新船的型线，如能找到与新船相近的优秀母型船（包括实船或船模）的型线资料，通过改造，就可以得到符合新船设计要求的型线。用母型改造法生成的型线，可以保持优秀母型船的型线特征，因而对新船的性能比较容易把握。从优秀母型出发经适当修改而成的型线往往优于用其他方法设计的型线。因此，用母型改造法设计型线是一种非常实用并且行之有效的方法，深受设计者的欢迎。

在选择母型船时，不仅要考虑到母型船型线的优良性，还要注意到新船与母型船诸要素（如F_n、C_p、C_M、X_b、L_{pp}/B、B/d等）的接近程度，否则修改量太大，就很难保持母型船的优良性能。例如，母型船的后体型线如果已接近水流分离的临界值，而新船的L/B比母型船小或者浮心位置后移，改造后的后体型线很可能产生水流较严重的分离。所以选择母型船时，要对母型船的性能和型线特征进行分析，结合需要改造的参数和修改量对新船的性能做出估计，使修改有的放矢，做到扬长避短。

1. 主尺度改造

当新船与母型船的主尺度不同时，需做尺度变换，常用的是线性变换，即

长度

$$X = X_0(L/L_0)$$

宽度

$$Y = Y_0(B/B_0)$$

吃水

$$Z = Z_0(d/d_0)$$

式中带有下标“0”者为母型船。事实上，如果新船的站线和水线的划分与母型船成比例，绘制型线图时长度和吃水的坐标值也就无须换算。

上述尺度经线性变换后，船型系数（C_b、C_p、C_w等）和浮心纵向相对位置X_b都保持不变。但是，如果$L/B \neq L_0/B_0$，则设计水线的半进流角和水线的去流角已有所改变。对于$D/d \neq D_0/d_0$的情况，不能用线性变换的方法同时满足对新船型深的要求。

主尺度的改造也可以用非线性变换的方法，但非线性变换方法对船型系数较难控制，非线性变换后对性能的影响也难以直接估计，所以较少采用。

2. 横剖面面积曲线的改造

将母型船的横剖面面积曲线作为新船初始的横剖面面积曲线，应用面积曲线修改方法，改造棱形系数和浮心纵向位置以及平行中体长度和位置。修改后，如果新船的中横剖面系数C_M与母型船相同，则新船的方形系数也已满足要求。C_M不变的情况下，如果对母型船横剖线形状也不做修改，则可采用下述 5.3.4 节所述方法，生成新船的型线图。

3. 横剖线形状的修改

横剖线形状的修改方法很多，常用的有抛物线法，它具有以下特点。

（1）可以灵活地改变横剖线形状，特别适用于把 V 形或 U 形横剖线形状变换成 U 形或 V 形。

（2）抛物线形状可以根据需要自由设定。事实上，可以选定某一特定横剖线，根据设计意图，对其形状做出修改后，根据等宽处水线的移动量求出抛物线，其他剖面线做相同的水线移动。

（3）如果上下抛物线连接点通过某水线，则可保持该水线不变。

（4）控制上段抛物线S_2的形状，也可以修改甲板宽度和高度。但如果S_1和S_2不同，则修改后转折点处横剖线可能不光顺，需要再做局部修改。

（5）水线移动后，首尾轮廓线也变化了，首垂线的变化会引起垂线间长的改变，需要时按前述改造主尺度的方法变换。

（6）一般情况下，排水体积将发生不同程度的改变，理论上选择适当的移动零点，可以使横剖线形状修改后不改变排水体积，但控制较困难，也没有这种必要。排水体积改变后，可通过修改面积曲线的方法使排水体积满足设计要求。修改面积曲线后，各站横剖线的半宽有所变动，但其基本形状可保持不变。

4. 母型改造法型值的产生

利用母型改造法设计型线，如果横剖面形状和中剖面系数不做修改，则横剖面面积曲线修改后，就可以利用插值的方法生成型线；若横剖面形状或中剖面系数也做了修改，而修改后的C_p、X_b等不符合要求时，则可将修改后的型线作为中间母型，重新计算出横剖面面积曲线，再通过面积曲线的修改使船型系数等都满足设计要求。下面介绍横剖面面积曲线修改完成后如何生成型值。

以前半体为例，在横剖面面积曲线图上，量出各站处新船与母型船横剖面面积百分数相同的距离δz_i，然后在母型船的水线图上距对应站δX_i处量取各水线半宽y_{ij}，再乘上B/B_0（型宽线性改造的比例值）即可得到新船各站半宽型值。上述方法实际上就是将母型船相同剖面积（百分数）的横剖面移作新船的横剖面。

具体绘制型线图时，新船横剖面图的水线先按母型船比例划分，确定各水线高，将母型船上量得的y_{ij}乘上型宽修改比例值后，标在各水线上，将各半宽点连成光顺曲线后即得新船的横剖线图。为使新船的水线划分整齐，在横剖线图上按新船要求重新划分水线，然后绘出新的水线图和纵剖线图。

绘制水线图和纵剖线图以前，应按新船要求先绘制纵剖线图上的甲板边线和首尾轮廓线。由于新船的型线是通过母型船的剖面移动得来的，因此，首轮廓线一般也应由母型船的形状按相同规律修改而得，否则与水线端点不易配合。尾框尺寸涉及桨和舵的布置，可按新船要求参照母型船形状自行设计，但应注意尾框的修改会使水线尾端点距中值改变，因此必须对尾部水线做适当修改。

设计水线以上的型线，由于甲板边线需满足新船的型深和舷弧要求，通常情况下经吃水比例修正后不会与母型船的甲板边线高度相同，因此需要另行绘制。绘制时可参照母型船改造所得的横剖线形状，应用自由绘制的方法进行。绘制时应满足总布置对甲板边线宽度的要求，同时注意横剖线上部的外飘程度。

5.3.4 应用系列船型生成型线

系列船型都经过较广泛的系列船模试验，其阻力、推进等试验资料较全面。因此，如果系列船型能符合新船的要求，则可直接选用系列船型的型线资料，型线设计既简单又可靠。但是选用优良的系列型线并不代表新船型线设计结果一定是最佳的。就快速性而言，实践表明，如结合新船特点对系列船型做适当修改，所得结果可能比直接查得的系列型线阻力性能更佳。当然，这需要具备一定的设计经验。

系列船型有许多种，其中比较著名的有系列 60、BSRA 系列、SSPA 系列以及德国汉堡造船研究所的 HSVA 系列、日本 SR45 快速货船系列和 SR98 肥大船系列（带球鼻首），等等。我国开发研究的系列船型有长江客货船系列、肥大船系列等。选用系列船型时应注意，每一个系列船型都有其适用范围，如主尺度比、船型系数、速度等都有一个范围，新船的要素应在其范围内。系列船型也可以灵活应用，例如根据新船特点和要求，也可以将前后半体型线采用两个系列组合而成。此外，选用系列通常主要是采用其设计水线以下的型线，而上部型线则根据新船的要求，用自由设绘方法产生，当然应注意与水下型线的配合。

根据系列船型的型线资料可以很方便地查得新船型值。由新船的方形系数C_b（或棱形系数C_p）和浮心纵向位置X_b，根据系列型线资料中规定的方法，就可以读出各水线半宽值（一般为无因次值），绘出横剖线图，继而可以绘制水线图和纵剖线图。各个系列规定的查取型值的方法因给出资料的形式不同而有所区别。具体的方法可以从各个系列的型线资料中找到，这里不详细介绍。

下面对系列 60、BSRA 系列及 SSPA 系列船型的型线资料做简单介绍，并根据系列船模的试验情况，给出船型参数的变化范围，供选用时参考。

1. 系列 60

系列 60 船型是美国海军部队在泰勒水池进行单螺旋桨运输船舶系列船模试验得到的。研究工作的主持者陶德（T. H. Todd）将试验结果整理成册，故系列 60 也称“陶德系列”。系列 60 的试验范围较广，资料较完整，其型线也具有独特风格，在国际上被广泛采用。

方形系数C_b是该系列的基本参数，系列 60 选择了五种方形系数，各自配定浮心纵向位置X_b、中剖面系数C_M、长宽比L_{pp}/B和宽度吃水比B/d，这些参数的系列变化组成了一组系列船模的基本参数。

1）型线特征

系列 60 船模的型线是由五个母型为基础变化而来的。五个母型的方形系数分别为 0.60、0.65、0.70、0.75 和 0.80。尾轮廓为巡洋舰尾，首柱在满载水线以下的部分几乎是垂直的。该系列型线的横剖线形状属于 U 形；中横剖面没有舭部升高；中剖面系数C_M与方形系数C_b之间呈线性关系。

2）系列船型的参数变化范围

方形系数：$C_b=0.60\sim0.80$。

浮心纵向位置X_b：不同的C_b对应各自的X_b范围，见表 5-7。

宽度吃水比：$B/d=2.5\sim3.5$。

长宽比：对应不同的方形系数和宽度吃水比，长宽比的范围有所不同。C_b和B/d小时，L_{pp}/B的范围为 6.5~8.5，C_b和B/d大时，L_{pp}/B的范围为 5.75~7.75。

$F_n=0.12\sim0.30$。

表 5-7　系列 60 的X_b范围

C_b	X_b的范围
0.60	$(-2.48\%\sim0.52\%)L_{pp}$
0.65	$(-2.46\%\sim1.37\%)L_{pp}$
0.70	$(-2.05\%\sim2.55\%)L_{pp}$
0.75	$(0.48\%\sim3.46\%)L_{pp}$
0.80	$(0.76\%\sim3.51\%)L_{pp}$

2.BSRA 系列

BSRA 系列船型是由英国造船研究协会在第二次世界大战接近尾声时开始研究的三个独立系列发展而来的。这三个独立系列对应的方形系数分别为 0.65、0.70 和 0.75。后来，该系列又将试验范围扩大到$C_b=0.55$，0.60 和$C_b=0.80$，0.85，并增加了球鼻首。这样，BSRA 系列的全部结果就是在上述几个独立系列的基础上得到的。试验的船模对应垂线间长L_{pp}为 400 ft、型宽为 55 ft 和设计吃水为 26 ft 的单桨船。

1）型线特征

BSRA 系列的基本母型虽然是相互独立的，但其横剖面形状基本一致，属于中 V 形。船底舭部略有升高，侧面轮廓线的尾部为巡洋舰尾，首柱在水下切除较多。首轮廓线在$C_b>0.7$时因C_b的不同而有所变化，而且浮心位置X_b的变化对其也有影响。

系列船模的每一个方形系数对应唯一的标准浮心位置，在满载（$d=26$ ft)时X_b和C_b的关系是

$$X_b=20(C_b-0.675)\quad(C_b\leqslant0.725)$$

$X_b = 2.0 \quad (C_b > 0.725)$

对于与标准浮心位置不同的船，采用“1-C_p”法对横剖面面积曲线进行改造后得到各站位置的移动量。资料中已给出各个方形系数下X_b变动1%L_{pp}所需的各站移动量曲线，可根据新船的浮心位置与标准浮心位置的差值直接从图中查出各站移动量。同样，平行中体中点的位置由于浮心位置的移动，相应也要变动。

2）参数变化范围

方形系数：$C_b = 0.55 \sim 0.85$。

浮心纵向位置：X_b在标准浮心位置前后（−2%~2%）L_{pp}范围。

宽度吃水比：$B/d = 2.0 \sim 4.0$。

长度排水体积比：$L_{pp}/\nabla^{1/3}$为4.3~6.25（视方形系数变化而有所不同）。

$F_n = 0.12 \sim 0.27$。

3.SSPA 系列

SSPA 系列船型是瑞典国家船模试验池的货船系列。相对前两个系列，该系列适用于较高航速的船舶。该系列中方形系数为0.675的母型船，其形状和尺度代表了载重量为10 000 t左右的中速定期货船。其他船模多半是根据母型船利用“1-C_p”法改造获得的。该系列未对浮心纵向位置的变化进行系列试验，在所试验的船模中，浮心位置相对方形系数的取值见表5-8。

表 5-8 SSPA 系列X_b的值

C_b	X_b
0.525	−2.0% L_{pp}
0.575	−1.85% L_{pp}
0.625	−1.5% L_{pp}
0.675	−0.75% L_{pp}
0.725	0.45% L_{pp}

1）型线特征

该系列的横剖型线基本特征为中U形，但对于丰满度很小的船维持中U形横剖型线是不切合实际的。因此，方形系数为0.60、0.575和0.525的船有越来越“V形”的横剖型线以及较小的中剖面系数。

该系列船型的尾轮廓也是巡洋舰尾。首轮廓由前倾的首柱和向后延伸很长的水下部分构成。

2）参数变化范围

方形系数：$C_b = 0.525 \sim 0.750$。

长宽比：$L_{pp}/B = 6.18 \sim 8.35$。

宽度吃水比：$B/d = 1.5 \sim 3.0$。

$F_n = 0.16 \sim 0.3$（阻力资料中给出的剩余阻力系数在不同的F_n时，对应的C_b范围有所不同，如$F_n = 0.16$时，$0.55 \leqslant C_b \leqslant 0.75$；而$F_n = 0.3$时，$0.52 \leqslant C_b \leqslant 0.60$）。

5.4　船体曲面表达

描述船体曲面的几何方法有两种:曲线表示法和曲面表示法。通常的型线图属于曲线表示法。由于曲面表示法包含更多的几何信息,其较前者更直观和生动。对船体曲面进行表达,不仅可以实现设计结果的三维直观显示及其网上发布,更重要的是在此基础上实现精确的性能计算和船舶的分段建造。

船体曲面表达可以追溯到 20 世纪 70 年代,设计者用解析曲线或曲面、Coons、Bézier 以及 NURBS 等参数曲线或曲面等来表达船体曲面。NURBS 无法比拟的优良特性,使它成为船体曲面表达的最主要的数学工具。1991 年,国际标准化组织颁布了关于工业产品数据交换的国际标准 STEP(Standard for the Exchange of Product Model Data,产品模型数据交换标准),正式把 NURBS 作为定义工业产品几何形状的唯一数学方法。因此,在众多的船体曲面数学表达工具中,NURBS 曲面表达成为当今船体曲面表达的主流方法。

在船体曲面表达中,根据用来表达船体曲面的数量,可以分为分片表达和基于单一 NURBS 的函数的船体曲面表达。由于船体曲面复杂,基于单一 NURBS 函数来表达船体曲面有一定困难,但是与曲面分片表达法相比,该方法还存在许多优势。

(1)良好的几何连续性和内在光顺性。

(2)性能计算更加方便。

(3)需处理的边界条件更少。

(4)易于整体把握曲面光顺性。

(5)易于实现船舶设计和建造一体化,便于船体分段建造。

在船体曲面 NURBS 表达基础上,应用有效的求交算法和几何特性计算方法,可以方便地进行船型系数、静水力特性以及湿表面积计算、分舱设计、浮态和稳性的计算。船体曲面的整体表达还有助于提高后续船舶设计和建造的质量。本节仅介绍有关船体曲面表达方法的概念,需要详细学习的读者可以参考相关文献。

第 6 章　总布置设计

6.1　概述

总布置设计是船舶总体设计的重要内容之一，它不仅对船的使用效能和航行性能有十分重要的影响，而且是其他各项设计和计算的主要依据。

总布置设计是全局性的一项工作，它不仅涉及各个方面，而且贯穿一艘新船设计的各个阶段。总布置设计不仅仅是一项具体的布置设计工作，更是一项解决各种矛盾、协调各部分设计的综合性工作。因此，总布置设计者不仅要掌握船舶总体设计的知识，还必须熟悉各相关专业的设计知识。总布置设计通常是由项目总设计师掌管的一项设计工作。

在新船设计的初始阶段，为了便于方案构思和把握主尺度与载重量、舱容、布置地位之间的关系，以及协调主要性能之间的矛盾，就需要对船的总布置有所设想和考虑，并绘制总布置草图。

总布置设计的任务，简单地说，就是在满足营运要求和保证船的航行性能和安全性的前提下，合理地确定船舶的整体布置，绘出详细的总布置图。总布置设计的具体工作包括以下内容。

（1）划分船舶主体和设置上层建筑，包括确定机舱、货舱、油水舱、工作舱室、居住舱室和其他各种舱室的位置和地位，也就是设置各纵、横舱壁和各层甲板，确定外部造型等。

（2）调整船舶的浮态，妥善合理地安排船的各部分重量沿船长方向的分布，并且注意控制重量的垂向分布，协调稳性和摇摆性能对重心高度的不同要求。

（3）布置船舶舱室和设备，包括各类居住和工作舱室的内部布置，以及舱内（除机器处所以外）和露天甲板上各种设备的布置等。

（4）规划各部位的通道和出入梯口。

船舶类型不同，其使用要求也不同，总布置必然有其特殊性。如液货船的安全性要考虑液面对结构和稳性的影响，具有专用压载舱的液货船，要考虑专用压载舱地位对结构强度和纵倾的影响等；矿砂船因载重货，布置时应防止运输过程中发生倒矿，必须注意解决稳性和适航性间的矛盾；散装谷物船，在布置上要注意解决横倾时，谷物移动对安全性的影响；客船要解决好安全性和舒适性问题；渔船要注意便利捕捞作业；拖轮拖钩后移则不利于操纵性，若将拖钩位置前移则往往会和上层建筑的设置发生矛盾，且拖钩位置越接近船中越不利于急牵稳性等。

在同类型的船舶中，使用要求不同会带来布置上的差异，如运输大件的统货船，其货舱和舱口的长度以及起货设备就不同于一般杂货船。

在解决同一条船的布置问题时，由于对同一个问题的处理措施不同，也会产生不同的影响。如增加货舱长度，可减少货舱数量和节省起货设备，但会造成装卸时间增加；减少横舱壁数量，则会对船体横向强度和抗沉性产生不利影响。

总之，总布置设计涉及诸方面的矛盾，必须抓住布置中的主要矛盾，在解决好主要矛盾上下功夫,同时也要注意兼顾非主要矛盾。在总布置设计中,除了注意各类船舶布置上的特殊要求以外,还应遵循各类船舶在布置上的一般原则。

(1)最大限度地满足和提高船的使用效能,这是考虑问题的基本出发点。例如:运输船舶首先应合理利用舱容,提高装卸效率,确保运输质量,提高运输能力;客船则应合理分区和布置客舱,保证旅客的舒适、安全与方便。

(2)保证船舶具有良好的航海性能。总布置设计时应采取适当的措施保证船舶有适宜的浮态和稳性,良好的耐波性和驾驶视野等。

(3)注意船体结构的合理性和工艺性。总布置中应注意重量的分布,力求减小纵总弯矩和剪力;避免主要结构的不连续性和纵向构件截面的突变,改善应力集中。各种舱壁、围壁、支柱等的设置应充分考虑它们对结构强度、振动以及施工的影响。

(4)满足法规和规范的要求,例如消防法规对防火的要求,破舱稳性对分舱的要求,救生设备的布置要求等。

(5)尽力做好外部造型和内部装潢。在经济、适用的前提下,充分运用建筑美学的手法,给人以舒适和美感,为改善船员和旅客的工作和生活条件创造条件。

总布置设计一般分草图设计和绘制正式的总布置图两步进行。在草图设计中,先拟定一种能反映总布置大体轮廓和布局的草图。主体部分只画出不同用途船舱的位置和主机、发电机组等主要机舱设备的布置;上层建筑则根据舱室面积、驾驶视野、梯道和设备等的布置要求,只确定其外形尺寸。然后,根据布置草图对船的某些典型载况的浮态与稳性、大船的静水弯矩等性能进行校核计算,并根据核算结果对布置做适当调整;经过这样多次反复、逐步接近的过程,到符合要求为止。草图设计只进行总体布局,在该阶段往往绘制几种具有不同特点的总布置方案,供审查和船东选用。最后,根据选择的方案及型线图的型值,具体详细地布置各类舱室和设备,绘制出正式的总布置图。

总布置设计的成果体现在总布置图上。总布置图通常由侧面图、各层甲板布置图、底舱平面图、平台平面图和机舱布置图等组成。有的还绘制了阴影图和横剖面图。

由于船舶舱室及设备十分繁杂,图面尺寸不能过大,且布置图不属于施工图样,所以造船界一直以特殊的表达方法来绘制总布置图:

(1)以简化的图形符号表示设备和家具等;

(2)不标注具体尺寸,只给定位尺寸,长度方向以肋位号表示,高度方向按距基线表示,宽度方向按距中心线表示;

(3)按船舶制图规定的线条表达;

(4)视图中不可见设备规定不必绘制等。

6.2　总体布局的规划

总布置设计时首先应对船舶主要区域进行规划并选择相应的建筑形式,以满足装载货物、乘员居住以及布置各项设备和油水舱等的需要。

船舶区域划分可分别按纵向和竖向进行。纵向是以横舱壁沿船长方向划分船舱,如货舱、机舱、首尖舱、尾尖舱、燃料舱和水舱等。纵向划分的目的是隔开不同用途的船舱,保证船舶具有足够的横向和纵向强度,保证船舶破舱进水后的浮态和稳性,防止因某一舱内发生火灾而波及全船等。竖向则以内底、平台、各层连续甲板和上层建筑甲板将船体和上层建筑分隔，以保证航行安全和船体强度，满足载货及乘员工作和生活的需要以及设备的布置和使用要求等。

6.2.1 主船体内部船舱的划分

主船体内部船舱的划分要考虑的主要方面：

（1）有关规范、法规、公约的规定，如《钢质海船入级与建造规范》《国内航行海船法定检验技术规则》《国际海上人命安全公约》《国际防止船舶造成污染公约》等的规定；

（2）各种装载情况下的浮态和稳性；

（3）使用要求的船舱大小；

（4）总纵强度、局部强度和结构及建造的工艺性等。

1. 水密舱壁

为了保证船舶的安全和满足结构强度的需要，主船体内必须设置一定数量的水密舱壁。为了保证水密舱壁的完整性，除了特殊情况以外，水密舱壁上是不允许设置通道的（必要时，水密舱壁上的开口必须用水密门关闭，如滑动式水密门）。所以，水密舱壁的设置必须与主船体内不同区域的划分结合起来考虑。以一艘普通货船为例，主船体沿船长方向上，首尾两端分别是首尖舱与尾尖舱，中间是若干个货舱及机舱，各舱由水密横舱壁分隔。水密横舱壁的数目与位置，根据法规和规范的要求结合总体布置要求确定，并考虑结构强度的需要。

1）法规和规范对水密舱壁设置的规定

法规对主船体内水密舱壁的设置要求主要是从分舱与破舱稳性要求出发提出的，除此以外，船级社的建造规范对水密横舱壁的设置也有要求。

《钢质海船入级规范（2023）》（以下简称《入级规范》）要求船舶的水密舱壁数量一般不少于表 6-1 所列的数目，对于船长大于 190 m 的船舶，直接计算确定；并规定船舶应设有通到舱壁甲板的一道水密防撞舱壁（首尖舱舱壁）、一道尾尖舱舱壁，机器处所每端一道舱壁。防撞舱壁距首垂线的距离应不小于 $0.05L_L$（指龙骨上缘至最小型深的 85%处水线总长的 96%，或沿该水线从首柱前缘至舵杆中心线的长度，取较大者）或 10 m（取小者），除经主管机关允许外，不大于 $0.08L_L$或 $0.05L_L$加 3 m（取大者）。

表 6-1 船舶的水密舱壁数

船长/m	水密舱壁数		船长/m	水密舱壁数	
	中机型	尾机型		中机型	尾机型
$L_{pp} \leqslant 60$	4	3	$125 < L_{pp} \leqslant 145$	7	6
$60 < L_{pp} \leqslant 85$	4	4	$145 < L_{pp} \leqslant 165$	8	7
$85 < L_{pp} \leqslant 105$	5	5	$165 < L_{pp} \leqslant 190$	9	8
$105 < L_{pp} \leqslant 125$	6	6	$190 < L_{pp} \leqslant 210$	10	9

任何船舶均应设置防撞舱壁（通常是首尖舱后端的舱壁）。对此，《入级规范》有以下特别的规定：对船舶水线以下的任何自首垂线向前延伸的部分，例如对具有球鼻首的船舶，防撞舱壁距首垂线的距离应从下列各点之一来量取，取最小者：

（1）此类延伸的长度中点；

（2）首垂线前方距离 $0.015L_L$处；

（3）首垂线前方距离 3 m 处。

船舶应设水密的尾尖舱舱壁，其位置由尾轴管长度、尾轴管安装和密封所需的地位来确定，一般取（0.035~0.045）L_{pp}，对小型船舶可取（0.04~0.05）L_{pp}。此舱壁应通至舱壁甲板。但尾尖舱水密平台甲板如在水线以上，可仅通至水密平台甲板为止。

机舱端壁应水密；水密舱壁除尾尖舱舱壁外，均应通至舱壁甲板。水密舱的长度不宜超过 30 m，否则应采取措施保证船体的横向强度。

另外要提及的是，防撞舱壁位置的确定还应考虑到锚链舱和首舱的容积，在保证安全的前提下，尽量满足它们的要求。

2）肋骨间距

在船长的范围内划分肋位，确定肋骨间距，是进行总布置设计前首先要做的工作。我国船级社规定，标准肋骨间距

$$S_b = 0.0016L_S + 0.5$$

式中：L_S——结构计算船长，m，即垂线间长，但不小于水线长的 96%，且不大于水线长的 97%，L_S大于 200 m 时，取为 200 m。

首尾尖舱范围内的肋距$S_b \leqslant 0.60$ m；防撞舱壁至距首垂线$0.2L_S$区域内，$S_b \leqslant 0.70$ m。

船舶设计时，实取的肋骨间距是在上述规定的基础上，考虑布置和方便施工等因素确定的。通常将S_b圆整到某位整数。某些船为了布置紧凑，在船的不同部位（如货舱与机舱）采用不同的肋距。集装箱船的货舱区域应按集装箱和导轨的布置来选取肋距。

3）机舱地位及长度

根据机舱在船上的布置位置，运输船又分为机舱位于船中的“中机型”、位于船尾的“尾机型”以及偏离船中的“中后或中前机型”。机舱位置影响船的上层建筑形式、船体结构与强度、货舱的布置、船的纵倾调整、驾驶视野、抗沉性以及机舱的长度和布置等方面的问题。

中机型与尾机型各有利弊。尾机型，从改善货舱与舱口的合理布置、船体纵向构件的连续性、缩短轴系长度用以增加货舱容积以及减少轴系重量和功率在轴系上的损失诸方面与中机型相比是有利的。但是也存在不利的方面，如把机舱布置在船尾，由于机舱单位体积的重量比货物单位体积的重量要小，造成船的重心前移，引起纵倾调整的困难（特别对航速较高的船）；使驾驶视野变差，这会给进出港和航行于狭窄水域的船在驾驶方面造成困难；机舱设在尾部，由于尾部型线较瘦，使得机舱长度比中机型要长些，这会使中小型船舶的抗沉性难以满足一舱不沉的要求。对高速船，型线瘦削会给机舱布置造成困难。

在设计尾机型的船舶时，对上述一些不利的因素，要采取相应措施解决。为克服尾机型船在纵倾调整、抗沉性上的困难，设计中，应该预先对主机选型、型线设计加以分析考虑，力求压缩机舱长度，把浮心纵向位置适当往前移，尾部横剖面取 U 形，尾舷弧加大些。如这些措施仍然解决不了问题，可在首部设置空舱。

机舱部位的选择直接影响上层建筑的形式及其他水密舱的划分和布置，从而影响船的使用性能和技术、经济性能。因此，机舱位置的选择是总布置设计的一项重要任务，最终要由船的具体任务、使用及构造特点、技术上是否可行等因素来确定。机舱位置的实际应用情况可分

述总结如下。

Ⅰ. 油船、散货船、集装箱船、滚装船

油船毫无例外地很早就采用尾机型，其他几种船多数采用尾机型。由以上分析可知，机舱位置不同，带来的主要问题是货舱地位及舱容的改善、装卸效率提高等与纵倾调整、驾驶视野、轴系长度和机舱布置等之间的矛盾。上述几种运输船，由于把改善货舱的地位及合理布置、提高装卸效率、加速货物的周转等放在首要地位，因而均采用了尾机型。如油船采用尾机型，有利于货油系统的布置，使轴隧不通过货油舱，有利于防火和保证安全；散货船采用尾机型，除了能将船上宽敞的空间用来布置货舱，使货舱地位及舱容得到改善，还能提高装卸效率；装有船用装卸桥的大型谷物船采用尾机型，对装卸桥的布置有利，由于装卸桥运行时，不受中部上层建筑的阻碍，所以设一台即可；集装箱船采用尾机型能提高货舱容积的利用率，且有利于集装箱货物的装卸。

对于上述几种运输船，主要是为了提高船的货舱容积和改善布置，提高货物装卸效率，改善结构布置和提高船体强度等，这些方面是主要的。然而，对那些次要方面，也必须逐一加以解决。如驾驶视线，可通过提高尾楼高度或在首部设瞭望台等措施加以解决；对纵倾调整问题，可从货油舱的长度合理划分、油水舱的合理布置、型线设计的合理配合等方面予以解决。

Ⅱ. 其他船舶

沿海小型杂货船因机舱占船长的比例较大，为增加货舱容积，改善货舱形状，多采用尾机型。较大型的杂货船（如万吨级左右），过去多设计成中机型。近年来的发展趋向将机舱移向尾部，出现了中后机型船，即所谓“前四后一”或“前三后二”的船型。这样的船型一方面使货舱的布置得以改善，另一方面与纯尾机型相比较，纵倾调整能得到解决，此外，对船体强度也是有利的，中后机型对强度的影响比中机型或尾机型都显得有利。因为尾机型的杂货船满载时中垂弯矩大，而空载时中拱弯矩大，如将机舱由尾向前移，就会使这两种状态的不利弯矩均有所降低，对船体强度有利。船体总纵弯矩的降低，在保证船舶安全性的同时，减轻了船体钢料重量，降低了船舶造价，提高了运输船的经济性。

拖轮、渔船根据舱面作业的要求，并考虑纵倾调整、前部及后部船舱的安排等因素，客船根据前后水密舱和旅客舱室的区划及其他因素，一般都采用中机型或中后机型。机舱长度要由机舱所需要的面积和容积来确定。它与机舱的位置、主机的种类、螺旋桨的数目、主机的功率等因素有关。

目前的船舶，辅机类做立体布置，所以不仅要考虑机舱的长度和面积，也必须考虑容积方面的需要。中机型单桨船，因为主机两侧面积较大，可以布置辅机，机舱长度容易确定。而对尾机型及双桨船，因为船肥瘦程度和断面形状都会给机舱长度带来影响，所以要考虑机舱的面积和容积，以确定机舱长度。最后采用的机舱长度一般都是通过实际布置确定的。

在初步设计阶段，可按使用同一主机的母型船来确定机舱长度，也可以用统计公式初步估算。对低速柴油机，可根据主机长度l_{m1}来估算，即

$$l_m = l_{m1} + c \tag{6-1}$$

式中：c——中机型取c =4~5 m；中后机型取c =4~6 m；尾机型取c =10~12 m。

也可采用下列估算式：

$$l_m = l_{m1} + (6.07 \sim 6.25)BHP/10\,000 \tag{6-2}$$

$$l_m = c \times \text{缸径的总和} \tag{6-3}$$

式中：BHP的单位为 kW；c =3.5~4.0 m。

4）干货船的货舱划分

在船的长度确定以后，货舱数量和尺度在一定程度上受水密横舱壁的限制，即水密横舱壁总数不得小于《入级规范》规定的数量，隔舱的长度还必须满足抗沉性要求、船的分舱和破舱稳性对舱长的限制。从横向强度方面来说，水密舱壁间距不宜超过 30 m（特长大件货舱除外）。通常中小型货船设 2~4 个货舱，万吨级货船设 5~6 个货舱。

各货舱的容量大小和起重设备能力的配备，应注意平衡及能够同时装卸完毕。当各货舱的起货设备能力相近时，货舱在船上的地位不同，其容量应有所差异。首尾两处货舱，因位置狭窄，不便装卸，它们的舱容比中部货舱容量要小些。

除了考虑缩短装卸时间、提高装卸效率外，货舱长度要满足货物最大尺度的需要，如我国设计与制造的"大理号"远洋货船，为适应运输长钢轨和机车等的需要，配置了一个长达 35.25 m 的长舱。

船长超过 100 m 的货船要考虑一舱不沉的要求，在对可浸长度曲线进行详细分舱校验之前，货舱数及水密横舱壁数可按下式估算。

除首尾尖舱外，水密分舱总数近似为

$$N_1 = \frac{D}{D-d}$$

除去机舱后，货舱总数为

$$N = N_1 - 1 = \frac{D}{D-d} - 1 = \frac{d}{D-d}$$

而水密横舱壁总数为

$$n = \frac{D}{D-d} + 1$$

式中：D——从基线量至舱壁甲板的型深，m；

d——分舱吃水，m。

在满足抗沉性条件下，尽量减少货舱数目，这样可使起货设备数量减少，避免甲板上布置拥挤，使装卸效率提高；另外也能减轻船舶重量，从而降低船舶造价。

对于专门载运散装谷物、煤或矿砂的散货船，两端货舱可适当长些，其他各舱以等舱长划分为宜，这样可以均衡装卸时间。舱数多些可以节省装卸时间，但增加了清舱工作量，船体重量和起货设备数量也有所增加。对设置起货设备的船，要考虑起货设备的配置；不设置起货设备的船，要根据装卸货港的装卸条件全面考虑。

兼运谷物、矿砂的散货船，因两种货物的积载因数差别很大，可采用大小舱结合的布置方式，大舱装谷物，小舱装矿砂，这样不致使装运矿砂时重心过低，引起激烈的横摇。小舱不宜太短，一般取大舱长度的 7/10 左右。

集装箱船的舱长应根据集装箱的行数和箱长确定。目前国际上标准集装箱的外形尺寸为：高 × 宽 × 长=2.438 4 m × 2.438 4 m × 6.096 m（20 ft 集装箱）或 2.438 4 m × 2.438 4 m × 12.192 m（40 ft 集装箱）。

集装箱船舱长可用下式估算（对 6.096 m 箱）：

$$L_c = (6.096 + c)x \tag{6-4}$$

式中：c——货箱间隙，普通货箱c =1.15 m，冷藏箱c =2.15 m；

x——舱内集装箱行数。

因客船的安全性特别重要，所以国内的有关规范、规则及国际上的有关公约，对客船分舱有明确的要求。因此，客船主体内船舱划分，除考虑使用要求外，还必须满足我国海事局制定的《国内航行海船法定检验技术规则》中分舱和破舱稳性、《入级规范》第二篇“船体”或国际海事组织（IMO）形成并通过的 1974 年《国际海上人命安全公约》及 1978 年议定书和相关修正案中的有关规定。

5）油船货油舱区的区划

油船主要载运石油。石油是闪点为 60 ℃左右的易燃品，随着温度的变化其体积会增减。另外，因为它是液体，所以对船舶稳性不利。油船还容易造成对海洋的污染。由于货物的这些性质，油船的结构、货油舱区的区划等都与普通的干货船有所不同。因此，在这里专门对油船货油舱区的区划做一介绍。

进入 20 世纪 70 年代以来，油船对海洋环境的污染引起了国际上的关注。世界各国纷纷提出了船舶向海洋排水的油水分隔允许标准和设立专用压载舱的建议。1973 年《国际防止船舶造成污染公约》及其 1978 年议定书，对载重量为 2 万吨以上的新原油船和 3 万吨以上的新成品油船的货油舱长度范围内的专用压载舱以及非油舱的处所，提出了保护面积的要求，以提供一种在万一发生搁浅或碰撞时，防止油类外流的保护措施。这样，油船的区划有了很大变化，有的油船开始设双层底或双层壳。

单壳油船溢油等海事事故的不断发生及当今社会追求与环境和谐、寻求可持续的发展，2003 年 12 月海洋环境保护委员会（MEPC）通过有关单壳油船加速淘汰的修订案，提出截至 2010 年绝大多数的单壳油船将被淘汰。同时，自 2001 年国际船级社协会（IACS）开始研究油船结构共同规范（JTP），2005 年 6 月 13 日，IACS 举行成员船级社 CEO 会议，就共同规范达成一致，决定 2005 年 10 月 1 日 IACS 所有成员船级社同时通过油船和散货船两套规范，规范归 IACS 各成员船级社所有，并于 2006 年 4 月 1 日生效。在此日期以后签订合同的油船、散货船必须符合 IACS 共同规范的要求。

共同规范以净尺度代替现行的建造厚度，这对检验体系有很大影响。净尺度概念的引入使得模糊的建造尺寸设计方法退出单一的规范体系，使维护标准更加明确。为满足共同规范要求的“安全、坚固、耐用”以及达到 25 年大西洋海况下的航行寿命，新造油船所需的钢料有所增加，图 6-1 为共同规范推荐的六种双层壳油船的典型布置。

油船是尾机型单甲板船，根据载重量设双层底、双舷侧。《入级规范》对油船纵舱壁的设置、油舱长度及结构形式做了详细规定：货油舱的布置和尺寸应使在船长范围内任何一侧舷侧破损和船底破损造成的假设泄油量是有限的。每一货油舱长度应不大于 10 m，或按表 6-2 规定的数值，取二者中之大值。表中L为 85%D（型深）处水线长度的 96%或该水线处两柱间长度之大者；B为船舶型宽；b_w为边舱宽度。

MARPOL 73/78 规定：在货油舱长度范围内的专用压载舱以及非油舱处所，其布置应符合下述要求：

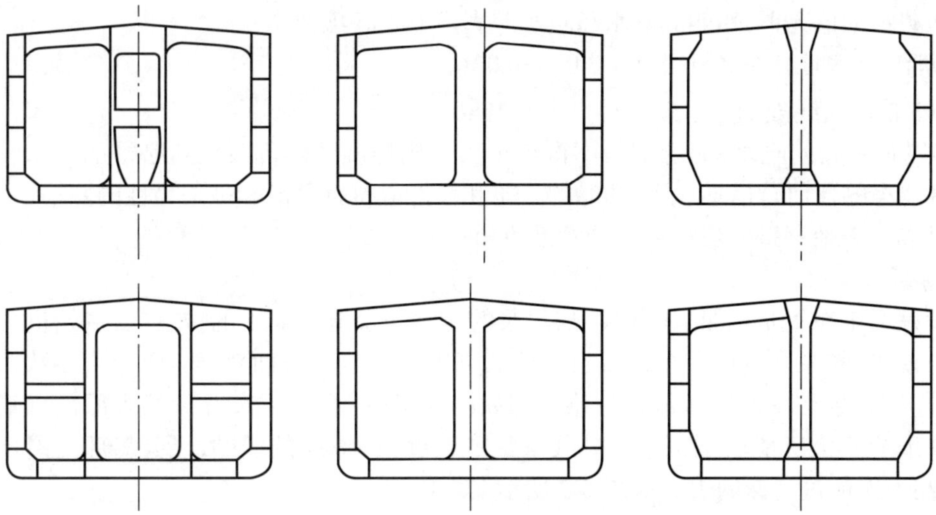

图 6-1　双层壳油船的典型布置

表 6-2　货油舱许用长度

纵舱壁数		1 （中纵剖面处）	2	3 （一道在中纵剖面处）	当舱壁开口时
边舱长度		$0.15L$	$0.2L$	$0.2L$	$0.1L$
中舱长度	$b_w \geqslant 0.2B$	—	$0.2L$	$0.2L$,左、右舷	
	$b_w < 0.2B$	—	$\left(0.5\dfrac{b_w}{B}+0.1\right)L$	$\left(0.25\dfrac{b_w}{B}+0.15\right)L$,左、右舷	

$$\sum PA_c + \sum PA_s \geqslant J \times \left[L_t \left(B + 2D \right) \right]$$

式中：PA_c——每一专用压载舱或非油舱处所按型尺度在舷侧的投影面积，m^2；

PA_s——每一专用压载舱或非油舱处所按型尺度在船底的投影面积，m^2；

L_t——货油舱的长度，m；

B——船舶最大宽度，m；

D——船舶型深，m；

J——对DW=20 000 t 的油船，J=0.45，对DW>200 000 t 的油船，J=0.30，当DW为中间数值时，J按线性内插法求得，对DW>200 000 t 的油船，J值可减小，减小值可参阅 MARPOL 73/78 的规定。

在计算PA_c和PA_s时，要求边舱的最小宽度应不小于 2 m，双层底的最小高度应为B /15 或 2 m，以其中较小者为准；否则PA_c和PA_s将不计入。

MARPOL 73/78 还就油船因船侧和船底损坏而造成的油污减至最低限度做了规定，规定了损坏的假定、假定的流出油量计算公式以及假定的流出油量的限额值；也对油船的货油舱长度、专用压载舱容量以及分舱和稳性做了明确规定，在设计时必须予以考虑。关于货油舱长度，我国《入级规范》的规定与 MARPOL 73/78 的规定是一致的。专用压载舱的容量应能保证空载加压载水的情况下，船舶的吃水和吃水差满足下列各项要求：

（1）船中部型吃水应不小于d_m =2.0 m+0.02L；

（2）在首尾垂线处的吃水差不得大于 0.015L；

（3）尾垂线处的吃水，无论如何不得小于为达到螺旋桨全部浸没所必需的吃水。部分装载或满载状态的任何营运吃水下，油船的分舱和稳性应符合分舱和破损稳性的要求。

6）油船的泵舱、污油水舱、隔离舱及浮力舱

Ⅰ. 泵舱

泵舱是用来布置货油泵、压载泵、扫舱泵的舱室。泵舱在船上的位置，要从轮机人员的操作管理方便、节省泵系统的重量以及对油船总强度的影响等方面考虑。泵舱大多数布置在机舱前面，亦有布置在中部区域的。泵舱下部如凸入机舱（泵立式布置），凸入部位自基线向上的高度一般应不大于船舶型深的 1/3；载重量不超过 25 000 t 的船舶，经验船部门同意可以增高，但最高不得超过型深的 1/2，如图 6-2 所示。

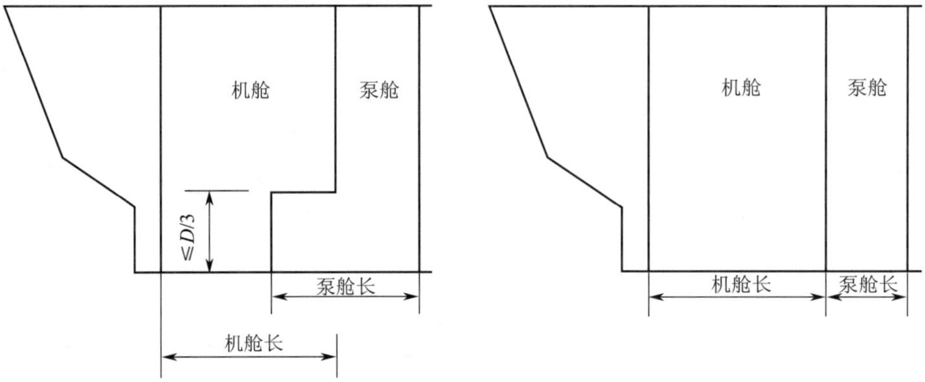

图 6-2　泵舱位置

一般泵舱长度为 7~8 m。泵舱通风口高出甲板 3 m，距上层建筑至少为 3 m。

Ⅱ. 污油水舱

在货油舱区后面两舷各设一个污油水舱，现有油船也可指定任一货油舱作为污油水舱；其总容积约为货油舱总容积的 2%~3%。

Ⅲ. 隔离舱

货油舱前后两端应设有隔离舱，以便与机舱、干货舱、居住舱室等隔离。隔离舱舱壁间应有足够的距离，不小于 760 mm，以便于进出，且应隔离全部货油舱端部舱壁面积。

泵舱、压载舱、燃油舱可兼作隔离舱。

船舶驾驶部位与生活区如设在货油舱区上方，则用一至少为 2 m 高的开敞空间将驾驶部位和生活区与货油舱甲板分隔开。

Ⅳ. 浮力舱（又称干货舱）

对不设专用压载舱的油船，为解决纵倾调整，通常设首浮力舱来平衡。首浮力舱长度要根据纵倾调整需要确定。现今只在小型油船上才沿用这种办法，对设置专用压载舱的大型油舱，可不设首浮力舱。

2. 油、水舱等的布置

在船体内部划分主要船舱的同时，还应对燃油、滑油、淡水、压载水等舱（柜）进行布置。有关油、水舱的划分，应与机舱布置、管系布置、纵倾调整等配合进行，布置时一般多参考实船。

1）燃油舱

燃料重油一般布置在双层底内以及机舱前的深油舱内，对续航力较大的船也有布置在舷边舱内的。在靠近主机日用燃油柜的舱内划出一个沉淀舱，向日用燃油柜供油。日用燃油柜一般设在机舱平台上或机舱内。辅机及主机启动和进出港用的轻柴油布置在机舱双层底内。因重油需要加热才能抽出，所以希望双层底内的重油舱离机舱越近越好，以节省管路和减少热量损耗。尾机型船燃油消耗后容易首倾，这虽然可用压载水来调整，但总是不便，为此，也有将部分重油舱布置到较前的双层底内的情况。

2）滑油舱柜

滑油储存柜、沉淀柜、气缸滑油柜的容积不大，一般都放在机舱平台上。滑油循环柜和污油柜、溢油柜的容积也不大，一般设在主机下双层底内。滑油循环柜也有设在机舱平台上和滑油储存柜放在一起的。

3）食用淡水、洗涤用水舱柜及海水柜

这些舱柜在双层底、首尾尖舱等处都可布置。容积较小的日用水柜可设在机舱平台上或其他空处。

4）压载水舱

压载水舱可设置在首尾尖舱、双层底内以及舷边舱和顶边舱内。压载水量及压载水舱的位置，要保证各种装载情况下适宜的浮态及初稳性，也要尽量减小中拱或中垂弯矩。例如杂货船，要满足压载航行时d_f=（2.5%~3.0%）L_{pp}和一定尾吃水d_a的要求，需要的压载水量很大，单靠正常高度的双层底和首尾尖舱的容积是不够的。因此，一般都利用装货不便的 1 号货舱底部、轴隧两侧设平台构成压载舱，或在首尖舱后设短的深压载舱。首部压载过大，会使压载时中拱弯矩过大，满载时中垂弯矩过大，从强度观点看，以增加双层底高度或在中部适当区域设舷侧深舱或在下甲板以下设短的横向压载深舱为宜。杂货船由于增加压载舱容量十分困难，因而浮态常达不到上面所提到的要求，首吃水d_f只有 2.0%L_{pp}。

在布置油、水舱（柜）时，各种油舱与清水舱之间、燃油舱与滑油舱之间、不同种类的滑油舱之间、清水舱与压载水舱之间应设置隔离舱。燃油舱与压载水舱之间一般可以不设隔离舱。

在布置油、水舱（柜）时，还应全盘考虑和注意以下几个方面的问题。

（1）燃油舱的出气管不要通过生活舱室，燃油舱的位置须特别注意安全。

（2）为了不使燃油、淡水消耗后船的浮态变化过大，布置时应尽可能使它们的公共重心接近船中。

（3）充分利用不易于装货的狭窄处所。另外，在满足使用要求的同时，力求节省管路。避免油管穿过淡水舱，或者淡水管路穿过油舱，否则应采取规范规定的措施加以保护。

（4）燃油舱或淡水舱不宜集中布置，以避免该处破损后失去供应。

6.2.2　上层建筑及甲板室的形式、尺度及层数

上层建筑是最上层连续甲板以上围蔽建筑物的统称。上层建筑分为船楼和甲板室两种。

船楼是上层连续甲板上，由一舷伸至另一舷的或其侧壁板离船壳板向内不大于船宽 4%的围蔽建筑，依其位置的不同分为首楼、桥楼、尾楼。其他的围蔽建筑称为甲板室。当上层建筑及甲板室的长度大于 $0.15L$ 且不小于其高度的 6 倍时，称为长上层建筑及长甲板室。不符合长上层建筑及长甲板室条件的称为短上层建筑及短甲板室。

上层建筑的设置，从使用功能上讲，需要布置各种工作和生活处所；从对技术性能的影响讲，上层建筑有利于改善船舶溅浸性和稳性；另外，在船舶建筑艺术方面，其也有重要作用。因此，对上层建筑的形式选择及布置，必须处理好上述关系，满足使用上合理、技术上先进与建筑艺术三者的有机配合。在总体设计时，要依据船的用途、航区、机舱地位、船舶性能特点、立面造型诸方面进行全面的分析。另外，各个部位的上层建筑起不同的作用，因此其构造形式亦不相同。现分述如下。

1. 首楼

首楼的设置及尺度首先要考虑甲板上浪，因为船在迎浪或斜迎浪航行时，首部容易上浪。甲板上浪将严重威胁甲板上船员、货物、设备和甲板开口封闭装置等的安全。实践证明，设置首楼对防止甲板上浪，保持甲板干燥，保护人员、货物及设备安全是十分有效的。

首楼的设置及长度与船及干舷大小、舷弧高度、海域情况以及首楼甲板上设备的布置需要诸因素有关。我国《入级规范》规定，所有船舶应设置首楼或增大舷弧，使船首最小高度符合 1966 年《载重线公约》的要求。该规范规定，凡设置首楼以满足规范对首部最小干舷高度要求的船舶，自首垂线算起的首楼长度应不小于 $0.07L_{pp}$，并且在船长 $L_{pp} \leqslant 100$ m 时，首楼的封闭条件还应满足规范的规定。在此基础上，首楼甲板面积还应顾及锚泊设备和其他设备的布置要求。首楼长度的统计数是船长的 8%~10%。

一般海船的首部干舷都不够高，故都设置短首楼。在短首楼的内部布置锚机控制室、灯具间、油漆间、缆索与索具、木工工作室等。

除短首楼，有的船从实际出发，采用长首楼。如“风”字形远洋货船，为弥补 1 号货舱舱容的不足，将首楼延长到 1 号货舱的后端，所得的容积用于装货。这样既增加了舱容又均衡了装卸时间，但应注意对稳性带来的不利影响。又如海洋拖轮，为改善航行中的溅浸性和使拖钩布置在船重心附近，也设置长首楼，但要注意，因首部碰撞机会较多，首尖舱范围的首楼段，不能作为居住舱室使用。

小型船舶，考虑到驾驶视线或重心高度，有设置半升式首楼（首楼底在上甲板之下）的。客船、客货船因干舷甲板之上通常还设连续甲板，所以一般不设首楼。对高型深和高舷弧的大型船，因为能保证首部干舷也可不设首楼。

2. 中部及尾部上层建筑

中机型船舶大都设置中部上层建筑，用以布置船员工作和生活舱室，保护机舱开口，布置烟囱和艇设备。即使是尾机型船，也有为改善驾驶视线等原因而设置中部上层建筑的。

中部上层建筑分桥楼型和甲板室型。甲板室型因其两侧有外走廊，甲板上前后交通联系方便，一些甲板作业频繁的船（如渔船、拖轮、大型货船等）多采用甲板室型。甲板室型中部上层建筑在甲板上浪和舱室面积方面有其不足之处，所以一些小型运输船及客船常采用桥楼型。

中部上层建筑在甲板上跨越的长度，既要满足生活和工作舱室面积的需要，又要防止不合理的增长而影响装卸效率。从提高装卸货物效率的角度考虑，希望舱口要大，要求中部上层建筑的端壁不能过多跨越货舱的范围。通常其端壁跨越货舱壁的长度以不大于 5 m 为宜,否则将影响货舱口的尺度。中部上层建筑依船只大小一般设有 2~4 层,最下层长度要照顾到遮住机舱长度的需要,统计范围为船长的 15%~20%,并自下而上在后端逐层缩短缩窄,但其尺寸应满足舱室、艇、机舱天窗和烟囱的布置要求。

尾机型船根据机舱棚、烟囱、生活和工作舱室的布置要求,都要设置尾部上层建筑;中机型船为解决舱室布置的拥挤,也设置单层的尾甲板室。另外,个别尾机型大船因尾部驾驶视野不好,而在中部或首部另设短的上层建筑,布置驾驶人员的全部或部分舱室,上层建筑集中在机舱区段,这样布置有利于减少生活设施,节约空间和造价,方便船员的工作和生活,有利于机舱棚的布置和进出通道的安全。

客船及其他需要较大舱室的船舶,上层建筑常由中部向首尾延伸,并有一定的长度。

3. 主上层建筑的尺度和层数

主上层建筑的尺度和层数,应根据需要的舱室面积、露天上甲板面积(如运输船货舱口的安排)、艇设备布置、驾驶视野、重量和重心高度、受风面积等因素来确定。大型运输船舶,舱室面积矛盾不大。中小型船舶在这方面常有困难,这时应按"在保证船员必需的生活条件下,尽量不影响船的使用效能"的原则来处理,做到适当兼顾。

从驾驶室里驾驶员的眼睛到首端舷墙顶点引一条直线,通常把这一直线与水面的交点和首柱间的一段区域称为"盲区"。驾驶视野的要求无确切的标准。原则上按这样的标准来考虑,盲区应尽量小,以便及时发现船首附近的障碍物,采取必要的避让措施。设计时,一般参考实船资料来确定。客船的盲区长度为(0.60~0.70)L_{pp},货船及油船满载时平均盲区长度为 1.25L_{pp},压载航行时盲区长度约为 2.0L_{pp}。各船的盲区长度差别较大,盲区长度大的船舶,进出港时要采取专人瞭望的办法来补救。

上层建筑的层数与船的大小有密切关系,小船为 1~2 层,中型及大型船舶为 3~4 层,尾机型的大船考虑驾驶视野,甚至高达 5 层以上。各层自下而上在后端逐渐内缩,长度和宽度应满足舱室、艇设备、机舱棚和烟囱等的布置需要;各层高度,小船为降低重心,减小受风面积,层高常压低到 2.1 m,中型以上船舶,层高按舱室用途不同取 2.3~2.6 m。

6.3　运输船的浮态与纵倾调整

船舶在各种装载情况下的浮态(首尾吃水)对船舶的快速性、安全性、航向稳定性等有很大的影响。一般在型线设计和总体布局区划的基础上,先对船的浮态和初稳性进行校核,然后根据计算结果,调整总体布置,直到浮态满足要求为止。调整浮态的过程称为纵倾调整。

在这一节将介绍船舶在航行中对适宜浮态的要求、浮态计算及纵倾调整方法。

6.3.1　船舶浮态要求

船舶装载情况变化,船的浮态也随之发生变化。当尾吃水不足时,将使桨叶出水,使推进效率降低,引起空泡和振动;当首吃水不足时,首拍击现象严重,将引起首底破坏;而平均吃水过小,则船的受风面积增大,对稳性及航向稳定性都不利。因此,要求船舶必须有适宜的浮态。

船舶满载出港状态和空船压载状态是作为设计重点来考虑的。

1. 满载出港状态

这个状态是决定船的主要尺度和技术经济性能的状态。很明显,这一状态的平均吃水和首尾吃水比较大,螺旋桨的埋深不成问题,主要是解决适宜纵倾问题。对货船,一般要求船舶具有正浮状态,稍许的尾倾也是允许的。

2. 空船压载状态

空船时,船的平均吃水比较小,为达到适宜的平均吃水和纵倾,主要借助加压载水及其在船上的合理布置。一般希望首吃水达到(2.5%~3.0%)L_{pp},尾吃水则要求能使螺旋桨充分浸没水中。对普通杂货船,由于不具备专用压载舱,通常认为桨直径的3/4必须没入水中,对航行于大洋中的远洋货轮需要更大些。对载重量DW>20 000 t的原油船,空船加压载时的浮态必须满足《国际防止船舶造成污染公约》及其议定书中的规定。

6.3.2 浮态计算

随着设计的深入,有了总布置图、型线图、静水力曲线图、邦戎曲线图以后,就可以进行各种装载情况下的浮态计算,步骤大致如下。

(1)设计舱柜布置图。对于液体舱,包括货油舱、燃油舱、滑油舱、淡水舱、压载水舱等液体舱,结合总布置图和液体舱所需的容积进行划分,并使各舱提供的容积略大于所需容积。前已述及,燃油、淡水可布置在双层底内。如果双层底容积不够,可适当加大双层底高度,再有困难,可设深油舱及舷边舱等。压载水可根据具体情况布置在双层底、首尾尖舱、舷边舱及顶边舱等处。舱柜布置图可反映舱柜在船上的位置及几何尺寸。

(2)绘制舱容要素曲线图。由于在营运过程中,油水均可变化,因此其重量和重心随之变化。设计者应提供各液体舱柜的容积和容积形心随液面高度变化的曲线,即舱容要素曲线图。舱容要素曲线图包括各液面高度处体积V及其形心坐标X_v、Z_v,以及自由液面通过其面积形心的纵轴的惯性矩I_x,计算时液面高度Z通常从舱柜底面算起。舱容各要素的计算方法请参照船舶静力学。舱容要素曲线可用来计算各种载况时的油水装载量W_j和重心位置(X_{gj},Z_{gj}),是计算船舶浮态与稳定性的基础资料。

(3)计算各货舱载货量W_{ci}及其重心位置(X_{gi},Z_{gi})。各货舱容积及其形心的计算方法同舱容要素的计算方法一致。满载时,各货舱的载货量可根据总载货量按容积分配,也可在容积允许的范围内,根据需要来确定各货舱的载货量。载货量及其重心位置、油水量及其重心位置也有根据表示全船舱容大小及其分布的容量图来求的,容量图在现代设计中较少采用。

(4)计算人员、行李及食品等的重量和重心位置。

(5)计算空船重量和重心位置。

初步设计阶段,(4)、(5)两项重量和重心位置可用第2章所述方法结合总布置图计算。随着设计不断深入,条件具备时,空船重量和重心位置应精确计算。通常为校核初稳性,也附带算出上述各项重量的重心高度Z_{gi}。

(6)列表计算各种装载情况下的重量及重心,见表6-3。

表 6-3　各种装载情况下的重量及重心计算

序号	载重名称	重量W_i / t	力臂/m		力矩/(t·m)	
			距基线Z_{gi}	距船中X_{gi}	距基线M_{zi}	距船中M_{xi}
Ⅰ	空船					
Ⅱ	货物					
	1 号货舱					
	2 号货舱					
	…					
Ⅲ	燃油					
	1 号燃油舱					
	2 号燃油舱					
	…					
Ⅳ	滑油					
Ⅴ	淡水					
	食用水					
	炉水					
	…					
Ⅵ	食物					
Ⅶ	人员与行李					
Ⅷ	压载水					
	1 号压载舱					
	2 号压载舱					
	…					
总计		$\Delta=\sum W_i$	$Z_g=\dfrac{\sum M_{zi}}{\Delta}$	$X_{gi}=\dfrac{\sum M_{xi}}{\Delta}$	$\sum M_{zi}$	$\sum M_{xi}$

(7)计算浮态及初稳性。由船舶静力学可知,船舶纵倾值(首尾吃水差)为

$$t=d_f-d_a=\frac{\Delta(X_g-X_b)}{100M_{cm}}$$

式中:M_{cm}——每厘米纵倾力矩,可从静水力曲线上查得或按下式估算。

$$M_{cm}=\frac{\Delta R}{100L_{pp}}$$

式中:R——纵稳心半径,可从静水力曲线上查得,也可根据母型船取或按下式估算。

$$R=\frac{1}{14}\frac{C_w^2}{C_b}\frac{L_{pp}^2}{d}$$

船舶首尾吃水分别如下。

首吃水

$$d_f=d_m+\left(\frac{L_{pp}}{2}-X_f\right)\frac{t}{L_{pp}}$$

尾吃水

$$d_a = d_m - \left(\frac{L_{pp}}{2} - X_f\right)\frac{t}{L_{pp}}$$

式中：d_m——平均吃水，由排水量Δ在静水力曲线上查得；

X_f——水线面漂心纵坐标，可在静水力曲线上查得或由母型船估算。

浮态及初稳性可列表计算（表 6-4）。

表 6-4 各种装载情况的浮态及初稳性计算

序号	项目	单位	符号及公式	数值
1	排水量	t	Δ	
2	排水体积	m^3	∇	
3	平均吃水	m	d_m	
4	重心距船中	m	X_g	
5	浮心距船中	m	X_b	
6	纵倾力臂	m	$X_g - X_b$	
7	纵倾力矩	t·m	$\Delta(X_g - X_b)$	
8	每厘米纵倾力矩	t·m	M_{cm}	
9	纵倾值	m	$t = \frac{\Delta(X_g - X_b)}{100M_{cm}}$	
10	漂心距船中	m	X_f	
11	首吃水变化	m	$\Delta d_f = \left(\frac{L}{2} - X_f\right)\frac{t}{L}$	
12	尾吃水变化	m	$\Delta d_a = -\left(\frac{L}{2} - X_f\right)\frac{t}{L}$	
13	首吃水	m	$d_f = T_m + \Delta d_f$	
14	尾吃水	m	$d_a = T_m + \Delta d_a$	
15	重心距基线	m	Z_g	
16	横稳心距基线	m	$Z_M = Z_B + r$	
17	初稳心高	m	$\overline{GM_0} = Z_M - Z_g$	
18	自由液面修正值	m	$\delta\overline{GM_0} = \frac{1}{\Delta}\sum r_1 i_x$	
19	修正后初稳心高	m	$\overline{GM} = \overline{GM_0} - \delta\overline{GM_0}$	
20	横摇周期	s	$T_0 = 0.58\sqrt{\frac{B^2 + 4Z_g^2}{\overline{GM_0}}}$	

计算出船的首尾吃水以后，可根据船舶浮态要求，校核该装载情况下的浮态是否适宜。如果不符合要求，则应采取措施进行调整，直到有适宜的首尾吃水为止。

6.3.3　船舶纵倾调整

船舶纵倾调整主要解决重心纵向位置X_g与浮心纵向位置X_b二者的关系问题。当$X_g \neq X_b$且两者差异较大时，船舶浮态不符合要求。因此，纵倾调整方法的实质就是采取何种措施改变X_g和型线设计时合理选择X_b的问题。

当浮态计算出现首倾或尾倾偏大时，可用下列一种方法或几种方法配合进行调整。

1. 改变双层底内油、水舱的布置

设将某一油、水舱移动一下位置，其移动重量为W_i，移动距离X_i，则移动力矩为

$$M_{xi} = W_i \cdot X_i$$

该移动力矩M_{xi}使船的重心移动δX_g，且

$$\delta X_g = \frac{W_i}{\Delta} X_i$$

通常因双层底内某液体重量有限，所以，只有当X_g变化不大时，采取此种方法才有效，否则必须使移动距离X_i很大，而这在实际布置中往往不能实现。

2. 改变双层底以上舱室的相互位置

由于液体、货物的密度不同，相互调换双层底以上的液体舱、泵舱、压载舱、货舱的位置就可以调整重心纵向位置X_g。

设某液体舱移动一个距离X_i（向前或向后移动视需要而定），假设是液体舱与货舱位置对换，则船的重心纵向位置变化量为

$$\delta X_g = \frac{V_i}{\Delta}(\gamma_i - \gamma_c) X_i$$

式中：V_i——调整舱的容积；

$\gamma_i - \gamma_c$——调整舱内液体密度与货物密度之差。

如果液体舱液体密度大于货物密度，船的重心沿液体舱移动方向移动，否则相反。

3. 适当移动机舱位置

道理同上。如图 6-3 所示，当改变机舱位置时，船的重心变化量为

$$\delta X_g = \frac{-l_m \gamma_c \delta X_m A_c + \delta X_m W_m}{\Delta} = \frac{\delta X_m A_c l_m}{\Delta}\left(\frac{W_m}{A_c l_m} - \gamma_c\right)$$

式中：A_c——机舱横剖面面积；

l_m——机舱长度；

W_m——包括机舱上面的上层建筑在内的机舱内的所有重量；

γ_c——货物密度；

δX_m——机舱移动距离。

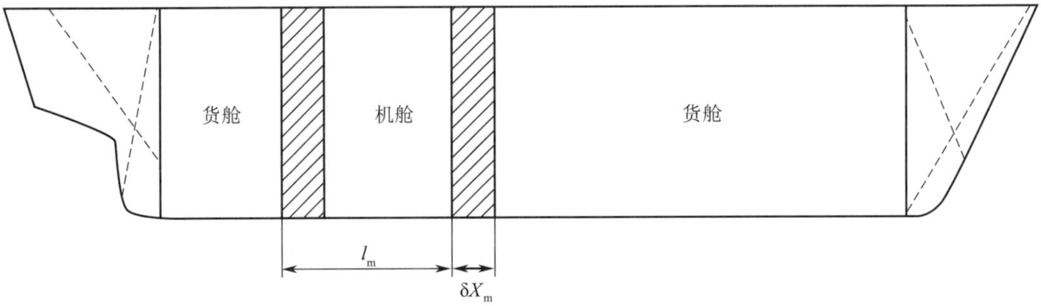

图 6-3 船舶重心变化量

一般运输船的$\frac{W_m}{A_c l_m} \ll \gamma_c$，因此，移动机舱对改变船的重心纵向位置很有效。

尾机型船如能将机舱长度压缩δl_m，则货物的重心至少能后移$\delta l_m/2$，产生的移动力矩为$\frac{\delta l_m}{2}W_c$，其中W_c为移动的货物重量。这样，船的重心后移量至少为

$$\delta X_g = \frac{\delta l_m}{2\Delta} W_c$$

可见，尾机型船机舱长度对纵倾调整影响很大，故设计时应特别注意。目前，机舱布置向立体化发展，这是缩短机舱长度很有效的方法。

4. 设置首部平衡空舱或深压载水舱

为解决尾机型船纵倾调整问题，可适当增加船长，于首部设置平衡空舱或深压载水舱。首平衡空舱起着使船的重心向后移动的作用，有助于纵倾调整。满载时该舱空着（或装少量贮备品），空载时该舱可多放些货物，配合首部压载水舱以达到必要的首吃水值。对现代大型富裕干舷的油船，由于设专用压载舱，则可通过合理布置货油舱、压载舱以及油、水舱来解决两种航行状态的纵倾调整，无须设首平衡空舱。

在首部设置深压载水舱也有利于空载时的纵倾调整，但是增加了空载时的中拱弯矩。

5. 改变浮心位置

当船舶型线图完成后，若改动浮心纵向坐标X_b，就等于重新制作型线图。所以，只有当改变布置有很大困难时，才考虑改变型线。这就要求在型线设计时，浮心纵向位置的选择不能单从快速性角度考虑，必须结合总布置的合理性和纵倾调整的需要，参考型船加以全面权衡，避免型线设计后的返工。

上述浮态计算及纵倾调整方法，对各种类型的运输船、船舶的各种装载情况都适用，是普遍的方法。应该指出，有时变动货舱及油、水舱的位置使压载状态的浮态达到要求，可能满载情况的浮态又受到影响，又需对满载情况重新计算。这样，要经过反复计算一直到各种载况都满足要求为止。另外，在调整过程中必须注意自由液面对稳性的影响。通常将所用的压载舱装满或者空着，不要采用半舱压载的办法。如果一个压载舱太大，可分成两个舱。

一般说来，可做压载舱的地方多的船，纵倾调整就容易些。半载情况更易于靠压载来调整纵倾。因为浮心随吃水减小而前移，所以只要布置时使燃油、淡水的公共重心距船中不太远，满载中途及满载到港的浮态一般不成问题。所以，纵倾调整的重点是满载出港及空船压载出港或到港的状态。

6.4 工作舱室及生活舱室的布置

在进行总布置设计时,当总体布局的区划基本完成之后,就要对上层建筑内的工作舱室及生活舱室进行划分,并对其内部进行布置;与此同时要规划全船的通道与梯口。对客船及其他一些布置型船,只有当上层建筑内的各种舱室、梯道划分布置妥当后,才能使船的总体布局最后确定下来。舱室布置对于合理地利用和分配空间,充分提高船舶有限空间的使用率,保障船舶的适用性、经济性与安全性等方面来说,都具有很重要的意义。由于船舶纵摇、横摇、振动、噪声和温度等的不利影响,再考虑到自然通风和采光的条件,船舶各个部位的舒适程度是不同的。因此,在舱室布置时,要注意方便和有利于工作及生活,减少相互干扰,注意相互协调。

6.4.1 工作舱室设置与分布

工作舱室由驾驶室、海图室、报务室、雷达室、广播室、应急发电机室、机修间、灯具间、油漆间、木工间、电工间、理货室以及各种贮物间等组成。工作舱室因船型、航线及业务性质而异。

驾驶室、海图室、报务室是船舶的主要航海部位,为便于航行中相互联系,这些工作舱室都放在同一层上。

驾驶室是船舶的指挥和控制部位,要求有良好的视野,通常驾驶室都放在上层建筑最高一层甲板(称驾驶甲板)上。确定驾驶室的高度和在船上的纵向位置时,要尽量缩短前端的盲区,为此,当船舶具有船中部上层建筑时,驾驶室都设在船中部。驾驶室的面积要满足布置航电设备和工作人员活动的需要,前后方向长度需有 2.5~3.0 m,横向一般不通到两舷,留着的驾驶甲板用于驾驶员瞭望观测。驾驶室两边设有扶梯通罗经甲板。

海图室是供存放海图并进行海图作业的场所。大型船舶的海图室一般放在驾驶室的后右侧,并有门与驾驶室相通。小型船由于面积的限制,多放在驾驶室内部。海图室的面积要满足放置海图桌、航海资料文件柜、测位仪表等物品和人员工作活动的需要,一般为 6~16 m^2。

报务室是设置无线电通信设备,进行船与船、船与陆地通信联系的工作场所。报务员担负着经常为驾驶人员提供情况的任务,所以通常把报务室放在驾驶室后左侧。室内应有良好的绝热隔音设施,要有直通露天甲板的门,以供应急之用。

雷达室是放置和操纵雷达装置的部位。雷达显示器应装在驾驶室或海图室,考虑与驾驶室联系方便和缩短雷达装置与天线的距离以及减少导波管的弯折次数,雷达室通常设在驾驶室同层和靠近雷达天线下面的区域。有些船由于面积的限制,不能单独设雷达室,而将雷达装置放在海图室内。雷达室面积主要根据设备台数、工作台大小等确定,小船为 5 m^2左右,大船为 11~20 m^2。

应急发电机室中的应急发电机用于海损后应急供电。应急发电机室要放在较安全的地带,多设在艇甲板上,并设有单独通向露天甲板的门,以保证海损时应急工作的方便。应急蓄电池室也设在该层内,亦须设通向露天甲板的出入口。

机修间供修理主辅机及各种设备配件之用,通常设在机舱区域的平台上面或其他邻近机舱便于工作的处所。

灯具间、油漆间、木工间一般都设在首楼内部,货船上也有布置在起货机平台下的。灯具间和油漆间应以钢隔壁分开,均需有良好的通风设备和直通露天甲板的出入口。

电工间多设在电匠居住舱室附近。

远洋运输船需设理货室。它是用来接待外界商务人员的舱室。考虑到接待方便而又不影响船内的工作,理货室宜放在上甲板层,并应设直通露天甲板的出入口。此外,尚有一些工作舱室,可根据该室设备特点和同型船布置的经验进行布置。例如,报务用的变流机,多放在报务室同层的变流机室内,并有通向露天甲板的门。电罗经的变流机最好放在主罗经旁的单独房间内。电罗经室应尽可能设在船的摇摆中心附近,消防用的灭火剂多存放在桅室或上甲板上专门的房间内,不可放在生活舱室区。

6.4.2 生活舱室的区划和布置

本节主要是参考《国内航行海船法定检验技术规则》(2020)和《国际航行海船法定检验技术规则(2023 年修改通报)》(以下简称《规则》)中船员舱室设备和乘客定额及舱室设备的要求,结合作者的设计实践编写的。为叙述方便,对下列名词进行定义。

(1)高级船员指船上的大副、二副、三副、大管轮、二管轮、三管轮、电机员、事务长、报务主任、报务员、医生和引水员等。

(2)普通船员指船长、轮机长和高级船员以外的其他船员。

(3)客船分为下列四类。

①第一类:航行时间在 24 小时及以上的国际航行客船。

②第二类:航行时间在 24 小时以下的国际航行客船和航行时间在 24 小时及以上的国内航行客船。

③第三类:航行时间在 4 小时以上、24 小时以下的国内航行客船。

④第四类:航行时间不超过 4 小时的国内航行客船。

1. 舱室区划

1)船员舱室

上层建筑中舒适程度较高的区域应用来布置船员住舱。通常将住舱布置在各层甲板的外侧地带,使住舱获得良好的自然通风和采光条件。船员居住位置应考虑便于各部门船员的工作,尽量靠近各部门船员的工作场所。船长、政委和驾驶部门、轮机部门的干部住舱一般放在驾驶甲板的下一层。船长的住舱应放在住舱区的右前方,使其能经常观察船首和右舷的情况;大副、二副和三副的住舱要与船长住舱靠近;轮机长和大管轮、二管轮、三管轮的住舱要互相靠近,以便加强联系,通常放到桥楼甲板的前端;其他船员住舱按其工作性质应分别靠近其工作处所。如报务员舱靠近报务室,厨工住舱要靠近厨房和餐厅,甲板部人员住舱放在起居甲板(主甲板)这一层,轮机部船员住舱放到桥楼甲板或甲板部人员住舱的对侧。远洋船的领港员室,从既有利于对外工作,又有利于船上安全来考虑,放在干部住舱附近较为合适。

2)客船的旅客舱室

客船上船员的生活舱室与旅客舱室应尽可能分成各自独立的区域。旅客舱室尽可能分级分区布置,高级客舱布置在上层建筑的上层,再逐级向下安排。公共处所,如餐厅、俱乐部等,其地位要适中,以方便各区的旅客来往。不同性质的公共处所(如热闹的、安静的)应根据它们不同的特点选择适宜的地位,避免干扰。要结合防火区、梯道的布置等考虑客舱分区,各生活区应设立独立的卫生设施。旅客舱室不应设在规则规定的不应载运乘客的处所,例如:船员居住处所及工作处所,净高不足 1.9 m 的舱室,防撞舱壁及其延伸线以前的处所,在底层货舱内及最深分舱载重线下第一层甲板以下的任何甲板间处所，在最深分舱载重线以下超过 1.2 m 的第一层甲板上的处所等。

3）公共舱室

公共舱室包括厨房、餐厅、会议室、厕所、浴室、盥洗室等公共性舱室。下面简单介绍布置这些舱室应注意的事项。

Ⅰ. 厨房、餐厅、粮食库和冷藏库的布置

（1）厨房、餐厅、粮食库和冷藏库要互相靠近，便于厨工备餐和取送食物。为此，厨房和餐厅要放到同一层甲板上，并且相互靠近。粮食库和冷藏库可设在厨房的下面。

（2）厨房、餐厅要远离厕所、浴室和病房，要有较好的自然通风和采光条件，考虑到厨房的环境，一般将它布置在上层建筑底层的后端部，餐厅布置在该层机舱棚的侧面，为扩大餐厅的面积，餐厅和机舱棚间无须留走廊。

（3）货船上一般设高级船员餐厅和普通船员餐厅，如设置有困难，可仅设一间公用餐厅。对大中型船，餐厅面积尽可能使全体船员能同时就餐。远洋船在会议室附近设配餐室，供接待客人就餐。在餐厅靠近厨房的一端要设配餐间和餐具洗涤间。餐厅面积应达到可能在餐厅同时用餐的人每人不小于 1 m^2的标准。对第一、二、三类客船，应设置乘客餐厅。

（4）厨房的面积要满足各种炉灶和设备的布置及厨工配餐操作时所必需面积的需要，不允许有经过厨房而通向其他处所的通道。在进行具体布置时，主要应从船舶上层建筑的实际情况出发，根据同型船的布置经验而定。

Ⅱ. 厕所、浴室和盥洗室的布置

（1）厕所、浴室和盥洗室（通称卫生间）的布置和设置，应避免其气味渗入邻近居住舱室、公共处所、粮食库、食品库、医务室、餐厅和厨房等处所。卫生间除一般不能在厨房之上外，也应尽量避免设在餐厅、粮食库和食品库之上。

（2）各层甲板上的卫生间应尽可能布置于同一垂直区域内，这样不仅可节省管路，而且可避免污水管路穿过住舱。

（3）驾驶甲板值班人员易于到达处所应设有卫生间。

（4）机舱出入口附近最好设卫生间，便于轮机人员换班洗澡等。

Ⅲ. 会议室、文娱和体育活动及休息处所的布置

（1）货船的会议室一般兼作接待室，最好位于交通方便、空气流通、光线好且易于瞭望的地方。以往的货船上会议室多位于桥楼甲板的前端，会议室要陈设大型可折叠的会议桌、软椅和沙发等设备。

（2）客船和客货船要设文娱室，文娱室应位于全船旅客容易接近的地方。纯货船不必专设文娱室。

（3）对大型远洋货船可设乒乓球室。乒乓球室一般放在主甲板这一层的尾甲板室或其他较宽敞的地方。

（4）每艘油船及类似船舶应设有一间吸烟室。

（5）大型客船、旅游船上通常设有放映室和游泳池等。

2. 舱室内部布置

生活舱室的内部布置，要结合舱室的尺寸、形状、位置、室内的设备等具体情况，参考实船资料进行设计。在设计过程中，多听使用部门的意见，对搞好舱室内部布置是很重要的。

下面仅做几点原则说明。

(1)公共舱室,如会议室,应力求庄重、质朴、大方;餐厅要宽敞、明亮、轻快、整洁;俱乐部或其他娱乐场所应健康、轻松、热烈、愉快;阅览室、休息室要安静、素雅。对大的公共舱室,如客船的餐厅,布置上最好形成小的"区块"(如用屏风加以适当分隔),以免给人低沉感,还应注意内部要有宽敞方便的通道。

(2)居住舱室应适用、安静、舒适、亲切。高大的家具最好布置在隐蔽的角落里,以免给人以拥挤之感,各种家具的相互位置要考虑使用方便,注意利用自然光,方便清扫。

(3)对于居住舱室,应首先确定床铺的位置,在海洋客船上要尽可能纵向安放,以满足航行时的舒适要求。为充分利用空间也有采用横向布置的,或纵向、横向布置结合的。设有长沙发的舱室,床铺和沙发纵横结合,在遇风浪时可调换使用。其他家具,应以空间来衡量家具的地位,切忌过多、过大,阻塞空间。布置时要将功能相当的家具与物品组织在一起,形成不同的功能角落,以求统一、协调,避免杂乱无章。

应为每个船员设置独用的床,床的最小尺寸为 1 980 mm × 800 mm,每张床铺的床沿至少有一条无阻挡的通道。当室内有两张单人床铺时,床距应不小于 750 mm,当室内有两张双人床时,床距应不小于 900 mm。

客舱的净高度,即自舱室地板上表面向上量至天花板下表面的垂直距离,若无天花板,则为量至横梁下缘的垂直距离,对第一、二类客船应不小于 2.1 m;对第三、四类客船应不小于 2.0 m;对设置单层铺的客舱,应不小于 1.9 m。

(4)海船上居住舱室的门都设在内舷围壁上且向室内开。通向露天走廊的门则向外开。根据建造规范的要求,上层建筑的底层要设置水密门。大的公共处所应有两个出口,相互距离应远些,门应向外开或用双摇门,以利于安全。

(5)海船各部位的窗的形式,应根据建造规范、分舱与破舱稳性规范、载重线规范及有关规范的规定选取。

3. 船员及旅客舱室的面积和设备标准

为了保证船员的必要生活条件和旅客的安全舒适,我国船舶检验局对船员舱室设备及乘客定额和舱室设备进行了规定并提出了有关要求。这些规定和要求对方便设计与建造,提高经济效益都是大有好处的。应该提到,实际上,由于各船的大小、航线、用途、乘员人数等不同,实船可能达到的标准各不相同。对于生活舱室区划和布置及设备标准,可根据设计船的具体情况执行,并可参考近期设计建造的母型船。

1)居住舱室

Ⅰ. 船员居住舱室

不少国家有政府颁布的或海员工会拟定的船员舱室、公共舱室及生活设施的最低标准。我国船舶检验局制定的有关规定符合国际上的有关要求。

(1)船员居住舱室每室人数、甲板面积标准如下。

①普通船员卧室的最高定员,除客船为四人一间外,其他船舶一般为两人一间。

②高级船员卧室一般为一人一间。

③等于或大于 3 000 总吨的船舶,如有可能,应为轮机长和大副提供一间与卧室相邻的会客室或工作室。

④船员卧室的甲板面积应不小于表 6-5 的规定。

表 6-5　船员卧室的甲板面积

船员级别	甲板面积/(m^2 /人)		
	1 000 t≤船舶吨位＜ 3 000 t	30 00 t≤船舶吨位＜ 10 000 t	船舶吨位≥10 000 t
普通船员(单人间)	3.75	4.25	4.75
普通船员(双人间)	2.75	3.25	3.75
高级船员	6.5	7.5	
客船普通船员	2.35	3.75(单人间) 3.00(双人间) 3.00(三人间) 3.00(四人间)	

(2)船员住室主要家具和设备配置标准:每一卧室应配备一张桌子或写字台、一面镜子、一个存放盥洗用品的小柜(设有独立卫生间者免)、一个书架、舒适的座椅或沙发和适当数量的衣帽钩。

Ⅱ. 客居住舱室

(1)各类客船根据营运需要,可分别设置下列几种客舱。

①卧席客舱:一等客舱,为单层软席卧铺,每一房间不超过 2 人;二等客舱,为单层或双层软席卧铺,每一房间不超过 4 人;三等客舱,为双层硬席卧铺,每一房间一般不超过 8 人;四等客舱,为双层硬席卧铺,每一房间一般不超过 50 人;五等客舱,为双层硬席卧铺,每一房间一般不超过 100 人。

②座席客舱:软座席客舱;硬座席客舱。

(2)各类客船不同等级客舱每位乘客的最小居住甲板面积应不小于表 6-6 的规定。

表 6-6　各类客船不同等级客舱每位乘客的最小甲板居住面积

客船种类	甲板面积/ m^2						
	一等客舱	二等客舱	三等客舱	四等客舱	五等客舱	软座席客舱	硬座席客舱
第一类客船	4.5	3.0	1.7	1.2	—	—	—
第二类客船	3.5	2.2	1.4	1.2	1.2	—	—
第三类客船	3.0	1.7	1.3	1.1	1.1	—	—
第四类客船	—	—	1.2	1.05	1.05	0.5 ×0.45	0.5 ×0.45

(3)各类客船应设有乘客的游步甲板,游步甲板包括所有可以允许到达而不影响船员工作的露天甲板及舷侧的外通道,但不包括货舱口及距救生艇、筏周围 2 m 以内的处所。

2)公共处所及服务处所

《规则》对公共处所及服务处所,例如餐厅、厨房、卫生设备、粮食库和食物库、休息室和娱乐室、医务室、行李舱和卧具室等处所的面积、设施等也做了规定,这里仅就主要舱室做简要介绍,其他舱室可查阅《规则》。

Ⅰ. 餐厅

船员餐厅应配足供最大数量的船员同时进餐用的餐桌和座椅,餐桌的长度和宽度在前面已介绍过，在第一、二、三类客船上应设置乘客餐厅，乘客餐厅所能容纳进餐的乘客人数及每位乘客所占的甲板面积应不小于表 6-7 的规定。

表 6-7 乘客餐厅所能容纳进餐的人数及每位乘客所占的甲板面积具体要求

客船种类	每批进餐乘客占总乘客人数的比例/%	平均每位乘客应占的甲板面积/ m^2
第一类客船	40	1.0
第二类客船	25	0.8
第三类客船	20	0.8

Ⅱ. 厨房

在第一、二、三类客船上，应设置为乘客服务的厨房。第二、三类客船的乘客厨房，可以和船员厨房合并设置。厨房的面积应根据客船类别、乘客人数及服务制度而定。设置的炉灶、蒸饭锅及其他设备，应适合船舶计划载运乘客的最高额。炉灶前面的通道宽度至少应为 1 m，工作台和厨房其他设备前面的通道宽度至少为 0.8 m。

Ⅲ. 卫生设备

（1）等于或大于 5 000 总吨，但小于 15 000 总吨的船舶，至少应在 5 个高级船员的独用卧室内设置分隔的独用卫生间，其内应配有 1 个抽水大便器、1 个浴缸或淋浴器以及 1 个有冷热淡水龙头的洗脸盆。

（2）等于或大于 10 000 总吨，但小于 15 000 总吨的船舶，除应符合（1）的规定外，还应为其他的高级船员卧室设置与（1）规定相同的或两间卧室合用的内部相通的卫生间。

（3）等于或大于 15 000 总吨的船舶，每个高级船员的卧室应设置分隔的独用卫生间，其内的设备与（1）的规定相同。

（4）除客船外，等于或大于 25 000 总吨的船舶，每两个普通船员应有一间卫生间。该卫生间可设在两卧室之间并与卧室相通的间隔舱内，也可设在卧室的对面。卫生间内应配有 1 个抽水大便器、1 个浴缸或淋浴器以及 1 个有冷热淡水龙头的洗脸盆。

（5）每艘船如不能按（1）~（4）的要求配备卫生设备，则应为高级船员和普通船员在适宜的部位，按每 6 人或少于 6 人至少设 1 个抽水大便器、1 个浴缸或淋浴器，抽水大便器的配备量应满足如下规定：

①等于或大于 1 000 总吨，但小于 3 000 总吨的船舶，抽水大便器至少为 4 个；

②等于或大于 3 000 总吨的船舶，抽水大便器至少为 6 个。

（6）除客船外，等于或大于 5 000 总吨的船舶，对未设有卫生间的船员卧室，应在其内设置 1 个有冷热淡水龙头的洗脸盆。

（7）对等于或大于 1 600 总吨的船舶，应在驾驶甲板值班人员易于到达的处所和机舱人员易于到达的处所设置独立的卫生间。

（8）客船客舱除舱室内专用厕所外，尚应根据乘客人数（客舱内已设有大便器的，乘客人数不计在内）设置供乘客公用的男女厕所。

厕所中大便器所占面积应不小于 0.8 m^2，男厕所中小便器的间距应不小于 0.6 m。设置单独大便器的厕所的最小尺度应符合 1 000 mm × 800 mm 的规定。

乘客公共盥洗室水龙头的数目按乘客人数确定，如果第一、二、三类客船的舱室内设有盥洗盆，则该舱室内的乘客可不计入。乘客不超过 100 人者，每 20 人应设冷热淡水龙头各 1 个，但总数不少于各 2 个；乘客超过 100 人者，每超过 40 人应加设冷热淡水龙头各 1 个。

Ⅳ. 医务室

船员人数满 15 人，且航行时间超过 3 天的任何船舶，应设置医务室。医务室应设有专用卫生间，医务室不能做非医疗目的使用。医务室应设在适当的部位，其出入通道、床位及照明、通风、取暖、供水设施的布置应使病员居住舒适、便于治疗和护理。医务室应设有病房，病房至少应设置 1 张病床。在不配备医生的船上，应备有一个储存药品和其他医疗用具的、通风良好的医药柜。

《规则》还对其他公共处所及服务处所的面积、设施等做了规定，需要时可查阅《规则》。

6.4.3　通道、出入口与扶梯的布置

船舶上层建筑内各生活区、各工作处所、各层甲板及平台间，是通过通道和扶梯有机地组合在一起的。船舶是海上建筑物，而且其空间地位有限，因此，梯道设计应该满足实用、方便、安全、轻便的要求，尤其要满足《规则》的有关要求。

1. 通道、出入口与扶梯的布置要求

（1）各舱室的船员、乘客易于从其居住舱室进出。

（2）各舱室的船员、乘客易于到达露天甲板。

（3）遇有紧急情况，各舱室的船员、乘客易于到达救生艇登乘甲板。

2. 各种通道宽度要求

除客船外，船上各种通道的最小净宽度应不小于 0.8 m，客船上各种通道的最小净宽度应不小于表 6-8 中的数值。

表 6-8　客船上各种通道的最小净宽度

项目	最小净宽度/m	
	第一、二类客船	第三、四类客船
露天甲板两舷外通道	1.2	1.0
客舱通往露天甲板通道	1.0	1.0
客舱内通道（50 人及以下）	0.8	0.8
客舱内通道（50 人以上）	1.0	1.0
乘客铺位之间的通道	0.8	0.8
乘客座椅之间的通道 当同向而坐时 当对向而坐时	—	0.5 0.75

3. 出入口布置

卧室的门应向内开；通往开敞甲板的门应向外开，但驾驶室通向露天甲板的门应为移门；梯道的门应为自闭式门；餐厅、会议室、休息室和吸烟室的门应向外开或为两面均可开关的活动门。

位于围蔽处所内的客舱,应沿着有两个出入口通向露天甲板的通道布置,通道的最小宽度应符合要求。当客舱内的乘客人数超过 12 人时,该舱室至少应有两个出入口通向上述通道或直接通向开敞甲板。

上甲板以下的客舱通向露天甲板的出入口,应设置在上层建筑或甲板室内的通道处;如出入口直接通向露天甲板,则应在出入口处设围蔽室(老虎罩),该围蔽室的出入口应朝向船尾,其净高度不得低于 1.85 m。

所有出入口处门的宽度应与通道或扶梯的宽度相适应,在任何情况下客舱门的宽度应不小于 0.6 m,座席客舱门的宽度应不小于 0.8 m。除非客舱设有可供紧急逃生用的窗口,否则该舱室的门应带有应急逃口(在门的下半部),逃口的尺寸应不小于 350 mm × 450 mm。餐厅及公共舱室门的宽度应不小于 0.8 m。

消防方面的要求:只有一个脱险通道的走廊或走廊的一部分,长度不可超过 7 m。

4. 梯道布置

船上竖向各层甲板间应设内部梯道。扶梯应为钢质结构。船员居住区内扶梯最大倾角(与地面夹角)不得超过 60°,除客船外,梯宽不得小于 0.8 m,梯踏步的垂向间距应不大于 0.25 m,梯踏步深度应不小于 0.173 m。扶梯的高度大于 1 m 时,应该有扶手。

由固定舱壁所围蔽的每个乘客居住处所应设置供乘客上下的扶梯,扶梯数及宽度应按该处所乘客人数确定,并应按上下两层甲板中载客较多的一层甲板的乘客人数配置。

客船扶梯的倾角(与地板的夹角)一般应不大于 45°,经船检局同意,可放宽到 50°,扶梯踏步的垂直间距应不大于 0.25 m,踏步的深度应不小于 0.25 m。当扶梯的高度大于 1 m 时,应设有扶手。

只有少数人使用的扶梯可以窄些、陡些,甚至用直梯来节省空间。扶梯应尽可能纵向布置,这样有利于横摇时的安全。各层甲板间的梯道,最好重叠布置,货舱及油船的泵舱可设竖向垂直的爬梯,货油舱则采用竖梯和斜梯混合的形式。

6.5 船舶设备的布置

为了满足船舶在航行和操作中的各种要求,船上还应配置各种必要的设备,诸如锚泊和系泊设备、救生设备、操纵设备、信号设备、起货设备、消防设备等,还有在拖轮上的拖曳设备、渔船上的捕捞设备等。具体设计时,船舶设备的选型与配置需参考有关著作和资料以及我国海事局的有关规范、规则。这里只就货船的锚泊及系泊设备、救生设备、操纵设备、信号设备等主要设备的布置做简略的介绍。

6.5.1 锚泊及系泊设备的布置

舾装数N按下式计算:

$$N = \Delta^{\frac{2}{3}} + 2Bh + \frac{A}{10}$$

式中:Δ——夏季载重线下的型排水量,t;

B——船宽,m;

h——船中部的夏季干舷加上上层建筑的高度和各层宽度大于$B/4$的甲板室高度的总和,m;

A——船长L_{pp}范围内夏季载重水线以上的船体部分和上层建筑以及各层宽度大于$B/4$的甲板室的侧投影面积的总和,m^2。

内河船也有相应的舾装数公式,这里不再赘述。

选定有关设备后,就可参考相近母型船,初步布置锚泊和系泊设备。

1. 锚泊设备的布置

锚泊设备由锚、锚链、锚链舱、锚链管、锚链筒、弃链器、掣链器和起锚机组成。

布置锚泊设备时需考虑以下问题。

(1)注意使锚泊设备与首部系泊设备相互配合,防止产生干扰。

(2)锚链舱、锚链管、起锚机链轮、锚链筒的相互位置正确,保证收放锚链时能正常工作。

(3)掣链器靠近锚链筒,以减少锚链工作长度。

(4)弃链器的操纵部位放到锚链舱外易于迅速到达的地方,以便在应急的情况下能迅速操纵弃链器予以解脱。

(5)采用陡削式的锚链筒能使锚链处于受拉的工作状态,根据出口处船体型线选择适当的角(锚链筒中心线与铅直线间夹角,一般为 35°~45°),并设计出合适的弧形唇,以使锚爪贴紧铅壳。

(6)锚链筒在首楼甲板上的开口中心线间距由起锚机链轮间距确定。锚链筒中心线在甲板上的水平投影线与船中心线的夹角α=5°~15°,以不大于 20° 为宜。因为α大造成锚链筒外偏度大,使锚链收放困难。

近年来大型货船,特别是油船,因船宽和吃水比增加,并且有的装有球鼻首,故常发生在收放锚时撞击球鼻首的现象。为防止收放锚时撞击球鼻首,并且保证锚链筒处于适宜角度,就需要加大甲板上开口的间距并提高在船壳板上出口的高度,所以通常设两台锚机。

(7)锚链筒内径和实长必须满足除容纳锚链链径外尚有余隙,容纳锚杆和连接锚这一端的转环尚有裕度。锚链筒的最短长度在设计初始阶段可参照同型船初步确定,最后通过绘展开图进行实际检查。

(8)航行时锚不得低于首波,锚爪不高于船体折角线,在收藏位置时能抗浪击。

2. 系泊设备的布置

系泊设备通常由缆索(拖索、系船索)、导缆器(导缆孔、导缆钳、滚轮导缆器、导向滚轮等)、系缆桩(带缆桩)、绞缆机、缆索卷车等组成。

系船索、拖索的规格和数量根据舾装数N的大小来配备。系缆桩尺寸(直径)一般可根据缆索直径从标准中选取,系缆桩的数量可根据实船使用经验确定,排水量在 40 000 t 以内的船可参照表 6-9。

表 6-9　系缆桩的统计数量

区域	排水量/t					
	126~300	301~1 000	1 001~3 000	3 001~7 500	7 501~28 000	28 001~42 000
首端/个	2	4	4	4	4	6

续表

区域	排水量/t					
	126~300	301~1 000	1 001~3 000	3 001~7 500	7 501~28 000	28 001~42 000
船中间部分/个	2	2	4	6	8	10
尾端/个	2	4	4	4	4	6

导缆器中的无滚轮导缆钳多用于小型船舶，滚轮导缆钳可减少缆索的磨损，多用于大、中型船舶。导缆钳圆唇直径或滚轮直径至少应为船舶配备的最大钢丝绳直径的 5.5 倍，以防缆索断损。

系缆绞车，首部用起锚机代替；中部，干货船用起货机代替，油船须设一定数量的绞车；尾部要设绞车。

布置船舶系泊设备通常都与锚泊设备以及拖带装置一起综合考虑，应满足以下几方面的要求。

（1）系泊设备一般均为左右舷对称布置，以保证船舶两舷都能系靠。

（2）布置时要处理好绞车、带缆桩、导缆孔、导向柱相互间的位置，以便系缆时能发挥它们各自的作用。绞车的位置要照顾多数带缆桩的需要，充分发挥其作用；导向柱的位置要保证绞车滚轮的正常工作；带缆桩的位置不能妨碍缆索的收放等。

（3）船首尾部要各设一对兼作拖轮用的大型带缆桩。船首部要放在锚机前外侧；尾部要放在绞车的后方。首桩处老鹰板两侧各设一具三滚轮导缆钳，其中心线尽量与起锚机滚轮中心对准。供系缆用的带缆桩靠两舷安放于起锚机的两侧或后方。船首尾尚需布设拖带缆绳的发射器。尾部供系缆用的带缆桩放在绞车两侧的前后方。

（4）带缆桩要靠近导缆孔（或导缆器），间距通常为 1.5~2.5 m。带缆桩距舷墙不小于 0.5 m，在周围 1 m 范围内不要有任何障碍物。通常在带缆桩的前后配备一个或一对导缆孔（或导缆器）。

（5）缆索卷车应放在便于收藏缆索和不影响船上交通的地方，通常可放在首部的后端和尾部的前端。

6.5.2 救生设备的布置

救生设备由救生艇、救助艇、救生筏（气胀式救生筏、可吊式气胀救生筏）、个人救生设备（救生圈、救生衣、浸水保温服等）、弹抛器具、通信设备（救生艇（筏）用手提无线电设备、救助艇用无线电报装置、救生艇（筏）用应急无线电示位标、双向无线电话设备等）、遇险火焰信号以及艇筏的登乘及降落装置等组成。

救生设备可根据《船舶与海上设施法定检验规则》中的“救生设备”相关内容，按船的航区、船的类型、船上总人数及船的长度等来确定。内河船救生设备也有相应的规范。

确定了救生设备的配备定额后，结合布置地位，从救生艇（筏）等标准中，选择救生艇（筏）的规格及数量。表 6-10 给出救生艇尺度及容纳人数，供设计时参考。

表 6-10　救生艇尺度及容纳人数

艇长/m	艇宽/m	艇深/m	容纳人数/个
9.0	3.0	1.20	70
8.5	2.8	1.15	60
8.0	2.6	1.10	50
7.5	2.45	1.00	40
7.0	2.25	0.90	30

在布置救生设备时,应注意以下几个问题。

(1)救生艇和要求备有降落装置的救生筏,应存放在尽可能靠近起居和服务处所的地方。

(2)集合和登乘站均应设在容易从起居和工作区域到达的地方。

(3)集合站应设在紧靠登乘站处。每个集合站应有足够的场地,以容纳指定在站集合的所有人员。

(4)救生艇(筏)的存放,在安全和可行的情况下尽可能靠近水面,同时,当满载船舶在不利纵倾情况下向任一舷横倾达 20° 或横倾到船舶露天甲板的边缘浸入水中的角度(以两者中较小角度为准)时,在登乘位置的救生艇(筏)应离水线不少于 2 m。

(5)顺船舷降落的救生艇应存放在船舶推进器之前尽量远的地方。在 80 m< L <120 m 的货船上,每艘救生艇的存放,应使救生艇尾端在船舶推进器之前的距离至少为该救生艇的长度。在L >120 m 的货船和L >80 m 的客船上,每艘救生艇的存放,应使救生艇尾端在船舶推进器之前的距离至少为该救生艇长度的 1.5 倍,防止艇落到水中后被推进器水流吸入。

6.5.3　操纵设备的布置

船的操纵设备主要是舵。依舵面积沿舵轴前后的分布,舵分为平衡舵、半平衡舵、非平衡舵;依舵在船尾的支承形式,分为双支承舵、悬挂舵和半悬挂舵;依舵的翼型,分为平板舵、普通流线型舵和反应舵等。

舵的形式和船尾形状有关,对具有尾框(但无舵柱)的巡洋舰尾的单桨船,多采用有舵轴和有两个舵销的平衡舵;对双桨巡洋舰尾船,可采用半悬挂舵;对方形尾船,多采用悬挂舵等。目前设计和建造的单桨巡洋舰尾的运输船多采用有舵轴或有两个舵销的普通流线型(或整流型)平衡舵。

舵面积要根据机动性能要求而定,大多按现有船舶的一般使用经验选择舵面积。对机动性能要求高的船,舵的面积要大。在进行型线设计确定船尾轮廓形状的时候,除了要考虑螺旋桨和船体间的关系,也要考虑舵的尺度对船体尾形和螺旋桨的影响,舵的面积可按下式估算:

$$S = \mu LT$$

式中:L——船的水线长度,m;

T——船的设计吃水,m;

μ——舵面积系数,对单桨海船μ =1.6%~1.9%,对双桨海船μ =1.5%~2.1%。μ的范围较大,设计时可分析优良的同型船的μ数值加以选定。

舵的展舷比λ,即舵高与舵宽之比,对于货船,其平均范围为 1.82~2.0。

舵数目的选择除与操纵性要求有关外,也与船尾形状、螺旋桨的数目有关。从经济性考虑,除为满足特殊要求和受特殊限制外,总取最少数量的舵。绝大多数海上运输船都使用单舵。从生命力方面考虑,军舰常使用双舵或多舵。

舵的位置、舵与螺旋桨的配合以及与船尾的关系,对舵效都有影响。单桨单舵船必须把舵放在螺旋桨的直后方;双桨单舵船应把舵放在两个螺旋桨后方船尾中线处;双桨双舵船则把舵各自放到桨的后方。为了利用螺旋桨尾流对舵的有利影响,二者必须保持适当间隙。此外,必须考虑当舵转至最大舵角时,能把螺旋桨整流帽取下来和拆除螺旋桨时二者间的距离;舵的高度要考虑在舵轴上端的垂直法兰上缘与船体之间留有足够的间隙。这个间隙要满足"当把舵轴提升后,舵轴的下端能脱离尾柱托"这个提升高度的要求。

舵的外缘尽量置于船体最外轮廓以内,以防止其他障碍物碰损舵板;对从阻力性能的要求来看,船尾轮廓须埋入水线以下较深的型线,且舵不宜过高,此时可改变展舷比或在展舷比不变的情况下,适当地改变舵板形状。

6.5.4 信号设备的布置

《国内航行海船法定检验技术规则》第四篇第 8 章"信号设备",对海船的信号设备做出规定。信号设备包括号灯、闪光灯、号型与号旗及声响信号器具等。在布置图上需结合桅墙设备的布置一并考虑。

1. 桅灯

总长大于或等于 50 m 的机动船,应设置前后桅灯;长度大于或等于 20 m 但小于 50 m 的机动船,只设一盏桅灯。桅灯安装位置要求为,前桅灯在船体以上的高度应不小于 6 m,如船宽大于 6 m,则灯高应不小于船宽,但不必大于 12 m;长度为 12 m 或 12 m 以上但小于 20 m 的机动船,前桅灯在舷缘以上的高度应不小于 2.5 m。前桅灯应装在船舶纵中剖面上,离船首不大于 1/4 船长。后桅灯应高于前桅灯至少 4.5 m,并且也应装在船舶纵中剖面上。前、后桅灯的水平距离应不小于船长的 1/2,但不必大于 100 m。

2. 舷灯

机动船的舷灯在船体以上的高度,应不超过前桅灯高度的 3/4,但不应低到受甲板灯光的干扰,长度大于或等于 20 m 的机动船的舷灯,不应装设在前桅灯的前面,应装设在航侧或接近舷侧处。

3. 尾灯

尾灯应安装在尽可能接近船尾处,通常装在尾楼甲板后壁或尾部甲板栏杆上。

4. 锚灯

如设一盏锚灯,应安装在船舶的前部。当装设两盏锚灯时,前锚灯应高于后锚灯,且高出的高度不小于 4.5 m。长度大于或等于 50 m 的船舶,前锚灯应装设在船体以上高度不小于 6 m 处,后锚灯应安装在船尾或接近船尾处。

另外,还有失控灯、拖带灯等,可按《规则》设置安装。

6.5.5 其他

除上述设备外,船上还有通风设备、消防设备等,布置时也要加以考虑。

1. 通风设备

货舱按具体情况，采用自然通风或机械通风，或两者结合，杂货船多采用机械通风。生活舱室和工作舱室，采用自然通风、机械通风或空调，常按任务书要求而定。通风筒的位置、规格，通风管的尺寸及路线，影响船体结构和通风效果，也影响安全，设计时要考虑合理性和有关规范的规定。

2. 消防设备

消防设备应按照建造规范消防设备部分的规定配置和布置。规范规定固定消防系统的站室、消防泵、灭火剂容器及其他装置均不得布置在防撞舱壁之前；各种固定消防系统的站室或集中控制箱，应设在易于到达的处所，且不致为被保护处所的火灾所隔断等。

第 7 章　船型技术经济分析及论证

7.1　概述

运输船舶是一种建造复杂、投资大、使用期长的水运工具。在现代船舶设计中，尤其是对于民用运输船舶，不仅要使设计船满足使用要求，具有良好的技术性能，还应该对船舶的经济性能给予充分的重视。设计建造一艘新船时，为完成给定的运输任务，在技术上可以采用不同的船型技术方案，而不同技术方案的经济效果不相同。通过对各个技术方案进行经济效果评价，可以选择出技术性能先进可靠、营运经济性能最佳的设计方案。反之，如果在设计过程中片面追求技术指标的先进性，而忽略船舶的经济性，将会导致设计方案的不合理，造成船舶营运中经济上的失策。这种船型设计失败的案例在我国的船舶设计实践中是存在的。

我国在 20 世纪 70 年代初设计建造的十余艘“长字型”沿海客货船，主要航行于申—连及申—青航线，是我国沿海客运的主力船型之一。但营运实践表明，该船型每年亏损较严重，经分析主要原因有以下几方面：①从该船型的平均成本结构看，与造价有关的成本（折旧费和修理费）及燃料费三项开支在总成本中所占份额高达 70%~80%；②申—连、申—青航线上航次平均货运量分别为 1 078 t 和 352 t，所需舱容远低于该型船的实有能力，既亏载又亏舱；③按班期要求，选用的航速偏高，致使配备的主机功率过大，使船舶造价升高及燃油消耗过大。基于以上分析，结合航线的实际要求，在设计建造新一代的 5 000 t 级客货船型时，对上述问题做了改进。

在实际营运中，5 000 t 级船型航次收入仅较“长字型”少约 9%，而航次总成本却要低 27%，其中燃料费降低约 33%，折旧费及修理费降低约 29%，由于造价及燃料费的降低，在满足同样客运要求的条件下，5 000 t 级船型的经济性明显好转，基本做到扭亏为盈。

船舶经济性包括单船经济性、船队经济性和运输系统经济性。船队经济性分析包括船型、吨级、航速、船舶艘数、新船购置与旧船淘汰、船舶与港口航道的关联等方面的论证与分析。船队中单船经济性和船队总投资效果是评价船队建设方案最主要的依据。运输系统，如我国沿海煤炭港口海运系统，其经济性涉及港口、航道、船舶、货源等诸方面的经济性问题，船舶在这个系统中只是一个环节。这时，单船经济性的分析与论证应与水运系统的经济性协调配合。不过，对单船经济性的研究和掌握是船队经济性和运输系统经济性分析的基础。

分析单船经济性时，涉及船舶的造价、年营运开支、年营运收入以及评价船型方案的经济指标等几个方面，本章将对这些内容予以介绍。在上述内容的基础上，就可以着手对船型方案进行技术经济论证和分析。

船型技术经济论证就是依据使用任务要求，从船型技术性能、经济性能、营运环境、公约和规范、技术政策等方面，对设计方案进行论证分析、选优和试验研究，对可行方案依据评价指标进行综合分析，选择在满足技术性能要求前提下经济性能最佳的设计方案，使船舶获得良好的营运经济效益。

另外,设计技术任务书是船舶设计的依据,其中的各项规定和要求,对设计船技术性能和经济性能有很大影响。如果设计技术任务书中的一些主要技术性能参数确定得不合理,造成的不良技术与经济后果很难在后续设计中补救。因此,编制船舶设计技术任务书是船舶设计中的一项重要工作。一般来说,船舶设计技术任务书是在船舶技术经济论证基础上编制的。

船型技术经济论证主要包括调查研究,论证方案的设立,船型方案技术、营运及经济计算分析,船型选优决策和敏感性分析等基本内容。本章将对上述内容做简要介绍。

7.2　船价估算

船舶造价即船价,是船舶技术经济分析的重要项目,其准确性和可靠性对船舶的经济性影响很大。船价是指造船厂设计、建造一艘船舶所花费的总投资,它由造船成本、利润、税金、保险费、佣金、回扣、贷款利息和其他费用等组成,其中最主要的是造船成本,它是船价的基础。

船价估算是一项相当复杂的工作,它不仅涉及船舶设计、建造中的一些技术参数,而且还与经营、财政、政治等因素有关,涉及经济学、成本会计、计划与生产控制、船厂管理等方面。因此,全世界主要造船国家中,没有一个估算船价的标准方法,同样也无法对这些估算方法的可靠程度进行比较。即使是同一个国家的两家船厂,在估算总的劳动生产率和成本时,所采用的方法也不尽相同,各船厂的劳动生产率和其他成本均不相同。另外,各船厂对于诸如动力装置和舾装设备都包括哪些具体内容,在概念上也存在差异,例如:舾装或动力推进系统中的部件,在组合件中的预装程度;船舶下水后码头安装的工作量及工艺水平;电工、铜工、轮机及其他车间能提供合格的舾装和推进装置预制件的能力;转包给外厂舾装件的数量等方面。因此,较难确定一个统一的计算方法。

7.2.1　船价组成

船价是船舶建造成本及产品销售过程中,中间环节和流通环节所发生的一切费用的总值。在组成船价的各项目中,除造船成本为船厂直接与间接发生的费用外,利润、税金、保险费、佣金、回扣等费用按船价(或成本)的规定百分比计算。

1. 造船成本

造船成本组成的分类习惯虽然不尽相同,但分类原则基本上都是按原材料、配套设备、劳务、管理等费用划分的。不同类型、不同技术要求和不同标准的船舶,其成本组成的比例各不相同。一般干货船的造船成本占总建造费用的 89%~93%。

2. 利润

利润分为生产利润和销售利润。

我国造船厂的利润一般规定为船价的 6%,近年来由于造船市场各种因素的影响,有的取船价的 4.5%或成本的 5%。

3. 税金

税金包括销售税、增值税、进口税和出口税等。

我国造船厂的税金一般定为船价的 5%。近年来,由于税种增多,有的船已超过 5%,或者取成本的 6%(未计进出口税)。

4. 保险费

船舶建造保险费因建造船舶的种类、大小、建造周期、船厂的技术及管理水平不同而异，一般由基本保险费和工期保险费两部分组成。

基本保险费费率：0.3%~0.4%。

工期保险费费率：(0.03%~0.04%)/月。

5. 佣金、回扣

佣金、回扣一般按议定的标准数按成本价计算。

6. 贷款利息

贷款利息受付款方式、建造资金来源等影响。贷款利息与贷款额、利率、交货期、财务安排条件以及材料设备采购的到货和支出相关。

7. 其他费用

其他费用包括由信贷风险、汇率风险引起的费用以及其他不可预见的费用。

7.2.2 造船成本

由于国别和地域工业水平、配套能力、管理方法和水平的差异，造船成本组成比例和项目分类各有不同。按照国内外的分类习惯，造船成本组成详细分项如下。

1. 国内造船成本组成及其项目

国内造船成本包括船体成本、轮机成本、舾装成本、电气成本、属具和备品成本、生产专用费及其他费用等，如图 7-1 所示。

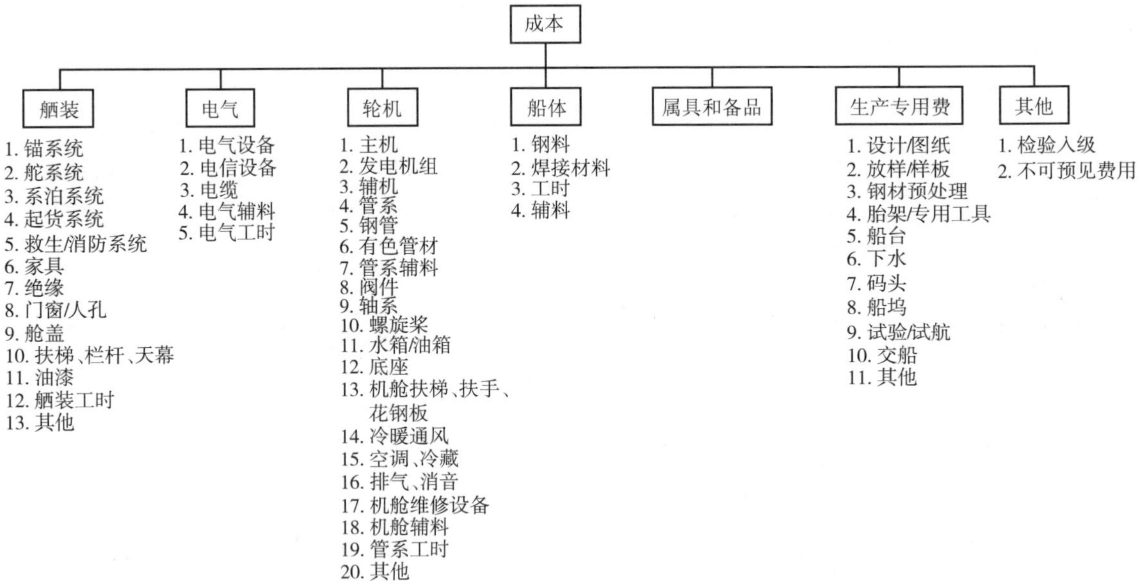

图 7-1 国内造船成本

1)船体成本

船体成本主要由四部分组成，分别是钢料、焊接材料、工时、辅料的费用。

2）轮机成本

轮机成本主要包括主机，发电机组，辅机，管系，钢管，有色管材，管系辅料，阀件，轴系，螺旋桨，水箱/油箱，底座，机舱扶梯、扶手、花钢板，冷暖通风，空调、冷藏，排气、消音，机舱维修设备，机舱辅料，管系工时等的费用。

3）舾装成本

舾装成本主要包括锚系统，舵系统，系泊系统，起货系统，救生/消防系统，扶梯、栏杆、天幕，门窗/人孔，舱盖，家具，绝缘，油漆，舾装工时等的费用。

4）电气成本

电气成本主要包括电气设备、电信设备、电缆、电气辅料、电气工时等的费用。

5）属具和备品成本

属具和备品成本是根据需要添置的属具和备品的成本。

6）生产专用费

生产专用费主要包括下列各项：设计/图纸费，船体放样/样板费，钢材预处理费，胎架/专用工具费，船台费，下水费，船坞费，码头费，试验/试航费，交船费等。

7）其他费用

其他费用主要包括检验入级、不可预见费用等，其中不可预见费一般为船价的 1%~3%。

2. 国外造船成本组成及其项目

国外造船成本包括直接成本和间接成本。直接成本包括原材料、配套设备、劳务费和自制件的成本；间接成本包括管理费和专用费，如图 7-2 所示。

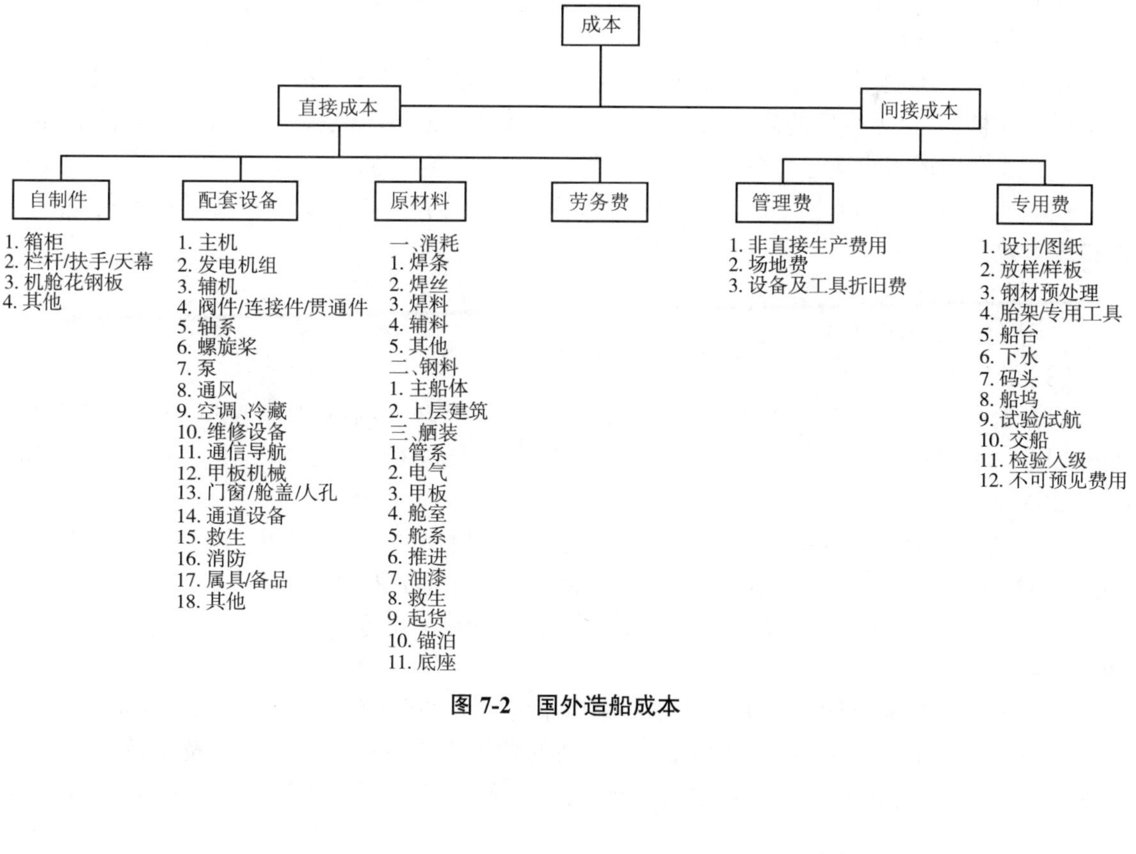

图 7-2　国外造船成本

1)直接成本

直接成本包括以下各项的成本。

(1)原材料。

钢料:主船体,上层建筑。

舾装:管系,电气,甲板,舱室,舵系,推进,油漆,救生,起货,锚泊,底座。

消耗:焊条,焊丝,焊料,辅料,其他。

(2)配套设备:主机,发电机组,辅机,阀件/连接件/贯通件,轴系,螺旋桨,泵,通风,空调、冷藏,维修设备,通信导航,甲板机械,门窗/舱盖/人孔,通道设备,救生,消防,属具/备品,其他。

(3)劳务费。

(4)自制件:箱柜,栏杆/扶手/天幕,机舱花钢板,其他。

2)间接成本

(1)管理费:非直接生产费用,场地费,设备及工具折旧费。

(2)专用费:设计/图纸费,放样/样板费,钢材预处理费,胎架/专用工具费,船台费,下水费,码头费,船坞费,试验/试航费,交船费,检验入级费,不可预见费用。

船舶作为综合性的工业产品,由于其种类、用途、航区、入级、挂旗不同,组成成本的项目也不一致;由于国别和地域的工业水平、配套能力、管理方法与水平的差异,其成本组成的比例与项目的分类亦各不相同;且不同的船东对同型船的要求也不尽相同,于是形成成本的差异。因此在估算成本时,必须对该船有详细的了解和周全的考虑。应该指出,造船厂的造船成本与船厂在询价单上的报价并不是一回事。报价的高低还与船舶市场状况,如当时的船舶供需状况、同行间的竞争、付款方式、银行贷款利率、国际货币兑换率等因素有关。

3. 造船成本组成的比例

船价因船舶类型不同,差异很大,类型相同但吨位及主要技术性能和主要设备不同时船价也不同。此外,船价因船厂的生产条件、建造工艺、建造数量不同也有所不同。在具体估算时,可参考下述造船成本组成进行分析与计算。

造船成本分为原材料费、配套设备费、劳务费三项,总计为100%,其中各项成本的分项比例幅度大致如下。

(1)原材料费:26%~33%。

(2)配套设备费:45%~52%。

(3)劳务费:24%~26%。

劳务费包含了生产工厂的直接工资、福利费、车间经费、企业管理费及生产制造专用费。如此划分,则其中直接生产工人的工资仅占劳务费的8%~10%,产品制造专用费占劳务费的40%~50%。

若以原材料费用为100%,则一般干货船的原材料费用的组成比例大致如下:主船体钢材(包括钢板和型材)费占65%~70%;管材费占2%~3%;电缆费占7%~8%;其他材料(包括铸锻件)费占7%~8%;油漆费占5%~6%;油料费占3%;辅助材料费占4%;其他材料(包括铸锻件)费占3%。

若以全部外购配套设备费用为100%,则以下各种设备费占外购配套设备费用的比例为:主机及其变速齿轮箱的费用占22%~29%;电站的费用占5%~6%;推进装置及轴系的费用占2.8%~3.2%;冷藏、空调及通风的费用占2.5%~3%;甲板机械的费用占28%~35%;导航、通信及电器的费用占 9%~9.5%；仪器及仪表的费用占 5%~12%；救生和消防的费用占 3%~4%；其他的费用占 7%~10%。

在成本组成中，轮机工程费用占总成本的 40%左右，且项目繁杂，几种主要船型轮机工程费用中各项目的大致比例见表 7-1。

表 7-1　轮机工程费用中各项目的比例

项目	比例/%		
	散货船	集装箱船	油船
主机	40	42	40
机舱辅机	20	18~20	20~22
管系	18	18	18~20
轴系与螺旋桨	7	8	8
试验与试航	3	2	5
各种设施与人工费	12	10~12	8

7.2.3　船价估算方法

根据船舶的不同设计阶段和设计资料的完备程度，船价估算有不同的方法。在造价初步估算中，通常采用整船估算法或分项估算法。

1. 整船估算法

在缺少资料且对估价的精度要求不高的情况下，可根据载重量或排水量（客船可根据载客量，拖船可按主机功率）或立方模数等，参考同型船的资料进行估算。

1）以满载排水量为基础

同型船的船价与其满载排水量的 2/3 次幂成比例，即

$$P=\frac{\Delta^{2/3}}{\Delta_0^{2/3}}P_0 \tag{7-1}$$

式中：Δ,Δ_0——设计船与型船的满载排水量，t；

P,P_0——设计船与型船的造价。

2）以载重量为基础

同型船的造价与其载重量成正比，即

$$P=\frac{DW}{DW_0}P_0 \tag{7-2}$$

式中：DW,DW_0——设计船与型船的载重量，t。

3）以立方模数为基础

同型船的造价与其立方模数的 2/3 次幂成正比，即

$$P=\frac{(L_{pp}BD)^{2/3}}{(L_{pp0}B_0D_0)^{2/3}}P_0 \tag{7-3}$$

上述方法均为概算法，除此之外，还有的以每个集装箱的船价估算同型集装箱船的新船船

价，或以每单位主机功率的船价估算同型拖船的新船船价等。

在使用概算法估算船价时，所选用的同型船舶的技术参数应力求接近，若主机功率或其他主要设备差异较大，或存在时间因素的价格变更，则在上述公式中应设若干修正系数，如主机功率、起重能力、主要设备型号的修正系数以及物价指数等，对估算的船价进行修正。

2. 对比估算法

在报价时间紧、资料少的情况下，常采用快速报价法提高报价的准确度，而对比法是最常见、最有效的办法之一。整船对比法是一种用整艘船与相近母型船进行对比得出新船价的方法，常用的是功能对比法。

1）总体功能和价值的对比

这里指该船的入级、挂旗、航区和建造规范等。一般而言，入 CCS 的船舶比不入级的船价要高，入 ABS（美国船级社）和 LR（英国劳氏船级社）的又比入 CCS 的船价要高，入 GL（德国劳埃德船级社）和 DNV（挪威船级社）的船价最高。这不仅由于按国外船级社的要求进行生产和设备选型增加了费用，而且还有一系列从申请审图到施工过程中来厂检验等的费用都较 CCS 多。

2）尺度变化引起功能变化的对比

船舶长度变化引起钢材耗用量的变化较大。船长增加引起钢材耗用量加大，以比值的 1.2 次方反映出来，即

$$W_1 = \left(\frac{L_1}{L_2}\right)^{1.2} W_2 \tag{7-4}$$

式中：W_1，L_1——新船钢材重量和船长；

W_2，L_2——母型船钢材重量和船长。

如某船长度原为 60 m，现新造船为 62 m，按式（7-4）计算可知，船长增加 3.3%，而钢材却增加 4.0%。

船宽的增加对钢材耗用量的影响仅限于尺度变化本身所增加的钢材。

$$W_1 = \frac{B_1}{B_2} W_2 \tag{7-5}$$

从结构设计角度考虑，剖面模数越大，结构抗扭性能越能得到加强，刚性变好。型深增加与钢材耗用量变化的关系可表达为

$$W_1 = \left(\frac{D_1}{D_2}\right)^{0.8} W_2 \tag{7-6}$$

如一艘船由原型深$D_2 = 5$ m增加至$D_1 = 5.5$ m，按式（7-6）计算可知，其型深增加 10%，而钢材用量仅增加 7.9%。

上述尺度变化系假定在讨论某一尺度变化时，其他尺度保持不变。

船舶主要尺度的变化，必然引起满载排水量、载重量以及舱容等的一系列变化。这里要特别指出的是，船舶主要尺度变化后将会引起总吨的增加，若原总吨是在一个数量级的边缘，一旦突破该数量级（如 1 600 总吨），船价将急剧上升。因为该船的配备将按 1 600~4 000 总吨船舶来要求，通信、导航、防火、救生等设备将提高一个档次。再则，尺度的变化，特别是因甲板上

层建筑而引起的舾装数的改变，将对锚泊设备产生直接的影响，从而增加费用。

3）航速增加引起船价的变化

航速增加与主机功率变化规律可以表示为

$$\left(\frac{v_1}{v_2}\right)^{1/3}=\frac{HP_1}{HP_2} \tag{7-7}$$

式中：v_1，HP_1——新船的航速和主机功率；

v_2，HP_2——母型船的航速和主机功率。

如某货船原主机功率为 500 kW，航速 9 kn，现要求航速增加 1 kn，由式（7-7）计算可知，其主机功率需增大至 685.86 kW。可见，对航速要求的提高必然导致主机功率显著增加，由于主机功率增加可能引起机型、机舱位置、轴系、螺旋桨等的改变，船舶的造价必然增加。如某船航速为 14 kn，若航速增加 1 kn，则船的总造价将增加 3%~5%。

3. 分项估算法

在确定船体钢料、舾装设备、机电设备三个分项重量后，可按分项重量估算船价。这种估算船价的方法将船价分为四个组成部分。

船体造价：船体方面的材料费和工时费等。

舾装造价：舾装设备费和材料费以及工时费等。

机电造价：机电方面的设备费和材料费以及工时费等。

其他造价：包括船台工程、下水、试验、设计的费用以及企业管理费、利润、税金等。这项费用以占前三项之和的百分数计，据统计占 15%~30%。

分项总造价

$$P=(W_h p_h+W_f p_f+W_m p_m)\times(1+\alpha)$$

式中：W_h、W_f、W_m——船体钢料、舾装设备、机电设备三个分项重量，t；

p_h、p_f、p_m——上述三个分项重量的单位造价，元/t，应根据实际情况确定；

α——其他造价系数。

7.3　营运经济性计算

7.3.1　运输能力

船舶在一年内所完成的货（客）运量或货（客）运周转量称为船舶运输能力，简称为“运力”，可以表示为

$$Q_T=2\alpha_D W_c m \tag{7-8}$$

$$Q_{TM}=2\alpha_D W_c m L \tag{7-9}$$

式中：Q_T——年货（客）运量，t/年；

Q_{TM}——年货（客）运周转量，t·n mile/年；

α_D——装载因数；

W_c——船舶设计载货量，t；

m——年航行次数；

L——航线的航程，n mile。

1. 装载因数α_D

$$\alpha_D = \alpha_L \times \alpha_V \tag{7-10}$$

式中：α_L——装载率，α_L =实际载货量/设计载货量；

α_V——满航率，α_V =载货航程/往返全航程。

散货和石油货源充足，但油船运输有单向性（单程满载、单程空载），专用散货船也往往是单向运输，故$\alpha_D = 0.5$；对杂货船，由于货物批量、货种的变化和货源组织等因素，往往达不到满装载率及满航率。α_D、α_L、α_V的确定需进行实际统计分析。

2. 年航行次数m

一个航次为船舶完成一次往返航行。年航行次数m等于年营运天数除以航次时间，即

$$m = \frac{T_Z}{t} \tag{7-11}$$

1）年营运天数T_Z

年营运天数T_Z等于365天扣除修理船、航线港口冰冻封航天数等之后实际从事运输的时间。国内船舶营运期大致范围见表7-2。

表7-2 国内各类船舶的营运期

项目	营运期					
	远洋货船	沿海货船	沿海油船	沿海客货船	长江拖轮	长江驳船
营运率/%	82~90	77~78	76~79	82~86	66~76	86~94
营运期/d	299~322	281~285	278~289	299~314	241~278	314~343

2）航次时间t

$$t = t_1 + t_2 + t_3 \tag{7-12}$$

式中：t_1——航次航行时间，d，包括以服务航速和压载航行速度航行的时间t_{11}和以限制航速通过运河和进出港的时间t_{12}；

t_2——航次在港装货、卸货时间，d，根据航次货运量W_c和装船、卸船定额（t/h或t/d）计算确定；

t_3——非生产性停泊时间（等泊位、候潮水、等调令等）和辅助作业时间（供油、水、物料，开闭舱口起落吊杆，油船拆装油管等），可通过分析统计实船营运资料（航行报表）确定。

7.3.2 年营运开支

船舶年营运开支是一艘船在一年内各种开支的总和，也称单船年运输成本。我国现行营运开支的估算方法分五个大项估算，即与船价有关费用、船员费用、燃润料费用、港口费及其他费用。

1. 与船价有关费用S_1

1）折旧费

船舶在使用过程中逐渐老化，性能降低，其价值逐年减小。企业为了补偿船舶损耗，在一定年限内，按折旧率每年提取的一项费用称为折旧费。考虑折旧的目的主要有以下几点：①将投资的资产逐渐回收；②将折旧费分摊到使用该资产所生产的产品或服务费用中；③减少企业所得税，所得税是按扣除折旧费后的净收入，即利润（税前利润）征收的，因此，如每年的折旧费多，则净收入少，纳税也少，可以使企业保留一部分收益满足更新设备或额外扩大再生产的需要；④折旧基金是更新改造基金的主要来源，如果折旧率取得较低，则企业设备陈旧落后，不利于更新改造。

目前常用的折旧方法有直线折旧法、加速折旧法等。

Ⅰ. 直线折旧法

直线折旧法（SL）是常用的折旧方法之一，是一种平均折旧法，按固定资产的使用年限，逐年等额计提折旧费。船舶的账面价值等于船舶的原始投资与某时刻的总折旧费之差。通常折旧每年计算一次，若每年折旧费相同，则按直线折旧法计算的每年的折旧费为

$$F_Z = \frac{P - \Delta P}{N_Z} \tag{7-13}$$

式中：F_Z——年度折旧费，元/年；

P——船舶造价，元；

ΔP——船舶到计划使用期时的残值，通常取船价的一个百分数（一般为 10%）；

N_Z——船舶计划使用年限，年。

Ⅱ. 年数加总数折旧法

年数加总数折旧法（SYD）是一种加速折旧的方法，用此法折旧，船舶大部分的价值在其寿命的前三分之一时间内快速折旧，即折旧金额在开始数年中相当高，而在船舶寿命后期，将迅速减少。

用年数加总数折旧法，首先求出船舶使用年数从 1 到N_Z的总和，此和即为年数加总数。某一年的折旧金额等于船舶投资减去其残值后乘以船舶剩余折旧年数（包括折旧当年）与年数加总数的商，即

$$F_{Zm} = \frac{\text{包括折旧当年在内的剩余折旧年数}}{\text{年数加总数}}(P - \Delta P) = \frac{N_Z - (m-1)}{SYD}(P - \Delta P) \tag{7-14}$$

式中：F_{Zm}——第m年折旧费。

$$SYD = \sum_{m=1}^{N_Z} m = \frac{N_Z(N_Z + 1)}{2}$$

第 1～m年总折旧费为

$$(P - \Delta P)\left(\frac{N_Z}{SYD} + \frac{N_Z - 1}{SYD} + \cdots + \frac{N_Z - m + 1}{SYD}\right) = \frac{m(N_Z - 0.5m + 0.5)}{SYD}(P - \Delta P) \tag{7-15}$$

于是，第m年账面价值BV_m为

$$BV_m = P - \frac{m(N_Z - 0.5m + 0.5)}{SYD}(P - \Delta P) \tag{7-16}$$

Ⅲ.余额递减折旧法

余额递减折旧法（DB）亦称等额或固定百分率法，这是另一种加速折旧的方法。折旧费等于该年账面价值乘以等额的百分率。例如，如果该等额百分率（折旧率）为10%，则某一年的折旧费为该年账面价值的10%。显然，折旧费在第一年最大，越往后则越小。

另一种折旧法允许的折旧比率为直线折旧率的两倍，即$2/N_Z$，当利用此比率时，该方法称为双倍余额折旧法（DDB），因此，如果某一船舶的使用寿命为10年，直线折旧率为$1/N_Z=1/10$，或每年10%，则双倍余额递减法可用20%的等额百分率。

因为折旧费是由一递减数值（账面价值）的固定百分率确定的，所以船舶的账面价值永远不会等于零。因此，允许企业在使用寿命中的任何时刻转换为直线折旧法，这样，可以享受较高折旧率的好处。必须指出，当利用双倍余额折旧法计算折旧费时，残值不必从投资中扣除，这样可增加在船舶使用寿命早期的折旧率。

对于余额递减折旧法，若折旧率为R_Z，则第m年的折旧金额为

$$F_{Zm}=R_Z P(1-R_Z)^{m-1} \tag{7-17}$$

由于在余额递减折旧法中，不直接应用残值ΔP，所以如果已知船的投资P在N_Z年后的残值为ΔP，则可用下式求得所需的折旧率：

$$\Delta P=BVN_Z=P(1-R_Z)^{N_Z} \tag{7-18}$$

$$R_Z=1-\left(\frac{\Delta P}{P}\right)^{1/N_Z}\quad(\Delta P>0) \tag{7-19}$$

Ⅳ.自由折旧法

自由折旧法（FD）是按企业的意图随意确定各年度的折旧额。最常用的做法是在营运的前几年，每年所得收益都用作折旧费，这样利润为零，税金也为零。等到船价全部折旧完毕，利润增加，税金也要多缴纳。但后面几年金额的现值是较小的，从经济上考虑，采用自由折旧是有利的。在开始几年，折旧费多，则企业所能掌握支配的金额也多，对企业进行技术改造、更新旧设备、扩大再生产有利。

2）修理费

在使用过程中，为保持船舶持续营运，隔一定时间（除个别损坏事故外）要进行修理，修理分岁修与特检等。船舶年修理费是船舶各种修理费用的年度分摊值，按船价的一定百分数计，此项费用也称修理基金提存。一般远洋船修理费提存率为2.5%，沿海船为3.5%，长江船为4.5%。

3）保险费

保险费是用船部门向保险公司投保而交付的费用，一般取保价的一个百分数。远洋船由航运公司向国外投保。保价不等于船价，在经济论证阶段可假定其与船价相等，船舶年度保险费则取船价的一个百分数，一般杂货船取0.55%，油船取0.7%。

上述三项费用均与船价有关，表7-3给出其与船价相关的费率。

表 7-3　与船价相关的费率

分类	船别	折旧费费率/%	修理费费率/%	保险费费率/%	总计/%
远洋船	货船、客货船、拖轮	3.6	2.5	0.55	6.65
	重油船	3.6	2.5	0.70	6.80
	原油与清油船	6	2.5	0.70	9.20
沿海船	货船、客货船、拖轮、重油船	3	3.5	—	6.50
	原油与清油船	4.5	3.5	—	8.00
长江船	货船、客货船、拖轮、重油船	2.57	4.5	—	7.07
	原油与清油船	3.6	4.5	—	8.10

2. 船员费用S_2

每船每年付给船员的费用，分基本工资、辅助工资、伙食费、航行津贴、奖金等项。我国船舶的船员费占总营运费用的 3%~5%。

3. 燃润料费用S_3

燃润料费用是指船舶动力装置所消耗的燃料与润料的费用。根据主机、副机（如发电机）、锅炉设备的功率和单位耗油量以及工作时间，按当时的燃料及润料的价格计算出船舶年度的燃料及润料费用。具体计算时要分航行与停泊两种状况。航行时主机功率取最大持续功率的 80%~85%；柴油发电机功率，在航行及用船上起货设备进行装卸时为 80%，停泊时为 70%；锅炉的使用，对柴油机船，航行时用废气锅炉，停泊时用燃油锅炉，其工作时间为停泊时间的 25%~50%。原油船和重质成品油船要考虑暖油问题的特殊需要而另行计算。

主机所用轻、重柴油比例：

（1）远洋船为 15%：85%或 10%：90%；

（2）近海船为 20%：80%；

（3）长江及沿海船为 20%：80%。

润料费可按主机、辅机的实际需要分别细算，在论证阶段可取燃料费的一个百分数计入，海船低速柴油机取 7%~10%，中速柴油机取 10%~15%，长江船取 17%。蒸汽机装置的润料消耗比内燃机装置低得多，可取 2%。

4. 港口费S_4

港口费是在港口发生的各种费用，港口费分与净吨有关的费用、与货吨有关的费用以及其他项费用。

（1）与净吨有关的费用包括引航、移泊、码头、港务等费用，可按正比于净吨位计算。

（2）与货吨有关的费用包括装卸费、保管费、理货费、代理费等，可按正比于货物吨数计算。

（3）其他项费用为使用拖轮费用、供油供水费用、开关舱费用等。

年度港口费=航次数×航次港口费

航次港口费=净吨×与净吨有关费率+货吨×与货吨有关费率+航次其他港口费用

对国内船舶，可按现行规定标准计算。国外航行船舶，因国外港口费名目繁多，且港口规章制度各国不同，可分析同一航线相近船舶的营运实际资料，确定平均单位费率（如每货吨费率或每净吨费率）后计算。

5. 其他费用

其他费用包括物料费、企业管理费、其他开支（如办公用品费、油电费用、修理仪器费用等），一般占总成本的15%左右。

这样，年度总成本S为

$$S=\frac{1}{0.85}(S_1+S_2+S_3+S_4) \tag{7-20}$$

7.3.3 年收入及年利润

1. 年收入

年收入B为

$$B=Q_{\mathrm{T}}\times\text{货物运价} \tag{7-21}$$

或

$$B=Q_{\mathrm{TM}}\times\text{货物运价} \tag{7-22}$$

货物运价（元/t或元/（t·n mile））按运价标准选定，因货物种类及运输里程不同而异。

2. 年利润

由于企业要缴纳所得税，因此就有了税前收益和税后收益、税前利润和税后利润的概念。不计企业所得税的年收益和年利润即为税前年收益和税前年利润。税后年收益是船舶年营运收入扣除年营运费用和税金以后的余额。税后年利润是船舶年营运收入扣除年总成本和税金以后的余额。图7-3表明了它们之间的关系。

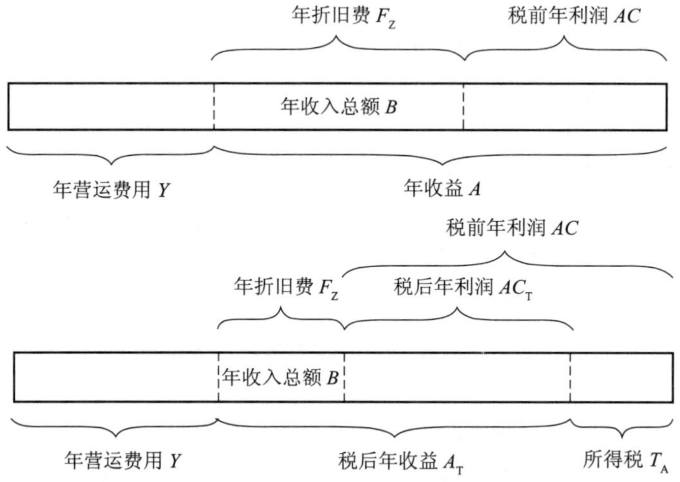

图7-3 年度营运收入分配图

7.4　船舶的主要经济指标

7.4.1　不考虑资金时间价值的经济指标

1. 运输能力

$$Q_T = 2\alpha_D W_c m \tag{7-23}$$

$$Q_{TM} = 2\alpha_D W_c mL \tag{7-24}$$

2. 单位运输成本

船舶完成单位运量的开支即为单位运输成本。单位运输成本等于年度总成本除以年运输能力。

$$b_T = \frac{S}{Q_T} \tag{7-25}$$

$$b_{TM} = \frac{S}{Q_{TM}} \tag{7-26}$$

单位运输成本是一个综合性指标，它反映了船舶技术性能（如航速）状态、劳动力消耗程度、设备资金的利用程度、企业管理水平等。在船舶技术经济论证中，单位运输成本常作为主要的评价指标。按这项指标，单位运输成本低的方案经济性好。但是在燃料价格较高及折旧费提存提高时，按这项指标评价将会出现船型方案的速度低和船长过短的问题。

3. 单位运量投资

船舶的单位运量分摊的投资（或分摊的造价）称为单位运量投资指标。

$$a_T = \frac{P}{Q_T} \tag{7-27}$$

$$a_{TM} = \frac{P}{Q_{TM}} \tag{7-28}$$

单位运量投资指标低，表明获得单位运输能力投资少，资金利用效果好，但不意味着单位运输成本一定低，其常用来作为辅助指标。

4. 综合经济指标

这项指标既考虑投资又考虑成本的影响，故称综合经济指标（A_b）。该指标越低说明经济性越好。

$$A_b = b_T + E \times a_T \tag{7-29}$$

式中：b_T——单位运输成本，元/t；

a_T——单位运量投资，元/t；

E——投资效果系数，是国家根据一定时期的政策和经济条件规定的社会或部门的基准收益率。

5. 年利润指标

年利润（AC）是指年运输收入减去年总成本后的金额。

$$AC = B - S \tag{7-30}$$

式中：B——年运输收入，元；

S——年总成本，元。

如果将年利润除以造价，即为单位投资利润，这也是一个经济指标。

6. 投资回收期

投资回收期（T_K）等于船舶投资（造价）除以年利润。

$$T_K = \frac{P}{AC} \tag{7-31}$$

该指标直接反映了投资效果，因此也是常用的主要经济指标。投资回收期T_K的倒数为投资利润率指标。

7. 主要材料和燃料消耗指标

主要材料和燃料消耗指标包括单位运输量燃料消耗量（kt · n mile 燃料消耗指标）、单位运输量钢材消耗指标等。

能源紧张、燃料价格高涨时，节省燃料是船舶设计要考虑的重要问题，这时可将单位运输量燃料消耗作为主要衡量的经济指标。

7.4.2 考虑资金时间价值的经济指标

所谓资金的时间价值，是指资金在扩大再生产及循环过程中，随着时间变化而产生的资金增值或经济效益，具体体现在资金的利息和资金的纯收益两个方面。上面介绍的经济指标的不足之处是没有考虑现代工程经济分析中的一些主要因素。例如，资金的时间价值，特别是投资在整个船舶营运期中的价值变化；在船舶营运期内，营运收入和各项费用的变化；一些经济与财务因素对船舶经济性的影响，如贷款、税金和折旧等。

1. 基本利息计算式

利息分单利和复利两种。

在资金运动过程中，仅是本金生息，而利息并不生息的计算方法称为单利法。单利利息计算式为

$$I = niP \tag{7-32}$$

第n个计息期末的本息和为

$$F = P + I = P(1 + ni) \tag{7-33}$$

式中：P——资金（或本金、投资）；

I——利息；

n——计算利息的期数，年或月；

i——利率，单位时间内使用单位资金所需支付的代价，%；

F——本息和，即本金加利息。

在资金运动过程中，不仅是本金本身生息，利息也随着时间而生息的计算方法称为复利法。该计息体系中，每期利息均可对以后各期产生利息。在船舶技术经济论证中，多采用复利计息。

对一次支付的情况，将本金P一次存入银行，年利率为i，存期n年，可得到复利本息和计算式为

$$F = P(1+i)^n \tag{7-34}$$

在船舶经济分析论证中遇到的财务处理情况是多种多样的，例如在付款、还款时有一次付清和分期付清等方式。同是项目的支出发生在前，一系列的收入发生在后，在对比收支、计算经济效益时，如果把现在值的投资支出直接和将来值的收入对比，就不能得到正确的结论，为了保证收支的可比性，获得正确的经济评价，必须把不同时期的价值换算成相同时期的价值，然后在相同时间价值的基础上进行比较。

2. 经济指标

1）总费用现值PV

当营运收入不能估计或者无收入时，如军用舰艇、科学考察船及远洋调查船等，若各方案的功能相同、营运年限相同，可以用总费用现值作为评价投资效果的指标。总费用现值PV最小的方案，就是经济性最佳的方案。

各年度营运费用Y_i不等时，PV按下式计算：

$$PV = \sum_{n_j=1}^{n} Y_{n_j}(P/F,i,n_j) - \Delta P(P/F,i,n) + P \tag{7-35}$$

式中：Y_{n_j}——第n_j年的营运费用，元；

ΔP——船价残值，元；

P——船舶造价，元；

$(P/F,i,n_j)$——第n_j年的现值因数；

$(P/F,i,n)$——第n年的现值因数。

各年度营运费用Y相等时，PV按下式计算：

$$PV = Y(P/A,i,n) - \Delta P(P/A,i,n) + P \tag{7-36}$$

式中：Y——各年度营运费用，元；

$(P/A,i,n)$——等额现值因数。

2）净现值NPV

净现值是指船舶整个营运年限内，各年度的收入B_{n_j}、各年度的营运费用Y_{n_j}以及船价残值ΔP，按投资收益利率i折现后的现值总和（含投资P_{n_j}的现值）。

各年度的收入、支出（营运费用）、投资不同时，NPV按下式计算：

$$NPV = \sum_{n_j=1}^{n}[B_{n_j}(P/F,i,n_j) - Y_{n_j}(P/F,i,n) - P_{n_j}(P/F,i,n_j)] + \Delta P(P/F,i,n) \tag{7-37}$$

式中：B_{n_j}——第n_j年的收入，元；

P_{n_j}——第n_j年的投资，元。

各年度的收入与支出（营运费用）相等，且一次投资时，NPV按下式计算：

$$NPV = B(P/A,i,n) - Y(P/A,i,n) + \Delta P(P/F,i,n) - P \tag{7-38}$$

净现值的含义是考虑到资金的时间价值后，在使用期内，能获得利润（还本付息后）的总现值。当其值为零时，方案的收支相抵，能达到预期的投资收益利率i；其值为正时，表明可以超过预期的投资收益利率；其值为负时，表示达不到预期的投资收益利率。

3）净现值指数*NPVI*

当各船型方案的投资额P不相同时，用该指标作为评价各方案好坏的标准，更能正确地反映各方案的投资效果。

$$NPVI=\frac{NPV}{P} \tag{7-39}$$

4）平均年度费用*AAC*

计入残值ΔP，考虑各船型方案的营运费用及投资（一次支付）的各年度均摊后，得到平均年度费用。

各方案的年度营运费用不同时，AAC按下式计算：

$$AAC=(A/P,i,n)[P+\sum_{n_j=1}^{n}Y_{n_j}(P/F,i,n_j)-\Delta P(P/F,i,n)] \tag{7-40}$$

各方案的年度营运费用相等时，AAC按下式计算：

$$AAC=Y+P(A/P,i,n)-\Delta P(A/F,i,n) \tag{7-41}$$

式中：$(A/F,i,n)$——等额预付金因数；

$(A/P,i,n)$——资金回收因数。

当各方案的收入不能预知且营运年限又不相等时，应该用它作为衡量各方案投资效果的指标。AAC最小的方案就是经济性最佳的方案。

5）必需运费率*RFR*

其含义是为达到预期的投资收益利率，单位运量所必需的运费。当知道各方案的年货运量Q_T时，采用该指标比AAC指标更能看出各方案投资的效果。该指标最小的方案就是经济性最好的方案，必需运费率按下式计算：

$$RFR=\frac{AAC}{Q_T} \tag{7-42}$$

各年度营运费用相同且投资一次支付时，其计算式为

$$RFR=\frac{Y+P(A/P,i,n)-\Delta P(A/F,i,n)}{Q_T} \tag{7-43}$$

6）内部收益率*IRR*

还本付息期内使净现值等于零的投资收益利率称为内部收益率。如果计算所得的IRR值大于银行的贷款利率，表明该项投资是可行的，能负担起贷款利率；如果IRR值还大于企业自己拟定的基准收益率（比贷款利率要高），则表示该方案可以获得预期的效益，否则，不会取得预期的经济效益。IRR最大的方案是经济性最优的方案。

当忽略残值ΔP，且一次投资，各年度收益相同时，NPV按下式求得：

$$NPV=(B-Y)(P/A,i,n)-P=0 \tag{7-44}$$

或

$$NPV=A(P/A,i,n)-P=0$$

则

$$A/P=(A/P,i,n)=\frac{i(1+i)^n}{(1+i)^n-1} \tag{7-45}$$

式中：$A=B-Y$。

已知营运期n，各年收益A和投资P，即可求得i，即内部收益利率IRR。

7）投资偿还期PBP

依预期的投资收益利率和营运的年度收益A求得的投资偿还时间，称为投资偿还期。该指标最小的方案是最优方案。该指标计算式按投资一次支付、各年收益相等的情况求得，即

$$P/A=(P/A,i,n)=\frac{(1+i)^n-1}{i(1+i)^n}$$

通过对该式两端取对数求得n，即投资偿还期

$$n=PBP=\frac{\lg\dfrac{A}{A-P_i}}{\lg(1+i)} \tag{7-46}$$

计算PBP时，当预期的投资收益利率等于内部收益率IRR时，则投资偿还期PBP等于船舶使用期；当预期的投资收益利率小于IRR时，则投资偿还期PBP小于船舶使用期。因此，PBP和IRR对船型方案的评价是等价的。

8）允许最大的投资额（或最大船价）$P_{\max}$

将整个营运期内各年收益A及残值折合成现值，就是允许的最大投资（或最大船价）。

$$P_{\max}=\sum_{n_j=1}^{n}A_{n_j}(P/F,i,n_j)+\Delta P(P/F,i,n) \tag{7-47}$$

式中：A_{n_j}——第n_j年度的收益（如果考虑所得税则为税后收益）。

各年收益相等时，则最大投资额按下式计算：

$$P_{\max}=A(P/A,i,n_j)+\Delta P(P/F,i,n) \tag{7-48}$$

除了以上介绍的几个主要经济指标外，还有平均年盈利、平均年盈利指数（单位投资年盈利）指标等。

综上所述，经济指标可有不同的形式，使用时需根据具体情况选择适宜的经济指标，表 7-4 可供参考。

表 7-4　各经济指标的适用情况

投资额可预估				投资额未定
收入不可预估		收入可预估		
营运期相同	营运期不同	营运期相同	营运期不同	
PV RFR AAC	AAC RFR	NPV $NPVI$ IRR PBP	$NPVI$ IRR PBP	$P_{\max}$

7.5 船型技术经济论证的基本步骤和方法

在设计一艘新船时，通常可根据航运需求及营运条件，拟定出一系列可行的船型方案，然后对这些方案进行技术、经济论证，即进行运输方式和营运情况的分析研究，可行技术方案的探讨，造价、营运费及收入的估算，各方案的经济评价等。进行船型技术经济论证的目的是优化船舶设计，选择技术上先进可行、营运上经济合理的船型方案，以提高船舶的运输效益。可见，船舶技术经济论证工作既是设计新船的前奏，又是船舶设计工作中的一个重要组成部分，它涉及面广、影响因素多、技术政策性强。从某种意义上说，它对船舶设计的质量及成功与否起着决定性作用。

船型技术经济论证的一般过程及内容包括：港口、航线、货源调查与运量预测；论证方案的设立；船型方案的技术、营运及经济性计算；船型方案优选与排序；敏感性分析和风险分析。

7.5.1 调查研究

原始资料中数据的准确性和分析判断的正确性是保证船型论证结果正确性的必要条件，所以调查研究是论证工作的重要环节，也是论证的首要工作。通过调查研究，应进一步弄清楚使用任务，了解客观环境的各种限制条件及今后发展变化的趋势，并搜集论证计算所需的有关基础数据。调查研究的主要范围如下。

1. 货（客）流经济资料

对货船，应包括货物流向、流量、货种、批量、货物理化性质等，还要了解货源状况及发展趋势。对客船及客货船，应包括客流量、流向、旅客构成、季节和方向不平衡性等。

2. 航线资料

了解航线运距，停靠码头及航道水深，航道底质、宽度、曲率半径，水文（水流方向、流速、波浪）与气象（风向及风力等）资料，运河航道主要限制、跨河桥梁净空高度等。

3. 港口资料

了解泊位长度、前沿水深，码头标高、潮差，港口水域、码头和锚地作业条件，仓库堆场面积和输运能力，码头装卸工艺及装卸效率，油码头的输油管径、长度，污油水处理能力及油泵效率等。

4. 船舶建造资料

了解各类船舶和主机的建造和修理能力，船台、船坞的数量和尺度以及发展规划，船舶造价、估算方法和支付方式，单件生产和批量生产的情况及对产品价格的影响，各类动力装置的技术经济指标及主要技术性能等。

5. 现有营运船舶资料

了解现有营运船舶的设计特点、主要尺度、结构形式、布置要求、各项技术性能；现有营运船舶各项营运经济指标（营运率、航行率、载重量利用率、生产性和非生产性停泊时间、辅助作业时间、单位运输成本等）；现有船舶船员配备及工资标准；各项费用（港口费、引水费、运河费、代理费等）的计算方法及单船成本分析资料；现有船舶的修理情况（如岁修、特检等修理周期，每次修理时间和修理费用）。

6. 技术政策、国际法规和科技成果

了解国家技术政策、能源政策、技术引进政策；航运和造船发展规划；船型和动力装置发展方向；国内外船舶科学技术新成果；各国际机构及我国船舶检验等部门的有关公约、规范对船舶的要求和限制。

由于调查和分析资料繁多，因此要有重点和针对性。调查和分析应该达到两个目的：弄清论证船型的使用目的和使用条件，为拟定船型技术方案提供可靠的依据；为计算营运技术指标、营运经济指标和投资效果指标提供准确的基础数据。

7.5.2　论证方案的设立

船型技术经济论证的基本方法是方案比较法，通过原始资料的调查、运量预测等工作完成后，即可根据对船型选择的影响因素的分析，设立若干可行的技术方案，以便进行技术经济分析论证，选择合理的设计方案。

论证方案主要是根据使用任务要求，货（客）流、航线、装卸等营运条件，并综合分析运距、港口装卸效率、造价、燃料价格等有关影响船型的因素，同时参照现有同类船舶的水平和发展动向后设立的。

一般情况下，货物运输船舶设立由不同载重量、航速、动力装置组成的各种方案，客船和客货船还应考虑客位、班期以及客货比的方案。现分别就载重吨位、航速、动力装置的选择进行叙述。

1. 载重量选择

1）选择载重量考虑的因素

一般规律是船舶载重量大，其经济效益好。因为随着船舶载重量的增大，单位载重量的造价、主机功率、燃料费都将降低。所以，在其他条件允许的情况下，尽量取大一些的载重量，经济上是有利的货运量、客运量、货批量充足时，载重量宜取大一些；反之，应取小一些。

船舶载重吨位往往受航线营运条件限制。航道和港口水深，航道曲率半径，船闸、桥梁跨度和净空，码头泊位长度和水工结构承载能力等对船舶主要尺度和载重吨级的限制，决定了载重量的上限。一般情况下，在货源充足、批量大时，应充分利用航线条件，确定船舶载重吨位。航线运距长、平均装卸定额高，宜取大吨位；反之，载重量宜小些。

此外，货源季节性波动大，运输低值大宗货物的船舶载重量应大些；运输批量小、高值货物的船舶载重量宜小些；预计港口有扩建计划时，为兼顾未来发展，载重量应取大些；贷款利率高，船价上升比率高，而现有资金少时，船舶载重量应小些。

2）选择合理的载重量

在给定主机（或给定航速），主要尺度又不受限制时，就一般情况而言，随着载重吨位的增加，船舶的年收入成正比规律增加，年营运费呈曲线规律上升，而单位运输成本逐渐下降，其最低点朝大吨位方向变化。

但是，船舶的主要尺度和吨位常常受航道（如苏伊士运河和巴拿马运河等）尺度、港口水深、船闸宽度和深度、船台和船坞尺度、码头水工结构强度等限制，不能随意增大。

2. 航速选择

1）选择航速考虑的因素

航速与船舶类型、吨位、航距、装卸定额等有关，内河船舶还受航道水流流速的影响。一般来说，集装箱船航速比油船、散货船要高；远洋船舶航速比沿海船要高；运输贵重货物船航速比低值大宗货物船要高；燃料价格高，不宜采用高航速。据统计，20 世纪 50 年代末，国外海洋货船平均航速每年增长 0.025~0.11 kn。但自 1973 年发生能源危机后，燃料价格急剧上涨，新建船舶的航速都有下降的趋势，目前国外海上油船平均航速为 14~16 kn，万吨级多用途船航速为 15~18 kn，沿海集装箱船（200~500 TEU）航速为 16~20 kn，远洋大型集装箱船航速为 22~23 kn，内河集装箱船航速为 12~17 kn，沿海中小型滚装船航速为 16~18 kn，远洋滚装船航速为 19~22 kn，滚装船最大航速达 25 kn。

2）给定船舶吨位，选择最佳航速

为确定最佳航速，可假定一系列航速，设计出一系列吨位相同、航速不同的方案。分别对每个方案进行经济计算，绘制出曲线。从曲线变化中可发现航速对船的营运经济性能有重要影响。航速提高，年航行次数随之增加，因而年运量和年收入均增加，当装卸定额高时，船舶停泊天数少，航速提高的效果显著。由于提高航速，动力装置重量和燃料消耗量也要随之增加，若保持载重吨位不变，航次载货量相应要减小。因此，年收入的增长率要比航速的增加率小。但是，由于主机功率与航速的三次方成正比，航速提高使动力装置费用（造价）和燃料费增加较快，因而年营运成本随航速增加而迅速增加，年收入减去年营运费用为年利润，从差值中可以找到最佳航速。

运输高档货物，货运费率高些，相应的最佳航速也高些。高档货物货源有限，批量小，但每一吨货物的利润大，可采用吨位较小、航速较高的船舶。

运输低值大宗货物所得每吨货物利润较小，因而应采用吨位较大、航速较低的船舶。

燃料价格下降，营运费用将减少，最佳航速上升。燃料价格上涨，则最佳航速下降。

高值货物在运输期间不能使用，等于资金积压，如计算在运输途中货物资金积压的损失，最佳航速将上升。

3. 动力装置选择

现代运输船舶的动力装置主要有柴油机、汽轮机、燃气轮机、核动力四种。

从实际应用情况来看，船舶动力装置大多数为柴油机动力装置。汽轮机多用于大功率、大吨位船。至于燃气轮机及核动力在民用运输船上使用尚不多。考虑到我国今后近期内新建运输船舶仍以柴油机动力装置为主，这里重点讨论柴油主机选型问题。

柴油机按其转速分低、中、高速三类。一般认为，转速在 250 r/min 以下的为低速柴油机；转速在 250~1 000 r/min 的为中速柴油机；转速在 1 000 r/min 以上的则为高速柴油机。

影响柴油主机选型的因素如下。

1）主机重量尺度指标对船舶技术经济性能的影响

主机重量对船舶载重量（或载货量）有影响。

主机重量增大使空船重量增加，从而使船舶载重量（或载货量）减少。主机的重量与主机形式有关，与低速机相比较，中速机既轻又小。中速柴油机单位功率重量轻，仅为低速重型柴油机的 30%~40%，中速柴油机动力装置重量占空船重量的比例也比低速柴油机动力装置小。

主机尺度对船舶货舱舱容有影响。机舱长度增加能减小货舱长度，而货舱长度减小，货舱容积也相应减小。机舱长度主要取决于主机长度，当然也与机舱地位及机舱设备布置的合理性有关。中速柴油机重量轻、外形尺寸小，所需的机舱长度和高度均小。所以内河及沿海小型船舶用中速柴油机作为主机较合适；对舱容要求高的运木船、滚装船也多采用中速柴油主机；

而油船、多用途船、散货船等对容积要求不那么高的船舶，多以低速柴油机作为主机。

2）主机功率与转速

螺旋桨的转速低，则船舶推进效率高，在相同的航速下，主机功率也随之减小，节省了燃料消耗，降低了营运费，在给定主机功率时，则能提高航速，增加年运量和年收入。为了提高船舶经济性，采取低转速主机，提高推进效率，节省燃料，是选择机型应考虑的一个重要因素。在这一点上，低速长冲程柴油机作为主机，可以实现直接传动，无须设减速设备，比中速柴油机作为主机更有利。

3）燃润料费

目前船舶的燃润料费已占营运费用的 30%~40%。因此，节省燃润料，减少燃润料费，已成为选择机型的最重要因素。选用耗油率低、热效率高且能烧劣质油的柴油机作为主机，对降低燃料费、提高经济性有利。

4）主机价格

动力装置造价在船舶造价中占较大比例，一般情况下占船舶总造价的 20%~40%。因此，在动力装置选型时，应考虑造价因素，以使船舶初投资费用减少，营运经济性高。

柴油机的造价通常以出厂价格和单位功率造价来衡量，它不仅取决于机型、重量、构造的复杂程度以及工作参数的高低等因素，而且还取决于生产厂的技术水平和管理水平。按现有生产条件，在低、中、高速三种机型中，造价较高的是低速柴油机，其次是中速柴油机，而小型高速柴油机造价较低。

5）寿命与维修

主机使用寿命和维修不仅对船舶营运经济性（如折旧费用、修理费、使用年限等）有很大影响，而且对轮机人员的管理工作量也有直接影响。主机使用寿命与转速有关，一般来说，低速柴油机的寿命比中速柴油机长，低速柴油机的维修工作量也比中速柴油机少。从这一点来看，低速柴油机比中速柴油机优越。

6）振动与噪声

以往的造船实践表明，船舶选型和设计忽略振动已产生了严重后果，使船体、主机轴系、仪器设备被振坏，船舶被迫停航，造成经济上的巨大损失。

柴油主机激励（不平衡力和不平衡力矩）是引起船体振动的主要激振源之一。当船体梁的某阶固有频率（垂向或水平振动）与主机激励频率相等时，整个船体处于共振状态。为了减小主机激励引起的船体梁振动响应，防止发生有害振动，应设法避开共振区。其措施有改变船舶主要要素或更换主机型号，选择平衡性能良好的主机等。

柴油机在运转过程中，伴随着剧烈的振动，还会产生明显的噪声。明显的机舱噪声除使机舱内操作人员感觉疲劳和不舒服外，还会影响机舱外其他舱室船员和旅客的工作与休息。采取有效措施消减船舶噪声，特别是机舱噪声，是个非常重要的问题。除了采用隔振隔音结构，使机舱控制室尽量离开主辅机噪声源等措施以外，在选择主机时，对减振降噪也应多加考虑。就一般情况而言，中、高速柴油机的振动与噪声高于低速柴油机；直流扫气高于回流扫气；强化程度如增压压力与爆发压力高的柴油机，其振动与噪声也较大；平衡性能差的发动机，其振动与噪声也明显。

7.5.3 船型方案的综合性能计算与选择

船舶吨位、航速以及机型分析确定后，接下来的可行性研究属于运输船最佳设计方案选择的分析论证工作。首先根据运输需要和营运条件拟定一系列船型方案，对诸方案进行技术性能和经济性能计算；然后从技术性能、经济性能以及使用方面对诸方案进行评价；最后选择出技术上可行且先进、营运经济效果好的船型方案。

1. 船型方案的技术参数和技术性能计算

计算的主要内容包括排水量Δ，主要尺度和主要船型系数L_{pp}、B、d、D、C_b等，空船重量LW，载重量DW，载货量W_c，主机的额定功率BHP，试航速度v_t及营运速度v_s，初稳性高度$\overline{GM}$，横摇固有周期T_θ，船体振动固有频率等。

在具体计算之前首先要确定设计变量、约束条件，建立或选择有关数学模型。

设计变量：通常取主要尺度L_{pp}、B、d和方形系数C_b作为设计变量。

有关联的变量：例如各项重量与船舶主要尺度、船型系数和主机功率的关系；船舶造价与船体钢料、舾装设备和机电设备重量的关系；船舶航速与主要尺度、船型系数、主机功率和转速等参数的关系。

约束条件：包括对自变量的边界约束和性能约束。如$165\ \text{m} < L_{pp} < 175\ \text{m}$，$B \leqslant 34\ \text{m}$，$L/B \leqslant 6.5$，初稳性高度$\overline{GM} \geqslant 0.5\ \text{m}$，横摇固有周期$T_\theta > 9\ \text{s}$，航速$v_s \geqslant 14\ \text{kn}$等。

建立或选择有关数学模型：载重量系数、空船重量、航速、主机功率、舱容等的计算式。

船型技术性能和技术参数分析中对“非布置型”（载重量型）和“布置型”两类运输船舶的处理过程和方法有所不同，具体可参见本书的有关章节，在此不再赘述。

2. 船型方案的营运及经济性能计算

营运计算的目的是预估各船型方案在实际营运时所能达到的运输能力指标，即年货（客）运量Q_T或年货（客）运周转量Q_{TM}。为此，需先计算航次货（客）运量、航次时间、年航行次数等。

经济性能计算的主要内容是，估算各船型方案的造价和实际营运时年度总成本，据此可以进一步计算评价船型方案的经济指标并为最优船型方案的选择提供依据。

3. 船型方案的优选

船舶设计方案的优劣是根据船型的技术性能、经济性能等多方面指标综合衡量的，即这是一个多参数、多目标的设计方案优选和排序问题。其中既包含定量的分析和计算，又包含定性和不确定因素，仅仅依靠定量分析手段或仅凭设计者的经验来主观判断很难保证决策的科学性。因此，找到一种能够将定性分析和定量分析有机结合起来支持决策的有效理论和方法，已成为开展船型优选决策的理论和方法研究的重要课题。经过多年的努力，研究人员已提出一些在船型技术经济论证领域行之有效的理论和方法。本节仅对方法做概念介绍，对此内容有兴趣的读者可参考相关文献。

1）参数分析法

参数分析法也叫变值法或网格法。其做法是根据对船舶使用要求和对船舶主尺度要素限制条件的分析，在船舶主尺度要素允许变化范围内变化各设计变量，按照全组合的方式组成若干船型方案，对每个方案都进行技术经济性能计算，然后根据设计者选定的船型评价指标，在比较的基础上进行船型方案的排序择优。

参数分析法的优点是方法简单、直观，当变量少时，便于对诸方案进行对比分析，且只要网格划分得合理，所构造的船型方案中必有与最佳方案接近的方案；其缺点是当设计变量较多时，全组合后产生的方案数可能很多，如当设计变量数$n=2$，每个变量取值数目$m=5$时，可组成$m^n=5^2=25$个方案，而当$n=3$，$m=5$时，可组成$m^n=5^3=125$个方案。方案数目过多，一方面有利于对船型方案进行细化分析，但同时也给最佳方案的选择带来不便。

2）模糊综合评判法

在船舶设计中，按照同一设计要求，不同设计者可能做出不同的方案，同一设计者从不同的角度考虑，也会得出不同的方案。为了获得一个较理想的方案，设计者通常设计多个方案（例如用参数分析法产生系列方案），然后采用某种评判法对这些方案进行考评、排序、择优。在这一过程中，设计者的经验和观点、船东的要求和意愿等起着很重要的作用，而这些因素往往具有模糊性。在船型方案选择中，如何把这种模糊性加以解析化和定量化，是船型评判中将定性分析和定量分析方法有效结合的关键。

3）层次分析法

层次分析法（Analytic Hierarchy Process，AHP）是由美国著名运筹学家萨蒂（T. L. Saaty）于 20 世纪 70 年代中期提出来的，1980 年 Saaty 出版了关于 AHP 的专著，系统地论述了 AHP 的原理、应用与数学基础。AHP 是一种多准则决策方法，它把一个复杂问题表示为有序的递阶层次结构，通过人的判断并利用有关数学工具对决策方案的优劣进行排序。AHP 作为一种决策工具有明显的优点：首先是它的适用性，方法所需要的信息主要是决策者的选择与判断，这一过程反映了决策者对问题的认识；其次，只需要掌握线性代数的基本知识就可以理解 AHP 的基本原理。另外，AHP 把决策过程中定性与定量因素有机结合起来，用统一的方式进行处理，因此，它不仅能进行定量分析，也能进行定性分析。AHP 把问题看成一个系统，在研究系统各组成部分相互关系以及系统所处环境的基础上进行决策。

下篇　船舶智能设计

第 8 章　智能设计概述

8.1　引言

设计是人类智能的体现，其本质是一种创造性的活动。在传统的设计过程中，设计智能化主要体现在设计专家的脑力劳动中，对于具有复杂性特征的实际工程问题和重大装备、产品设计，传统的设计方法和思路越来越显现出其局限性。智能设计围绕计算机化的人类设计智能，旨在讨论如何提高人机设计系统中计算机的智能水平，使计算机更好地承担重大装备设计中的各种复杂任务。它具有重要的研究价值与意义，从知识处理的角度看，智能设计可以概括为知识的获取、表达、组织和利用；按设计能力划分，智能设计可以分为常规设计、联想设计和进化设计三个层次；按设计过程，其可以划分成自上而下的方式和自下而上的方式。

智能设计是当今非常活跃的前沿研究领域，既富有吸引力，又具有挑战性。完善的智能设计系统是人机高度和谐、知识高度集成的人机智能化设计系统，它具有自组织能力、开放体系结构和大规模知识集成化处理环境，可以对设计过程提供稳定可靠的智能支持。

设计是一种与人的智能相关的创造性活动，其中的创造性主要指设计的结果是客观物质世界中尚不明确存在的事物，设计这种创造性活动实际上主要是对知识的处理与操作，因此设计最显著的特点就是智能化。智能设计系统在求解问题时，不仅需要基于数学模型完成数值处理这类具有定量性质的工作，而且需要基于知识模型完成符号处理这类具有定性性质的推理型工作。在以往的设计中，设计的智能化主要体现为人类专家的脑力劳动，其中对知识的处理和操作具体表现为人类专家的逻辑推理等思维活动，计算机的出现和飞速发展为模拟人类专家的上述设计思维过程提供了契机。

8.2　智能设计的基本概念

智能设计一般可以理解为计算机化的人类设计智能，它是计算机辅助设计（Computer Aided Design，CAD）的一个重要组成部分。因此，下面从 CAD 的发展历程入手，对智能设计的概念内涵加以说明。以依据算法的结构性能分析和计算机辅助绘图为主要特征的传统 CAD 技术在产品设计中成功地获得广泛应用，已成为提高产品设计质量、效率和水平的一种现代化工具，从而引起了设计领域的一场深刻的变革。传统 CAD 技术在数值计算和图形绘制上扩展了人的能力，但难以胜任基于符号知识模型的推理型工作。

由于产品设计是人的创造力与环境条件交互作用的物化过程，是一种智能行为，所以在产品设计方案的确定、分析模型的建立、主要参数的决策、几何结构设计的评价选优等设计环节中，有相当多的工作是不能建立起精确的数学模型并用数值计算方法求解的，而是需要设计人员发挥自己的创造性，应用多学科知识和实践经验，进行分析推理、运筹决策、综合评价，才能取得合理的结果。为了对设计的全过程提供有效的计算机支持，传统 CAD 系统有必要扩展为智能 CAD 系统，通常我们把提供了诸如推理、知识库管理、查询机制等信息处理能力的系统定义为知识处理系统，例如，专家系统就是一种知识处理系统，具有传统计算机能力的 CAD 系统被这种知识处理技术加强后称为智能 CAD(Intelligent CAD，ICAD)系统。ICAD 系统把专家系统等人工智能技术与优化设计、有限元分析、计算机绘图等各种数值计算技术结合起来，各取所长，相得益彰，其目的就是尽可能地使计算机参与方案决策、结构设计、性能分析、图形处理等设计全过程。ICAD 最明显的特征是拥有解决设计问题的知识库，具有选择知识、协调工程数据库和图形库等资源共同完成设计任务的推理决策机制，因此，ICAD 系统除了具有工程数据库、图形库等 CAD 功能部件外，还应具有知识库、推理机等智能模块。

虽然 ICAD 系统可以提供对整个设计过程的计算机支持，但其功能模块是彼此相间、松散耦合的，它们之间的连接仍然要由人类专家来完成。在智能设计发展的不同阶段，解决的主要问题也不同。设计型专家系统解决的主要问题是模式设计，方案设计作为其典型代表，基本上属于常规设计的范畴，但同时也包含着一些革新设计的问题。与设计型专家系统不同，人机智能化设计系统要解决的主要问题是创造性设计，包括创新设计和革新设计。这是由于在大规模知识集成系统中，设计活动涉及多领域、多学科的知识，其影响因素错综复杂，当前引人注目的并行工程与并行设计就鲜明地反映出了面向集成的设计这一特点。

智能设计具有以下五个特点。

(1)以设计方法学为指导。智能设计的发展，从根本上取决于对设计本质的理解，设计方法学对设计本质、过程设计思维特征及其方法学的深入研究，是智能设计模拟人工设计的基本依据。

(2)以人工智能技术为实现手段，借助专家系统技术在知识处理上的强大功能，结合人工神经网络和机器学习技术，较好地支持设计过程自动化。

(3)以传统 CAD 技术为数值计算和图形处理的工具，提供对设计对象的优化设计、有限元分析和图形显示输出的支持。

(4)面向集成智能化。智能设计不仅支持设计的全过程，而且考虑到提供统一的数据模型和数据交换接口。

(5)提供强大的人机交互功能，使设计师对智能设计过程的干预(与人工智能融合)成为可能。

8.3 智能设计的研究内容

8.3.1 设计知识智能处理

人工智能的发展，可大致分为符号智能、计算智能和群集智能三个阶段。符号智能构成了半个世纪以来人工智能研究的主流，为实现人类逻辑思维奠定了坚实基础。而以人工神经网络(Artificial Neural Network，ANN)和遗传算法(Genetic Algorithm，GA)为代表的计算智能在近 20 年内取得了突破性的进展，为实现人类形象思维提供了可行途径。因此，依托以人工神经网络和遗传算法为代表的计算智能方法进行设计知识的智能处理是当下研究的重点之一。

从广义上说，知识是人类对客观事物规律性的认识，具有多种描述形式，就工程设计而言，数学模型、符号模型、人工神经网络是三种主要的知识描述形式。对于数学模型，我们在以往的学习中已经熟知。通过基于人工智能的知识处理技术,可使读者对智能设计所涉及的主要知识形态有一个比较全面的认识和把握。此外,知识处理大致可分为知识获取、知识表示、知识集成和知识利用这四大环节。符号系统与人工智能相结合实现了知识获取和知识集成两个环节,这为实现知识自动获取和知识集成提供了一个成功范例和可行途径。

智能设计的发展经历了设计型专家系统和人机智能化设计系统两个阶段,设计自动化程度和创新能力正在逐步提高,以进化涌现等自然法则为核心思想的遗传算法为进一步提高设计自动化程度和创新能力提供了新的思路,利用智能算法的编码、选择、交叉、变异、适应度评价等操作进行产品方案设计是设计知识智能处理的主要方法。

8.3.2　概念设计智能求解

产品设计早期的概念设计决定了产品全生命周期大部分的成本,其还决定着产品的质量、性能、可靠性和安全性,而且产品的设计缺陷无法在后续设计阶段弥补。在产品设计早期构建以概念设计为核心,贯穿于产品全生命周期的设计方法,可以从源头端有效地增强产品性能并减少设计的迭代,从而提高产品设计的效率与质量,使得在设计初期就能够对性能进行溯源、优化以及预测,有效提高产品的性能,该方法是产品设计理论与性能设计理论的总结与细化。

在智能概念设计中,行为定义为产品结构的状态变化,类似地,在设计早期阶段行为性能可以用来表达不同结构单元的状态序列。因此,其中的智能行为性能被定义为在功能设计阶段表达不同配置单元的性能状态,设计早期的结构是指完成预定功能的载体,其中的智能预测性能是指在设计早期通过智能算法对产品方案的关键性能进行评估,可以为产品设计早期的迭代提供依据。

功构映射是通过系统化与智能化的方法,将抽象的功能性描述转化为具有几何尺寸与物理关系的零部件,实现产品的功能约束与物理结构的多对多映射求解。针对功构映射过程模糊性、多解性与复杂性的特点,国内外学者开展了大量的研究工作,提出了启发式搜索、赋权自动机、商空间等智能方法进行功能求解,现有的推理方法聚焦于功构模型的可操作性与可表达性,忽略了结构性能约束在推理适配过程中的关键作用,导致得到的设计方案在整个设计过程中缺乏一致性与有效性,增加了设计的迭代次数。由于在设计早期约束信息具有模糊不确定性,性能适配需要以智能化的方法为依托,围绕模糊约束信息展开,以约束为设计边界,在功构映射与结构综合阶段,准确地传递与满足性能约束,从而获得结构性能较为优良的设计结果。

8.3.3　设计方案智能评价

设计方案的评价与选择是产品设计的关键。然而在这一活动中,客户需求映射的复杂性、模糊性以及客户和设计者之间交互语义的一致性等常常会导致产生的质量控制方案具有非唯一性。产品的质量控制方案对产品研发过程中的详细设计、工艺设计等后续工作具有重要的影响,所以对质量控制方案进行智能化选择是产品设计中的一个重要步骤。

就其本质而言,产品设计方案的评价与选择是一个不确定环境下的复杂性多评价准则群体协同决策活动,在此过程中,由于产品设计方案尚处于概念化阶段,因此难以利用精确、完善的度量尺度对每个准则进行评价,而且不同准则之间存在着错综复杂的交互与耦合关系;另外,不同的设计方案评价专家也具有不同的知识水平和决策背景,因此很难达成一致性决策结果。

于是,客观、合理、科学地处理这些问题便成为有效评价方案的瓶颈。智能设计系统的方案评价根据智能设计决策的需求围绕可接受性决策展开讨论,近年来的研究焦点主要集中于如何使用智能化的方法处理产品设计方案评价过程中评价信息的模糊性、不精确性和不完备性等不确定性问题,并且已有案例将人工智能领域中的不确定性信息处理方法成功地应用于产品设计方案评价中。该方法可接受实际需求性决策的核心内容和关键问题,对设计方案进行评价,而这种智能评价的方式要综合考虑所设计产品的技术指标、经济指标、社会指标等诸多方面的情况,同时设计方案的评价与选择对整个产品研发过程的效率、成本、客户满意度等方面产生重要的影响。

8.3.4 设计参数智能优化

产品设计涉及机械、控制、电子、液压和气动等多学科领域,设计参数繁多,并且参数之间彼此关联,涉及的参数往往有百余个且大部分参数之间具有关联性。

产品设计参数数据有些往往很难直接准确地获取或估算,理论计算参数数据与通过复杂机电产品开发试验和产品样机运行记录得到的离散设计参数数据之间往往误差很大。为了给复杂产品多参数关联的性能驱动产品设计提供相对准确的连续设计参数数据,依据计算结果与通过复杂产品开发试验和产品样机运行记录获得的数据结果,往往需要采用数值与几何结合的智能分析方法,借助智能优化技术,获得或逼近更实际的连续参数数据,从而有利于复杂产品关键多技术参数关联的定量分析。这对复杂产品设计的实现和参数优化具有重要的意义。

近年来,国内外学者对产品设计参数数据的获取与分析主要采用单纯的解析方法或数值方法。但是,对于复杂的产品设计,单纯的解析方法、数值方法与实际设计对设计参数数据的需求尚有一些差距,因此设计参数的智能优化极为重要。

8.4 智能设计的相关算法

8.4.1 智能优化算法

优化问题是指在满足一定条件下,在众多方案或参数值中寻找最优方案或参数值,以使某个或多个功能指标达到最优,或使系统的某些性能指标达到最大值或最小值。优化问题广泛地存在于信号处理、图像处理、生产调度、任务分配、模式识别、自动控制和机械设计等众多领域中。优化方法是一种以数学为基础,用于求解各种优化问题的应用技术。优化方法在上述领域得到了广泛应用,并且已经产生了巨大的经济效益和社会效益。实践证明,通过优化方法,能够提高系统效率,降低能耗,合理地利用资源,并且随着处理对象规模的增加,这种效果也会更加明显。

在电子、通信、计算机、自动化、机器人、经济学和管理学等众多学科中,不断地出现了许多复杂的组合优化问题。面对这些大型的优化问题,传统的优化方法(如牛顿法、单纯形法等)需要遍历整个搜索空间,无法在短时间内完成搜索,且容易产生搜索的"组合爆炸"。例如,许多工程优化问题,往往需要在复杂而庞大的搜索空间中寻找最优解或者准最优解。鉴于实际工程问题的复杂性、非线性、约束性以及建模困难等诸多特点,寻求高效的优化算法已成为相关学科的主要研究内容之一。

受人类智能、生物群体社会性或自然现象规律的启发,人们发明了很多智能优化算法来解决上述复杂优化问题,主要包括:模仿自然界生物进化机制的遗传算法;通过群体内个体间的合作与竞争来优化搜索的差分进化算法;模拟生物免疫系统学习和认知功能的免疫算法;模拟蚂蚁集体寻径行为的蚁群算法;模拟鸟群和鱼群群体行为的粒子群算法;源于固体物质退火过程的模拟退火算法;模拟人类智力记忆过程的禁忌搜索算法;模拟动物神经网络行为特征的神经网络算法;等等。这些算法有个共同点,即都是通过模拟或揭示某些自然界的现象和过程或生物群体的智能行为而得到发展的,在优化领域称它们为智能优化算法,它们具有简单、通用、便于并行处理等特点。

1. 进化类算法

自然界的生物体在遗传、选择和变异等一系列作用下,优胜劣汰,不断地由低级向高级进化和发展,人们将这种适者生存的进化规律的实质加以模式化而形成一种优化算法,即进化计算。进化计算是一系列的搜索技术,包括遗传算法、进化规划、进化策略等,它们在函数优化、模式识别、机器学习、神经网络训练、智能控制等众多领域都有着广泛的应用。其中,遗传算法是进化计算中具有普遍影响的模拟进化优化算法。为了求解切比雪夫多项式问题, Rainer Storn 和 Kenneth Price 根据这种进化思想提出了差分进化算法。它是一种采用实数编码、在连续空间中进行随机搜索、基于群体迭代的新兴进化算法,具有结构简单、性能高效的特点。而免疫算法是模仿生物免疫机制,结合基因的进化机理,人工地构造出的一种新型智能搜索算法。该算法具有一般免疫系统的特征,它采用群体搜索策略,通过迭代计算,最终以较大的概率得到问题的最优解,属于进化算法的变种算法。

1)遗传算法

遗传算法是模拟生物在自然环境中的遗传和进化过程而形成的自适应全局优化搜索算法。它最早由美国的 J. H. Holland 教授提出,起源于 20 世纪 60 年代对自然和人工自适应系统的研究; 70 年代, K. A. De Jong 基于遗传算法的思想,在计算机上进行了大量的纯数值函数优化计算试验;80 年代,遗传算法由 D. J. Goldberg 在一系列研究工作的基础上归纳总结而成。

遗传算法是通过模仿自然界生物进化机制而发展起来的随机全局搜索和优化方法。它借鉴了达尔文的进化论和孟德尔的遗传学说,本质上是一种并行、高效、全局搜索的方法,它能在搜索过程中自动获取和积累有关搜索空间的知识,并自适应地控制搜索过程以求得最优解。遗传算法的操作:使用“适者生存”的原则,在潜在的解决方案种群中逐次产生一个近似最优的方案。在每一代中,根据个体在问题域中的适应度值和从自然遗传学中借鉴来的再造方法进行个体选择,产生一个新的近似解。这个过程导致种群中个体的进化,得到的新个体比原个体更能适应环境。

2)差分进化算法

差分进化(Differential Evolution, DE)算法是一种新兴的进化计算技术。它由 Storn 等人于 1995 年提出,其最初的设想是用于解决切比雪夫多项式问题,后来发现差分进化算法也是解决复杂优化问题的有效技术。

差分进化算法是基于群体智能理论的优化算法,是通过群体内个体间的合作与竞争产生的智能优化搜索。但相比于进化计算,差分进化算法保留了基于种群的全局搜索策略,采用实数编码、基于差分的简单变异操作和“一对一”的竞争生存策略,降低了进化计算的复杂性。

同时,差分进化算法特有的记忆能力使它可以动态跟踪当前的搜索情况,以调整其搜索策略,它具有较强的全局收敛能力和稳健性,且不需要借助问题的特征信息,适用于求解一些利用常规的数学规划方法很难求解甚至无法求解的复杂优化问题。

3)免疫算法

最早的免疫系统模型是由 Jerne 于 1973 年提出的,他基于 Burnet 的克隆选择学说,开创了独特型网络理论,给出了免疫系统的数学框架,并采用微分方程建模来仿真淋巴细胞的动态变化。Farmal 等人于 1986 年基于免疫网络学说理论构造出免疫系统的动态模型,展示了免疫系统与其他人工智能方法相结合的可能性,开创了免疫系统研究的先河。

免疫算法(Immune Algorithm, IA)是模仿生物免疫机制,结合基因的进化机理,人工构造出的一种新型智能搜索算法。免疫算法具有一般免疫系统的特征,采用群体搜索策略,通过迭代计算,最终以较大的概率得到问题的最优解。相比较于其他算法,免疫算法利用自身产生多样性和维持机制,保证了种群的多样性,克服了一般寻优过程(特别是多峰值的寻优过程)中不可避免的"早熟"问题,可求得全局最优解。免疫算法具有自适应性、随机性、并行性、全局收敛性、种群多样性等优点。

2. 群智能算法

群智能指的是"无智能的主体通过合作表现出智能行为的特性",是一种基于生物群体行为规律的计算技术。它受社会昆虫(如蚂蚁、蜜蜂)和群居脊椎动物(如鸟群、鱼群和兽群)的启发而产生,用来解决分布式问题。它在没有集中控制并且不提供全局模型的前提下,为寻找复杂的分布式问题的解决方案提供了一种新的思路。

群智能方法易于实现,其算法中仅涉及各种基本的数学操作,其数据处理过程对 CPU 和内存的要求也不高。而且,这种方法只需要目标函数的输出值,而不需要其梯度信息。已完成的群智能理论和应用方法研究证明:群智能方法是一种能够有效解决大多数全局优化问题的新方法。近年来,群智能理论研究领域出现了众多算法,如:蚁群算法、粒子群算法、鱼群算法、蜂群算法、猫群算法、狼群算法、鸡群算法、鸟群算法、文化算法、杂草算法、蝙蝠算法、布谷鸟算法、果蝇算法、蛙跳算法、细菌觅食算法、萤火虫算法和烟花算法,等等。其中,蚁群算法和粒子群算法是最主要的两种群智能算法。前者是对蚂蚁群体食物采集过程的模拟,已成功应用于许多离散优化问题;后者起源于对简单社会系统的模拟,最初是模拟鸟群觅食的过程,但后来发现它是一种很好的优化算法。

1)蚁群算法

蚁群算法(Ant Colony Optimization, ACO)是由意大利学者 M. Dorigo、V. Maniezzo 和 A. Colorni 等人于 20 世纪 90 年代初期通过模拟自然界中蚂蚁集体寻径行为而提出的一种基于种群的启发式随机搜索算法,是群智能理论研究领域的一种主要算法。

蚂蚁有能力在没有任何提示的情形下找到从巢穴到食物源的最短路径,并且能随环境的变化自适应地搜索新的路径。其根本原因是蚂蚁在寻找食物时,能在其走过的路径上释放一种特殊的分泌物——信息素。随着时间的推移,该物质会逐渐挥发,后来的蚂蚁选择该路径的概率与当时这条路径上信息素的强度成正比。当一条路径上通过的蚂蚁越来越多时,其留下的信息素也越来越多,后来的蚂蚁选择该路径的概率也就越高,从而增加了该路径上的信息素强度。而强度大的信息素会吸引更多的蚂蚁,从而形成一种正反馈机制。通过这种正反馈机制,蚂蚁最终可以发现最短路径。蚁群算法具有分布式计算、无中心控制和分布式个体之间间接通信等特征，易于与其他优化算法相结合。它通过简单个体之间的协作，表现出了求解复杂问题的能力，已经广泛应用于求解优化问题。

2）粒子群算法

粒子群算法（Particle Swarm Optimization，PSO）是 Kennedy 和 Eberhart 受人工生命研究结果的启发，通过模拟鸟群觅食过程中的迁徙和群聚行为而提出的一种基于群体智能的全局随机搜索算法。1995 年电气与电子工程师协会国际神经网络学术会议上发表的题为“Particle Swarm Optimization”的论文，标志着粒子群算法的诞生。粒子群算法一经提出，便由于它算法简单，容易实现，立刻引起了进化计算领域学者们的广泛关注，成为一个研究热点。

粒子群算法与其他进化算法一样，也是基于“种群”和“进化”的概念，通过个体间的协作与竞争，实现复杂空间最优解的搜索。同时，它又不像其他进化算法那样对个体进行交叉、变异、选择等进化算子操作，而是将群体中的个体看作在 n 维搜索空间中没有质量和体积的粒子，每个粒子以一定的速度在解空间运动，并向自身历史最佳位置 p-best 和邻域历史最佳位置 g-best 聚集，实现对候选解的进化。粒子群算法因具有很好的生物社会背景而易于理解，由于参数少而容易实现，对非线性、多峰问题均具有较强的全局搜索能力，在科学研究与工程实践中得到了广泛关注。

8.4.2　机器学习算法

机器学习（Machine Learning，ML）是一门多领域交叉学科，涉及概率论、统计学、逼近论、凸分析、算法复杂度理论等多门学科，专门研究计算机怎样模拟或实现人类的学习行为，以获取新的知识或技能，重新组织已有的知识结构以不断改善自身的性能。机器学习有下面几种定义：机器学习是一门关于人工智能的科学，该领域的主要研究对象是人工智能，特别是如何在经验学习中改善具体算法的性能；机器学习是对能通过经验自动改进的计算机算法的研究；机器学习是用数据或以往的经验，优化计算机程序的性能标准。

机器学习领域的研究工作主要围绕以下三个方面进行。

（1）面向任务的研究：研究和分析改进一组预定任务的执行性能的学习系统。

（2）认知模型：研究人类学习过程并进行计算机模拟。

（3）理论分析：从理论上探索各种可能的学习方法和独立于应用领域的算法。

机器学习是继专家系统之后人工智能应用的又一重要研究领域，也是人工智能和神经计算的核心研究课题之一。现有的计算机系统和人工智能系统没有什么学习能力，至多只有非常有限的学习能力，因而不能满足科技和生产提出的新要求。对机器学习的讨论和机器学习研究的进展，必将促使人工智能和整个科学技术进一步发展。

机器学习已经有了十分广泛的应用，例如：数据挖掘、计算机视觉、自然语言处理、生物特征识别、搜索引擎、医学诊断、DNA 序列测序、语音和手写识别、战略游戏和机器人运用。

1. 神经网络算法

人工神经网络简称为神经网络或连接模型。1943 年，心理学家 McCulloch 和数学家 Pitts 合作提出了形式神经元的数学模型，开创了神经科学理论研究的时代；1957 年，Rosenblatt 提出的感知器模型，由阈值性神经元组成，试图模拟动物和人脑的感知和学习能力；1982 年，H. Hopfield 提出了具有联想记忆功能的 Hopfield 神经网络，引入了能量函数的原理，给出了网络的稳定性判据，这一成果标志着神经网络的研究取得了突破性进展。

神经网络具有一些显著的特点：具有非线性映射能力；不需要精确的数学模型；擅长从输入输出数据中学习有用知识；容易实现并行计算；由大量的简单计算单元组成，易于用软硬件实现；等等。因为神经网络是一种模仿生物神经系统的新的信息处理模型，并具有独特的结构，所以人们期望它能够解决一些用传统方法难以解决甚至无法解决的问题。迄今为止，已经出现了许多神经网络模型及相应的学习算法。其中，Rumelhart 和 McClelland 于 1985 年提出的 BP 网络的误差反向后传（Back Propagation，BP）学习算法是一种最常用的神经网络算法。

2. 强化学习

强化学习是智能体（Agent）以“试错”的方式进行学习，通过与环境进行交互获得奖赏指导行为，目标是使智能体获得最大的奖赏。强化学习不同于连接主义学习中的监督学习，主要表现在强化信号上，强化学习中由环境提供的强化信号是对产生动作的好坏进行评价（通常为标量信号），而不是告诉强化学习系统（Reinforcement Learning System，RLS）如何产生正确的动作。由于外部环境提供的信息很少，RLS 必须靠自身的经历进行学习。通过这种方式，RLS 在行动-评价的环境中获得知识，改进行动方案以适应环境。

其基本原理是：如果 Agent 的某个行为策略获得环境正的奖赏，那么 Agent 以后产生这个行为策略的趋势便会加强。Agent 的目标是在每个离散状态发现最优策略以使期望的折扣奖赏和最大。

强化学习把学习看作试探评价过程，Agent 选择一个动作用于环境，环境接受该动作后状态发生变化，同时产生一个强化信号反馈给 Agent，Agent 根据强化信号和环境当前状态再选择下一个动作，选择的原则是使受到正强化的概率增大。选择的动作不仅影响立即强化值，而且影响环境下一时刻的状态及最终的强化值。

8.5 船舶智能设计

船舶设计是一个涉及多学科领域系统的螺旋交互设计过程，需要在满足设计规范的前提下，反复对设计目标进行修改。同时船舶上各个系统之间又存在复杂的联系。船舶设计相较于其他工业产品设计有着巨大的工作量和较长的设计周期。传统设计方法过分依赖设计者的脑力、体力劳动，智能设计的引入可以大大减少设计者的工作量。智能设计结合人工智能技术与计算机强大的计算能力，是未来船舶设计的主流选择。

智能设计是当代科学技术和计算机智能技术发展衍生出来的一门新兴的交叉技术，其在船舶领域的应用是发展的必然趋势，同时智能化集成程度也是衡量当代工业设计水平的重要依据。智能设计是在传统设计基础上的延伸和发展，在传统设计理论基础上不断吸收智能算法、智能理论、智能技术及相邻学科的最新成果而发展。智能设计的内涵主要包括三个方面。

（1）现代化设计方法的更新。

（2）智能化新技术的引入和产品智能化。

（3）智能设计算法更新迭代。

设计方法的发展过程是由直觉设计到经验设计到如今的半理论半经验设计，而下一步就是智能设计。智能设计应用现代信息技术，利用计算机模拟人类的思维活动，借助其高速计算能力，使计算机能够更多、更好地承担设计过程中各种复杂的工程任务，成为设计人员的重要辅助工具。船舶智能设计的发展有如下三个优势。

1. 借助计算机的初步辅助设计

计算机计算能力的提高和计算机图形学等学科的发展使数字化设计成为主流的设计方法。智能设计的初级阶段就是利用计算机处理工程设计问题,减少人力、时间、资金等成本。船舶设计工作者依靠数字化设计,摆脱了传统船舶设计中依赖纸、笔、样条等设计工具的问题,减少了设计师的体力劳动。数字化的存储方式解决了数量巨大的图纸文件保存和查找的难题。二维和三维的数字化显示方式,使设计工作交互更为便捷,使设计单位、船厂、船东三方协同处理问题的效率提升。计算机数字化技术的应用可大大节省时间成本、人力成本、管理成本,提高设计生产效率。

2. 引入智能算法的优化设计方法

本阶段的智能设计以数学算法为基础,结合计算机高速计算能力与编程能力求解具体的工程问题。传统优化方法面对整个搜索空间,无法在短时间内完成搜索,并且因为多种组合方式产生“组合爆炸”,占用大量的计算空间和储存空间。面对复杂的设计要求,需要求解出满足多目标条件的最优解, 20 世纪 80 年代遗传算法的诞生为人工搜索数值优化提供了新的思路,其后来被推广到计算机科学及机械工程学领域。同时,随着算法的不断更新与提出,诞生了进化遗传算法、退火算法、粒子群算法等多种智能优化设计方法。这些算法在专项工程问题领域有着良好的表现。船舶设计者在完成结构优化、水动力性能分析后会针对性地使用相应的优化算法。目前,我国船舶行业智能设计阶段的主要工作方向是,借助优秀的数学优化方法,完成多目标、多对象的优化筛选,解决实际工程中需要面对的问题。

3. 人工智能化应用设计

第三阶段是借助人工智能(Artificial Intelligence, AI)技术完成产品整体设计。人工智能是对人的意识、思维的信息过程的模拟。智能化设计的最终目的是完成计算机对设计师的设计思维模拟,使计算机掌握学习等进化功能,并逐步在设计中替代设计者完成工程设计任务。人工智能化设计会形成以工程师为核心的多协作专家系统。该系统由智能设计框架和智能算法模块两部分组成,设计框架以数据库为核心,针对不同的工况条件用不同的设计模块,模拟设计师的思维方式,推算出合理的结果。它将知识的数据库系统的处理能力和常规的 CAD 系统的计算分析能力、数据管理能力与服务能力、图像处理能力等有机地结合起来,从而完成方案的初步设计、参数设定、性能校核等不同阶段的复杂工程任务。

一个基本的智能系统应该具有合格的知识处理能力、分析计算能力和数据管理与服务能力。船舶智能设计的流程如图 8-1 所示。

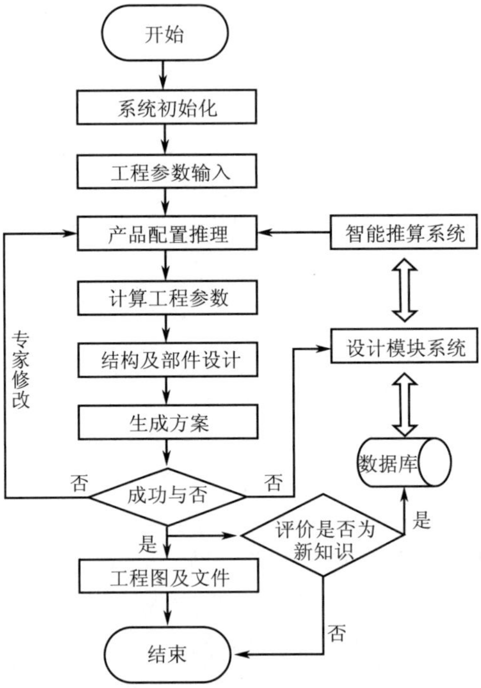

图 8-1 船舶智能设计流程

第 9 章　现代船舶设计

9.1　船舶 CAD/CAM

计算机辅助设计与制造（Computer Aided Design/Computer Aided Manufacturing，CAD/CAM）是指利用计算机及图形设备帮助设计人员进行设计与辅助制造工作，它是计算机科学的重要分支之一，广泛应用于机械、建筑、电子、航天、水利和船舶等工程领域及科学研究领域。近几年来，CAD 技术发展迅速，应用领域更加广泛，成为企业开发、设计不可缺少的工具。而随着计算机技术的进步，船舶 CAD/CAM 领域也不断出现新的进步，这必然对船舶专业人才提出更高的要求。

CAD/CAM 技术是制造工程技术与计算机技术紧密结合、相互渗透而发展起来的一项综合性应用技术，具有知识密集、学科交叉、综合性强、应用范围广等特点。它的发展和应用使传统的产品设计、制造内容和工作方式发生了根本的变化。本节主要介绍 CAD/CAM 的基本概念和主要 CAD 技术与软件的发展历程，以及常用的船舶 CAD/CAM 软件。

9.1.1　CAD/CAM 基本概念

1.CAD 技术

计算机辅助设计是指工程技术人员以计算机为工具，运用自身的知识和经验，对产品或工程进行方案构思、总体设计、工程分析、图形编辑和技术文档整理等设计活动，是一门多学科综合应用的新技术。CAD 是一种新的设计方法，它采用计算机系统辅助设计人员完成设计的全过程，将计算机的海量数据存储和高速数据处理能力与人的创造性思维和综合分析能力结合起来，充分发挥各自的所长，使设计人员摆脱繁重的计算和绘图工作，从而达到最佳的设计效果。

一般认为，CAD 系统应具有几何建模、工程分析、模拟仿真、工程绘图等主要功能。一个完整的 CAD 系统应由人机交互接口、科学计算、图形系统和工程数据库等组成。CAD 技术也是一项产品建模技术，它将产品的物理模型转化为产品的数据模型，并把建立的数据模型存储在计算机内，供后续的计算机辅助技术使用，驱动产品生命周期的全过程。

2.CAM 技术

计算机辅助制造是计算机在制造领域有关应用的统称，指利用计算机辅助完成从生产准备工作到产品制造过程的直接和间接的各种活动，这些活动包括工艺准备、生产作业计划、物流过程的运行控制、生产控制、质量控制等主要方面。CAM 直接面向生产实际，在实际应用中已经取得了明显的经济效益，并且在提高企业市场竞争能力方面发挥着重要作用。

3.CAPP 技术

计算机辅助工艺设计（Computer Aided Process Planning，CAPP）指根据产品设计结果进行产品的加工方法设计和制造过程设计。CAPP 的功能包括毛坯设计、加工方法选择、工序设计、工艺路线制定和工时定额计算等。

CAPP 使工艺设计人员摆脱了大量、烦琐的重复劳动,将主要精力转向新产品、新工艺、新装备和新技术的研究与开发;可以使没有丰富经验的工艺师设计出高质量的工艺规程,有助于解决当前机械制造业工艺设计任务繁重、缺少有经验的工艺设计人员的问题。CAPP 有助于推动企业开展工艺设计标准化和最优化工作。

CAPP 在 CAD、CAM 中起桥梁和纽带作用, CAPP 接受来自 CAD 的产品几何拓扑信息、材料信息及精度、粗糙度等工艺信息,并向 CAD 反馈产品的结构工艺性评价信息; CAPP 向 CAM 提供零件加工所需的设备、工装、切削参数、装夹参数以及刀具轨迹文件,接受 CAM 反馈的工艺修改意见。

4.CAE 技术

CAE(Computer Aided Engineering)从字面上理解是计算机辅助工程分析,准确地讲,是指工程设计中的分析计算、分析仿真和结构优化。CAE 是从 CAD 中分出来的,其理论和算法经过蓬勃发展日趋成熟。目前, CAE 技术已被广泛应用于国防、航空航天、机械制造、汽车制造等各个工业领域。CAE 技术作为设计人员提高工程创新和产品创新能力的得力助手和有效工具,能够对创新的设计方案快速实施性能与可靠性分析;进行虚拟运行模拟,及早发现设计缺陷,实现优化设计;在创新的同时,提高设计质量,降低研究开发成本,缩短研发周期。

5.CAX 集成技术

CAX 是 CAD、CAM、CAE、CAPP、CIM(Computer Intergrated Manufacturing,计算机集成制造)、CIMS(Computer Intergrated Manufacturing System,计算机集成制造系统)、CAT(Computer Aided Instruction,计算机辅助教学)、CAI(Computer Aided Text,计算机辅助测试)等各项技术的综合叫法,因为所有缩写都是以 CA 开头, X 表示所有。CAX 实际上是把多元化的计算机辅助技术集成起来复合和协调地进行工作。

9.1.2 船舶 CAD 的发展历程

船舶工业是较早应用计算机和信息技术的行业之一,始于 20 世纪 60 年代。20 世纪 90 年代,国际上各种先进的船舶 CAD、CAM 系统有了较大的发展。现今的船舶 CAD 技术不仅仅是单项技术及单个系统的构建、实施和维护问题,而是已经涉及造船领域的各个方面,是在计算机数字化信息技术条件下造船方式的彻底变革。造船技术是衡量一个国家船舶工业发展水平的最重要指标之一,它对造船企业提高生产效率、降低成本、缩短造船周期以及改善作业环境等有着极其重要的作用。先进造船国家为了保持本国船舶工业的国际竞争优势,更是不遗余力地致力于本国造船技术的研发。近年来,随着 CAD 技术的飞速发展,以计算机信息处理为应用内涵的信息化技术向数字化方向发展的趋势日益明显,以信息化为主要特征的现代造船业必将迎来"数字化造船"的时代。

纵观 CAD 和 CAM 技术在船舶设计建造中的应用,其技术发展可分为五个阶段:第一阶段以 2D 绘图、计算机单机工作和功能设计为主要技术手段;第二阶段以 2D 和 3D 混合建模和单机工作、功能设计为主要技术手段;第三阶段以全三维模型、桌面可视化、点对点的信息集成、功能设计为主要技术手段;第四阶段以智能产品模型、工程数据管理、高级可视化、产品数据管理(Product Data Management, PDM)、企业资源规划(Enterprise Resource Planning, ERP)集成为主要技术手段;第五个阶段以产品生命周期管理(Product Life-cycle Management,

PLM）、共享数据环境、协同生产环境、电子商务-供应链集成、配置管理为主要技术特征。

每一阶段造船技术的发展都带来收益的阶段性发展，可以说现今船舶设计已经全面向信息化方向发展，针对这些技术的研究和应用更加重要。我国在这些方面的开发与推广时间比先进造船国家要落后，也没有达到集成化的设计环境，即使是以三维设计为基础的船舶设计生产，也不能完全拥有一个完整的、统一的产品模型，在设计、制造、检测等环节中用户需要重复一些建模信息或者识别一些结构数据信息，并建立一些新模型，这导致设计和制造中信息处理的中断，人为干预量大。数据重复处理和数据冗余的后果，大大降低了计算机辅助技术带来的总体效益。同时由于设计思想和设计习惯的不同，国外的船舶专业设计软件在国内的推广和利用也始终无法令人满意，而且若只依赖国外软件，将无法开发出符合我国船舶设计生产习惯的设计技术。目前，国内各研究单位都加快了自主研发的速度，国内环境急需适应自己技术习惯的数字化设计产品。

以第五阶段为目标的业界内的软件系统各有所长，也各有所短，尚无完全符合船舶行业要求的完整的解决方案。或者说这些软件都注重于某一方面功能的应用，没有把这些新技术集成起来，大多在设计行为的快速性、协同性、设计各阶段之间模型的继承和可回溯性等方面存在问题。

9.1.3　常用的船舶 CAD 软件

1.Tribon

Tribon 软件集计算机辅助设计与制造（CAD/CAM）、信息集成（MIS）于一体，总体上 Tribon 系统可分为船体设计、舾装设计、系统管理及维护三大部分。该软件是一个出色的集成系统，也是一个庞大的系统，它具有许多其他系统所不具备的优点。Tribon 推出的新版本较过去添加了很多新的功能，如在设备选择、合同设计等方面的功能。Tribon 是模块化设计软件，每一个模块都是由造船专家与软件设计人员共同开发的。它包括的模块有生产设备、船体、管子、设备、基座、风道、电缆、铁舾装、内装等。

但是 Tribon 所有的菜单及功能都是围绕造船而设计的，其他功能几乎没有。因此，它的优势就是专业化强、针对性强、涉及造船设计的各专业、系统比较紧凑。它的劣势是专业应用面窄，功能局限性很大，解决特殊问题的能力很差，数据库开放性差。由于系统的设计人员大多是造船专家，因此整个系统三维图形拓扑的造型能力差，许多特殊拓扑图形的造型问题不能得到很好的解决。Tribon 系统在全世界有 240 多个用户，国内有 20 余个。我国引进 Tribon 系统每年仅维护费用就超过百万美元。我国使用该设计软件系统的公司有广船国际有限公司、江南造船（集团）有限责任公司等。

2.NAPA

NAPA 公司最先在船舶设计软件中采用 3D 技术，并在船舶初步设计和基本设计阶段提出了 3D NAPA 船舶模型的概念，这一概念已得到广泛认同。利用 NAPA Steel，可以在较短时间内迅速完成结构初步设计和重量、成本计算，生成可供送审的技术文件和图样，并根据需要生成结构有限元计算所需的网格模型。NAPA 提供了许多软件与 NAPA Steel 之间的接口，如 Tribon Hull 和 Napas-Cadmatic，以及其他一些典型的经常使用的船舶设计系统。其中与 Tribon 之间的接口可以实现曲线的转换、表面的转换、图的转换等。

3.CADDS5i

CADDS5i 是 PTC 公司针对船舶、航空、航天行业推出的产品，空中客车、劳斯莱斯、波音公司 BAE 系统、洛克希德马丁、美国联防公司、中国的中船集团等约 2 000 个客户已经成功地应用了这套解决方案。该产品在世界造船市场的份额为 15%。软件主要包括船体、管系、舾装、电力、空调通风系统等几大模块。船体模块主要进行船体结构辅助设计，可输入、输出全部船体制造所需的数据。管系施装模块则提供了管系设计和制造所需的所有工具，包括 3D 管系布置。空调通风模块所提供的工具具有开发大型热力、通风与空调系统及其结构的能力，并为制造输出数据。电气系统模块提供的功能可支持船舶电气系统的开发，其中包括布线示意图、3D 电缆通道网络、3D 布线以及电缆通道支撑结构，设计人员从可用于船舶系统的设备和电缆库中进行选择，来创建示意图。

国内有部分船厂使用 NAPA 软件进行详细设计，使用 Tribon 做生产设计，而 CADDS5i 可以很好地与这些软件进行互通。目前，在我国该软件已在江南、大连、辽南、武昌、长江船舶设计院使用。

4.FORAN 专业造船系统

FORAN 专业造船系统是西班牙 SENER 工程系统公司研发的。作为进入中国造船领域的新贵，FORAN 是一款包含船舶设计所有专业、覆盖船舶设计全过程的全面而完整的软件，为造船的全过程提供了集成化的整体解决方案。50 多年来，SENER 设计的船舶已超过 1 000 艘。但其进入中国市场的时间不久，目前拥有中船重工 701 所、爱克伦（中国）集团船舶及海洋工程技术中心、江苏科技大学、哈尔滨工程大学等用户。

FORAN 彻底解决了 Tribon 软件初始化数据不能共享、数据库维护及管理不便、拓扑关系不能动态更新的弊病，真正实现了三维可视化总体设计、2D 与 3D 之间无缝转换、仿真功能，高效、可靠。同时 FORAN 是唯一考虑研发中文版的通用造船软件。目前，部分模块已有中文版，软件操作上也尽量考虑中国船舶设计的行业习惯。

5.CATIA 软件系统

CATIA 是主流的 CAD/CAE/CAM 一体化软件，隶属于法国 Dassault System 公司。现在的 V5 版本应用于 UNIX 和 Windows 两个平台，功能强大，广泛应用于航空航天、汽车制造、造船、机械制造等行业，它的集成解决方案覆盖所有的产品设计与制造领域，全球用户超过 13 000 个，目前国内船舶行业的主要客户是广州文冲船厂和烟台来福士船厂。使用 CATIA 进行船舶三维设计，取代了传统的二维设计。其提供的主要功能如下所述。

（1）为船厂提供系统级的解决方案。国内造船业的特点是船舶种类繁多，批量小，这样就加大了设计、制造和管理的难度。同时，从产品全生命周期的角度来讲，一艘船交付以后的所有维护费用，应该是造船成本的 3~4 倍，在几十年的运营周期里随时面临着维护的问题。CATIA 软件系统提供了这种功能，帮助船厂提高在造船行业特别是民船市场的竞争力。

（2）DMU 电子样机功能推动生产力的提高。DMU 电子样机与 CATIA 共同构成 PLM 系列的产品 DELIMIA，它采用新一代的虚拟仿真技术，在计算机上完全实现设计、制造全部流程，可直接观测到制造结果，可对不合理的地方及时修改，达到全生产过程的最优。

（3）支持不同应用层次的可扩充性。CATIA V5 对开发过程、功能和硬件平台可以进行灵活的搭配组合，可为产品开发链中的每个专业成员配置最合理的解决方案；允许任意配置的解决方案，可满足大中小型船舶企业的需要。

（4）内核与操作平台的选择。CATIA V5 是在 Windows NT 平台和 UNIX 平台上开发完成的，并在所支持的硬件平台上具有统一的数据、功能、版本发放日期、操作环境和应用支持。CATIA V5 在 Windows 平台的应用可使设计师更加简便地同办公应用系统共享数据；而 UNIX 平台上 NT 风格的用户界面，可使用户在 UNIX 平台上高效地处理复杂的工作。

（5）可视化程度高，易学易用。

上述提及的几款软件各有其优势和不足之处，可根据所要完成的设计任务来选择使用。

9.1.4　船舶 CAD/CAM 的国内外发展现状

20 世纪 70 年代中期，计算机技术被应用到船舶数学放样和数控切割两个领域，船舶设计建造的 CAD 从此起步；80 年代，计算机技术的应用逐渐向辅助船舶设计/制造/分析（CAD/CAM/CAE）领域拓展；90 年代至今，先进的造船国家纷纷将计算机集成信息管理系统（CIIM）、计算机集成制造系统（CIMS）以及船舶虚拟设计和制造仿真作为重要的研究方向，开发造船数据的连续搜集与全生命周期支持系统（Continuous Acquisition and Life-cycle Support，CALS）。

近年来，日本各大造船企业在引进计算机先进技术、提高船舶三维自动化设计方面狠下功夫。三菱重工引进 Tribon 公司船舶自动化设计系统的同时，又引进并开发了 MATES 系统；IHI 联合造船开发了名为“紫阳花”的设计信息自动化系统；三井造船开发了 MACISS 设计自动化系统；川崎造船在 Tribon 系统的基础上，采用川崎造船独有的专利技术，开发了新的智能化的 K-KARDS 自动化设计系统。韩国引进了日本的造船技术和管理模式，建立了 CIMS，随后又引进 CALS 系统，大力开展了有关敏捷制造和电子商务等方面的研究，力争建立起“虚拟造船企业”。韩国三星重工正式启动“数字化造船”系统的发展计划，该系统汇集了目前的造船经验和数字化信息技术，可在虚拟环境下模拟和检查整个造船过程；现代重工正在新建因特网采购系统 HIPRO，利用互联网将现代重工、现代尾浦造船公司、三湖重工的采购集中于一个采购系统中。

此外，挪威船级社设立了世界上第一家虚拟船厂，其主要工作是在数字平台的基础上，输入数千条船的信息，使船东和船厂更方便地获得相关信息。他们拟开发三维图形模型来建立产品数据模型，使之涵盖船舶全生命周期的所有信息。日本造船协会正在建立虚拟造船企业，供全日本的船厂使用，向其提供设计、生产和物资采办。在一个公共信息交换数据库和网络上，可紧密地联系船厂和供应商。美国正在建立船舶设计、建造和全生命周期管理信息的产品数据模型，为实现虚拟造船，正在开发造船过程的仿真计算机系统，通过模拟建造过程来确定建造成本和建造工时。

20 世纪 90 年代初，我国造船业引进了国外三维 CAD/CAM 系统，对提高我国船舶设计效率和设计质量起到了积极作用。90 年代中后期，我国大型船厂通过引进国外先进的设计、管理软件系统（如 Tribon，CADDS 等），并结合自身情况进行深层次辅助（或自主）开发等方式，使造船数字化进程有了较大的发展。上海沪东中华造船（集团）有限公司提出了“数字沪东”的口号，企业在多年 CAD/CAM/MIS 开发应用的基础上，引进瑞典造船 Tribon 系统，以自我研发为主，建立了企业信息化系统 HDS-CIMS，同时正在继续开发后续模块。上海外高桥船厂全面实施 CIMS 系统的一期项目，其中包括购买一套由 HANA-IT 公司开发的 CIMS 系统；广州广船已在使用一套由原国家经贸委支持开发的 GSI-SCMIS 一期系统，目前正在实施以 SPDM

为核心的 GSI-SCMIS 二期系统；江南造船厂正着手开发与实施名为“e 江南”的企业信息化系统。

我国船舶设计和制造企业目前主要应用 AutoCAD、Tribon 和 CADDS5i 等，以及自主研发的软件系统。AutoCAD 主要用于船舶设计的二维制图；Tribon 系统相对封闭，还无法实现船舶设计全过程的集成；CADDS5i 没有初步设计功能。同时，这些软件由于系统异构的原因，系统间无法实现数据的全过程转换，导致各设计阶段信息传递不畅和复用性差，各软件之间孤岛现象严重，系统集成工作量大且较困难，使设计所和造船厂无法实现数据共享，影响了船舶建造周期。

目前的船舶 CAD/CAM 系统，不论是主流的 CADDS5i、CATIA，还是专业的 Tribon、FORAN 系统，没有一个能够全面满足造船设计与制造技术发展的需要。

因此，国内外对此开展了广泛的研究，国内主要对使用 AutoCAD 开发船体主要结构三维实体模型进行研究，包括船体结构建模中的数学模型、零件标准库、几何算法等关键技术；对基于 CADDS5i 的建模进行研究，包括船体曲面设计、肋骨线型设计、外板展开设计、基本结构图设计、甲板板架设计等；开发从船舶设计阶段到建造阶段的通用软件系统，系统分为 Design Function，Cutting Function，Assembling Function 三个模块以及评估体系，用来得到费用等信息；基于 CIM 系统建立其子模块 VPS（Virtual Product System）和 H（Hull）及 F（Fittings）系统，VPS 在早期设计阶段利用参数快速建立船体结构模型并被用于初级阶段的 CAE 系统。

结合现代造船模式和虚拟设计技术的特点，一些学者提出了一个船舶虚拟设计系统框架，并对其关键技术进行了研究和探讨，在此基础上，基于 3D 通用软件和设计方法，研究了船舶初始化设计阶段的结构构件模型建立方法，提出构件关联建立的思想，可进行简单操作建立结构构件。

CAD/CAM 技术是当前科技领域的前沿课题，它的发展和应用使传统的产品设计方法与生产模式发生了深刻的变革，从而带动制造业技术快速发展，它已经并将继续产生巨大的社会经济效益。

9.2 船舶设计可视化技术与虚拟设计

9.2.1 可视化概述

科学计算可视化（Visualization in Scientific Computing，VISC）是当前计算机学科的一个重要研究方向，这一科学术语正式出现于 1987 年 2 月美国国家科学基金会召开的一个研讨会上，研讨会发表的总报告给出了科学计算可视化的定义、覆盖的领域以及近期与长期的研究方向。这次会议之后，美国、西欧、日本的各著名大学、研究所、超级计算机中心、各大公司纷纷进行科学计算可视化理论和方法的研究，在重要的国际计算机图形学会议上发表论文，科学计算可视化成为一个热点问题。从 1990 年起，美国电气与电子工程师协会（IEEE）计算机学会计算机图形学技术委员会开始举办一年一度的可视化国际学术会议。

自 1995 年开始，IEEE 汇刊中又增加了一种刊物“IEEE Transactions on Visualization and Computer Graphics”。与此同时，国外的许多研究所及大公司着手开发用于科学计算可视化的软件系统，并将其形成商品推向市场。如美国 Stardent 计算机公司推出的 AVS 系统（Application Visualization System)，美国俄亥俄州超级计算机中心开发的 apE 系统，德国达姆斯达特 FHG-AGD 研究中心开发的 VIS-AIS 系统等。经过十几年，科学计算可视化理论和方法已经在国际上蓬勃开展起来并开始走向应用。这标志着科学计算可视化作为一个学科已经成熟，它的应用遍及所有应用计算机从事计算的科学与工程学科，并且获得了巨大效益。

船舶工程领域是最早应用计算机的领域之一，计算机技术的开发与应用彻底改变了传统的船舶设计和建造方式，它是当前国际造船市场激烈竞争的主要关键技术，是衡量一个国家造船现代化水平的重要标志之一。世界新技术革命的迅猛发展，对交通航运事业产生了重大的推动作用，各种新船型和高技术、高附加值船舶不断出现，面对激烈的市场竞争、各种新船型的出现和船舶复杂程度的提高，如何提高船舶设计建造质量、缩短周期、减少成本是当前造船技术先进国家面临的共同问题。从世界各造船强国先进设计技术的现状和发展来看，将可视化技术应用于船舶设计的各个阶段已成为先进技术的主流和发展方向，由此来提高船舶设计产品的成功率，降低耗费，提高船舶产品的生产竞争力。

1. 科学计算可视化的含义

科学计算可视化是指运用计算机图形学和图像处理技术，将科学计算过程中的数据及计算结果转换为图形及图像在屏幕上显示出来并进行交互处理的理论、方法和技术。它的基本思想是从准备数据、实施计算到表达结果都用图形或图像来完成或表现，最后结果还可以用具有真实感的动态图形模拟来描述。

科学计算可视化将图形生成技术、图像处理技术和人机交互技术结合在一起，其主要功能是从复杂的多维数据中产生图形，也可以分析和理解送入计算机的图像数据。它涉及计算机图形学、图像处理、计算机辅助设计、计算机视觉及人机交互技术等多个领域。图 9-1 说明了科学计算可视化中各相关技术的关系。

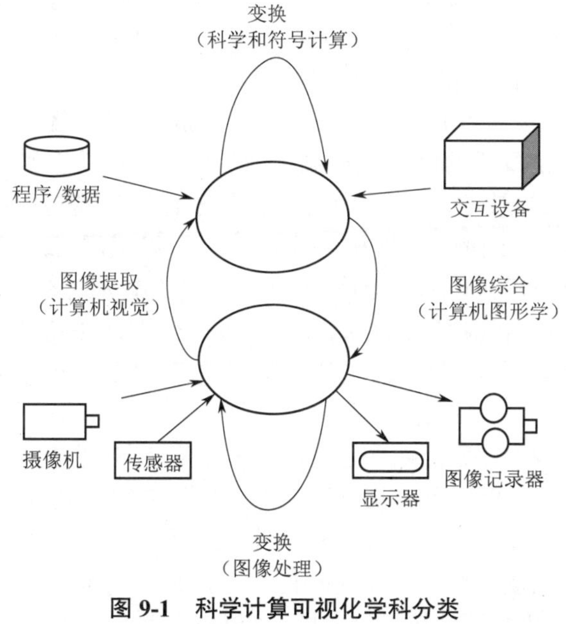

图 9-1　科学计算可视化学科分类

图中上部椭圆图形表示符号和结构信息，它可以用交互设备输入，也可从存储介质中取出，当然，也可以由其他的符号、结构信息变换而来，这就是科学计算本身。图中下部椭圆图形表示图像和信号，它可以用摄像机录入，也可以由其他的传感器输入，并以多种硬、软拷贝的形式输出。当然，也可以由其他的图像和信号变换而来，这就是图像处理本身。符号和结构信息通过图像生成技术，也就是计算机图形学，转换为图像；同时，图像和信号也可以通过计算机视觉转换为符号和结构。从图 9-1 可以看出，科学计算可视化是一门与多个技术领域有关的交叉学科。

2. 科学计算可视化的重要意义

科学计算可视化的形成是当代科学技术飞速发展的结果。它首先是为了高效地处理科学数据和解释科学数据而提出并形成的。如随着计算流体力学（CFD）的出现，人们可通过求解流场中的一些基本方程（如 N-S 方程、Euler 方程）的数值解来了解流场的运动规律。由于计算机技术不断发展，CFD 研究中的数值算法改进，网格划分技术提高，CFD 产生的解越来越庞大，它常常由定义于十万甚至百万个点的若干物理量组成。面对这样大量的数据，只有借助科学计算可视化技术这样的有效工具，才能发现其中的内在规律。

其次，科学计算可视化是由于目前信息交流手段贫乏而提出的。人类一直缺乏有效的交流视觉信息的手段，现代科学提供的很多信息（如分子模型、流体流动仿真、飞行仿真、舰船运动仿真等），必须借助可视图像才能进行交流，这种交流不仅包括科研人员之间的可视信息交流，而且包括人们与数据之间的可视信息交互操作。

科学计算可视化是帮助科研人员驾驭计算过程的一种十分有用的工具。人们在利用计算机进行计算时，不仅要对最终结果数据进行分析，而且希望能对计算的中间结果进行解释，希望能对整个计算过程进行近实时的控制，例如改变其参数、调整其表示的分辨率及视觉效果等。通常可以采用两种技术：一种称为交互视觉计算，它是一种允许研究人员在计算过程中通过调整结果的可视表示与计算数据进行交互的计算过程，进而实现导向计算，即研究人员能驾驭（动态调整）计算过程；另一种称为即时视觉反馈，它可以帮助研究人员及时获取科学计算内在的本质关系，及时发现非正常现象与错误等。

推动科学计算可视化这一新的研究方向发展的因素，除了上述基于科学研究与计算的本身因素之外，另外一个非常重要的因素是提高工业界的竞争能力。科学计算可视化为从事大规模科学计算提供了极为有效的工具，这种先进的科学计算工具对促进基础领域研究和工业技术发展提供了强劲的技术手段。工业发达国家或地区，如美国、日本及欧洲的一些国家都非常重视科学计算可视化技术的研究，美国从 1992 年开始实施为期 5 年的开发超级计算机的国家计划（HPCC），后来研制出每秒运行万亿次的超级计算机，以解决一系列无法解决的难题，如气象模型、湍流、大气污染的扩散、人类基因、海洋环流、半导体模型、超导体模型、视觉与认知科学等等。

科学计算可视化可以将计算结果用图形或图像形象、直观地表示出来，许多抽象的、难以理解的原理和规律变得容易理解，许多烦冗而枯燥的数据变得生动有趣，因而科学计算可视化的实现将极大地促进教育手段的现代化，有利于教育质量的提高。

总之，科学计算可视化技术将极大地提高科学计算的速度和质量，使科学研究工作的面貌发生根本的变化。随着计算机硬件技术的发展，CPU 速度提高，内存容量、磁盘空间等不断增加，许多重要图形生成及图像处理算法均可用硬件实现，速度大大加快，形象直观地显示科学计算的中间结果及最终结果并进行交互处理已经成为可能。

船舶总体设计包括总体布置、船型生成、结构设计、性能计算等几个方面的工作，这些方面的工作从根本上决定了船舶的技术经济性能，必须考虑保证船舶在满足使用要求的前提下具有良好的航行性能和安全性能，如何提高这些方面工作内容的设计水平，随时对其进行有效的评估与控制，是一项非常重要的研究内容。可视化设计方法为解决这类问题提供了有效工具。如在船型设计中，通过采用可视化的三维设计技术，能够很快生成满足技术要求的船体外形曲面，并进行曲面光顺检查。在船舶流体动力性能评估中，通常的做法是将设计的船舶模型放在各种实验水池进行物理模拟实验，根据实验结果修改设计，而通过可视化技术可以在计算机上建立船舶的几何模型，进行流体动力学的模拟计算，将计算结果在屏幕上动态地显示出来，例如，可以表示出流速、流向、涡流、冲击波、尾流及湍流、压力分布等。在船舶结构设计中，有限元分析方法已经被广泛应用，而在有限元分析中，需要应用可视化技术实现形体的网格划分及有限元结果数据的图形显示，并根据分析结果实现网格划分的优化，使得计算结果更加可靠和精确。在船舶总体布置设计中，通过采用可视化的三维设计技术和虚拟现实技术，能够进行布置方案的优化设计。因此，在船舶设计过程中，各个阶段都涉及可视化技术的应用，而且将可视化技术应用于船舶设计中，无疑对提高产品的设计质量、缩短设计周期、节约设计成本具有重要的意义。

9.2.2　可视化模型及其研究内容

1. 可视化模型

科学计算可视化实质上是科学研究过程中的计算机辅助后置数据处理部分，其目的是为研究人员提供一种可视的分析手段。通常，研究一种物理现象时首先要建立一个物理模型，然后将其转换为数学模型，据此提出计算模型送计算机计算（计算机模拟），计算机模拟结果数据经可视化处理转换为可视图形（图像）信息提供给科研人员做分析研究，进而验证物理模型的正确性，总结出物理现象的内在规律。这种基于可视分析的研究模型可用图 9-2 表示。

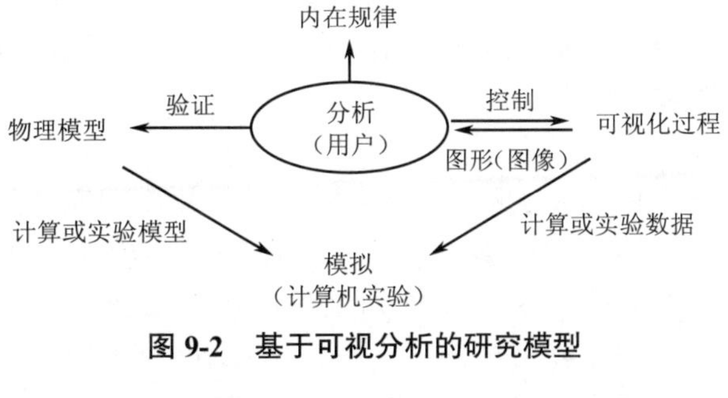

图 9-2　基于可视分析的研究模型

由图 9-2 可见，可视化过程包含两类输入：其一是来自模拟阶段（计算或实验）的数据；其二是来自分析阶段产生的控制可视化过程的指令。可视化过程的输出为可视的图形（图像）信息，供分析使用。可视化过程（将来自模拟阶段的数据转换为图形（图像）可视信息的过程）可以进一步细化为数据预处理、可视化映射、绘制和显示四步。

1）数据预处理

数据预处理的功能是对模拟阶段（计算或实验）所产生的原始数据进行规范化处理等操作，包括数据生成和数据的精练与处理，以便形成可用的应用数据。其中，数据生成是指由计算机数值模拟和实验/测量仪器产生数据。计算机数值模拟的结果形成数据文件。计算机模拟可产生的数据包括数值数据、几何数据（几何造型）与图像数据（位图）；科学实验/测量仪器产生的数据包括数值数据和图像数据（照片、扫描仪输入点阵数据）。数值数据又称属性数据，用来表示温度、速度、强度等，属性数据通常可划分为标量、矢量和张量形式，是可视化技术应用研究人员最关心的数据。属性数据有时也可能与几何数据有联系。几何数据用来表示对象的形状，包括点、线、多边形、曲面等，通常由几何造型软件定义或生成。几何数据是一类独立变量，有时与其表示对象的属性联系在一起，如飞机机翼及其表面温度分布，温度分布通常用不同深浅的各种颜色来表示。图像数据通常以点阵数据（位图）形式表示，例如：卫星遥感图像数据、医学图像数据或者计算机生成的光栅扫描图像数据，等等。

由计算机模拟或科学实验获得的原始数据，一般不能直接输入可视化功能处理模块，通常需对其进行必要的变换处理。对原始数据进行变换处理的功能包括：数据规范化处理，滤波处理，平滑处理，网格重新划分，坐标变换，几何变换，线性变换，分割与边缘检测，特征检测、增强和提取，查色表操纵和特征映射，等等。

待处理的数据量大是可视化技术的特点之一，采用数据压缩技术是解决这一问题的技术途径之一。近几年来，数据压缩算法与标准化，以及数据压缩专用集成电路与专用硬件等的发展十分迅速，已成为目前的研究热点。

数据量过大的原始数据需要加以精练和选择，以适当减少数据量。对原始数据的精练和选择，既要减少数据量，又要最大限度地减少有用信息的丢失。相反地，当数据分布过分稀疏而有可能影响可视化的效果时，需要进行有效的插值处理。这一步中最常见的处理方法是消除噪声、参数域变换以及法向计算等。因为原始数据中一般不会包括数据点所在处的法向，而这又是在后续步骤中需要用到的，因而需要预先计算出来。

2）可视化映射

可视化映射是整个流程的核心，其含义是将经过处理的原始数据转换为可供绘制的几何因素和属性。这里，“映射”的含义包括可视化方案的设计，即需要确定在最后的图像中应该看到什么，又如何将其表现出来，也就是说，如何用形状、光亮度、颜色以及其他属性表示出原始数据中人们感兴趣的性质和特点。

3）绘制

绘制是将几何数据变换成图像数据，将第二步产生的几何因素和属性转换为可供显示的图像，所用的方法是计算机图形学中的基本技术。众所周知，成熟的计算机图形学理论和方法提供了丰富的绘制算法可供可视化技术利用，包括扫描转换、隐藏面的消除、光照模型、明暗处理、透明与阴影、纹理映射和反走样技术等。在图形工作站上，可以借助已有图形软件包及图形硬件完成以上功能。一般来讲，计算机图形学提供的绘制方法基本上可满足可视化技术中绘制模块的需要，因此绘制功能的研究不是可视化技术的核心问题。

4）显示

显示包括图像的几何变换、图像压缩、颜色量化、图像格式转换以及图像的动态输出等。

图 9-3 给出了可视化流程。其中，数据变换模块分为两类，即滤波模块和映射模块。滤波模块的功能是完成数据在同一语义层内的变换，映射模块的功能是完成数据在不同语义层之间的变换。

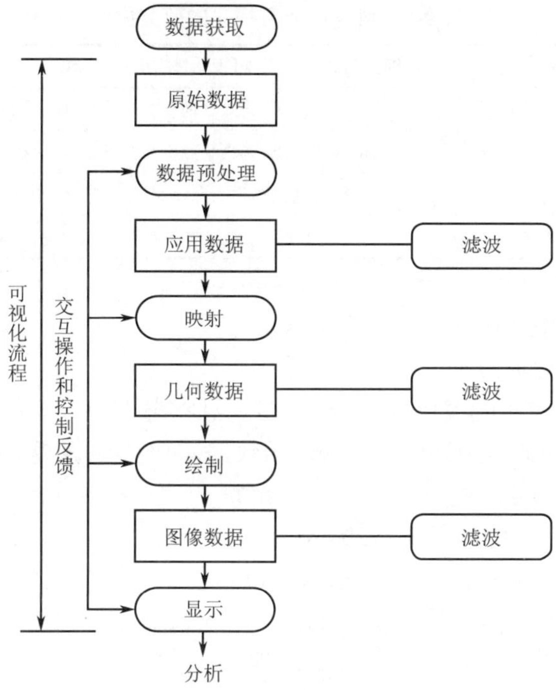

图 9-3　可视化流程图

图 9-3 还给出了用户对可视信息(图像)分析后做出的反应,即交互操作和控制反馈命令。在可视化系统里,用户与系统的交互操作可分为四类:配置交互、控制参数交互、数据交互和语义交互。其中,配置交互的主要功能是用户通过交互方式选择数据变换模块,如滤波模块、映射模块、数据预处理模块或显示模块,构成适用于特定应用的可视化流程。控制参数交互的主要功能是用户可以修正可视化流程中给定的数据变换模块的控制参数,获得所需的数据、视图或不同的颜色编码。数据交互的主要功能是用户通过指定图像数据(像素或像素子集)来标识或选择该像素(或像素子集)所对应的数据。此类数据交互操作的目的是详细检查像素所对应的数据,或对其重新造型或重新模拟计算。语义交互的主要功能是为了实现上述数据交互,即由图像数据确认其对应的数据,可视化流程中各数据变换模块都应配备其反向模块。语义交互操作用来选择交互反向模块。

以上给出了一个完整的可视化流程。然而,实际的可视化系统与图 9-3 的流程相比较,往往存在一些不同之处。例如,因原始数据不同,一些常见的可视化系统可能省略数据预处理模块,或将部分数据预处理模块的功能与映射模块功能合并在一起。此外,如果原始数据不仅包括物理属性数据,还包括几何造型数据或扫描仪输入的图像数据,那么,一种可能的可视化流程是将图 9-3 中的“映射”和“绘制”模块合并成为“映射与绘制”模块。

2. 可视化技术的研究内容

如前所述,科学计算可视化是一门交叉学科,它的研究内容可分为两大部分,即可视化工具研究和可视化应用研究。表 9-1 列举了科学计算可视化的研究内容。

表 9-1 科学计算可视化的研究内容

科学计算可视化研究内容	可视化工具研究	硬件平台	可视化计算机体系、可视化输入/输出设备(包括人—机交互设备)、高速网络应用
		参考模型研究	数据预处理模块、映射模块、绘制模块、显示模块
		软件系统研究	可视化软件系统结构、函数库与标准化、人—机交互功能、远程可视化支撑软件
	可视化应用研究	自然科学研究	分子构模、医学图像、脑结构与功能、地球科学、空间探索、天体物理
		工程技术领域	计算流体动力学、有限元分析、CAD/CAM 等

科学计算可视化可按其功能分为三个层次。

1)科学计算结果数据的后处理

这一层次将计算过程和可视化过程分开,在脱机状态下使计算的结果数据或测量数据实现可视化。由于不要求实时地用图形、图像显示数据,因而这一层次的可视化功能对计算能力的需求较下面两个层次要低一些。

2)科学计算结果数据的实时处理及显示

科学计算结果数据的实时处理及显示即在进行科学计算的同时,实时地对计算的结果数据或测量数据实现可视化。这一层次的功能较上一层次需要更强的计算能力。

3)科学计算结果数据的实时绘制及交互处理

在这里,绘制(Rendering)指的是由物体的几何模型生成屏幕图像的过程。这一层次的功能不仅能对数据进行实时处理及显示,而且如有必要,还可以通过交互方式修改原始数据、边界条件或其他参数,使计算结果更为满意,实现用户对科学计算过程的交互控制和引导。很显然,这一层次的功能不仅要求计算机硬件具有很强的计算能力,而且要求可视化软件具有很强的交互功能。

为了实现这三个层次的功能,科学计算可视化所涉及的主要技术问题如下。标量、矢量和张量场的显示;数据场和流场的动态显示;多参量数据场的显示;模拟和计算过程的交互控制和引导;面向图形的程序设计环境;工作站与超级计算机联网使用;用于图形生成和图像处理的并行算法;用于图形生成和图像处理的特殊硬件结构;传输图像的高带宽网络和协议;虚拟现实技术在科学计算可视化中的应用等。

很显然,在上述问题中,数据场的可视化是科学计算可视化的核心问题。而科学计算结果所形成的数据场往往是三维空间数据场,即数据值均一一定义于空间某几何位置。工程计算的结果数据及测量数据也具有这一性质。因而,科学计算可视化的核心问题是三维空间数据场的可视化问题。

9.2.3 可视化技术现状及其在舰船设计中的应用

1. 国外科学计算可视化现状

近十年来,在美国、德国、日本等发达国家的著名大学、国家实验室及大公司中,科学计算可视化的研究工作及应用实验十分活跃,其技术水平正在从后处理向实时追踪和交互控制发展,并且已经将超级计算机、光纤高速网、高性能图形工作站及虚拟现实四者结合起来,体现出这一领域技术发展的重要方向,下面介绍两项在科学计算可视化方面比较著名的成果。

1）分布式虚拟风洞（Distributed Virtual Wind Tunnel）

这是美国国家宇航局艾母斯（Ames）研究中心的研究成果，该项目用一台超级计算机进行飞行器的流体力学模拟计算，计算结构的可视化在两个虚拟现实（Virtual Reality）环境中实现。每个虚拟环境包括一台工作站、一个头盔显示器、一副数据手套及一个投影屏幕，它们都与超级计算机相连。这一分布式虚拟环境可用来观察飞行器的流体力学模拟计算结果，如三维不稳定流场等。两个人在这一环境中协同工作，每人可在一个环境中从不同视点和不同方向观察同一个流场数据，而其他人则可以在两个投影屏幕上分别看到这两人在各自的虚拟环境中看到的图像。

2）大气及流体可视化软件（Pathfinder）

这是美国国家超级计算机应用中心（National Center for Supercomputer Application, NCSA）的研究成果，Pathfinder 通过多个相联系的模型，在交互及分布环境下研究暴风雨的形成规律。安装在 NCSA 的超级计算机 CRAYY-MP 进行模型计算，位于 320 km 外的 SGI 公司的 VGX 工作站则用来实现二、三维图形显示，提供用户接口，二者之间用网络连接。

2. 科学计算可视化的应用正在兴起

在发达国家，科学计算可视化的应用正在兴起。一方面，已经有了商品化的通用的科学计算可视化软件系统；另一方面，也有不少专用的科学计算可视化软件。

1）通用的科学计算可视化软件系统

比较著名的有美国 Stardent 计算机公司开发的 AVS、SGI 公司开发的 IRIS Explorer 以及俄亥俄州超级计算中心开发的 apE 系统等。

由于科学计算可视化的应用领域非常广泛，输入数据的大小和格式各不相同，对输出图像的要求也千差万别，而且科学计算工作者往往不熟悉计算机软件的开发，因此，这些通用的可视化软件一般采用开放式体系结构，使系统功能很容易扩展，以满足各种不同的可视化应用领域的需求。

以 SGI 公司的 IRIS Explorer 系统为例，该系统提供了功能丰富的模块库，共有 102 个标准模块，包括读入/生成数据模块、数据转换模块、几何图形生成模块、图像绘制模块、图像处理模块及输出模块等。每个模块都有相应的参数控制板，供用户调节模块的运行参数。用户可以从模块库中选取自己所需要的模块，用系统提供的流图编辑器（MapEditor）将这些模块在屏幕上连接成流图。由于系统采用的是数据驱动模式，流图规定了各模块之间的输入输出关系及数据的流向，因而形成一个可执行文件，即可对输入数据进行可视化处理。如果现有的模块库尚不能满足用户的要求，用户可根据自己的特殊需要用高级语言编写新的模式，通过系统提供的模块包装工具将其转换成具有 IRIS Explorer 标准格式的库模块，放入模块库中使用，因而该系统具有良好的可扩展性。

AVS 的基本原理与 IRIS Explorer 相似，但是它可以在超级计算机、多种类型的图形工作站以及微型计算机等多种不同的硬件平台上运行，因而具有更强的通用性，但价格也较昂贵，IRIS Explorer 只能在 SGI 公司的图形工作站上运行。

2）专用的科学计算可视化软件

专用的科学计算可视化软件有很多，在此仅举两个例子。

（1）医学图像可视化系统。在国外，已经有了可以显示三维医学图像的商品化系统。有的是一个独立的系统，例如加拿大的 Allegro 系统，它可根据用户需要，与不同厂家的 CT 扫描设备或核磁共振仪相连接。有的则是这类医疗设备的一个组成部分,例如,以色列艾尔新特公司(Elscint Ltd.)、美国通用电气公司(GE)生产的螺旋CT扫描设备均附有基于图形工作站的医学图像可视化系统。将多层CT扫描图像和MRI图像输入计算机以后,该系统可以沿三个方向逐帧显示输入的图像,用不同方法构造三维形体,并可以对三维图像由外向内按层剥离或做任意位置的剖切以观看内部结构,也可以随着鼠标器的移动做实时的平移、旋转、放大或缩小。此外,该系统还有测量距离、计算体积等功能,很显然,具有如此强大功能的三维医学图像系统将给诊断和治疗提供极大的方便。

(2)气象数据可视化软件TRITON。这是德国科学院计算机图形学研究所(FHG-IGD)与德国气象局合作开发的一个软件,已用于日常的天气预报。这个软件具有观察当前的气象状态,分析过去的气象现象,根据模拟计算数据产生预报气象的录像带等功能。这些录像带已用于德国几个电视台日常的气象预报。这一软件可以用几种不同的插值方法对稀疏的原始数据进行插值;可以对数据做交互编辑以改正模型中的错误;当显示气象数据时,可显示出相应的陆地和海洋信息。这一软件中的动画模块可以生成图像序列,显示动态图像并将其记录在录像带上。这一软件在技术上的最大特点在于用分形技术生成云雾。气象工作者可以用交互方式定义诸如对比度、平均密度、粗糙度、粒度等关于分形的参数,使得所生成的云雾图像与自然界的云雾看起来非常接近。

3. 可视化技术在舰船设计中的应用

1)造型设计

舰船设计是比较典型的三维设计问题,随着计算机硬件技术的发展,运行速度成倍提高,在舰船CAD中采用可视化三维设计的比例正在逐步增加,其优越性也在逐步得到体现。世界上著名的船舶CAD软件,如CADDS5、INTERCRAPH、Tribon、FORAN等都在不同程度上采用了三维设计。为适应产品设计和生产一体化、生产组织集成化的要求,新一代的造型设计方法——特征造型方法应运而生。它具有形状和功能两种属性,不仅包含传统的几何造型方法所具备的较完善的产品几何描述能力,还着眼于表达产品的完整技术、生产管理信息和产品集成模型。运用特征造型的设计思路与传统的CAD完全不同,设计一开始就是在三维环境下进行的,首先是建立三维模型,然后进行装配或布置,二维图形可以通过三维模型的特征置换或通过投影视图的方式获得。这种设计的优点是:形象、直观,方便与用户交流;有利于减少设计与图面错误;直接包含设备、构件的质量与位置信息,设计过程中可以随时统计出质量、设备和材料信息,提高了设计的精确性。

舰船造型设计包括总体外观造型、船体曲面造型、船体结构造型和舰船设备造型,其设计系统是一个集线框造型、曲面造型、实体造型于一体的特征造型系统。

(1)总体外观造型:主要用于船舶方案设计的方案构思阶段,用三维实体形象地描述舰船总体布局及外观形状、协调感与时代感,这是手工设计或二维设计难以做到的,总体外观造型主要包括甲板面、甲板室、桅杆、烟囱、设计水线以上船体、舱口等船体主要部分的造型。总体外观造型设计是船舶总布置、内外舾装设计的基础。

(2)船体曲面造型:是舰船结构设计与机舱设计的基础,采用曲线、曲面设计技术,根据已有船体型值表构造船体曲面或采用交互方式重新设计船体曲面,并进行光顺,可完成船体曲面实体的造型。利用该船体实体,可方便、准确地进行船舶静水力性能计算及作为水动力性能计算的基础,通过分舱进行舱容计算。船体曲面也是船体结构和机舱设计的周界。

（3）船体结构造型：包含结构布置和结构件造型两类功能。结构布置是以船体曲面为基础，通过建立布置构件的基准面同船体曲面相交的方式生成构件布置基准线，并可用式样复制功能进行批处理，方便、快捷，再根据强构件、普通构件、可见构件与不可见构件在图纸中表达方式的不同，进行型线设计，即可绘制构件布置图。结构件造型通常是以构件布置基准线为基准，通过调用型材截面库，进行肋骨、横梁、纵桁等构件的造型。一旦完成构件布置与造型，即可迅速地计算出质量、重心及骨材的材料清单。

（4）舰船设备造型：包括船舶内外舾装、轮机、电气等专业的设备造型，常用的设备造型方法有两种。一种是专用特征组方法，另一种是设备系列表方法，两种方法都要先建立母型设备。专用特征组方法是将母型设备定义为专用特征组，存放在专用设备库中，供设备布置时调用；设备系列表方法是将母型设备的各可变参数和特征在系列表中定义，将设备系列存放在设备库中，在布置时调用。

2）布置设计

布置与装配是计算机辅助舰船设计的基本功能之一，舰船总体布置、内外舾装、结构、轮机、电气都要进行相应的布置设计，在船舶布置设计中需要有使用方便、易于修改、易于体现设计人员的设计意图、能快速地进行布置的设计工具。在船舶设计中，布置与装配是密不可分的，二者的设计思想相同，但在使用中有所区别。一般意义上的船舶布置设计是指在船舶设计中根据任务书的要求，以规范为准则进行布局设计、各类设备和结构件的布置定位，并以此确定系统设备、结构与船体间的相对关系。装配设计的概念最初形成于机械设计中，就是指将一组待装配零件拼装成一个完整设备的过程，在船舶系统中某些相对独立的子系统、子结构模块的拼装就是这类设计思想的应用。当然在拼装过程中仍需要考虑各装配件合理的安装布置，所以说这些相对独立模块的装配同时也是模块内各种系统设备的布置安装过程。船舶设计中的布置与装配有其自身的特点，同一般的机械设计 CAD 的零部件装配比较是有区别的，比如船舶设备在布置上有自己的独立性，需要根据规范的要求，在设备与设备之间保持一定的间距。而机械零部件装配主要考虑的是各个零部件之间的相互配合。船舶设计中的布置与装配强调船体、结构、机电各专业之间的相互配合，强调设备布置后对干涉的检查校验，等等。将三维设计技术和虚拟现实技术应用于船舶布置设计中可有效地提高布置设计的质量和效率。

3）结构设计与计算

舰船结构设计的任务是在满足使用要求、设计规范的前提下，选择结构材料，确定构件的布置和尺寸，使船舶结构安全而经济。目前，可视化的计算机辅助工程技术已广泛应用于船舶结构各阶段的设计，提高了船舶规范制定技术、规范水平，改进了船舶结构设计手段、结构分析方法。基于计算机技术的有限元分析法，已广泛应用于船舶结构动力、静力分析计算，有限元法与可靠性理论相结合，有望成为船舶结构分析评估的标准方法。与传统设计方法相比，可视化的计算机辅助船舶结构设计有多方面的优点。

（1）设计绘图速度快，精度高，设计修改方便，设计进程加快，设计人员劳动生产率提高。

（2）利用三维实体造型技术，船舶结构设计不再局限于一个平面内，可进行空间全方位的结构设计，设计人员可方便检查各种设计效果。

（3）可实现较大结构范围的直接计算与优化设计，使结构材料使用更合理，结构更安全。

（4）船体结构质量、重心、钢料等都可直接从三维设计模型中计算求得。

（5）利用高效的有限元前后处理技术，极大地方便了船舶结构分析，使船舶各种受力状态、失效模式分析得以实现。

(6)便于多个设计人员分工协作、共享数据，实现船舶结构设计的并行；便于形成船舶结构资料库，实现工程数据的重复利用；可与其他 CAD/CAE/CAM 系统交换数据，为系统提供大量的生产建造数据。

4)船舶性能分析与计算

对船舶总体性能的研究方法有两种：模型实验方法，该方法是当前国内外造船界普遍采用的一种准确有效的方法；数值实验方法，即用理论计算或数值计算方法来展开研究，应用 CFD(研究液体流动和热传输问题的新方法)进行船舶流动数值模拟，将 CFD 应用于船舶水动力学计算，以便从阻力性能、推进性能、适航性能、操纵性能等方面综合评估船舶总体性能，实现对船舶水动力性能的理论预报。目前，基于 CFD 方法的三维数值计算软件被成功地开发并应用于船舶水动力性能分析和预报，在船舶设计建造部门得到愈来愈广泛的使用，已成为船舶水动力性能设计的有效工具。和船模试验方法相比，船舶 CFD 方法具有以下优点。

(1)不需要进行费时费力的系列船模试验。

(2)可以获取船模试验难以得到的流场细节，方便重复试验。

(3)可以便利地通过改变船型进行水动力性能比较，实现船型优化设计。

(4)可以直接用于实船性能预报，从而避免“尺度效应”的影响。

正因为如此，船舶 CFD 方法正在取代船模试验方法，成为新船型开发、设计的首要手段。

9.2.4 船舶虚拟设计

船舶工业是一个集诸多基础工业于一体的产业，它既是劳动密集型产业，又是技术密集型产业，舰船是各专业高科技产品的集成体。随着 CAD/CAM/CAE 技术的发展，它们被广泛地用于舰船研制过程，但至今商用软件系统仍难达到现代复杂的舰船装备研制工作要求的广度和深度，仍需要制作大量的物理模型、试验模型和实尺模型来对设计方案进行补充和验证。在保证满足舰船使用要求的前提下，如何提高设计建造质量、缩短研制周期、降低成本，是长期需要解决的课题。随着信息技术和计算机技术的发展，虚拟设计与制造仿真为解决这类问题提供了有效的手段，舰船虚拟设计与制造仿真研究的内容主要包括以下几方面。

1)基于 STEP 数据交换标准，建立全信息舰船数字模型(电子样舰)，实现电子样舰研制全过程的信息集成与共享

近几十年来，舰船设计与建造单位一直使用模型技术(比例模型件)来解决设计、工程及建造中的问题，成本高，研制周期长。三维计算机技术在近年来用于结构、管系等方面，最近在舾装、电气及内装等方面也有一定的应用。

电子样舰的主要特点如下。

(1)虚拟现实性：利用电子样舰，在项目审查会议或介绍中，相关人员可以非常容易地理解对象的各种特征，如舱室、设备布置、性能等。在讨论时，还可以在多种已有设计方案中方便快速地切换选择或比较。

(2)实时性：新的设想、新的空间布置和安排可以可视化表达，比图纸、素描或卡通方式更加方便、有效。一艘电子样舰可以放大投影在屏幕上，使船东、船厂代表、建造师、顾问及供应商等更直观地看到。可以按照会议人员指定的路线或根据预定路径在船中行走或飞行来观察全船设计。

(3)干涉检查便利性：空间使用情况的检查也可以在电子样舰中采用虚拟仿真软件来实现。这些仿真包括甲板操作、武备操作、逃生仿真、厨房操作等。

(4)设计多重交互性：不同的设计方案可以同时显示，以便于分析、选择。在审查会议中，可以随时修改布置、结构、设备等，大的更改也许需要隔夜完成。更改或不同方案的选择可以实时显示，这样使决策更为方便、可靠。

(5)训练和海战的虚拟化：电子样舰还可以通过虚拟浏览仿真器与虚拟战场模型联系进行仿真。

电子样舰的工程应用：电子样舰模型可以用来作为后续设计的基础，系统原理图也将在此模型中生成，其中包括系统特征及主要的空间预留，以保证风管、管路及电缆托架等的放样。分段划分、任务包及建造流程可在同一模型中定义及仿真，电子样舰可作为船厂建造流程准备模型。一个详细的、正确定义的电子样舰可以作为合同文档在订单签订之后传递下来，使协调、设计、采购及准备等工作可以迅速展开。

电子样舰的建模理论：基于 STEP 标准建立 CAD 以及设计、制造、管理一体化的多层次开发活动信息交互与共享的虚拟舰船模型。该模型反映的需求，支持设计者的思维和决策活动；融合现代设计方法学和人工智能的原理，支持从概念设计到最终舰船完成的整个开发过程。建模方法：用户需求建模和需求分析决策；方案辅助建模；应用领域分析；建造过程规划；工艺、制造需求适配建模。

2)全信息数据库管理技术

虚拟设计过程中的信息共享，由于不同的设计单位应用不同的软件，设计的不同阶段所要求的数据形式也不完全相同，为了保证在产品全生命周期中实现设计信息的共享，必须采用国际标准来进行设计信息的表示。产品模型数据交换标准(STEP)是一套描述产品全生命周期中产品数据的标准，不仅能够描述产品的几何信息，还包括参数化数据、特征、非几何数据(如建造精度、生产计划)，而且还将进一步扩展到生产过程设计规划和加工知识等高层次的设计信息，实现产品数据管理和生产计划的制订(工作流的实现)，除此之外，还可通过三维数据模型保存历史资料，实现基于知识的设计，加速新船型的开发。目前，在国际标准化组织的 SOTC/184/SC4/WG3/123 小组领导下，各国船级社(LR，GL，ABS，DNV)、CAD 软件商(如 CS 等)、船舶设计商和船厂等进行了相关船舶 STEP 标准的联合开发。已开发出的应用协议有《船舶布置(AP215)》《船模外形(AP216)》《船舶管系(AP217)》《船舶结构(AP218)》《船舶机械系统(AP226)》等。

船舶设计与建造过程涉及大量的数据，产品数据管理(Product Data Management，PDM)系统是进行设计过程管理的有效工具。PDM 是一项管理产品生命周期中需要的所有信息的技术。与产品相关的所有信息指任何描述产品的信息，例如零部件信息、产品配置、文档、CAD 文件、审批信息等；与产品相关的所有过程指过程的定义和管理，包括设计的组织者、设计人员、信息的控制、权限的审批和分发等。

3)设计过程规划与管理

在复杂人工设计过程中形成的一套基于纸质图纸、文档的审批制度，到了工程设计自动化阶段已不再适用。人们不得不把计算机内的数据重新绘成图纸从而遵循传统的审批手续，这样计算机技术所创造的效益就大打折扣。因此，需要用电子方式定出文件审查过程的路径以支持设计过程，无纸化工作可缩短产品开发周期。

虚拟设计过程管理包含追踪每个产品和零件的来龙去脉及有关文件，对设计合理化的检查、设计过程的记录、设计冲突的检测及对产品全生命周期数据的存储和管理，以保证设计出来的产品可制造、可装配，而且在性能上也完全符合设计要求。

4）基于虚拟环境的舰船制造仿真技术

造船生产设计于20世纪50年代末起源于日本，其特点是在借鉴汽车生产流水线的核心概念（中间产品）的基础上，按阶段、区域、类型，进行二维图画上的“模拟造船”，并以设计的方式对造船方法、总体方案和具体施工方法进行全盘研究、分析和比较，通过优化，提供造船施工用的尽可能全面细致的工作图和管理图表，作为施工命令指导和组织生产，解决“怎样造船”和“怎样合理组织造船生产”的问题。

制造仿真技术强调，在实际投入原材料于产品实现过程之前完成产品设计与制造过程的相关分析，以保证制造实施的可行性，其主要目的是提高产品设计、过程设计、工艺规划、生产规划以及车间控制中的决策与控制水平。制造仿真是基于计算机和信息技术的一种新的先进制造技术，可以看作CAD/CAE/CAM技术的更高阶段，是数字化制造的具体体现，被认为是新产品开发的有效手段。制造仿真以产品的数字模型为核心。制造仿真所考虑的制造资源、制造环境等（如船厂的生产线，设备、场地和人员等）也需建立数字化模型。

包括结构、主要管系、风管、主要设备（包括信息属性）在内的完整的电子样舰，与包含生产线、起重机、放样区域在内的虚拟船厂连接起来，可实现舰船的虚拟建造，实现分段放样、模块化建造过程优化，建立以中间产品为导向，壳、舾、涂作业在空间上分道、时间上有序的一种现代建造模式。

制造仿真的表现形式：基于动画真实感的虚拟舰船的装配仿真；生产过程及生产调度仿真；物流控制仿真。

制造仿真技术的应用范围如下。

（1）在生产设计方面，制造仿真技术支持产品形状设计、工艺设计、装配设计以及生产规划设计等，为设计人员提供更为直观、直接的形状生成与修改手段。制造仿真技术支持基于虚拟产品原型进行动态特性和其他性质的仿真与分析；可以支持装配序列的生成与评价，虚拟地按照装配序列进行产品装配；可以发现不合理的装配规划或者产品结构本身的缺陷，及时发现许多潜在的问题，并实现多种方案的优选。

（2）在生产方面，制造仿真技术支持车间、生产线的布置与运行控制，产品生产过程仿真、生产准备、人员培训等。应用制造仿真技术可实现车间级或生产线级的设备布置、生产规划与调度、物流控制仿真等，获得优化的生产规划和以经济的设备配置完成生产。此外，加工过程仿真、装配（拆卸）过程仿真、测试仿真、设备维护仿真，可为设计人员提供充分的制造与生产信息，实现产品与过程的同时优化。

5）舰船虚拟设计与制造仿真关键技术

（1）全信息电子样舰建模理论与体系：根据舰船设计制造特征，研究建模的流程规范、三维实体模型与信息库间的关联原则。

（2）知识驱动的设计方法：面向对象知识库技术，包括知识的获取、推理与应用，设计信息和知识的合理流向转换与控制，设计知识的融合、管理与共享，网络并行设计技术等。

（3）设计过程规划、集成与优化：设计活动的预规划，实时动态规划，设计活动网络规划，设计过程的冲突管理与处理方法，设计审核机制。

（4）虚拟现实技术：构成虚拟环境，支持制造全过程仿真，基于规则或方案的制造性能评价体系。

（5）系统集成支撑技术：包含造船集成供应链、造船管理信息系统、造船生产信息系统、造船设计信息系统等。

9.3　船舶并行协同设计

协同设计，作为近年来提出的一种新的产品设计理念，已经受到国内外众多设计单位与制造商的重视。协同设计不是单纯的某种设计模式，而是集成了现代设计中的许多新方法、新技术、新模式，是通过对这些现代设计方法理论进行系统的抽象发展而形成的。协同设计一般可理解为多个设计主体（或称专家）通过一定的信息交换和互相协调机制，为了共同完成一个设计目标，采用适当的流程分别承担不同范围或领域的设计任务。其目的在于通过构造协同环境，提高设计人员间的协调配合和协同工作水平，实现设计人员之间的设计数据无障碍交换，使设计过程的各个阶段具备全局性，更可杜绝因重复修改或者遗失错漏而造成的设计数据错误。协同设计涉及的范围很广，其中包括虚拟设计、并行设计、生产设计过程重组、数字化产品建模、产品数据管理、CIMS、CAD/CAE/CAPP 集成等。

一艘船由许多不同功能的部分组成，各部分既是一个独立的系统，相互间又有密切的联系；船舶设计工作是由多种专业合作协调完成的。根据 2007 年中国船舶工业集团公司发布的《船舶设计阶段划分及其内容指导文件》，民用船舶设计按顺序可以划分为合同设计、详细设计以及生产设计。三个阶段都有各自的产品模型，而这些产品模型之间又有着交互式的影响。因此，把设计院所、设计公司和产品制造企业所需的产品模型统一起来，实现船舶从概念设计到生产设计过程的并行协同，可以大大缩短船舶设计周期，减少设计以及制造过程中不必要的返工，毫无疑问，这是值得研究的。

并行协同设计主要有以下三层含义：①同时发生，即将设计过程中在时间顺序上的串行转变成有一定重叠工作的并行；②集成考虑，即设计过程各个环节所要实现的产品属性由原来的在不同阶段由不同的人进行考虑分析，转变成从设计工作开始就在同一阶段由同一组人统一和系统地进行；③协同运作，即设计过程各个环节无反馈的顺序工作转变成有反馈的协同工作。

通过协调交互以及信息交流，让多项设计主体共同完成相关设计任务，该过程称为并行协同设计。设计目标对于每一个主体而言都是一致的，因此在进行设计的过程中，应主动地进行设计任务以及设计范围的分配，通过这种方式来实现人员的有效协作，让设计信息以及数据的交流变得畅通无阻，以全局化的角度来完成每一个设计阶段，避免重复修改以及相关信息错误导致的错误。

实现设计的并行协同，必须构建一个平台。该平台的主要功能有实现船舶设计项目组织结构管理，项目计划制订及执行监督管理，设计文档存储管理，文档的版本管理，基于船舶设计生命周期的设计图纸、文件审签流程管理等。

9.3.1 船舶设计业务的流程模型研究

1. 设计业务链分析

如何将并行协同的理念贯穿船舶设计的整个流程中，是目前中国船舶设计部门亟待解决的问题。我国造船企业对船舶产品的设计和生产可分为三种模式。

（1）对于大多数大中型船舶制造企业而言，由设计院所、设计公司承担船舶设计前两个阶段的工作，而生产设计由制造企业自己承担。

（2）部分大型船舶制造企业，由于具备自己完成全部产品设计的能力，设计工作一般由自己完成，但是对于一些新型的船舶，还是需要依赖更专业、设备更齐全的设计院所或设计公司。

（3）第三种是较小型船舶制造企业，其虽然具备一定规模，但是不具备自行设计的能力，这种企业的设计过程往往需要经历船舶设计院所、生产设计公司、船舶制造企业三个环节，它对并行协同的要求更高，实施并行协同设计的质量保证难度也较大。

以上三种情况中，并行协同设计实施阶段的内容有一定的差异。

2. 产品设计业务流程模型

船舶产品的设计业务，随着现代计算机技术和信息化技术的发展而改变。但是从总体上看，其所包含的设计业务内容是相同的。

1）概念设计阶段

概念设计阶段的主要内容是企业接受产品订单后需说明产品的总体概念，例如产品主尺度的模型、性能、强度以及相应的试验结果等等。也就是从总体上把船舶产品的相关内容向船级社、船东以及其他相关部门解释清楚，这个过程通常被称为送审设计。这个时期的送审材料对后续工作的正常开展起决定性作用。

2）初步设计和详细设计

初步设计和详细设计两个阶段工作内容的界定是比较模糊的，其工作内容的深浅有一定差异，主要工作包括在概念设计的基础上对局部的技术进行深入分析，影响后续设计的内容主要包括分段的生成、交互式/批量输入等。在详细设计结束时，可生成完整的三维船体结构模型，供船体生产设计使用以及作为舾装背景。

3）生产设计

详细设计阶段的工作需要为生产设计提供足够的信息和条件，从并行协同的角度讲，要求详细设计的模型和信息能满足生产设计阶段建模所需的加工、装配等条件。实际上，在设计的最早阶段就可以考虑生产设计的工作，设计人员可以将并行工程中的计算机辅助工装设计（CAFD）、数控加工仿真（MPS）、面向装配的设计（DFA）、面向制造的设计（DFM）和面向成本的设计（DFC）等技术工具贯穿在整个设计和生产中。所以，船舶产品设计仿真流程的建模是为了在并行协同设计下，调整各专业工作内容的划分，达到各个设计阶段并行协同的目的，也是便于整个设计阶段无缝连接，否则难以体现和预测各个阶段出现的不协调问题。

与串行模式相比，在并行协同模式下，首先将船体设计工作前移。串行模式下，三维建模工作是在生产设计阶段开始的，而在并行协同模式下，三维建模工作在初步设计阶段就已经开始。其次，部分专业协调、船厂施工工艺的考虑工作也前移。串行模式下，详细设计阶段不考虑专业协调工作，各专业负责自己内部的设计工作，到生产设计阶段才考虑，而在并行协同模式下，这种问题就可以得到解决。

9.3.2　基于并行协同模式的船舶设计流程改造

并行协同设计实施的技术路线主要有两条：管理技术和计算机辅助工具技术。

1. 船舶制造企业和设计院所（公司）的管理机制改造

目前国内最常见的、最多的是上文所述三种业务链的第一种。因为船舶制造企业进行生产设计所需模型是在设计院所（公司）详细设计所建立的模型基础上建立的，而生产设计又直接指导现场的生产，所以对这种机制的设计流程较好的优化方法是设计院所（公司）和造船企业进行联合设计，组成项目联合设计团队，这样可以弥补设计院所（公司）设计人员和造船企业设计人员、制造技术人员各方面的技术薄弱环节，在设计各阶段考虑到生产过程和生产条件，实现从概念设计模型到生产设计模型再到现场生产的无缝连接，从而实现对设计业务流程的优化。

2. 计算机辅助设计和管理技术的应用

1）计算机协同仿真技术

计算机协同仿真技术是近年来船舶设计快速发展的一个重要原因，无论是在结构计算方面、性能计算方面还是制造技术方面，都需要计算机协同仿真技术的支持。但是就目前来讲，从软件技术和硬件技术上，不论是设计院所（公司）还是船舶制造企业都没有这方面的成熟技术，所以，与实际应用还有很长的距离，但这一技术在并行协同设计中是必不可少的，其要求不仅仅是结果模型的仿真，更重要的是建模过程的仿真，所以如果要实现基于并行协同技术的船舶设计流程优化，就必须对仿真技术研究和技术动态加以重视。

2）计算机数据管理技术

船舶协同设计是基于产品数据管理（PDM）技术的，以并行工程方法实现的从船舶概念设计到生产设计和完工设计各设计阶段和各设计专业之间的并行协同设计。

在船舶的设计过程中，由于船舶产品复杂，往往由数不清的零部件组成，而每个零部件的信息可能是零乱的，更可能经过更改而产生动态的变化。为了保证这些信息的完整性、有效性、准确性，仅仅通过人工管理的手段是难以达到的，这就需要一套可以支持设计、生产、管理信息一体化的并行协同设计平台，从而实现船舶设计所和制造厂之间三维船体模型、管系原理及相关各专业信息的全数字化转移。在设计院所（公司）和造船厂之间实现网络环境下的协同设计，使得造船企业在详细设计阶段便开始参与设计，因此，提升企业和设计院所（公司）的数据库管理模式对实现船舶设计流程的优化有着很大的帮助。

目前在国内，信息化的整体效益还远未得到充分体现。只有极少数大型船厂注重引入并行协同模式，大多数船厂还停留在订立目标阶段或仅仅在少数设计阶段做到了初步的协同。所以，在数字化生产技术的实施管理理念方面，我国与日本、韩国造船业差距较大。

国内大型造船企业自 21 世纪初期以来通过引进国外先进的设计管理软件并通过自行开发设计软件与系统的接口软件，已经逐渐将系统平台从“单模块局部应用”推广到设计、生产、物资集成应用。在一些大型船厂，设计软件的接口技术正在逐步发展，各个设计阶段的联系日渐紧密。造船厂典型的协同设计模式是使用生产设计软件，在船舶生产设计阶段通过虚拟建模技术，将脚手架、吊装、铁舾件等都放入模型，发现相互干涉现象，各专业经过模型平衡会议，提前在设计中把此类问题解决。

换句话说，我国造船企业在生产过程中应用并行协同模式已经比较普通，但是缺乏系统理论的支持。在技术层面上，比较突出的问题是由于设计软件无法实现对接，生产设计阶段往往需要重新建立仿真模型，在详细设计阶段建立的仿真模型中的大量信息无法直接反映到生产设计中，造成了信息壁垒。因此，在设计院所（公司）和造船企业之间建立统一的协同设计网络环境就显得极为重要。

并行协同设计模式必不可少的两点：数字化软件、网络环境。然而仅有这两点是远远不够的，还有几点必须明确。

（1）设计人员数字化软件的整体应用水平。设计单位采用的数字化软件是非异构的，这一点就是实施数字化协同设计最基本的要求。对于整体应用水平达不到的设计人员，应该予以重点培训，以防止不必要的误操作。

（2）高层管理人员对协同设计模式的支持力度。相比单机设计，协同设计更加占用资源，这些是以企业的成本为代价的，而由于主客观条件的限制，协同设计的实施短期内可能无法带来明显的利润，这时，管理人员的想法就左右了协同设计的实现。

（3）本单位或本部门的基础标准现状是否支持协同设计。在统一的平台上做设计，要求是习惯统一、环境统一、标准统一。协同设计除了对人员的素质有要求外，对文件数据、技术规范、具体操作、组织结构、导入导出的接口技术都有统一的标准要求。

21 世纪的船舶设计是以仿真模型为基础的，如果可以以生产为导向，异地协作，各专业并行地在设计各个阶段建立仿真模型，就可以减少信息孤岛的产生，使设计生产过程更加流畅。

并行协同理论在日本、韩国以及我国的一些船厂和设计公司的成功实践证明：在船舶设计制造的各阶段采用并行协同模式，在详细设计甚至是总体设计时就考虑生产设计过程中的问题，解决各个设计阶段所建立模型的异构问题，构建一体化的设计平台，可以大幅提高设计制造的质量和效率。但是，作为实现并行协同理论的先决条件，管理水平的改善以及计算机辅助工具技术的发展和应用，是理论所无法解决的。

9.4 基于数字孪生的船舶智能设计

近年来，数字孪生（Digital Twin）作为一种沟通物理空间与信息空间的有效方法，得到了广泛关注与应用。数字孪生是一种集成了多物理量、多尺度、多概率的仿真过程。数字孪生以数字化方式创建物理实体的虚拟模型，借助数据模拟物理实体在现实环境中的行为，通过虚实交互反馈、数据融合分析、决策迭代优化等手段，为物理实体的全生命周期服务。数字孪生面向产品全生命周期过程，充分利用模型、数据、智能手段，发挥连接物理空间和信息空间的桥梁和纽带作用，提供更加实时、高效、智能的服务。数字孪生概念最初诞生于航空航天领域，但该技术的各项特征与制造业匹配度极高。在美国航空航天局（NASA）、GE、西门子、达索、IBM 等的推动下，数字孪生技术近年来在工业制造领域发展迅速。例如，GE 通过 Predix 云平台构建一套可以代表机器和流程的数字季生系统，并成功应用于发电厂、涡轮发动机等实体的管理；西门子利用其工业互联网 Mind Sphere 打通资产数字孪生、产品生命周期管理数字孪生与制造流程管理数字孪生，构成数字孪生的互通和闭环；达索通过三维体验平台，让设计师与客户在产品诞生之前或制造过程中就能利用数字孪生体实现产品交互设计，并进行产品测试与优化等。与此同时,近年来,学术界同样对数字孪生在制造业的潜在应用进行了积极探讨,形成诸多理论成果。

从这些制造业的应用案例可知,数字孪生已发展成物理空间与信息空间交互与融合的一种有效手段。本节提出船舶数字孪生(Ship Digital Twin)的概念,对船舶数字孪生的系统组成、运行机制、关键技术等进行研究,为船舶工业进入第四阶段、加强在全生命周期船舶的物理空间与信息空间的实时交互与深度融合提供理论与方法参考。

9.4.1 数字孪生技术

1. 船舶数字孪生概念及组成

船舶数字孪生是依托新一代信息技术与船舶技术的跨界融合,通过船舶在物理空间与信息空间的双向映射与实时交互,实现物理空间、信息空间及服务系统的信息交互与数据融合,在船舶孪生数据的驱动下,实现船舶设计制造与运营管理全过程在虚实空间迭代优化的一种产业新模式。这种基于数字孪生的船舶工业新模式为实现船舶全产业链的信息物理系统(CPS)提供了新思路,同时也为智能船舶跨域协同测试、验证、评估及检验能力建设提供了新的理念和工具。如图 9-4 所示,船舶数字孪生主要包括智能船舶、虚拟船舶、服务系统、孪生数据四部分。其中,智能船舶和虚拟船舶分别隶属于物理空间和信息空间,并同属于空间层;孪生数据属于数据层,是感知数据、计算数据、服务数据以及跨空间融合数据的集合;服务系统属于服务层,是船舶数字孪生所能提供的各阶段各类型智能服务的集成。

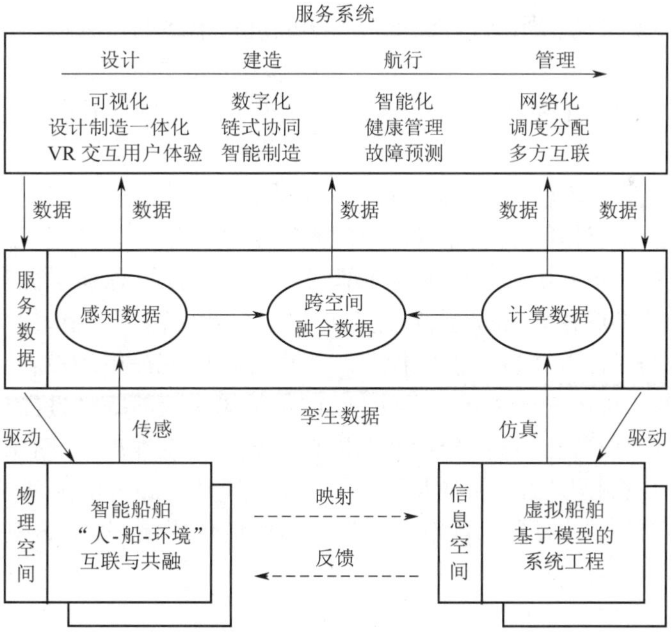

图 9-4　船舶数字孪生概念图

2. 物理空间

智能船舶是客观存在于物理空间的实体,根据服务系统的服务数据执行特定任务,并将感知获取的“人-船-环境”数据实时映射传输至信息空间。实体船舶发展经历了“自动化→数字化→网络化→智能化”阶段,进入智能化时代,智能船舶在数字孪生系统中具备异构多源实时数据感知接入与融合分析能力以及“人-船-环境”要素互联与共融的能力。

在异构多源实时数据感知接入与融合分析能力方面，需要建立与之适应的数据处理方法。在船舶制造和运营的各个环节，不同类型的传感器节点采集异构数据信息，为感知船舶所处的复杂物理空间提供基础数据源。这些结构和类型不同的原始数据需要一套标准的通信协议与转换方法进行统一整理，并存储至孪生数据部分，进而将实时数据进一步分享给虚拟船舶和服务系统。面对多类型、多尺度、多粒度的智能船舶物理空间数据，智能船舶的数据通信协议及转换方法需要包括数据清洗、封装等，实现数据的可操作、可溯源的统一规则化处理，并通过数据聚类、相关性分析等挖掘手段，实现智能船舶物理空间多源多模态数据的集成与融合。此外，智能船舶所处的物理空间还要实现“人-船-环境”要素互联与共融，以适应复杂多变的任务与环境。智能船舶时代，人机协同将是重要特征，面对复杂的动态环境，人与智能船舶、智能装备等需要在共存状态下进行交互与协作，协同完成作业任务。相比传统以人的认知为主导的造船业与航运业，“人-船-环境”要素互联与共融的物理空间将具有更高的智能化水平以及更强的环境适应能力。

3. 信息空间

从基于模型的系统工程角度出发，信息空间内虚拟船舶（数字孪生体）是贯穿于全生命周期的一系列子模型的集合。对虚拟船舶而言，模型可分为设备级和系统级，其中设备级模型包括描述要素与行为两个层面的子模型，而系统级模型则包括众多模块化的设备级模型以及运行规则模型。对于设备级模型，要素层面，包括对各种船舶设备进行结构特征描述的几何模型（如船体三维模型）以及对物理属性进行刻画的物理模型（如船体材料模型）；行为层面，包括在给定输入和外部环境扰动作用下，对设备行为响应进行描述的行为模型（如动力机械动力学模型）。对于系统级模型，除具有模块化的设备级模型（如主推进装置、发电柴油机、操舵装置）外，在规则层面，还包括依据船舶任务和建造、航行规律建立的评估、优化、预测、溯源等规则模型。

以船舶建造为例，船舶作为一个复杂的系统工程，设计建造过程需要多部门、多学科配合才能实现高质量造船。设计阶段，船体设计部门先行绘制船舶三维模型（描述虚拟船舶的结构和属性特征），通过 VR 交互方式与其他设计部门、船东等沟通，有助于提高交流效率、提升用户体验。与此同时，借助虚拟船舶模型，对建造过程进行迭代仿真分析，模拟真实建造全过程，优化建造工艺和进度安排，并将虚拟船舶模型与各设备供应商提供的设备级模型集成，在信息空间提前评估船舶各个机电液子系统的匹配性，优化整船系统的综合性能。建造阶段，虚拟船舶收集实船建造实时映射数据，对比分析虚拟仿真与实船建造数据，及时调整建造计划并纠正生产缺陷。与此同时，根据实船设备质检数据，可进一步修正虚拟船舶的设备级模型，提高虚拟船舶的保真度。在信息空间与物理空间的映射与反馈作用下，实现虚拟船舶与建造船舶的交互与共融。

4. 孪生数据

孪生数据是指来自物理空间、信息空间、服务系统的数据，以及物理空间与信息空间融合产生的衍生数据，是物理空间、信息空间、服务系统三者运行与交互的基础。物理空间的感知数据包括船舶制造、运营过程中产生的工艺数据、质检数据、工况数据等。信息空间的计算数据包括三维模型数据、流体仿真数据、结构计算数据、设备性能数据等。服务系统数据包括在设计、制造、运营和管理各个阶段产生的控制指令数据，如用户交互数据、生产管理数据、供应链管理数据、交通调度数据等。此外，融合衍生数据是指对物理空间与信息空间的数据采用综合、统计、关联、聚类、演化、回归以及泛化等操作产生的衍生数据。孪生数据为船舶数字孪生提供了跨空间、跨时间的数据集成与平台共享，消除了船舶生命周期各阶段、各部门之间的信息孤岛。在收集数据的基础上，孪生数据还进行深度数据融合，提升孪生数据的信息价值，实现服务系统、物理空间与信息空间的两两数据交互。

5. 服务系统

服务系统由数据驱动的各阶段、各类型的服务集成，主要负责在孪生数据驱动下，对船舶全生命周期过程提供智能化的服务支撑。例如，船舶设计阶段，根据船东需求，在历史孪生数据驱动下，服务系统快速生成满足用户需求的虚拟船舶原型，并与用户进行 VR 可视化沟通，提高用户体验感和满意度。船舶建造之前，服务系统基于虚拟船舶进行性能计算分析、建造流程仿真，实现设计及生产方案的迭代优化。船舶建造过程中，物理空间与信息空间的数据以及两者融合的数据传至服务系统，服务系统根据数据进行建造进度调整和建造工艺优化，从而满足造船周期和建造质量要求。服务系统面向船舶全生命周期提供优化决策，从而提高整船的效率与效益。

9.4.2　船舶数字孪生运行机制

船舶数字孪生技术在船舶全生命周期的运行机制如图 9-5 所示。在物理空间，实体船舶包含缩比船模、建造船舶、航行船舶、营运船舶四个阶段。与此同时，在信息空间，虚拟船舶对应包含三维模型、工艺模型、监控模型、交通模型四个模型。在各个阶段，虚实空间产生的海量数据汇入孪生数据库进行集成、挖掘与共享。在孪生数据驱动下，数字孪生服务系统为船舶全生命周期提供智能化服务。

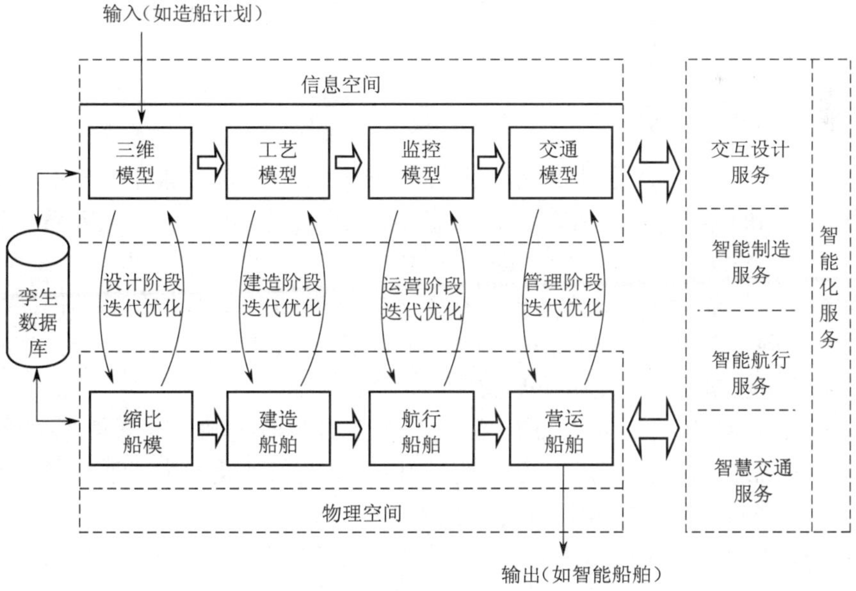

图 9-5　船舶数字孪生技术运行机制

设计阶段，在输入用户期望（如满足某运输用途的造船计划）后，设计院所基于历史孪生数据快速设计船舶三维原型，向用户提供 VR 交互服务，再将信息空间仿真计算数据反馈至物理空间。在物理空间建立缩比船模并进行性能测试（如拖曳试验、自航试验），并将实测数据同步至信息空间，当实测数据与计算数据存在偏差时，修正设计方案。如此反复迭代，直至最终结果满足用户期望和达到最优的设计性能指标。该阶段所有实测与计算数据存入孪生数据库，作为驱动后续阶段的基础。

建造阶段，信息空间内，在设计院所三维模型数据的驱动下，造船厂建立工艺模型，仿真优化建造工艺、资源配置与造船流程，实现厂所协同。然后将仿真计算结果传入智能制造服务系统，协调安排造船厂内各部门的造船任务，实现厂内协同。物理空间内，造船厂各部门根据优化后的造船任务建造船舶。与此同时，船级社将质检数据实时传回信息空间。对比实测数据与仿真数据，智能制造服务系统给出实时调控指令，控制造船质量，实现厂社协同。基于厂所协同、厂内协同以及厂社协同，实现建造阶段的迭代优化。该阶段所有实测与计算数据同样存入孪生数据库，作为驱动后续阶段的基础。

运营阶段，信息空间内，基于孪生数据驱动建立监控模型，计算分析船舶航行动态响应行为。物理空间内，智能船舶航行积累大量异构多源原始数据并将其传回孪生数据库，同时映射至信息空间用于训练监控模型。基于感知数据、仿真数据以及两者的融合数据，智能航行服务系统可实现设备故障预测与健康管理（PHM）以及智能驾驶等功能，为智能化的运营服务、维修管理等提供决策支持，实现船舶高效、可靠、自主航行。该阶段所有感知与仿真数据也存入孪生数据库，作为驱动后续阶段的基础。

管理阶段，信息空间内，基于船舶监控模型以及航行状态数据驱动，建立船舶运输交通模型，仿真优化船舶航线设计、任务调度等航运管理业务。物理空间内，营运船舶根据优化后的航运管理任务组织生产，并将实时数据传回孪生数据库。以孪生数据驱动，智慧交通服务系统实时迭代优化船舶运输任务。

因此，在船舶全生命周期内，信息空间与物理空间不断迭代优化，输入造船计划，输出智能船舶，实现船舶制造与运营过程的最优效率与最佳效益。

9.4.3 船舶数字孪生关键技术

船舶数字孪生关键技术依据其系统组成，主要分为四大类：智能船舶“人-船-环境”感知与融合技术；虚拟船舶的建模、仿真及验证技术；孪生数据融合与同步技术；服务系统智能化与迭代优化技术。

（1）智能船舶“人-船-环境”感知与融合技术主要包括：①多源异构传感器网络协同感知与优化布局技术；②多源多模态感知数据的融合与封装技术；③“人-船-环境”要素实时交互与协作技术；④多源异构数据通信与发布技术。

（2）虚拟船舶的建模、仿真及验证技术主要包括：①多物理场、多尺度、多学科的建模技术；②基于孪生数据驱动的复杂系统的建模与验证技术；③模块化模型或系统集成的规范化技术；④大尺度、跨学科复杂动态模型协同仿真技术。

（3）孪生数据融合与同步技术主要包括：①跨空间多模态数据融合与协同感知技术；②多类型、多尺度、多粒度数据规划与清洗技术；③虚实空间实时数据同步与双向映射技术；④船舶大数据存储技术。

（4）服务系统智能化与迭代优化技术主要包括：①基于虚拟现实或增强现实的多方互联交互技术；②基于网络的船舶建造、运营等生产活动调度管理技术；③基于人工智能的整船及设备的故障预测与健康管理技术；④船舶建造、运营等活动的迭代运行与优化决策技术。

船舶数字孪生是在新一代信息技术驱动下船舶工业的新模式。在我国船舶工业由大到强的战略关口，船舶数字孪生对实现制造业与航运业向智能化、服务化转型升级具有积极的推动作用。

9.4.4 船海装备数字孪生的应用

案例 1：深水油气平台数字孪生体系构建

“深海一号”（图 9-6）是我国自主研发建造的 10 万吨级深水半潜式生产储油平台，现落位于海南岛东南陵水海域的“深海一号”（陵水 17-2）气田。该气田是我国首个 1 500 m 深水自营大气田，探明天然气储量超 1 000 亿 m^3，“深海一号”生产储油平台最大储油量约 20 000 m^3，将用于该气田的开发。

图 9-6 “深海一号”

深水油气平台的生产施工环节复杂、作业环境恶劣，其所处位置与作业环境与陆地工厂、车间等相比有不同的特点和风险。通过分析其生产工艺特点和业务管控需求，研究人员提出深水油气平台数字孪生的新型体系架构（图 9-7），其主要由物理空间层、模型构建层、数据应用层和决策服务层组成，从深水油气平台的数字孪生建模、知识信息和孪生对象的融合、孪生模型的可视化表达等方面着手，构建了深水油气平台数字孪生架构，以实现深水油气平台的多维多尺度实时监控和运行态势预测分析等，进而达到虚实同步、以虚控实的目的。

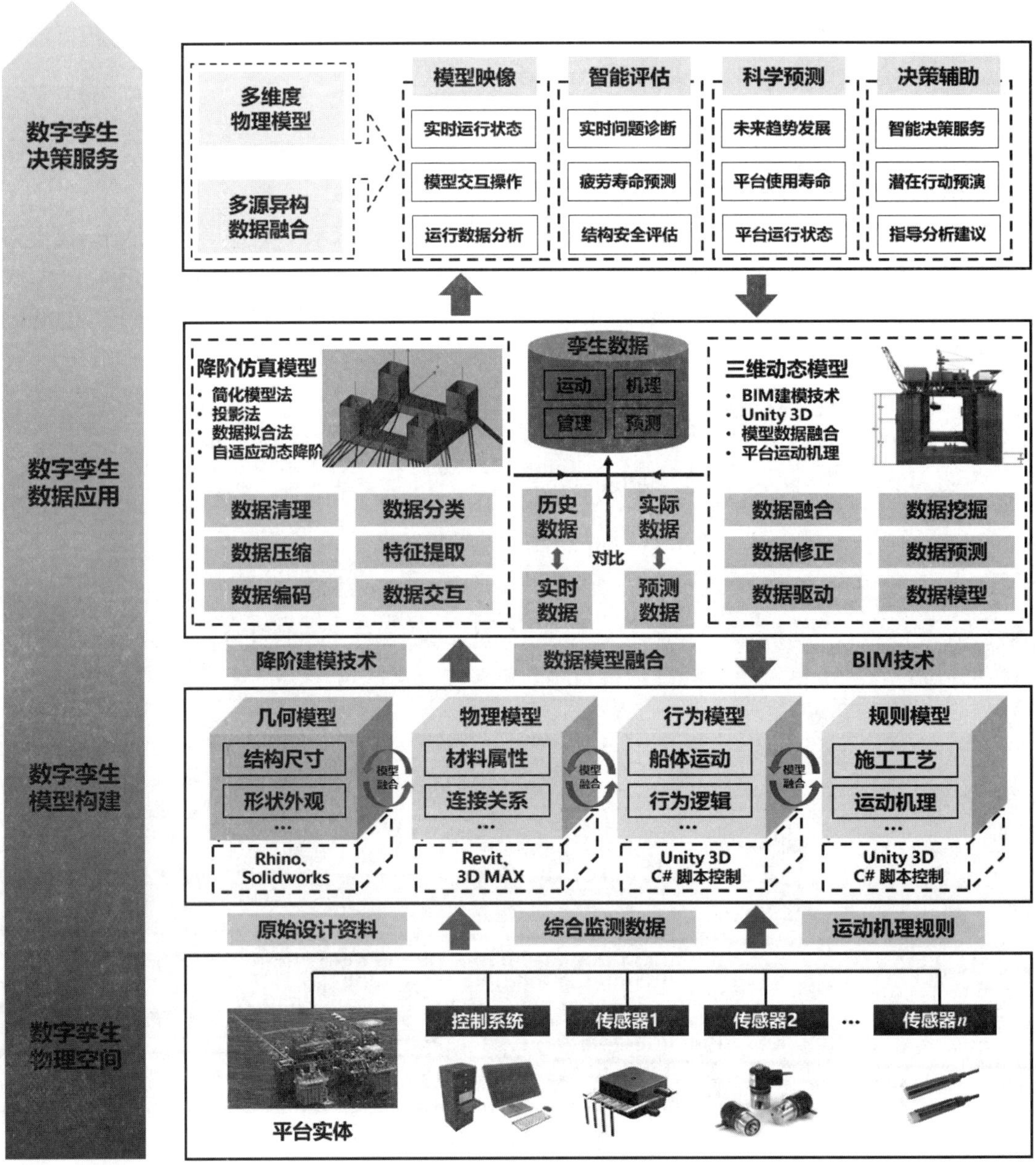

图 9-7 深水油气平台数字孪生架构

数字孪生通过模型和数据双驱动来实现监控、仿真、预测、优化等实际功能服务，实质上是一种虚实闭环交互。数字孪生模型不仅包括基础单元模型，还需从不同机理和数据层面建立本质模型，从多领域、多学科角度融合模型，以实现复杂物理对象各领域特征的全面刻画，最终通过模型组装和融合实现真实深水油气平台模型的构建，达到模型与真实环境中的深水油气平台外观一致、内在本质一致和行为一致的效果，因此创建高保真的深水油气平台数字孪生模型是实现深水油气平台数字孪生的首要前提。深水油气平台数字孪生建模与智能应用框架如图 9-8 所示。

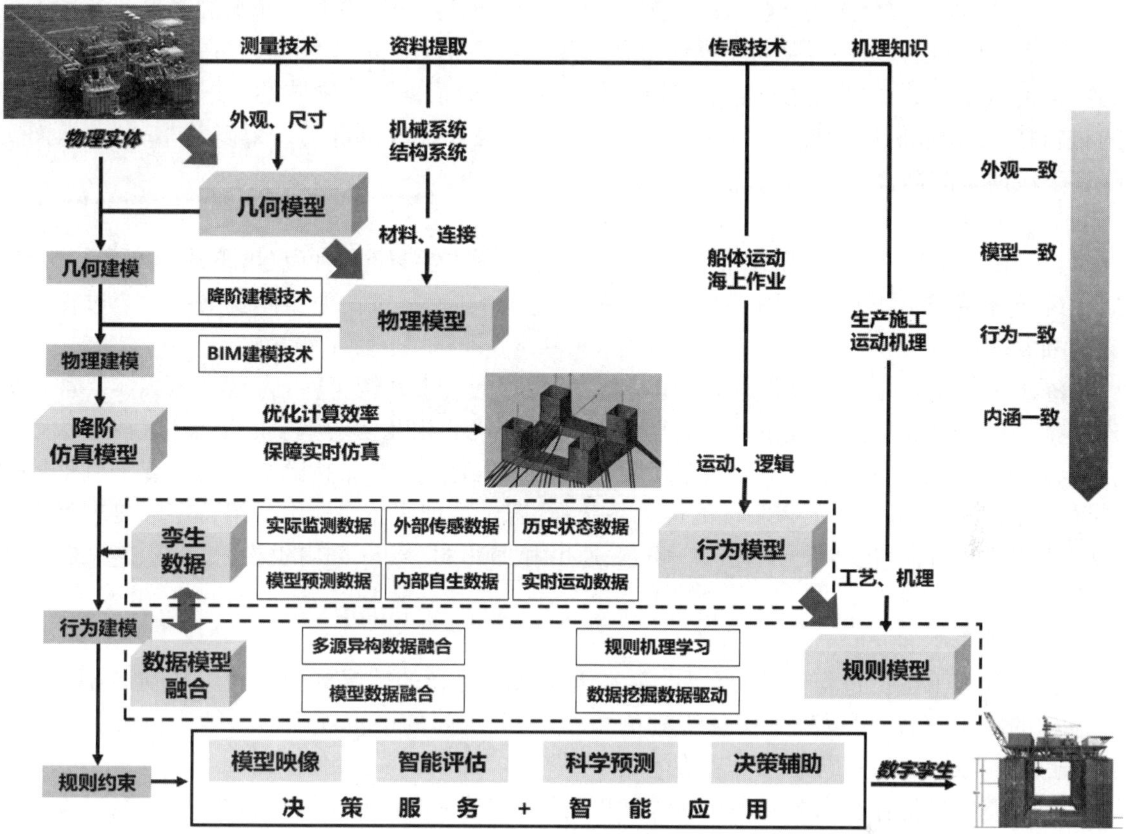

图 9-8　深水油气平台数字孪生建模与智能应用框架

1. 几何模型

构建几何模型是数字孪生模型构建的第一步，利用几何模型可以实现参数化的特征构建、装配和仿真，并可以为后续平台结构性能分析提供基础。对于几何模型的构建，模型的保真度和轻量化非常重要。深水油气平台主要包括主船体结构、平台、吊机等多项施工结构物和生活办公建筑，在几何模型构建过程中不考虑惯性、阻尼、弹性变形等物理因素，将深水油气平台结构视为刚体，通过三维软件直接建模，在提高建模效率的同时，也赋予几何模型完整的零件精度，保证数字孪生模型与现实结构在几何尺寸、颜色、形状等方面保持高度一致，具有视觉上的一致性，同时也能真实反映各项细分结构的位置关系、从属关系等，具有结构上的一致性。此外，为解决模型占用内存过大造成几何模型传输、浏览卡顿等问题，需要对模型进行轻量化处理（例如降阶建模技术等），以实现用较少数据达到高保真的效果。

2. 物理模型

几何模型构建完成之后，还需要赋予其内在物理信息，描述基于几何模型的物理特征和约束，即物理建模。深水油气平台涉及结构、机械、电气、液压、控制等不同领域的特征，需要实现多层次精准建模，在不同空间维度或者领域上对实体的材料、属性进行真实客观的描述，物理建模实际上是一种面向对象的建模。在建模过程中，应充分考虑模型在空间上的多层次耦合表达能力和时间上的虚实一致性。因此,可利用 BIM 技术,以多领域统一建模原则研究深水油气平台各个系统之间的耦合关系,构建结构子系统、机械子系统、控制子系统、电气子系统等多个系统,并进行耦合连接,建立深水油气平台多系统耦合孪生模型。深水油气平台各种子系统涉及多个学科的多种元器件,不同领域的模型在物理形式上各不相同,但在数学表达上可以用类似的数学公式去描述这些基本建模元件参数,进而根据各个领域的知识定义各个子系统的材料特性、物理机理、连接关系、拓扑结构、系统中各功能零部件的约束以及驱动等,从而实现多领域模型的耦合。

3. 行为模型

行为模型描述不同空间尺度、不同粒度下的物理实体在不同时间尺度下的内部运行机制,以及外部环境与干扰共同作用下产生的实时行为及响应,是对物理实体要素在生产过程中行为的抽象表达。

深水油气平台生产过程作为复杂的多状态耦合的动态系统,其行为是物理实体要素根据外部指令做出的相应生产施工活动与整体结构和环境的相互运动耦合的结果,这种多状态耦合的行为模型可以用多组动作和状态来表示。动作是通过某一结构的规定动作或平台整体的移动、系泊系统自适应调节来实现的运动系统;状态是物理实体要素由一组特定的物理量来表示具体的状貌特征,包括平台的位置、姿态、速度和加速度,某一结构的位置、姿态、施工工艺所包含的运动等。

4. 规则模型

在平台施工生产过程中,数据可能存在无法实时更新的情况,此时,利用规则描述稳定状态过程的施工流程,可以减少信息传输负载和堵塞,主要的逻辑规则包括结构自身的运动规则、施工工艺及工序、不同施工工艺的优先级等等。

虚拟模型自身存在内部状态转移等隐性规则,在某一时刻与实际运行规则相符,在实际车间出现扰动,脱离正常运行的情况下,虚拟模型因受到这样的规则制约,在生产过程中将不同的属性根据不同状态传递给相关承载或施工单元,这符合实际生产过程数据更新模式,也是状态驱动的数字孪生模型自主运行中下一个状态转移方向的判断依据,根据不同的附加属性驱动的规则能即时更新模型的运行状态。因此,在实时数据传输不到位的情况下,数字孪生体能根据不同的输入数据和规则自主运行并判断加工、物流方式,不需要实时数据交互来驱动模型状态更新。

5. 数据处理

深水油气平台生产数据具有规模海量、多源异构、多时空尺度、多维度等大数据特征。通过生产制造大数据建立深水油气平台运行过程和决策间的关系,能对平台运行状态进行统计和分析,有助于提升深水油气平台生产效率和协助完成运行维护等。深水油气平台数字孪生数据的构建如图 9-9 所示,基于平台运行一致性原理,对现场实时数据、虚拟模型仿真数据、服务系统数据等进行清洗、关联、聚类、挖掘、迭代、演化、融合等操作,真实地刻画和反映深水油气平台运行状态、要素行为等各类动态演化过程、演化规律、统计学特性等。首先利用领域知识进行冗余处理、特征提取和统计拟合,得到包括静态数据和动态数据在内的实际数据,然后结合数字空间中得到的仿真虚拟数据,基于平均原则、加权原则和可靠性优先原则,对虚实数据进行融合,此过程在时间上需要保持一致,以保证加载和映射过程中的同步性。得到的数据模型一方面可以用于分析和应用,另一方面支持孪生数据对映射模型进行动态更新。

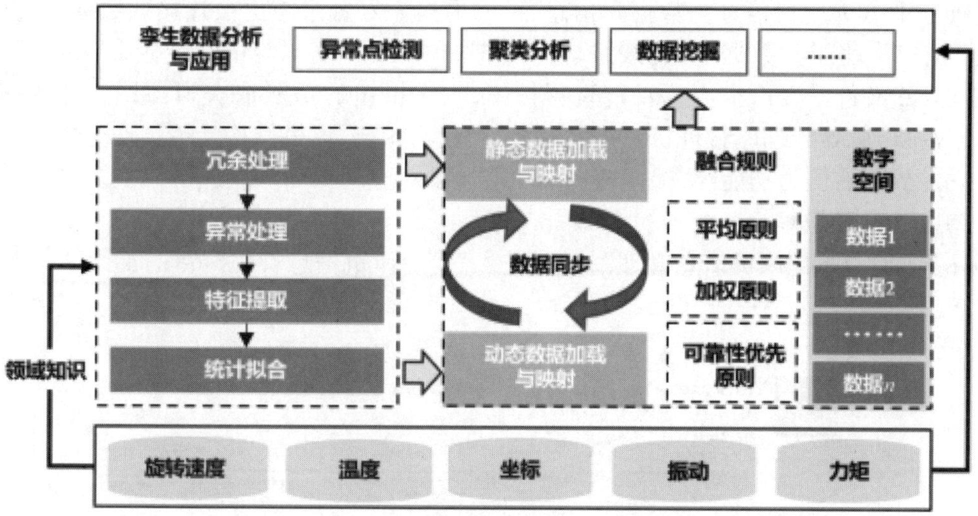

图 9-9　深水油气平台数字孪生数据的构建

案例 2:海上风电基础数字孪生应用

海上风电的运维成本居高不下,其主要原因是海上天气恶劣,风电场离岸较远,定期维护检修时部件、配件及工作人员的输送费用高。因此,建立海上风电基础数字孪生体,实现海上风电基础健康监测与安全评估,对海上风电基础的传感器数据进行管理,对风机传感器数据进行预测与状态评估,有助于对可能发生的结构破坏进行预警,保证风机的正常使用寿命和安全性,降低海上风电运维成本。

海上风电基础数字孪生的主要应用是结构健康监测与安全评估,包含海上风机基础的安全监测、数据管理、数据预测与状态评估。系统可以对风机、传感器信息进行数据库管理,对传感器数据进行预测并使其可视化,同时进行风机基础综合状态评估,输出评估报告。数字孪生应用系统主界面如图 9-10 所示。

图 9-10　数字孪生应用系统主界面

界面左上方为用户信息与数据库信息，可以更换账号登录与更换连接的数据库文件。左下方为“用户管理”与“数据生成”按钮，可以管理用户账号、密码与记录传感器数据，生成存储数据的 Excel 文件。界面上方为功能选择按钮，五个按钮的功能依次为：海上风机数据库管理、海上风机传感器数据库管理、传感器数据可视化与预测、风机结构疲劳损伤分析、海上风机状态评估。界面右侧为功能区，根据选择的功能显示对应的界面。

1. 海上风机数据库管理功能

点击界面上方的“风机信息管理”按钮，进入“海上风机信息管理”界面，如图 9-11 所示。

图 9-11 “海上风机信息管理”界面

界面主体为风机信息表格，显示当前连接的数据库存储的海上风机信息，通过该表格，可以增加、删除风机，设置风机的名称、编号、基础形式等信息。

选择风机后，点击“选择风机”按钮，将进入下一界面。点击“预警值设置”按钮，将会进入预警值管理界面，如图 9-12 所示。

图 9-12 预警值管理界面

2. 海上风机传感器数据库管理功能

点击界面上方的“传感器信息管理”按钮或在“风机信息管理”界面中选择风机后，进入“传感器监测信息管理”界面，如图 9-13 所示。

图 9-13　“传感器监测信息管理”界面

该界面显示当前连接的数据库存储的海上风机传感器信息，通过该表格，可以增加、删除传感器信息，设置传感器的编号、种类、布置位置、监测项目、信息存储文件地址等信息。在表格中可以选择多个传感器信息，完成选择后，点击“选择传感器”按钮将进入“传感器数据可视化”界面。

3. 传感器数据可视化与预测功能

“传感器数据可视化”界面如图 9-14 所示。

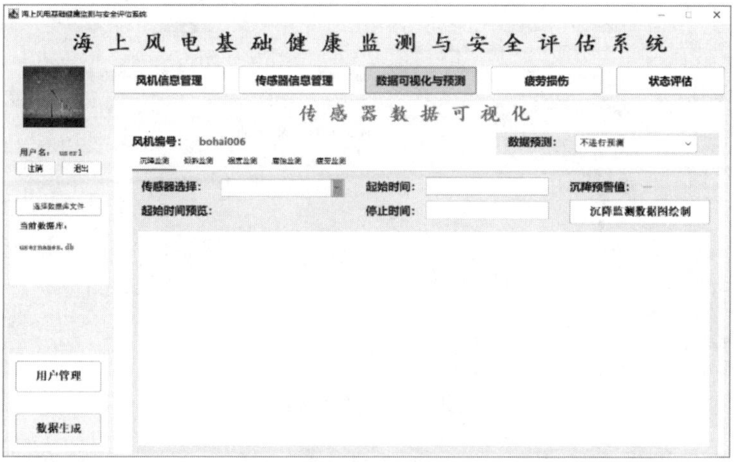

图 9-14　“传感器数据可视化”界面

界面按照传感器检测对象对传感器分类，在“传感器选择”下拉列表中，选择上一个界面所选择的传感器，根据传感器数据保存路径，读取该文件内存储的传感器数据信息以及数据的记录时间，并将起始时间自动显示于“起始时间”的文本框内，在“停止时间”文本框内填写读取数据的停止时间。

设置完成后，点击“沉降监测数据图绘制”按钮进行绘制，绘制的图形如图 9-15 所示。

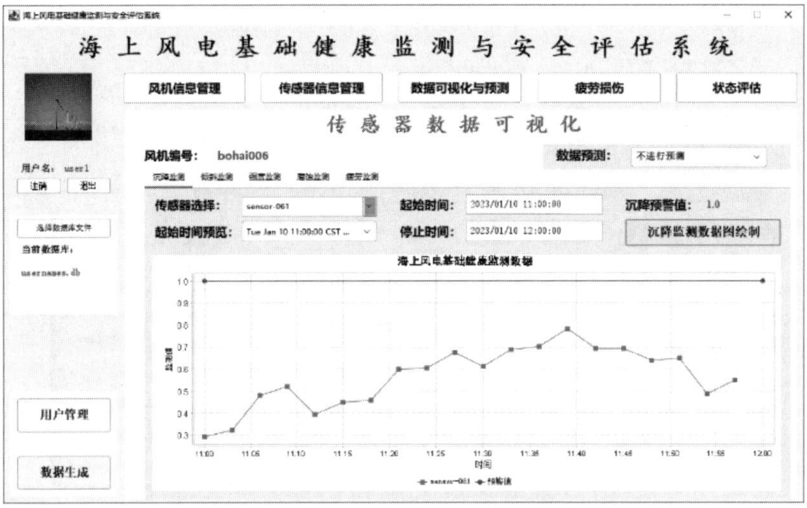

图 9-15　数据绘制效果图

在图 9-14 右上方的“数据预测”下拉列表中，选择不同的预测类型，预测类型包括不预测、短期预测（未来 3 小时数据预测）、长期预测（未来 15 日数据预测）和自定义时间预测，预测结果如图 9-16 所示。

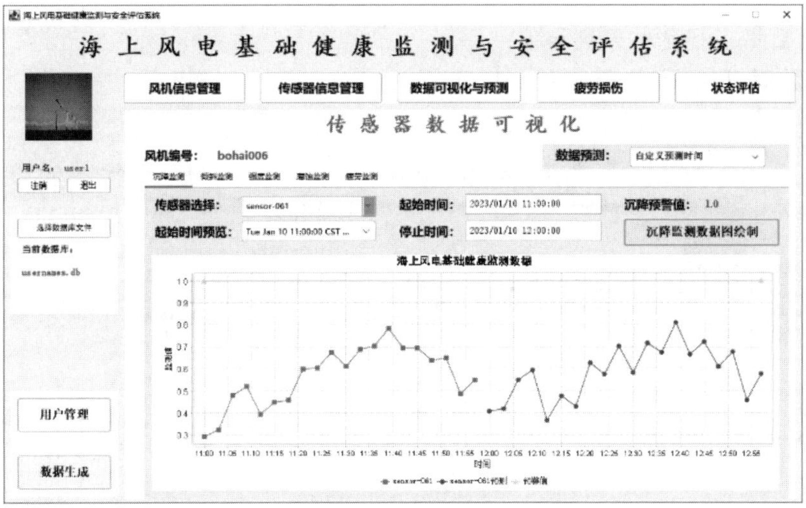

图 9-16　预测结果

4. 风机结构疲劳损伤分析功能

在“风机基础疲劳损伤计算”界面中设置“结构参数”中的“危险节点处壁厚”和“材料的极限强度”，“S-N 曲线参数”中的“基准厚度”“厚度修正指数”“第一段曲线斜率的负倒数”等，如图 9-17 所示。

图9-17　参数设置

在该界面中导入需要计算的应力时程数据(Excel),并将该Excel文件对应的路径复制在输入框中,填入需要处理的应力时程数据个数,点击“确认”即可计算该应力时程对应的疲劳损伤度。

5. 海上风机状态评估功能

点击“状态评估”按钮,首先进入权重计算界面,可设置各个指标的权重,建立判断矩阵。判断矩阵建立后,需要判断该判断矩阵能否通过一致性检验,点击“一致性检验”按钮即可判断是否通过,通过一致性检验后点击“权重计算”按钮,可计算各个指标的权重,如图9-18所示。

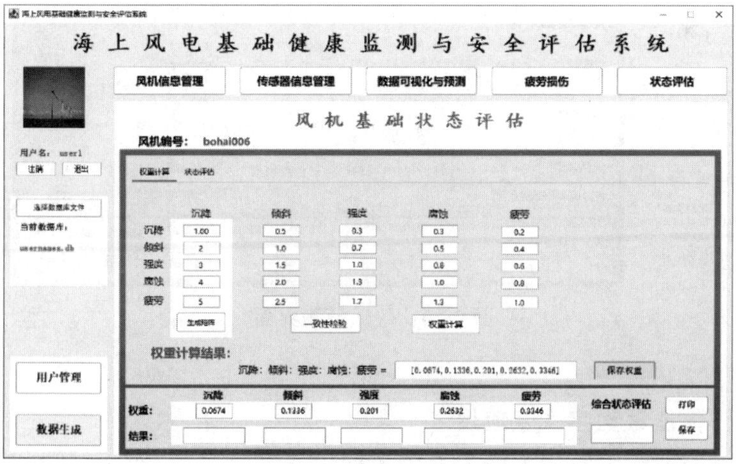

图9-18　权重计算界面

完成权重设置后,继续设置起始与停止时间,点击“预览数据”按钮,根据风机编号和设置的时间段,读取数据库中存储的传感器信息和风机预警值,在“传感器选择”的下拉列表中选择传感器编号,点击“导入数据”按钮,随后对所选择传感器的数据进行状态评估,如图9-19所示。

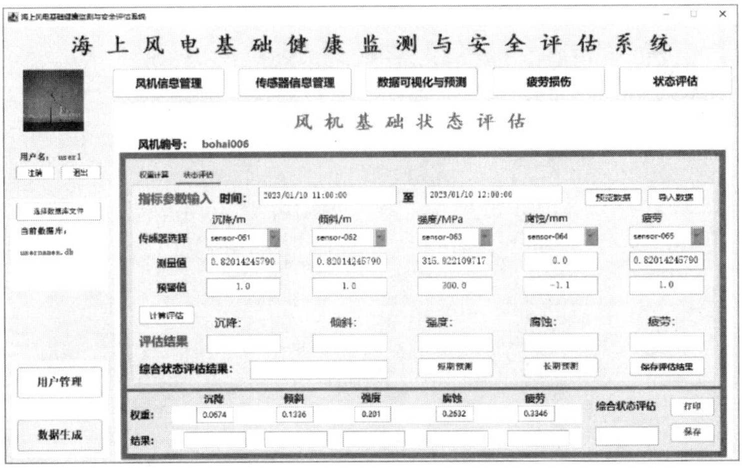

图 9-19 状态评估界面

导入数据后，点击“计算评估”按钮，即可对海上风机基础进行综合状态评估，评估结果显示在界面下方。点击“保存评估结果”按钮，状态评估结果将显示在界面最下方，点击“保存”按钮可以将结果保存到数据库中。点击“短期预测”和“长期预测”按钮，可以分别对该时间后3小时和15日数据进行预测和状态评估，如图 9-20 所示。

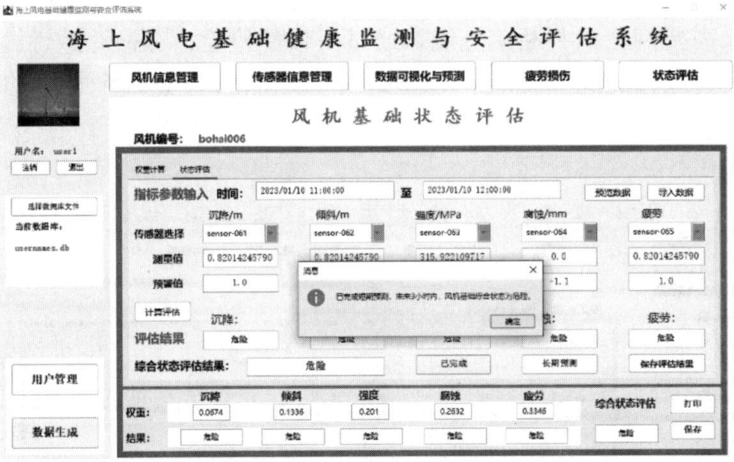

图 9-20 数据预测界面

案例 3：海上浮体压载数字孪生应用

海上浮体压载数字孪生应用为海上浮体压载仿真教学系统，对三桩腿和四桩腿自升式平台、半潜式平台和 FPSO（浮式生产储油卸油装置）进行还原与仿真，可提高学员培训的实操感、交互感和体验感，提高培训深度与培训效果。本系统采用 Unity 3D 作为实时 3D 引擎，意在满足插桩、压载计算的基础上，提高界面的友好性与模型动作的时效性，便于用户直观观测操作所反馈的结果，进而增强教学培训的代入感。

如图 9-21 所示，在任务选择界面中，共有三类任务可以选择，分别为普通插桩压载练习、旧桩坑地层上的插桩压载练习和降船拔桩练习。学员可以选择指定的全流程训练任务或单项训练。接下来对三桩腿自升式平台的插桩压载进行示意说明。

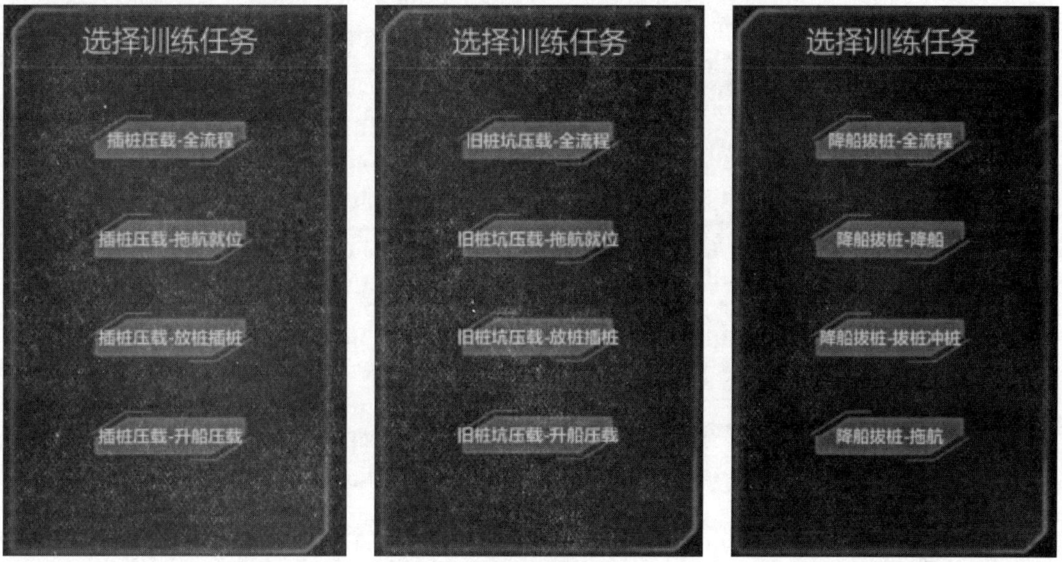

图 9-21　任务选择界面

点击“插桩压载-全流程”按钮后开始练习，进入三桩腿自升式平台插桩压载练习后，会显示“自升式平台压载水分配设置”界面，如图 9-22 所示。

图 9-22　“自升式平台压载水分配设置”界面

在界面左侧可以查看平台舱室的初始设置和入泥深度，右侧可设置压载水舱最终配载量，预览平台的各种参数。在设置好最终配载量后，在右下角界面中设置压载水的配载阶段数，点击“确定”后进入压载水分配表预览界面，如图 9-23 所示。

图 9-23　压载水分配表预览界面

在该界面可以预览各个阶段的压载水分配情况和平台相关参数,点击对应按钮可以对指定阶段的压载水分配进行调整修改。完成设置后,点击“保存”完成压载水分配的设置。

完成压载水分配表设置后,电脑的两个界面分别显示不同的内容,主屏幕显示模拟的平台操作界面,副屏显示平台的三维模型,如图 9-24 所示。

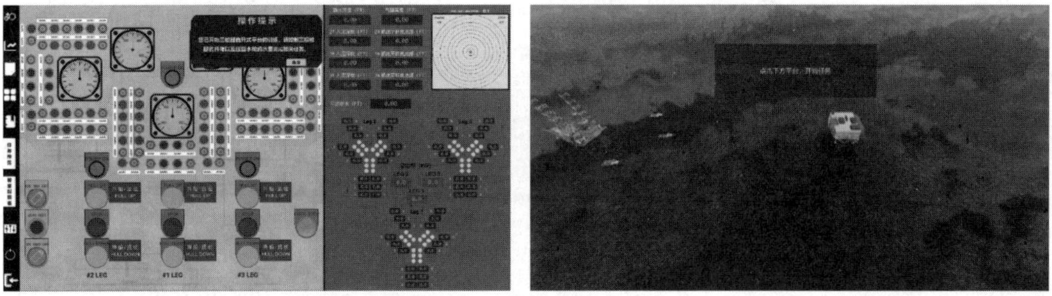

图 9-24　主副屏显示内容

点击“平台模型”后练习开始,在主屏幕界面左侧共有十个按钮,从上至下依次点击后会分别打开:拖缆连接界面、平台参数界面、检查事项列表、压载水舱控制界面、操作日志、任务预览、压载水分配表、桩腿位移展示界面、练习成绩评估界面和退出界面。根据提示,在打开检查事项列表后,勾选正确的检查内容,同时副屏会播放相关设备的动画,随后进行下一阶段操作,如图 9-25 所示。

如图 9-26 所示,点击“POWER ON”按钮后,按钮变为绿色,即桩腿控制装置已打开,可以进行桩腿升降操作,每一列按钮的功能依次是控制装置电源开关、桩腿下放、停止升降、桩腿回收。通过点击不同功能的按钮,控制三根桩腿的升降,平台的各种参数也会在界面右侧显示。

图 9-25　阶段操作示意图

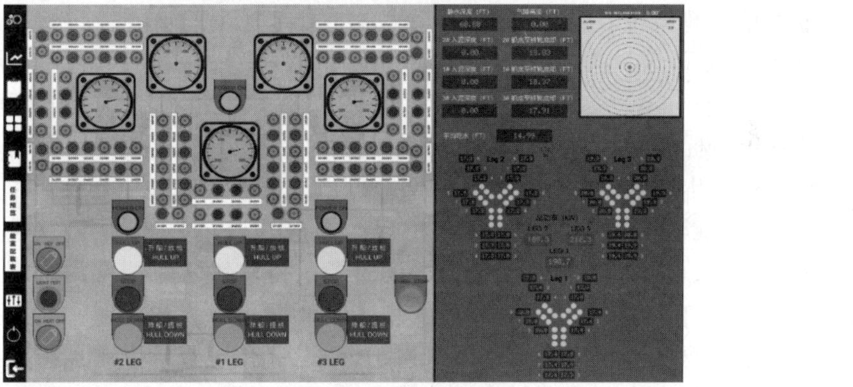

图 9-26　阶段操作示意图

在进行下一阶段操作前,会弹出提示框且软件暂停,点击“确定”按钮后提示框消失并且解除暂停。当学员进行了错误操作导致发生危险时,会弹出警报界面,如图 9-27 所示。

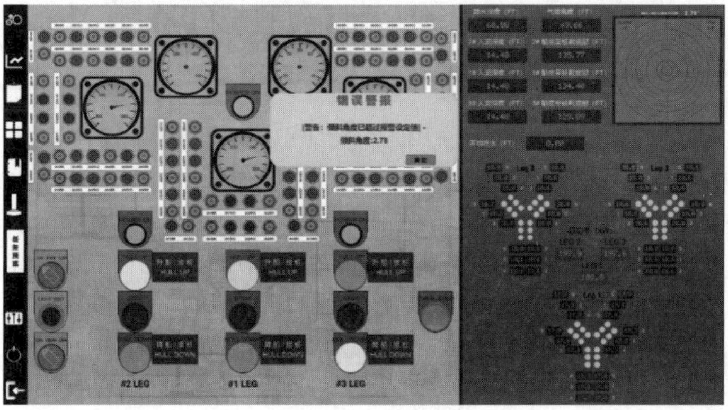

图 9-27　警报界面

操作完成后,点击左下角的“退出”按钮,即可退出练习。点击“查看评价”可查看练习评价,点击“重新开始”则退回初始界面,点击“保存退出”则将本次练习的操作日志上传并保存到数据库中,供教员查看与回放。

9.5 基于风险的船舶设计

科技正以更快的速度发生着显著的变革，技术能力也在更大的范围内得到了全面提升，这些都促使航运业进行创新，以满足对更大、更快、更复杂及更专业船舶的需求。在分散、人力不足而且竞争激烈的航运业中，在对生命安全及环境更为关注并且有着更高要求的社会中，这一切都正在发生着。安全很容易遭到破坏，而后果是灾难性的，对于技术密集、安全至上的船舶而言尤为重要，如目前建造的巨型邮轮，就对创新的需求产生了前所未有的安全挑战，而这些通过规范是无法应对的。

在这种情况下，欧盟海事业正在提倡将新的设计方法作为解决途径，即将安全作为设计目标，而不是通过规则进行制约（安全设计），以及通过常规性地使用第一性原理计算工具就能融入创新的规范化方法，使得安全问题得到合理有效的应对（基于风险的设计）。但是从全球船舶行业的设计趋势来看，目前受影响最大的是规范产生的地方，国际海事组织最近声明“未来是基于风险的”。SOLAS 第 2-1 章融入了新的破损稳性概率规则，于 2009 年开始执行，并已经被主要造船厂的设计室所采用，将 SOLAS 第 2-1 章第 17 条应用于安全相关问题正在成为常规的基于目标的标准，并且这已经逐渐成为一种趋势。

在现实设计生产活动中，有些船东、造船厂以及船级社正在探寻如何利用基于目标方法带来的新型设计思路、理念和成果等，但是由于在船舶设计的概念化、创意化及建造阶段的思想根深蒂固，研究人员发现要从基于规范的思维模式中解脱出来非常困难。当动力和惯性在一起考虑时会产生许多疑问，是不是发展太快了？要向什么方向发展？什么是基本线索？如何才能得到？新理念所呈现出的自由度难以把握，设计和规范从强制性跨越到基于目标设定需要进行引导。而且海事业采纳基于风险的方法也并不如想象中那样一帆风顺，对传统造船工具而言，风险评估不是必须遵从的规则。另外，使用第一性原理计算工具及所需的大量分析，要求将安全视为集成设计环境及整体方法的生命周期问题，这并不适合海事业多样化的专业背景。即使不能解决上述问题并为解决问题付出巨大努力，能够体验解决问题的过程并目睹这些努力的早期成果，也足以让基于风险设计的倡导者们感到满足。

9.5.1 概述

应对安全问题的方法需要进行变革，这促使大家认识到海事业是风险行业，对海事安全采纳基于风险（基于性能）的方法就非常必要，这为随后船舶设计和营运的巨大进步奠定了基础。海事业为此付出了很大的努力，欧盟第一个重要的主题网络 SAFERE URORO（1997—2001）因此成立，目标是在“安全设计”主题下推进新的设计理念，通过“安全”驱动船舶设计和营运的方式将安全合理有效地融入设计过程中，这又导致了最新规范化设计方法（基于风险设计）的发展，通过将安全视为设计目标而不是约束条件，在船舶设计过程中支持和促进安全设计。

考虑到以上因素，采纳融入创新、促进常规性使用第一性原理计算工具的基于风险的设计方法，将能合理有效地应对安全问题，建立和维持竞争优势，特别是对技术密集、安全至上的船舶尤为重要，比如目前建造的巨型油船。技术密集的船舶理念受到创新的推动，而安全毫无疑问是安全至上船舶设计的驱动力。在这方面，对生命安全的不断重视及船舶尺寸的迅速增加，促进了相关安全标准的彻底修订，以至于作为保证公众信心的一种方法，风险控制已经成为国际海事组织的头条议程。

但根据经验，风险控制并没有合适的发展环境，监管体系也不够成熟。而这又不能通过推测来进行，因为其风险与代价太高了。这一问题需要，也应该得到能够度量、验证及可靠的解决方案。为满足社会对船舶安全的期望，需要制定考虑生命损失和环境影响的零容忍目标，要求仔细研究可能颠覆这种期望的所有因素，而首先最重要的就是发生事故时的生存能力。力图理解需要做些什么，能做到什么程度，导致一些新概念的出现，比如事故阈、浸水时间、安全区域、安全返港以及安全级别等，来应对目前的问题。同样，安全标准的修订也需要对相关问题进行必要的研究，如事故原因（可以确定主要危险及设计方案）、事故后果（如损害、生存能力和火灾安全分析）以及缓解措施，不管是适当的传统措施（如撤离及救援）还是潜在的新措施（如紧急情况下船舶系统的剩余功能）。

需要重视的是，这些努力的目的是好的，只是发展的步伐太快，使得整个行业陷入了不明确的局面，需要立即加以澄清，通过近年来的发展去展现当代最新的基于风险的设计理念及应用（主要是邮轮业），以及同国际海事组织规则制定过程的关系。作为一种目标设定方法，基于风险的设计同国际海事组织客船安全体系直接相关，并通过对总风险的定量评估，同更为广泛、更为基础的可测量安全级别问题也直接相关。只要应用合理（以通用油轮设计为例），在概念设计层面实施基于风险的设计，取得的成果将有助于更好地理解实现这种应用所必需的方法及科技。

9.5.2　船舶设计过程

1. 基于规则的设计

如今，船舶设计的目标是交付性能可以达到船东规定的操作和功能要求，同时符合强制性规则和规范，以及确保建造过程能够符合预算和进度的船舶，所以称之为基于规则的设计。但船舶设计反映出，造船厂对设计的影响也不可忽视，实际应用也表明，在造船厂中引入安全文化的理念对于应对船舶设计安全问题是非常重要的。图 9-28 所示为一个传统的高端船舶设计过程，图示的内容并不唯一或详尽，但可以作为随后应用的基础，强调基于风险设计预期的贡献和意义。

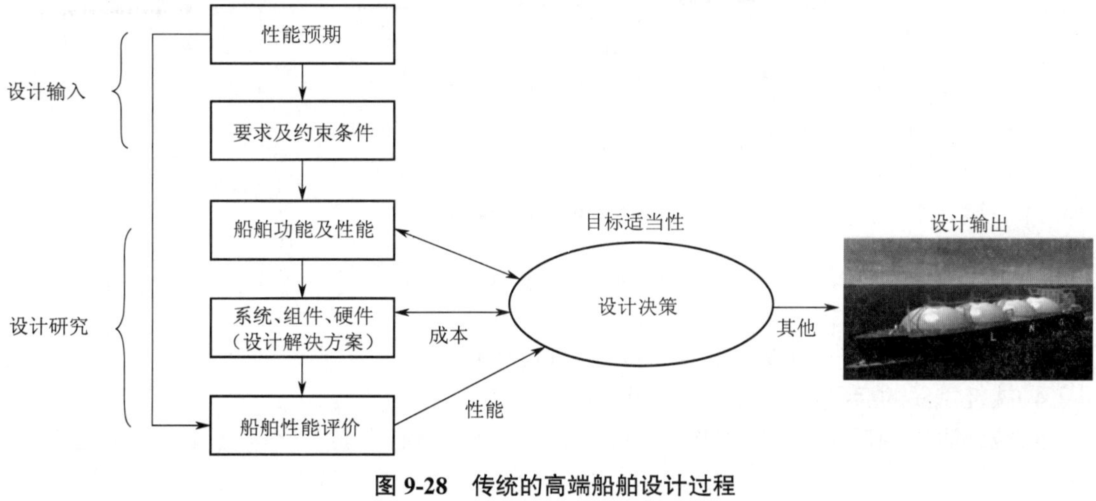

图 9-28　传统的高端船舶设计过程

如图 9-29 所示，设计输入一方面涉及性能预期，而另一方面的要求及约束条件则是来自船东自己的市场、业务和物流分析，以及相关利益方的其他预期，如股东、民意、承租人、船东及造船厂等。

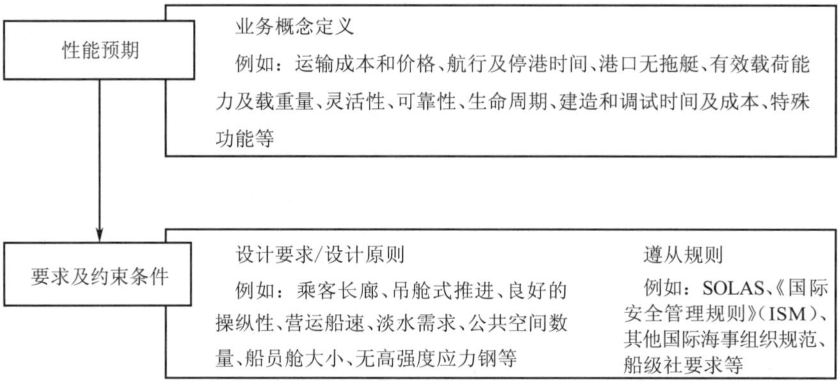

图 9-29　设计输入

图 9-30 说明设计研究涉及的主要设计优化，需要同时考虑许多因素，包括安全操作、技术性能、偏好、成本、物流及美观。其中，安全是最先考虑的，但要作为遵从的规则，也就是作为一个设计的约束条件，而不是满足设定标准的设计变量。在设计的早期阶段，当主要设计决策已定并且成本项目也已分配时，设计主要基于设计师的经验、工程判断及强制性规定范围内可能达到的创造力水平。对基于规则的设计而言，安全性能由规则强制性确定，比如根据规则来确定安全性能参数有哪些，需要达到什么数值（设计标准）。下面列举一些实例。

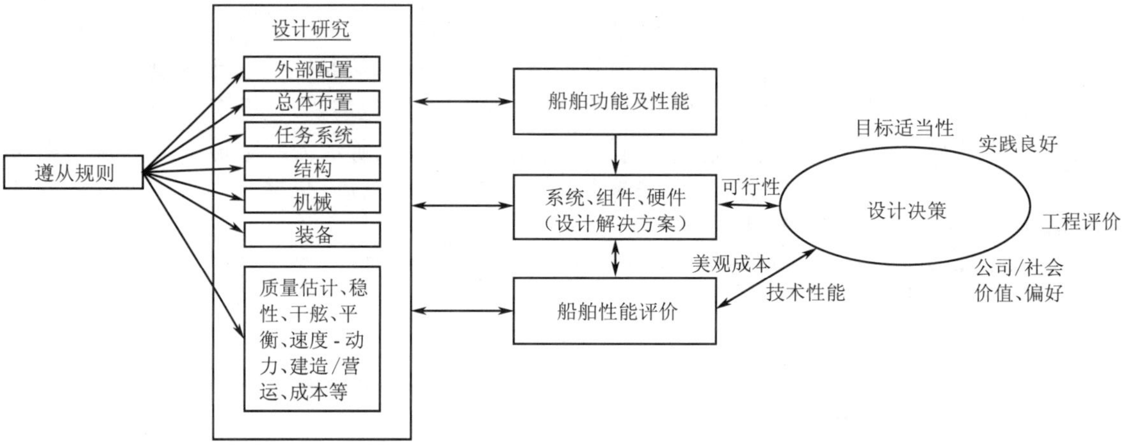

图 9-30　安全考虑因素

（1）避免结构失效：构件尺寸最小化、腐蚀裕量、设计荷载等。

（2）避免失去稳定性：GZ曲线要求等。

（3）减轻碰撞的后果：在$B/5$设置纵舱壁，A指数等。

（4）减轻搁浅的后果：双层底的宽度和高度等。

（5）减轻火灾的后果：防火等级为防火 1 h（$\Delta T_{max}=180℃$等），主竖区最大长度和面积（分别为 48 m，1 600 m²）等。

这种方法意味着开发“有竞争力”的设计是基于设计师的能力而不是基于更合理科学的基础。于是潜在的良好设计往往因为不符合这条或那条安全规则而无法继续发展。此外，遵从强制性规范意味着规范所包含的最低安全级别被认为适用于相应类型的船舶及操作，但实际上这些数据或者规范并未得到严格的、科学的计算验证，而仅仅是估测而已，“遵从规则”当然有优点，同时也有缺点，如下所述。

（1）规则是反映平均安全水平的最小需求，因而不可能在所有情况下都是适合、相容和/或最优化的（比如 SOLAS A.167，SOLAS’95，甚至是 SOLAS 2009）。

（2）大多数规则是因重大事故而制定的，这样的话，其目的是减轻事故的后果以平息公众的愤怒，在一些情况下，几乎没有强调设计甚至涉及设计。

（3）如果被评估的设计不符合用于生成规则的数据集，那么该设计可能会受到不必要的阻碍，或其安全性能可能不是最优，甚至可能是不安全的。比如目前的概率规则能否适用于多体船。

（4）因为技术的进步是通过强制性的规则来传递的，所以在基于规则的体制下“是不可能击败竞争者的”。另外，当安全作为约束条件施加到设计过程时，知识在设计、生产和营运阶段的传递就受到了阻碍，可能会存在新型技术发展被原有规则束缚的现象。

（5）通过规定最低要求，目前能满足要求的设计被视为与刚能“达到”要求的设计具有同样的安全级别，这就是设计师通常不能实现平衡或最佳折中的原因，也是产生“安全代价很大”或最好能做到“安全不用付出代价”推断的一个关键原因。

（6）更重要的是，强制性规则中并不提供实际安全级别的信息（例如符合规则并不保证能够得到满意的安全性能），比如我们是否知道，根据目前 SOLAS 的规则，设计一个隔舱或两个隔舱客船的风险是什么。

（7）规则制定过程基于多数人的意见，经常要反映“不合理”的折中，违背了知识的本性，这样的规则来自经验或统计。例如统计显示，在船舶发生侧面碰撞时，SOLAS’90 用以提供内部空间浸水保护的$B/5$纵舱壁有 45%发生了破裂。

（8）规则比较容易达到，使得级别变更更为方便（理想的一面），就算是缺乏技能也可以容易地应用和检查（非常不理想的一面）。

作为上述内容的简洁概括，基于规则设计的主要缺点如下。

（1）将安全视为约束条件（遵从规则）意味着合理有效地达到安全预期要靠运气。

（2）设计及性能评估工具互不兼容，时间限制以及缺乏集成的设计环境阻碍了设计过程中的设计优化。

（3）缺少规范化的优化过程也意味着生命周期问题（将来的成本/赢利潜力）在设计决策过程中无法明确地得到考虑。

除了这些缺点，多年来大部分规则都能比较好地适用于设计目标，规则的大多数变化和改进都是由引人注目的独立事故（例如 1994 年爱沙尼亚号渡船沉没）或事故伤亡统计的显著变化（例如 20 世纪 90 年代早期散货船造成的损失与 SOLAS 第 12 章的改进）所引起的。与其等待灾难发生，然后匆忙地制定可能损害而不是提升安全的新规则，还不如将来自这些灾难的相关知识以结构化的方式进行分析和存储，并尽早应用于设计过程，这样一定可以见证工作重点向预防进行转变的巨大变化。这么做还可以在安全和其他设计因素之间进行权衡，使得设计更安全、更有竞争力。

概念设计阶段是引入产品和安全创新潜力最大的阶段，尤其是船舶设计，其独特之处在于涉及船舶的一些最重要决策在设计过程的早期就要确定。在所有的后期设计中，对成本和性能产生实质性影响的可能性非常小，因为将不可避免地被早期决策所设定的强制性框架所限制。随着设计过程的推进，与设计相关的船舶知识增加，而同时进行改变的自由度却减少，因为这些改变涉及巨大的成本。为了更有竞争力，决策需要向合同前阶段转变，必须获取尽可能多的信息，而这只有通过先进的第一性原理计算工具才能做到。

将重点转移到常规性使用明确考虑安全性能的第一性原理计算方法上，就可以进行目标设定及基于性能的设计，因此有可能在不受规定性条件约束的情况下优化船舶的性能。就所有相关的角度而言，最佳的设计解决方案也许存在于规定性范围之外，所以这对船舶设计决策可能会产生重大的影响。已有的优化工具和技术能帮助设计师在设计概念发展早期的有效时间尺度之内和之外，对范围更广的设计方案进行研究。

所有这些常识性的步骤为设计和营运中采纳基于风险的方法提供了基础，当然也增加了复杂性及本质上的区别：同时考虑多重风险（与规定性规则及 SOLAS 的主要区别）需要整体性的安全方法，这部分内容正是当下研究的热点之一。

2. 基于风险的设计

国际海事组织对基于目标的标准进行了讨论，并引发术语“安全级别”如何为涉及特定船舶的整个生命周期定义可接受的“风险”级别，这样就可能形成合理有效实现安全的新指导原则。但随之而来的并不是普通的任务，而是要通过考虑所有“被动”（设计）和“主动”（营运）安全措施，在非常严格的成本及时间约束下，于概念设计阶段对一艘船的生命周期风险进行量化。这是巨大而烦琐的任务，但利益是丰厚的，所以为了实现能够测量安全的有效方法，进行任何投资都是合理的。在设计船舶时我们必须明确，“风险”的概念常常同不希望发生的事件及确实是“有风险”的航运操作联系在一起。为了能对安全进行清晰的表达，需要为其规范建立一个可靠而透明的架构。就此而言，明确地计算和使用风险通常是建立这个架构最灵活的方法。所以清晰地考虑安全相当于在设计时评估风险，也就是基于风险的设计。应用基于风险的设计更加偏重于高层次创新的设计理念（图 9-31），所以需要利用所有形式的船舶信息：最佳实践、工程评价、最新工具和数据以及定量风险分析（QRA）的所有内容。

基于风险设计的实质性进步在于明确、理性而合理地对待安全。为此，必须坚持以下原则。

（1）采用可靠的安全度量方法及规范化的定量程序（风险分析）。为保证可行性，要考虑安全构成的复杂性，以及必须明确将重点放在关键的安全“驱动因素”（主要事故类别）上。在各种不同的环境中，风险量化、风险评估和风险管理都有许多规范化的程序，比如规则制定中的综合安全评估、特殊设计/操作方案的安全实例等。图 9-32 右边说明了一个典型“安全评估过程”的要素。

（2）这种程序必须整合到设计过程中，通过利用性能、生命周期成本因素、功能性及安全之间的重叠部分，在安全和其他设计因素之间进行平衡。关于安全性能和风险的附加信息随后就可以用于设计决策和设计优化。

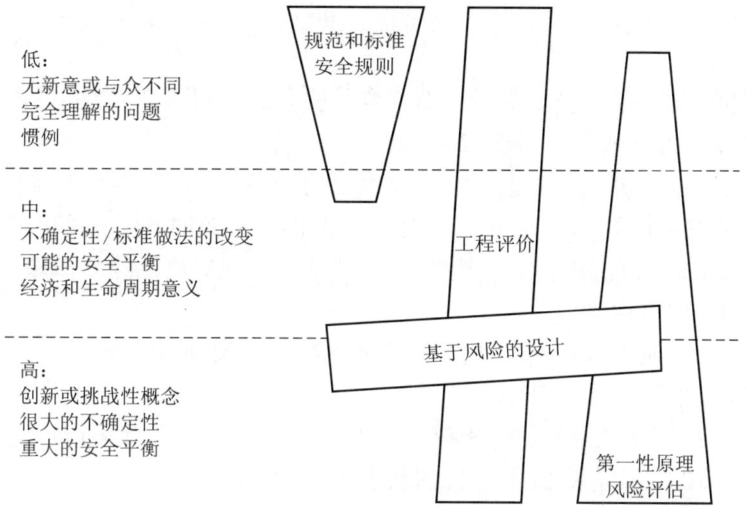

图 9-31　基于风险的设计和创新

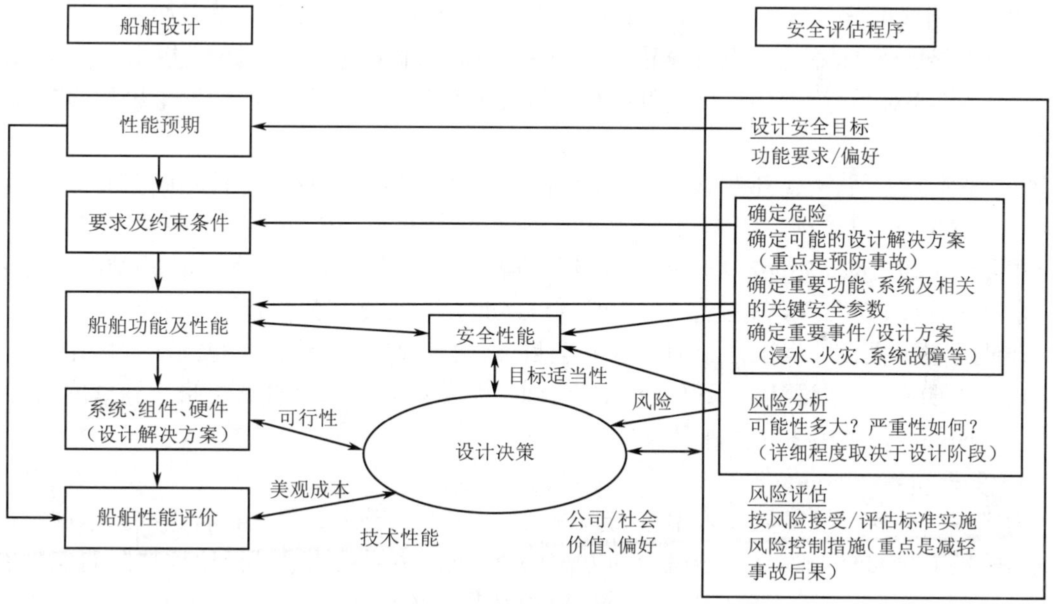

图 9-32　基于风险设计的顶层框架

（3）为处理所有相关的安全因素，必须考虑计算的级别；同时还要考虑同安全相关的设计改变对功能性及其他性能的影响，因而需要用不同的处理方法，也就是使用参数模型在参数水平对重叠部分进行平衡，并可以利用快速而精确的第一性原理计算工具。于是设计优化过程就成为一个多目标、多标准优化问题的典型实例。为有效实现优化过程，还需要一个在集成设计环境（软件）管理下的通用船舶设计模型。

上述基于风险设计的原则也体现在 SADEFOR 发布的高层定义中：基于风险的设计是一种综合性的方法，在设计过程中系统地融入风险评估，并将风险预防/降低作为设计目标同传统设计目标整合在一起。理解基于风险设计的关键是在设计过程中融入风险评估以及为达到整体设计目标进行决策，同时安全评估程序内并行（并发）迭代的一部分要满足相关的安全目标/目的。

1)安全评估程序

原则上,上述的安全评估程序是系统而综合的安全评估过程,可以通过多种方法实现。正确方法的选择可以考虑下列因素(HSE2001)。

设计阶段:确定设计可能发生改变时的灵活性水平及设计所需信息的水平。在概念设计阶段(合同前),对主要设计的平衡都需具有灵活性;另外,此时关于船舶的信息比较少,所以风险评估也局限于比较粗略的方法。当然,风险评估可以在更高的设计阶段(有了更多的设计细节)根据建造和调试过程进行改进。

主要潜在危险:全损或多人死亡的潜在可能性越大,决策时就越不能只使用传统基于规则的设计方法,所以应关注主要的船舶事故类别。

风险决策内容:更多的创新元素、不确定性或相关利益方的关注可以促进更为彻底的风险评估,所以基于风险的设计应更偏重于高创新水平、高价值的船舶。

2)安全目标的定义

安全目标,同其他设计目标一样,与船舶的任务和用途相关。明确的安全目标已经是设计输入的一个组成部分。由安全因素驱动的设计目标实例(主要与公司价值及政策相关)如下。

(1)顶层目标:①不能有事故导致全船损失(碰撞、搁浅、火灾等);②不能因船舶相关事故而损失生命;③对环境影响小(无空气排放、低噪声、低洗流);④如果船舶发生事故,将影响降到最小。

(2)特定技术目标:①船舶在所有可行的营运荷载及环境条件下保持不倾覆和漂浮状态;②船舶在发生进水及浸水时保持不倾覆和漂浮状态;③在整个生命周期内船舶结构能承受所有可预测的荷载,比如关键结构件不发生极限荷载结构失效或疲劳失效;④破损情况下有足够的剩余结构强度;⑤乘客舒适度高(无晕船、低振动水平、低噪声水平)。

即使为了审批目的而包含了类似的安全目标,法定要求或船级社的要求中对风险的可接受性也并不明确,其他设计目标可能包括周转时间、营运船速、荷载量、维修等。总体而言,目标是使船舶能满足其用途的各种要求。

3)确定危险

为实现上述的一般安全目标,需要定义更多明确的功能要求,只要符合这些要求就能保证达到所需的安全目标。为与基于风险的方法保持一致,必须系统而理性地评估阻碍实现安全目标的因素,并在此基础上确定这些要求,所以必须系统地对“什么地方会出错”的问题进行研究,这可以通过危险确定技术来实现。危险确定是一种主要依据专家判断的定性方法,根据实例、目的及可用设计信息的层,有多种技术和形式。

4)确定重要设计方案

基于风险的设计具有可行性、可管理性以及实用性,它是一个自上而下的过程,船舶安全只能由少量因素所控制,而单独或联合考虑这些因素,就能确定有限的设计方案集,通过事件发生及后果的可计算概率,对船舶在海洋上的生命周期进行整体量化。这些与主要潜在危险的事故类别相关,因而能通过确定危险得到。一旦有了一般设计方案,就必须根据船舶的特定设计特点及预期性能进行调整和定制,如图 9-33 所示。

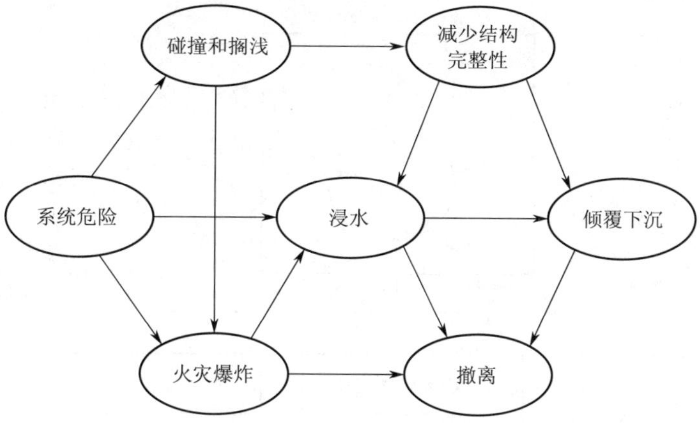

图 9-33　设计方案的典型结构连接

5)(与安全相关的)功能要求的定义

一旦有了按序排列(基于风险的定性排序)的危险因素以及相关的设计方案,就需要确定明确的功能要求和评估参数。基于工程的评价及可用的安全信息,相对于普通的性能集来讲,这些可以视为安全性能要求的一个附加集。有了统一、与安全相关的功能要求,设计就可以按正常程序进行。设计师使用这些要求及其他传统设计要求来进行初步基线设计并确定评估的设计原则。

6)设计决策

在船舶设计中使用风险分析或风险知识模型可以为设计决策过程提供关于安全性能和风险水平的附加信息。如果设计发生了改动,使用风险知识模型能很容易地对这些信息进行重新计算。如果其他的船舶性能(质量、效率、荷载等)及经济意义(最初成本及营运成本、赢利潜力等)也有类似的参数模型,那么就有可能在可行的时间尺度内以优化、有效的方式进行主要设计决策和平衡。

对设计决策而言,同需要有明确的船舶性能评估标准(设计标准)和经济目标(船东的要求)一样,也有必要定义安全性能评估标准和风险接受标准。后者与安全性能标准是相关的,所以安全性能可以与明确的风险接受标准一起用于设计迭代,甚至可以替代风险接受标准。结果就是初步基线设计的关键设计方面(水密分舱、结构设计、内部布局、主垂直区、桥楼布局、材料、主要船舶系统等)可以从船舶性能、成本、潜在盈利的角度进行优化,同时又能确保合适的安全性能水平(量化),并且其与可接受的量化风险水平(如果存在的话)相当。

通常一些设计决策决定了建造成本,另一些则决定了营运成本及潜在盈利。设计师在很大程度上能控制建造成本,但不太可能控制船舶的营运经济情况。对于前者,造船厂拥有详细知识及经验模型来估计建造成本。对于后者,造船厂的客户(船东)拥有营运成本及赢利情况的详细知识及工作模型。尽管如此,关于设计参数和变量的最终决策无疑还是在于设计师及其他相关利益方(船东、造船厂等),船舶性能的量化(技术性能、安全性能、成本、盈利潜力以及风险)将同其他设计研究范围之外的因素(偏好、公司政策等)一起进行衡量。就此而言,船舶设计决策可以用图 9-34 表示。

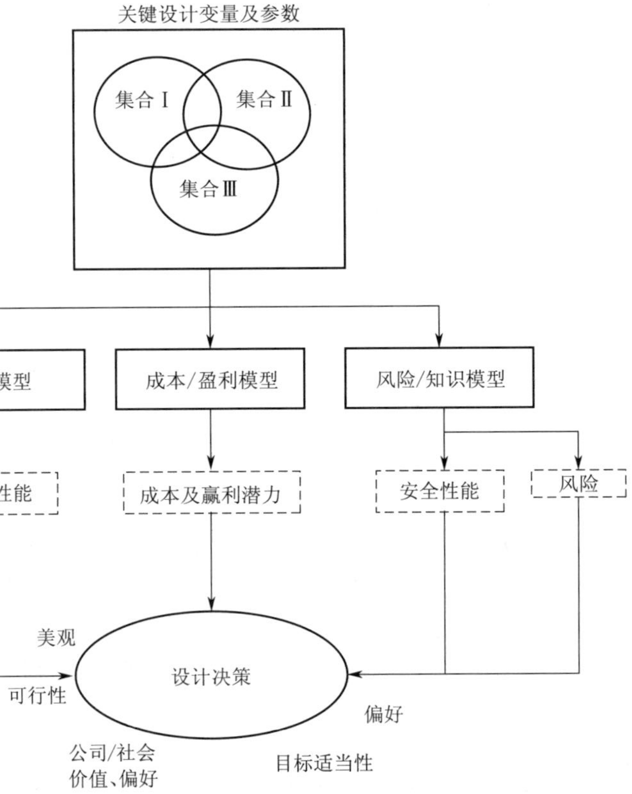

图 9-34 基于风险设计的产生

基于风险的设计的关键特点在于,任何船舶设计决策都很清楚,而且同样重要的是,其与能够更好地满足现代安全预期的已知安全级别(同遵从规则相比)一起,可以产生技术合理(至少达到与目前现有技术相当的水平)、符合目标的设计概念。

9.5.3 发展动态

当前,监管的发展已经领先了一步,亟待全球化的协同努力以确保安全从明确规定向基于目标转变。国际海事组织海上安全委员会(MSC)为发展客船安全标准而采纳了新的理念和工作方法(图 9-35)。在这种方法中,现代安全预期被表达为一系列安全目的和目标,以全面的安全目标来说明紧急情况下的设计(预防)、营运(减轻)及决策,以达到不因船舶相关事故而损失生命的要求。"安全返港"一词在讨论这个架构时被广泛采纳,架构阐明了对海船安全级别(生命周期风险)进行量化所必需的所有基本元素。

下面对这些元素进行更为明确的阐述。

(1)预防/保护:重点必须首先放在预防事故的发生以及限制事故后果的安全措施(内建安全)上。

(2)时间线发展:重点很明确,就是不同事件的时间线发展情况。在制定规则的过程中,第一次不仅需要知道船舶是否能在特定荷载条件和营运环境的事故中幸存,而且还要知道船舶能够保持适居状态的时间,即安全、有序地弃船及撤回船上人员所需的时间。

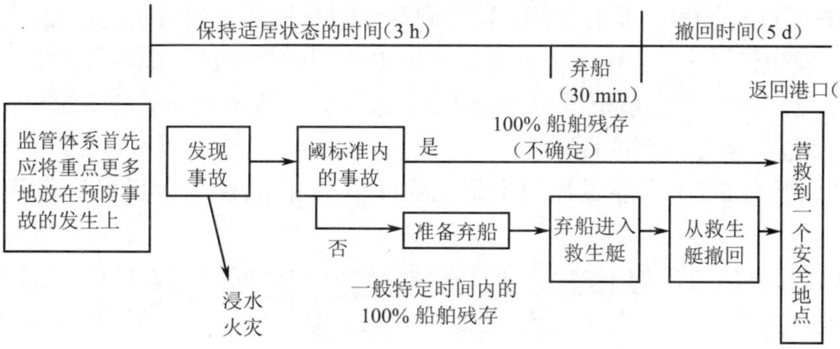

图 9-35　国际海事组织架构——客船安全

(3)事故阈:提倡应以提高残存为目的来设计船舶,这样发生事故时,在船舶返回港口的过程中能保证船上人员的安全。考虑到这点及(只是)为了设计目的,需要定义事故阈,这样当船舶发生了低于事故阈的事故时,预期应当可以保持直立和漂浮,并且为了能够依靠自身动力返回港口或等待营救,还应保持足够长的适居状态(建议 5 d)(图 9-36)。

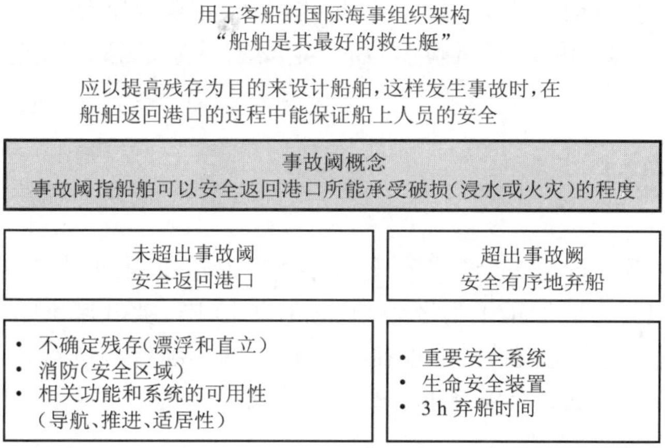

图 9-36　事故阈概念

(4)紧急系统可用性/撤离及营救:如果发生了超出事故阈的事故,船舶必须保持足够长时间的稳定和漂浮,以便乘客和船员能安全(建议 3 h)而有序地撤离(集合、上岸、弃船)。在所有考虑到的情形下都能执行必需功能的紧急系统的可用性是隐含在架构中的。此外,船舶应配备船员、装备及进行适当准备,以确保船上人员的健康、安全及得到医护、保护,并且要考虑到气候条件及搜救功能的可用性,直至得到更专业的援助。

考虑到以上情况,值得注意的是,出现的所有问题(生存时间、事故后功能可用性、弃船所需的时间等)都不能按照遵从规则进行处理。但是通过对所有风险关键因素进行隐含说明而提出的整体、基于目标、主动的方法可以达到这些目的,其在总风险(安全级别)评估及基于风险设计中的直接使用确保了能符合当今安全预期的生命安全。

该方法的适用工作范围如下。

(1)浸水残存分析:①符合 SOLAS 2009 破损稳性规范;②所有统计学上可能的碰撞和搁浅浸水实例的易发生性(动态船舶残存分析);③倾覆时间。

(2)消防安全分析:①船上所有空间(包括特殊空间及外部空间)的火灾风险筛选;②代表性火灾场景的易发生性(消防工程分析);③对超出事故阈的情况进行概率评估。

(3)事故后(浸水或火灾)系统可用性分析:①每个被评估事故场景的系统可用性,剩余功能的量化;②返回港口能力的概率评估。

(4)撤离及营救分析:①弃船过程的定量风险评估;②代表性浸水场景及严重火灾场景弃船所需的时间。

根据上述内容,可以得出如下结论:通过在设计过程中将安全视为目标,安全设计的新理念及基于风险设计方法的发展能以系统、全面的方式应对船舶安全。基于风险的设计打开了创新的大门,通过推动实现合理有效的安全为海事业提供了竞争优势。而这缺少了基于风险设计的优化设计方案是不可能做到的。

为实现上述目的,第一性原理计算工具及对涉及生命丧失的客船风险进行量化的可用模型必不可少。这些工具的整合可以对任意特定损失场景进行明确而直接的生命丧失评估。如果要采纳船舶设计"整体方法",这样的能力是非常重要的,特别是对于客船。

这种方法反映了基于目标标准的趋势,并突出了基于风险设计方法的优点,当面对创新船舶概念及替代设计和布置时特别有用。在这种情况下,定量风险分析是唯一能保证达到合适安全级别(相当于可接受的低水平风险)及所设定安全目标(比如安全返港及生命丧失"零容忍")的可靠途径。

9.6 模块化设计

船舶模块化设计及实现是一个多学科和多维度的制造过程,而在人工智能技术背景下,船舶模块化设计及实现变得更加精细与准确,这对推动船舶行业领域不断发展具有十分重要的促进作用。加之,船舶模块化设计是船舶制造过程中的一项核心技术,所以,探究人工智能技术下船舶模块化设计及实现具有极其重要的现实意义。

9.6.1 船舶模块化设计方法

就目前的情况来看,我国船舶在生产制造过程中所运用的技术已经取得了很大的进步,但与西方发达国家相比,依然存在着很大的差距。纵观我国船舶制造业的发展,随着船舶设计及制造技术不断进步,船舶模块化经历了三个阶段:第一阶段是船舶系统导向型的造船模式,如船台舾装、码头舰装以及全船涂装;第二阶段以船舶设施设备的功能为指引目标,比如预舾装以及预涂装;第三阶段是船舶区域、类型和阶段性的造船模式,比如区域舾装以及区域涂装。上述三个阶段均为传统和现代造船技术下的造船模式,未来造船模式应该是利用人工智能技术、互联网技术等,发展船舶设计、建造一体化,实现设计、建造、管理一体化,即人工智能技术下的船舶模块化设计。

1. 系统模块化设计

系统模块化设计是船舶应用模块化设计的第一步。在设计过程中,设计人员要对船舶舾装的整体进行整合重组,细分船舶每个功能部位,通过有序的重组,优化船舶结构。如需要对船舶的管道、电线,船舶各舱室的功能与布局进行优化,要确保每个部位在实现协调统一的同时,避免功能的重叠,确保在后续使用过程中,各模块之间可以迅速重组实现功能的变化。值得注意的是，在进行系统整体设计的过程中，无论是采用 CAD 还是其他软件，都需要对设计图纸进行留存，并及时通过 BIM 模型验证模块的可行性，以便随时修改整理，以此来保证系统设计的基础质量。

2. 全宽式单元模块设计

在模块化设计过程中，舾装设计是整体设计中非常重要且难度较高的环节，绝大多数机电设备以及电子管道均放置于舾装环节，若因设计出现故障，导致机电设备无法正常发挥功能，会对船舶整体功能造成一定的影响。在进行设计时，务必联动所有生产部门，及时交流意见，针对所有突发情况随时修改方案，积极使用大数据，及时将每一版的设计方案上传至云端，方便各方及时查阅，并交换意见进行整改，通过极高的统筹性，确保该部分的设计不出现任何纰漏。同时，在设计过程中，各部门一定要注意对成本数量进行控制，及时剔除功能具有重合性的部件，通过此举达到控制成本的目的。

3. 集控室单元模块化设计

集控室肩负着统筹船舶各环节良好运行的重要职责，因此需要进行严格的设计。在模块化设计中，为了确保集控室可以与其他部分进行有效沟通，完全可以在集控室的顶部专门设计一处控制舱，确保任何操作均可以通过独立控制舱完成。同时若选择此方式作为集控室设计，须确保各项内容精准有效。

4. 管道系统模块设计

管道系统模块是船舶的重要组成部分，在设计过程中，可以对管道模块进行细化，如可以将管道模块分为信息模块、建模模块以及管道原理模块。在进行该模块设计时，必须完成船舶各项信息数据的整理，在管道系统本有的各个构件之间建立妥善的连接，并确保在不影响实际功能的情况下，保证管道系统的整洁，为后续使用过程中的维修工作提供便利。在实际过程中，为了确保管道模块在船舶中具有可行性，可以通过 BIM 模型构建完全仿真的模块模型，模拟管道系统在船舶中的实际面貌，通过模型演示，确保管道模块可以有效发挥功能，并及时根据模型中暴露的问题进行整改，如管道的走线等。当各方面均满足船舶的实际使用需求后，正式制造使用。

5. 电缆模块设计

电缆模块是船舶必不可少的组成部分，是船舶实现各项功能的基础保障。在进行电缆模块设计时，要从原理图模块和放样模块方面入手，利用相关软件将电缆的各项信息与实际参数录入既定的三维模型中，并由该模型完成电缆模块的放样测试，最终将放样结果与船舶实际需求进行对比，并逐步进行优化，设计结果与船舶实际需求结果要保持一致，完成各电子元器件的布置与走线，确保电缆与各构件可以顺利连接，并避免管道排线出现冲突现象。

9.6.2　人工智能技术下船舶模块化设计及实现

船舶模块化设计与制造为我国船舶制造业带来最直观的改变，船舶部件的可替换性大幅提升，船舶使用的所有配件都可以大批量生产，在使船舶制造速度得到大幅提升的同时，也使船舶维修更换部件的时间大幅缩短。随着模块化设计的实际运用，船舶用到的零部件将不再具备唯一性，大大避免了船舶在制造过程中，因零部件的唯一性而无法与其他零部件一同安装的问题，有效缩短了制造时间，提升了船舶安装效率。此外，相较于传统船舶设计与制造，在采用模块化设计与制造后，船舶的各项参数均会通过计算机进行精确调校，有效改善设计与制造中存在的粗放问题,提升各部件连接的紧密性,保障各部件的功能性。

人工智能技术作为船舶行业领域中一种全新的技术,在船舶的研发和模拟方面得到了迅速的推广,其根本目的是解决船舶在生产和制造过程中可能出现的问题。将人工智能技术引入船舶模块化设计中,可以实现对船舶模块化的高效管理。具体来说,就是将船舶在生产过程中所产生的数据信息通过人工智能技术导入数据库,从而提升船舶在生产环节的工作效率。

人工智能技术下的船舶模块化设计以一种全新的方式诠释船舶产品,通过船舶模块化设计不仅可以使船舶设计制造全周期过程更具优势,还会给设计工作带来更加广阔的发展空间,具有重要的研究意义。针对传统模块化设计的种种弊端,研究人员将人工智能技术引入其中,提出一种基于人工智能技术下的船舶模块化设计及实现方式。

1. 船舶模块化总体设计及实现

船舶模块化总体设计的任务是根据原有船型与用户定制化的用船需求,创建船舶产品功能模型,根据功能模型,通过科学合理的方法来划分功能模块,最终形成一个完整的船舶产品。船舶模块化总体设计与一般船舶总体设计基本相同,实际上指的就是方案设计。具体来说,就是船舶的组成、结构、布局、功能以及接口关系等等,主要目的是明确怎样造船,主要体现在以下几个方面。

(1)按照船舶区域进行设计。就目前的情况来看,大部分的船舶生产与制造都是按照区域完成的,因此模块化设计也应当按照区域进行设计,从而使设计与生产实现一一对应。

(2)设计、制造和管理一体化。在实际的模块化设计过程中,还应当处理好与设计人员、生产制造人员以及管理人员之间的关系,积极采用先进的船舶设计理念,在明确“如何造船”的基础上,通过各部门之间的团结合作,从管理者角度提出恰当的建议,最终将船舶模块化体现在图纸上,用来指导施工人员现场施工。

(3)壳、晒、涂一体化。在具体的设计过程中,还应当做好壳、晒、涂一体化工作,并在壳、晒、涂一体化工程师的正确引导和帮助下,尽全力地满足均衡与连续的总装造船要求。

(4)各设计阶段相互结合。在船舶模块化设计工作开始之前,还应当做好管理方面的工作,比如,技术准备、计划准备以及施工准备等等,将以上这些准备工作作为开展设计工作的前提,并于具体的设计工作中做好各设计阶段的相互配合工作,将其贯穿于船舶模块化设计过程的始终。

2. 工业物联网设计及实现

工业物联网设计是整个船舶模块化中的基础性内容,也是促进船舶模块化设计及实现过程中信息数据交流的重要渠道,人工智能技术的基本要素是互联网技术,它不会受到任何时间与空间的限制,可以通过无线传感网实现对船舶的识别与定位跟踪,还可以利用感知技术和智能装置,对船舶模块化设计进行感知识别,通过数据传输进行计算、处理,实现信息交互。工业物联网网络架构由感知层、应用层和网络层组成。其中,感知层的作用和功能是对船舶模块化设计过程中的信息数据进行采集,然后辅助智能传感技术实现设计目标;应用层主要用于信息数据的共享与协作,满足船舶模块化设计过程中的各项基本要求;网络层通过网络连接的方式将所有的数据信息安全地传送出去,并借助无线物联网技术达成设计目的。所以说,船舶各个设施设备之间的连接、定位系统的运用都是模块化设计过程中需要重点考虑的内容,全部需要借助工业物联网实现。物联网技术作为新一代信息技术,在船舶设计建造领域有广泛用途并起有效的作用,也符合我国造船业向人工智能技术下的模块化造船转型的需求,对船舶企业精细化设计、精准化生产、精益化管理有促进作用。

3. 物理层设计及实现

物理层设计的两个重要组成部分是智能装备和集成平台，前者是船舶生产现场的设备，后者则用于在智能装备和业务管理的双重支持下实现船舶模块化设计，且整个船舶的操作端口可以在该平台上发挥相应的功能和作用，还可以完成不同情况下通信协议的转化与处理，从而向船舶管理人员下达相关的信息数据。

4. 核心业务层设计及实现

船舶模块化设计及实现过程中的核心部分是核心业务层，它主要是以制造执行系统（MES）为基本出发点，围绕协同层与执行层的功能，成为船舶使用过程中的重要组成部分。核心业务层包括从船舶设计、研发到实施的全部工程；执行层则包括船舶整个生产过程中最核心的业务流程。比如，在船舶的动力系统设计过程中，功能不同的管理系统和信息系统可以全部通过核心业务层使船舶实现智能化。在一般情况下，船舶的 MES 产品包括很多的基础性功能，需要首先明确船舶的生产流程，然后进一步完善其他不同类型的辅助业务。

5. 大数据层的设计与实现

大数据层也是船舶模块化设计及实现过程中需要重点考虑的问题之一。通过物理装备层获取的数据信息，可以分别通过智能装备和集成平台与大数据层进行融合，并将船舶在各个设计环节的数据信息存储于计算机中，而相关人员通过对数据信息的挖掘与人工智能化手段的支持，实现船舶的模块化设计。特别是当前形势下供应链模式的出现，让原本分散的物理资源通过大数据有机地联系在一起，这对于船舶模块化设计企业来说，在船舶的设计阶段就可以获得来自大数据层的支持，以了解和掌握船舶的性能和要求。通过获取船舶设计数据，将其归入管理，建立的数据库可以用合理的构架存取船体、轮机、电气、舾装等全部专业的项目、模型和图纸工艺数据，实现产品的数据有效管理和共享。船舶车间内部的传感器可以自动获取数据信息，然后完成对数据信息的整理和归纳，比如，船舶的生产效率、能耗分析等等。通过大数据层还可以实现对船舶生产环节的仿真，立足船舶的实际情况，一旦发现船舶在运行过程中出现异常，可以及时采取针对性的措施。

6. 数据融合层的设计与实现

以船舶设计院为起点，搭建数据融合层的基础建设，实现设计数据管理和发放，可通过建立设计数据信息平台，集中管理相关船舶设计制造数据并建立电子化的业务流程，如 PDM 等。在实际船舶设计建造中，设计院及船厂面临大量异构数据的挑战，如数据纠错、更新等，近年来，为满足深度融合数据及信息化建设需求，仍然需要引进新的数据处理技术应用平台，如 ERP、PLM 等和搭建数据融合层，有效处理海量数据和多专业的问题展示，实现设计、制造和管理的数据流，形成数据融合层下的信息化建设样板间。

7. 接口的设计及实现

孤立的船舶模块只有通过接口才能形成一个完整的产品，所以，接口设计水平将会直接影响模块作用和功能的发挥，为此，接口设计及实现需要做好以下几个方面的工作。

（1）对于经过修改的模块，由于输入和输出的参数会有变化，此时应当重新考虑接口的匹配问题，必要时还应当重新进行接口设计。

（2）对于比较复杂的或者是大型的船舶模块化设计，由于其构成涉及不同的学科和专业，又由于大部分构件为外购的成品，这时接口设计就成为这一阶段最主要的任务之一，不仅仅是简单的接口设计，还应当综合考虑接口处的模块设计。此外，接口的通用性决定了模块设计的便利性，在人工智能技术下开展模块化设计及建造船舶的过程中，还需保证机械部分、电气接口及信息系统接口进行完美的对接，保证一定的连接可靠度，才能最终实现模块化建造目标。

9.6.3 船舶模块化设计发展趋势

在“工业 4.0”与“中国制造 2025”的背景下，全球造船将会批量化、标准化，仅仅针对船东少数不同的需求进行定制化设计，因此，模块化的设计、生产制造将会成为今后造船的发展趋势，它将减少船舶全寿命周期（研发、设计、建造、维保及修理等）的费用并保证全船设备的完整性及先进性。

1. 计算机技术、人工智能技术及机器人技术

计算机技术、人工智能技术以及机器人技术在船舶设计、制造过程中起辅助作用，优化设计的同时，可缩短建造周期，节省造船费用，为今后的造船方式带来重大的变化。如今我国不断引进国际先进的新技术，也将加快未来船舶模块化发展的脚步。

2. 网络技术及先进的造船模式

利用现代人工智能及网络技术，开展异地设计及制造的管理模式将推动船舶模块化的发展及广泛应用，使设计与建造的每个阶段都贯彻落实模块化理念。企业利用信息数字化及网络化将各阶段模块工厂、材料及制造厂有机连接，可实现以产品为导向的无缝联合设计建造体系。只有采用先进的造船模式，才能快速有效地实现人工智能技术下的船舶模块化造船目标。

3. 机管电数据融会贯通的数字化技术

管路、电缆等的设计及施工是船舶建造过程中最复杂烦琐的部分，通过传统的二维法绘图很容易造成错误，而设计数字化技术可实现产品设计手段与设计过程的数字化和智能化，将管路、电缆加工布放信息通过多视图，使各专业数据融会贯通在全船建模数据中。数字化设计可大大减少设计及生产时间，提前发现并干涉，提高效率并及时获得数据。

第 10 章　船舶设计决策方法

10.1　交互式决策方法

在决策问题时，尤其是决策一些影响重大的问题时，在决策初期，专家会依据各自掌握的信息，提出不同的偏好，因此，专家往往会持有不同的意见，甚至会发生冲突。所以，在得到最终的解决方案之前，专家群体意见的交互是必不可少的。然而，目前对交互式决策方法的研究还不够深入，因此，本节将从交互式方法的介绍开始，研究群决策中对交互过程的处理，为将来读者在船舶设计中应用交互式决策方法打下坚实的基础。

10.1.1　交互式决策的发展

交互法的概念出现在 20 世纪 70 年代，是对话式决策过程（Dialogue Decision Process，DDP）概念的衍生。它是一类需要在解题过程中与决策者对话的方法，最初是通过决策者和分析人员的信息交互实现的，后来衍生到决策者之间的沟通和交流。在决策过程中通过信息交互，决策者可以得到更多的信息和启发，不断优化其偏好信息，从而使决策者能够做出更清晰明了、满意的决策，也使决策者对决策结果更有把握。在计算机得到普遍应用后，交互法通常通过人与计算机的信息交互来实现。随着交互式算法研究的不断完善，可视化技术的引入使得交互法的交互信息不再是简单的对话形式，而是借助形象化的图形表达，更加灵活有效。许多专家学者希望决策者在交互过程中能够看到信息的交互过程，这样能够更加直观地得到修正信息，更好地提出自己的意见，而不仅仅是得到最后的结果。国外已有一些基于图形的交互法的研究和实践，国内这方面的工作还不多见。

目前，交互式决策的理念已经广泛应用于多目标决策领域中，交互式方法也不断得到完善，在仿真领域、虚拟现实技术、电子商务、神经网络等领域有广泛的应用。

10.1.2　交互式决策的原理和方法

1. 交互式方法的原理

交互式方法是决策领域中重要的决策方法之一，它是一种渐进的心理决策模式，是一种需要在解题过程中与决策者对话的方法，交互法的基本原理在于：

（1）交互式方法将决策过程看成一个前后衔接的多阶段；

（2）在决策方法上，交互式方法强调事物变化中量的积累，通过不断地反馈和修正，从量变达到质变，最终达到决策目标；

（3）交互式方法注重决策者的有限理性与客观事物发展的无限性之间的矛盾，有效地保证决策的科学性和正确性。

交互式方法一般具有这样一个共同的特点：在问题求解过程中，决策者要么直接与计算机对话，要么和分析者对话，再由分析者与计算机对话，以判断所产生的非劣解是否满意。这类方法用各种不同的迭代方式进行人—机交互式的问题求解，在决策者的直接或间接引导下从一个非劣解移动到另一个非劣解。当决策者对当前求解的非劣解满意，或按方法提供的求解过程不能继续迭代时，过程结束。交互式方法的这种问题求解思路，反映了决策方法的真正作用和地位，即决策方法只应作为辅助决策者进行决策分析的一种手段，而不应作为代替决策者的一种工具。

交互决策过程中，决策者可及时地了解到其偏好给定后带来的结果，因而在决策者给出其偏好信息后同样需要合适的模型和算法对问题给出满意解和排序，依据各个方案的各项指标值和各个方案之间的差异以及对决策者有提示作用的参数对其偏好进行调整，通过这样一个反复的过程，最终可以得到令决策者满意的 Pareto 最优解。因此，它的优势可以总结为以下三点：

（1）通过交互式方法，决策者可以深入了解决策问题，得到更多与问题相关的信息；

（2）通过交互式方法决策者可以逐步明确其偏好信息；

（3）交互式方法可以提高决策者对决策结果的满意度。

2. 交互式决策方法

在决策分析方法中，交互式方法是寻求满意解的典型方法之一。目前，决策方法的研究者们已经提出了多种交互式方法。本节介绍几种主要的交互式决策方法。

1）逐步法

逐步法（Step Method，STEM）是 Benayoun 等提出的第一种交互式方法。运用逐步法求解决策问题时，若该问题需要考虑的目标函数个数为 n，那么这种方法可以在不大于 n 步内得到满意解，它实际上是假设决策者最厌恶距离理想点最远的目标，并且把最大偏差作为组合偏差的测度，然后寻找一个非劣解，使得距离理想点最远的目标在这一点的值尽可能靠近理想值，或是最大偏差达到最小，并把这一点作为满意解。因此，逐步法的决策规则是极小极大准则。

STEM 的基本交互思想：若决策者对首次求出的最优解满意，则它可作为原多目标问题的满意解。需要注意的是，这里的求解方法不唯一，求解方法不同对应不同的交互参数，决策分析者可以根据问题定义。若决策者不满意这个最优解，则他需要评价所得到的结果，在目标之间进行折中分析，并确定改进方向。因为这种折中分析是在非劣解集中进行的，因此，当改进某些目标函数时，必然使另外一些目标函数变差。这就要求决策者降低对次要目标函数的要求，以换取主要目标函数的改进。而且，决策者还应当粗略地估计，次要目标的值大约需要降低多少，才能使主要目标得到他所希望的改进。需要注意的是，应用 STEM 求解决策问题时要服从理性行为假设，经过上述交互过程认为决策者应该满意得到的方案。然而，情况并非如此，若决策者不愿意再牺牲任何目标，Benayoun 等认为，在这种情况下实际上决策问题没有满意解，但这种结论没有什么意义，也缺乏严密的理论论证。也就是说，STEM 的交互过程并不能保证产生决策问题的所有非劣解，因此在用 STEM 产生的非劣解中无满意解，并不能说明此决策问题没有满意解。

此外，对于更高维的、更复杂的决策问题，若用 STEM 得不到满意解，应该采用其他方法寻找别的非劣解，以便加强决策者对可选范围的了解和判断。决策者对方案的满意程度取决于他的期望，他了解的非劣解越多，范围越广，那么他越有可能重新定义他的期望，这样就增加了决策者找到满意解的可能性。由此也可以看出，逐步法的目的是帮助和支持决策，如果得出没有解的结论势必达不到这个目的，因此必须采用其他的办法解决，而不能认为该决策问题没有最优解。

2)交互式代理值折中法

交互式代理值折中法(Interactive Surrogate Worth Tradeoff, ISWT)是 Y. Y. Haimes 等人提出来的,已应用于水源规划。这种方法的基本思想是对决策者假设的效用函数进行局部近似,而不是估计整体效用函数。这种方法分成代理值折中法 SWT 和 ISWT 两部分,前者是后者的基础。

SWT 方法的重点是定义折中率和无差异曲线,但是,SWT 方法不能确定非劣解集,只能产生非劣子集得到偏好信息,这就导致了 SWT 方法的另一个缺点,即只有当实际满意解处于所产生的非劣子集中或附近时, SWT 方法才能保证得到满意解,但一般不可能保证做到这一点,因此需要进行敏感性分析。从前面的讨论可以看出,如果目标数目多,则这种敏感性分析需要付出相当大的代价;和许多别的方法一样, SWT 方法也没有提出一套完整的方法来保证决策者给出的偏好信息的一致性。事实上,决策者在评价各目标的折中关系时并没有效用函数,因此当决策问题的维数较高时,难免出现相互矛盾的评价。

ISWT 方法和大部分交互式方法一样,基本思想是建立一种解题过程,使得决策者和分析者能根据这个过程在进行多目标决策时密切合作。这个过程使我们能有效地挖掘决策问题内部结构的复杂细节,同时能提供有效的途径来处理。ISWT 方法以 SWT 方法作为基础,通过折中率、代理值和无差异曲线,构成一种交互过程,借助这一过程决策者和分析者可以在决策过程中协调工作,并且可以把决策者的一些主观判断、经验等体现到定量的计算中去。

3)交互式逐步折中方法

前面介绍的 STEM 和 ISWT 方法各有特点,也都有不足之处。比如,STEM 设计的交互过程不能保证得到满意解, ISWT 方法中没有提供完整的选择非劣解集的方法。交互式逐步折中方法综合了这两种方法的优点,力图克服它们的缺点,从而更加适用于某些应用领域。

交互式逐步折中方法包括三个基本步骤:首先由分析者提供有效解和相应的局部折中信息(对于不同的方法,局部折中信息的内容可能不同);然后由决策者确定偏好方向和步长;最后分析者根据决策者给定的偏好信息求出新的有效解。

在决策者看来,经过这样一个过程所得到的新的有效解应该优于前一个有效解。在这个交互过程中,决策者必须做下列折中决策分析:是否值得减少某些目标函数去换取另外一些目标函数值的改进? 若这种折中是值得的,减少多少为宜? 这些概念是用折中率描述的。

4)Geoffrion 方法

Geoffrion 方法是用最初提出该方法的 A. M. Geoffrion 命名的,后来又得到了进一步修正。作为交互式方法, Geoffrion 方法也不要求决策者提供全局偏好信息,而只要求提供局部偏好信息。

Geoffrion 方法的基本思想来源于非线性规划的寻优策略,即确定最优寻优方向和沿该方向的最优步长。运用常用的梯度法,如 Frank-Wolfe 算法,就能在可行空间中的任一点确定价值函数增长的方向,沿此方向移动直到价值函数的值不再增加,便得到新的一点。在新的点重新确定价值函数增加的方向,再沿此方向移动。如此反复,直到得到新的一个点与原来的一点相同,得到最优解。

与前述几种方法不同的是, Geoffrion 方法通过主观边际替换率的概念获取局部偏好信息。为此,假设存在反映决策者基本偏好结构的价值函数,不过并不要求知道价值函数的真正形式。由于价值函数的显式形式是未知的,所以, Geoffrion 设计了最优方向和沿该方向的步长,这两个问题的解决都有赖于决策者的干预,这也是 Geoffrion 方法的交互过程的特点。如果决策者能够指定参考目标和其他目标之间的边际替换率,就可以通过求解代理问题来寻找满意解。

5)Ziont-Wallenius 方法

Ziont-Wallenius 方法是 Ziont 和 Wallenius 为处理线性多目标决策问题提出的一种交互式方法。这类问题具有下列特点:

(1)约束域由线性约束方程定义;

(2)目标函数是线性的或凸的;

(3)隐式价值函数是线性目标函数的线性加性函数或凹函数,假设价值函数是每个目标的单调函数。

这种方法的交互过程的特点反映在它利用偏好信息的方法,采用单纯形法解决这类决策问题,寻求最优解,但是由于应用于线性多目标决策问题领域具有局限性,此处不再赘述。

10.1.3 交互式群决策方法

通过上面对交互式方法的分析,可发现决策过程中引入交互思想的优势和必要性。然而,目前群决策研究领域中对群决策过程的研究较少,所以群决策中的交互式研究也不多。为此,本节介绍目前离散的关于交互式群决策方法的研究以及主要的研究方法。类别的划分主要从反馈意见给出的角度形式出发,分为协调人指导的交互和反馈过程替代的交互,此外,群决策支持系统研究中对信息的处理也采用了交互式方法,在此也作为一类研究方法进行简单介绍。

1. 协调人指导的交互

在一些重要的多人决策问题中,专家不同意彼此的意见以至于一致性问题被看作迭代过程,这就意味着是在协调人的多次协调和咨询之后达成共识的。那么主要问题是,怎样才能找到一个方法集中个人的意见?怎样支持专家对一个方案达成共识?通常,这个任务是由协调人来完成的,他在每次的讨论中给专家提出一些建议。这些建议是由每一轮计算的一致性参数得出的。在这种情况下,一个满意的目标可以控制协调人的行为。

在群决策问题中,在得到最终的解决方案之前要经历两个过程:达成一致性和选择过程。前一个涉及如何使专家在备选方案集上的意见达到最大的一致,后一个则包括如何通过专家对备选方案集的意见得到解决方案。很显然,在每一个群决策问题的开始,专家的意见可能有很大区别。我们假设专家的一致性会议包含两个阶段:表达意见和群体讨论。因此,一致性过程是一个动态和迭代的过程,并且需要有协调人来协调,使专家们的意见更接近。在这个过程的每一步,协调人通过一致性指标评价专家间的一致性程度,了解专家间的一致性水平。如果专家间的一致性水平低于开始设定的指标,这就意味着专家的意见间存在很大的差异,那么这个水平是不能接受的,协调人劝说专家进一步讨论他们的意见使之更接近,这个情景已经有太多的专家构建了相应的模型,并且在决策过程中也总是有协调人参与。

2. 反馈式交互

通过设置协调人的角色集中决策者的意见是目前交互式群决策的一种主要形式,但是这种形式需要协调人的可信度和威信,因为他的处理结果将是下一步决策者迭代的输入信息,所以,在协调人指导的交互中,协调人的选取是非常关键的,也是比较困难的。这个过程是由下面两个参数指导的。

(1)一致性参数:评价专家间的一致性,并且作为反馈过程的终止条件。

(2)贴近度参数:评价专家的个体解决方案和综合解决方案之间的一致性。通过它提出简易规则,帮助专家了解他们意见的改变方向,也就是知道群体讨论阶段的反馈过程。

由此可以看出,反馈过程是由一致性参数和贴近度参数指导一致性过程的,前一个指导反馈过程并且表明反馈过程什么时候终止,后一个支持反馈建议的生成。为了达到这样的目的,首先要确定一致性水平,在每一轮迭代中,我们要计算上面的两个一致性参数,当一致性参数达到这个水平时,那么这个决策讨论就终止,通过选择过程得到一个解决方案。否则,专家的意见就必须按照反馈信息来修正,而这些反馈信息是通过贴近度由一套简易规则生成的。

由于客观事物的复杂性和不确定性,现代大型决策不仅需要多个决策者的积极参与,而且决策者由于个人知识结构和经验的影响,往往不能给出完整的偏好信息,所以需要多次反复,不断对决策意见进行协调和修正。

10.2　多准则决策方法

船舶设计决策具有多决策者和多准则的特征,因此很难找到可以同时优化所有准则的解决方案,多准则决策分析是解决此类问题的有用工具。多准则决策(MCDM)是指在属性评估不可共度且相互冲突的方案集中进行选择的决策,依据解决方案是有限还是无限分为多属性决策(MADM)和多目标决策(MODM)。多属性决策适用于在已知的、有限的方案中寻找优秀的解决方案,多目标决策则适用于在解决方案未知的情况下寻找优秀解。

当有两个或多个目标时,很少存在可以同时进行优化的解决方案。目标通常是存在一定冲突的,这意味着它们是在不同的单位中度量的,并且是互相冲突的,换言之,一个目标的任何改进都是以另一个目标的损失为代价的。多属性决策由决策者、方案集、属性集、权重系数和综合评价模型构成。多属性决策的特点在于:其一,判断准则不是唯一的,且常常相互矛盾。例如,船舶舱内空间舒适性的提升往往导致船舶运行能耗的增加,很难两全;其二,不同属性往往有不同的量纲,因此是不能比较的,如船舶航行时能源利用率与建设成本之间的量纲是不一样的,两者必须经过转换之后才具有可比性;其三,它的决策空间是离散的,解决方案是已知的、有限的。

本节主要介绍经典的期望效用理论,以及基于期望效用理论所提出的一系列典型多准则决策方法,进一步梳理出多准则决策的一般流程。

10.2.1　期望效用理论与多准则决策

决策是管理者识别并解决问题以及利用机会的过程,也是决策者从两个以上的评价对象(备选方案)中选择一个的过程。在 Von Neumann 和 Morgenstern 提出的期望效用理论(Expected Utility Theory, EUT)框架下,决策者被认为是完全理性的,方案所带来的效用是概率与准则取值的线性组合,决策过程被转化为计算方案效用及择优的过程。

因此,在基于期望效用理论进行多准则决策时,会从相互冲突、不可共度的有限(无限)方案集中,利用由多个维度的评价准则构成的指标体系,对评价对象的某种属性进行定性、定量评估,从而依据评估结果,对评价对象进行优劣排序并做出选择。

目前,有大量的多准则决策方法,其大致可分为两类,即基于效用理论的和基于行为理论的多准则决策方法。在构建多准则决策模型时,应根据问题的实际情况来选择使用,或考虑两类方法的结合。

10.2.2 基于期望效用理论的多准则决策方法

基于期望效用理论的多准则决策方法有以下几种。

1. 层次分析法

层次分析法是 20 世纪 70 年代中期由美国匹兹堡大学教授 Thomas L. Saaty 提出的。作为一种系统分析方法,层次分析法把决策问题看作一种多层结构的系统,通过将系统向下分解成多个子系统,得到各层的评价目标(也是问题的子目标),通过对每一层进行因素分析和权重计算,最终得出底层准则对于顶层决策问题的相对权重,从而能够给出方案的优劣次序,以便选择出最佳方案。层次分析法当前已经广泛应用于军事、医疗、环境生态、经济管理、交通运输等领域,并有着诸多的改进版本,如与模糊理论结合的模糊层次分析法(FAHP)、网络分析法(ANP)等。

层次分析法将定性与定量分析相结合,把定性因素和定量因素按照逻辑思维关系分层次,特别是将决策者的经验判断予以量化,并允许不确定因素和信息的存在,特别适合决策问题的构成因素结构复杂且缺乏必要数据的情形,灵活性强又不乏科学性。但是在对指标进行两两比较的时候容易出现判断结果上的矛盾,确定每个小目标的定性指标时,主观、人为因素比较多,依靠专家意见,可能会有个人偏好带来的片面性。为了尽可能避免此情况,需要对给出的判断矩阵进行一致性检验,根据检验结果调整判断矩阵。

2. 逼近理想点排序法

逼近理想点排序法(Technique for Order Preference by Similarity to an Ideal Solution, TOPSIS),由 C. L. Hwang 和 K. Yoon 于 1981 年首次提出。TOPSIS 以评价对象与理想化目标的相对接近度作为优劣评价标准,适用于指标数相对较少、结构较为简单的情形。目前,TOPSIS 在我国发展较快,应用于效益评价、部门方案决策等多个领域。TOPSIS 在经过指标同趋势化和无量纲化处理后,可找到最优解和最劣解,由此计算评价对象与最优解与最劣解之间的距离,从而计算出与最优解的相对接近度,根据相对接近度进行最终的方案排序。

TOPSIS 样本的要求较低,方法简单易行,便于实际操作。不过,虽然 TOPSIS 可对每个评价对象的优劣进行排序,但是不能对其分类(无法判断哪一类方案是相对优秀的),当最劣方案和最优方案与指标值对称时,结果就无法被准确推断出。因此, TOPSIS 最好与其他多准则决策方法结合使用。

3.VIKOR 法

VIKOR 法由前南斯拉夫学者 Serafim Opricovic 于 1998 年提出,是一种在复杂决策环境下获得折中解的多准则决策方法。目前, VIKOR 法已经获得了广泛的研究和应用,其和模糊数的结合研究成为新的热点领域,经常被用在风险评估、合作伙伴选择、物料选择等指标体系中容易存在冲突指标的领域,更适用于最优方案的选择。VIKOR 法和 TOPSIS 步骤类似,也是通过计算各个方案与最优方案的接近程度,越接近理想解的方案,被认为是越理想的方案。

VIKOR 法在界定最优解和最劣解后,比较各备选方案的评估值,按其评估值与理想方案的接近程度来排序。该评价方法与其他综合评价的方法相比更具可信度,稳定性也更强,可以兼顾所有指标，所得方案也是最接近理想方案的属性间彼此妥协让步的折中方案，由 VIKOR 法获得的折中解能够得到最大的群体效用，同时可以得到最小的个人遗憾。

4. 其他多准则决策方法

常见的多准则决策方法还有秩和比法（Rank-Sum Ratio，RSR）、功效系数法（Efficacy Coefficient Method）、模糊综合评价法（Fuzzy Comprehensive Evaluation Method）、数据包络分析法（Data Envelopment Analysis）等等，这些决策方法应用于经济生活的各个领域。

10.2.3　多准则决策的一般流程

总结上述方法，将多准则决策的一般流程归纳为：

（1）确定决策目标和备选方案；

（2）设计评价指标体系；

（3）确定评价指标的权重系数；

（4）建立多准则决策模型；

（5）进行计算并择优选择最终的方案。

在实施时，可根据决策目标、备选方案、指标体系、决策数据等的特点，进行适当调整。

1. 确定决策目标和备选方案

在进行多准则决策时，一切工作都应着眼于决策目标。相较传统的多准则决策，模糊多准则决策的计算工作量偏大，因此备选方案不宜过多，可通过设置门槛等简单办法，预先筛选一些明显不符合要求的方案。例如，在“工业企业的供应商选择”这一模糊多准则决策问题中，“确定供应商”作为决策目标，在实际操作时，可按一定规则先行筛选若干供应商（如只允许认证供应商参加招标，或者对供应商的注册资本提出要求），由此得到的供应商集合即为备选方案集，从中择优选取最终的供应商。

2. 设计评价指标体系

评价指标体系是进行多准则决策的基础，应力求从多个角度反映方案的优劣，必要时可以建立多级、多层、多维的指标体系。选择综合评价指标的要求是：①代表性，选取的指标适合反映评价对象的某方面特征；②独立性，各个指标之间不应有过强的关联性，不能互为替代；③确定性，指标取值的高低在评价中有确切含义，如越高越好或越低越好；④灵敏性，指标取值在合理的范围内波动，能够体现出方案的差异。

3. 确定评价指标的权重系数

权重系数可以科学地体现指标的重要性差异，使得评价结果更具说服力。权重系数的确定方法可分为主观定权法和客观定权法，在权重系数难以确定时，可以使用某些不依赖权重系数的多准则决策模型。

1）主观定权法

主观定权法是在参考历史经验、指标特点以及其他相关资料的基础上，经研判后主观给定指标权重的方法，包括专家评分法、成对比较法、Saaty 权重法等。此类方法适用于对指标重要性较为了解的情形，但是专家（或是决策者）的主观倾向可能影响权重的取值，因此可以通过多个专家的意见集结来调整。

2）客观定权法

客观定权法是基于客观决策数据本身，通过一定规则的计算，得到不包含（或是较少包含）主观信息的权重的方法，包括模糊定权法、秩和比法、熵权法、相关系数法等；除上述方法外，也可通过建立优化模型来求解指标权重，优化目标可根据具体情况来确定，如设定为方案之间的差异最大化（最大化方差），或是方案得分最大化（最大化各方案的得分）等等。客观定权法基于客观数据来求得权重，不容易受到主观倾向的影响，但当客观数据失真时，所求得的权重也会受到影响。

最后，选择多准则决策方法，建立模型，并进行计算和决策。在完成指标体系的构建并确定决策权重后，即可根据问题和决策环境的特点，选定合适的多准则决策方法，建立多准则决策模型并进行计算，得到评价结果，从而参考评价结果进行决策。

10.3 动态多准则决策方法

人类认知具有一定的局限性和主观性，在面临大量信息和选择时，决策过程在各个方面都变得更加复杂。尤其当决策中面临的标准种类多且存在相互矛盾的情况时，决策会更加困难，例如商品选择中商品的价格与质量、投资问题中目标的风险和年收益等标准是相互冲突的。因此，在过去几十年中研究人员提出了多准则决策理论，即当一个决策涉及多个标准时，对解决方案进行评估或设计最佳解决方案，并建立许多典型的多准则决策模型和框架，该理论在医疗诊断、风险评估、资源规划等领域得到广泛应用。

然而，以层次分析法为代表的传统多准则决策方法主要研究固定和稳定情况下的决策，即对准则信息的表示是定性的且决策过程是静态的，不关注决策随时间产生的变化。例如，在选择目标商进行投资时要在当前效益和将来可能达到的更高效益水平之间进行选择，这就需要分析目标商在一定范围（生命周期）内的动态变化，以达到最佳匹配。鉴于现实问题中这种动态变化的普遍性和重要性，动态多准则决策方法（Dynamic Multiple Criteria Decision Making，DMCDM）被提出并在近几年得到大量关注。在构建动态多准则决策模型的过程中，实际问题中历史数据的分析和不同时期决策信息的聚合是两个非常关键的步骤。其中，对历史准则数据的分析预测会在一定程度上反映实际问题中备选方案未来性能的变化，同时其性能变化也与生命周期的长短相关。但目前，已有文献对动态多准则决策方法的研究侧重于聚合算子处理历史决策信息，并未捕获历史信息的规律和未来趋势，因此该方向的研究与实践仍处于初步阶段。

动态多准则决策是在多准则决策基础上，考虑决策问题中存在的时间维度变化这一特点后所进行的扩展。不同于传统的 MCDM，决策中要选取的替代方案和标准可能是不固定的，决策也会随时间或空间的变化多次变化。可以看出，DMCDM 的核心是可变的决策信息，在构建 DMCDM 时替代方案、属性的权重和属性值等一些相关信息也会随时间的推移而变化。目前，根据替代方案数量有限和无限的特征，多准则决策被分为多属性决策和多目标决策两大类，由于 MADM 在实际问题中的可操作性高，已有的研究更侧重 MADM。

图 10-1 给出了目前动态多准则决策已有的研究成果概述，具体内容可参考文献[48]~[62]。

2008 年，研究人员首先发现了具有属性权重和值的多属性决策问题发生在不同的时期。此后针对决策的动态研究逐渐展开，其中聚合算子的确定在动态多属性决策中有着举足轻重的作用。从而有人提出一种利用关联聚合算子评判替代方案表现的框架，该框架通过以下几个步骤解决决策问题：①采用经典 MADM，通过加权和等方式计算备选方案的非动态评级；②利用聚合算子综合当前评级和历史评级实现动态评级；③根据评级对备选方案进行排序，并对历史评级记录进行更新，以便计算后续的动态评级。这种框架高度依赖关联聚合算子的选择。

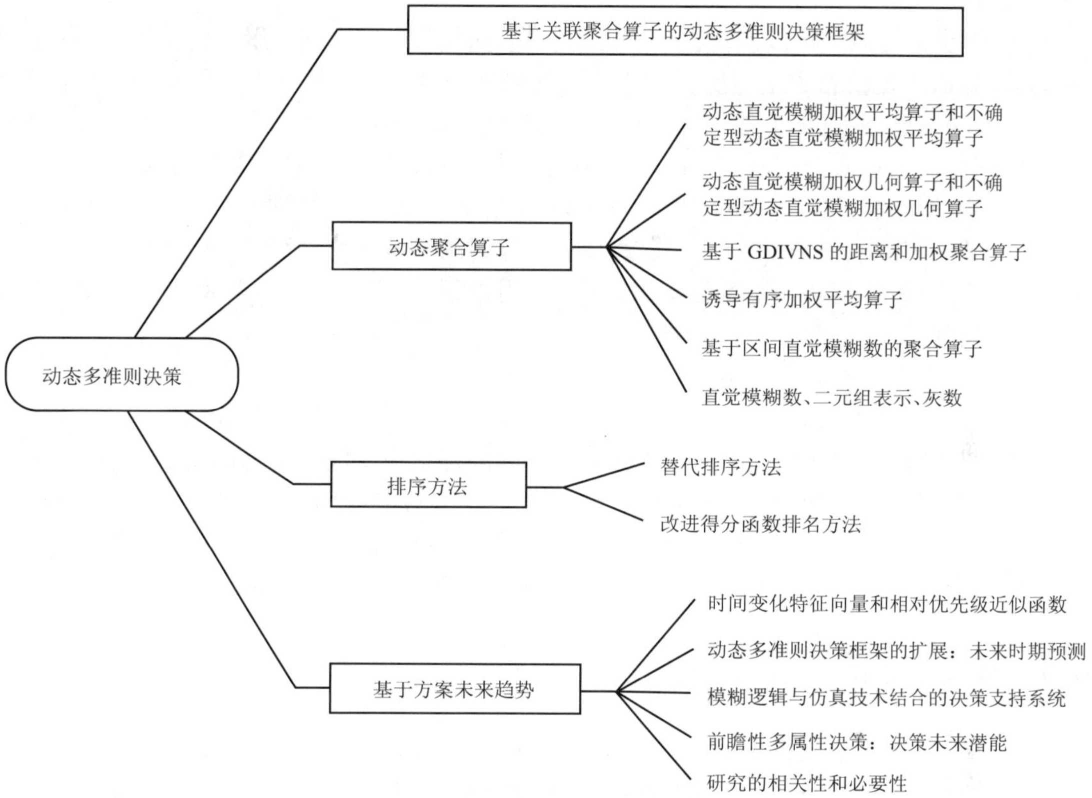

图 10-1　动态多准则决策研究概述

除了融合关联聚合算子实现动态决策，也有研究人员致力于开发与时间相关的聚合算子，按照上述思路对过去的决策矩阵进行汇总，并将问题转化为传统的多准则决策问题。后来研究人员提出了两种新的聚合算子：动态直觉模糊加权平均算子（Dynamic Intuitionistic Fuzzy Weighted Averaging，DIFWA）和不确定型动态直觉模糊加权平均算子，并基于该算子提出相应的权重向量生成函数，解决直觉模糊环境下（属性值表示为直觉模糊数或区间直觉模糊数）的动态多属性决策问题。在该模型中，利用聚合算子将历史直觉模糊决策矩阵进行聚合并利用传统方法进行排序。基于动态直觉模糊多属性决策（Dynamic Intuitionistic Fuzzy Multiple Attribute Decision Making，DIF-MADM），有人提出了动态直觉模糊加权几何算子和不确定型动态直觉模糊加权几何算子，并结合多准则折中排序法（VIKOR）来解决 DIF-MADM 问题。

值得注意的是，这些研究仅考虑某一周期内的决策评估，并未考虑存在多周期的问题，且以上方法都对不同时期的决策信息进行了聚合汇总，而方案排序仍采取经典的 MADM 方法。随着研究的进一步深入，有人提出利用替代排序方法和直觉模糊集进行动态组多准则决策（Dynamic Group Multiple Criteria Decision Making，DGMCDM），并引入诱导有序加权平均算子对多个时期的决策进行汇总,该方法解决了团体决策情况下的动态变化问题,并合理处理了不同时期评估结果间的相互影响。除此之外,近年来还有大量基于动态聚合算子的研究,包括利用直觉模糊数、二元组语言表示、灰度集等,从模糊、不确定和灰色理论等多种学科理论出发,多角度研究解决不同环境中的动态决策问题,并使多准则决策与动态多准则决策问题之间有良好的衔接和转换。

然而,综合上述研究可以发现,以上所提出的方法仅仅汇总了所涉及备选方案的历史决策信息,并没有从历史信息中学习所有替代方案的未来表现。一个优秀明智的决策不仅仅要考虑过去的表现情况,还应作为整个思考和计划的过程。后来研究学者提出在 DMCDM 问题中利用与时间相关的层次分析法,利用 AHP 中的基本量表对时间段进行成对比较,以获得呈现时间规律的近似函数,从而计算随时间推移的未来价值,为动态决策理论引入未来表现提供了思路。在实际操作中,该方法引入了专家对未来时期的预测,通过显性知识(现有历史数据)和隐性知识(专家预测等)丰富动态决策模型,用以解决将时间视为重要变量的动态决策问题。

随着对未来信息的关注, 2016 年研究学者提出了前瞻性多属性决策(Prospective Multiple Attribute Decision Making, PMADM)这一新概念,强调未来研究对 MADM 问题的相关性和必要性, PMADM 较好地涵盖了 DMCDM 概念,不同的是它更专注于未来的发展。PMADM 是一个较为概括和广义的概念,如何通过 DMCDM 对其进行解释和实现,是另一个十分重要和关键的问题。因此,一个具有学习和预测能力的动态多准则模型,不仅在实际上为具有数据驱动特性的决策问题提供了解决方法,在理论上也有利于推动 PMADM 的发展。

10.4 智能化决策支持系统

决策是在已知一定信息的前提下,以科学的理论方法对多个影响因素进行分析、计算,并结合用户本身的经验,得到最合理的方案。而科学决策是指用户依靠自己的经验,同时采用现代化的方法和工具,结合决策过程中的定量与定性分析进行决策,从而创建了决策支持系统(Decision Support System, DSS)。

1971 年, Scott Morton 第一次提出"决策支持系统"的概念,其后这一概念很快就被一些专家、学者关注,他们对此做了进一步的研究。决策支持系统通过分析大量数据,组合多个数学模型或数据处理模型,辅助决策者实现合理决策。各国专家与学者为了使决策的合理性达到最大化,进行了长期的研究与探索,随着科学技术的发展,决策支持系统也逐渐成熟起来。

人工智能和决策支持系统的有机结合主要表现在决策支持系统的各个部分的智能化上, AI 可以和人机对话、数据库、模型库等结合。决策支持系统由于人工智能和专家系统的加入在一定程度上改变了其技术和结构,DSS 的发展也受到一定的影响。

智能化决策支持系统(IDSS)是基于知识的 DSS,针对某一问题的概念、知识以及推理,同传统的 DSS 相结合使用。IDSS 与一般的 DSS 有很大的不同,主要表现在 IDSS 主要是对知识的分析及处理,而 DSS 仅仅是分析并处理数据和模型。

10.4.1 常见智能化决策支持系统框架

智能化决策支持系统在现有信息化辅助决策相关模型数据的基础上,运用人工智能相关技术，按软件开发技术服务需求和业务分析要求制定总体设计方案，通过需求分析、概要设计、总体设计等研究步骤，确定系统总体技术架构（图 10-2）。按技术体系架构，系统分为四级，分别是表示层、控制层、模型层、数据提供层。

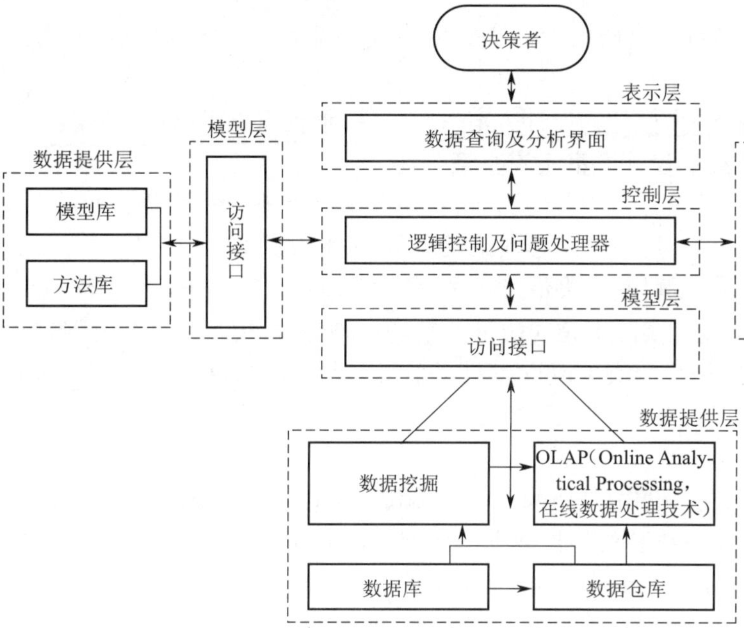

图 10-2　智能化决策支持系统体系架构

1. 表示层

表示层由数据查询及分析界面构成，用于描述系统与用户交互的页面。

2. 控制层

控制层由逻辑控制及问题处理器构成，主要控制 IDSS 的整个流程，对决策者提出的问题进行描述，并把要进行决策的问题映射成相应的行为，协调表示层与模型层间的关系和各个模型层间的关系。另外，与 MVC（Model View Controller，模型视图控制器）结构中控制层不同的是，IDSS 的控制层要增加决策的制定、决策的最优选择、协调各库之间的数据传输等功能，并通过访问接口对各库的数据进行访问。控制层是整个 IDSS 结构的核心。

逻辑控制及问题处理器根据决策者提出的问题分析问题、选择决策方法、制定决策流程以确定问题的求解过程，形成决策方案。决策方案的运行要根据专家系统预先设计的方法、模型、知识和数据访问条件或根据机器自学习的知识，通过访问接口自动地从模型库、方法库、知识库和数据库中读取相关的持久性数据支持，形成最终结果，并通过人机界面呈现给决策者。

决策问题的分析包括问题识别、确定决策步骤、选择模型、配置数据和分析结果等。例如库存管理信息系统中对于库存商品问题的分析包括根据现有商品的基本信息、商品卖出情况的相关数据进行分析，选择决策模型，配置数据，分析结果。

决策方法可以分为数学方法和人工智能方法。数学方法通过数学建模可以解决确定性决策问题，人工智能方法可以解决非确定性决策问题。具体方法包括数学模型法、机器学习、软件计算、神经网络方法、遗传算法和基于范例推理等，根据决策的过程选择合适的决策方法，在解决复杂的决策问题时需要多种方法结合使用。

决策流程的制定可以用一般的决策过程来描述。

(1)确定目标:在决策过程中,首先要发现问题或某种可能性,发现用于决策的信息资源以及约束条件等,即确定目标。

(2)设计方案:确定目标后进行分析,设计决策方案或一系列分析问题的活动,由此得到可行解的集合。

(3)选择、评价方案:选择一个最佳的设计方案进行评估,根据需要可以进行修改。

(4)实施方案:按照所选择的设计方案实施决策活动。

(5)环境:在决策过程中还要受到环境的影响,环境既包括客观物质世界,也包括与决策者密切相关的社会系统。在决策时,一方面必须认识环境,了解有关的信息;另一方面,决策的各个阶段还要受到环境的制约。例如,在决策过程中加入行业的环境和约束条件等,可以使决策结果更加合理、准确。决策流程实际上是对决策问题的一种分解,把一个复杂的问题分解成若干个子问题,每个子问题又是一个决策流程。对每个子问题,首先分析问题类型,形成决策方案,根据决策方案来组织模型、方法、知识和数据。

3. 模型层

模型层由访问接口构成,主要作用是访问各种数据源(这里的数据源指的是模型库、方法库、知识库、数据库和数据仓库);封装对各种数据的访问和修改操作。访问接口为逻辑控制及问题处理器提供持久性的数据对象;封装了对所有数据的相应操作。访问接口是在制定决策流程的基础上进行的。根据决策流程,实例化决策资源,即模型、方法、知识和数据,实例化后的资源通过人机交互界面呈现给决策者;决策者可以对决策结果进行评估,逻辑控制及问题处理器可以修改决策结果。实例化后的决策资源也可以作为模型、方法、知识或数据存储到相应的库中。

4. 数据提供层

数据提供层由模型库、方法库、知识库、数据库和数据仓库构成,该层主要是基于人工智能算法为复杂运算提供海量数据支持;基于云平台构建数据中心,存储船舶设计过程数据、专家经验数据、已有船型设计原始知识数据;打通信息共享链路。为快速检索、调用这些庞大的、非结构化数据,可运用深度优先、启发式搜索、模拟退火法等智能化搜索算法或策略提高数据运用效率。

(1)方法库:存储方法,如模型的建立方法、分析方法、求解方法和一些计算公式等。

(2)模型库:模型库存储用于决策支持的模型,包括规划模型、推理模型、分析模型、预测模型、模拟实验模型、优化模型、评估模型和综合运筹法模型等。模型库根据方法库提供的方法进行模型的分析、建立、组合等。

(3)数据库:主要是关系型数据库,存储整个系统需要的基本数据信息。

(4)数据仓库:数据仓库是面向主题的、集成的、稳定的、不同时间的数据集合。数据仓库用于决策支持,也称分析型处理,主要用于决策分析,是建立决策支持系统的基础。数据仓库的数据来源于数据库,从数据库到数据仓库的数据要经过抽取、清理和转换等过程。

(5)数据挖掘:从数据库或数据仓库中提取出隐藏的信息和知识,用于 OLAP 或将其存储在知识库中。数据挖掘的方法与理论有决策树方法、遗传算法、人工神经网络和模糊理论等。

(6)OLAP:提供多维数据分析,具有切片、切块、钻取等多种数据分析手段,以便达到深入理解数据的目的。这些数据信息是从原始数据转换过来的,能反映企业真实的各个方面。

(7)知识库:存储相关领域专家的知识和经验,存储从其他库中获得的知识。

(8)推理机:模拟专家的思维过程,控制和解决问题。

10.4.2　智能化决策支持系统的基本特征

智能化决策支持系统是指以人工智能技术为核心的智能技术群与现代设计理论、现代信息技术融为一体,实现人机交互、自主协同,为设计筹划、方案生成、控制优化等提供智能化辅助决策支持的计算机系统。从技术、功能、决策主体上看,其主要具有三大特征。

(1)技术特征:智能化决策支持系统通过人工智能核心算法和模型,具备类似人脑思维的信息自主获取能力,可自主获取船舶设计信息;自主在既往已有设计案例、经验和大数据中进行知识学习,形成知识库,自主推理运用,实现了复杂船舶设计决策的自动生成。

(2)功能特征:基于自主感知和分析船舶设计的优劣性,具备设计指标快速决策、自动决策和自主决策的能力,并能弥补人的思维漏洞。

(3)决策主体特征:实现参数选择和设计整合,由人的经验思维主导、信息技术辅助变为人工智能和专家系统主导。

船舶设计智能化阶段,以核心技术突破为重点。伴随着设计行业的智能化发展,在“智能技术+船舶设计”阶段研究成果的基础上,针对船舶设计重点环节形成基于人工智能的自主决策功能模块,逐步成体系地构建完全智能化的船舶设计决策支持系统。

第 11 章　基于多学科优化的 AUV 总体设计

水下自主式航行器(Autonomous Underwater Vehicle, AUV)作为人们走向海洋、探索海洋、发展海洋经济的重要装备,具有体积小、布放方式灵活、作业效率高、作业成本低、作业风险小等特点,成为近年来海洋工程技术研究的热点。AUV 是一种自带电源、可自主航行、自主控制的潜航器,不需要母船通过电缆供电, AUV 与指挥中心的信息传递主要通过水声、无线电或卫星等通信方式来实现。

目前, AUV 大多是单一用途专用型设备,针对某特定任务开发研制,而未来 AUV 的多用途化和模块化是必然的发展趋势,可通过搭载不同功能荷载,实现不同的功能。AUV 的总体设计工作包括艇型方案选择、外部型线设计、耐压结构设计、动力装置方案设计、舵装置和浮力调节装置的方案设计。

11.1　总体方案设计

11.1.1　系统构成与设计流程

如图 11-1 所示, AUV 通常由载体结构、控制系统、导航系统、通信系统、能源模块、推进装置和任务负载等构成。

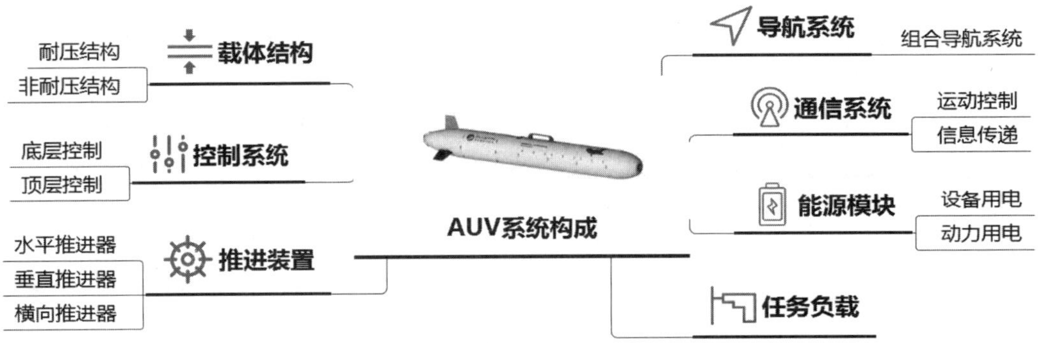

图 11-1　AUV 系统构成

(1)载体结构。载体结构是 AUV 各系统的基础,包括耐压结构和非耐压结构。耐压结构通常用于浅海 AUV,主要的能源模块、控制电路、传感器等设备布置在耐压舱内,形成密封结构。非耐压结构多用于深海 AUV,采用框架形式,将耐压舱布置在框架上,框架外布置蒙皮形成流线型,通过布置浮力材料实现重力、浮力平衡。

(2)控制系统。控制系统是 AUV 中最重要的系统,具有较高的自主性,是 AUV 区别于遥控式航行器(Remotely Operated Vehicle, ROV)的重要体现,控制系统涉及整个装置的运动控制、路径规划、水下避碰、故障诊断、作业管理、数据分析、应急处理等内容。控制系统包括底层控制和顶层控制。底层控制是指对 AUV 运动状态的控制和传感器信号的初级处理，顶层控制用于执行任务规划和行动规划。

（3）导航系统。导航系统可实时获取并提供 AUV 的位置、航向、深度、速度和姿态等信息，以保障其航行和作业安全。导航设备主要包括惯导系统、多普勒声呐计程仪和陀螺罗经、温盐深传感器（CTD）、水声定位系统等。

（4）通信系统。通信系统的主要功能是保持 AUV 与指挥中心（母船或者岸基中心）的信息交互，保证指挥中心对 AUV 的有效控制，完成自身信息、目标信息和环境信息的传递。该系统主要采用水声通信、卫星通信、短波和超短波无线通信、光缆通信等模式，建立自身与指挥中心的双向信道。

（5）能源模块。能源模块为 AUV 提供电能，满足其水下连续航行和工作的能源需要。AUV 用电可分为设备用电和动力用电两个部分，大多数 AUV 采用电池供电，电池有蓄电池、燃料电池和太阳能电池等，早期的 AUV 采用银锌电池和铅酸电池，目前水下设备多采用锂电池。在能源选择时，电池要求体积小、重量轻、能量密度高，还要保证水下使用过程中的安全性。

（6）推进装置。推进装置按结构可分为普通螺旋桨、导管螺旋桨和泵喷推进器。推进器的种类和数量取决于 AUV 的使命要求，大型 AUV 多采用多组推进器布置方式，包括水平推进器、垂直推进器和横向推进器。

（7）任务负载。AUV 可通过布置功能模块完成水下特定任务，其包括侦查设备、探测设备、作业机械臂等装置，或者搭载信息对抗装备、鱼雷武器及发射设备完成水下作战任务。

AUV 总体方案设计的基本任务是使所设计的装置整体功能与综合性能满足设计要求。AUV 总体方案涉及艇型结构、耐压结构、舵装置、浮力调节装置的设计，以及内部总体布置和各系统间的匹配关系。

AUV 总体设计流程如图 11-2 所示，可以看出，AUV 的总体设计是一个多学科交叉融合的系统工程，要确定 AUV 的艇型方案、总体布置方案、耐压结构方案、水下航行及操纵方案等多方面内容。其中，AUV 外形和总体布置是总体设计要考虑的重要问题，需要根据 AUV 的使命任务和性能指标要求选择和设计，考虑的因素主要有排水量、结构形式和材料、工作深度、航行性能、任务荷载使用要求和整体性能等。

11.1.2　总体方案确定

艇型的选择是 AUV 总体设计的基础，直接影响到装置的综合性能。目前，主流的 AUV 艇型可以分为鱼雷式、扁平式和不规则型。在总体构型选择时应遵循以下原则：

（1）阻力小，具有良好的航行性能；

（2）隐身性能优良；

（3）便于功能模块和总体方案的布置；

（4）良好的工艺性。

艇型方案直接影响 AUV 的水动力性能，AUV 在水中运动会受到流体的阻力，速度越快，阻力越大。而阻力过大会直接影响 AUV 的快速性与续航能力，所以在进行艇型选择时，阻力性能是重要的考虑因素。

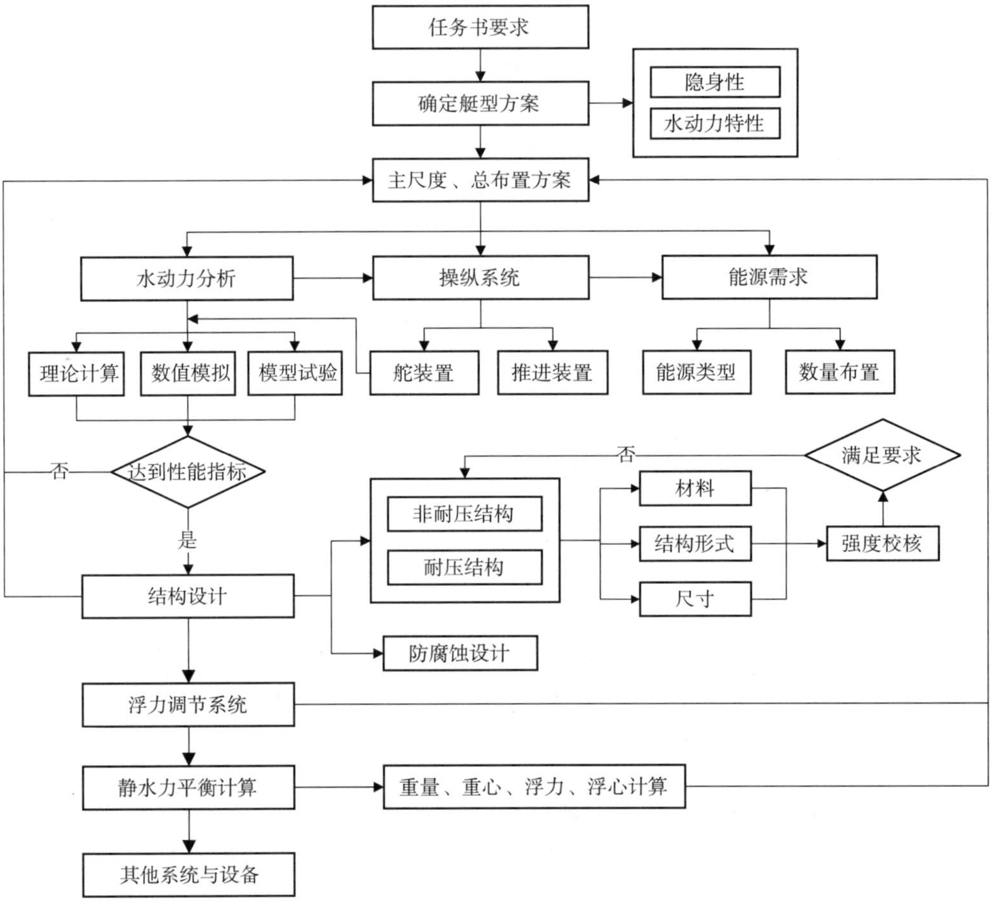

图 11-2 AUV 总体设计流程

此外，在确定艇型时还需要综合考虑总体布置和声影面积对隐身性能的影响，为此分别针对鱼雷式、扁平式和不规则型三种方案进行对比分析，具体内容见表 11-1。

表 11-1 艇型方案对比分析

比较内容	鱼雷式	扁平式	不规则型
水动力性能	采用流线型方案，回转体结构具有良好的阻力性能	阻力性能较差	阻力大，水动力性能差
隐身性能	隐身效果较好，声影面积较小	侧面声影面积小，隐身效果较好	异型结构对声呐识别难度较大
总体布置	多采用纵向分舱布置	空间利用率高，设备布置灵活	内部空间需重新分舱设计，布置方式多样
操纵性	运动性能及操纵性好，推进装置易于布置，转舵装置结构简单	垂向稳性好，多采用多推进器方案，操纵性较差	操纵性很差，通常需要多个推进器和转舵装置

综合考虑不同艇型方案的水动力性能、隐身性能、总体布置和操纵性，本章中的 AUV 采用单体鱼雷式方案。总体布置如图 11-3 所示。

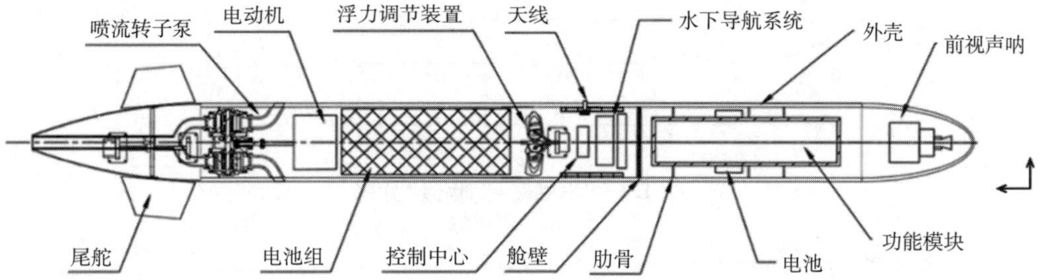

图 11-3　AUV 总体布置

在初步设计阶段，设定 AUV 总体长度为 4 500 mm，由于功能模块的限制，设定回转圆柱段直径为 420 mm。总体布置主要分为五个部分。

(1)首部，主要布置前视声呐、水声通信等设备。

(2)任务模块，主要布置功能模块和配套电池等设备。

(3)控制模块，布置浮力调节装置、组合导航系统、侧扫声呐、通信天线、集成控制器等设备。

(4)能源模块，主要布置 AUV 设备和动力所需电池。

(5)尾部，此区域空间较为集中，布置电机、推进器和舵装置等设备。

1. 外部型线设计

1)外部型线选择

AUV 在水下是依靠自身携带的电池驱动的，由于电池体积和质量的限制，AUV 若要行驶更长的距离，必须具有低阻的外部型线，所以在 AUV 设计阶段，减小艇体阻力是关键的设计目标之一。AUV 的外部型线直接影响其阻力性能，应选择合理的外部型线，使流体平稳过渡，从而减小艇体的涡流阻力。此外，相关资料表明，艇体合理的长径比 L/D 有助于阻力的优化，一般长径比应不超过 14。

AUV 采用回转体外形。回转体外形可根据有无平行中段分为两类：无平行中段的代表型线，包括水滴(Nystrom)形、纺锤形、海豚仿生形、雨滴形、Akron 飞船外形等；有平行中段的代表型线，包括“半椭圆+半椭圆”“半椭圆+抛物线”“半椭圆+圆弧”“Myring”等。

考虑到功能模块尺寸的限制，为了便于加工和总体布置，本章中的 AUV 采用带有平行中体的型线。回转体型线主要包括三个部分：首部、中部和尾部。首部进流段和尾部去流段均采用平滑过渡方案。选用以下两类回转体型线进行分析。

Ⅰ.“半椭圆+抛物线”外形

“半椭圆+抛物线”外形如图 11-4 所示，进流段(首部)为一半椭圆曲线，中部为一段直线，去流段(尾部)是一段抛物线。三段曲线的方程分别是

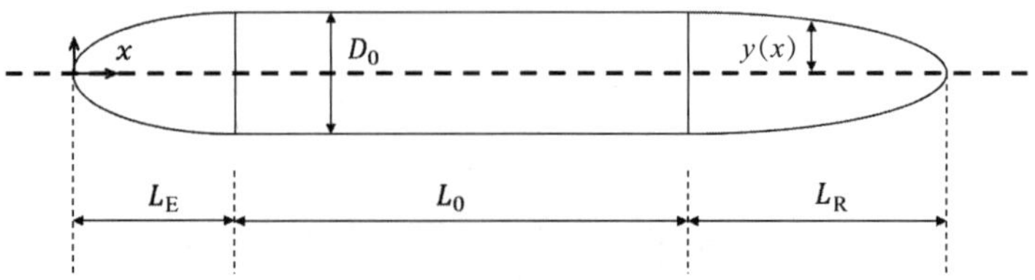

图 11-4 “半椭圆+抛物线”外形

$$y_1(x)=\pm\frac{D_0}{L_E}\sqrt{L_E^2-x^2} \tag{11-1}$$

$$y_2(x)=\pm\frac{L_0}{2} \tag{11-2}$$

$$y_3(x)=\pm\frac{D_0}{2}\left[1-\frac{(x-L_E-L_0)^2}{L_R}\right] \tag{11-3}$$

式中：$y(x)$——曲线各点处的半径；

D_0——最大剖面直径；

L_E——首部长度；

L_R——尾部长度；

x——轴向位置。

Ⅱ.“Myring”外形

“Myring”外形曲线如图 11-5 所示，三段曲线方程分别是

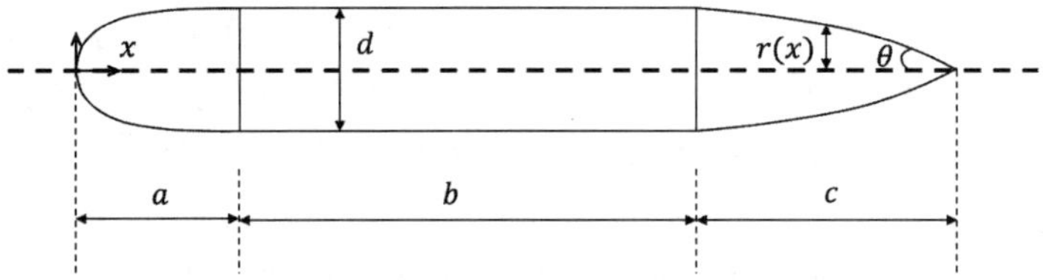

图 11-5 “Myring”外形

$$r_1(x)=\frac{1}{2}d\left[1-\left(\frac{x-a}{a}\right)^2\right]^{\frac{1}{n}} \tag{11-4}$$

$$r_2(x)=\frac{1}{2}d \tag{11-5}$$

$$r_3(x)=\frac{1}{2}d-\left(\frac{3d}{2c^2}-\frac{\tan\theta}{c}\right)(x-a-b)^2+\left(\frac{d}{c^3}-\frac{\tan\theta}{c^2}\right)(x-a-b)^3 \tag{11-6}$$

式中：$r(x)$——曲线各点处的半径；

x——轴向位置；

a——首段长度；

b——中段长度；

c——尾部长度；

d——最大剖面直径；

n——头部形状指数；

θ——最大尾包角。

AUV 外形初步方案中,各部分的长度分别是:总长 4 500 mm,首部长 800 mm,中段平行中体长 2 800 mm,尾部长 900 mm,最大直径 420 mm。应通过进一步阻力性能分析,确定合适的外部流线。

2)基于 CFX 的阻力计算

在进行阻力计算时,主要考虑“半椭圆+抛物线”和“Myring”两种型线。由 Myring 型线方程可知,其型线与头部形状指数 n 和最大尾包角 θ 有关。图 11-6 所示为 $n=1, 2, 3$（暂定 $\theta=25°$）时，Myring 型线的首部曲线,由图可知,当 $n=2$ 时,“半椭圆+抛物线”和“Myring”两种型线的首部曲线一致。图 11-7 所示为 θ=10°，20°，25°，30°（暂定 $n=2$）时,两种型线的尾部曲线。阻力计算时,主要针对这几种情况进行分析。

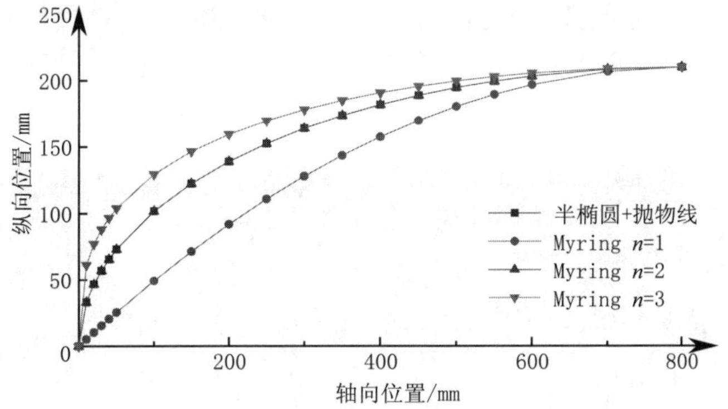

图 11-6　AUV 首部曲线

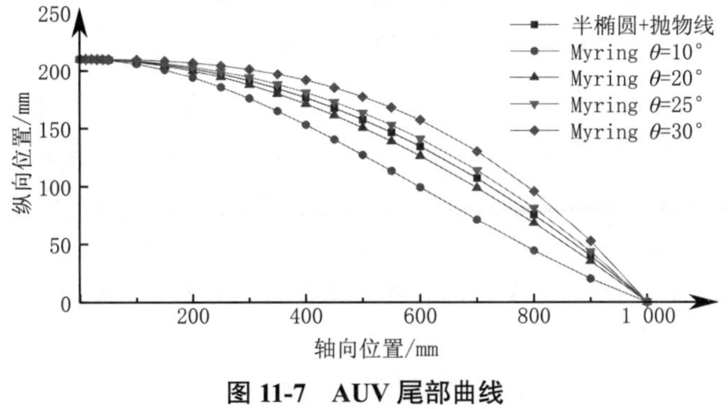

图 11-7　AUV 尾部曲线

采用 CFX 软件计算 AUV 的阻力,应首先使用 Solidworks 软件建立 AUV 模型,然后导入 Workbench 中的 Design Modeler 模块进行处理。由于阻力计算的目的是分析不同首尾曲线时 AUV 的阻力变化,可忽略附体对阻力的影响,所以计算模型采用 AUV 裸艇体方案,且模型尺寸与实际尺寸保持一致。为了减小流域边界对 AUV 产生的影响,在流域建模时设定计算域直径为 4 m,且流域前后壁至 AUV 的距离为 10 m。AUV 水动力计算模型如图 11-8 所示(“半椭圆+抛物线”模型)。

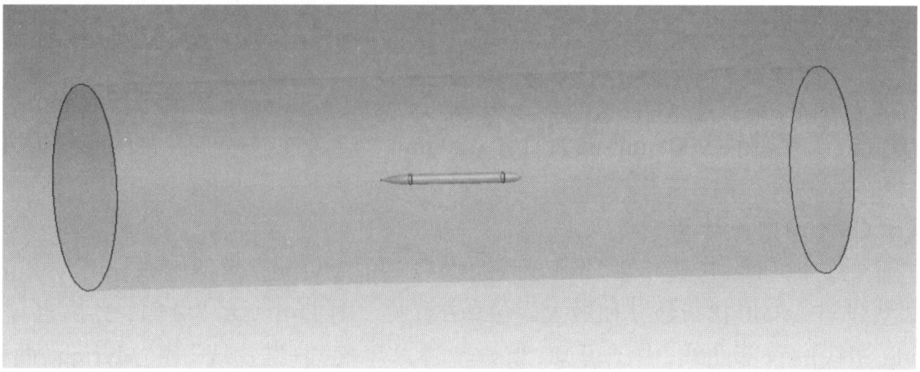

图 11-8 AUV 水动力计算模型

网格划分时应用 ANSYS ICEM 模块,由于模型进流段和去流段存在曲率变化较大的情况,应用 Curvature 高级尺寸函数,采用自适应网格划分方式,在首尾处设置局部加密。网格划分结果如图 11-9 所示,多为四面体非结构化网格,网格单元数量为 1 085 541,单元节点数量为 1 896 004。

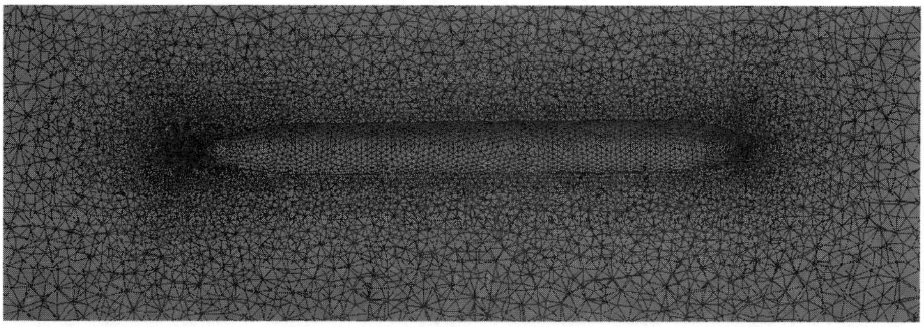

图 11-9 AUV 核心区域网格划分结果

SST k - ω湍流模型对 AUV 阻力的计算精度较高,而标准 k -ε 模型的计算误差较大, Reynolds 应力方程湍流模型对计算机性能有很高的需求。故本章的阻力计算最终采用 SST k - ω模型。

在 CFX-Pre 中设定边界条件时,在流域入口 Inlet 边界定义来流速度 v,其大小等于 AUV 航速,出口 Outlet 边界设置为自由流出,航行器表面定义为无滑移壁面条件,流域壁面定义为自由滑移壁面边界,即流体在壁面无黏滞,壁面垂直方向速度为 0,壁面平行方向流体速度无梯度(图 11-10)。

Myring 型线方程中n代表头部形状指数,数值越大,表示首部越丰满。分别计算n =1, 2, 3 时, Myring 型线和“半椭圆+抛物线”型线的 AUV 航行阻力,阻力随速度变化的曲线如图 11-11 所示。可以看出, Myring 型线 AUV 的阻力随头部形状指数的增大而增大,即首部越尖锐, AUV 所受阻力越小,但是随着参数n的减小,艇体所受阻力的减小幅度并不是很大。在各种航速下,头部形状指数n =1 时 AUV 的阻力最小。但是n =1 时,首部建造难度高,工艺性差,且不便于首部空间的总体布置。此外,首部过于尖锐也会给回收、布放和巡航造成极大的不便。故在保证 AUV 阻力性能良好的前提下,应综合考虑各方面需求,选择 AUV 首部曲线为n =2 的 Myring 曲线或者半椭圆。

图 11-10　AUV 阻力计算边界条件

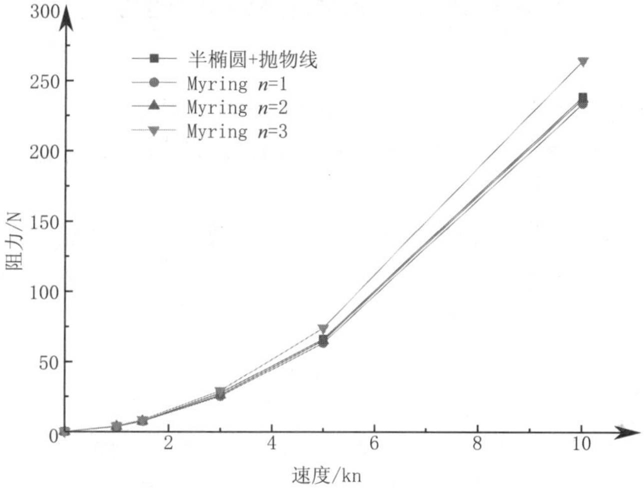

图 11-11　不同首部型线 AUV 阻力变化

Myring 型线方程中θ代表尾包角,θ越大,表示尾部曲线越丰满。分别计算θ=10°，20°，25°，30° 时，Myring 型线和“半椭圆+抛物线”型线的 AUV 航行阻力,阻力随速度变化的曲线如图 11-12 所示。随着尾部参数θ增大，AUV 航行所受的阻力也增大,在θ=10° 时 AUV 所受阻力最小,但尾部动力装置和转舵设备对内部空间有较高的要求。通过对比可以看出,尾包角θ对 AUV 的阻力影响较小,而θ=25° 时 Myring 型线与“半椭圆+抛物线”型线 AUV 所受阻力基本一致,故最终选用“半椭圆+抛物线”作为 AUV 艇体型线。

2. 隐身技术应用

AUV 对水下隐身性能有一定的要求,这也符合当前军民融合发展趋势。由于海水对电磁波的强烈吸收作用,常规的雷达、红外探测设备等在水下一般是失效的,水中探测以声呐探测为主要手段。声呐分为主动声呐和被动声呐,主动声呐通过向目标发射声波并接收回声信号进行探测,而被动声呐通过直接接收目标的辐射噪声进行探测。AUV 的水下隐身性能主要包括两个方面。

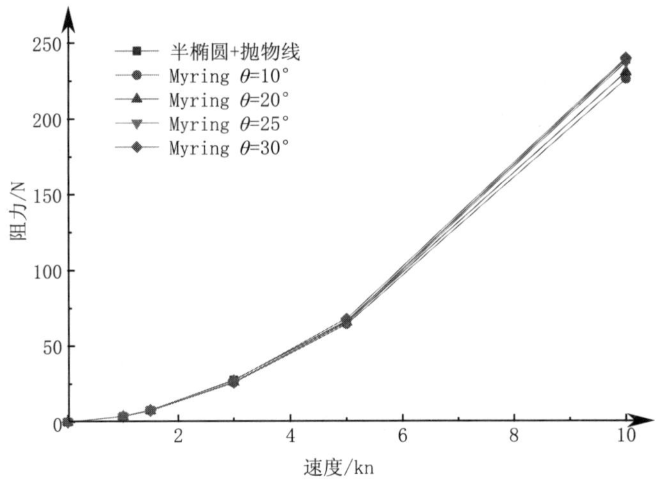

图 11-12 不同尾部型线 AUV 阻力变化

1）自噪声和辐射噪声

自噪声主要包括艇体运动产生的海洋环境噪声和艇内设备噪声。自噪声是自身被动声呐的主要干扰源，直接影响声呐设备的探测距离。但本章所述 AUV 对自身探测设备要求不高，所以自噪声不作为主要研究内容。

辐射噪声指设备辐射到水中并传递的噪声，声源主要包括机械噪声源、推进装置噪声源和水动力噪声源。研究表明，降低辐射噪声可以有效降低设备的水下被探测距离，降低被发现概率。若辐射噪声下降 10 dB，被探测距离可缩短为原来的 30%~50%。

2）目标强度

目标强度指水下设备的声反射特性，和自身表面的材料和结构有关。针对对方目标的主动声呐设备，声反射特性越差，越容易被对方主动声呐探测到。研究表明，水下设备的目标强度降低 10 dB 后，对方主动声呐的探测距离可下降为原来的 60%~70%，约缩短 1/3。

在设计本 AUV 方案时，一方面通过选用合理外部型线降低自身的声影面积，另一方面选用噪声较小的泵喷作为推进装置，相对于常规螺旋桨推进方式，该装置可以更好地降低潜航器的自噪声，有利于装置的水下隐身性能。

11.2 耐压结构设计

AUV 耐压结构的主要功能是承受深水压力，保证内部模块的安全，因此其必须具有足够的强度和可靠的密封性能，保证内部模块不会因海水压力而损坏。

对于耐压壳体的结构设计，应满足以下几个方面的要求：

（1）壳体要有足够的强度和稳定性；

（2）壳体要满足一定的质量要求，应选用合理的材料和合适的结构形式；

（3）外壳的工艺性应良好，便于壳体结构加工和内部空间的合理布置；

（4）经济性良好。

常见的耐压结构有球形、圆柱形或者两者的组合。从深水耐压性能角度考虑，球形结构优于圆柱形结构，而且球形结构中材料的利用率比较高，不过球形结构的空间利用率较低，不利于内部舱室的布置，一般多用于大型深潜器的分散耐压舱结构。本 AUV 采用环肋薄壁耐压圆柱壳结构，这种结构形式流体阻力小，内部空间利用率高，而且便于总体方案的设计，通过在壳体内部沿周向布置环形肋骨来增强壳体的强度和稳定性。

11.2.1　结构尺寸设计

对于环肋圆柱耐压壳体，设计时主要确定壳体厚度t、肋骨间距l和肋骨剖面形状及尺寸。其中，影响壳板应力的主要因素是壳体厚度，影响壳板稳定性的主要因素是肋骨间距和板厚，影响肋骨应力和总体稳定性的因素是肋骨横截面面积和惯性矩。

1. 确定壳体厚度

根据强度标准，耐压壳体中的周向平均应力和轴向平均应力应符合要求，得出壳体厚度t应满足

$$t \geqslant \frac{K_2^0 p_j R}{0.85\sigma_s} \tag{11-7}$$

式中：p_j——壳体计算荷载；

R——壳体半径；

K_2^0——系数，与壳体厚度、肋距和肋骨尺寸有关。

在初步设计时，K_2^0可取 1.05，即

$$t \geqslant \frac{1.05 p_j R}{0.85\sigma_s} \tag{11-8}$$

本 AUV 设计工作水深为 200 m，安全系数为 1.2，计算荷载为 2.4 MPa，外壳材料选用 6061-T651 铝合金，屈服强度σ_s为 276 MPa。经过计算，厚度 t 应不小于 2.25 mm。考虑到壳体材料缺陷和加工过程中的不确定因素，设计厚度为 5 mm。

2. 确定肋骨间距

在方案设计阶段，肋骨间距l可用经验公式估算：

$$l = \frac{1.80\left(\dfrac{100t}{R}\right)^{3/2} 100t}{p'_{cr}} + 0.62\sqrt{Rt} \tag{11-9}$$

对于理论临界压力p'_{cr}的计算，可将计算荷载视为实际荷载，即

$$p'_{cr} = \frac{p_{cr}}{\eta_1\eta_2} = \frac{p_j}{\eta_1\eta_2} \tag{11-10}$$

式中：p_{cr}——壳体的实际临界压力。

其中，η_1取值为 0.75，η_2经查表计算后取值为 0.762。

所以，肋骨间距l可进一步写为

$$l \leqslant \frac{1.029}{p_j}\left(\frac{100t}{R}\right)^{3/2} \times 100t + 0.62\sqrt{Rt} \tag{11-11}$$

经计算可知，肋骨间距 l 的尺寸应小于 807 mm，考虑到平行中体内部空间的布置要求以及壳体和肋骨的加工工艺性，l 最终取值为 400 mm。

3. 确定肋骨尺寸

关于肋骨结构，不仅肋骨中的应力应满足强度要求，肋骨和壳板还应满足稳定性要求。肋骨稳性校核时应将肋骨和相邻的壳板视为一个整体，总体惯性矩应满足失稳临界压力的要求。肋骨截面形式有很多种，包括矩形、Z 形、T 形等，考虑内部结构和加工工艺的问题，我们选用矩形作为肋骨的截面形式。

对于肋骨加强壳体，每一段壳板及相连肋骨应能承受分布于此壳板上的全部荷载而不失稳，即

$$\frac{3EI}{R^3} \geqslant p'_{cr} l \tag{11-12}$$

式中：R——肋骨及相连壳板的截面的中性轴半径，计算时可取壳板的外径；

I——肋骨及相连壳板的总惯性矩；

l——肋骨间距。

引入修正系数η_1、η_2，肋骨截面惯性矩应满足

$$I \geqslant \frac{R^3 l}{3E} \times \frac{p_{cr}}{\eta_1 \eta_2} \tag{11-13}$$

式中：p_{cr}可按实际压力考虑；η_1、η_2可取计算壳板稳定性时的值。根据式（11-13）计算得到惯性矩 I 为 75 152 mm^4。对于矩形截面，总惯性矩计算可参考下式：

$$I = I_0 + \frac{lt^3}{12} + \left(y_0 + \frac{t}{2}\right)^2 \frac{ltF}{lt + F} \tag{11-14}$$

式中：I_0——肋骨型材自身的惯性矩；

y_0——肋骨型材中和轴离壳体内表面的距离；

F——肋骨型材剖面面积。

经计算，选用肋骨截面尺寸为 15 mm × 25 mm（宽 × 高），计算得总惯性矩为 94 750 mm^4，满足惯性矩要求。

4. 稳定性校核

首先进行外壳局部稳定性校核，计算壳体的理论临界压力$p'_{cr} = 62.32$ MPa，壳板具有足够的局部稳定性。

然后进行总体稳定性校核，计算壳体总体理论临界压力$(p'_{cr})_g$=5.3 MPa，得到$(p_{cr})_g = \eta_1 \eta_2 \times (p'_{cr})_g$= 3.03 MPa，满足总体失稳临界压力要求，所以耐压结构满足规范的稳定性要求。

11.2.2 基于有限元的结构强度分析

应用 ANASYS Workbench 软件中的 Static Structural 静力分析模块，对设计外壳结构进行强度分析。计算荷载为 2.4 MPa。材料选用 6061-T651 铝合金。AUV 外壳分为首部曲线段、中间回转圆柱段和尾部曲线段，由相关文献可知，在相同厚度和肋骨尺寸情况下，回转圆柱段为薄弱环节，所以优先针对中间部分进行强度分析。通过 Solidworks 软件建立耐压壳体模型，导入 Design Modeler 中并生成模型，如图 11-13 所示。

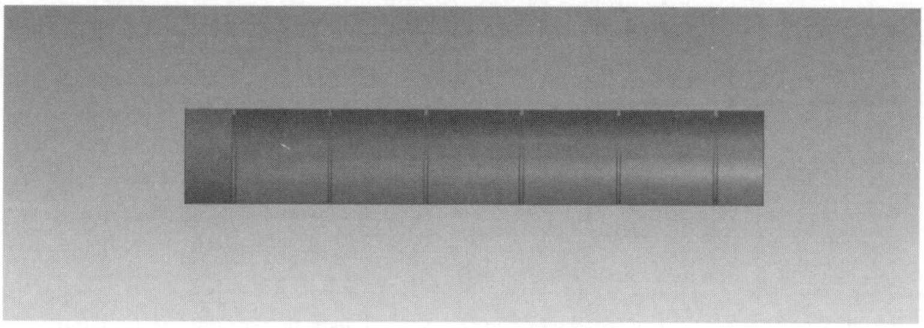

图 11-13　耐压壳体模型

网格划分选用自适应划分方式，通过定义单元大小进行划分，划分结果如图 11-14 所示。在壳体表面施加均布荷载，两端施加固定约束。

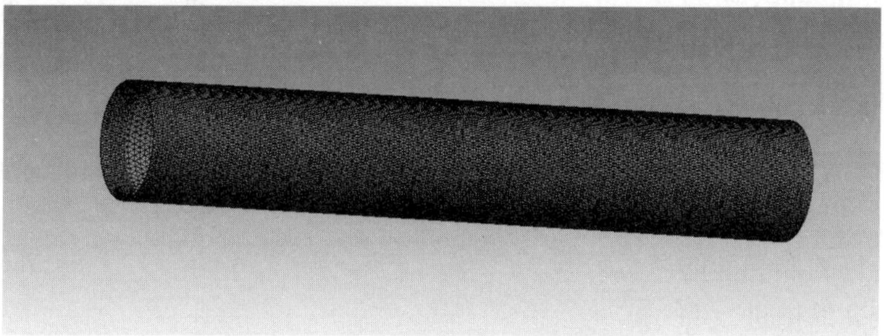

图 11-14　耐压壳体网格划分结果

计算后，在后处理中查看求解结果。强度分析的目的是查看耐压壳体在一定荷载下的应力与变形情况，所以应查看 von-Mises 应力值和应变值，与材料屈服极限进行比较。计算结果如图 11-15 所示，所设计壳体结构在水深 200 m 时，最大位移出现在结构的中间部位，为 0.101 mm。最大应力出现在结构靠近两端的位置，为 96.34 MPa，满足使用要求，同时肋骨的强度也满足要求。

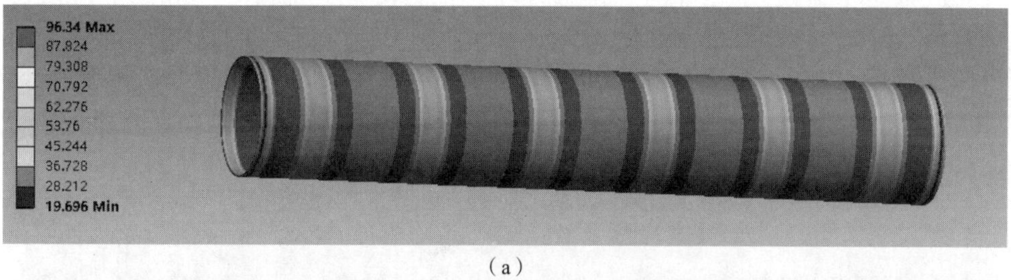

（a）

（b）

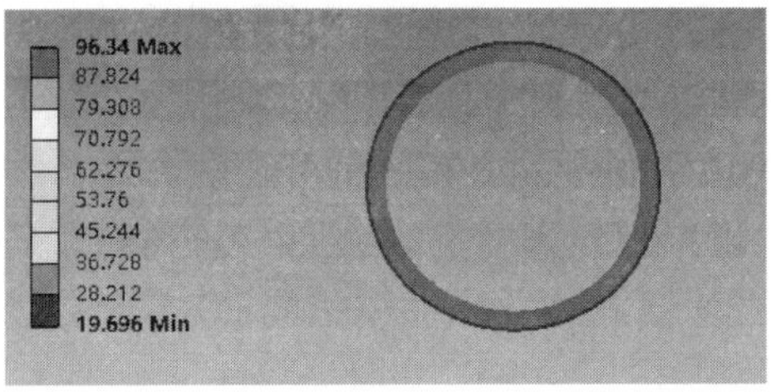

(c)

图 11-15 耐压壳体应力与变形分布图

(a)壳体应力云图 (b)壳体应变云图 (c)肋骨应力云图

11.3 航行及操纵装置设计

11.3.1 推进装置

AUV 推进装置主要用于完成航向、深度和速度的改变和保持。在推进装置方案设计时应遵循以下原则:

(1)具有良好的操纵性能;

(3)具有较高的推进效率;

(3)便于尾部区域布置。

1. 推进装置布置方案

由于水下工作环境的特殊性,推进装置采用双泵并联方案,推进器的结构主要由两个单泵和一个齿轮箱组成。电机的动力输出端通过联轴器和齿轮箱的动力输入端连接,齿轮箱输出端的动力通过一对圆弧锥齿轮传递到双泵的主轴上,进而实现动力的传输。整个装置的示意如图 11-16 所示,电机沿着 AUV 的轴线方向布置,进水口沿着 AUV 的前进方向,出水口的布置方向与前进方向相反,通过尾部向外排水,从而实现 AUV 的推进。

2. 动力输入装置

动力输入装置的结构如图 11-17 所示。动力输入装置主要包括一对圆弧锥齿轮、机械密封装置、齿轮箱体和端盖。为降低推进装置工作时的自噪声,传动装置设计时采用圆弧锥齿轮来传递动力。

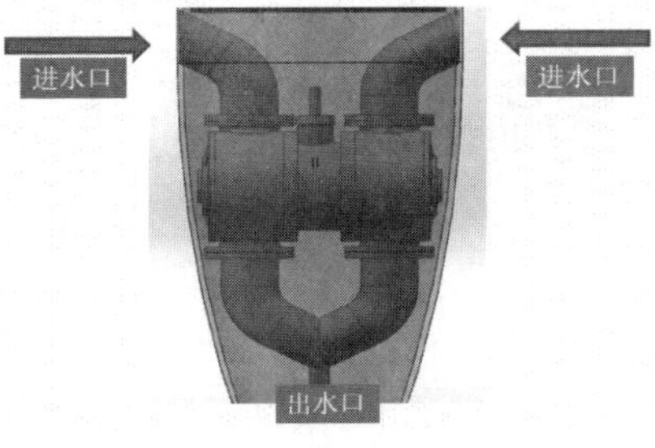

图 11-16 AUV 推进装置示意

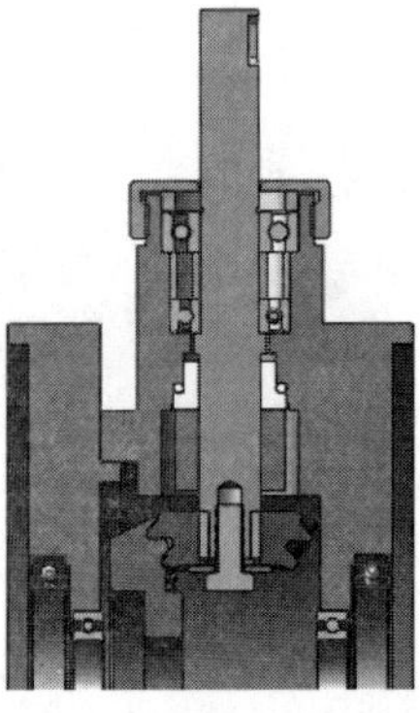

图 11-17 动力输入装置示意

锥齿轮根据机械设计手册选用格里森型圆弧锥齿轮，传动比选用$u = z_2 / z_1 = 2$；齿轮的模数$m = 3$；齿轮齿数$z_1 = 16$，$z_2 = 32$；格里森型圆弧锥齿轮的相关参数见表 11-2。

表 11-2 格里森型圆弧锥齿轮具体参数

齿型	齿形角 α	齿顶高系数h	顶隙系数c	螺旋角β_m
格里森	20°	0.85	0.188	35°

3. 推进装置功率选型

AUV 采用喷水推进方式，在推进过程中进出水口和尾流会对推进有一定的影响。在方案设计阶段，暂不考虑尾流的影响，则泵喷的输出功率P_T可表示为

$$P_T = P_D \eta_m \eta_p \tag{11-15}$$

式中：P_D——电机的输出功率；

η_m——齿轮箱及传动系统的机械传动效率；

η_p——泵的效率。

一般情况下，推进装置发出的推力 T 不会全部用来克服 AUV 的阻力 R，存在推力减额现象。若忽略尾流对推进的影响，则考虑推力减额的 AUV 力学方程可表示为

$$\frac{P_T}{V_{max}}(1-t) - R = m_b a \tag{11-16}$$

式中：t——推力减额，取值可参考鱼雷艇的推力减额分数，$t = 0.01$；

R——AUV 的航行阻力；

m_b——AUV 的质量；

a——运动加速度。

当航速稳定时，AUV 所受阻力与推进装置提供的推力相等，上式可简化为

$$V_{max} = \frac{P_T(1-t)}{R} = \frac{P_D \eta_m \eta_p (1-t)}{R} \tag{11-17}$$

根据任务书的要求，AUV 的最大设计航速为 15 kn，即 7.717 m/s。应用 CFX 软件，计算 AUV 在该航速下所受的阻力 R 为 564 N，机械传动效率η_m为 0.96，泵的效率η_p为 0.9。进而可以计算得泵的输出功率P_T为 4.4 kW，电机的输出功率P_D为 5.1 kW。

4. 关键部件强度校核

1）主轴强度校核

由推进装置功率计算可知，电机的输出功率$P_D = 5.1$ kW。根据机械设计手册，可计算齿轮中点处的分度圆的切向力

$$F_{tm} = \frac{2\,000 T_1}{d_{m1}} = \frac{2\,000 T_1}{d_1(1-0.5\varphi_R)} = \frac{19 \times 10^6 P_D}{n_1 d_1 (1-0.5\varphi_R)} \tag{11-18}$$

式中：T_1——主动轮的转矩；

d_{m1}——主动轮齿宽中点处直径；

d_1——主动轮分度圆直径，可根据齿轮参数$d_1 = m \times z_1$确定；

φ_R——齿宽系数，一般取 1/3；

n_1——电机的转速。

计算得F_{tm} =2 372 N。

主动轮和从动轮齿宽中点处的径向力可分别由下式计算得到：

$$F_{r1} = \frac{F_{tm}}{\cos\beta_m}(\tan\alpha\cos\delta_1 - \sin\beta_m\sin\delta_1) \tag{11-19}$$

$$F_{r2} = \frac{F_{tm}}{\cos\beta_m}(\tan\alpha\cos\delta_2 + \sin\beta_m\sin\delta_2) \tag{11-20}$$

式中：β_m——圆弧锥齿轮的螺旋角；

α——锥齿轮的齿形角；

δ_1——主动轮的分度圆锥角，满足 $\tan\delta_1 = 1/u$；

δ_2——从动轮的分度圆锥角，满足$\delta_2 = 90° - \delta_1$，各参数见表 11-2。

经计算，F_{r1} = 200 N，F_{r2} =1 957 N。

由力的作用力和反作用力关系可知，双联泵的主轴受到圆弧锥齿轮传递的力，径向力F_r为 1 957 N，轴向力F_t为 200 N，主轴的受力可以简化为一个三跨距不等连续梁的受力问题，受力示意如图 11-18 所示。

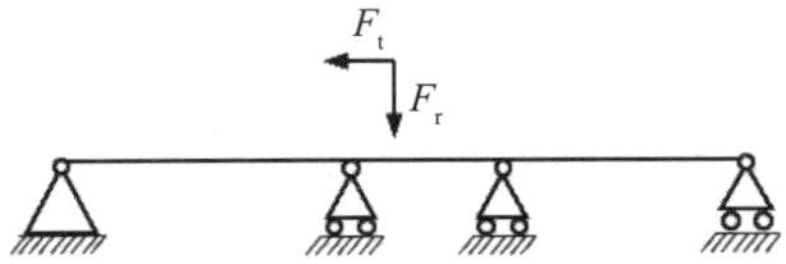

图 11-18 双联泵主轴受力示意

主轴材料选用 2Cr13 不锈钢，弹性模量 E=205 GPa，经淬火回火后屈服强度大于 440 kPa。应用有限元软件对主轴进行分析，主轴的变形和应力云图如图 11-19 所示。由计算结果可知，主轴在轴向力和径向力的联合作用下最大位移为 0.184 mm，最大应力 143.62 MPa，均满足使用要求。

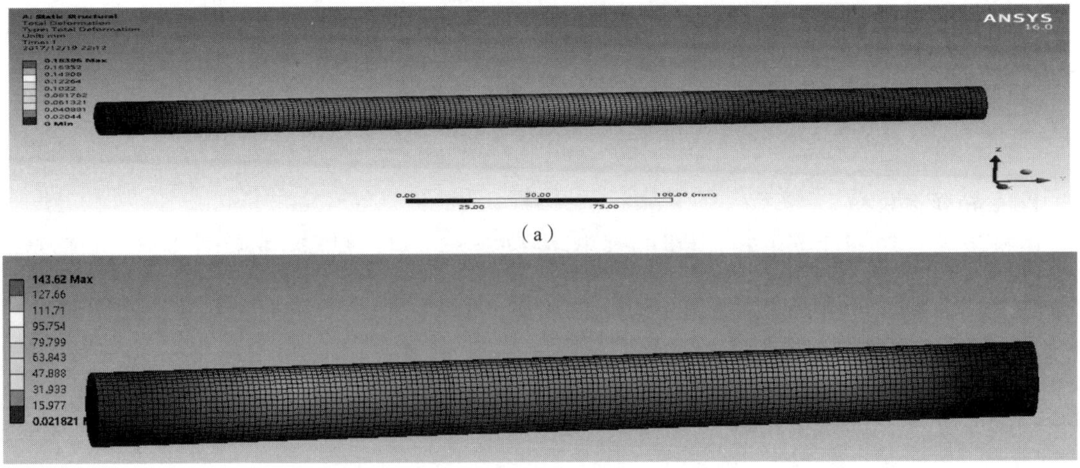

（a）

（b）

图 11-19 主轴的应变和应力云图

（a）主轴应变云图 （b）主轴应力云图

2）转子强度校核

由于在双联泵的正常工作过程中，转子会受到腔内水的压力作用，从而将力传递到箱体上，所以需要对转子进行强度校核。在校核中，可将转子看作两端固定的简支梁，受均布荷载的作用。转子的材料为 ZL301 铝合金，其弹性模量 E=68.3 GPa，泊松比 μ=0.3，腔内水的压强按最大水深 200 m 考虑。应用有限元软件进行强度分析，得到转子的应变和应力分布如图 11-20 所示。在推进器正常工作时，转子最大变形为 0.075 mm，最大应力为 103.26 MPa，均满足使用需求。

（a）

（b）

图 11-20　转子的应变和应力云图

（a）转子应变云图　（b）转子应力云图

11.3.2　舵装置

与水面船舶一样，AUV 在水下运动时也应具有良好的操纵性，不仅需要保证其水平面的操纵性，还需要保证竖直面的操纵性，即对 AUV 升降运动和水平转向运动的控制能力。操纵性包括稳定性和回转性，这与操纵面的设计密切相关。

1. 尾舵方案选择

本 AUV 采用十字形尾舵布置方案，尾舵包括方向舵和升降舵。方向舵在尾部竖直布置，转舵时可为 AUV 提供转向的作用力，完成转向运动；升降舵在尾部竖直布置，可为 AUV 提供升降所需的作用力，完成升降运动。当没有转舵角度时，作用在舵叶上的力是对称的，可以保证维持 AUV 正常航向的稳定性。

对于小型潜航器，尾舵一般有十字形和 X 形两种，具体形式如图 11-21 所示。

(a)

(b)

图 11-21 尾舵布置方案

(a)十字形尾舵 (b)X 形尾舵

与十字形舵不同，X 形舵的四个操纵面需要相互配合，以完成对潜航器水平运动和升降运动的控制。X 形舵的每个面都有转向和升降功能，可以有效补偿单个操纵面失效的情况。但同时，X 形舵的结构更加复杂，其四个面的控制是相对独立的，需要四套传动装置，对内部机械装置的布置和控制系统有更高的要求。十字形舵结构相对比较简单，成本也相对较低，更加适合本 AUV 尾部空间不足的情况。

尾舵系统主要包括舵叶、舵机和转舵装置。其中，舵叶是 AUV 的主要控制面，可在一定攻角来流作用下产生转向力矩，控制 AUV 的运动；舵机产生转舵所需扭矩；转舵装置是一套传动结构，传递舵叶转动所需扭矩，还可通过定位装置控制舵叶的转动角度。在十字形尾部，升降舵和水平舵分别使用一套传动装置，由于泵喷装置出水口的存在，相对的一套舵叶应通过连杆结构连接，且保证两套装置不发生干涉。

2. 舵叶翼型设计

目前，各国对尾舵舵翼有不同的翼型水动力资料，翼型多以机构或个人命名，主要系列包括 NACA(美国国家航空咨询委员会)、НЕЖ(儒柯夫斯基)、ЦАГИ(苏联中央空气动力学研究院)、JFS(汉堡大学)、TMB(台劳船模试验池)、NSS(瑞典国家船模试验室)等。

本 AUV 采用 NACA-4 数字系列翼型，该翼型具有升力大、阻力小、导缘尖瘦等特点，符合本装置的需求。NACA-4 数字系列可表示为 NACA-XYZZ，其中 X 表示相对弯度(弯度对弦长之比)；Y 表示最大弯度位置；ZZ 表示相对厚度(厚度对弦长之比)。水下潜航器多选用对称翼型，符号为 NACA00××。舵叶几何参数如图 11-22 所示。翼型对称剖面的横纵坐标可按下式确定：

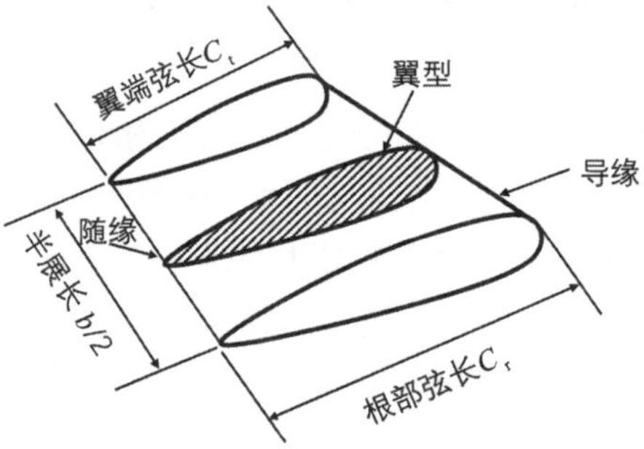

图 11-22 舵叶几何参数

$$\frac{y}{2}=\pm t\left[1.484\,5\sqrt{\frac{x}{c}}-0.63\frac{x}{c}-1.758\left(\frac{x}{c}\right)^{2}+1.421\,5\left(\frac{x}{c}\right)^{3}-0.507\,5\left(\frac{x}{c}\right)^{4}\right] \tag{11-21}$$

式中：c——舵叶的弦长，即舵叶的导缘至随缘的距离，$c=(C_{\mathrm{t}}+C_{\mathrm{r}})/2$；

t——舵叶厚度比，即剖面最大厚度与剖面弦长的比值；

x——翼型纵剖面横坐标；

y——翼型纵剖面纵坐标。

NACA0012 翼型具有良好的升阻比，适合中小型水下航行器，满足本 AUV 的尾舵要求。尾舵面积可以采用 DNV 规范初步估算：

$$Area=\frac{DL}{100}\left[1+25\left(\frac{B}{L}\right)^{2}\right] \tag{11-22}$$

式中：D——航行器直径；

L——航行器长度；

B——航行器宽度，对于回转圆柱体形 AUV，$B=D$。

式(11-22)适用于水面船舶舵叶面积估算，对于舵叶在推进装置前布置的情况，建议将舵面积增加 30%。对于水下航行器，建议将舵面积再额外增加 50%。按照该经验公式设计的舵叶，AUV 的回转直径约为航行器总长度的 3 倍。根据此公式所设计的尾舵参数见表 11-3。

表 11-3　尾舵参数

类别	数值
翼端弦长 C_{t}	130 mm
根部弦长 C_{r}	210 mm
半展长 $b/2$	125 mm
剖面翼型	NACA0012

3. 舵叶水动力性能计算

应用 CFX 软件，计算不同攻角情况下，该尾舵翼型所提供升力和阻力的变化。舵叶水动力计算流域模型如图 11-23 所示。

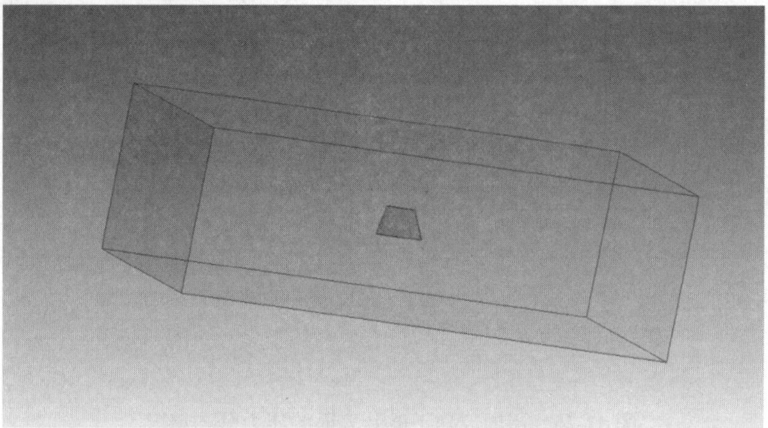

图 11-23　舵叶水动力计算流域模型

网格划分与边界条件施加方式与前相似,进水口来流速度定义为 5 kn,即 2.572 3 m/s。图 11-24 为不同攻角下舵叶所提供升力和所受阻力的变化情况,由图可以看出,随着舵叶攻角的增加,其升力与阻力也增加。图 11-25 为升力与阻力比值(升阻比)随攻角的变化情况,可以看出,该翼型在攻角 6°~15° 范围内,能保持一个较高的升阻比,故舵机、舵轴匹配时应选择在此范围内,单个舵叶在攻角 15° 时,所能提供的升力为 31.5 N。

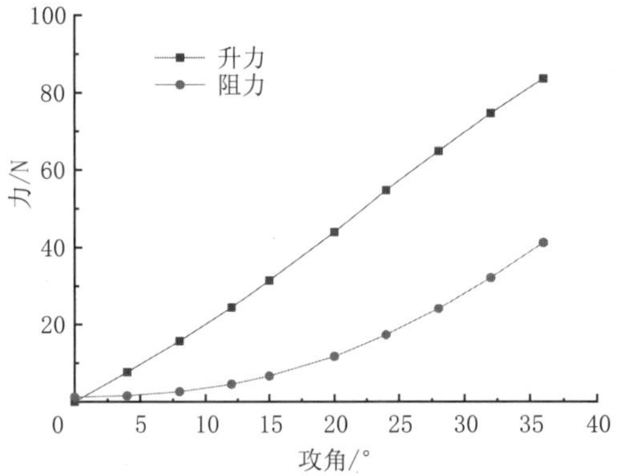

图 11-24 不同攻角下舵叶升力、阻力变化

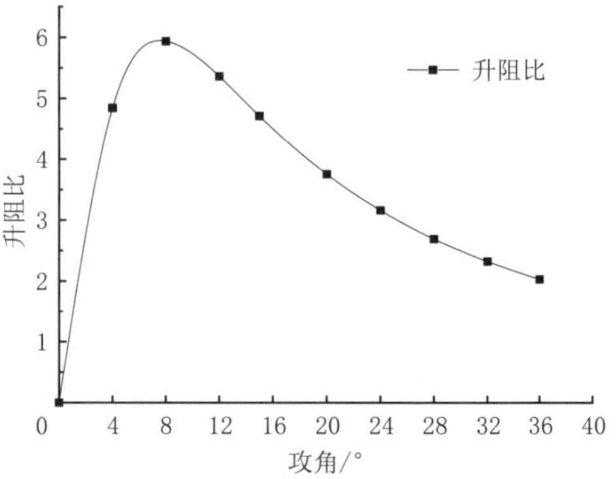

图 11-25 不同攻角下舵叶升阻比变化

图 11-26 为不同攻角情况下,舵叶表面的压力分布情况,由图可以看出,舵叶在流域内迎流表面的压强较高,且随着攻角增加,尾部表面的压力明显增加。将尾舵舵轴布置在根部弦长 40%处。

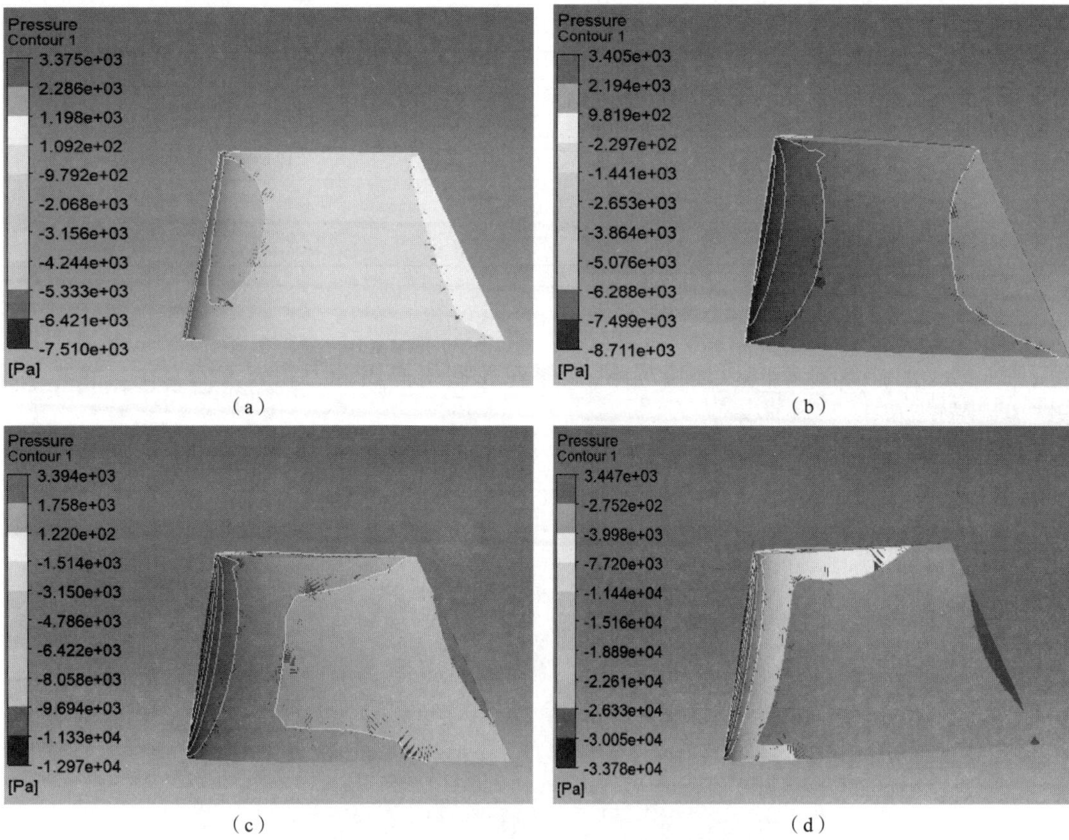

图 11-26 不同攻角下舵叶表面的压力分布情况

(a)攻角 0° (b)攻角 10° (c)攻角 20° (d)攻角 36°

11.3.3　浮力调节装置

AUV 的升沉调节主要由升降舵完成，浮力调节装置的功能是补偿不同海水深度时 AUV 浮力的变化，满足其在某一水深悬浮的需要。悬浮是指 AUV 在水下一定深度，关停主推进装置，只运行低能耗设备，实现无动力虚拟锚泊的状态。水下悬停不仅可以降低工作能耗，延长水下续航时间，而且关闭主推进装置，可减少推进产生的振动和噪声，提高装置的隐蔽性能，具有重要的水下军事意义。

目前，AUV 浮力调节主要有以下几种方式。

（1）调节自身重量。AUV 自身携带压载重量，在不改变自身排水体积的情况下，通过释放压载块调整自身重量和浮力状态。俄罗斯 MT-88 AUV 就是通过两块压载重量的释放，实现升降运动和定深作业。这种方式具有明显的缺点，压载块抛载是不可逆的，一般适合单次调节模式，多用于 AUV 应急抛载情况。

（2）调节排水体积。AUV 通过浮力调节系统调整自身的排水量，实现浮力调节。这种调节方式适用性强，浮力调节范围大，是目前主流的浮力调节方式，适合各类水下潜器。

此外，对于中小型潜航器而言，当作业水深变化不大时，还可采用垂推方式进行升沉运动调节，在设备首部和尾部布置槽道推进器，可提供垂向的推力，实现升沉运动和定水深动力悬停。不过这种方式电能消耗比较大，相关学者研究了垂推方式和普通浮力调节两种方式的能耗情况，发现两种调节方式在潜深 100 m 时能量消耗相差 8 倍，在潜深 1 000 m 时，能量消耗相差 36 倍。

1. 垂向受力分析

浮力调节装置不具备纵倾调节功能，在设计时，仅考虑 AUV 升沉运动中的垂向受力。AUV 在升沉过程中主要受重力和浮力，在方案设计时暂不考虑耐压壳体变形和材料吸水引起的装置受力变化，重点考虑海水密度变化引起的浮力变化。

海水的密度与温度、盐度和深度有关，热带海域海水密度$\rho(h)$可通过下式进行估算：

$$\rho(h)=\begin{cases}27.63\mathrm{e}^{1.8\times10^{-6}h}-5.094\mathrm{e}^{-3.018\times10^{-3}h}+1\,000 & (0<h\leqslant 3\,000\ \mathrm{m})\\ 1\,027.77 & (h>3\,000\ \mathrm{m})\end{cases} \tag{11-23}$$

式中：h——海水深度。

假定海水表面的密度为1 022.536 kg/m³，则由于海水密度变化引起的浮力变化为

$$B(h)=\begin{cases}(\rho(h)-1\,022.536)\times\nabla\times g & (0<h\leqslant 3\,000\ \mathrm{m})\\ 5.234\times\nabla\times g & (h>3\,000\ \mathrm{m})\end{cases} \tag{11-24}$$

式中：∇——AUV 的排水体积。

计算时水深h =200 m，∇取 0.5 m³，计算得到 200 m 处的海水密度$\rho(h)$ =1 024.854 kg/m³，浮力变化量为

$$B(h)=11.359\,91\ \mathrm{N}$$

本浮力调节装置为微调机构，所提供浮力变化不作为 AUV 垂向运动的主要动力。在设计时，需保证 AUV 具有一定的储备浮力以保证其作业的安全性，一般取排水量的 0.5%，综合考

虑后,设定浮力调节装置浮力调节量为 20 N,排水体积约为 2 L。

2. 浮力调节方案选择与设计

本节设计了一种新型伞式浮力调节装置,图 11-27 为伞式浮力调节装置概念图,该装置由电机、丝杠、推杆、活塞和活塞缸等部件组成,其中活塞缸一端与外界海水介质相同,在电机作用下,丝杠可驱动螺栓向前运动,进而带动推杆向外运动,推杆另一端的活塞可将海水排出,进而增加排水体积和浮力。该装置通过采用对称布设活塞方案,克服了单个装置活塞和行程的限制,可实现潜航器在有限空间内浮力的高效调节。

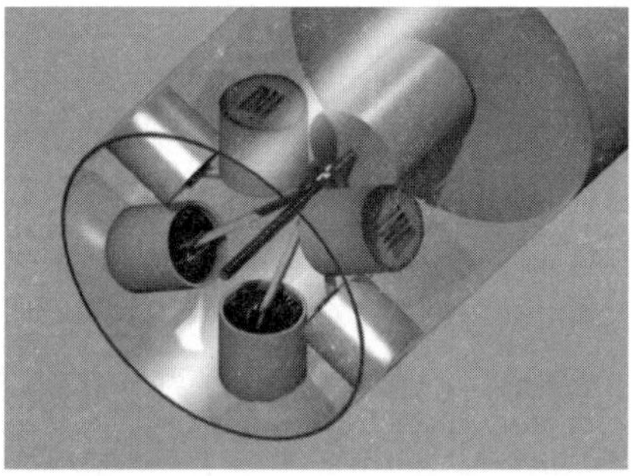

图 11-27　伞式浮力调节装置概念图

11.4　水下自主式航行器优化设计

AUV 集成了材料、机械、力学、声学、光学、电学等多个学科的设计方法及理论,其总体设计是一个复杂的多学科融合的过程,设计时需要考虑总体性能、稳定性、操纵性、隐身性、续航能力等,设计目标也往往有很多个。多学科综合优化设计(Multidisciplinary Design Optimization,MDO)是一种从系统角度出发,利用不同学科间协同效应进行总体并行设计的设计方法。

11.4.1　优化模型建立

1. 阻力学科

如图 11-28 所示, AUV 优化模型可分为五个部分,首部和尾部曲线选用型线设计结果,首尾为“半椭圆+抛物线”。阻力性能计算可采用经验公式,根据阻力计算可知,采用 ITTC 经验公式估算具有一定参考性。

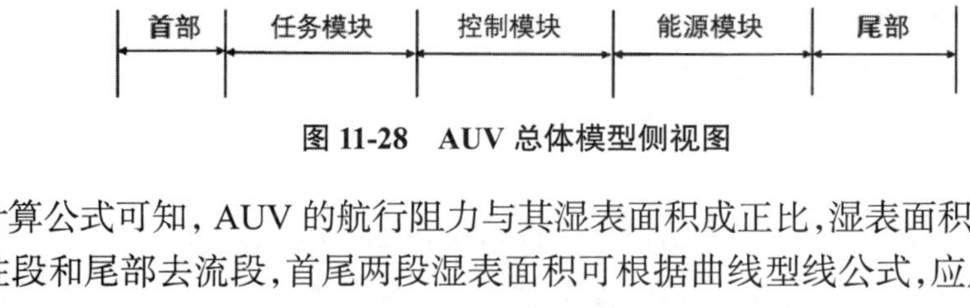

图 11-28　AUV 总体模型侧视图

由阻力计算公式可知, AUV 的航行阻力与其湿表面积成正比,湿表面积分为首部进流段、平行中体圆柱段和尾部去流段,首尾两段湿表面积可根据曲线型线公式,应用 MATLAB 软件进行积分计算得到。

建立阻力数学模型时，主要考虑的变量为首部长度 a、尾部长度 c、任务模块长度L_1、控制模块长度L_2、能源模块长度L_3。由于功能模块的限制，最大直径 d 的可调范围有限。阻力学科优化目标为 AUV 总体阻力最小。具体优化模型见表 11-4。

表 11-4　阻力学科模型参数

参数类型	参数名称	符号（单位）	取值范围
常量	速度	V（m/s）	V=7.717
输入变量	平行中段直径	d（m）	$0.42 \leqslant d \leqslant 0.44$
	首部进流段长度	a（m）	$0.7 \leqslant a \leqslant 0.9$
	任务模块长度	L_1（m）	$0.9 \leqslant L_1 \leqslant 1$
	控制模块长度	L_2（m）	$0.6 \leqslant L_2 \leqslant 0.7$
	能源模块长度	L_3（m）	$0.8 \leqslant L_3 \leqslant 1.2$
	尾部去流段长度	c（m）	$0.8 \leqslant c \leqslant 1$
约束条件	平行中段总长度	L_p（m）	$2 \leqslant L_p \leqslant 3$
目标	阻力	R（N）	最小

2. 隐身性能学科

隐身性能作为本 AUV 方案设计的重点考虑学科，方案设计阶段主要考虑外形对隐身性能的影响。AUV 具有悬停功能，在水下关闭主机悬停时，可忽略由运动和主机振动造成的自噪声和辐射噪声，主要考虑 AUV 的声影特性。

隐身性能评估可参照水雷形状对隐身性能的影响评估方法，AUV 呈回转圆柱体结构，沿其法线方向的目标强度TS可用下式估算：

$$TS = 10\times\lg\frac{rL_m^2}{2\lambda} \tag{11-25}$$

式中：r——圆柱段半径；

L_m——总体长度；

λ——探测声波的波长，探测时取$\lambda = 0.015$ m，识别时取$\lambda = 0.003\,3$ m。

隐形性能学科模型参数见表 11-5。

表 11-5　隐身性能学科模型参数

参数类型	参数名称	符号（单位）	取值范围
常量	波长	λ（m）	λ=0.015
输入变量	平行中段直径	d（m）	$0.42 \leqslant d \leqslant 0.44$
	首部进流段长度	a（m）	$0.7 \leqslant a \leqslant 0.9$
	任务模块长度	L_1（m）	$0.9 \leqslant L_1 \leqslant 1$
	控制模块长度	L_2（m）	$0.6 \leqslant L_2 \leqslant 0.7$
	能源模块长度	L_3（m）	$0.8 \leqslant L_3 \leqslant 1.2$
	尾部去流段长度	c（m）	$0.8 \leqslant c \leqslant 1$

续表

参数类型	参数名称	符号(单位)	取值范围
约束条件	AUV 总长度	L_m(m)	$4 \leqslant L_m \leqslant 5$
目标	目标强度	TS(dB)	最小

3. 能源学科

AUV 用电可分为设备用电和动力用电，其中设备用电指通信设备、导航设备、探测装置等工作时消耗的电量，动力用电主要指推进设备工作时消耗的电量，也称推进用电。

1)设备用电

设备用电总电量W_1可用下式估算：

$$W_1 = \frac{IT_1}{\eta_1} \tag{11-26}$$

式中：I——设备正常工作时电路中的电流，I=6 A；

T_1——设备要求的工作时间，$T_1 = 24$ h；

η_1——电池放电效率，$\eta_1 = 0.9$。

因此，设备用电电池体积V_1可用下式估算得到：

$$V_1 = \frac{W_1}{\rho_{A\cdot h}} \tag{11-27}$$

式中：$\rho_{A\cdot h}$——所选电池的安时密度。

2)推进用电

推进用电估算时主要考虑推进装置工作时消耗的电量，推进装置的功率选型与 AUV 航行时所受阻力 R 有关，设定本 AUV 最大航行速度为 15 kn，阻力由阻力学科经验公式估算得到。

AUV 中段能源模块主要布置电池，选用锂离子电池为本装置提供电量。考虑到能源舱内电池实际布置空间，引入折减系数 0.9，则电池最大布置体积 V 可由下式估算：

$$V = \pi\left(\frac{d}{2} - t\right)^2 L_3 \times 0.9 \tag{11-28}$$

式中：d——平行中段最大直径；

t——耐压壳体厚度，t=6 mm；

L_3——能源模块的长度。

推进装置的电池体积为

$$V_2 = V - V_1 \tag{11-29}$$

推进装置的功率为

$$P_D = \frac{V_{max} R}{\eta_m \eta_p (1-t)} \tag{11-30}$$

式中：V_{max}——AUV 最大航速，$V_{max} = 7.717$ m/s；

R——AUV 所受阻力，由阻力学科计算得到；

η_m——机械传动效率，$\eta_m = 0.96$；

η_p——泵的效率，$\eta_p = 0.9$；

t——推力减额，$t = 0.01$。

综合上述分析，AUV 的最大续航时间为

$$T = \frac{(V - V_1) \times \rho_{W\cdot h} \times \eta_2}{P_D} \tag{11-31}$$

式中：$\rho_{W\cdot h}$——锂电池的能量密度；

η_2——电池放电效率，$\eta_2 = 0.9$。

能源学科模型参数见表 11-6。

表 11-6　能源学科模型参数

参数类型	参数名称	符号（单位）	取值范围
常量	锂电池能量密度	$\rho_{W\cdot h\_Li}$（W·h/m³）	232 994.08
	锂电池安时密度	$\rho_{A\cdot h\_Li}$（A·h/m³）	70 604.27
	平行中段直径	d（m）	$0.42 \leqslant d \leqslant 0.44$
输入变量	首部进流段长度	a（m）	$0.7 \leqslant a \leqslant 0.9$
	任务模块长度	L_1（m）	$0.9 \leqslant L_1 \leqslant 1$
	控制模块长度	L_2（m）	$0.6 \leqslant L_2 \leqslant 0.7$
	能源模块长度	L_3（m）	$0.8 \leqslant L_3 \leqslant 1.2$
	尾部去流段长度	c（m）	$0.8 \leqslant c \leqslant 1$
约束条件	AUV 总长度	L_m（m）	$L_m \leqslant 5$
	最短续航时间	T_{min}（h）	$T_{min} \geqslant 5$
目标	续航时间	T（h）	最大

11.4.2　优化及结果分析

1. 建立 Isight 优化模型

AUV 多学科优化过程在 Isight 优化平台进行，分别建立阻力学科、隐身性能学科和能源学科的数学模型，定义输入变量、输出变量和约束条件。系统级优化目标将 AUV 的目标强度和续航时间相结合，即目标函数为

$$\text{Min } Objective = \sum \frac{W_i X_i}{SF_i} \tag{11-32}$$

式中：$X_1 = \text{Min } TS$；$X_2 = \text{Max } T$；$SF_i = 1$；$W_1 = 0.35$；$W_2 = -0.65$。

采用同时分析优化算法(AAO),在 Isight 中建立优化模型,分别为“resistance”“stealth”“energy”和“system”,具体模型结构如图 11-29~图 11-31 所示。

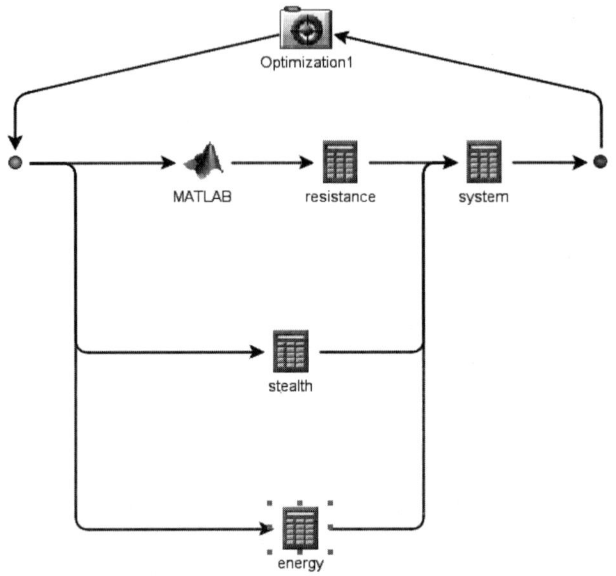

图 11-29 Isight 中的 AAO 优化集成模型

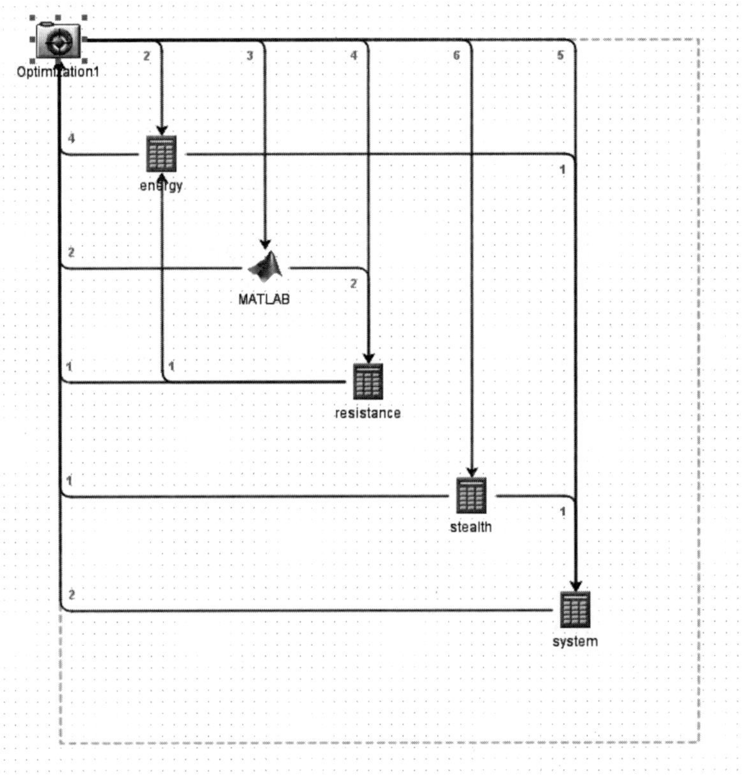

图 11-30 Isight 中的数据流向示意图

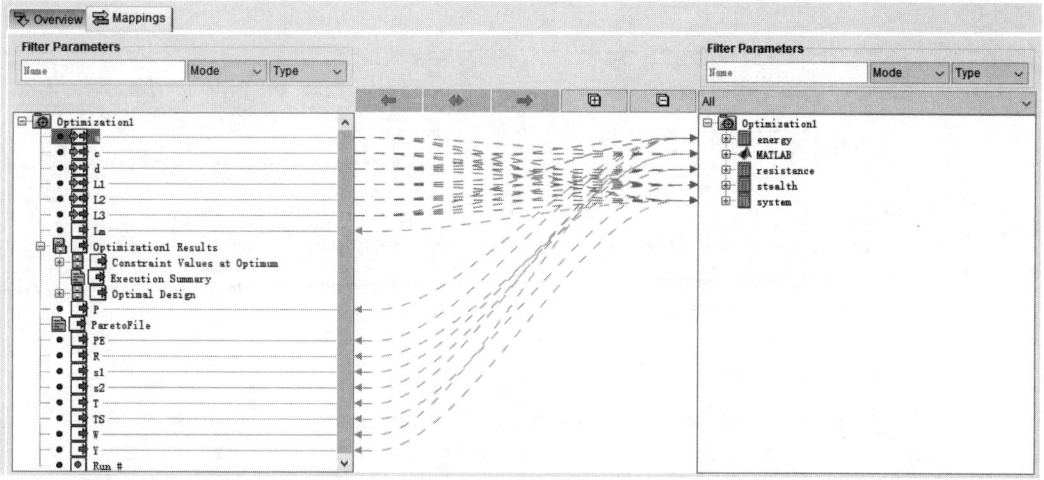

图 11-31　Isight 中的数据交换示意图

2. 计算结果分析

设置好输入参数范围、约束条件和目标参数，选用 NSGA-Ⅱ优化算法，具体设置如图 11-32 所示。

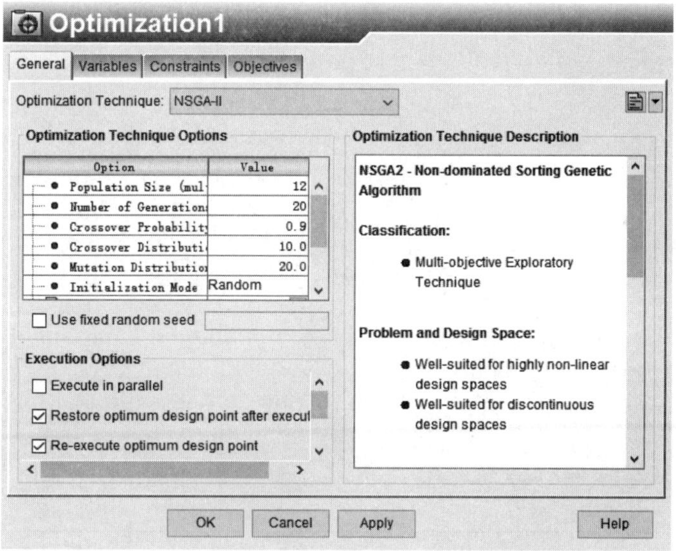

图 11-32　NSGA-Ⅱ优化算法参数设置

经过 1 206 次迭代计算后，得到 NSGA-Ⅱ算法优化计算结果，如图 11-33 所示，序号“145”的一行为最优解。应用 Isight 中的数据处理工具，对 AUV 目标强度 TS 和最大航速下续航时间 T 进行分析。从图 11-34 可以看出，二者基本呈正相关关系，且最优解的取值与目标函数中权重的取值关系密切，在本节中考虑到续航的重要性，TS 和 T 的权重系数分别取 0.35 和 0.65，可根据具体目标再对权重系数进行调整。

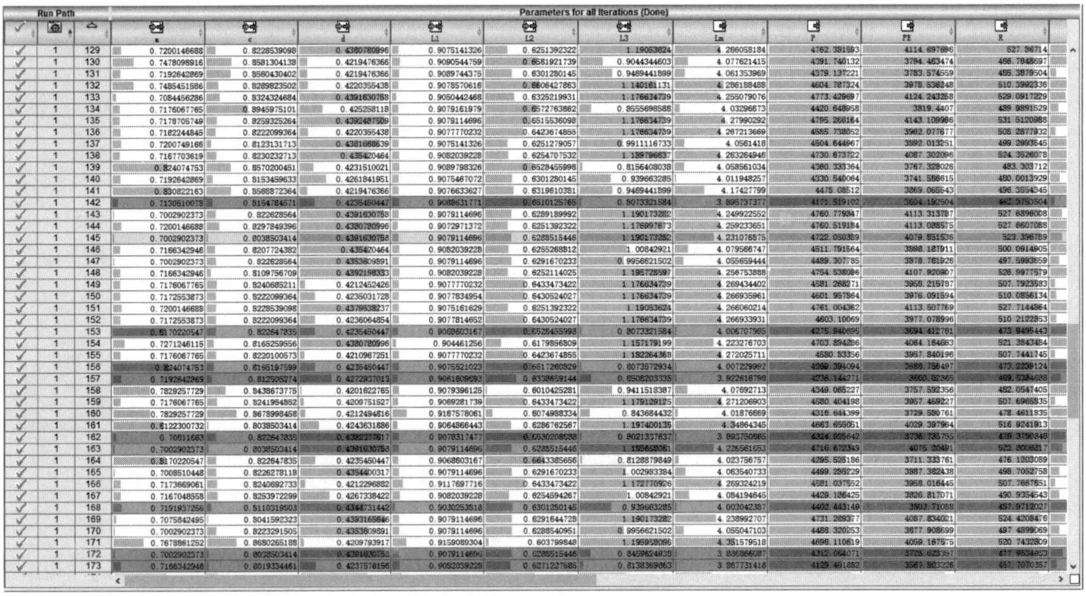

Run Path			Parameters for all Iterations (Done)									
✓			a	c	d	L1	L2	L3	Lm	P	PE	R
✓	1	129	0.7200146688	0.8228539098	0.4380780996	0.9075141326	0.6251392322	1.19053624	4.266058184	4762.381593	4114.697696	527.86714
✓	1	130	0.7478098916	0.8581304138	0.4219476366	0.9090544759	0.6581921739	0.9044344603	4.077621415	4391.740132	3794.463474	486.7848697
✓	1	131	0.7192642869	0.8560430402	0.4219476366	0.9089744375	0.6301280145	0.9469441899	4.061353969	4379.137221	3783.574559	485.3879504
✓	1	132	0.7485451586	0.8289823502	0.4220355438	0.9078570616	0.6606427863	1.140161131	4.286188488	4604.787324	3978.536248	510.3992336
✓	1	133	0.7084456286	0.8324324684	0.4391630758	0.9060442468	0.6325219931	1.176634739	4.255079076	4773.429697	4124.243258	529.0917229
✓	1	134	0.7176067765	0.8945975101	0.425258118	0.9079161979	0.6572763862	0.8555698588	4.03296673	4420.648958	3819.4407	489.9891529
✓	1	135	0.7178705749	0.8259325264	0.4392487509	0.9079114696	0.6515536098	1.176634739	4.27990292	4795.266164	4143.109986	531.5120988
✓	1	136	0.7182244845	0.8222099364	0.4220355438	0.9077770232	0.6423674855	1.176634739	4.267213669	4585.738052	3962.077677	508.2877932
✓	1	137	0.7200749166	0.8123131713	0.4381688639	0.9075141326	0.6251279057	0.9911116733	4.0561418	4504.644967	3892.013251	499.2993645
✓	1	138	0.7167703619	0.8230232713	0.435420464	0.9082039228	0.6254707532	1.139796637	4.263264946	4730.673722	4087.302096	524.3526078
✓	1	139	0.824074753	0.8570200451	0.4231510021	0.9089798326	0.6528455998	0.8156408038	4.058561034	4360.333364	3767.328026	483.303712
✓	1	140	0.7192642869	0.8153459633	0.4261841951	0.9075467072	0.6301280145	0.939663285	4.011948257	4330.540064	3741.586615	480.0013929
✓	1	141	0.830822163	0.8568872364	0.4219476366	0.9076633627	0.6319610381	0.9469441899	4.17427799	4478.08512	3869.065543	496.3554345
✓	1	142	0.7130610078	0.8154784571	0.4235450447	0.9068631771	0.6510125765	0.8073321584	3.896737377	4171.519102	3604.192504	462.3753504
✓	1	143	0.7002902373	0.822628564	0.4391630758	0.9079114696	0.6289189992	1.190173282	4.249922552	4760.779847	4113.313787	527.6896008
✓	1	144	0.7200146688	0.8297849396	0.4380780996	0.9072971372	0.6251392322	1.176997673	4.259233651	4760.519184	4113.088575	527.6607088
✓	1	145	0.7002902373	0.8038503414	0.4391630758	0.9079114696	0.6288515446	1.190173282	4.231076875	4722.050389	4079.851536	523.396789
✓	1	146	0.7166342946	0.8207724382	0.435420464	0.9082039228	0.6255268812	1.00842921	4.079566747	4511.791564	3898.187911	500.0914905
✓	1	147	0.7002902373	0.822628564	0.4353609891	0.9079114696	0.6291670233	0.9956621502	4.055659444	4489.307785	3878.761926	497.5993659
✓	1	148	0.7166342946	0.8109756709	0.4392198333	0.9082039228	0.6252114025	1.195728597	4.256753888	4754.538086	4107.920907	526.9977579
✓	1	149	0.7176067765	0.8240685211	0.4212452426	0.9077770232	0.6433473422	1.176634739	4.269434402	4581.268271	3958.215787	507.7923583
✓	1	150	0.7172553873	0.8222099364	0.4236031728	0.9077834954	0.6430524027	1.176634739	4.266935961	4601.957864	3976.091594	510.0856134
✓	1	151	0.7200146688	0.8228539098	0.4379538237	0.9075161629	0.6251392322	1.19053624	4.266060214	4761.004362	4113.507769	527.7144864
✓	1	152	0.7172553873	0.8222099364	0.4236064854	0.9077814652	0.6430524027	1.176634739	4.266933931	4603.10069	3977.078996	510.2122853
✓	1	153	0.8170220547	0.822647835	0.4235450447	0.9068603167	0.6528455998	0.8073321584	4.006707985	4275.840695	3694.412761	473.9495443
✓	1	154	0.7271246115	0.8165259556	0.4380780996	0.904461256	0.6179856809	1.157179199	4.223276703	4703.894286	4064.164663	521.3843484
✓	1	155	0.7176067765	0.8220100673	0.4210967251	0.9077770232	0.6423674855	1.182264368	4.272025711	4580.83356	3957.840196	507.7441745
✓	1	156	0.824074753	0.8165197599	0.4235450447	0.9075521023	0.6517260329	0.8073572934	4.007229992	4268.394094	3688.756497	473.2239124
✓	1	157	0.7192642869	0.812505274	0.4272937013	0.9061609693	0.6338659144	0.6506203335	3.922618798	4236.144271	3660.82365	469.5324636
✓	1	158	0.7829257729	0.8438673775	0.4201622765	0.9079396125	0.6010425281	0.9411518387	4.07692713	4349.065227	3757.592356	482.0547405
✓	1	159	0.7176067765	0.8241954852	0.4209751527	0.9069281739	0.6433473422	1.179129125	4.271206903	4580.404198	3957.469227	507.6965835
✓	1	160	0.7829257729	0.8678998458	0.4212494816	0.9167578061	0.6074988334	0.843684432	4.01876669	4316.644399	3729.580761	478.4611835
✓	1	161	0.8122300732	0.8038503414	0.4243631886	0.9064866443	0.6286762567	1.197400135	4.34864345	4663.655051	4029.397964	516.9241913
✓	1	162	0.70811663	0.822647835	0.4382277817	0.9078317477	0.6530208688	0.8021337637	3.893750565	4324.825642	3736.735755	479.3190348
✓	1	163	0.7002902373	0.8038503414	0.4391630758	0.9079114696	0.6288515446	1.155659061	4.226561653	4716.672349	4075.20491	522.8008817
✓	1	164	0.8170220547	0.822647835	0.4235450447	0.9068603167	0.6643385656	0.8128879849	4.023756757	4295.525186	3711.333761	476.1203089
✓	1	165	0.7008510448	0.8226278118	0.4354400317	0.9079114696	0.6291670233	1.002983384	4.063540733	4499.286229	3887.382438	498.7052758
✓	1	166	0.7173669061	0.8240692733	0.4212296882	0.9117697716	0.6433473422	1.172770926	4.269324219	4581.037552	3958.016445	507.7667851
✓	1	167	0.7167048558	0.8253972299	0.4267338422	0.9082039228	0.6254594267	1.00842921	4.084194645	4429.186425	3826.817071	490.9354543
✓	1	168	0.7191937256	0.8110319603	0.4344731442	0.9030253518	0.6301250145	0.939663285	4.003042387	4402.443149	3803.71088	487.9712027
✓	1	169	0.7075842495	0.8041592323	0.4393165646	0.9079114696	0.6291644728	1.190173282	4.238992707	4731.289377	4087.834021	524.4208476
✓	1	170	0.7002902373	0.8223291505	0.4353609891	0.9079114696	0.6288540951	0.9956621502	4.055047103	4488.320253	3877.908699	487.4899069
✓	1	171	0.7678861252	0.8680265188	0.4209793917	0.9159089304	0.603799848	1.195958096	4.351579518	4698.110619	4059.167575	520.7432809
✓	1	172	0.7002902373	0.8038503414	0.4391630758	0.9079114696	0.6288515446	0.8459624039	3.886866087	4312.064071	3725.623357	477.9534953
✓	1	173	0.7166342946	0.8019334461	0.4237578156	0.9082039228	0.6271227686	0.8138369863	3.867731418	4129.401882	3567.803226	457.7070357

图 11-33 优化计算结果

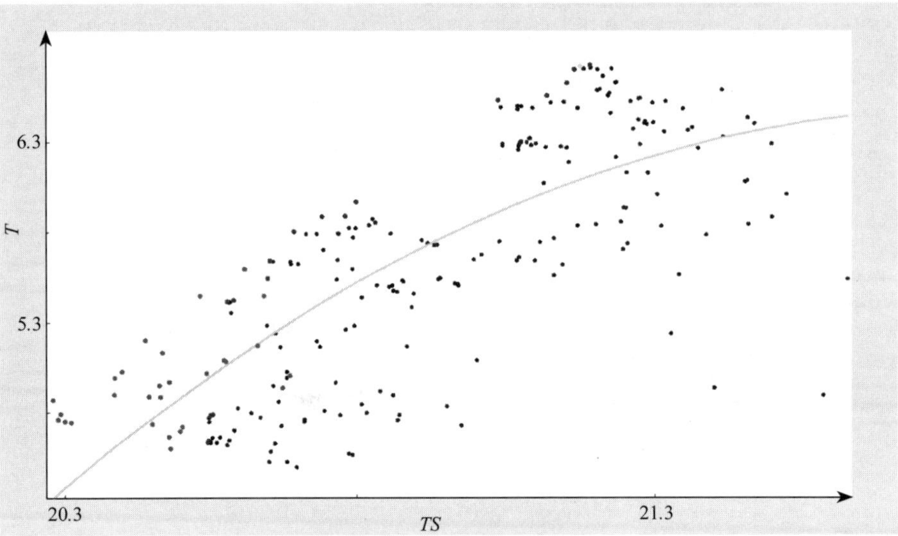

图 11-34 *TS* 与 *T* 的关系

表 11-7 为 AUV 优化结果，与之前的模型相比，主尺度有较大的优化。总体长度较之前有所减小，AUV 阻力、目标强度和续航时间分别优化了 3.227%、1.585%和 22.9%。其中，续航时间优化主要是能源模块的长度和直径有所增加，可携带更多的电池。

表 11-7　AUV 优化结果

参数	符号(单位)	初始值	NSGA-Ⅱ优化后
平行中段直径	d(m)	0.42	0.438 7
首部进流段长度	a(m)	0.8	0.700 2
任务模块长度	L_1(m)	0.9	0.907 9
控制模块长度	L_2(m)	0.7	0.628 8
能源模块长度	L_3(m)	1.1	1.190 1
尾部去流段长度	c(m)	0.9	0.803 8
AUV 总长度	L_m(m)	4.5	4.231 0
阻力	R(N)	540.84	523.39
目标强度	TS(dB)	21.515	21.174
续航时间	T(h)	5.47	6.723

注:初始值中的 AUV 所受阻力为阻力学科估算结果。

第 12 章　基于 CFD 技术和代理模型的船型设计优化

高速水陆两栖平台的外形融合了高速艇与越野车的特点，其结构型线设计须在满足陆地行驶要求的前提下，克服传统车体结构在水中航行时的性能缺陷。高速水陆两栖平台在国外的发展较为成熟，然而其主体型线与结构设计均未公开；国内对于高速水陆两栖平台水动力性能的研究较少，缺乏对水面以下船型部分的设计经验，容易导致其航行阻力偏大，难以满足水上航行的快速性要求。

本章通过构建适用于高速水陆两栖平台的船型，采用 CFD 数值计算分析船型要素对其阻力性能的影响，研究不同航速下的能量损失机理，并对其主尺度及外形参数进行优化，实现航行的减阻与快速性的提升。

12.1　型线要素及优化方法

国内外高速水陆两栖平台的设计主要有两种思路，即“车下水”和“船上岸”。前者在陆地越野车的基础上考虑其水上特征以及综合性能，选择适宜的车体进行改进，主要包括对底盘形式的修改、加装喷水推进装置等，以此来满足水上行驶的要求。但由于一般车体型线的局限性，其在水上的航行性能很差，无法实现水上高速滑行的目标。后者在水面高速船的基础上考虑两栖平台的陆地特征以及综合性能，在设计时优先考虑高性能船型的构建，同时应用悬架转动与车轮抬升等技术，在减小航行阻力的同时，确保陆地行驶的要求得到满足。本节采用第二种方法进行高速水陆两栖平台的型线设计与优化。

12.1.1　船型要素介绍

鉴于水上高速航行的性能要求，两栖平台的主体应具有滑行性，此外还需兼顾中低速阶段的形状阻力因素，因此在确定主尺度参数的基础上，船体的设计包含首部以及中后体形式两个方面，图 12-1 为两栖平台的简易轮廓示意图。为提高其水上航行性能，参考高速单体船以及滑行艇等船身结构，将船体构建为具有一定斜升角的棱柱形平行中体。不同于常规的 V 形，船体底部的水平面主要用于单喷水推进器在船中底部的布放以及进流口的布置，其宽度 b 约取为船宽的 20%，横向斜升角的存在主要用于降低航行过程中的形状阻力，因此将其作为控制船型的主要参数之一。但由于两栖平台悬架以及轮胎翻转机构的安装要求，斜升角 β 的取值被限制在 20° 以内。

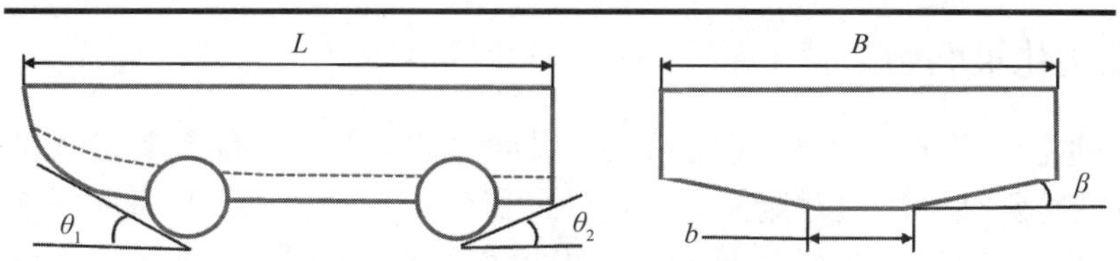

图 12-1　两栖平台简易轮廓示意图

此外,首部的型线要兼顾流线性与排水性两个方面的要求,尖瘦型的船首在低速阶段阻力性能较好,但不利于其在航行过程中受力抬起,影响其向高速滑行状态的转变,而肥胖型的首部则效果相反。相比于滑行艇等高速船,两栖平台主尺度较小,为保证足够的水线面长度以及前轮和悬架的安装,由首部向平行中体的过渡段较短,此外陆地行驶时的接近角 θ_1 与离去角 θ_2 也对首尾形状有一定影响。因此在设计过程中主要通过调节首柱的倾斜程度以及斜升角来调整首部形状。

在船型结构的基础上进行局部型线特征的构建,主要包括前后轮舱及水上状态下车轮的布置。图 12-2 所示为具有轮舱结构的两栖平台初始外形。轮舱的存在破坏了整体型线,其在航行过程中会与水面直接接触,若不对轮舱造成的局部突兀结构进行调整,在中低速航行阶段前轮舱处的阻流效应以及后轮舱处的涡流将会严重影响两栖平台的航行性能,此外,后轮舱直接减小了平台底部的有效滑行面积,故在高速阶段的航行阻力与稳定性势必受到影响。因此,在船体设计过程中,必须保证轮舱处结构型线的光顺流畅,并通过增加结构附体等措施来弥补滑行面损失带来的不利影响。

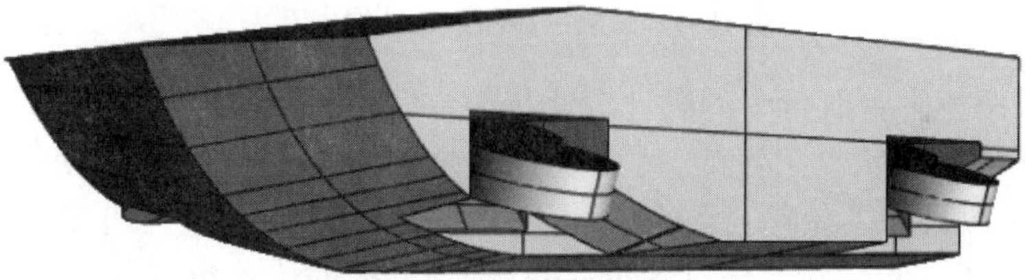

图 12-2　两栖平台初始外形

除轮舱外,水上航行时车轮相对于水面的高度也是重要的影响因素,车轮作为结构附体与水面发生干涉时,所造成的航行阻力增加比较可观;如图 12-3 所示,利用现有的翻转机构能够实现在水上航行过程中将车轮翻转举升至水面以上,由此规避不利影响,但由于车轮无法完全收入主体内部,在水上航行过程中依然存在与舷侧水流发生相互干涉的可能性。

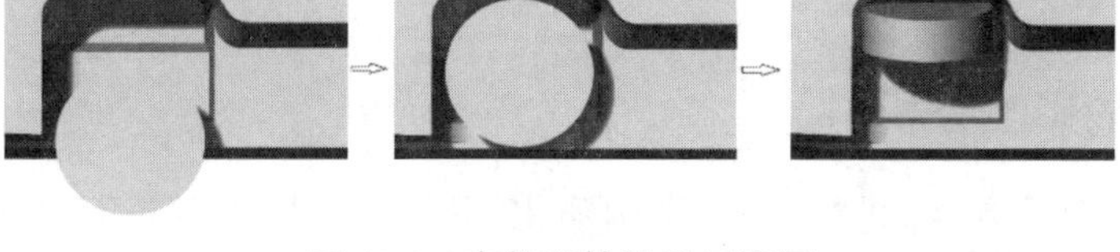

图 12-3　车轮翻转抬升示意图

12.1.2 型线优化策略

两栖平台的主尺度比一般水面船舶的小,尺度参数对航行性能具有较大的影响,此外,两栖平台所具有的特殊结构形式对流体动力特性的影响也非常显著。因此本章基于两栖平台模型试验以及 CFD 数值模拟,分析各要素对阻力性能的影响规律,得到阻力性能最佳的型线方案,技术路线如图 12-4 所示。

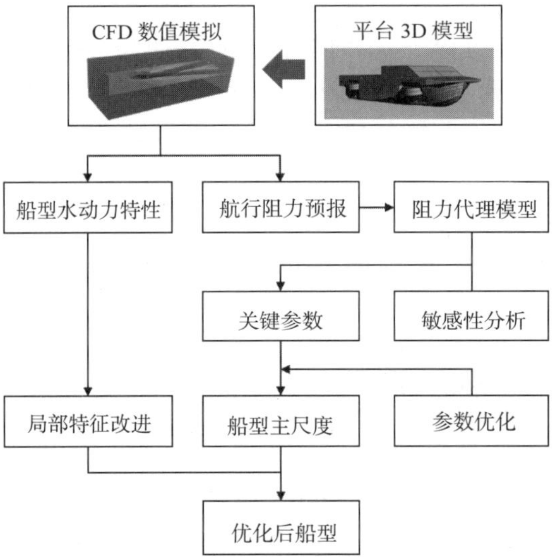

图 12-4 两栖平台船型设计优化路线

首先通过对两栖平台航行中的黏性绕流场的数值模拟和阻力预报,分析不同的船体模型以及结构附体影响下的水动力性能,对比重心位置、排水量等状态参数变化下的阻力性能差异,为船型结构的改进提供参考。与此同时,确立与高速水陆两栖平台航行阻力相关的船型与主尺度参数,并基于试验与数值仿真数据,建立阻力预报的代理模型;以此为基础对参数进行敏感性分析,提取对阻力性能具有显著影响的参数,由此降低设计参数空间的维度;再次构建敏感参数与阻力系数之间的拟合函数,通过最小二乘法求解拟合函数的各项系数;而后求解在一定参数约束下的航行阻力最小值对应的参数方案,并针对平台局部型线特征等进行改进,从而完成平台结构型线的优化。

12.2 船型要素对水动力性能的影响研究

12.2.1 斜升角的影响分析

平台中后体采用具有横向斜升角的结构形式,滑行面包括水平底面和两侧斜升面,其中斜升面占船宽的比例较大。傅汝德数大于一定值时,船体进入滑行状态,其滑行底面的动升力成为支撑船体的主要垂向力,根据高速滑行平板理论,斜升角为零的无限宽度平板升力系数最大,而考虑到实际情况下船体宽度的有限性以及航行纵倾角的存在,具有横向斜升角的滑行底面成为必要的形式，与此同时斜升角的存在对航向稳定性具有积极影响。

图 12-5 所示为具有横向斜升角的船型，此处对其进行斜升角船体静水航行的数值模拟。图 12-6 为Fr_∇=3.17 工况下船体底面的压力云图，图 12-7 为该状态下底面不同宽度处纵剖线上的压力梯度，x 表示至船首的纵向距离，y 表示纵剖线半宽值。高速滑行时，在斜升角、纵倾角共同影响下，船体底面压力荷载集中在船体底面湿长度起点至两舷侧湿长度起点的长三角形区域内，并且动态水线附近动压力值最大，相同纵剖线上越靠近尾板整体压力越小，由于流体在尾部与船体分离，故该处压力趋近于大气压力；而在底面完全浸入水中的范围内，越靠近舷侧位置压力越低。

图 12-5　具有横向斜升角的船型

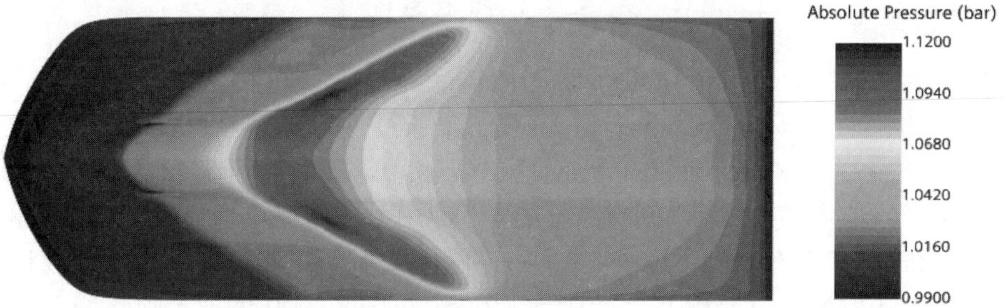

图 12-6　斜升角船体底面压力云图（ $Fr_\nabla=3.17$ ）

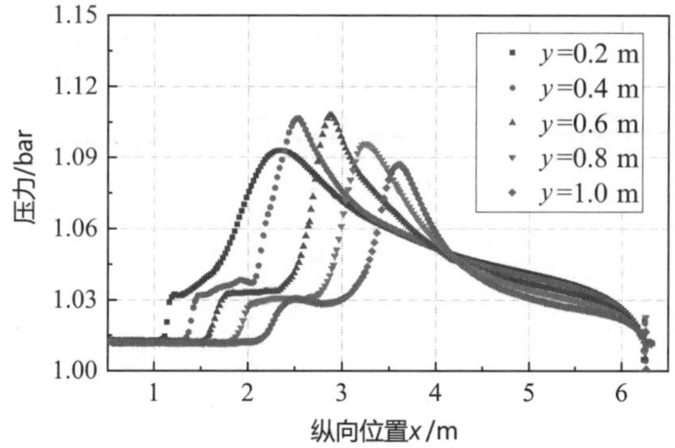

图 12-7　沿不同船体底面纵剖线的压力分布（ Fr_∇=3.17 ）

为分析船体水动力特性随斜升角的变化特性，在保持首部型线相似性的基础上构建以斜升角为参数变量的船体外形，横向斜升角分别设为 7.5°、10.0°、12.5°、15.5°、18.0°，保持航行过程中的纵倾角不变，对其升沉运动以及周围流场进行分析，图 12-8 所示为上述船体底面上的压力在纵向的分布情况，从浸湿面起点向后压力先增大后减小，相比于二维楔形体恒定速度入水过程中底面压力随时间变化的理论解，数值模拟结果在压力增长阶段并不完全呈线性增长，但在下降阶段表现出相同的趋势，压力下降速度逐渐减小，原因在于理论解没有考虑流体的多向流动，忽略了底面前端飞溅产生的压力，当底面完全浸水之后，二者之间差异减小；由于高速下尾部发生流动分离，故该处压力趋近于零。

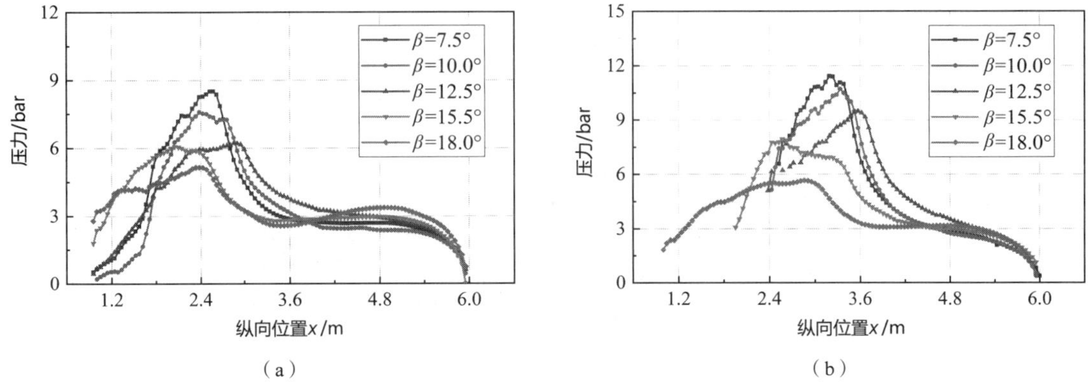

图 12-8 不同航速下船体底面压力的纵向分布

(a) Fr_V=2.70 (b) Fr_V=3.17

通过数值模拟结果发现，不同的斜升角对船体底面的压力分布产生不同的影响，斜升角越大，底面压力在纵向上的分布越趋于平均，表现为增长变缓、峰值减小、作用范围增加，其原因在于：相同的航行姿态下滑行底面与水线面的交线随斜升角增大而变长，有效滑行面积减小，交线附近的压力峰值亦减小，为保证底面上的总升力不变，斜升角越大则动态吃水越大，浸水面积亦增加，其底面压力在纵向上的分布进一步平均化。图 12-9 为各船体模型以相同纵倾角航行时相对静水状态的升沉量以及底面压力对尾部的力臂，斜升角越大则航行中船体的抬升越小，而相同航行状态下底面压力对尾部的力臂却不随斜升角单调变化，β=12.5° 时纵倾力臂相对最小。同样地，Fr_V=2.70 与 Fr_V=3.17 两种航行工况下底面压力的分布范围也不相同，高航速下船体抬升更大，底面压力的作用更加靠后，其纵倾力臂相对较小。

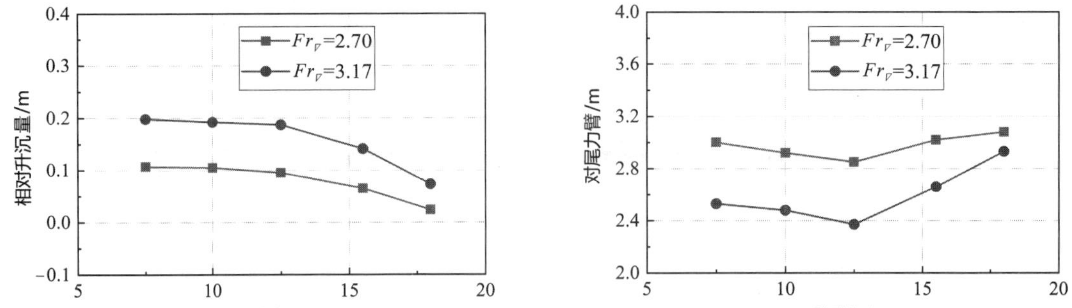

图 12-9 姿态固定时船体的相对升沉量与对尾力臂随斜升角的变化

为研究斜升角对航行姿态以及阻力的影响，保持船体在零航速时的浮态相等，进行不同速度下的静水直航数值模拟，结果如图 12-10、图 12-11 所示，其中阻力系数定义为总阻力与排水量之比。对于不同的排水量 Δ，船体纵倾角随航速增加先增大后减小，当航速大于 30 km/h 时，

β=12.5° 对应的纵倾角总是小于其他两种斜升角，这与高速下固定纵倾角时的船体纵倾力矩结果相符，在中低速下的排水航行阶段，其航行姿态与斜升角的相关性不大；同样地，中低速工况下不同斜升角对应的阻力系数无明显差异，而进入高速滑行状态，β=12.5° 对应的航行阻力均小于其他两种形式的船体，且伴随着排水量增加，其相对差值具有增大趋势。

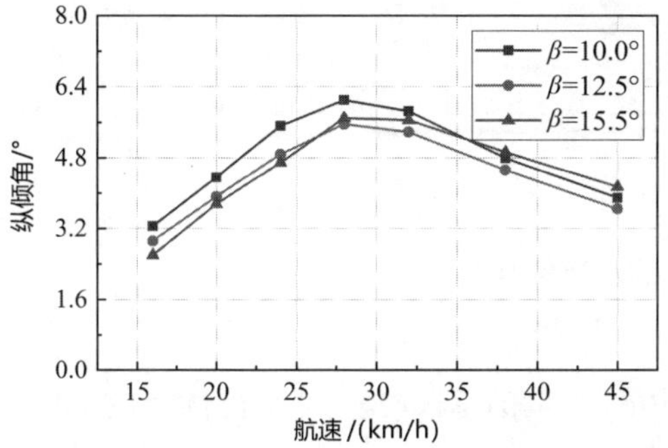

（a）

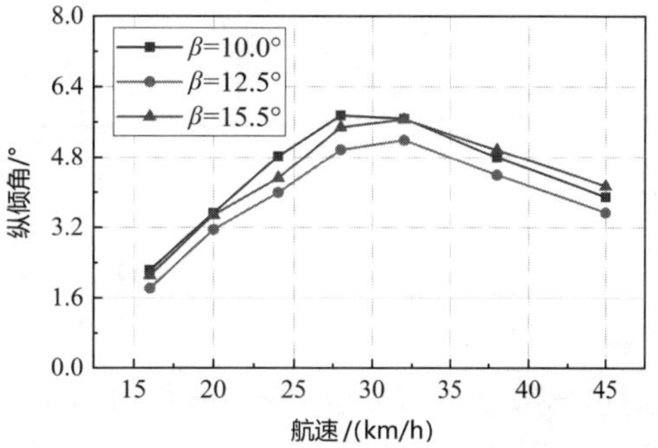

（b）

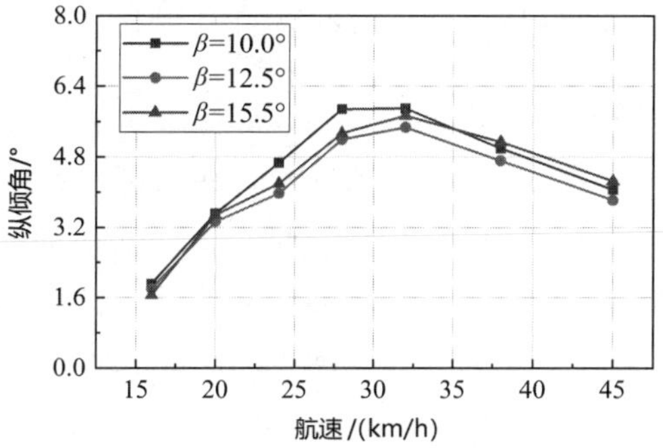

（c）

图 12-10　不同斜升角下的航行纵倾角

（a）Δ=3.6 t　（b）Δ=3.8 t　（c）Δ=4.0 t

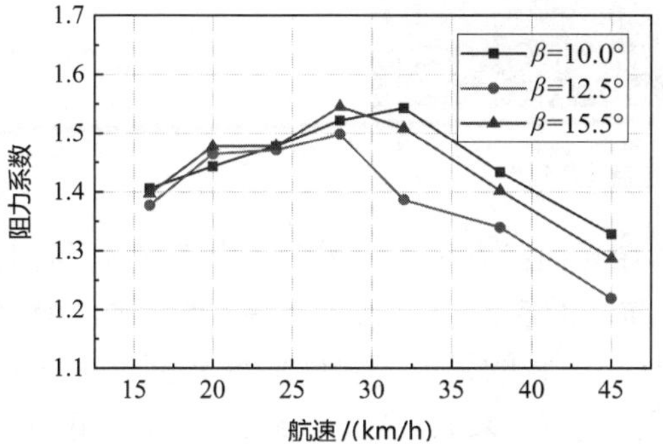

（a）

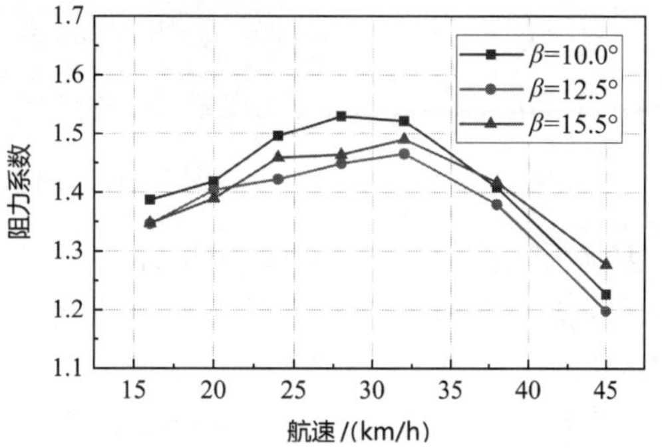

（b）

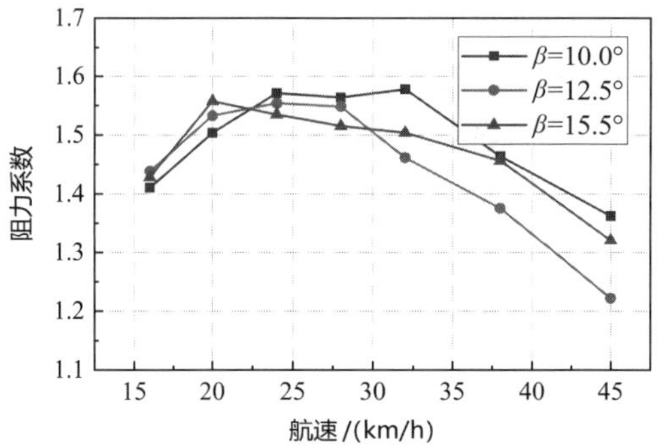

(c)

图 12-11　不同斜升角下的航行阻力

(a)Δ=3.6 t　(b)Δ=3.8 t　(c)Δ=4.0 t

通过本节分析可知，中低速航行阶段滑行底面的形状因素（斜升角）对航行性能的影响很小；而在高速滑行状态下，船体的水动力性能对底部斜升角的敏感性增加，在主尺度参数一定时，存在局部最佳的斜升角范围使得高速滑行时的纵倾角与阻力最小。

12.2.2　底面损失的影响分析

构建两栖平台水下部分型线的过程中，考虑到车轮的布置，须对原有船型底面进行剖切以形成轮舱结构，加之离去角的存在会对方尾造成削切，由此造成船体有效底面积的损失。图12-12 所示为典型两栖平台底面形状，前后轮舱的存在使得水线面面积明显减小，损失可达20%左右，其中后轮舱处的损失占主要部分。以图 12-12 所示结构为例，研究水线面面积的损失对船体航行姿态以及水动力特性的影响。

图 12-12　典型两栖平台底面形状

为分析尾部面积损失的影响特性，首先计算船体在无损状态下水上航行时的姿态，而后对比相同姿态下具有底面损失的船体的水动力结果。前端的底面损失暂不考虑，调整尾部面积损失的大小，表 12-1 所示为相同姿态下水动压力对重心位置的纵向力矩随底面积损失率的变化。底面积损失率为零时力矩保持平衡，随着底面积损失率的增加，船体受到的抬首力矩不断增加；由于底面积损失靠近尾部，而中高速（38 km/h）工况下水动力的作用集中在船体中后部，因此表中 38 km/h 工况下底面损失相同时船体所受纵向力矩均小于 24 km/h 的工况。

表 12-1　不同底面积损失率下的船体纵向力矩

底面积损失率/%		0	3.5	7	11	15
纵向力矩/(N·m)	24 km/h	0	4 648	7 415	8 880	9 126
	38 km/h	0	993	1 870	2 476	2 983

保持纵倾角与升沉不变,具有底面损失的船体的升力和阻力与无损失船体对应结果的比值如图 12-13 所示。随着尾部底面积损失率的增加,船体所能提供的升力逐渐减小,而高速(38 km/h)工况下的相对升力相较于低速(24 km/h)工况下降较快。原因在于排水过渡航行阶段浮力是垂向升力的最主要成分,而尾部的底面积损失对船体的水下体积影响不大;在高速滑行阶段,船体在流体动升力作用下举升明显,动升力与滑行底面的面积成正比,而此时船体的动态水线面长度变短,因此相同的底面积损失率下高速工况下的相对升力下降明显。

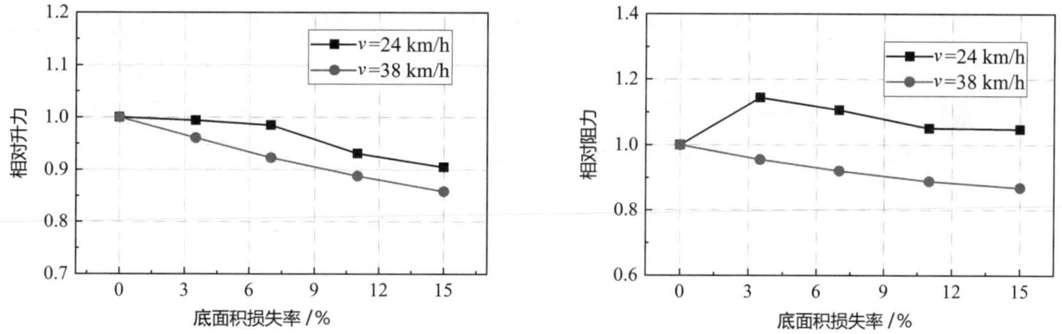

图 12-13　底面积损失率对水动力的影响

与相对升力下降的趋势有所不同,低速(24 km/h)工况下,尾部排水体积的减小使得尾部负压区域窄而深,更加靠近船体,流动的非线性增强,如图 12-14 所示,因此阻力相对于无损状态增加。而观察高速(38 km/h)工况下不同底面积损失率时的船体尾流场发现,高速下流体在船尾快速分离,其波形未发生明显变化。

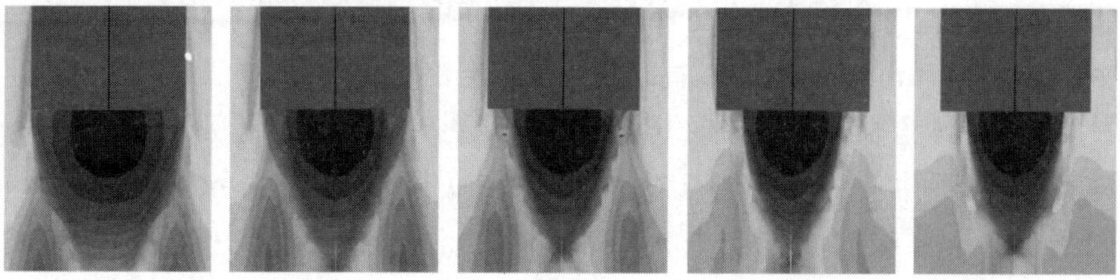

(a)

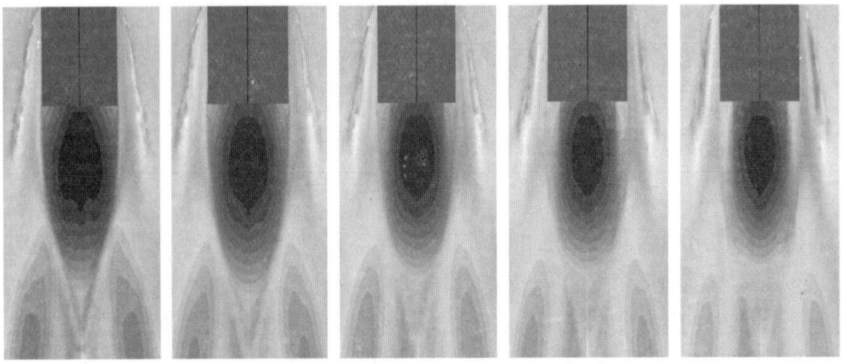

（b）

图 12-14　不同底面积损失率下的船体尾部绕流场

（a）v=24 km/h　（b）v=38 km/h

以上分析了相同姿态下船体的升力、阻力以及纵向力矩随尾部底面积损失率的变化，其相对于无损失船体差别显著。鉴于轮舱所带来的两栖平台结构底面积损失无法避免，因此需对损失后船体在自由航行状态下的阻力与姿态进行评估。基于船体底面形状，不同航速下船体底面积损失前后的阻力与纵倾角的对比如图 12-15 所示，其中 model-1 为无损船体，model-2 具有后端损失，损失率为 11%，在此基础上 model-3 又增加了前端损失，总面积损失率为 16%。

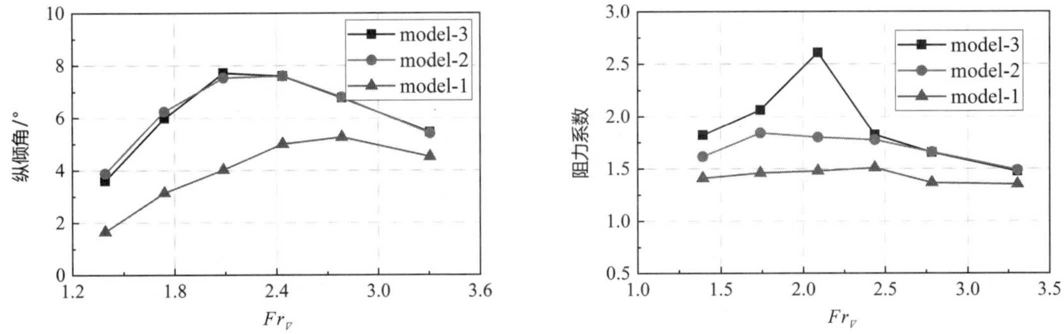

图 12-15　底面损失船体航行阻力与姿态对比

对比图中 model-1 与 model-2 的数值结果发现，尾部的底面积损失增加了整个航行过程中的船体纵倾角，同时在各个航速下船体的阻力亦明显上升，可见由尾部底面积损失引起的船体姿态变化对航行阻力产生了显著影响；增加了前端底面积损失的 model-3 的纵倾角相对于 model-2 变化很小，由于该处的面积损失相对尾部较小，且航行过程中首部抬起，故该处底面对垂向升力的贡献度很小，因此 model-3 的纵倾角相对于 model-2 在低速时具有轻微下降，之后基本保持一致；与纵倾角不同，前端的底面损失对航行阻力的影响具有明显的阶段性特征，在 Fr_∇>2.40 时，model-3 与 model-2 的阻力系数保持一致，在此之前，model-3 的阻力系数明显增加且变化剧烈。图 12-16 所示为不同速度下 model-3 首部附近的流场情况，可以看出前端底面积损失造成的该处型线的突变，在船体吃水较大的中低速工况下与来流的干涉非常严重，造成阻流、波浪破碎等强烈非线性现象，而高速工况下船体首部抬升出水，动态吃水线后移，与流体的干涉逐渐消失，故此阶段的水动力特性与 model-2 保持一致。

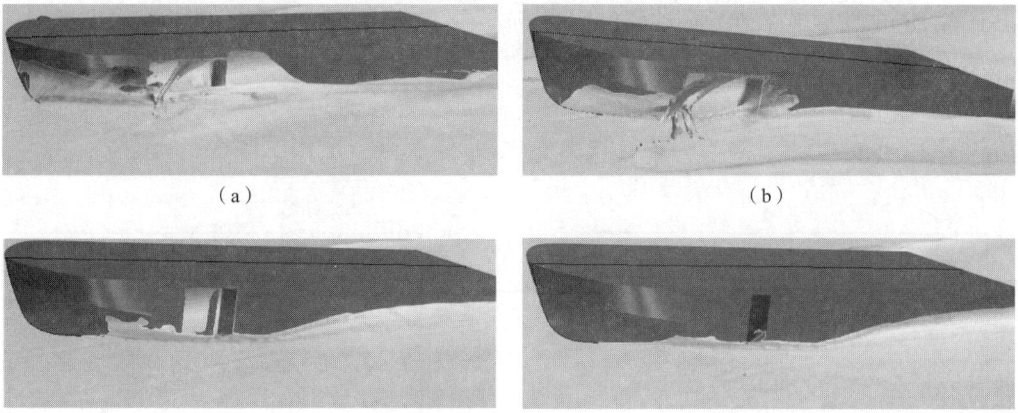

（a）　（b）　（c）　（d）

图 12-16　不同速度下 model-3 船体的流场

（a）Fr_V=1.74　（b）Fr_V=2.09　（c）Fr_V=2.44　（d）Fr_V=2.78

12.2.3　流线性与附体结构的影响分析

根据分析结果，前轮舱的存在严重破坏了船体的流线性，在中低速航行阶段出现了阻流等非线性现象，造成在该阶段出现明显的阻力峰值；而进入高速滑行阶段，阻力随着航速的增加逐渐减小，前轮舱与水面的接触面减小，其对阻力的影响相应地降低。对于高速水陆两栖平台，越过阻力峰值是实现高速航行的关键，因此对轮舱结构流线性的改进至关重要。

对于前轮舱后壁导致的型线突变，拟采用不同范围的光顺曲线进行过渡，图 12-17 为该处的型线优化方案示意图。shape-a 中过渡曲面垂直于水平面进行构建，倾向于将来流向两侧排开，以减小该处的形状阻力；shape-b 中主要过渡曲面垂直于船体中纵剖面进行构建，以此形成高一阶的船体底面，倾向于在减小形状阻力的同时保持一定压浪效果；shape-c 结合了前两种形式，同时具有两个方向的过渡曲面，但延伸范围相对较小；shape-d 将两个方向的过渡曲面加以融合，形成变角度的过渡曲面。

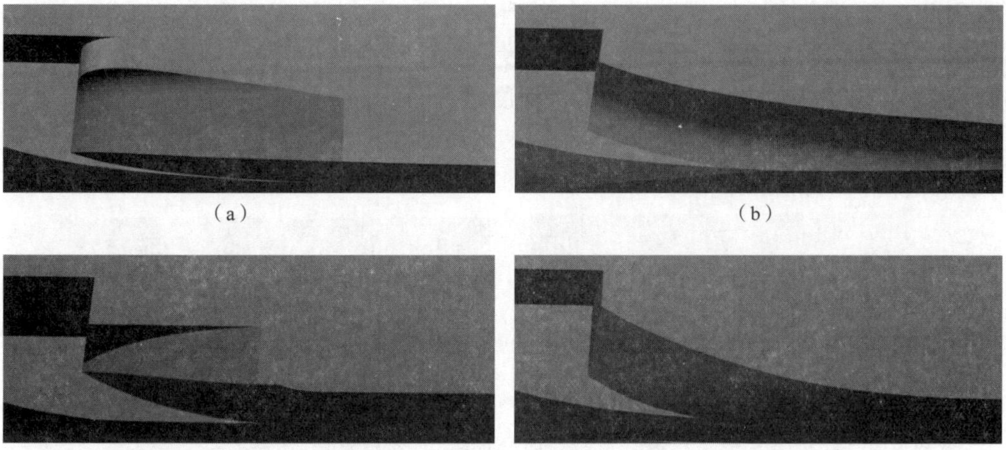

（a）　（b）　（c）　（d）

图 12-17　不同形式的轮舱过渡

（a）shape-a　（b）shape-b　（c）shape-c　（d）shape-d

上述轮舱过渡形式在同等排水量以及航速下的数值计算结果如图 12-18 所示，其中 shape-e 表示未进行有效过渡处理的船体。在中低速阶段，不同形状的船体航行纵倾角相差较小，而在船体逐渐由过渡航行进入滑行状态时，由于具有轮舱过渡形式的船体的底面差异，其纵倾角相对于 shape-e 所对应的船体显现出变化，总体上有一定程度减小。

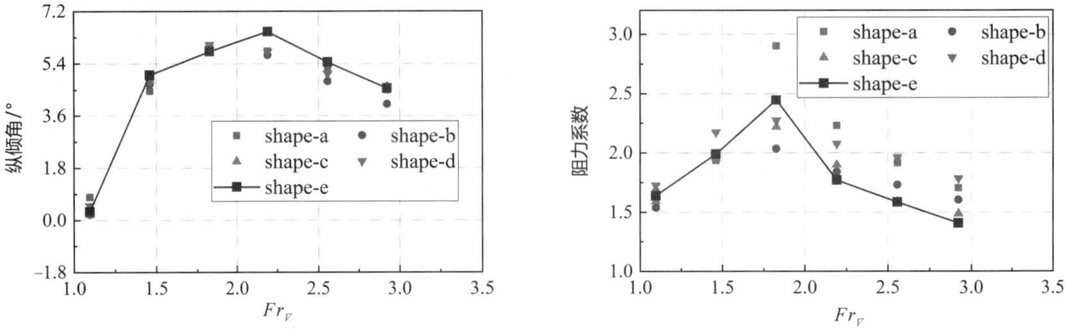

图 12-18　不同轮舱过渡形式的数值模拟结果

可以看出，shape-e 的阻力系数具有明显的峰值，而在对轮舱型线进行流线性过渡处理之后，峰值附近的阻力变化趋于减缓，峰值阻力也明显降低，这表明了上述过渡处理的有效性。值得注意的是，shape-a 的阻力系数在峰值及之后位置有较明显的增加，图 12-19 所示为 Fr_∇=1.83 和 Fr_∇=2.55 时的行驶绕流场，水线面在轮舱附近的宽度减小，使得船体两侧的兴波紧贴侧壁，来流沿着垂直侧壁爬升明显，虽然在前轮舱附近的非线性现象不明显，但流体与后轮发生严重的干涉，使得后轮的附加阻力增加明显，由此导致总阻力增加。在 shape-b、shape-c、shape-d 三种形式的船体中，shape-d 对峰值的降低效果最差，在峰值之后阻力相较于 shape-e 有明显的增加，且根据图 12-19，其两侧兴波的宽度同样较小，与后轮发生了干涉，并且 Fr_∇=1.83 时前轮附近具有强烈飞溅，表明前轮舱处的形状阻力未充分减小，且船体兴波没有得到有效抑制。shape-b 与 shape-c 两种形式的船体中，shape-b 的过渡曲面延伸范围最大，其流线性最优，因此在阻力峰值处的减阻效果最佳，但在其后的速度工况下阻力增加相较于 shape-c 较大，原因在于：进入滑行状态时，阻力随着速度增加而逐渐减小，由于船体举升使得轮舱与水面的接触减小，该处结构型线对阻力的影响程度下降，因此 shape-e 中较为完整的中后体结构在 Fr_∇>2.0 时阻力最小，相反由于 shape-b 中过渡型线对中后体结构影响最大，故其在高速阶段的阻力结果相较于 shape-c 和 shape-e 偏大。

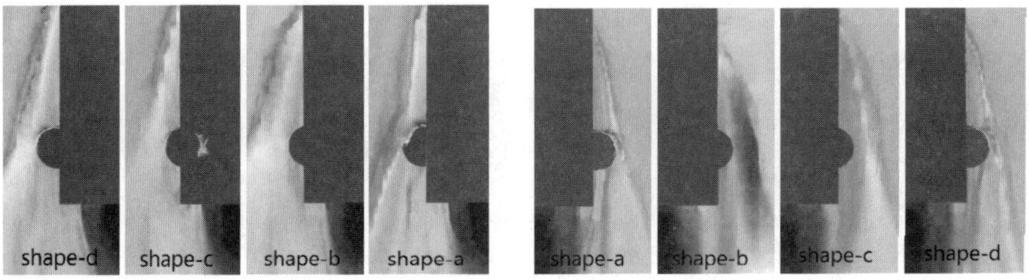

（a）　（b）

图 12-19　不同轮舱过渡形式船体的流场

（a）Fr_∇=1.83　（b）Fr_∇=2.55

根据前节的研究结论，船体底面损失造成了同等姿态下底面上垂向升力的下降，同时航行阻力也明显增加，因此拟通过在底面布置相应的防溅条来提高船体底面的升力效应以降低上述不利影响，如图 12-20 所示，在船体底面两侧和后轮舱边缘沿纵向布置防溅条，其高度为 2~3 cm，以下通过数值计算分析底面防溅条的水动力效应。

图 12-20　船体底面防溅条的布置

以排水量 3.5 t 为例，计算无附体结构的船体在不同速度下的水动力结果，在升力与重力平衡时，得到船体的升沉与纵倾姿态以及阻力系数。在相同的姿态下，计算得到带有防溅条的船体阻力与垂向升力，其相对于初始船体的结果如图 12-21 所示。可以看出，相同姿态下具有防溅条的船体底面能够提供更大的垂向升力，且速度越高，其升力增幅越大，当Fr_∇>3.0 时，由于防溅条存在而导致的垂向升力增幅超过 10%，而附体自身所带来的阻力增幅比较小，最大不超过 9%。

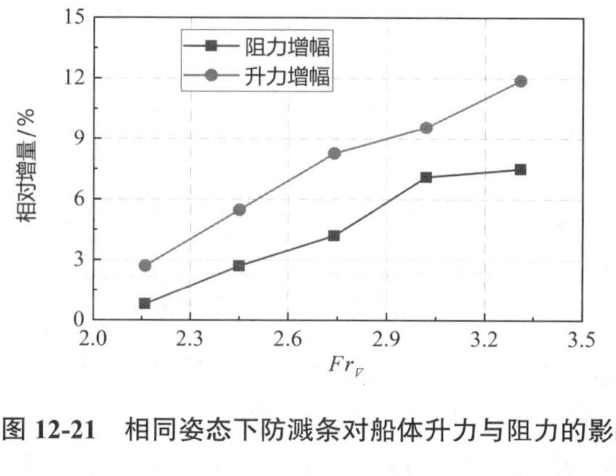

图 12-21　相同姿态下防溅条对船体升力与阻力的影响

图 12-22 所示为不同速度下沿中后体的某一横剖线上的压强变化，可以看出由于防溅条的存在，该处底面附近的压力有明显的增加，而无防溅条时流体在边缘处与船体快速分离，底面上压力迅速衰减至接近大气压；并且在高速航行工况下防溅条的作用效果更明显，其影响范围扩展到中纵剖面附近。由此可知，在相同吃水和纵倾角下防溅条增加了船体底面上的水动压力荷载，由此引起的阻力增加也反映在阻力增幅之中。可以看出，底部导流防溅附体对高速阶段水动力性能的改善具有巨大潜力。

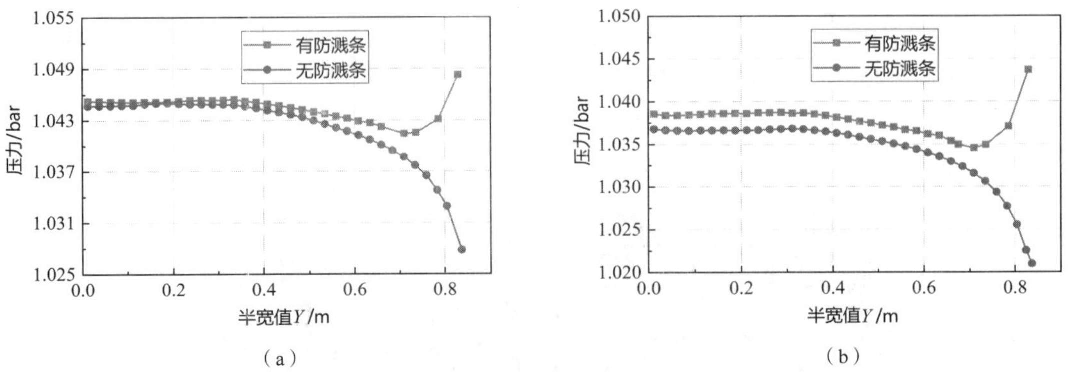

图 12-22　不同航速下船体底部横剖线上的压力分布

（a）$Fr_∇=2.45$　（b）$Fr_∇=3.31$

为分析防溅条对航行性能的影响，对自由航行状态下带防溅条船体的航行姿态与阻力进行数值预报，其结果如图 12-23 所示。相同排水量的船体在升力与重力平衡时，带有防溅条的船体在各阶段的阻力系数相较于无防溅条的情况有较为明显的下降，原因在于带防溅条的船体升力系数较大，相同排水量下相较于无防溅条的情况，船体抬升更为明显；而由于上述防溅条的影响范围集中在船体中后部，因此航行过程中底部压力的作用点会有向后移动的趋势，因此纵倾角相较于无防溅条的工况具有一定程度的减小。

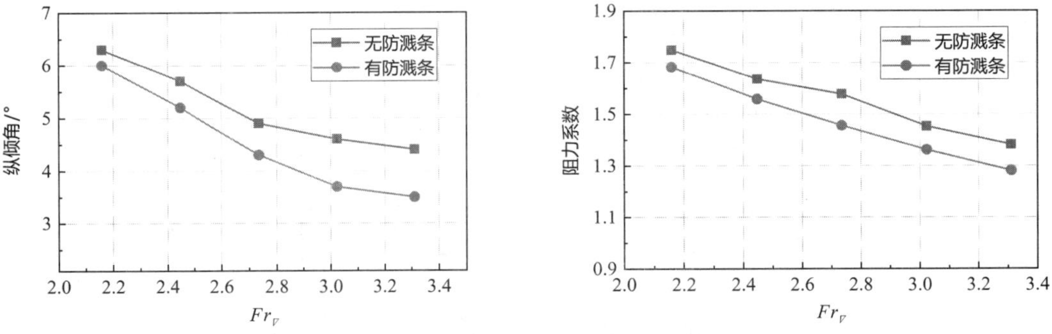

图 12-23　防溅条对阻力与姿态的影响

由上可知，沿船体底面两侧布置的防溅条增加了船体底面的升力，在中高速工况下具有较为明显的减阻效果，且由于数值计算精度的限制，实际航行过程中船体两侧的飞溅损失在模拟中并未有效捕捉，可以预见，防溅条对航行性能的改善效果较上述数值结果更为可观。

12.2.4　两栖平台状态参数变化的影响

两栖平台水上航行时的纵倾角是影响其阻力的又一显著因素，而纵倾角可通过调整重心位置进行调节。根据高速船的研究经验，重心靠后则各阶段的纵倾角有所增加，重心前移则有利于首部下沉，容易保持航行姿态的稳定性。对于两栖平台而言，重心的前后位置不仅影响其总布置，对水上航行性能的影响同样不可忽视。以排水量 3.6 t 为例，重心到尾板的纵向距离分别取 $0.41L$、$0.45L$、$0.48L$，计算得到不同航速下的运动姿态与阻力如图 12-24 所示。

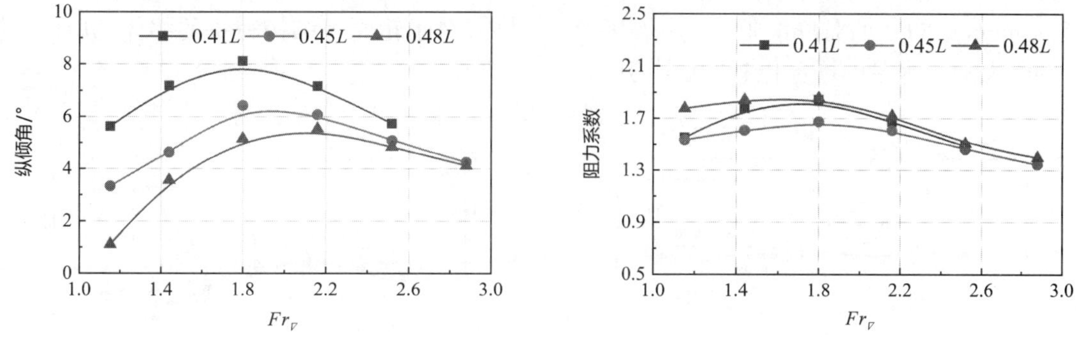

图 12-24　不同重心位置下的航行阻力与纵倾角

可以看出，重心位置的移动对排水及过渡航行阶段的阻力影响较大，在距离尾板 0.45L时航行阻力的峰值显著降低，相对地，重心偏前或靠后的状态下阻力峰值比较突出，甚至出现峰值持续时间变长的现象。结合纵倾角的变化情况，重心靠后时纵倾角增大，容易导致较大的形状阻力；而重心偏前的情况则导致中低速阶段纵倾角过小，不利于船体由过渡状态向滑行状态转变；相应地高速状态下重心的移动所带来的影响比较小，这可能是由于水动升力成为这一阶段的主导因素。阻力的变化更多地反映在航行姿态上，而影响航行姿态的除重心位置之外，还有其他因素。以纵倾角为变量，分析不同航速下阻力随之变化的情况，结果如图 12-25 所示。

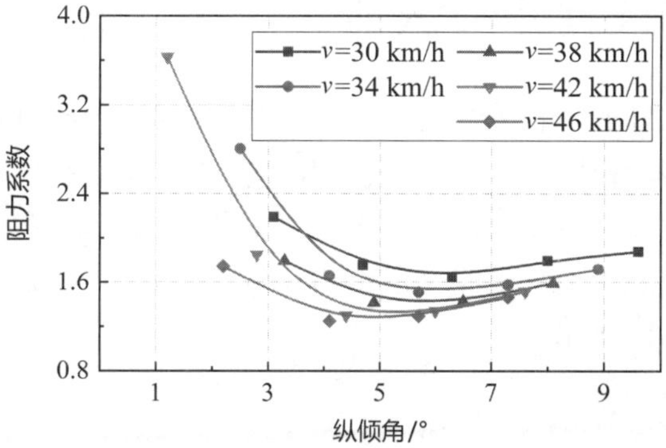

图 12-25　不同航速下阻力随纵倾角的变化

可以看出，阻力并不随纵倾角的增加而线性变化，而是具有对应最小阻力的纵倾角区间，在合理的纵倾角区间之外，阻力增加比较显著，其原因可能在于：相同速度下纵倾角偏小时，作用在船体底面的垂向升力较弱，而纵倾角偏大时，船体尾部入水较深，同样导致了较大的形状阻力；伴随着航速的增加，动升力对船体的支撑作用愈发明显，因此较小的倾角下船体依然能够得到抬升，从而避免了中后体的形状阻力过大。从图中可以看出，高速情况下最小阻力对应的纵倾角区间位于相对靠前的位置，这也印证了上述分析。

此外，排水量是影响两栖平台航行阻力的最重要的因素，与水面船舶相比，相同主尺度下较大的排水量是导致两栖平台具有多种航态的直接原因。图 12-26 所示为相同船体在不同排水量下的阻力系数曲线，可以看出相同速度下航行阻力并不随排水量增加而线性增长。尤其在由排水航态向滑行状态转变的过程中,阻力曲线出现首个峰值,在进入滑行状态之后有短暂下降,而排水量的增加对峰值阻力的影响巨大。另外,对于轮舱等结构完备的船体,其在高速阶段的阻力随排水量的增加也有明显上升。

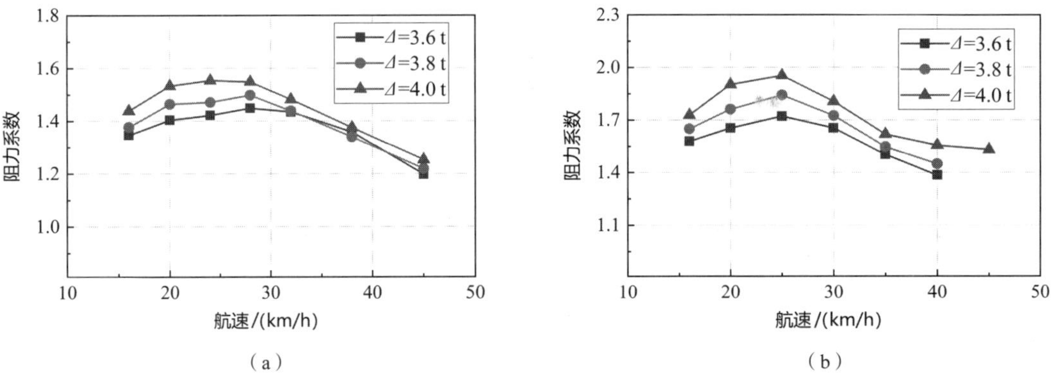

图 12-26 不同排水量下的阻力系数曲线

(a)无轮舱结构的船体 (b)有轮舱结构的船体

本节对两栖平台的型线要素以及状态参数等对水动力的影响特性做了分析,明确了平台局部型线的改进方法,有利于航速的提升。

12.3 影响阻力的关键参数识别

在船型的设计过程中,针对设计参数过多而无法进行有效优化的问题,首先分析参数对设计目标的影响程度以获得敏感性指标,从而识别出对设计目标影响显著的关键参数作为设计变量,以此进行相应的优化设计。本节通过提取与阻力相关的船型参数作为初始变量,建立阻力的代理模型;基于代理模型完成对船型参数的敏感性分析,从而识别出对阻力性能影响显著的关键参数,作为后续的优化对象。

12.3.1 阻力的代理模型构建

影响两栖平台航行阻力的外形与尺度参数较多,且彼此之间相互关联,给阻力系数的代理模型构建造成不小的困难,本节通过主成分分析法对所选取的参数进行降维处理,而后应用人工神经网络与多项式拟合的方法对阻力系数与主成分参数进行拟合回归,从而完成阻力代理模型的构建。

1. 参数选取与降维

首先选取反映主尺度、排水量信息以及外形系数等的参数作为代理模型的一部分变量,其主要包括长宽比、宽度吃水比、长度吃水比、方形系数、长度排水量系数、中横剖面系数以及棱形系数。针对速度及航行状态,选取长度傅汝德数Fr_L与体积傅汝德数Fr_V进行表征。根据两栖平台外形特征及特殊结构,横向斜升角、水线面损失、附加垂向升力以及流线性系数也被选取为阻力代理模型的设计参数。其中,水线面损失定义为轮舱及其过渡结构的垂直投影面积与水线面面积之比;附加垂向升力表示防溅条、导流板等引起的动升力增加,根据前节的数值结果进行估计；流线性系数表示轮舱过渡结构以及车轮等造成的型线的突兀程度，当船体不包含轮舱及车轮结构时其取值为 1，当轮舱无任何过渡处理且车轮与水面发生干涉时，取值为 0。此外，由于航行姿态对阻力性能的显著影响，纵倾角也被设定为代理模型的参数之一。

至此，两栖平台航行阻力的初始代理模型所涉及的参数完全确定，表 12-2 为各参数的表达式与取值范围，∇表示排水体积，A_m为中横剖面在水线以下部分的面积，A_w是水线面面积，阻力系数表示为$C_t = R_t / \Delta$，R_t为总阻力，Δ为排水量。

表 12-2　两栖平台航行阻力代理模型相关参数

序号	参数名称	表达式	下限	上限
P1	长宽比	L/B	2.30	2.80
P2	宽度吃水比	B/d	4.40	7.50
P3	长度吃水比	L/d	12.50	19.10
P4	长度傅汝德数	$v/\sqrt{gL}$	0.27	2.30
P5	体积傅汝德数	$v/\sqrt{g\nabla^{1/3}}$	0.17	1.50
P6	方形系数	∇ / LBd	0.51	0.69
P7	排水量长度系数	$\nabla / (L/10)^3$	11.11	16.67
P8	中横剖面系数	A_m / Bd	0.62	0.98
P9	棱形系数	∇ / LA_m	0.57	0.90
P10	横向斜升角/°	β	0.00	20.00
P11	水线面损失	dA_w / A_w	0.00	0.33
P12	附加升力比	$dlift/lift$	0.00	0.08
P13	流线性系数	—	0.50	1.00
P14	纵倾角/°	α	−2.00	14.25

初始的阻力代理模型包含 14 个参数变量，并且它们之间存在联系，直接进行阻力系数拟合回归的难度较大，不易得到适应性较好的模型。因此，首先应用主成分分析法对初始参数集进行降维。

主成分分析（Principal Component Analysis，PCA）的核心目标是从大量相互关联的参数中提取出不相关的主成分变量，该方法通过对原始变量进行一系列线性组合构建新的变量，在此过程中原始的变量信息主要反映在方差之中，方差越大则原始信息的损失越小。执行过程中，首先计算样本数据的相关矩阵，求解相关矩阵的特征向量的特征值，从而得到主成分变量对应的方差以及累计方差贡献率。具体的求取过程如下。

将初始的参数数据集定义为$m \times n$的矩阵$\boldsymbol{X}$，其中m为数据集所含的样本个数，n为每个样本中包含的变量个数。为消除原变量的量纲以及数值差异所带来的影响，对原始数据集进行标准化处理以获取标准矩阵$\boldsymbol{X}^*$，即

$$x_{ij}^* = \frac{x_{ij} - \bar{x}_j}{\sigma_j} \tag{12-1}$$

式中：x_{ij}——矩阵$\boldsymbol{X}$的元素，$i=1,2,\cdots,m$，$j=1,2,\cdots,n$；

$\bar{x}_j,\sigma_j$——指标变量x_j的平均值与标准差。

随后建立标准数据集的相关矩阵$\boldsymbol{R}^*$，即

$$\boldsymbol{R}^*=\frac{\boldsymbol{X}^{*\mathrm{T}}\boldsymbol{X}^*}{n-1} \tag{12-2}$$

接着求取相关矩阵$\boldsymbol{R}^*$的特征值λ_k（$k=1,2,\cdots,n$）及其对应的特征向量$\boldsymbol{u}_k$（$k=1,2,\cdots,n$），并将特征值按照降序排列，即$\lambda_1\geqslant\lambda_2\geqslant\cdots\geqslant\lambda_n\geqslant0$。由此得到主成分变量的方差贡献率以及累计方差贡献率为

$$\mu_i=\frac{\lambda_i}{\sum_{i=1}^{n}\lambda_i}\times100\% \tag{12-3}$$

$$c_i=\sum_{i=1}^{i}\lambda_i \tag{12-4}$$

当累计方差贡献率 c_i 超过指定的值或方差贡献率 μ_i 保持在非常低的水平时，主成分变量的个数确定为 i，这些主成分变量所对应的特征向量为$\boldsymbol{U}_{n\times i}=[u_1,u_2,\cdots,u_i]$，由此可将初始的参数矩阵转换为主成分参数矩阵，即

$$\boldsymbol{Z}_{m\times i}=\boldsymbol{X}^*_{m\times n}\boldsymbol{U}_{n\times i} \tag{12-5}$$

2. 模型拟合与回归

通过对原始样本参数的降维处理，提取了主成分变量，用于后续两栖平台阻力代理模型的训练与回归。由于各参数变量与阻力系数之间的不确定性与非线性关系，本节采用神经网络与多项式拟合两种方法进行代理模型的构建。

人工神经网络（Artificial Neural Network，ANN）通过模仿多层神经元之间的信息感知与传递过程，达到计算与经验学习的目的。作为一种人工智能技术，ANN 具有强大的非线性拟合、自学习以及预测等功能，其数学模型包含输入层、输出层以及包含人工神经元的隐含层，前后层的神经元之间通过一定的权值与阈值进行连接。单隐层神经网络的数学模型可表示为

$$y_j=f\left(\sum\omega_i x_i-\theta_i\right) \tag{12-6}$$

式中：x_i——输入参数；

ω_i——各节点的连接权值；

θ_i——节点的阈值；

y_j——隐含节点的输出结果；

$f(\bullet)$——神经元节点的激活函数。

在计算过程中，输入与输出层使用线性激活函数，隐含层使用 Sigmoid 激活函数，其表达式为

$$f(x)=\frac{1}{1+\exp(-x)} \tag{12-7}$$

与此同时，采用误差反向传播（Back-Propagation，BP）算法进行网络训练，输入信息经隐含层逐层处理并传向输出层，根据输出计算损失函数，若其满足要求则停止训练，若损失函数未

达到期望值，则转入反向传播，通过修改各层神经元的权值和阈值来调节控制损失函数值。权值修正采用梯度下降算法进行迭代计算，即通过求解损失函数对节点权值和阈值的梯度，沿着梯度方向修正权值使得损失函数值下降最快。其中，损失函数表示期望值与输出值的均方误差。

过拟合现象在神经网络训练过程中时有出现，尤其是样本数量相对于参数个数来说不是一个非常大的量的时候。本节在训练过程中选取 80%的样本进行网络权值的训练，剩余 20%样本作为测试集进行模型实际预测能力评估。

多项式拟合的方法能够表达相互独立的多参数变量与单一输出之间的确定性函数关系，通过在表达式中引入高阶项与交叉项，使其适用于非线性关系的表征。针对主成分变量与阻力系数之间的非线性关系，本节通过以下三种多项式模型进行回归训练。

$$f_1(X)=\sum\beta_k x_i+\sum\beta_l x_i^2+\sum\beta_m x_i^3+\sum\beta_n x_i x_j+\beta_0 \tag{12-8}$$

$$f_2(X)=\sum\beta_k x_i+\sum\beta_l x_i^2+\sum\beta_m x_i^3+\beta_0 \tag{12-9}$$

$$f_3(X)=\sum\beta_k x_i+\sum\beta_l x_i^2+\sum\beta_m x_i x_j+\beta_0 \tag{12-10}$$

式中：x_i——主成分变量；

β——多项式系数。

采用最小二乘法进行多项式系数的迭代优化。将期望输出与实际输出的均方误差作为能量函数，求解其对各项系数的一阶偏导数，并沿着能量函数的负梯度方向对系数进行修正。使用相关性系数R来检验拟合出的多项式的精度。

$$R^2=SS_{\text{model}}/SS_{\text{sample}} \tag{12-11}$$

$$SS_{\text{model}}=\sum(\tilde{y}_i-\tilde{y})^2 \tag{12-12}$$

$$SS_{\text{sample}}=\sum(y_i-\bar{y})^2 \tag{12-13}$$

式中：y_i——输出变量；

$\bar{y}$——y_i的平均值；

$\tilde{y}_i$——模型预测的输出变量；

$\tilde{y}$——$\tilde{y}_i$的平均值。

3. 结果分析

根据表 12-2 所定义的参数变量，结合不同参数方案下阻力系数的数值预报结果，构建出含有 280 组样本的数据集合。通过主成分分析法，计算出标准样本矩阵的相关系数矩阵$\boldsymbol{R}^*$、特征值、特征向量以及各主成分变量的方差贡献率。表 12-3 为特征值与贡献率的排序。

表 12-3　主成分变量的特征值与方差贡献率

主成分序列	特征值	方差贡献率	累计方差贡献率
1	940.901 7	0.791 1	0.791 1
2	151.694 5	0.127 5	0.918 6
3	74.525 6	0.062 7	0.981 3
4	9.799 6	0.008 2	0.989 5
5	8.152 4	0.006 9	0.996 4

续表

主成分序列	特征值	方差贡献率	累计方差贡献率
6	2.973 5	0.002 5	0.998 9
7	1.026 0	0.000 9	0.999 8
8	0.265 2	0.000 2	1.000 0
9	0.057 0	0.000 0	1.000 0
10	0.019 8	0.000 0	1.000 0
11	0.001 6	0.000 0	1.000 0
12	0.001 1	0.000 0	1.000 0
13	0.000 4	0.000 0	1.000 0
14	0.000 2	0.000 0	1.000 0

如图 12-27 所示，前 4 阶主成分变量所对应的特征值远超过其他成分，并且在第 4 阶主成分之后特征值的变化很微小，与此同时，前 5 阶主成分的累计方差贡献率已经超过 99%，因此最后 9 个主成分变量首先被排除。此后，通过神经网络训练过程中的误差分析来进一步确定需要的主成分个数。分别使用初始的样本参数、前 4 阶与前 5 阶主成分变量作为神经网络模型的输入进行网络训练。根据图 12-28 所示的无主成分变量与采用主成分变量的神经网络的训练效果，基于前 5 阶主成分变量输入的网络模型的训练误差与测试误差均下降明显，显示出一定优越性，而采用初始参数变量作为输入的网络模型虽然具有更小的训练误差，但是在训练误差趋于稳定时，其测试误差却明显增大，这表明通过主成分分析，有效地消除了原始样本参数之间的复杂相关性，便于神经网络模型取得更好的训练效果。综上所述，选取前 5 阶主成分参数作为输入变量进行神经网络模型训练，构建阻力代理模型。

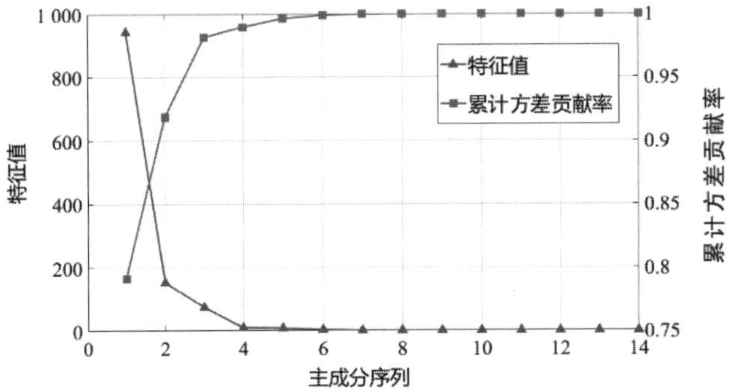

图 12-27 主成分变量的特征值与累计方差贡献率变化

接着针对神经网络结构，选取合适的隐含层节点数目。如图 12-29 所示，对于无主成分变量和基于 5 个主成分变量的模型，其训练误差均随着隐含层神经元数目的增加而先减后增，并且两种模型均在隐含神经元数目为 9 左右时取得最小训练误差，因此神经网络模型的各层结构确定为 5×9×1，以期取得最佳的训练效果。

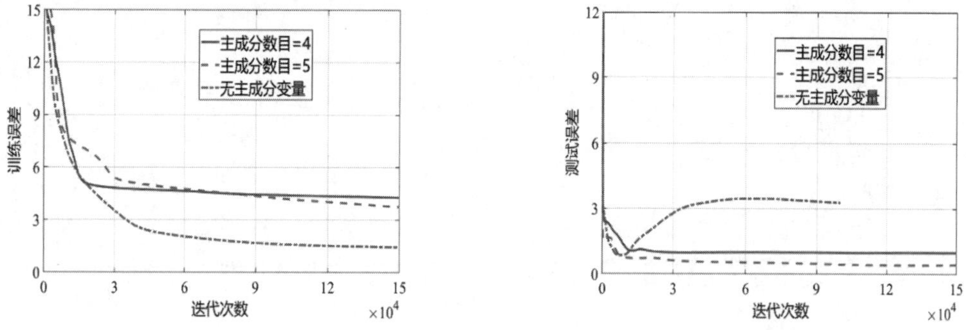

图 12-28　主成分变量影响下的神经网络训练效果差异

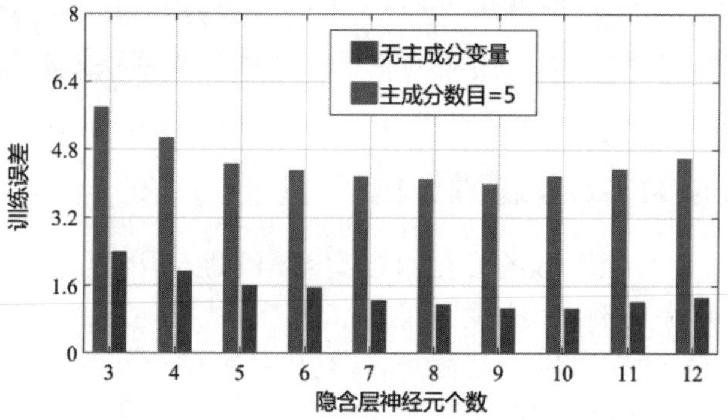

图 12-29　隐含层神经元数目对训练效果的影响

图 12-30 所示为神经网络模型所预测的阻力系数与样本数据的比较，其回归系数达 95%以上，表明基于前 5 阶主成分变量输入的神经网络模型能够较好地预测两栖平台的阻力规律。

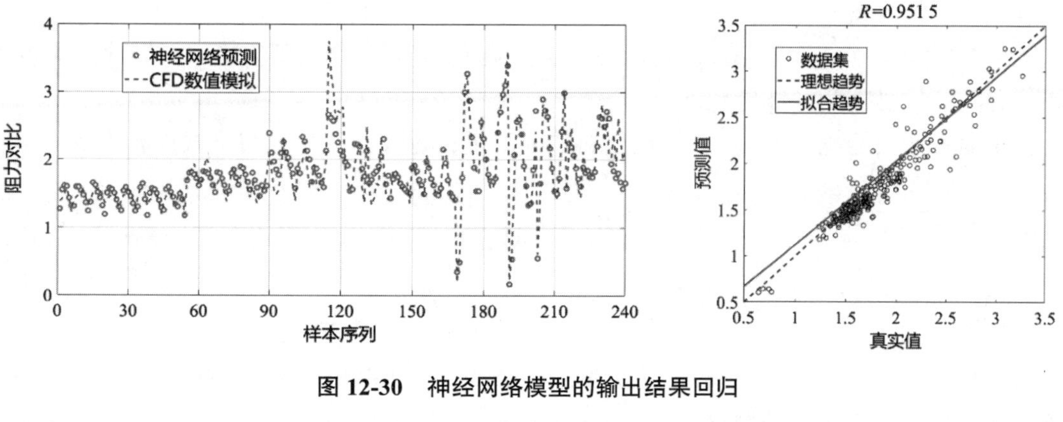

图 12-30　神经网络模型的输出结果回归

同样地，使用上述主成分变量作为输入参数，对前节所述多项式模型进行拟合训练，最终的输出结果与预测值的回归效果如图 12-31 所示。回归系数 R 分别约为 0.877 5、0.701 1、0.859 8，表明式（12-8）~式（12-10）的模型能更真实地反映参数变量与阻力系数之间的关系。

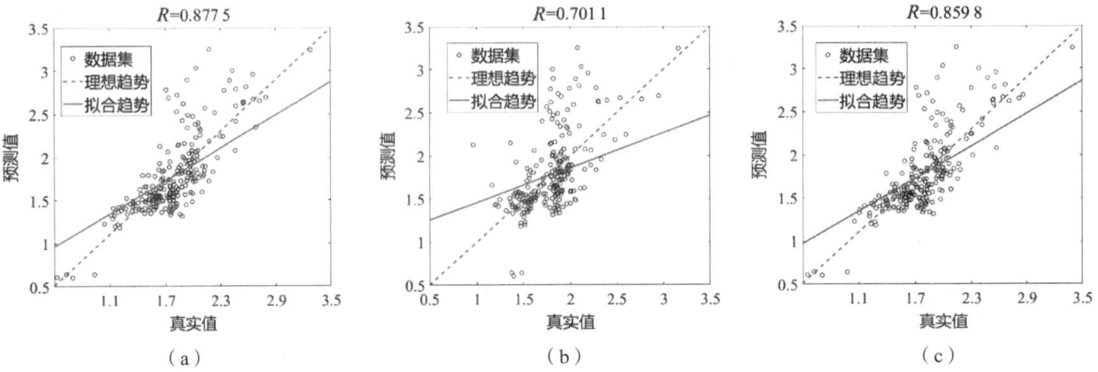

图 12-31 多项式模型的输出结果回归

(a)多项式f_1 (b)多项式f_2 (c)多项式f_3

通过对样本参数集进行主成分分析，提取其中的主成分变量作为模型输入，成功地构建了两栖平台的阻力系数代理模型。上述建立的基于神经网络和多项式的代理模型将被用于后续的参数敏感性分析。

12.3.2 基于代理模型的参数敏感性分析

敏感性分析旨在研究输入参数的变化对模型输出的影响程度，通过对比模型中各参数的敏感性，最终从模型中剔除对输出结果影响很小的参数，从而达到简化模型的目的。通过 PCA 方法得到的主成分变量虽然在数目上显著降低，但其目的在于方便阻力回归模型的建立，主成分变量中仍然包含所有初始的参数信息。本节基于阻力代理模型，分析各初始参数对阻力系数的敏感度，识别出对阻力性能影响显著的关键参数，用于后续的船型设计优化。

1. 敏感性计算方法

参数的局部敏感性可定义为

$$S_i = \frac{\Delta y / y}{\Delta x_i / x_i} \tag{12-14}$$

其中Δx_i为输入参数的扰动幅度，Δy是由Δx_i引起的模型输出的变化量。根据此定义，可通过两种方法计算参数的局部敏感度。

已知输入参数的扰动为Δx_i，目标输出对输入变量的近似微分可通过下式计算得到：

$$\frac{\partial y}{\partial x_i} \approx \frac{y(X^i) - y(X)}{\Delta x_i} \quad (i = 1, \cdots, m) \tag{12-15}$$

$$\frac{\partial y}{\partial x_i} \approx \frac{y(X^{i+}) - y(X^{i-})}{2\Delta x_i} \quad (i = 1, \cdots, m) \tag{12-16}$$

其中，$X^{i+} = (x_1, x_2, \cdots, x_i + \Delta x_i, \cdots, x_m)$，$X^{i-} = (x_1, x_2, \cdots, x_i - \Delta x_i, \cdots, x_m)$。式(12-15)为向前差分格式，式(12-16)为重心差分格式。

此外，在已知输入变量与模型输出之间的显性表达式时，$\Delta y / \Delta x$可通过直接微分的方法计算：

$$y = f(X, y) \tag{12-17}$$

$$\frac{\partial y}{\partial x_i}=J\frac{\partial y}{\partial x_i}+\frac{\partial f}{\partial x_i} \tag{12-18}$$

其中，J 为 $f(X,y)$ 对目标输出 y 的偏导数。结合计算所得 $\partial y/\partial x_i$ 与初始的输入与输出值，即可得到对应参数的局部敏感度。

基于主成分参数与阻力系数的回归模型，应用上述方法得到阻力系数对各主成分参数的敏感度指标，记为 $\boldsymbol{S}_z=\left[s_{z_1},s_{z_2},\cdots,s_{z_k}\right]$，则初始参数变量的敏感度指标可表示为

$$\boldsymbol{S}_x=\boldsymbol{U}_{n\times k}\times\boldsymbol{S}_z^{\mathrm{T}}=\left[s_{x_1},s_{x_2},\cdots,s_{x_n}\right] \tag{12-19}$$

式中：$\boldsymbol{U}_{n\times k}$——各主成分变量所对应的特征向量组成的线性变化矩阵。

根据敏感性的定义可知，参数的敏感度指标不仅由其自身的扰动幅度决定，同时还与输入参数的初始取值有关。当输入参数与输出变量之间是非线性的映射关系，输入参数处于不同位置时，其局部敏感度也不同。本节基于所有的样本数据，计算各初始参数在设计空间内的全局敏感度，其表达式为

$$\mu_{x_i}=\frac{1}{m}\sum_{j=1}^{m}s_{x_i}(j) \tag{12-20}$$

$$\sigma_{x_i}^2=\frac{1}{m-1}\sum_{j=1}^{m}\left[s_{x_i}(j)-\mu_{x_i}\right]^2 \tag{12-21}$$

式中：$s_{x_i}(j)$——参数在样本 j 处的敏感度指标；

m——样本总数；

μ_{x_i}——参数 x_i 的全局敏感度指标。

当输入参数与输出变量之间是非线性关系时，上式的计算可能会造成符号相反的敏感度指标相互抵消，从而错误估计该参数对模型输出的影响程度，因此在计算过程中用 $\left|s_{x_i}(j)\right|$ 来代替 $s_{x_i}(j)$。使用 $\sigma_{x_i}^2$ 来表示参数敏感度在设计空间内的稳定性，当 $\sigma_{x_i}^2$ 具有较大取值时，则意味着参数 x_i 对模型输出的影响程度具有明显的区域性特征，并可能受到其他参数取值的影响。

针对参数敏感度可能存在的区域性分布特征，本节利用一种层次空间方法进行分析。在标准化的初始参数样本集中，x_i 的取值范围为[0, 1]，定义 x_i 的可移动上下限为 u_i 和 l_i，其中 $u_i\in[0,1]$，$l_i\in[0,1]$；选取初始样本集中所有满足 $x_i\in[l_i,u_i]$ 条件的样本来组成层次子空间 $HA_i(l_i,u_i)$；随后针对子空间内的样本进行各参数的全局敏感度分析，从而获得敏感度指标的区域性分布规律。

2. 整体与区域敏感性分析

对于上述基于神经网络的阻力系数代理模型，使用直接微分法和有限差分法计算主成分参数的局部敏感性，而对于基于多项式的代理模型，应用直接微分法。通过式（12-19）将各主成分参数敏感度指标转换为初始的设计参数的敏感度。在分析全局敏感性时，在整个参数空间内进行随机抽样，分别抽取总样本数量的 70%、80%、90%、100%，基于上述样本数量计算得到各参数的敏感度指标 μ_{x_i} 与 $\sigma_{x_i}^2$。

将初始参数的全局敏感度进行相对归一化处理，其结果如图 12-32 所示。可以看出，各参数的相对敏感性随所选取的样本数量的变化而保持稳定，这表明当前的样本总量足够充分反

映各参数的相互影响特征。与此同时，所采用的三种敏感性计算方法对于不敏感参数的辨识结果比较一致，主要包括长宽比（P1）、中横剖面系数（P8）、棱形系数（P9）、横向斜升角（P10）、附加升力比（P12）。使用直接微分计算得到的多项式与神经网络模型下的参数敏感度指标基本一致，仅方形系数（P6）的敏感度结果有所差别。然而使用有限差分法计算出的神经网络模型下的参数敏感度指标与其他两种方法的结果相比具有较大差异，主要体现在长度傅汝德数（P4）、体积傅汝德数（P5）、水线面损失（P11）、流线性系数（P13）和纵倾角（P14）的敏感度上，其原因可能在于使用有限差分法的过程中，输入参数的扰动幅度并未严格趋近于0，因此在某些非线度特征较强的局部，造成计算结构并非理论意义上的局部敏感度结果。直接微分法虽然应用在两种形式的代理模型中，但基于多项式和神经网络的阻力系数代理模型均反映了相近的阻力与设计参数的对应关系，因此其全局敏感度指标具有较好的一致性。

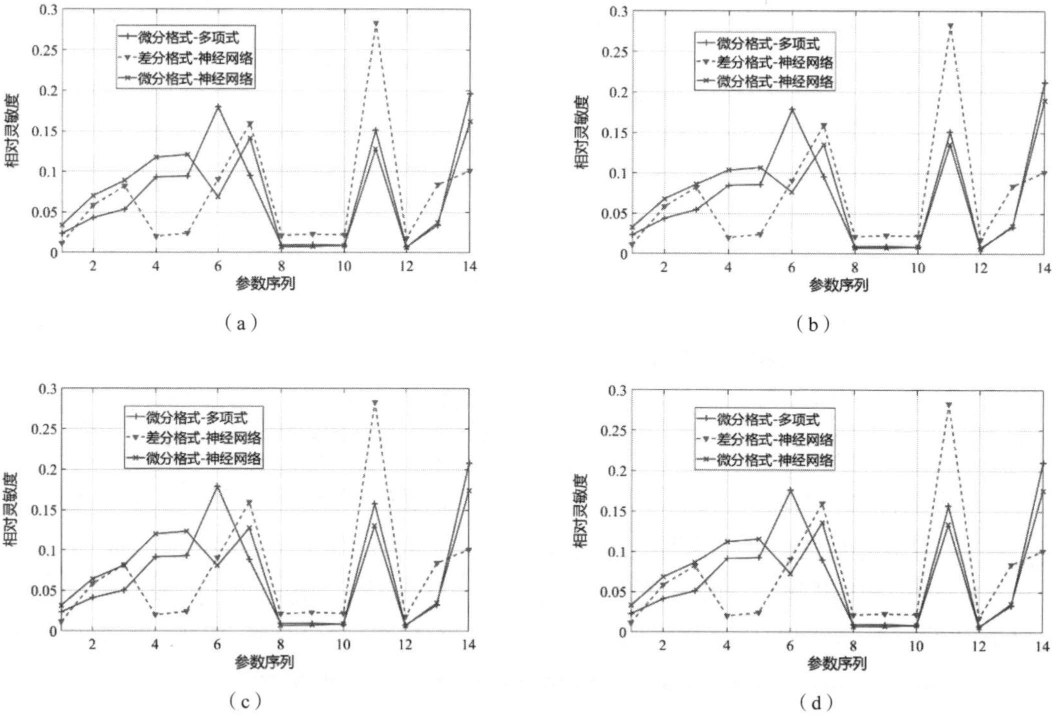

图 12-32　不同样本数量下各参数的相对敏感度

（a）70%样本　（b）80%样本　（c）90%样本　（d）100%样本

根据全局敏感度指标对初始参数进行排序，采用直接微分法对两种代理模型的计算结果见表 12-4。

表 12-4　参数全局敏感度指标及排序

敏感度排序	多项式模型		神经网络模型	
	参数	相对敏感度	参数	相对敏感度
1	P14	0.210	P14	0.176
2	P6	0.176	P11	0.136

续表

敏感度排序	多项式模型		神经网络模型	
	参数	相对敏感度	参数	相对敏感度
3	P11	0.157	P7	0.134
4	P5	0.093	P5	0.116
5	P4	0.091	P4	0.113
6	P7	0.090	P3	0.086
7	P3	0.051	P6	0.072
8	P2	0.041	P2	0.068
9	P13	0.033	P13	0.035
10	P1	0.023	P1	0.033
11	P9	0.010	P10	0.009
12	P8	0.009	P9	0.008
13	P10	0.009	P8	0.007
14	P12	0.007	P12	0.007

可以看出，相对敏感度处在前列的参数主要包括 P14、P11、P7、P6、P5、P4、P3、P2。其中，P14 为相对敏感度最高的参数，这表明纵倾角对阻力系数的影响程度最大，这不仅是因为相同速度下姿态严重影响船的阻力性能，不同航速下姿态变化明显也是重要的原因。两栖平台与水面船舶的外形差异显著，水线面损失涉及中低速阶段船体有效排水体积的减小和高速阶段滑行效率的降低，因此参数 P11 的敏感度指标也相对较高。由于参数 P4 与 P5 均在很大程度上反映了航速的变化，因此其敏感度指标很接近，而 P4 与 P5 的相对敏感度指标不低，它反映出两栖平台在不同航速下阻力性能的显著差异。此外通过比较各船型尺度参数的敏感度指标，P7、P6、P3、P2 的敏感度相对于 P8、P9、P1 等比较明显，因此初步判断选取排水量长度系数（P7）、方形系数（P6）、长度吃水比（P3）、宽度吃水比（P2）更有利于船型的设计。而横向斜升角（P10）、附加升力比（P12）以及流线性系数（P13）等尽管对航行性能影响较大，但由分析可知，其作用程度与航速有很大的关系，因此 P10、P12、P13 的全局敏感度结果表现并不突出。

图 12-33 所示为各参数的局部敏感度指标的方差统计结果，可以看出上述全局敏感度靠前的参数同样具有相对较高的方差统计值，尤其是 P14、P11、P7 所对应的方差非常明显，这说明设计参数对阻力系数的影响程度具有较强的非线性和区域性特征。对此，采用前述的层次子空间方法，研究全局敏感度靠前的参数处于不同子空间时的敏感度水平。在区域敏感性分析过程中，仅使用基于神经网络的阻力系数代理模型。

图 12-34 所示为各参数在不同的子空间$HA_i(l_i,u_i)$下其自身的敏感度指标的变化情况，其中参数子空间的上下限 u_i 和 l_i 的最小变化幅度为整个区间宽度的 1/8。根据参数的区域敏感性指标，可将所有初始参数分为三类。第一类参数包括 P4、P5、P6、P11、P14，其敏感度整体水平明显较高，其自身的子空间的位置和大小对敏感性结果的影响比较显著，因此这些参数对阻力性能的影响具有较强的非线性和区域性特征。第二类参数包括 P2、P3 与 P7，其对阻力的敏

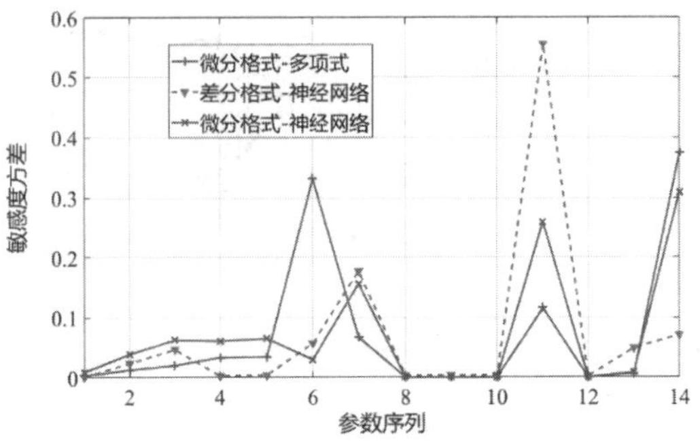

图 12-33 局部敏感度指标的方差统计结果

感性相对较强，同时这种对阻力的影响程度基本不随参数自身水平的改变而变化。包括P1、P8、P9、P10、P12、P13在内的剩余参数，对阻力性能的整体影响相对较小，同时这种影响对参数自身水平的变化不敏感。

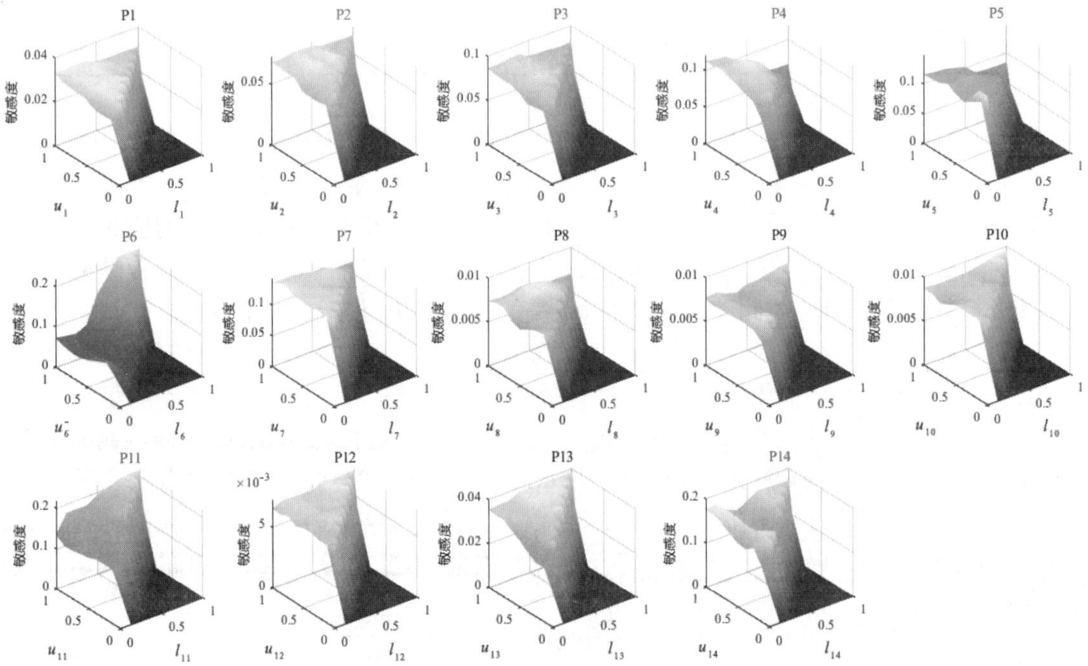

图 12-34 设计参数的敏感度指标随其子空间变化的3D显示

初始的设计参数之间并不完全相互独立，其彼此之间存在的相互影响可能表现在对阻力的敏感性之中。图12-35所示为在参数P14的可变子空间内其余参数的敏感度指标的变化情况。从图中观察到，P2、P3、P6、P7、P11、P14的敏感度指标具有明显的区域差异性，这表明该参数的敏感性受到P14所处水平的影响；相反，对于同样的敏感参数P4和P5，这种区域性特征并不明显。

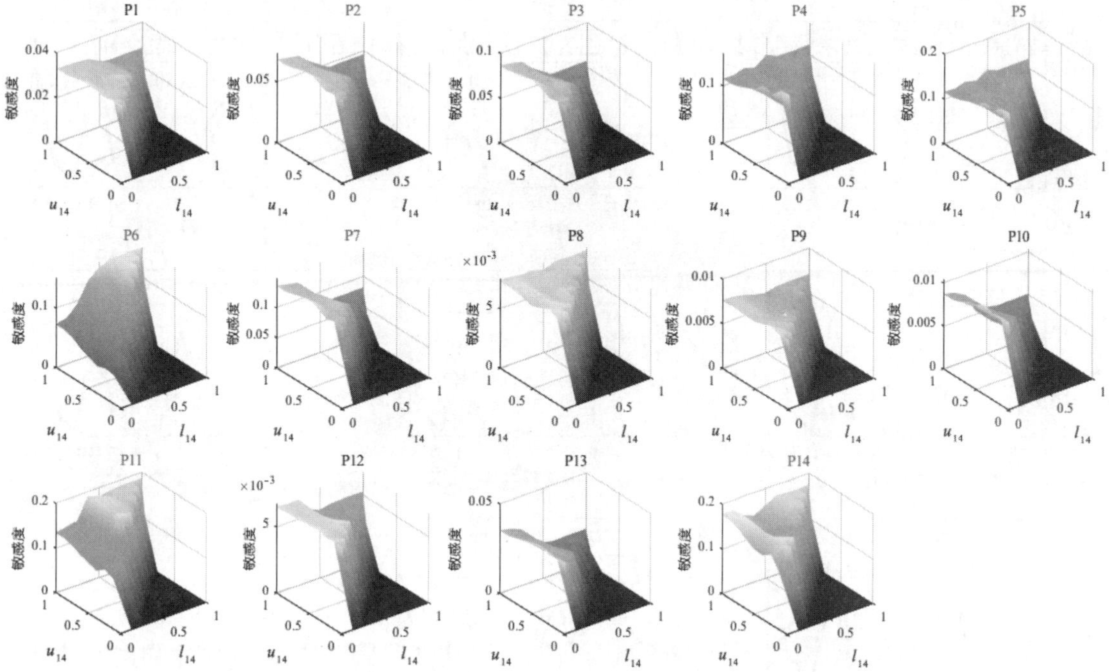

图 12-35　可变层次子空间 $HA_{14}(l_{14},u_{14})$ 内各参数敏感度变化的 3D 显示

对于所有全局敏感度大于 0.05 的参数，研究在其不同的子空间下其余参数的敏感度的变化情况，表 12-5 展示了参数之间的联系与相互影响。可以看出，P4、P5、P6、P11、P14 的敏感度会受到大多数参数的影响，P2、P3、P7 自身的敏感度很少受其余参数的影响。

表 12-5　敏感性相互影响的参数集合

激励参数	敏感性受到P*i*影响的参数
P2	P6，P7，P14
P3	P4，P5，P6，P11
P4	P4，P5，P6，P11，P14
P5	P4，P5，P6，P11，P14
P6	P2，P3，P4，P5，P6，P11，P14
P7	P4，P5，P6，P11，P14
P11	P4，P5，P6，P11，P14
P14	P2，P3，P6，P7，P11

同样地，图 12-36 所示为在不同的层次子空间 $HA(0.0,0.5)$ 和 $HA(0.5,1.0)$ 下参数的相对敏感度对比，敏感度水平差别较大的当属 P4、P5、P6、P11。参数的区域敏感性分析不仅在于研究参数对阻力性能的影响程度、自身的区域性特征，同时也需注意在不同状态下各参数敏感度的相对值，从而判断出不同参数在设计阶段的重要程度。两栖平台要实现高速航行目标，需确保在不同航速下都具有优良的阻力性能。

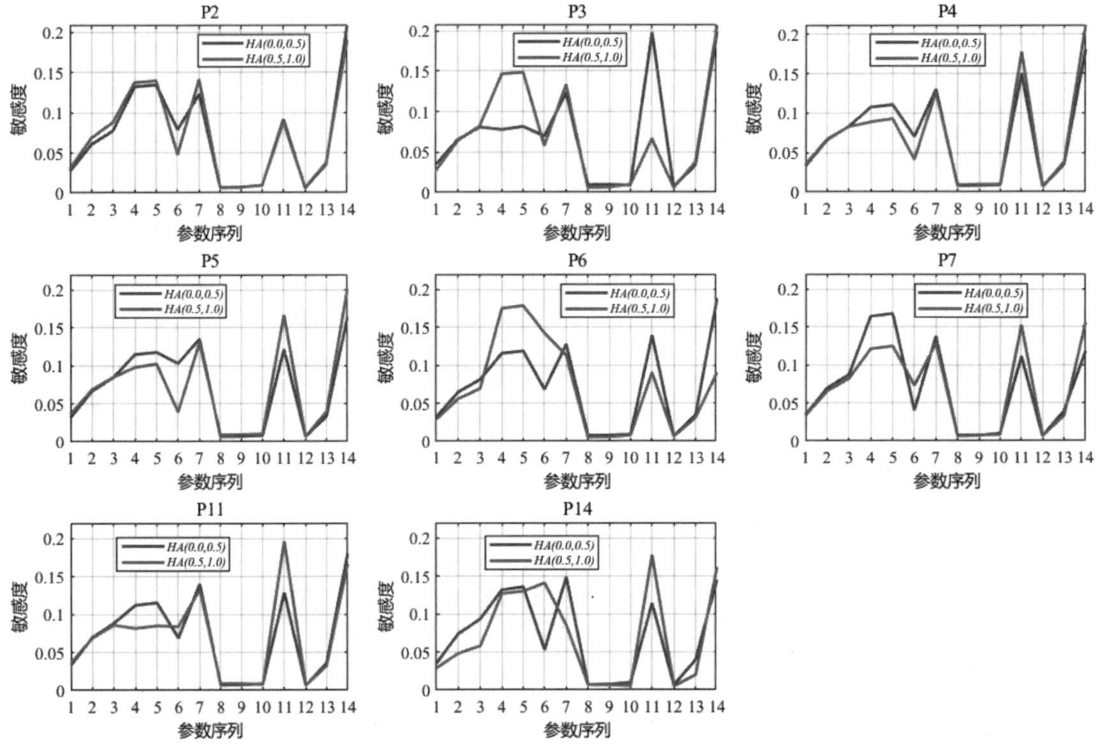

图 12-36 子空间$HA(0.0,0.5)$和$HA(0.5,1.0)$下参数的相对敏感度变化

根据上述分析,反映航态的参数 P4、P5 都对应较高的敏感度,且与其余参数的相互作用明显,图 12-37 与图 12-38 表示宽度为 0.25 的子空间处于不同位置时各参数的相对敏感度指标。可以看出,在不同航态下, P14 与 P11 的敏感度始终保持在前列,且对阻力的影响程度不断增加;在傅汝德数较低的航态下, P6 可以看作对阻力影响较大的参数,而随着傅汝德数增加,其相对影响程度降低; P4、P5 自身的敏感度逐渐减小,表明随着航速的增加两栖平台阻力的增长速度变缓。

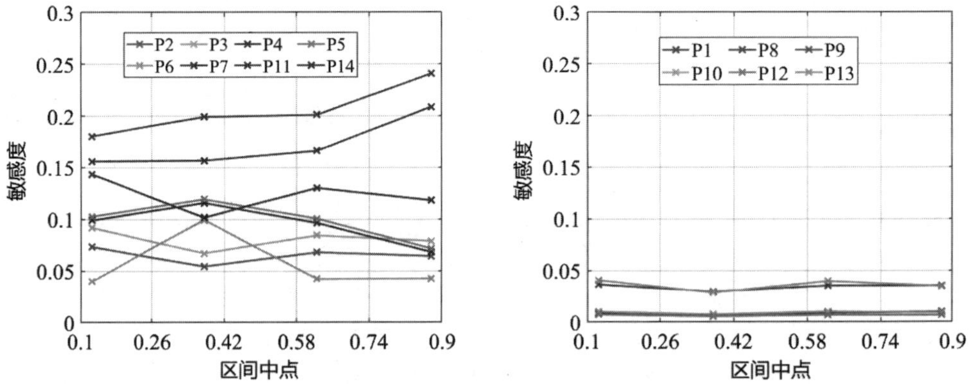

图 12-37 P4 处于不同子空间下的各参数敏感度指标

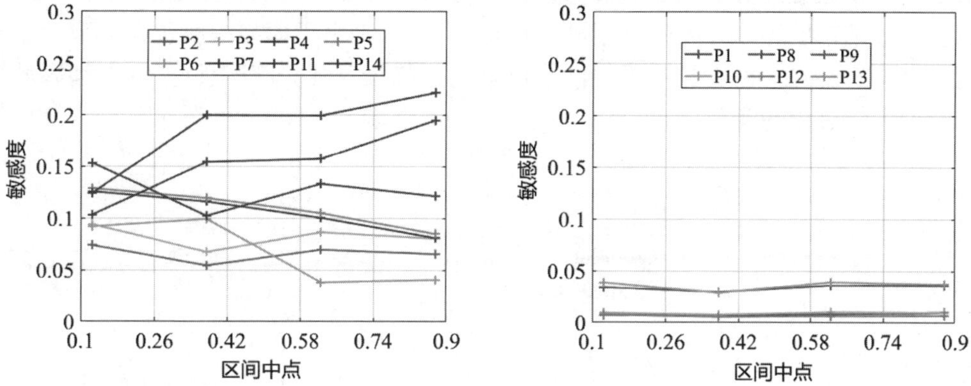

图 12-38　P5 处于不同子空间下的各参数敏感度指标

12.3.3　关键参数识别结果

综合上述分析，对两栖平台航行阻力系数的整体影响较大的参数包括纵倾角、水线面损失、排水量长度系数、方形系数、宽度吃水比、长度吃水比、长度傅汝德数与体积傅汝德数。通过区域敏感性分析发现：敏感度之间的相互影响作用主要体现在上述敏感参数之间，其余参数之间的内在联系对其整体敏感度指标没有明显影响，并且在不同航态下各参数的相对敏感度排序的变化不大。因此将上述敏感参数看作影响两栖平台阻力性能的关键要素。

进一步地，由于最佳航行姿态随航态的变化而改变，因此船型设计阶段暂不考虑纵倾角这一因素；而根据上节的分析，反映两栖平台航态的体积与长度傅汝德数影响特性十分相近，故保留前者作为设计阶段优化阻力的考虑因素。此外，由于$\nabla/(L/10)^3$、∇/LBd、L/d与B/d之间相互不独立，其中一项可由其余三项推导出，因此选取$\nabla/(L/10)^3$、L/d与∇/LBd作为设计阶段考虑的参数。水线面损失与其余参数相互独立，因此直接作为设计参数之一。

12.4　基于关键参数的船型优化

本节面向两栖平台的设计过程，旨在通过船型的减阻优化，以确保其突破高速航行的阻力瓶颈。表 12-6 所示为某轻型高速水陆两栖平台设计的相关指标要求。未经优化的船型主尺度参数初定为：总长 L 为 6.0 m，型宽 B 为 2.36 m，设计吃水 d 为 0.42 m。

表 12-6　某高速水陆两栖平台的设计指标

整备质量/t	总长/m	型宽/m	航速/(km/h)	有效功率/kW
3.5	5.5~7.0	2.3~2.5	≥50	245

12.4.1　关键参数优化

影响阻力性能的参数经过简化，将排水量长度系数、长度吃水比、方形系数、体积傅汝德数以及水线面损失作为最终的设计参数。基于这些参数再次构建阻力系数的近似代理模型，由于输入变量的个数已经大大减少，训练过程的误差以及最终的拟合结果回归如图 12-39 所示，其对数值预报结果的还原程度稍低于原有代理模型，这是由于模型中所包含参数信息减少，但基于简化模型来反映关键参数对阻力性能影响的大趋势，在此基础上调整局部和区域性因素，有利于整个优化过程的实现。

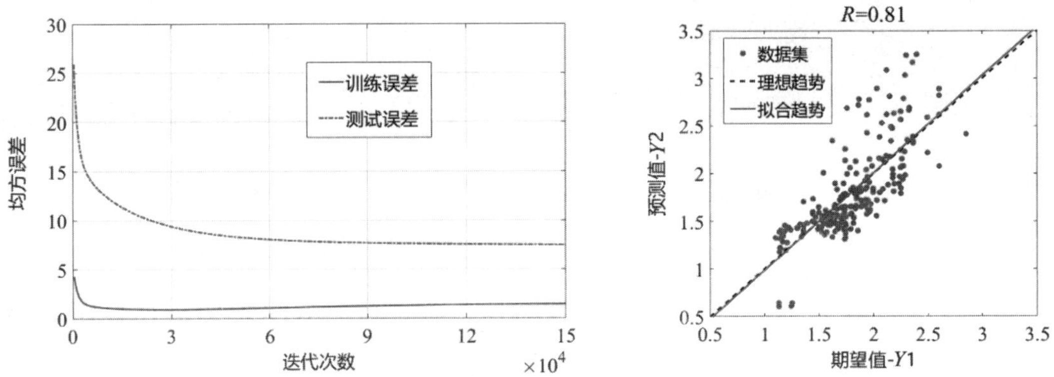

图 12-39 基于关键参数的阻力代理模型误差及回归效果

在简化的阻力代理模型的基础上，求解在相应的参数约束条件下对应最小阻力系数的参数组合，即可得到两栖平台外形的初始方案。目标函数$C_t = f(x_1, x_2, x_3, x_4, x_5)$，各自变量分别代表排水量长度系数、长度吃水比、方形系数、水线面损失和体积傅汝德数，并指定其约束分别为$11.1 \leqslant x_1 \leqslant 16.67$，$12.0 \leqslant x_2 \leqslant 19.0$，$0.5 \leqslant x_3 \leqslant 0.69$，$0.0 \leqslant x_4 \leqslant 0.33$。由于阻力性能在不同航态下具有很大差异，因此最佳参数组合的确定须考虑不同体积傅汝德数的情况。表 12-7 所示为x_5在不同取值下目标函数取最小值时的解，可以看出不同航态下船型参数的最佳取值具有一定差异。

表 12-7 不同航态下的船型参数优选

Fr_∇	1.062	1.583	2.103	2.624	3.144	3.665
$\nabla/(L/10)^3$	11.11	11.11	11.11	15.16	15.37	15.55
L/d	15.66	17.25	17.66	18.65	18.95	18.95
∇/LBd	0.50	0.50	0.50	0.57	0.59	0.59
$\mathrm{d}A_w/A_w$	0.05	0.03	0.03	0.00	0.00	0.00

对上述不同状态下的最佳参数组合取平均值，由此来确定船型的主要参数，即排水量长度系数约为 13.2，长度吃水比为 17.85 左右，方形系数约为 0.54。上述参数方案对应的型宽小于指标的要求，因此，将船宽设定为指标要求的最小值，而对方形系数做相应的调整。由于水线面损失对航行性能的显著不利影响，其最佳取值总是接近于 0，而现有技术条件尚不能实现两栖平台的底面全封闭，故该参数根据实际的轮舱布置确定。优化后船型的主尺度参数见表 12-8。

表 12-8　目标船型主尺度参数

整备质量/t	总长/m	型宽/m	静浮吃水/m	∇ / LBd
3.5	6.42	2.30	0.36	0.66

12.4.2　局部型线改进与优化结果

根据所述指标，结合所述船体的设计方法，首先确定前后轮舱的位置和大小，然后确定中后体的横向斜升角，在其由后向前延伸的过程中构建尖瘦型首部，中后体的横向斜升角约为 10°。在此基础上进行船体局部特征的优化，首先对前轮舱所造成的突兀型线进行合理过渡，其次通过布置防溅条与导流板附体来提升船体底面的升力效应，以弥补轮舱结构所致的底面积损失造成的不利影响。

根据轮舱过渡形式的分析结果，采用图 12-40 所示的过渡结构，主要包括原始底面的升高以及外飘式连接曲面，在保持逐渐向两侧排水效果的同时，抑制该部分流体的上涌，从而避免航行过程中舷侧的大量进水。图 12-41 所示为轮舱过渡优化后船体在由排水状态向滑行状态转变过程中局部区域的流动情况，可以看出向前的阻流现象基本避免，并且兴波被快速推向两侧，避免了后轮与水体的相互干涉。

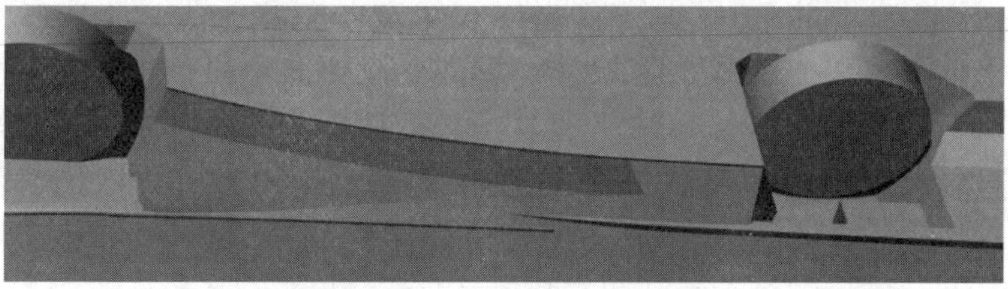

图 12-40　轮舱过渡形式的优化方案

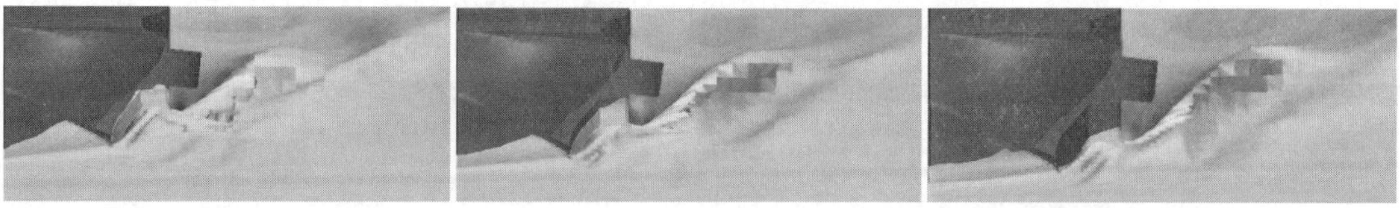

（a）　　（b）　　（c）

图 12-41　过渡航态下优化船体轮舱附近流场

（a）v=25 km/h　（b）v=28 km/h　（c）v=32 km/h

位于船体底部的导流板在高速状态下起到类似于滑行艇的折角线的作用，即抑制沿底面横向的流动，增加底面动升力以提高滑行效率；同时在前轮底部与舷侧边缘处也布置防溅条，减小航行过程中飞溅造成的能量损失，由于模拟飞溅现象对模型精度与计算能力要求过高，本部分优化研究中仅体现了导流板的作用效果。高速船的重心一般位于船舯偏后，距离尾部 0.4L 的位置，而根据关于重心移动的影响分析，两栖平台的重心设置在距离尾板 0.45L、高出船体底面 0.6 m 的位置。

图 12-42 所示为未经优化的船型方案（scheme-1）、主尺度优化方案（scheme-2）以及完成型线调整和附体布置的船型方案（scheme-3）在不同航速下的阻力与航行姿态。相比于初始船

型，通过对关键主尺度参数进行优化并据此构建船体，有效降低了不同航态下的阻力，而在此基础上通过船型流线性的改进、底面附体的布置以及重心位置的调整，取得了更为显著的优化效果，其峰值阻力明显降低，并且高速滑行阶段的阻力性能亦有改善，平均的减阻幅度在 12%以上；整个过程中的纵倾角也明显减小，一方面轮舱过渡部分的削切再次改变了船体排水体积的纵向分布，另一方面导流板引起的升力增加也提供一部分调节力矩。优化后的船型结构展示在图 12-43 中。

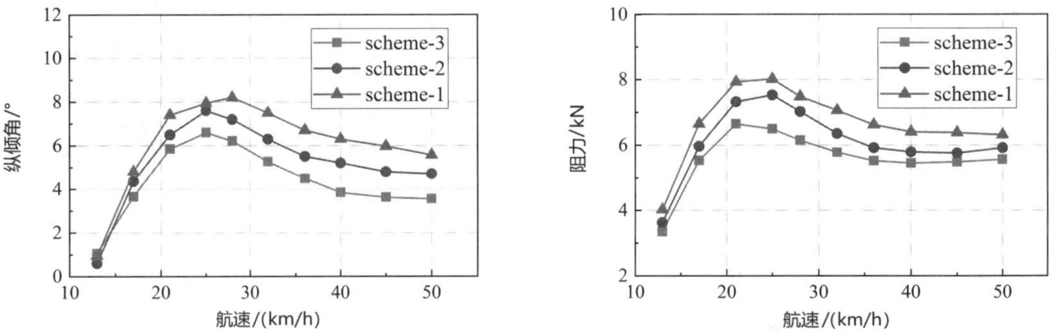

图 12-42 各优化阶段船型方案的阻力与姿态对比

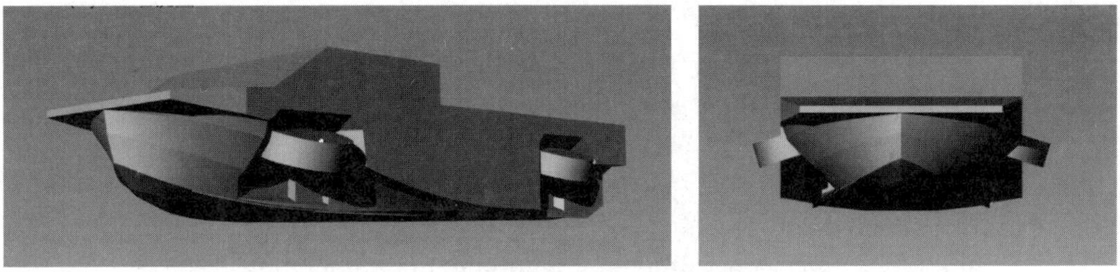

（a） （b）

图 12-43 优化完成的船体结构外形

（a）三维视图 （b）主视图

第 13 章　FLNG 上部组块模块化设计

将智能算法优化与船舶设计中的实际问题相互结合，改进或创造出适合某一个方向的智能算法是目前的研究热点。面对复杂的性能优化问题、布置问题、结构尺度问题、线路优化问题，找到与之相结合的最佳处理方法是研究者的主要研究方向。

13.1　FLNG 上部组块模块划分研究

13.1.1　模块划分原则与影响因素

FLNG（Floating Liquefied Natural Gas System，浮式天然气生产储卸装置）上部组块在建造、运输和安装过程中，受到资源环境的限制。为了解决这种资源环境的限制，同时尽可能降低项目整体成本，需要在建造设计阶段，依照一定的划分原则，对 FLNG 上部组块进行模块划分。

根据 FLNG 上部组块的特殊性，在对 FLNG 上部组块进行模块划分时，应综合考虑以下原则。

（1）尺寸重量原则：模块需要在建造场地施工建造，完成建造后在场内转运，通过驳船运输，最后采用浮吊装船。模块的尺寸与重量需要满足上述建造、运输和安装对尺寸与重量的要求，避免模块超大或超重。该部分将在尺寸重量约束条件中具体阐述。

（2）功能完整性原则：FLNG 与其他海船的本质区别在于上部组块，而这些上部组块是为 FLNG 生产工艺服务的。对于模块而言，需要尽可能保障其功能的完整性，以便建造后模块能够独立调试。为此，模块划分时需要尽可能保证模块工艺功能相对完整，使工艺相近、同类型的设备尽量集中或靠近，避免在某一工艺流程中的设备或管道被划分到不同模块中。该部分将在功能完整性约束条件中具体阐述。

（3）划分路径合理性原则：上部组块中存在一些如梁、柱等承重结构、大型不可移位和分割的设备以及管道，在模块划分时应尽量避免对这些部分进行划分，以保障结构、设备或管道的完整性。该部分将在位置约束条件中具体阐述。

（4）成本控制原则：模块的成本直接影响整个 FLNG 项目的成本。因此，需要尽可能降低模块的成本。应用模块划分时，需要注意避免不规则的形状，以降低建造成本；尽量避免划分到主要钢结构，以减少结构加固的成本；尽量减少对管道的划分，减少接头和安装时的对接成本。该部分将在灰度栅格地图构建的部分具体阐述。

13.1.2　FLNG 上部组块的构成分类与结构特征

FLNG 上部组块由众多系统构成，不同系统具有不同的功能和作用。为了满足划分原则中的功能完整性原则，需要分析 FLNG 上部组块的功能，并对上部组块进行分类。对不同类型的系统单独进行模块划分，能够避免将两个系统或多个系统合并进行模块划分，从而提高功能完整性。

FLNG 上部组块由上部生产设施、吊机和外输装置等组成。其中,上部生产设施是 LNG 生产的重要部分,也是 FLNG 中设备集成度最高、管线最复杂的部分。吊机和外输装置可以看作一个完整的设备模块,而上部生产设施又可以进一步细分为主工艺系统、公用工程系统、管廊系统。这些又可以依照其子系统的具体功能进一步展开,如图 13-1 所示。

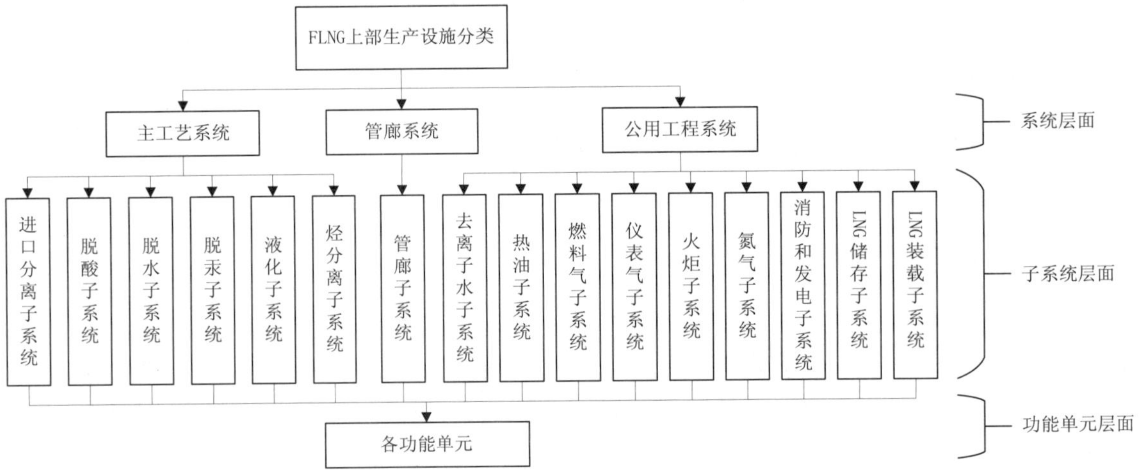

图 13-1 FLNG 上部生产设施分类

主工艺系统:位于管廊系统的一侧,主要包括进口分离子系统、脱酸子系统、脱水子系统、脱汞子系统、液化子系统、烃分离子系统,负责 LNG 的生产,依照工艺顺序由 FLNG 船首至船尾依次布置。

公用工程系统:位于管廊系统的另一侧,与主工艺系统的工艺相对应。

管廊系统:管廊系统一般布置在 FLNG 船的中轴线处,用于连接主工艺系统或公用工程系统。

通常来说,子系统层面是模块划分的最小完整系统,该系统所对应的模块不建议再进一步划分。但是,出于环境资源的限制或项目要求,需要在此基础上再进行模块划分时,则应进一步研究该子系统对应的功能单元,例如液化子系统又可分解为预冷单元、液化单元和过冷单元,并避免对功能单元层面进行划分。

FLNG 上部组块由钢结构、设备、管道组成,如图 13-2 所示。钢结构由构件组成,构件由承重的梁与柱、板材、墙体与地板以及通道和楼梯构成;基于上部组块提供的功能,在特定区域布置有相应的设备;管道可以分为管子、管件与控制件,管件是管线中起连接、控制、变向、分流、密封、支撑等作用的零部件。

FLNG 上部组块是由横梁、纵梁、立柱共同构成钢结构的多层框架结构,每层上布置有甲板片,随后依照不同设备的特点和功能,梁和立柱组成框架承受竖向荷载和侧向荷载。由于海洋环境荷载复杂多变,部分纯框架结构容易受到侧向荷载发生形变,因此, FLNG 上部组块的结构模型通常采用增加斜撑的框撑结构。

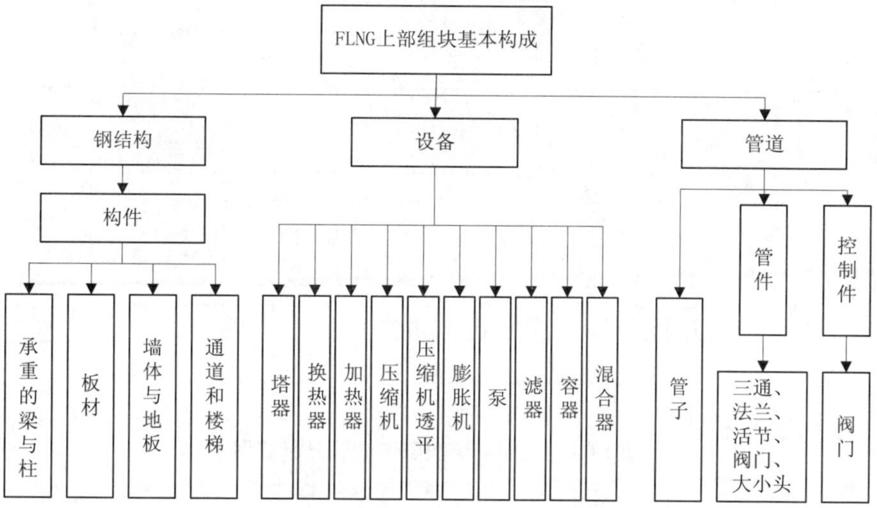

图 13-2　FLNG 上部组块基本构成

各梁柱和甲板片之间通过节点相连接，力的传导也通过节点进行。为了避免模块划分后影响结构的强度，通常将模块划分位置选在节点处。但是，由此一来划分后的两个模块在该位置处的钢结构用量就需要加倍，例如某节点处有一根立柱，在该位置划分模块后各模块在该节点处各需要一根立柱，由此，会增加钢材的用量，成本也会增加，为了能够量化模块划分对钢结构产生的影响，这里用简单估算的系数α_j作为钢材用量的增加比值。

$$\alpha_j = \frac{\sum S_{ji} l_{ji}}{V_j} \tag{13-1}$$

式中：S_{ji}——模块 j 在划分位置 i 的面积大小；

l_{ji}——模块 j 在划分位置 i 处相邻两个节点的间距；

V_j——模块 j 的体积。

13.2　FLNG 上部组块的模块划分数学模型

13.2.1　上部组块模型简化与处理

依照上部组块的构成与分类，为了保证划分模块的功能完整性，对上部组块进行初步展开分类，如图 13-3 所示。FLNG 上部组块是按照工艺进行排布的，而工艺流程是从船尾向船首延伸而推进的，在高度方向上均属于同一工艺流程，因此只需要在平面图上对系统进行展开。在图中每一个框代表一个最小功能完整系统，为模型简化后的包容盒。模块划分是依次对不合约束条件的包容盒进一步进行模块划分。

FLNG 上部组块结构复杂，在进行计算前需要对模块进行简化以降低复杂性，从而提高计算效率，同时尽可能减小简化对计算结果造成的影响。鉴于立方体、圆柱体这些规则物体可以方便地用数学语言表述，而立方体与 FLNG 上部组块的形状相似，所以使用立方体代替模块，采用比实际物体稍大的包容盒作为模型的基本框架，如图 13-4 所示。

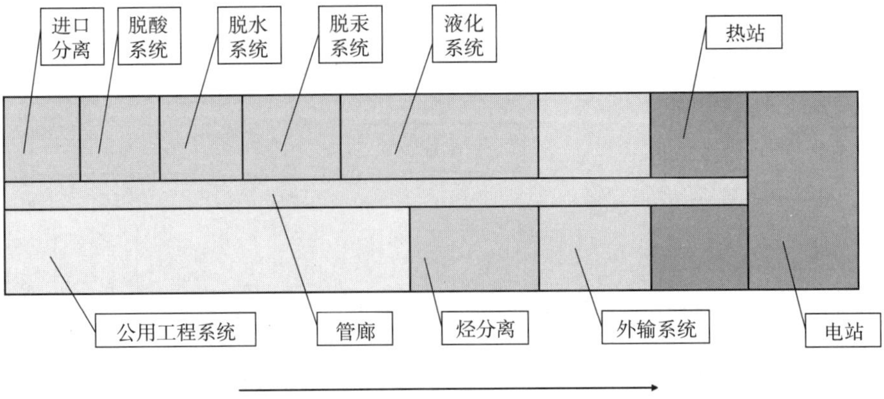

图 13-3 上部组块模型构成展开示意图

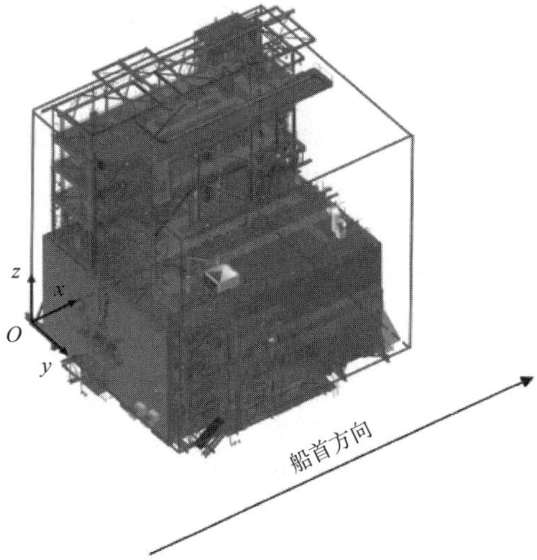

图 13-4 模型简化示意图

为了确保位置坐标的一致性，将船首方向定为 x 轴的正向，将上部组块模拟安装于船舶上，此时坐标系固定在上部组块的顶点处，从而建立了 FLNG 上部组块的简化模型和固定坐标系。

13.2.2 模块划分基本要求与仿真环境建模

为了将路径规划算法应用于 FLNG 上部组块的模块划分中，需要提前将已有的设计图纸或三维结构转换为二维环境地图。为使模型便于用数学语言描述，对模型做出如下假设。

(1)鉴于 FLNG 上部组块的结构特征，尤其是钢结构的布置是规整的，因此，可以将钢结构投影视图看作上部组块的二维环境地图，图 13-4 的模型进行投影得到如图 13-5 所示的二维环境地图。

(2)路线规划的起点与终点分别设置于二维环境地图的两个端点，规划出的路径包络区域为模块划分的结果，如图 13-6 所示。

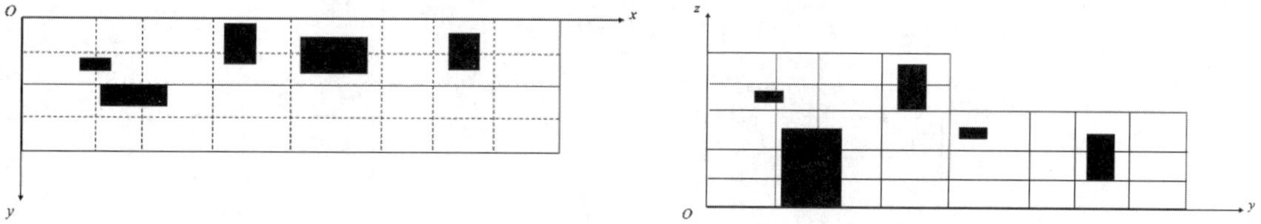

（a）　（b）

图 13-5　模型二维环境地图示意图

（a）z方向二维环境地图　（b）x方向划分栅格示意图

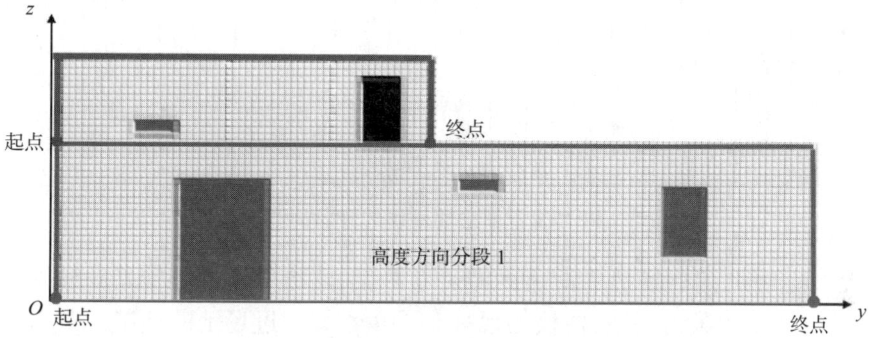

图 13-6　模型端点设置和路径规划示意图

（3）禁止模块划分区域为障碍物，在二维环境地图中予以展示。

本节采用改进栅格法构建环境地图，具体方法如下：

（1）构建 FLNG 上部组块数字信息模型；

（2）建立多图层灰度栅格地图。

根据数字信息模型，基于改进栅格法进行环境建模，完成钢结构、设备和管道的灰度栅格地图。

13.2.3　约束条件与方案评估决策

对 FLNG 上部组块进行模块划分时，受到约束条件限制，包括尺寸重量约束条件与位置约束条件，如图 13-7 所示。

尺寸重量约束条件：模块在建造、运输和安装过程中，会受到建造条件、运输条件和安装条件的约束，使得模块的尺寸和重量不能超过或小于这些约束，故而将这些约束合称为尺寸重量约束条件。该部分的重点在于计算最大重量M_R、最大长度L_R、最大宽度B_R以及最大高度H_R，以及最小长度L_m、最小宽度B_m、最小高度H_m。

位置约束条件：FLNG 上部组块中的钢结构、设备、管道的部分区域禁止模块划分。同时，部分区域由于已形成了完整的工艺或功能，也是禁止进行模块划分的。该部分的重点在于获取并处理得到 FLNG 上部组块的禁止划分区域。

1. 尺寸重量约束条件

FLNG 上部组块在建造、运输和安装时，其尺寸与重量会受到建造、运输和安装约束条件的限制。

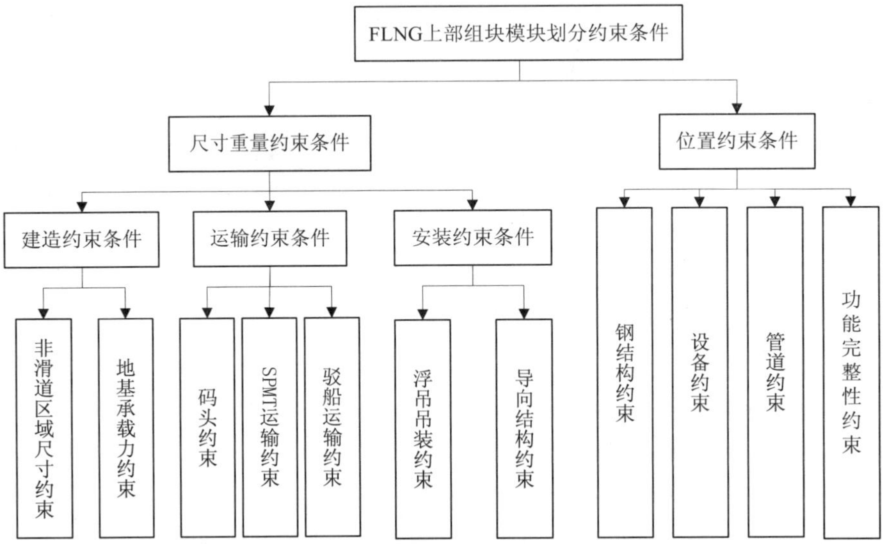

图 13-7 FLNG 上部组块模块划分时的约束条件

(1)建造约束条件:建造场地非滑道区域尺寸约束,建造的模块不能超过建造场地非滑道区域的基本尺寸;地基承载力约束,模块的尺寸和重量不得超过场地的地基承载力。

(2)运输约束条件:包括码头约束、自行式模块车(Self-Propelled Modular Transporter, SPMT)运输约束以及驳船运输约束。其中,建造的模块不能大于码头的承载力,同时模块的长、宽应小于码头的约束,以便于模块能够顺利装船;可选用 SPMT 的数量决定了模块的最大重量,同时限制了模块的重心分布;模块的尺寸不能超过驳船甲板尺寸,同时,模块的重量要小于驳船的载重量。

(3)安装约束条件:包括浮吊吊装约束以及导向结构约束。其中,安装的模块重量需要满足浮吊起重范围的要求,模块的尺寸满足浮吊的吊装半径和高度要求,使得模块能够被顺利吊装到安装框架上。导向结构是 FLNG 上部组块安装时的重要部件,起到导向定位辅助安装的作用,由于需要安装在模块立柱的下方,同时需要在周边留有一定的安全空间,因此,导向结构限制了模块的最小尺寸不得小于一个框架结构单元。

综上所述,FLNG 划分模块的尺寸与重量约束条件经整理后,见表 13-1。

表 13-1 尺寸与重量约束

约束对象	重量约束	尺寸约束		
		长	宽	高
非滑道区域尺寸约束	—	有	有	有
地基承载力约束	有	有	有	—
码头约束	有	有	有	—
SPMT 运输约束	有	—	—	—
驳船运输约束	有	有	有	有
浮吊吊装约束	有	—	—	有
导向结构约束	—	有	有	—

模块尺寸与重量约束值，为上述所有约束的最小值，并记为$\{M_R, L_R, B_R, H_R\}$，其中，M_R为模块最大重量约束，L_R为模块最大长度约束，B_R为模块最大宽度约束，H_R为模块最大高度约束。具体计算过程如下。

$$\begin{cases} M_R = \min\{M_{DR}, M_{FR}, M_{TR}, M_{BR}, M_{HR}\} \\ L_R = \min\{L_{CR}, L_{DR}, L_{FR}, L_{BR}, L_{GR}\} \\ B_R = \min\{B_{CR}, B_{DR}, B_{FR}, B_{BR}, B_{GR}\} \\ H_R = \min\{H_{CR}, H_{BR}, H_{HR}\} \end{cases} \tag{13-2}$$

式中：下标 C 代表非滑道区域尺寸约束；下标 D 代表码头约束；下标 F 代表地基承载力约束；下标 T 代表 SPMT 运输约束；下标 B 代表驳船运输约束；下标 H 代表浮吊吊装约束；下标 G 代表导向结构约束。

基于 FLNG 上部组块的结构特征，其框撑结构约束了模块的最小尺寸。为了确保模块的结构安全，模块的最小高度应不小于相邻甲板片的间距，模块的最小横向和纵向尺寸应不小于相邻立柱之间的间距。由此，可以得到模块的最小限制尺寸，并记为$\{L_m, B_m, H_m\}$，该值约束模块的最小尺寸。此时，划分出的各模块尺寸$\{L_i, B_i, H_i\}$需要满足下式。

$$\{L_m, B_m, H_m\} \leqslant \{L_i, B_i, H_i\} \leqslant \{L_R, B_R, H_R\} \tag{13-3}$$

2. 位置约束条件

FLNG 上部组块中存在一些不可划分区域，在这些区域不宜进行模块划分。位置约束条件以 FLNG 上部组块本身为出发点，重点考虑模块中的钢结构、设备、管道的限制。

（1）钢结构约束：根据 FLNG 上部组块的实际情况和力学分析，在某些梁、柱等承重结构位置处应尽量避免模块划分。

（2）设备约束：部分设备不可移位，也不可分割，在这些设备所在位置不可以进行模块划分。

（3）管道约束：避免分割部分重要的主管道，避免横剖不可移动的管道。

（4）功能完整性约束：避免对已知最小不可划分完整功能单元进行进一步划分，以保障上部组块的功能完整性。

上述位置约束条件，可以看作以上述结构或设备为中心点或中心线、以一定值为范围的禁止划分区域，该范围值由工程经验给出，在该区域内禁止分割。无论是中心点还是中心线构成的禁止划分区域，最终的形状都可以看作一个长方体，该区域限制的数学模型如下：

$$\begin{cases} x(i) < x_{\text{forbid}} - F_x, x(i) > x_{\text{forbid}} + F_x \\ y(i) < y_{\text{forbid}} - F_y, y(i) > y_{\text{forbid}} + F_y \\ z(i) < z_{\text{forbid}} - F_z, z(i) > z_{\text{forbid}} + F_z \end{cases} \tag{13-4}$$

式中：$x(i), y(i), z(i)$——第i个模块在划分区域上的任意一点；

$x_{\text{forbid}}, y_{\text{forbid}}, z_{\text{forbid}}$——位置限制区域中心点；

F_x, F_y, F_z——模块限制区域范围。

对于中心点构成的禁止划分区域而言，最终区域是立方体，其中F_x, F_y, F_z的值相同；而由中心线构成的禁止划分区域，最终区域是长方体，F_x, F_y, F_z的取值不同。

13.2.4 约束条件的应用

1)尺寸重量约束条件的应用

根据尺寸重量约束条件,确定模块最小分段个数。最小分段个数为在 x、y 和 z 方向上分段个数的最小值,实际模块划分应不小于该分段个数。具体参数包括最小模块总数$n_{\min}$、x 方向的最小分段数目$a_{\min}$、y 方向的最小分段数目$b_{\min}$以及 z 方向的最小分段数目$c_{\min}$,各参数采用下式进行估算。

$$\begin{cases}\{a_{\min}, b_{\min}, c_{\min}\} = \left[\dfrac{\{L, B, H\}}{\{L_{\mathrm{R}}, B_{\mathrm{R}}, H_{\mathrm{R}}\}}\right] \\ n_{\min} = a_{\min} b_{\min} c_{\min}\end{cases} \tag{13-5}$$

式中:$[x]$表示向上取整。

为了保证结构的安全,若$c_{\min} \geqslant 2$,即模块需要划分成多层时,垂向划分位置均设在各层甲板处。

基于 FLNG 上部组块的结构特征,为了确保结构模块划分易于进行,高度方向上的划分一般仅选在甲板片的位置。此外, FLNG 上部系统在设计时,船宽方向均从属同一系统,因此若尺寸满足要求,应尽量避免船宽方向的划分,若因约束不满足而必须划分,则仅在宽度方向上做$b_{\min}$次划分。由于模块划分后,在划分位置的初始结构需要进一步加强,因此,划分出的模块数量越多,模块尺寸就越小,钢结构重量在模块中所占的比例将随之增加。同时,模块数量增加将大大增加模块设计与安装难度,在设计时需要提前考虑钢结构的强度、管线的布置以及公差,安装时管道和钢结构的工作量也将成倍增加。因此, FLNG 上部组块的模块划分应在已知约束条件下,尽可能加大模块的尺寸,减少模块数量。综上所述,宽度方向的分段数 b 和高度方向的分段数 c 应满足下式。

$$\begin{cases} b = b_{\min} = \left[\dfrac{B}{B_{\mathrm{R}}}\right] \\ c = c_{\min} = \left[\dfrac{C}{C_{\mathrm{R}}}\right]\end{cases} \tag{13-6}$$

式中:$[x]$表示 x 向上取整。

2)位置约束条件的应用

位置约束条件最终将转换为二维环境地图中的障碍区域,在路径规划过程中需要时刻规避这些区域,以满足位置约束条件的限制。

13.2.5 模块划分方案的评估与决策

评估并选择模块划分方案是 FLNG 上部组块模块划分工作的最后一步,也是最重要的决策步。FLNG 的建造是一项系统性工程,单单从上部组块自身的角度出发很难得到项目整体最优的模块划分方案,因此在生产设计阶段需要对所有已知的模块划分方案进行评估与决策,站在项目整体的角度考虑模块划分方案的优劣,以保证模块划分方案的工程适用性。具体方法如下。

（1）构建 FLNG 上部组块模块划分方案评价指标体系。

（2）运用模糊层次分析法计算指标权重。

（3）通过改进的 TOPSIS 方法评价上部组块模块划分方案的优劣。

13.3　FLNG 上部组块模块化设计与优化方案决策

13.3.1　对象基本信息与环境构建

上部组块通过模型处理步骤，得到最小不可划分的子系统。以某 FLNG 液化子系统为例，对其进行模块划分。该液化子系统外轮廓尺寸为长 61.5 m、宽 36 m、高 50.5 m，总重 12 577 t，重心坐标为（25.2 m，13.99 m，12.94 m），如图 13-8 所示。

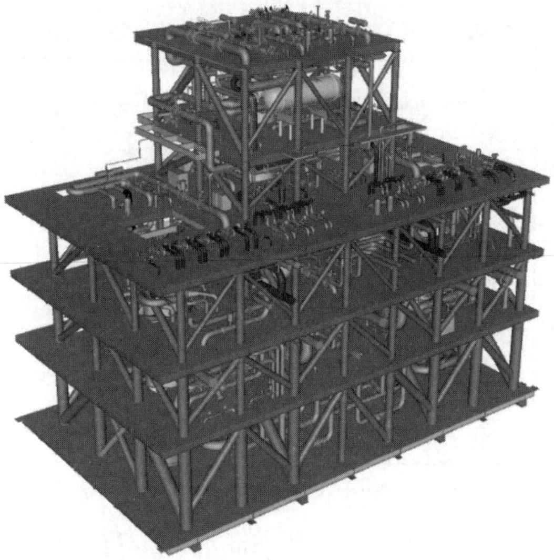

图 13-8　某 FLNG 液化子系统示意图

该液化子系统包括三个主要系统，分别为预冷单元、液化单元和过冷单元，其中的主要设备分别为预冷器、液化器、过冷器和接收器。该系统x方向上立柱间距为 10 m，y方向上立柱间距为 8 m，共有五层甲板片，各相邻层之间的高度差为 16 m、16 m、9 m 和 9.5 m。

1. 约束条件信息

以某公司场地为例，提出约束条件。

1）建造约束条件

最大的非滑道区域尺寸为 300 m × 85 m，青岛场地的非滑道区域无限高区域，此时取L_{C_R}为 300 m，B_{C_R}为 85 m。青岛场地的非滑道区域地基承载力为 150 t/m^2，由于可以增大墩垫的尺寸与数量以使模块满足地基承载力要求，该系统重 12 577 t，若要完全满足地基承载力要求，仅需要 83.85 m^2 的总墩垫面积，与整个系统底面积的 1 680 m^2 相去甚远，因此地基承载力在本例中不用考虑。

2)运输约束条件

当前场地 SPMT 数量充足,因此不对模块的重量做限制。假设此时可动用的驳船主尺度为总长 45 m、宽 20 m、型深 10 m,载重量为 5 000 t。由此,可取L_{B_R}为 45 m,B_{B_R}为 20 m,M_{B_R}为 6 000 t。其余如导向结构约束、钢结构约束等,均限制了模块的最小尺寸。此时,根据前文所述该系统钢结构的形式(包括立柱间距、甲板间距),可获得L_m为 10 m,B_m为 8 m,H_m为 9 m。

3)安装约束条件

浮吊采用蓝鲸号起重船。假设该 FLNG 浮体与浮吊进行吊装时,浮吊在吊装最外侧模块时所需求的最小吊径为该 FLNG 的型宽 61 m。蓝鲸号浮吊的最大起升高度为 105 m,最小起升高度为 63 m。在该工况下,蓝鲸号的起重量范围区间为[900 t, 4 732 t],显然当吊径为 61 m 时,起升高度为 105 m,可满足模块的安装,因此重量约束取为 4 732 t。

综上所述,整理上述约束条件,见表 13-2。

表 13-2 某 FLNG 液化子系统约束条件信息汇总

约束条件	重量约束	尺寸约束		
		长	宽	高
非滑道区域尺寸约束	—	<300 m	<85 m	—
地基承载力约束	满足	满足	满足	—
SPMT 运输约束	满足	—	—	—
驳船运输约束	<5 000 t	<45 m	<20 m	无
浮吊吊装约束	<4 732 t	<61 m	<61 m	<105 m
导向结构约束	—	>10 m	>8 m	—
钢结构约束	—	>10 m	>8 m	>9 m

根据前述公式,可得M_R =4 732 t,L_R =45 m,B_R =20 m,H_R =105 m,计算得到a_{min} =2,b_{min} =2,c_{min} =1。通过对 FLNG 上部组块结构特征的分析可知,模块在高度方向上$c = c_{min}$ =1,由于 FLNG 上部组块在船宽方向上的工艺流程基本一致,为了提高划分模块的功能完整性,应尽量避免宽度方向的划分,因此$b = b_{min}$ =2。同时,由于划分数量的增加将大大增加模块钢材用量,因此在长度方向上的划分应尽量减少,此时$a = a_{min}$ =2。此时,该 FLNG 的液化子系统在这种约束条件下,需要在长度方向上划分为 2 个模块,在宽度方向上划分为 2 个模块。总计模块数量n =4。

13.3.2 仿真环境地图构建

1. 环境地图基本信息

过小的栅格粒度会导致计算量大幅增加,过大的栅格粒度又会导致算法结果不准确。考虑到 FLNG 上部组块是基于钢结构的模块划分,因此,将栅格粒度取为该框撑结构的横梁宽度 0.3 m,此时可构建环境尺度为 205 × 120 的栅格地图。下面对该 FLNG 液化子系统的钢结构、设备、管线分别进行描述,并构建灰度地图。

2. 钢结构图层灰度地图

钢结构包括节点、框撑结构、板结构、支架结构与其他结构等内容，该液化子系统钢结构示意如图 13-9 所示。

图 13-9　某 FLNG 液化子系统钢结构示意图

对该液化模块的钢结构进行栅格化与灰度处理。首先读取该 FLNG 液化子系统数字模型中的钢结构模型特征，根据工程经验，将三个钢结构图层灰度参数α_s、β_s和γ_s分别取为 0.5、0.8 和 0.6，通过 Python 代码计算，获得长度方向与宽度方向模块划分时用到的灰度栅格地图，如图 13-10 所示。

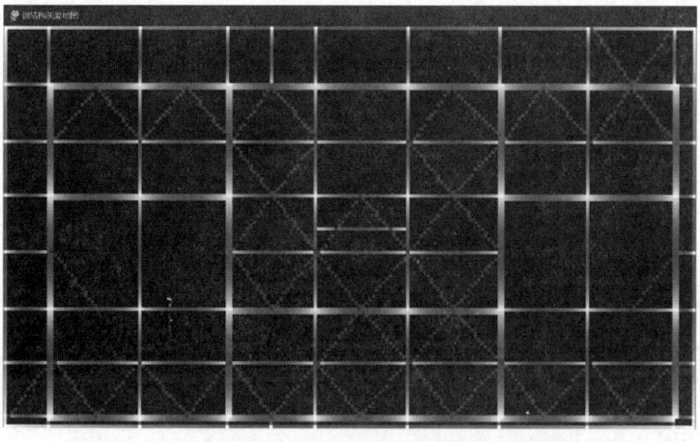

图 13-10　某 FLNG 液化模块钢结构灰度栅格地图

3. 设备图层灰度地图

该液化子系统包括三个主要单元，分别为预冷单元、液化单元和过冷单元，其中的主要设备分别为预冷器、液化器、过冷器和接收器，该液化子系统钢设备示意图如图 13-11 所示。为了便于观察各设备的相对位置及其在整个系统中的位置，这里将钢结构做了透明处理。

具体而言，通过该 FLNG 液化子系统数字模型中的设备模型，可以得到表 13-3 所示的设备信息。其中，预冷器、液化器和过冷器均位于第一层甲板片，且采用立式布置。接收器共包括三部分，分别是 MR1 接收器、MR2 接收器与 MR3 接收器，均采用卧式布置。

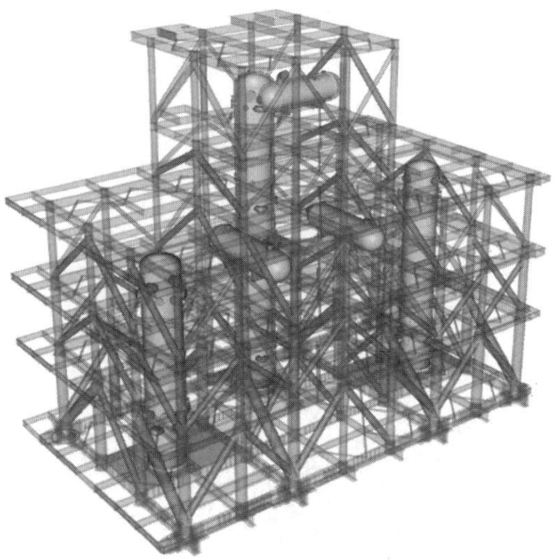

图 13-11　某 FLNG 液化子系统钢设备示意图

表 13-3　主要系统及设备信息

工艺单元名称	设备名称	所属层数	布置方式	内径或宽度/m	切线间长度/m	切线间高度/m	位置坐标/m	设备总重/t
预冷单元	预冷器	第一层甲板	立式	4.916	—	23.93	(11, 20.1)	388
液化单元	液化器	第一层甲板	立式	4.568	—	27.89	(53.3, 20.1)	445
过冷单元	过冷器	第一层甲板	立式	4.870	—	41.6	(32, 10.2)	580
	MR1 接收器	第三层甲板	卧式	4	11.5	—	(23.7, 19.8)	88
	MR2 接收器	第三层甲板	卧式	3.6	10.2	—	(40.8, 19.8)	97
	MR3 接收器	第五层甲板	卧式	3.1	10	—	(32, 20)	108

对该液化子系统设备做栅格化与灰度处理，首先需要对辐射半径进行赋值，鉴于工程经验，这里将辐射半径γ_e设为 1.5 m，此时，设备辐射栅格的范围为 5 个栅格；随后输入设备模型特征，通过 Python 代码计算，获得长度方向与宽度方向模块划分时用到的灰度栅格地图（图 13-12）。

4. 管道图层灰度地图

该液化子系统包括大量的管道，为了便于观察各管道的相对位置及其在整个系统中的位置，这里将钢结构做了透明处理，该 FLNG 液化子系统的管道示意图如图 13-13 所示。

图 13-12　某 FLNG 液化模块设备灰度栅格地图

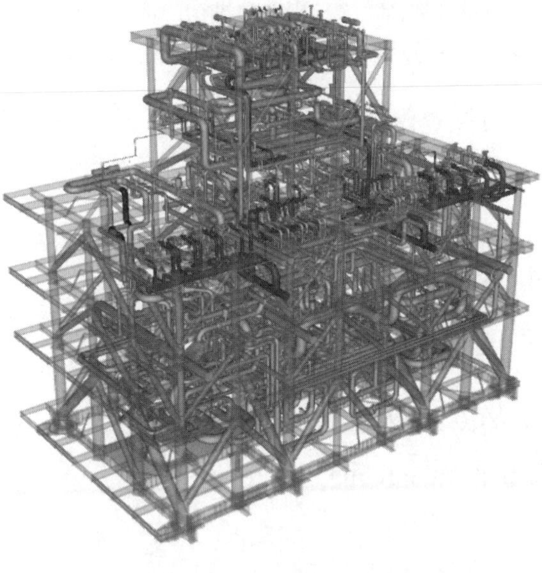

图 13-13　某 FLNG 液化子系统管道示意图

在划分该 FLNG 时，仅考虑长度方向与宽度方向的划分，因此仅需要进行栅格化与灰度处理。首先，读取该 FLNG 液化子系统数字模型中的管道模型特征，计算每个栅格处的灰度。鉴于工程经验，取管道灰度系数μ_p为 0.8，获得长度方向与宽度方向模块划分时用到的管道灰度栅格地图，如图 13-14 所示。

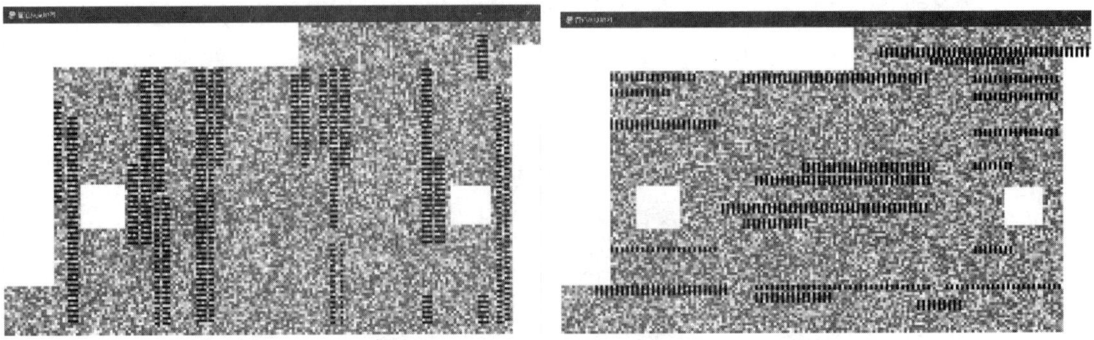

（a）　　　　　　　　　　（b）

图 13-14　某 FLNG 液化子系统管道灰度栅格地图

（a）长度方向划分　（b）宽度方向划分

13.3.3　仿真对象模块划分

1. 算法参数设置

1）多目标函数设置

在已处理完的灰度栅格地图基础上进行模块划分。在此之前，需要对各灰度地图进行赋权处理。基于工程经验，将各权重分别设置为：$\omega_1=0.1$，$\omega_2=0.5$，$\omega_3=0.3$，$\omega_4=0.1$。此时，启发函数η_{xy}为

$$\eta_{xy}=\frac{0.1}{d_{xy}}+0.5\varepsilon_{\mathrm{e}}+0.3\varepsilon_{\mathrm{s}}+0.1\varepsilon_{\mathrm{p}} \tag{13-7}$$

式中：d_{xy}——所在栅格（x,y）到目标点的距离。

此时优化的目标函数$F(K)$为

$$F(K)=\sum_{(i,j)}^{K}\left(\frac{0.5}{\varepsilon_{\mathrm{e},(i,j)}+1}+\frac{0.3}{\varepsilon_{\mathrm{s},(i,j)}+1}+\frac{0.1}{\varepsilon_{\mathrm{p},(i,j)}+1}\right) \tag{13-8}$$

式中：$\varepsilon_{\mathrm{e},(i,j)}$——栅格（$i,j$）处的设备灰度系数；

$\varepsilon_{\mathrm{s},(i,j)}$——栅格（$i,j$）处的结构灰度系数；

$\varepsilon_{\mathrm{p},(i,j)}$——栅格（$i,j$）处的管道灰度系数。

2）蚁群参数设置

根据蚁群算法的特点，本书设置了多个参数并进行了多次求解，得到较为合理的参数设置。此时，蚁群总数为 2 000，信息素启发因子 α 设为 0.55，期望启发因子 β 为 0.45，自适应挥发因子调节系数 λ 设为 0.000 5，自适应挥发因子最小值 $\rho_{\max}$ 设为 0.3，初始自适应挥发因子 $\rho(0)$设为 0.1。

初始迭代次数N_0设置为 1 000 次，计算可得宽度方向模块划分的终止迭代次数为 776 次，长度方向上的初始迭代次数为 573 次。

2. 初始化信息素

在开始对该 FLNG 液化子系统进行模块划分前，需要根据改进蚁群算法对初始信息素分布进行更新。传统蚁群算法将全局相同的信息素作为初始信息素，不利于蚁群算法找到最优

路径。因此引入改进人工场势法，对初始信息素分布进行重新计算，计算后的初始信息素分布如图 13-15 所示，由于需要对长度方向与宽度方向进行重新划分，因此计算了两次初始信息素，分别如图 13-15(a)与图 13-15(b)所示。

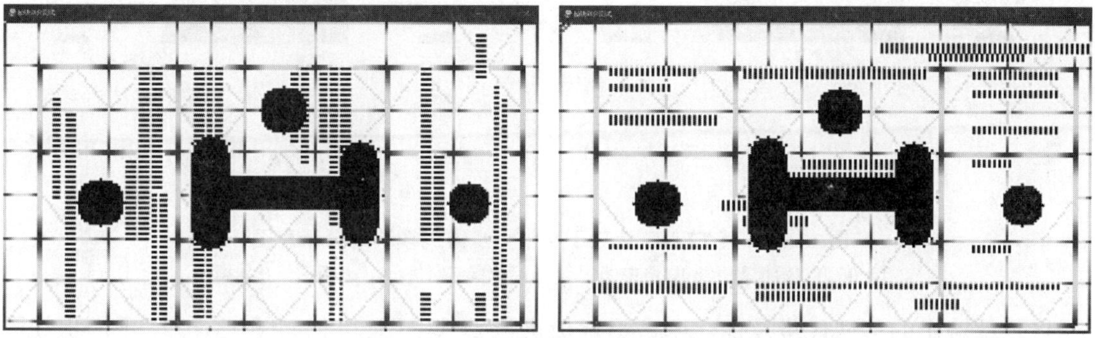

(a)　　(b)

图 13-15　某 FLNG 液化子系统模块划分初始信息素分布

(a)长度方向划分　(b)宽度方向划分

完成对初始信息素的重新分布后，即可进行最终的模块划分。

3. 运行过程与结果分析

首先，对该 FLNG 液化子系统的宽度方向进行模块划分，根据各种限制条件可知，该 FLNG 液化子系统在宽度方向上需要划分成两个模块，且模块最小宽度不小于 9 m，最大宽度不大于 20 m。随后，根据 FLNG 模块划分数学模型，将蚁群起始坐标设为(0，0)，终止坐标设为(204，0)，这表示蚁群将从(0，0)点出发，通过预设的栅格并达到终点(204，0)，蚁群走过的路径即为模块划分的路径。

将上述参数与信息输入编写好的系统后，蚁群立即开始路径的寻找，如图 13-16(a)所示；通过不断迭代，蚁群将集中于信息素较高的路径，如图 13-16(b)、(c)所示；最终，蚁群达到终止条件，完成模块划分，最终划分结果如图 13-16(d)所示。

(a)　　(b)

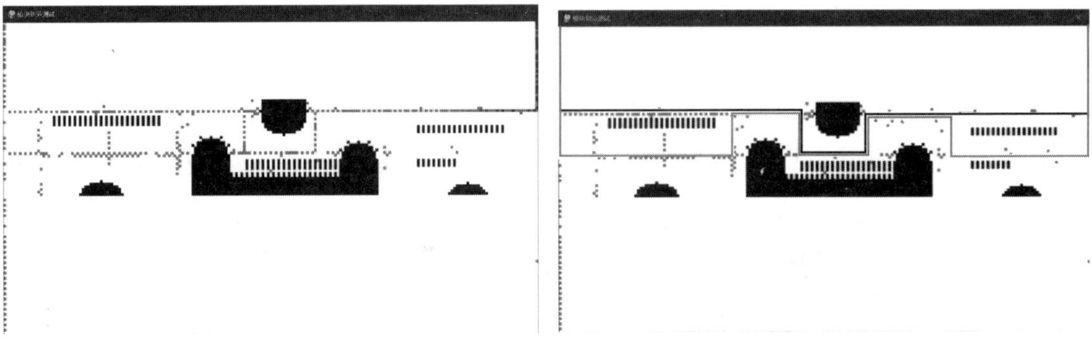

（c） （d）

图 13-16　某 FLNG 液化子系统宽度方向模块划分示意图

（a）蚁群初始状态　（b）蚁群中期状态　（c）蚁群末期状态　（d）算法终止状态

将软件输出的各迭代步及优化函数最优值进行整理绘图，得到如图 13-17 所示的折线图。经过 429 次迭代发现最优解，直至完成 577 次达到终止条件并收敛，此时优化函数取值为 0.923 212，此时的路径如图 13-16（d）灰线所示。当重复进行验证时，发现存在另一条划分路径，如图 13-16（d）黑线所示，此时优化函数取值与前一种划分路径结果相近，并在当优化函数取值为 0.923 203 时收敛。为了确保划分算法能够充分地挖掘所有最优解，将两个结果均作为该宽度方向上模块划分的最优路径。

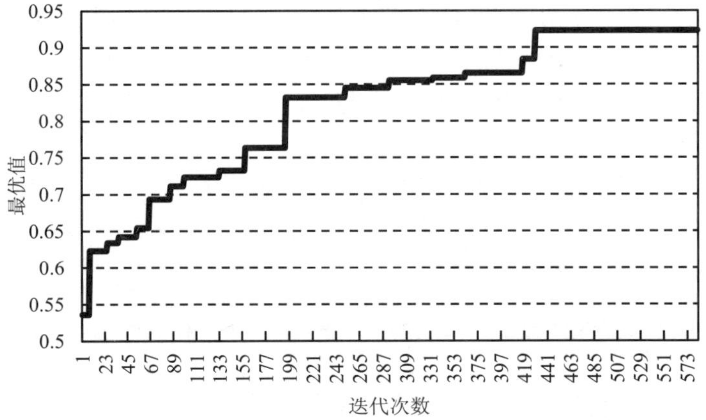

图 13-17　宽度方向模块划分算法迭代情况

随后，对该 FLNG 液化子系统的长度方向进行模块划分，根据各种限制条件可知，该 FLNG 液化子系统在长度方向上需要划分成两个模块，且模块最小长度不小于 10 m，最大长度不大于 45 m。根据 FLNG 模块划分数学模型，将蚁群起始坐标设为（0，0），终止坐标设为（0，119），这表示蚁群将从（0，0）点出发，通过预设的栅格并达到终点（0，119），蚁群走过的路径即为模块划分的路径。

在对长度方向进行模块划分时，需要计算划分后模块的重量是否满足限制条件，由于上部组块重量计算复杂，只能进行预估，方法如下。

（1）计算上部组块的无设备重量 $\overline{M}$。获取上部组块的重量 M，将该重量 M 减去该上部组块中的所有设备重量 M_E，得到上部组块的无设备重量 $\overline{M}$。

（2）计算模块的无设备重量$\overline{M_i}$。根据模块体积与上部组块原始体积的比值，估算获得划分出模块的无设备模块重量$\overline{M_i}$。

（3）计算模块的预估重量M_i。若划分出的模块内包含某些设备，则在无设备模块重量$\bar{M}_i$的基础上加上这些设备的重量，最终得到划分出模块的预估重量M_i。

由于重量M_i是在 FLNG 上部组块内重量分布均匀的前提下估算得到的，因此需要乘某一折减系数μ_M后，与重量约束条件M_R进行比较，当满足公式时，保留该蚂蚁的路径，否则舍弃该蚂蚁的路径。

$$\mu_M M_i \leqslant M_R \tag{13-9}$$

将上述参数与信息输入编写好的系统后，蚁群立即开始路径的寻找（图 13-18（a））；之后蚁群将集中于信息素较高的路径（图 13-18（b）（c））；最终，蚁群达到终止条件，完成模块划分，最终划分结果如图 13-18（d）所示。

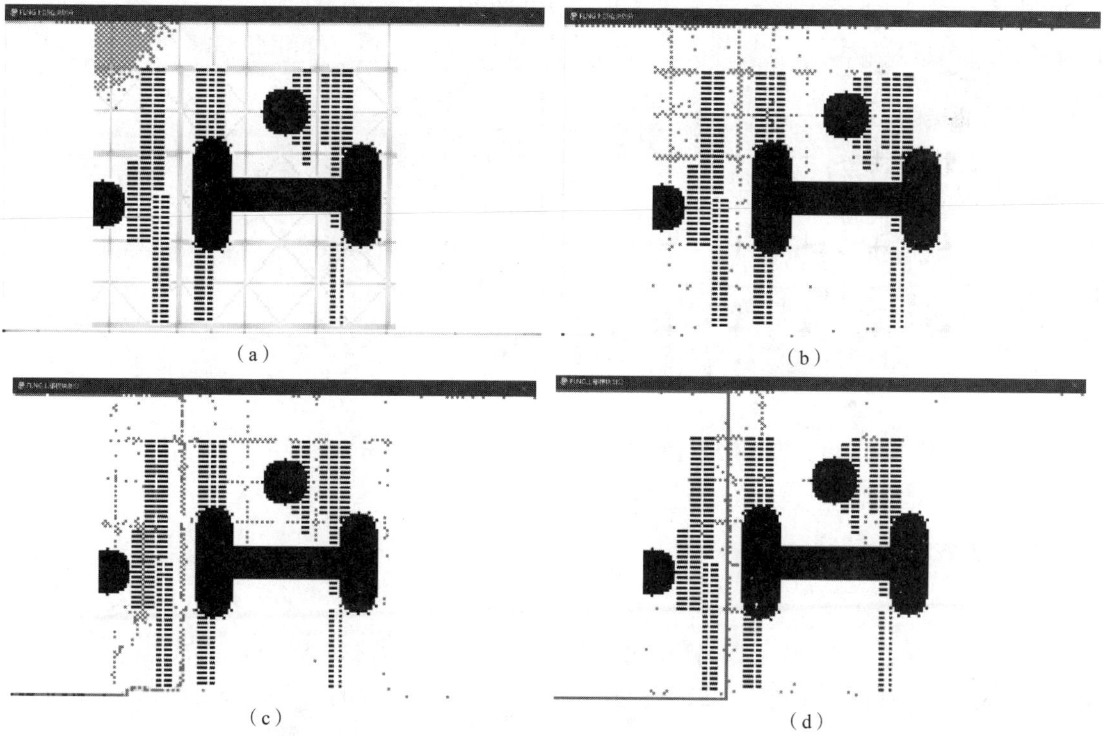

（a）　（b）　（c）　（d）

图 13-18　某 FLNG 液化子系统长度方向模块划分示意图

（a）蚁群初始状态　（b）蚁群中期状态　（c）蚁群末期状态　（d）算法终止状态

将软件输出的各迭代步及优化函数最优值进行整理绘图，得到如图 13-19 所示的折线图。经过 534 次迭代发现最优解，直至完成 776 次达到终止条件并收敛，此时优化函数取值为 0.984 531。

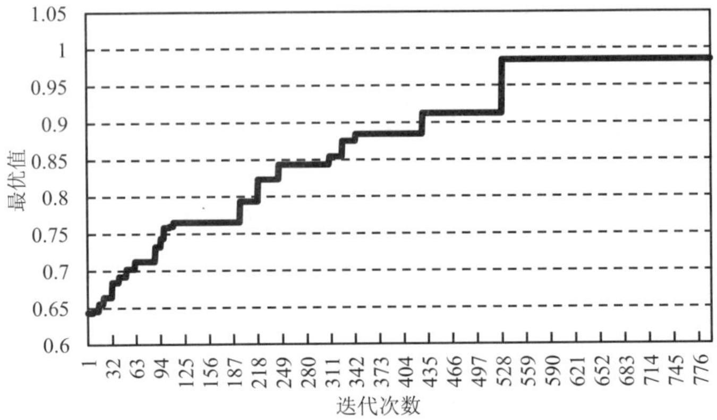

图 13-19　长度方向模块划分算法迭代情况

综上所述，基于该优化函数，算法寻优后得到了两个最优解，分别如图 13-20(a)和图 13-20(b)所示。此时，合理评估和决策选出最优方案就显得尤为重要。

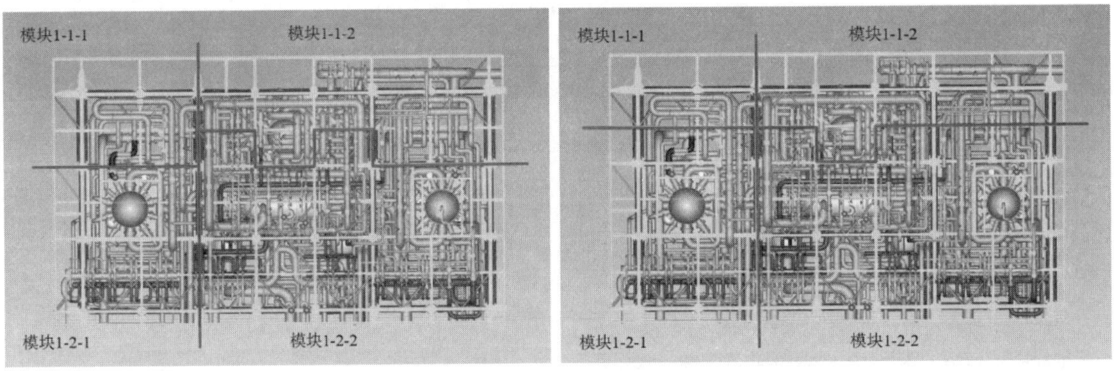

(a)　　(b)

图 13-20　某 FLNG 液化子系统模块划分方案

(a)划分结果 A　(b)划分结果 B

13.3.4　方案评估与决策

1. 指标权重计算

在对方案进行评估与决策前，需要对评价指标体系中的各指标进行权重赋值。

首先对二级指标层 B-C 下的指标进行两两比较，由专家打分给出模糊评价矩阵，如表 13-4~表 13-8 所示。

表 13-4　B1-C 模糊评判矩阵

	系统功能完整性(C1)			承重梁柱完整性(C2)			设备配套完整性(C3)		
C1	1.00	1.00	1.00	0.33	0.50	1.00	1.00	2.00	3.00
C2	1.00	2.00	3.00	1.00	1.00	1.00	1.00	2.00	3.00
C3	0.33	0.50	1.00	0.33	0.50	1.00	1.00	1.00	1.00

表 13-5　B2-C 模糊评判矩阵

	建造场地利用率（C4）			加工能力利用率（C5）			轴线车资源利用率（C6）		
C4	1.00	1.00	1.00	0.33	0.50	1.00	1.00	1.00	1.00
C5	1.00	2.00	3.00	1.00	1.00	1.00	1.00	1.00	1.00
C6	1.00	1.00	1.00	1.00	1.00	1.00	1.00	1.00	1.00

表 13-6　B3-C 模糊评判矩阵

	重心位置偏移量（C7）			轴线车布置难度（C8）			模块装船难度（C9）		
C7	1.00	1.00	1.00	1.00	1.00	1.00	1.00	1.00	1.00
C8	1.00	1.00	1.00	1.00	1.00	1.00	0.33	0.50	1.00
C9	1.00	1.00	1.00	1.00	2.00	3.00	1.00	1.00	1.00

表 13-7　B4-C 模糊评判矩阵

	钢结构接口数量（C10）			管道接口数量（C11）		
C10	1.00	1.00	1.00	1.00	1.00	1.00
C11	1.00	1.00	1.00	1.00	1.00	1.00

表 13-8　B5-C 模糊评判矩阵

	项目整体成本（C12）			项目整体工期（C13）		
C12	1.00	1.00	1.00	1.00	1.00	1.00
C13	1.00	1.00	1.00	1.00	1.00	1.00

对于 C1、C2 和 C3 而言，C1 与 C1 相比重要度取（1，1，1），C2 相比于 C1 的优先级模糊值为（1.00，2.00，3.00），表明 C2 相较于 C1 重要度在 1~2 之间的隶属度是逐渐增加的，C2 相较于 C1 重要度在 2~3 之间的隶属度则是逐渐减小的。类似地，C3 相比于 C1 的优先级模糊值为（0.33，0.50，1.00），表明 C3 相较于 C1 重要度在 0.33~0.5 之间的隶属度是逐渐增加的，C2 相较于 C1 重要度在 0.50~1.00 之间的隶属度则是逐渐减小的，如图 13-21 所示。通过以上三角模糊运算处理，各评价指标之间的权重不再仅由一个确定的数值表示，而是利用概率的形式描写指标间复杂的相互关系，以此更加客观地反映事物本质。

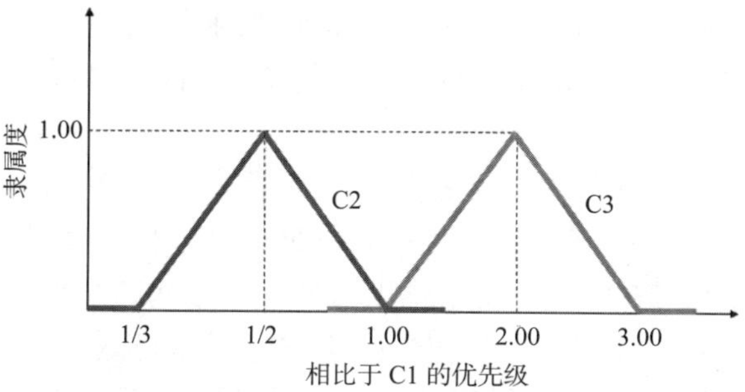

图 13-21　C2、C3 相比于 C1 的优先级示意图

同理给出一级指标层 A-B 的模糊评价矩阵，见表 13-9。

表 13-9　A-B 模糊评判矩阵

	结构功能完整性（B1）			场地资源利用率（B2）			运输吊装效率（B3）			施工装配难度（B4）			成本工期影响（B5）		
B1	1.00	1.00	1.00	1.00	2.00	3.00	1.00	2.00	3.00	1.00	2.00	3.00	1.00	1.00	1.00
B2	0.30	0.50	1.00	1.00	1.00	1.00	1.00	1.00	1.00	1.00	1.00	1.00	1.00	1.00	1.00
B3	0.30	0.50	1.00	1.00	1.00	1.00	1.00	1.00	1.00	1.00	2.00	3.00	1.00	1.00	1.00
B4	0.30	0.50	1.00	1.00	1.00	1.00	0.30	0.50	1.00	1.00	1.00	1.00	0.30	0.50	1.00
B5	1.00	1.00	1.00	1.00	1.00	1.00	1.00	1.00	1.00	1.00	2.00	3.00	1.00	1.00	1.00

根据上述模糊评判矩阵，结合模糊层次分析法中的三角模糊数评判过程中的计算方法，便可以获得上述指标的权重，汇总后如表 13-10 所示。

表 13-10　指标权重汇总

一级指标 B	二级指标 C
B1 结构功能完整性（$w_1 = 0.32$）	C1 系统功能完整性（$w_{1,1} = 0.35$）
	C2 承重梁柱完整性（$w_{1,2} = 0.45$）
	C3 设备配套完整性（$w_{1,3} = 0.20$）
B2 场地资源利用率（$w_2 = 0.13$）	C4 建造场地利用率（$w_{2,4} = 0.20$）
	C5 加工能力利用率（$w_{2,5} = 0.55$）
	C6 轴线车资源利用率（$w_{2,6} = 0.25$）
B3 运输吊装效率（$w_3 = 0.21$）	C7 重心位置偏移量（$w_{3,7} = 0.25$）
	C8 轴线车布置难度（$w_{3,8} = 0.5$）
	C9 模块装船难度（$w_{3,9} = 0.55$）
B4 施工装配难度（$w_4 = 0.11$）	C10 钢结构接口数量（$w_{4,10} = 0.50$）
	C11 管道接口数量（$w_{4,11} = 0.50$）
B5 成本工期影响（$w_5 = 0.23$）	C12 项目整体成本（$w_{5,12} = 0.50$）
	C13 项目整体工期（$w_{5,13} = 0.50$）

由指标权重可知，在当前实例中更加注重结构功能完整性、成本工期影响以及运输吊装效率。其中，承重梁柱完整性是结构功能完整性中最重要的参数，模块装船难度为运输吊装效率中最重要的要素，项目整体工期与成本在成本工期影响中同等重要。

2. 方案评估、决策

划分结果 A 与划分结果 B 的主要区别体现在承重梁柱、模块尺寸与重量、结构接口的数量方面，其他部分差距不大。因此，这里主要集中对承重梁柱完整性（C2）、加工能力利用率（C5）、轴线车资源利用率（C6）、模块装船难度（C9）、钢结构接口数量（C10）、管道接口数量（C11）以及项目整体成本（C12）与项目整体工期（C13）等指标进行分析。其中，项目整体成本（C12）与项目整体工期（C13）仅通过钢结构变化量来预估，钢结构数量增加得越多，成本和工期也就越高。

划分结果 A 相较于划分结果 B,模块 1-1-2 与模块 1-2-2 相邻位置的路径更长且更曲折,这会增加更多的钢材来加固钢结构,同时模块形状变得不够规则导致后期施工难度加大,增加了施工工期与成本。这里简单估算钢材增加量对承重梁柱完整性的影响。其中,划分结果 A 估算系数为 0.12,较划分结果 B 的估算系数增加 0.02。但是,划分结果 A 的模块尺寸与模块重量比划分结果 B 更均匀,从而降低了轴线车与装船的难度。由于最大模块的尺寸与重量相应减小,因此轴线车资源的占用也随之降低。

从钢结构接口来看,划分结果 A 的钢结构接口比划分结果 B 更多,按节点数量来看,划分结果 A 的节点数目为 96 个,比划分结果 B 多 16 个(其中模块 1-1-2 与模块 1-2-2 各多 8 个节点);从管道接口来看,划分结果 A 的管道接口数量为 48 个,比划分结果 B 要少 12 个,这是由于划分结果 A 的划分路径主要经过的是少量的主管道,而划分结果 B 的划分路径经过了较多的小管道。

综上所述,对各指标进行赋值后,可以构建两个比较对象的初始矩阵 $\boldsymbol{X}$,如下所示。部分不好量化的参数值(如场地资源利用率和运输吊装效率等一级指标下的二级指标取值)由专家给出,由于篇幅有限,这里将所有值都写成比较值而不是真实值。

$$\boldsymbol{X}=\begin{bmatrix}1 & 1.2 & 1 & 1 & 1.1 & 0.9 & 1 & 1 & 0.9 & 1.1 & 0.8 & 1.1 & 1.1\\ 1 & 1 & 1 & 1 & 1 & 1 & 1 & 1 & 1 & 1 & 1 & 1 & 1\end{bmatrix} \tag{13-10}$$

随后,对初始矩阵 $\boldsymbol{X}$ 做正向化处理,并计算出两个比较对象的目标决策矩阵$\boldsymbol{X}'$:

$$\boldsymbol{X}'=\begin{bmatrix}1 & 1.2 & 1 & 1 & 0.91 & 1.11 & 1 & 1 & 1.11 & 0.91 & 1.25 & 0.91 & 0.91\\ 1 & 1 & 1 & 1 & 1 & 1 & 1 & 1 & 1 & 1 & 1 & 1 & 1\end{bmatrix} \tag{13-11}$$

通过余弦距离对目标决策矩阵 $\boldsymbol{X}'$ 进行归一化处理,最后构建标准化矩阵 $\boldsymbol{Z}$:

$$\boldsymbol{Z}=\begin{bmatrix}0.71 & 0.77 & 0.71 & 0.71 & 0.67 & 0.74 & 0.71 & 0.71 & 0.74 & 0.67 & 0.78 & 0.67 & 0.67\\ 0.71 & 0.64 & 0.71 & 0.71 & 0.74 & 0.67 & 0.71 & 0.71 & 0.67 & 0.74 & 0.62 & 0.74 & 0.74\end{bmatrix} \tag{13-12}$$

导入 B-C 层指标权重,计算得到一级指标标准化矩阵 $\boldsymbol{Z}'$:

$$\boldsymbol{Z}'=\begin{bmatrix}0.735 & 0.697 & 0.727 & 0.720 & 0.673\\ 0.678 & 0.716 & 0.686 & 0.691 & 0.740\end{bmatrix} \tag{13-13}$$

根据一级指标标准化矩阵 $\boldsymbol{Z}'$,计算正理想解 $\boldsymbol{Z}'^{+}$与负理想解 $\boldsymbol{Z}'^{-}$:

$$\begin{gathered}\boldsymbol{Z}'^{+}=\begin{bmatrix}0.735 & 0.716 & 0.727 & 0.720 & 0.740\end{bmatrix}\\ \boldsymbol{Z}'^{-}=\begin{bmatrix}0.678 & 0.697 & 0.686 & 0.691 & 0.673\end{bmatrix}\end{gathered} \tag{13-14}$$

计算各评价对象和正理想解的接近程度D_i^+以及和负理想解的接近程度D_i^-,并计算两个比较对象的最终得分C_i:

$$\begin{cases}C_{\mathrm{A}}=0.543\\ C_{\mathrm{B}}=0.457\end{cases} \tag{13-15}$$

由结果可知,$C_{\mathrm{A}}>C_{\mathrm{B}}$。此时,划分结果 A 比划分结果 B 更加优异,因此可以选择划分结果 A 作为最终的模块划分最优方案。

为了能够更直观地展示各方案的优劣,分别绘制划分结果 A 与划分结果 B 的雷达图,如

图 13-22 所示。其中，划分结果 A 在结构功能完整性、施工装配难度与运输吊装效率上占优，划分结果 B 在工期成本影响、场地资源利用率上占优。

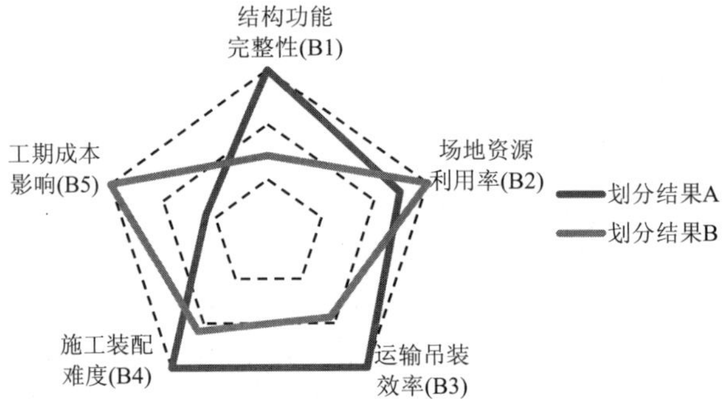

图 13-22 模块划分方案评价雷达图

此时，假设将上述部分一级指标权重做变动，变动后的指标权重见表 13-11。此时，决策者更加关注场地资源利用率与成本工期影响两个指标。

表 13-11 指标权重汇总

一级指标 B	结构功能完整性（B1）	场地资源利用率（B2）	运输吊装效率（B3）	施工装配难度（B4）	成本工期影响（B5）
权重值	0.13	0.32	0.16	0.11	0.28

接下来计算各评价对象和正理想解的接近程度D_i^+以及和负理想解的接近程度D_i^-，并计算两个比较对象的最终得分C_i：

$$\begin{cases} C_{\mathrm{A}} = 0.432 \\ C_{\mathrm{B}} = 0.568 \end{cases} \tag{13-16}$$

由结果可知，$C_{\mathrm{B}} > C_{\mathrm{A}}$。此时，划分结果 B 比划分结果 A 更加优异。可以看出，对于不同的指标权重，最终的结论也会有所不同。这从侧面印证出不同划分结果在不同条件下的区别，因此没有最好的方案，只有最合适的方案，这也印证了在 FLNG 上部组块模块划分的最后进行方案评估与决策的重要性和必要性。

第14章　基于智能算法的船海工程结构优化设计

14.1　结构优化概述

14.1.1　结构优化设计

结构优化设计（Structural Optimum Design，SOD）最早起源于1869年的Maxwell理论，它属于一门交叉学科。目前，其已在交通、机械、建筑、电子等多领域广泛应用。

结构优化设计是设计者根据设计要求和预定目标，在满足约束条件的前提下求出工程结构最优方案的设计方法。作为一种新兴的、科学的设计方法，该方法将传统的结构设计过程，由“假设—分析—校核—重新设计”转化为“假定—分析—搜索—最优设计”。其中的搜索过程是修改并优化的过程。它首先判断设计方案是否达到最优（包括满足各种给定的条件），若不是，则按某种规则进行修改，以求逐步达到预定的最优指标。优化设计所得结果不仅是“可行的”，而且是“最优的”。这里所说的“最优”是相对设计者预定要求而言的。随着科学技术的发展及设计条件的变动，最优的标准也将发生变化。

结构优化设计的目的是得到既满足使用要求又保证安全的最为经济的结构，它将数学的最优化理论结合计算机技术应用于结构设计。这种新型设计方法理论综合性很强，其发展是计算力学、数学规划、计算机科学以及工程学科交叉、渗透的结果，它使得结构设计由被动分析、校核上升为主动设计、优化。

1. 结构优化设计的概念

结构优化设计涉及以下概念。

（1）设计变量。优化设计中待确定的描述结构特性的某些参数，称为设计变量。一个结构的设计方案是由若干个变量描述的，这些变量可以是构件的截面尺寸，如面积、惯性矩等几何参数，也可以是结构的形状布置几何参数，如高度、跨度等，还可以是结构材料的力学或物理特性参数。这些参数中的一部分是按照某些具体要求事先给定的，它们在最优化设计过程中始终保持不变，称为预定参数；另一部分参数在最优化设计过程中是可以变化的量，即为设计变量。设计变量是最优化设计数学模型的基本成分，是最优化设计最终所需确定的参数。

（2）目标函数。优化设计时判别设计方案优劣的数学表达式称为目标函数。它是设计变量的函数，它代表所设计结构的某个最重要的特征或指标。优化设计就是从许多的可行设计中，以目标函数为标准，找出这个函数的极值（极小值或极大值），从而选出最优设计方案。结构的体积、刚度、承载力、造价、自振特性等都可以根据需要作为优化设计中的目标函数。

（3）约束条件。优化设计寻求目标函数极值时的某些限制条件，称为约束条件。它反映有关设计规范、计算规程、运输、安装、施工、构造等各方面的要求，有的约束条件还反映优化设计者的设计意图。大体上说，约束可以分为两大类，即几何约束和性态约束。几何约束是在几何尺寸方面对设计变量加以限制，如构件截面尺寸约束、预应力混凝土的裂缝约束等。性态约束是对结构的工作性态所施加的一些限制，如强度约束、刚度约束、稳定性约束、频率约束等。

2. 结构优化设计的主要特点

区别于一般的优化问题，结构优化设计具有如下特点。

（1）结构优化受多方面制约（环境、荷载、几何特性、材料、施工费用等），往往十分复杂。必须抓住问题的主要方面和主要矛盾，删繁就简，进行抽象，形成数学模型，才能实施优化。因此，优化设计的价值与有效性取决于所用的数学模型与相应的寻优算法，此外还与所选用的设计变量、所考虑的约束条件和规定的目标或评价函数有密切关系。优化提供的最优解或最优设计只是一个相对的最优结构，它仅在所选用的约束与评价函数下才是最优的。

（2）结构优化设计多属于离散变量优化问题，但又存在一些连续变量，这给优化设计带来很大的困难。离散变量优化问题的基本特点是变量取值的离散性，可行解集在设计空间中呈散点状分布，即可行域为可行离散解集。数学模型中的目标函数和约束函数不再具有连续性和可微性，原有连续变量优化中的许多有效的解析算法（如各种梯度型算法）无法应用。另外，离散变量优化的数学模型必然属于非凸规划，使各种对偶算法在很大程度上失去有效性，解析数学不易求解离散变量优化问题，需要采用组合数学的方法，而这些方法大多属非多项式算法，即出现所谓的 NP 困难问题。

（3）结构优化设计的数学模型一般为约束优化问题，且约束条件常为隐式约束，求解时需要做大量的结构重分析工作，计算量很大。

（4）就优化的对象而言，结构优化设计大致可分为三个层次，即结构的材料优选和结构类型的选择、结构布局优化（包括结构的拓扑优化和结构形状优化等）、结构的截面尺寸优化等。就结构优化的内容而言，其可分为结构的静力优化与结构的动力优化、单一目标的优化与多目标的优化等。目前一般优化设计都是针对特定结构的特定优化水平进行的，由于优化问题本身的复杂性、优化设计水平的局限性以及计算能力的不足，针对结构全过程的优化很难实现。

（5）结构优化的思想始终贯穿结构设计的整个过程。

3. 结构优化设计的数学模型

结构优化设计的数学模型所用的参数为设计变量、目标函数、约束条件。对于结构优化设计问题，数学模型直接关系到优化的效果。所以，结构优化设计的一项重要内容是建立正确的数学模型。

结构优化设计的数学模型如下。

设计变量为

$$x=[x_1, x_2, \cdots, x_n]^{\mathrm{T}} \tag{14-1}$$

满足约束条件

$$\begin{cases} g_i(x)\leqslant 0 & (i=1,2,\cdots,p) \\ h_j(x)=0 & (j=1,2,\cdots,q) \end{cases} \tag{14-2}$$

使目标函数

$$F(x)\rightarrow \min(\text{最小}) \tag{14-3}$$

式中，由 p 个不等式约束和 q 个等式约束规定了问题的可行域。

用最优化方法求得的一组设计变量$x^* = [x_1^*, x_2^*, \cdots, x_n^*]^T$代表一个最优设计方案，称为最优设计点，对应一个最优目标函数值

$$F^* = F(x_P^*) = F(x_1^*, x_2^*, \cdots, x_n^*) \tag{14-4}$$

最优点和最优目标函数值构成一个优化问题的最优解。若目标函数$F(x)$和约束表达式$g_i(x) \leqslant 0$，$h_j(x) = 0$都是设计变量x_1、x_2、x_n的线性函数，那么这样的优化问题称为线性规划问题，否则称为非线性规划问题。

结构优化设计参量部分以变量出现，在满足规范的前提下，形成全部可能的结构设计方案域。结构优化设计要求利用数学手段，按设计者预定的要求，从域中选出一个可行且最好的设计方案。优化设计需根据既定的结构类型及形式、工况、材料和规范所规定的各种约束条件，建立优化的数学模型。为了将结构优化技术应用于实践，除了建立可靠的优化模型外，还需要采用适当的优化算法求解数学模型，从而实现结构优化的目的，使设计既满足安全性、适用性和耐久性的要求，又满足经济性的要求。

14.1.2　传统的结构优化设计方法

1. 传统优化方法

实际工程结构优化问题中，约束条件和目标函数多为非线性隐式函数，优化方法的选用至关重要。传统的结构优化设计方法主要有准则法和数学规划法。准则法是最先发展起来的一种结构优化设计方法，从 20 世纪 50 年代末开始用于工程结构设计，60 年代得到发展，至今仍然是实际工程中常用的一种结构优化方法。该方法从工程观点出发，首先提出结构达到优化设计时应满足的某些准则，如满应力准则、强度准则、刚度准则和能量准则等，然后采用迭代方法求出满足这些准则的解。最优准则法也可以处理位移、自振频率、弹性稳定等方面的约束条件，通常是从 Kuhn-Tucker 条件出发建立准则方程。该方法的主要特点是收敛速度快，重分析次数与设计变量数目无直接关系，计算量不大，但其理论尚有欠缺，适用范围也有局限性，主要用于结构布局及几何形状已定的情况。数学规划法是从结构力学的基本原理出发，运用数学规划和优选法等方法寻找最优解。该方法是 20 世纪 40 年代后期发展起来的。1960 年，Schmit 提出将结构分析的有限元法与结构优化设计的数学规划法结合，从而把数学规划引进结构设计领域以处理含不等式约束条件的结构优化问题，首次构造了多工况作用下弹性结构优化设计的数学模型并提出可应用数学规划求解的方法。结构优化设计很快发展为一门独立的学科。数学规划法主要有线性规划、非线性规划、动态规划、几何规划。线性规划、非线性规划是求设计变量在约束条件限制下目标函数极值的方法；动态规划是把所研究的问题分成各个阶段，利用递推关系依次做出最优决策的方法；几何规划是在目标函数的各个部分中寻求分配总目标函数值的最优方案的方法。

2. 传统方法的不足

工程优化本质上是一门交叉学科，传统的优化设计方法越来越难以适应，其局限性主要体现在以下五个方面。

（1）对目标函数和约束条件的要求限制了算法的应用范围。传统的优化方法通常要求目标函数和约束函数式为连续可微的解析函数，有的甚至要求这些函数是高阶可微的，如牛顿法。优化设计实践中，这样的条件往往很难满足。

(2)局部最优问题。传统优化方法多根据目标函数的局部展开性确定下一步搜索的方向,这与搜索全局最优解的目标在一定程度上是抵触的。

(3)在算法实现之前,需进行大量的准备工作,如求函数的一阶和二阶导数、某些矩阵的逆等。当目标函数较为复杂时,这些工作是很难实现的。

(4)优化结果一般与初始值的选取有很大的关系。初始值的选取在很大程度上取决于优化者对问题背景的认识及其所掌握的知识和经验。

(5)方法缺乏通用性。针对一个问题,需要有相应的知识去判定哪种优化方法较为适用。

传统结构优化方法在模型描述和求解上存在缺陷,导致以下待解决的难题。

(1)重分析次数多。模型维数高,计算量大,易出现“组合爆炸”和“维数灾难”,造成求解困难。

(2)易陷入局部最优解。因可行集非凸,利用启发式算法求出的解往往是局部最优解。全局最优解的寻求,一直是困扰人们的一大难题。

(3)易忽略结构设计中存在的大量不确定性因素的影响。

(4)隐性约束处理困难。传统算法对处理隐性约束显得无能为力。

进一步分析后可知,造成结构优化设计的实际应用远远落后于理论研究这种现象,还有一个很重要的原因,那就是现有的优化方法都是以传统的数学模型作为优化模型的。例如,准则法(包括力学准则法和理性准则法)、数学规划法(如线性规划、非线性规划)以及两者的结合等静态优化方法都是基于代数方程模型的。最优控制理论中的庞特里亚金极大值原理、动态规划等动态优化方法是基于微分方程或差分方程模型的。由于这些传统数学模型的描述能力和求解方法有相当大的局限性,使现有的最优化理论和方法在实际应用中受到了很大的限制,存在许多待解决的难题。

随着科技的发展,在工程实践中遇到的问题越来越复杂。传统的优化方法因存在计算复杂、耗时长、精度低等缺陷而越来越不适用于复杂结构优化问题的求解。因此,自 20 世纪 70 年代起,具有启发式特征的智能算法因其独特的优势而逐渐受到广大学者的青睐。

14.1.3 现代智能结构优化方法

1. 智能算法

随着计算机技术、仿生学、数学、人工智能等学科的飞速发展,一些基于自然界中自然现象或生物体机理的优化算法被相继提出,它们克服了传统优化方法在结构优化设计中的一些局限性,取得了良好的效果。这类算法多具有自适应环境的能力,因此又被称为智能算法。

智能算法以现代计算机作为工具,对复杂的组合最优化问题的求解具有普遍性,自 20 世纪 80 年代以来得到了快速发展和广泛应用。1975 年, Holland 提出遗传算法,这种优化方法模仿生物种群中优胜劣汰的选择机制,通过种群中优势个体的繁衍进化实现优化的功能。1977 年, Glover 提出禁忌搜索算法,这种方法将记忆功能引入最优解的搜索过程中,通过设置禁忌区阻止搜索过程中的重复,从而大大提高了寻优过程的搜索效率。1983 年,Kirkpatrick 提出模拟退火算法,这种算法模拟热力学中退火过程能使金属原子达到能量最低状态的机制,通过模拟降温过程,按玻尔兹曼(Boltzmann)方程计算状态间的转移概率来引导搜索,从而使算法具有很好的全局搜索能力。20 世纪 90 年代初, Dorigo 等提出蚁群优化算法,这种算法借鉴蚂蚁群体利用信息素相互传递信息来实现路径优化的机理,通过记忆路径信息素的变化来解决组合优化问题。1995 年，Kennedy 和 Eberhart 提出粒子群优化算法，这种算法模仿鸟类和鱼类群体觅食迁徙中，个体与群体协调一致的机理，通过群体最优方向、个体最优方向和惯性方向的协调来求解优化问题。上述智能算法均具有很强的学习能力和环境自适应能力，实际应用效果良好。利用其进行结构优化设计可以有效弥补传统优化方法的不足。

智能优化算法的研究主要包括以下三个方面。

（1）改进经典的智能算法。

（2）研究开发新型现代智能算法。

（3）通过建立混合智能算法，将经典智能算法和新型智能算法相结合。

2. 智能优化算法

1992 年，美国著名学者 James C. Bezdek 在 *Approximate Reasoning* 的技术学报中，首次阐述了计算智能（Computation Intelligence，CI）的概念。智能包括人工智能（Artificial Intelligence，AI）、生物智能（Biological Intelligence，BI）和计算智能。其中，CI 的处理信息对象主要是专业技术人员所提供的各种数据信息材料，包括大量数字、信号等，它不用依赖于专业知识；而应用 AI 则需用各种知识工具进行不同类型数据、材料、信息的综合处理；计算智能的研究目标主要是模仿人类的大脑，包括模仿人脑的思维结构和思维逻辑。

目前，CI 技术是智能处理信息技术中最活跃的研究和发展方向之一，其在智能解决模式识别、图像信号处理等诸多领域的实际应用中已经积累了丰富的理论和实践经验。计算智能系统由若干独立的子系统分支及其发展过程综合而来，如图 14-1 所示。

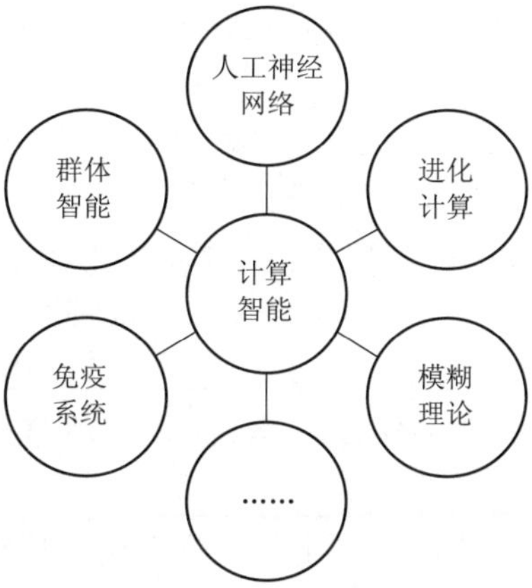

图 14-1　计算智能代表性分支

3. 群体智能优化算法

群体智能的主要思想源于动物界陆生动物、水生动物、两栖动物等群居生物体的生活习惯，这些群体中的生物个体行为都很简单，且它们之间没有明显差异，生物个体可以通过协作的方式解决复杂问题。群体智能遵循的五条原则如图 14-2 所示。

群体智能优化算法的优点如下。

（1）智能性。该类智能算法的理论与生物界中各种自然生物个体的群居生活习性或许多的自然现象变化紧密相关，通过分析、模仿自然个体和生物群体间的相互组织、学习、竞争与社会合作的各种特性而提出。因此该类算法在设置一定逻辑规则后，可以具有自然界中生物的生理智能性。

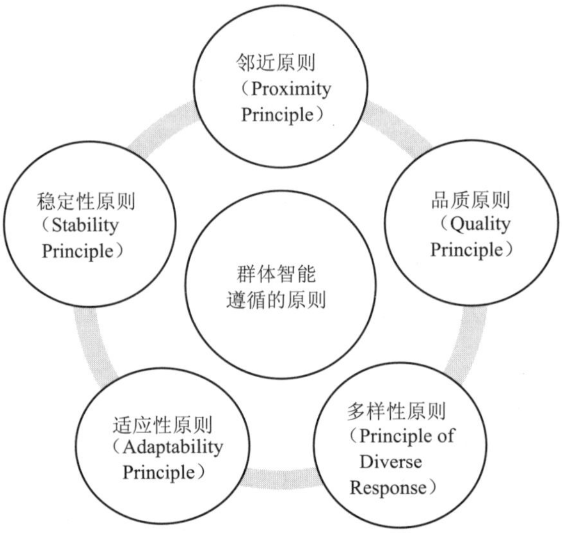

图 14-2 群体智能遵循的原则

(2)并行性。在种群初始化过程中,组成种群的个体随机生成,并随机地分布在解空间中。在迭代过程中,各个体之间保持独立,没有相互联系,通过某种信息进行交流,所有个体的寻优过程是相互并行的,因而群体智能算法在解决优化问题时能够更加快速和准确。

(3)鲁棒性。共同组成一个群体的生物个体具有简单性,单个生物个体之间基本没有特定的逻辑联系,不会由于某一个或小组的部分组成个体之间出现迭代停滞而直接或间接影响整个群体对问题的正确求解,因此该类算法具有较强的鲁棒性。

(4)适应性。群体智能分析可以高效率地解决多种不同情形下的离散优化或组合优化问题,对分析目标变量函数的具体性质以及特征分析没有特定的要求。传统的精确线性求解模型算法往往只能用特定的数学方法论来解决较小规模的模型问题,当遇到大规模非特定的复杂线性优化模型问题时,无法及时解决,此时综合运用这种群体智能算法的求解方法,优势就更加明显。群体智能中的生物种群通常具有快速适应环境变化的能力。

群体智能凭借以上的优点,为解决分布式问题提供了思路。

4. 遗传算法

遗传算法(Genetic Algorithm, GA)起源于对生物系统所进行的计算机模拟研究,是一种随机全局搜索优化方法,它模拟了自然选择和遗传中发生的复制、交叉(Crossover)和变异(Mutation)等现象,从任一初始种群(Population)出发,通过随机选择、交叉和变异操作,产生一群更适应环境的个体,使群体进化到搜索空间中越来越好的区域,这样一代一代不断繁衍进化,最后收敛到一群最适应环境的个体(Individual),从而求得问题的优质解。

非支配排序遗传算法(NSGA, Non-dominated Sorting Genetic Algorithms)是由 Srinivas 和 Deb 于 1995 年提出的。这是一种基于 Pareto 最优概念的遗传算法,它是众多的多目标优化遗传算法中最直接体现 Goldberg 思想的方法。该算法就是在基本遗传算法的基础上,对选择再生方法进行改进:将每个个体按照它们的支配与非支配关系进行分层,再做选择操作,从而使得该算法在多目标优化方面得到非常满意的结果。

NSGA-Ⅱ是在第一代非支配排序遗传算法的基础上改进而来的,其改进主要针对以下三个方面：

（1）提出了快速非支配排序算法，一方面降低了计算的复杂度，另一方面它将父代种群跟子代种群进行合并，使得下一代的种群从双倍的空间中进行选取，从而保留了最为优秀的所有个体；

（2）引进精英策略，保证某些优良的种群个体在进化过程中不会被丢弃，从而提高了优化结果的精度；

（3）采用拥挤度和拥挤度比较算子，不但克服了 NSGA 中需要人为指定共享参数的缺陷，而且将其作为种群中个体间的比较标准，使得准 Pareto 域中的个体能均匀地扩展到整个 Pareto 域，保证了种群的多样性。

14.2　智能优化算法的改进与应用

14.2.1　标准海洋捕食者算法

1. 海洋捕食者算法仿生原理

在海洋生物中，包括鲨鱼、金枪鱼、太阳鱼和剑鱼在内的许多物种在寻找猎物时都表现出类似列维（Lévy）飞行运动和布朗运动的轨迹特征。海洋捕食者与猎物之间不同的移动速率促使捕食者在 Lévy 飞行运动和布朗运动中选择觅食策略。2020 年，Seyedali Mirjalili 和 Afshin Faramarzi 等人根据这一特性提出了海洋捕食者算法（Marine Predator Algorithm，MPA）。Lévy 飞行及布朗运动这两种搜索策略的组合提供了一种高效的寻优框架，MPA 的核心在于如何利用好 Levy 飞行与布朗运动来引导捕食者和猎物更新位置，如图 14-3 所示，这也是该算法的主要优势。

猎物在被捕食的同时也充当捕食者身份，使得算法更具有动态特性。且独有的海洋漩涡与鱼聚集装置可以进一步提高种群搜索质量。海洋捕食者算法具有良好的全局寻优能力，对初始条件和参数设置不敏感，易与其他算法相结合，且具有鲁棒性强、操作简单、容易实现等优点。我们尝试将海洋捕食者算法用于结构优化中，以期提供一种新的优化方法。

海洋捕食者算法主要由三个阶段组成：第一个阶段，猎物比捕食者移动得快，捕食者采取的觅食策略是布朗运动；第二个阶段，捕食者与被捕食者以几乎相同的速度移动，捕食者采取的觅食策略是 Lévy 飞行运动和布朗运动同时进行，一半种群数量的捕食者进行 Lévy 飞行运动，另外一半进行布朗运动；第三个阶段，当捕食者的移动速度比猎物快时，捕食者采取的觅食策略是 Lévy 飞行运动。

1）Lévy 飞行

许多飞行动物表现出具有 Lévy 飞行特征的飞行行为。Lévy 飞行是一种随机游走方式，其中，步长的概率密度函数是重尾的，这意味着根据 Lévy 飞行移动的粒子执行偶尔的大步长移动，穿插许多频繁的小步长移动。其运动模式通常遵循以下规律：粒子先在局部移动，执行小步长位移，随后在全局空间执行一个大步长位移，接着交替执行以上两种位移操作。Lévy 飞行的相关定义如下：

$$\text{Lévy}(\alpha)=0.05\times\frac{x}{|y|^{\frac{1}{\alpha}}} \tag{14-5}$$

式中，x和y是两个正态分布变量，σ_x和σ_y的标准差如下：

$$\begin{cases} x \sim N(0,\sigma_x^2) \\ y \sim N(0,\sigma_y^2) \end{cases} \tag{14-6}$$

$$\begin{cases} \sigma_x = \left[\dfrac{\Gamma(1+\alpha)\sin\left(\dfrac{\pi\alpha}{2}\right)}{\Gamma\left(\dfrac{1+\alpha}{2}\right)\alpha 2^{\frac{(\alpha-1)}{2}}} \right]^{\frac{1}{\alpha}} \\ \sigma_y = 1 \\ \alpha = 1.5 \end{cases} \tag{14-7}$$

式中，Γ为伽马函数，即$\Gamma(x+1)=(x)!$。

2）布朗运动

布朗运动作为具有连续时间参数和连续状态空间的一个随机过程，在点 x 处的概率密度函数为

$$f_{\mathrm{B}}(x;\mu,\sigma) = \frac{1}{\sqrt{2\pi\sigma^2}} \exp\left[-\frac{(x-\mu)^2}{2\sigma^2} \right] = \frac{1}{\sqrt{2\pi}} \exp\left(-\frac{x^2}{2} \right) \tag{14-8}$$

其中，标准布朗运动是在步长取自具有零均值（$\mu=0$）和单位方差（$\sigma^2=1$）的正态分布定义的概率函数。

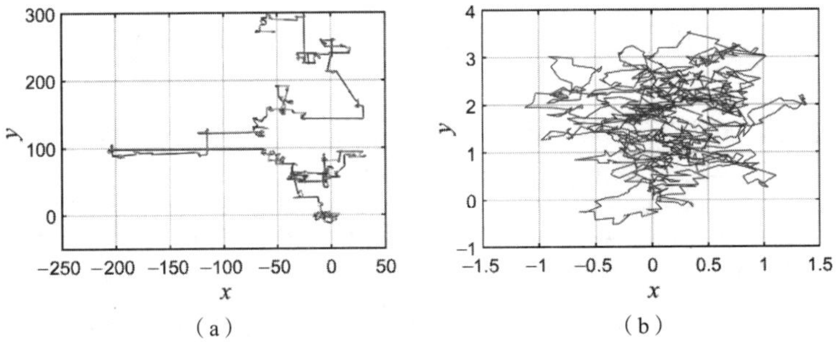

图 14-3　Lévy 飞行和布朗运动搜索路径

（a）Lévy 飞行运动　（b）布朗运动

2. 海洋捕食者算法数学模型

1）种群初始化

MPA 的初始解作为第一次尝试，均匀分布在搜索空间中：

$$X_0 = X_{\min} + \boldsymbol{rand}(X_{\max} - X_{\min}) \tag{14-9}$$

式中：$X_{\min}$，$X_{\max}$——变量的上界和下界；

rand——0~1 范围内的均匀随机向量。

在海洋捕食者算法中，根据适者生存理论，捕食者群体中捕食能力最强的个体叫作顶级捕食者。利用顶级捕食者来构建一个叫作 ***Elite*** 的矩阵，这个矩阵中的每个数组为每一个捕食者在下一次觅食中提供的目前所发现的猎物位置信息。

$$\boldsymbol{Elite}=\begin{bmatrix} X_{1,1}^{I} & X_{1,2}^{I} & \cdots & X_{1,d}^{I} \\ X_{2,1}^{I} & X_{2,2}^{I} & \cdots & X_{2,d}^{I} \\ \vdots & \vdots & & \vdots \\ X_{n,1}^{I} & X_{n,2}^{I} & \cdots & X_{n,d}^{I} \end{bmatrix}_{n\times d} \tag{14-10}$$

式中：n——捕食者个体数；

d——捕食者个体维度；

X^I——顶级捕食者向量，将它复制多次便构成了 ***Elite*** 矩阵。在每次迭代的最后，如果有捕食能力更强的捕食者出现，那它将会取代原有的顶级捕食者成为新的顶级捕食者，***Elite*** 矩阵也会被更新。另一个矩阵是 ***Prey*** 矩阵，它的大小和 ***Elite*** 矩阵相同，捕食者依据这个矩阵来更新位置。

$$\boldsymbol{Prey}=\begin{bmatrix} X_{1,1} & X_{1,2} & \cdots & X_{1,d} \\ X_{2,1} & X_{2,2} & \cdots & X_{2,d} \\ \vdots & \vdots & & \vdots \\ X_{n,1} & X_{n,2} & \cdots & X_{n,d} \end{bmatrix}_{n\times d} \tag{14-11}$$

式中：$X_{i,j}$——第 i 个猎物的第 j 个维度。

MPA 的优化主要围绕这两个矩阵进行。

2）优化过程

MPA 的优化过程按照捕食者和猎物的不同速度比可分为三个阶段，即高速比、等速比和低速比。下面对这三个阶段进行简要描述。

阶段 1：在高速比场景下，捕食者的移动速度比猎物速度慢，捕食者的最佳觅食策略是布朗移动。这个阶段属于算法的探测阶段，数学公式如下：

$$\begin{aligned} &\text{While } Iter<\frac{1}{3}Max\_Iter \\ &\overrightarrow{stepsize_i}=\overrightarrow{R_{\mathrm{B}}}\otimes(\overrightarrow{Elite_i}-\overrightarrow{R_{\mathrm{B}}}\otimes\overrightarrow{Prey_i}) \quad (i=1,2,\cdots,n) \\ &\overrightarrow{Prey_i}=\overrightarrow{Prey_i}+P\vec{R}\otimes\overrightarrow{stepsize_i} \end{aligned} \tag{14-12}$$

式中：$\overrightarrow{R_{\mathrm{B}}}$——一个基于正态分布的随机向量，表示布朗运动；

$\overrightarrow{Elite_i}$——精英矩阵；

$\overrightarrow{Prey_i}$——猎物矩阵；

$\otimes$——点乘；

P——常数，$P=0.5$；

$\vec{R}$——[0,1]中的均匀随机数向量；

$Iter$——当前迭代次数；

Max_Iter——最大迭代次数。

阶段 2：在等速比场景下，猎物和捕食者速度相当，这个阶段，算法由探索逐渐过渡为开采，公式如下：

$$\text{While } \frac{1}{3}Max\_Iter < Iter < \frac{2}{3}Max\_Iter$$
$$\overrightarrow{stepsize_i} = \overrightarrow{R_L} \otimes (\overrightarrow{Elite_i} - \overrightarrow{R_L} \otimes \overrightarrow{Prey_i}) \quad (i = 1,2,\cdots,n/2) \tag{14-13}$$
$$\overrightarrow{Prey_i} = \overrightarrow{Prey_i} + P\vec{R} \otimes \overrightarrow{stepsize_i}$$

式中：$\overrightarrow{R_L}$——基于 Lévy 分布的随机向量，表示 Lévy 飞行。

$$\overrightarrow{stepsize_i} = \overrightarrow{R_B} \otimes (\overrightarrow{R_B} \otimes \overrightarrow{Elite_i} - \overrightarrow{Prey_i}) \quad (i = 1,2,\cdots,n)$$
$$\overrightarrow{Prey_i} = \overrightarrow{Elite_i} + P \times CF \otimes \overrightarrow{stepsize_i} \tag{14-14}$$
$$CF = \left(1 - \frac{Iter}{Max\_Iter}\right)^{\frac{2Iter}{Max\_Iter}}$$

式中，参数CF用于控制捕食者运动的步长。

阶段 3：在低速比场景下，捕食者速度比猎物快，算法由探索转化为开发。捕食者的最佳觅食策略是 Lévy 移动，数学公式如下：

$$\text{While } Iter < \frac{2}{3}Max\_Iter$$
$$\overrightarrow{stepsize_i} = \overrightarrow{R_L} \otimes (\overrightarrow{R_L} \otimes \overrightarrow{Elite_i} - \overrightarrow{Prey_i}) \quad (i = 1,2,\cdots,n) \tag{14-15}$$
$$\overrightarrow{Prey_i} = \overrightarrow{Elite_i} + P \times CF \otimes \overrightarrow{stepsize_i}$$

式中，$\overrightarrow{R_L} \otimes \overrightarrow{Elite_i}$用于模拟捕食者的 Lévy 飞行运动。

3）海洋漩涡及鱼聚集装置作用

在自然界中，涡流的形成或鱼类聚集装置（FADs）也会影响海洋捕食者的觅食活动。在 MPA 中，FADs 被认为是局部最优，它的数学模型定义如下：

$$\overrightarrow{Prey_i} = \begin{cases} \overrightarrow{Prey_i} + CF(\overrightarrow{X_{\min}} + \vec{R} \otimes \overrightarrow{X_{\max}} - \overrightarrow{X_{\min}}) \otimes \vec{U} & (r \leqslant FADs) \\ \overrightarrow{Prey_i} + [FADs(1-r)](\overrightarrow{Prey_{r1}} - \overrightarrow{Prey_{r2}}) & (r > FADs) \end{cases} \tag{14-16}$$

式中：$FADs$——FADs 影响优化过程的概率，$FADs = 0.2$；

$\vec{U}$——在[0,1]中生成的一个随机二进制向量；

r——[0,1]中的均匀随机数；

$\overrightarrow{X_{\max}}$和$\overrightarrow{X_{\min}}$——包含维度上下限的向量；

$r1$，$r2$——猎物矩阵的随机指数。

14.2.2 改进海洋捕食者算法

海洋捕食者算法的核心在于利用好 Lévy 飞行和布朗运动指导猎物及捕食者进行位置更新。根据海洋生物的游走方式及生活习性，总结出：Lévy 飞行是海洋捕食者在猎物稀少的环境中寻找食物的普遍模式，但在猎物丰富的地区觅食时，这种模式普遍转变为布朗运动。MPA 寻优过程分为三个阶段。第一阶段，猎物在布朗运动的指导下进行觅食，算法在整个解空间内寻优，增加找到新的局部最优解的可能性。成功捕食且适应度值最高的猎物可以列为精英捕食者。第二阶段，捕食者加入寻优，选择布朗运动进行全局勘探，而猎物则转换为 Lévy 飞行策略，尽可能多地在找到的局部最优解附近搜索，提高在局部最优解附近的收敛精度。第三阶段，捕食者在全局勘探后选择 Lévy 飞行，以适应度值大的猎物为目标进行捕食，完成算法的优化过程。

综上，得出 MPA 有以下不足。

（1）算法的初始解在很大程度上影响后期迭代寻优，由初始化公式可知，MPA 只是通过 ***rand*** 产生随机位置向量，随机性和遍历性无法保证，给算法的全局寻优过程造成不良影响。

（2）MPA 选择将算法的整个迭代过程三等分，进行全局勘探、转换及局部开发阶段寻优，阻止先一步找到较优值的捕食者进行下一步寻优，很大程度上降低了搜索速度，也增加了算法陷入局部最优值的风险。而对于适应度较差的猎物，存在在未找到目标解的情况下便被安排至下一阶段寻优的情况，不利于算法的收敛精度。如何进行有效控制，实现算法各阶段切换的动态性是算法改进的重点。

（3）MPA 采用参数 CF 对捕食者步长进行控制，该参数表征当前迭代次数与最大迭代次数猎物搜索对步长造成的影响，存在一定的局限性，不利于算法的快速收敛。若同时考虑当前位置的适应度值与当代最优适应度值的影响，则更符合海洋捕食者的捕食行为，体现出算法的智能性。

（4）FADs 及 Lévy 飞行策略对算法跳出局部最优值有一定贡献，但由于不同阶段的迭代先后顺序影响猎物与捕食者的寻优性能，使得 MPA 存在搜索停滞、缺乏种群多样性、收敛速度过慢的不足。平衡算法“全局勘探”和“局部开发”能力是改进 MPA 的方向。

决定启发式算法是否高效的关键是该算法能否有效地遍历解空间中可能存在全局最优解的所有位置。然而，搜索空间过大导致算法执行效率低下，这是启发式算法面临的主要问题。在保证算法的搜索能力不降低的同时有效地缩小算法的搜索空间成为解决问题的关键。基于这一思想，笔者提出了黄金正弦的动态海洋捕食者算法（Golden-Sine Dynamic Marine Predator Algorithm，GDMPA），接下来将对上述四个缺陷进行逐一改进和分析。

1. 基于 Logistic-Logistic（L-L）级联混沌映射的种群初始化

初始种群在很大程度上影响了算法后期的迭代优化。标准 MPA 中初始化依靠 ***rand*** 生成随机位置矢量，无法保证种群较高的遍历性。混沌系统作为具有良好随机性、初值敏感性和遍历性的动态系统，是构建伪随机串行发生器的重要途径。Logistic 映射、Cubic 映射、Sine 映射、Tent 映射及其改进形式被广泛使用，并且对这些离散映射的研究仍在持续（图 14-4）。

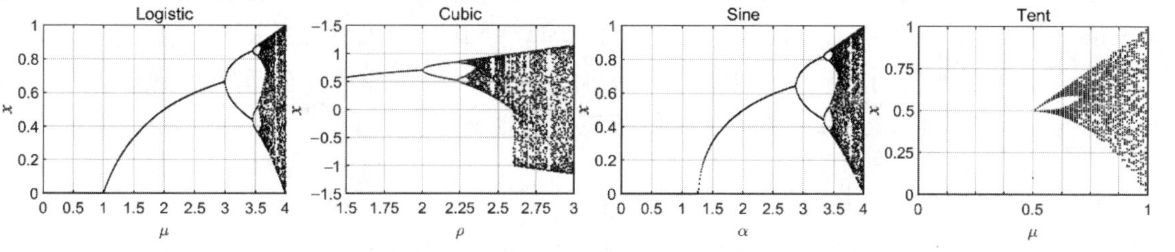

图 14-4 四种常见混沌映射的分岔

Logistic 映射是由生物学家 May 于 1976 年提出的一种非线性离散混沌动力系统。Logistic 混沌映射作为经典的混沌映射方式之一，具有随机性、遍历性、强发散性等特点，被广泛应用于群智能算法的种群初始化。其定义为

$$x_{n+1} = \mu_1 x_n (1 - x_n) \tag{14-17}$$

式中，当参数$\mu_1 \in [3.57,4]$时该混沌映射处于混沌状态，序列$x_n \in (0,1)$。

为克服 Logistic 产生的随机序列分布不均匀、存在空白窗问题，GDMPA 采用 L-L 级联混沌产生初始种群，提高其序列的随机性。

参数分别为μ_1和μ_2的两个不同的 Logistic 映射的复合迭代称为 Logistic-Logistic（L-L）级联混沌映射，其级联可表示为

$$X_{n+1} = \mu_1 \left[\mu_2 X_n (1 - X_n)\right]\left[1 - \mu_2 X_n (1 - X_n)\right] \tag{14-18}$$

L-L 级联混沌映射分岔图和李雅普诺夫（Lyapunov）指数谱如图 14-5 所示。下面的分析表明其动态特性得到显著改善。

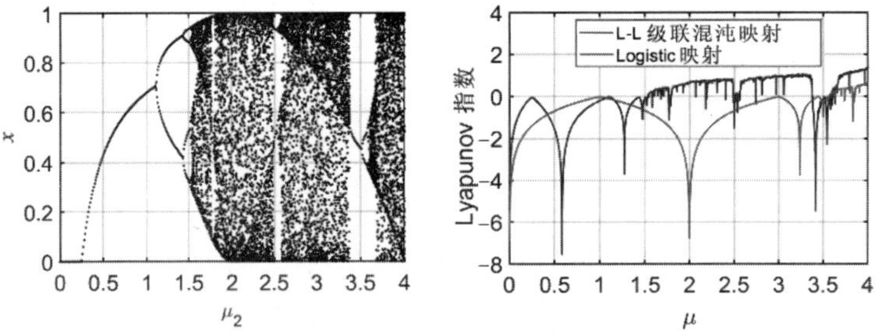

（a） （b）

图 14-5 L-L 级联混沌映射分岔图和 Lyapunov 指数谱

（a）L-L 级联混沌映射分岔图（$\mu_1 = 4$） （b）Lyapunov 指数谱

（1）扩展混沌映射参数范围：图 14-5（a）中，L-L 级联混沌系统的映射参数范围扩展到[3.57，4]。除去中间三个不同的周期窗口，混沌映射参数约为 2.17，约为整个参数范围[0，4]的 54%，是逻辑混沌映射参数 0.37 的 5.86 倍。更大的混沌映射参数范围提供了更大的密钥空间。

（2）扩大混沌全映射的参数范围：Logistic 映射仅对单个参数点 μ=4 实现满映射，而 L-L 级联映射的全映射范围约为 1.7。与非全映射相比，全映射对应的混沌强度更强。

（3）Lyapunov 指数增长：L-L 级联混沌系统的 Lyapunov 指数普遍大于 Logistic 系统，前者的 Lyapunov 指数最大为 1.386 3，是 L-L 级联混沌系统的 Lyapunov 指数的两倍，后者的最大 Lyapunov 指数为 0.693 0。Lyapunov 指数的增加将增强其初值敏感性并从根本上改善其动力学特性，这对于混沌应用很重要。上述性质更有利于算法在解空间中生成更加随机化和遍历的初始种群，从而在理论上有助于快速收敛和更准确地输出。

2. 动态调整转换概率策略

局部开发和全局探索是优化算法的两个重要阶段。过度的开发能力会抑制搜索代理向全局最优解发展的趋势。过多的勘探能力会降低优化精度。因此，在两个阶段之间找到一个合适的过渡可以提高优化算法的性能。MPA 通过均分整个迭代过程来调整算法的全局探索阶段、过渡阶段和局部开发阶段，很大程度上降低了算法收敛速度。GDMPA 引入适应度动态调整转换概率 P，根据捕食者自身每次迭代的适应度情况动态调整 MPA 寻优过程，平衡算法的全局勘探和局部开发能力。

$$P_i^t = P_{\min} + \frac{\lg\left|f_{\text{best}}^t\right| + \left|f_{\text{best}}^t\right|}{\lg\left|f_i^t\right| + \left|f_i^t\right|} \times (P_{\max} - P_{\min}) \tag{14-19}$$

式中：P_i^t——在第 t 次迭代中第 i 个捕食者位置的切换概率；

$P_{\max}, P_{\min}$——切换概率的最大值和最小值；

f_{best}^t——在 t 次迭代中的最好适应度；

f_i^t——第 t 次迭代中第 i 个捕食者的适应度值。

捕食者对应的适应度接近当前最优捕食者的适应度时，其切换概率接近最大值，更容易进入全局探索阶段，引导整个种群向全局最优适应度位置靠近；反之，捕食者的适应度与最好的适应度相差较大时，其转换概率接近最小值，更容易进入局部开发阶段，搜索其所在位置周围的更优解。

3. 基于 S 形函数的自适应惯性权重

MPA 算法使用自适应参数 CF 作为收敛因子，当 CF 的值较大时，全局搜索能力强；当 CF 的值较小时，局部寻优能力强。CF 的值随着迭代次数增加从 1 几乎均匀下降至 0。这种惯性权重虽然能在一定程度上平衡全局搜索和局部搜索，但是实际的搜索过程是一个极为复杂的非线性过程，选用较明显的非线性收敛因子会提高算法寻优的性能。

GDMPA 引入自适应惯性权重 ω 来替换参数 CF，使用 Sigmoid 函数作为非线性收敛因子 S，影响寻优全过程中捕食者的位置更新，提高算法搜索效率。

$$S(x) = \frac{1}{1+\mathrm{e}^{-x}} \tag{14-20}$$

$$\omega = 1 - S \times \frac{t - \frac{1}{2} Max\_Iter}{Max\_Iter} \times 10 = 1 - \frac{1}{1 + \exp\left(-\frac{t - \frac{1}{2} Max\_Iter}{Max\_Iter} \times 10\right)} \tag{14-21}$$

Sigmoid 函数在线性和非线性之间展现出极好的平衡性，拥有平滑的上边界域和下边界域，如图 14-6 所示。

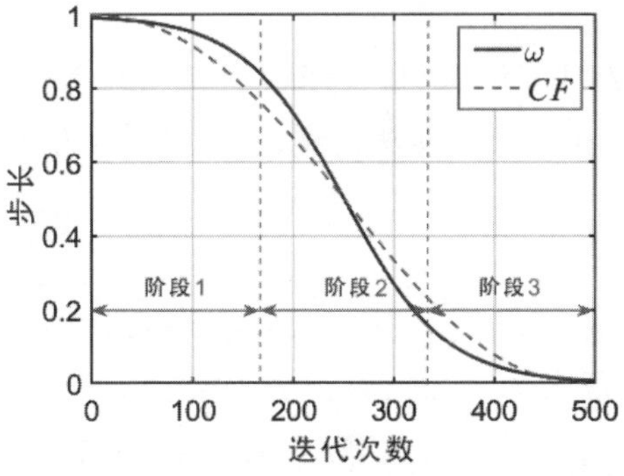

图 14-6　自适应惯性权重 ω 随迭代次数的变化趋势

在寻优过程的第一阶段，S能保持较大值，保持 MPA 在迭代初期阶段的全局搜索强度；并且前期S值伸缩的范围较大，更好地保留了 MPA 的多样性。在寻优过程的第二阶段，S值随着迭代次数的增加而减小，从而加快 MPA 的收敛。在寻优过程的第三阶段，保持一个较小的权重，延长了迭代后期的局部搜索时间，更有利于 MPA 进行局部搜索。

4. 黄金正弦因子

黄金正弦因子源于黄金正弦算法（Golden Sine Algorithm，Golden-SA），是受到黄金分割搜索的启发提出的。Golden-SA 是 2017 年由 Erkan Tanyildizi 等人提出的一种元启发算法。Golden-SA 不是模拟自然现象而设计的，而是一种利用正弦函数和黄金分割数进行迭代寻优的数学模型，该算法具有良好的鲁棒性和收敛速度，因此本书利用黄金正弦因子改进 MPA 收敛性能。

Golden-SA 根据正弦函数与单位圆的关系，遍历正弦函数上的所有值，如图 14-7 所示。算法在其位置更新过程中引入了黄金分割系数，达到缩小求解空间的目的，从而加快了算法的收敛速度，使搜索和开发达到良好的平衡。

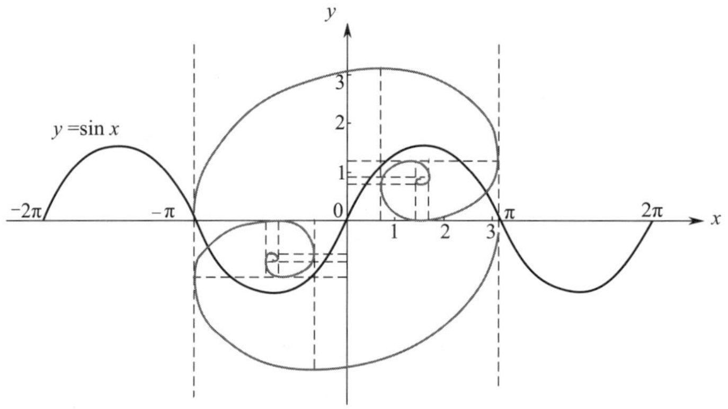

图 14-7　Golden-SA 算法寻优轨迹

黄金分割系数每经过一次迭代都使空间缩小，每进行一次分割都会指引个体渐渐向最优值靠近。其位置更新表示为

$$X_i^{t+1} = X_i^t \left|\sin r_1\right| - r_2 \sin r_1 \left|c_1 O_i^t - c_2 X_i^t\right| \tag{14-22}$$

式中：O_i^t——第 i 个体在第 t 次迭代的最优位置；

r_1、r_2——随机数，$r_1 \in [0,2\pi]$，$r_2 \in [0,\pi]$；

c_1、c_2——黄金正弦因子，由黄金分割法得到，用于细化搜索空间。

$$c_1 = a(1-\tau) + b\tau \tag{14-23}$$

$$c_2 = a\tau + b(1-\tau) \tag{14-24}$$

式中：τ——黄金分割比率，通常取$\tau = (\sqrt{5}-1)/2 \approx 0.618\,33$；

a、b——黄金分割的初始值，黄金正弦是以标准正弦区间进行分割，由于正弦函数$\sin x$的周期是2π，根据它的定义与单位元的关系，为了使种群能遍历整个周期内每个维度搜索过的空间，这里取$a = \pi$，$b = -\pi$。

最终形成的 GDMPA 算法流程图如图 14-8 所示。

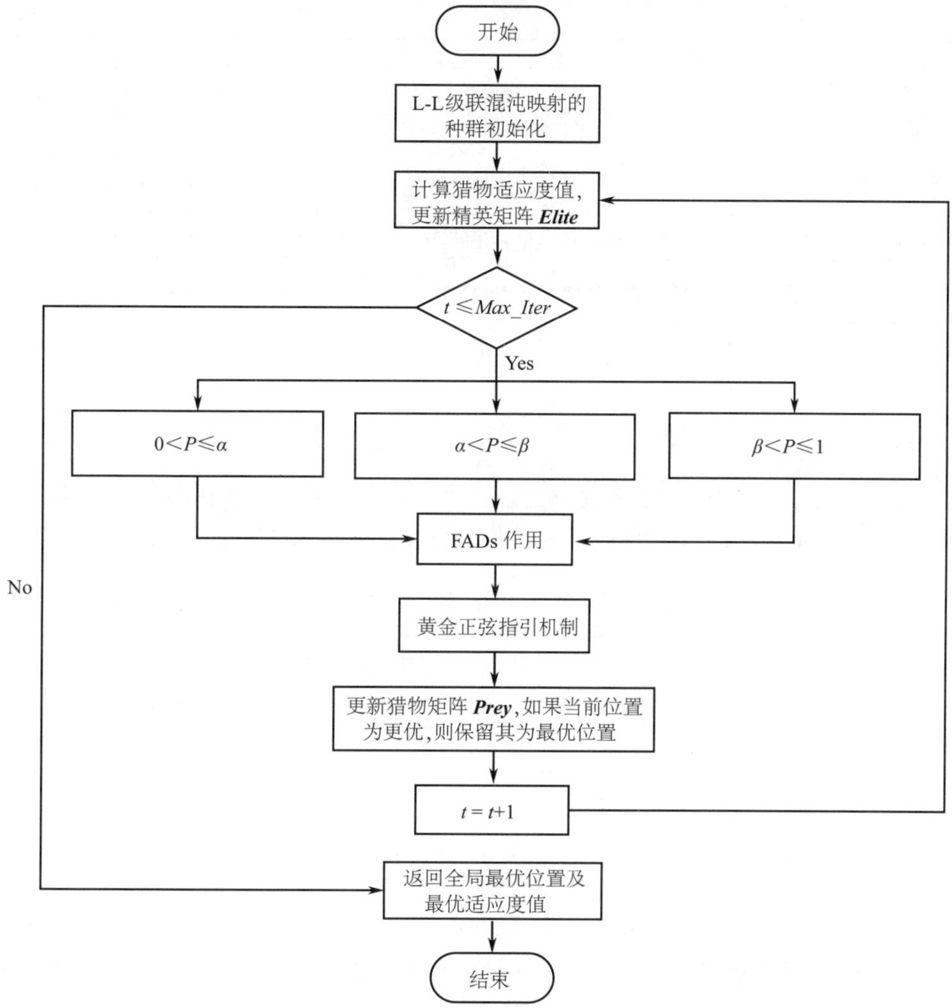

图 14-8　GDMPA 算法流程图

14.2.3　仿真测试

为了验证不同改进策略的有效性，对改进后的海洋捕食者算法进行测试分析，本节选取 12 个常用的无约束基准函数，包括单峰函数（$F1$~$F5$）、多峰函数（$F6$~$F10$）和固定维度多峰函数（$F11$~$F12$）。单峰函数是用来测试搜索算法收敛速度的函数，具有单一全局最优值。多峰函数具有较多局部极小值，很难进行优化。在多峰函数中，随着问题维数的增加，局部最小值也随之增加。多模态函数的测试问题是评价优化算法搜索能力的重要指标。所有基准函数及其最优值见表 14-1。

表 14-1　标准测试函数

函数名称	公式	搜索空间	最优值
Sphere	$F1=\sum_{i=1}^{n}x_i^2$	[-100,100]	0

续表

函数名称	公式	搜索空间	最优值
Schwefel 2.22	$F2=\sum_{i=1}^{n}\lvert x_i\rvert+\prod_{i=1}^{n}\lvert x_i\rvert$	[−10,10]	0
Schwefel 1.2	$F3=\sum_{i=1}^{n}\left(\sum_{j=1}^{i}x_j\right)^2$	[−100,100]	0
Schwefel 2.21	$F4=\max\{\lvert x_i\rvert,1\leqslant i\leqslant n\}$	[−100,100]	0
Rosenbrock	$F5=\sum_{i=1}^{n-1}\left[100(x_{i+1}-x_i^2)^2+(x_i-1)^2\right]$	[−30,30]	0
Quartic	$F6=\sum_{i=1}^{n}ix_i^4+random(0,1)$	[−1.28,1.28]	0
Schwefel 2.26	$F7=\sum_{i=1}^{n}(x_i\sin\sqrt{\lvert x_i\rvert})$	[−500,500]	−418.982 9n
Rastrigin	$F8=\sum_{i=1}^{n}(x_i^2-10\cos 2\pi x_i+10)$	[−5.12,5.12]	0
Ackley	$F9=-20\exp\left(-0.2\sqrt{\frac{1}{n}\sum_{i=1}^{n}x_i^2}\right)-\exp\left(\frac{1}{n}\sum_{i=1}^{n}\cos 2\pi x_i\right)+20+\exp(1)$	[−32,32]	0
Griewank	$F10=\frac{1}{4\,000}\sum_{i=1}^{n}x_i^2-\prod_{i=1}^{n}\cos\frac{x_i}{\sqrt{i}}+1$	[−600,600]	0
Foxholes	$F11=\left[\frac{1}{500}+\sum_{j=1}^{25}\frac{1}{j+\sum_{i=1}^{2}(x_i-a_{ij})^6}\right]^{-1}$	[−65.536,65.536]	1
Kowalik	$F12=\sum_{i=1}^{11}\left[a_i-\frac{x_1(b_i^2+b_ix_2)}{b_i^2+b_ix_3+x_4}\right]^2$	[−5,5]	0.000 307 5

测试中，GDMPA 参数设置如下：种群规模$Sizepop=50$，最大迭代次数$Max_Iter=500$，$\mu_1=4$，$\mu_2=2$，初始转换概率$P_0=rand(0.6,0.9)$，$\alpha=0.1$，$\beta=0.2$。其他参数与 MPA 保持一致。为简单起见，在以后各节中，结合 L-L 级联混沌映射策略的标准 MPA 表示为 LMPA，具有动态转换概率 P 的 MPA 表示为 PMPA，基于 Sigmoid 函数的自适应惯性权重策略的 MPA 表示为 SMPA，结合黄金正弦策略的 MPA 表示为 GMPA。GDMPA 融合了所有四项改进策略。

单峰函数更能测试算法的局部开发能力，因为此类函数只有一个全局最优解而没有局部解。从图 14-9 中 $F1$~$F5$ 的测试结果可以看出，GDMPA 算法的收敛速度明显优于 MPA，且比四种策略单独作用于原算法的效果更优，这表明四种改进策略之间存在紧密的联系。此外，$F1$~$F4$ 中，GDMPA 及 GMPA 均可稳定寻找到理论最优值，而其他三种算法在 500 次迭代过程中未能收敛，寻优效果不佳。值得一提的是，在四种策略共同作用下的 GDMPA 比仅用黄金正弦策略作用的 GMPA 的迭代次数少 1/3~1/2。前三种策略有助于算法的快速收敛，第四种策略帮助算法找到全局最优值。

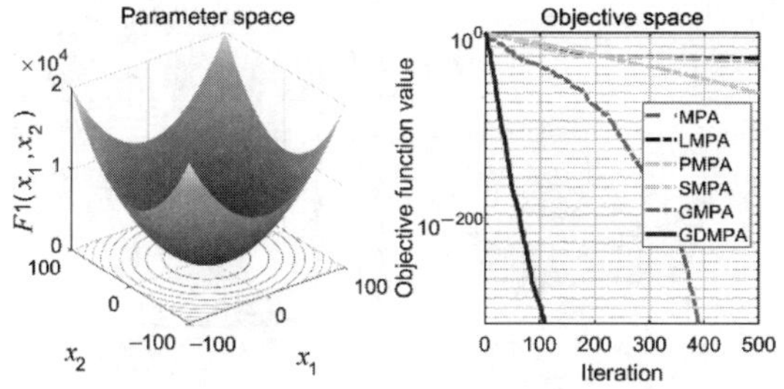
Parameter space
×10^4
2
1
0
100
0
−100 −100
0
100
$F1(x_1,x_2)$
x_2
x_1
Objective space
Objective function value
Iteration
10^0
10^{-200}
0 100 200 300 400 500
MPA
LMPA
PMPA
SMPA
GMPA
GDMPA
(a)

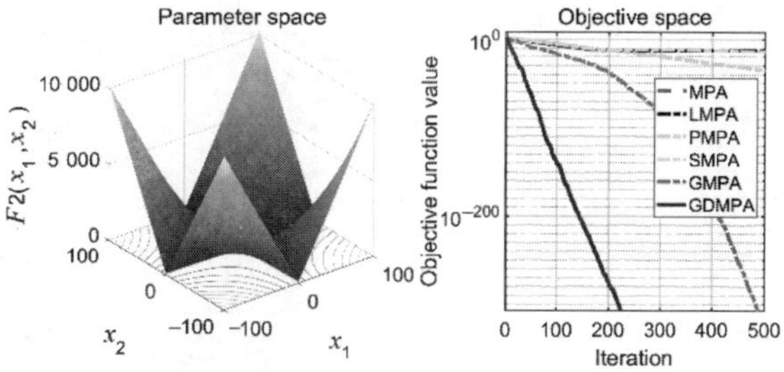
Parameter space
10 000
5 000
0
100
0
−100 −100
0
100
$F2(x_1,x_2)$
x_2
x_1
Objective space
Objective function value
Iteration
10^0
10^{-200}
0 100 200 300 400 500
MPA
LMPA
PMPA
SMPA
GMPA
GDMPA
(b)

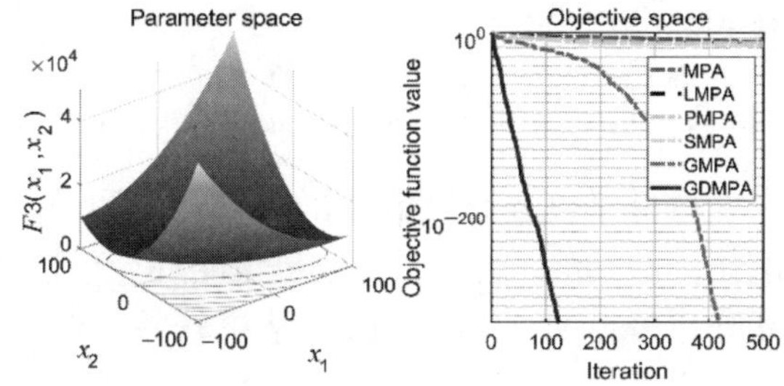
Parameter space
×10^4
4
2
0
100
0
−100 −100
0
100
$F3(x_1,x_2)$
x_2
x_1
Objective space
Objective function value
Iteration
10^0
10^{-200}
0 100 200 300 400 500
MPA
LMPA
PMPA
SMPA
GMPA
GDMPA
(c)

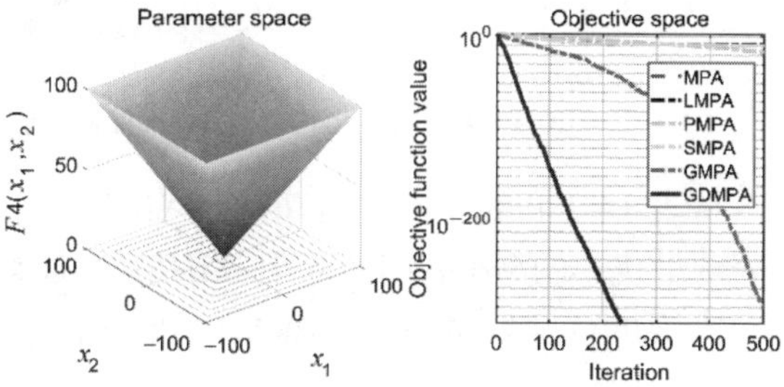
Parameter space
100
50
0
100
0
−100 −100
0
100
$F4(x_1,x_2)$
x_2
x_1
Objective space
Objective function value
Iteration
10^0
10^{-200}
0 100 200 300 400 500
MPA
LMPA
PMPA
SMPA
GMPA
GDMPA
(d)

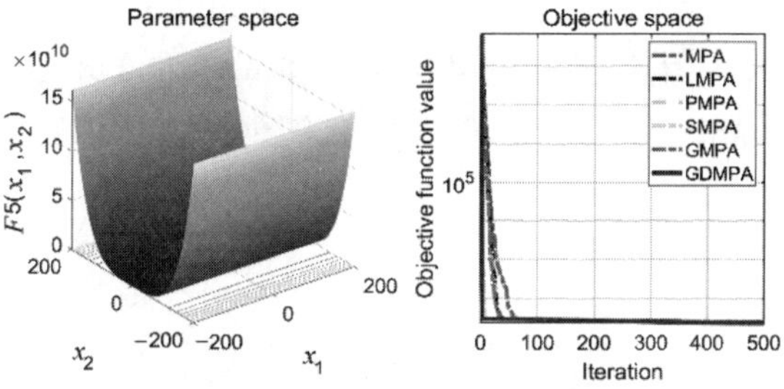
Parameter space
×10^10
15
10
5
0
200
0
−200 −200
0
200
$F5(x_1,x_2)$
x_2
x_1
Objective space
Objective function value
Iteration
10^5
0 100 200 300 400 500
MPA
LMPA
PMPA
SMPA
GMPA
GDMPA
(e)

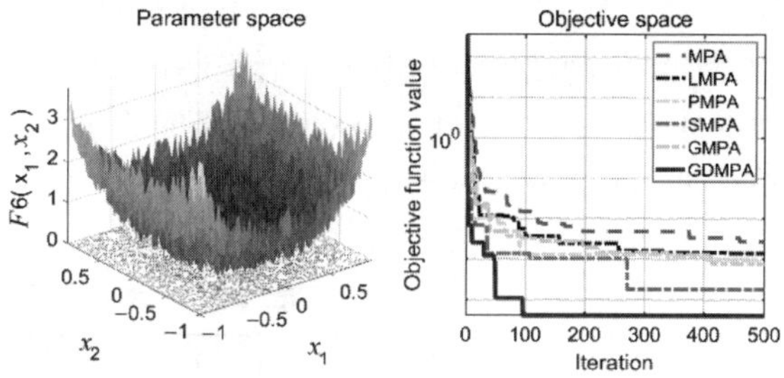
Parameter space
3
2
1
0
0.5
0
−0.5
−1 −1
−0.5
0
0.5
$F6(x_1,x_2)$
x_2
x_1
Objective space
Objective function value
Iteration
10^0
0 100 200 300 400 500
MPA
LMPA
PMPA
SMPA
GMPA
GDMPA
(f)

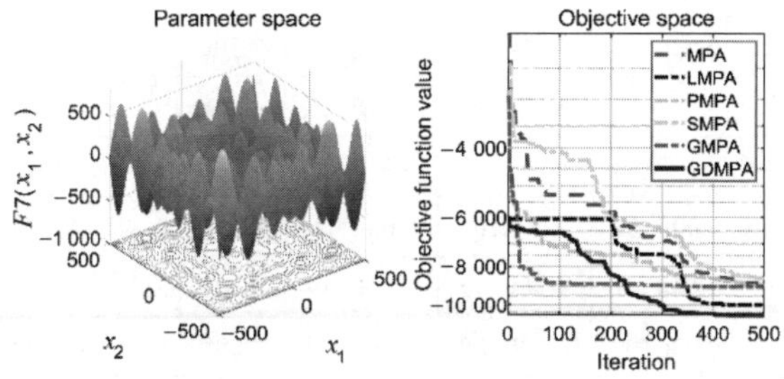
Parameter space
500
0
−500
−1 000
500
0
−500 −500
0
500
$F7(x_1,x_2)$
x_2
x_1
Objective space
Objective function value
Iteration
−4 000
−6 000
−8 000
−10 000
0 100 200 300 400 500
MPA
LMPA
PMPA
SMPA
GMPA
GDMPA
(g)

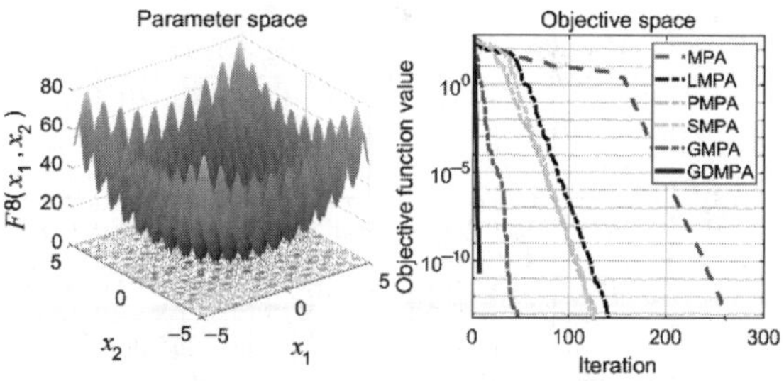
Parameter space
80
60
40
20
0
5
0
−5 −5
0
5
$F8(x_1,x_2)$
x_2
x_1
Objective space
Objective function value
Iteration
10^0
10^{-5}
10^{-10}
0 100 200 300
MPA
LMPA
PMPA
SMPA
GMPA
GDMPA
(h)

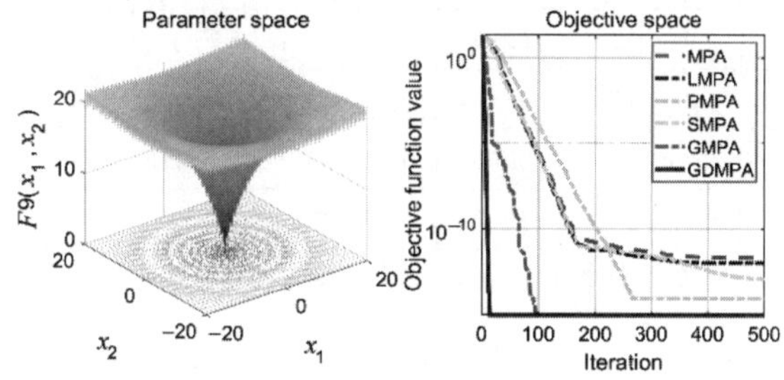
Parameter space
20
10
0
20
0
−20 −20
0
20
$F9(x_1,x_2)$
x_2
x_1
Objective space
Objective function value
Iteration
10^0
10^{-10}
0 100 200 300 400 500
MPA
LMPA
PMPA
SMPA
GMPA
GDMPA
(i)

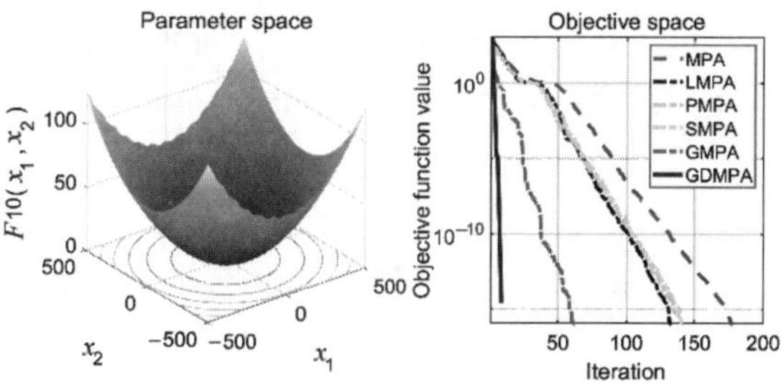
Parameter space
100
50
0
500
0
−500 −500
0
500
$F10(x_1,x_2)$
x_2
x_1
Objective space
Objective function value
Iteration
10^0
10^{-10}
50 100 150 200
MPA
LMPA
PMPA
SMPA
GMPA
GDMPA
(j)

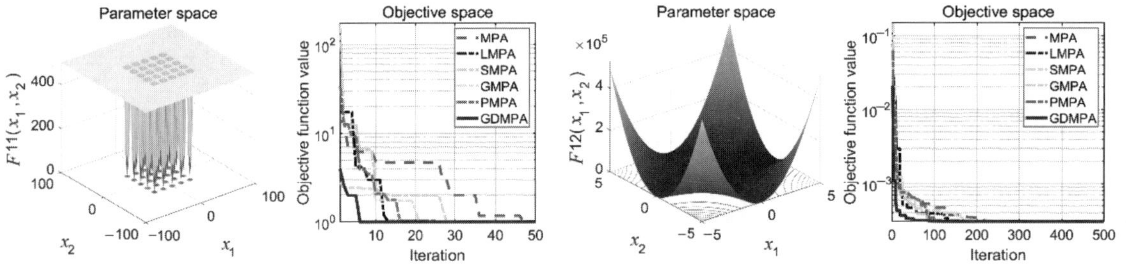

图 14-9 测试结果迭代图

(a)*F*1 (b)*F*2 (c)*F*3 (d)*F*4 (e)*F*5 (f)*F*6 (g)*F*7 (h)*F*8 (i)*F*9 (j)*F*10 (k)*F*11 (l)*F*12

Parameter space—参数空间;Objective space—目标空间;Objective function value—目标函数值;Iteration—迭代次数

从表 14-2 和表 14-3 可以得到，GDMPA 无论在较低维度还是在高维的单峰函数测试上，都表现最优,尤其是在 *F*1~*F*4 上,GDMPA 达到了理论最优值。这证明了改进策略在全局搜索能力方面的优势。MPA、LMPA 和 PMPA 在 100 维单峰函数 *F*3 的测试中结果较差,甚至异常,与 GMPA 和 GDMPA 形成了鲜明对比,后两者不仅可以正常运行,找到了理论最优值,且 30 次运行结果完全相同,体现了高精度和高稳定性。在三种维度的多峰函数 *F*6~*F*10 中，GDMPA 表现出明显的优势,尤其是在 *F*8 和 *F*10 上,达到了理论最优值。在固定维度多峰函数 *F*11 和 *F*12 中，GDMPA 优化到理论极值,其标准差为零,表现出较强的稳定性。GDMPA 在标准函数测试的平均排名中位居第一。

表 14-2 六种算法的优化结果(*F*1~*F*10)

函数	算法	D=30			D=50			D=100		
		最优值	均值	标准差	最优值	均值	标准差	最优值	均值	标准差
*F*1	MPA	1.21E−24	5.68E−23	6.41E−23	3.18E−22	6.82E−21	7.26E−21	2.72E−20	3.70E−19	3.18E−19
	LMPA	3.81E−26	4.85E−23	3.75E−23	3.69E−22	5.18E−21	5.87E−21	4.74E−20	4.35E−19	6.42E−19
	SMPA	1.56E−27	4.21E−26	9.12E−26	1.27E−24	2.10E−23	2.94E−23	4.61E−22	1.26E−20	1.46E−20
	GMPA	0.00E+00	0.00E+00	0.00E+00	0.00E+00	0.00E+00	0.00E+00	0.00E+00	0.00E+00	0.00E+00
	PMPA	1.06E−61	6.18E−59	1.83E−58	1.62E−48	3.54E−47	4.96E−47	5.21E−39	1.70E−37	2.77E−37
	GDMPA	0.00E+00	0.00E+00	0.00E+00	0.00E+00	0.00E+00	0.00E+00	0.00E+00	0.00E+00	0.00E+00
*F*2	MPA	6.11E−15	2.51E−13	2.10E−13	1.03E−13	2.71E−12	2.74E−12	1.72E−12	2.17E−11	2.25E−11
	LMPA	5.75E−15	2.09E−13	1.63E−13	2.85E−14	2.92E−12	3.16E−12	3.27E−13	1.54E−11	1.40E−11
	SMPA	4.37E−16	8.38E−15	1.00E−14	1.54E−14	1.26E−13	9.62E−14	1.82E−13	2.49E−12	1.80E−12
	GMPA	0.00E+00	2.75E−294	0.00E+00	0.00E+00	2.35E−288	0.00E+00	0.00E+00	3.78E−291	0.00E+00
	PMPA	9.59E−38	3.09E−36	2.77E−36	1.90E−29	9.01E−29	9.63E−29	4.89E−23	1.98E−22	1.12E−22
	GDMPA	0.00E+00	0.00E+00	0.00E+00	0.00E+00	0.00E+00	0.00E+00	0.00E+00	0.00E+00	0.00E+00

续表

函数	算法	$D=30$			$D=50$			$D=100$		
		最优值	均值	标准差	最优值	均值	标准差	最优值	均值	标准差
*F*3	MPA	1.24E−07	4.20E−04	7.29E−04	3.32E−05	2.60E−02	6.16E−02	1.58E+00	1.16E+01	1.13E+01
	LMPA	4.74E−08	1.74E−04	2.87E−04	5.40E−06	5.72E−02	9.37E−02	3.11E−01	2.04E+01	4.01E+01
	SMPA	2.57E−11	3.59E−07	6.20E−07	1.18E−06	1.29E−03	2.41E−03	8.57E−03	2.48E+00	2.59E+00
	GMPA	0.00E+00	0.00E+00	0.00E+00	0.00E+00	0.00E+00	0.00E+00	0.00E+00	0.00E+00	0.00E+00
	PMPA	1.95E−07	6.44E−04	2.18E−03	6.40E+00	6.88E+01	5.88E+01	6.07E+03	1.03E+04	5.47E+03
	GDMPA	0.00E+00	0.00E+00	0.00E+00	0.00E+00	0.00E+00	0.00E+00	0.00E+00	0.00E+00	0.00E+00
*F*4	MPA	5.27E−10	2.47E−09	1.29E−09	1.51E−08	2.81E−08	1.01E−08	1.05E−07	2.68E−07	1.41E−07
	LMPA	1.16E−09	2.11E−09	1.04E−09	6.81E−09	2.97E−08	1.44E−08	1.15E−07	3.17E−07	1.41E−07
	SMPA	2.16E−10	1.12E−09	8.42E−10	5.68E−09	1.26E−08	5.03E−09	6.71E−08	2.13E−07	1.14E−07
	GMPA	1.72E−306	4.67E−290	0.00E+00	2.51E−308	7.80E−283	0.00E+00	3.79E−307	9.43E−285	0.00E+00
	PMPA	1.07E−17	2.11E−16	3.17E−16	1.79E−14	3.04E−13	2.46E−13	5.93E−293	1.00E−10	1.12E−10
	GDMPA	0.00E+00	0.00E+00	0.00E+00	0.00E+00	0.00E+00	0.00E+00	0.00E+00	0.00E+00	0.00E+00
*F*5	MPA	2.40E+01	2.46E+01	3.43E−01	4.48E+01	4.54E+01	5.15E−01	9.48E+01	9.60E+01	7.44E−01
	LMPA	2.38E+01	2.46E+01	3.95E−01	4.45E+01	4.52E+01	3.74E−01	9.48E+01	9.64E+01	8.78E−01
	SMPA	2.29E+01	2.35E+01	4.85E−01	4.33E+01	4.44E+01	7.96E−01	9.40E+01	9.49E+01	7.29E−01
	GMPA	2.37E+01	2.41E+01	2.95E−01	4.46E+01	4.51E+01	2.66E−01	9.51E+01	9.56E+01	3.75E−01
	PMPA	2.15E+01	2.33E+01	1.01E+00	4.26E+01	4.43E+01	1.53E+00	9.39E+01	9.62E+01	1.39E−01
	GDMPA	1.13E+01	1.22E+01	2.19E−01	2.25E+01	2.74E+01	1.48E+00	5.31E+01	5.74E+01	1.20E−01
*F*6	MPA	6.99E−04	3.96E−03	9.49E−04	3.63E−04	1.24E−03	6.30E−04	4.16E−04	1.41E−03	5.07E−04
	LMPA	1.57E−04	1.20E−03	5.50E−04	3.34E−04	1.07E−03	4.83E−04	2.08E−04	1.99E−03	3.57E−03
	SMPA	2.20E−04	1.17E−03	5.49E−04	5.20E−04	1.20E−03	5.72E−04	2.58E−04	1.91E−03	9.38E−04
	GMPA	2.52E−05	3.16E−04	2.46E−04	3.88E−05	4.79E−04	5.45E−04	2.84E−05	4.77E−04	3.72E−04
	PMPA	2.22E−04	1.07E−03	6.22E−04	1.27E−03	2.87E−03	1.13E−03	1.68E−03	4.24E−03	2.86E−03
	GDMPA	0.00E+00	2.02E−04	2.78E−04	4.20E−07	1.22E−04	1.39E−04	3.03E−06	1.63E−04	2.31E−04
*F*7	MPA	−1.26E+04	−1.09E+04	1.77E+03	−2.09E+04	−1.74E+04	2.87E+03	−4.19E+04	−3.52E+04	5.97E+03
	LMPA	−1.07E+04	−9.79E+03	5.32E+02	−1.66E+04	−1.53E+04	7.03E+02	−3.02E+04	−2.29E+04	2.08E+03
	SMPA	−1.16E+04	−1.07E+04	4.46E+02	−1.63E+04	−1.45E+04	6.39E+02	−2.36E+04	−2.09E+04	1.35E+03
	GMPA	−1.03E+04	−9.26E+03	4.81E+02	−1.63E+04	−1.48E+04	6.67E+02	−2.86E+04	−2.63E+04	1.35E+03
	PMPA	−1.02E+04	−9.70E+03	3.19E+02	−1.43E+04	−1.28E+04	7.61E+02	−2.48E+04	−2.30E+04	1.47E+03
	GDMPA	−1.02E+04	−9.46E+03	4.39E+02	−1.35E+04	−1.21E+04	5.56E+02	−1.79E+04	−1.61E+04	8.54E+02

续表

函数	算法	D = 30			D = 50			D = 100		
		最优值	均值	标准差	最优值	均值	标准差	最优值	均值	标准差
F8	MPA	1.17E−60	8.31E−60	1.10E−59	0.00E+00	0.00E+00	0.00E+00	0.00E+00	0.00E+00	0.00E+00
	LMPA	1.50E−306	3.98E−290	0.00E+00	0.00E+00	0.00E+00	0.00E+00	0.00E+00	0.00E+00	0.00E+00
	SMPA	0.00E+00	0.00E+00	0.00E+00	0.00E+00	0.00E+00	0.00E+00	0.00E+00	0.00E+00	0.00E+00
	GMPA	0.00E+00	0.00E+00	0.00E+00	0.00E+00	0.00E+00	0.00E+00	0.00E+00	0.00E+00	0.00E+00
	PMPA	0.00E+00	0.00E+00	0.00E+00	0.00E+00	0.00E+00	0.00E+00	0.00E+00	0.00E+00	0.00E+00
	GDMPA	0.00E+00	0.00E+00	0.00E+00	0.00E+00	0.00E+00	0.00E+00	0.00E+00	0.00E+00	0.00E+00
F9	MPA	3.35E−13	1.38E−12	7.58E−13	3.30E−12	1.11E−11	6.57E−12	1.14E−11	7.42E−11	4.94E−11
	LMPA	1.29E−13	2.42E−12	1.61E−12	8.88E−16	8.66E−12	5.40E−12	1.70E−11	7.67E−11	3.16E−11
	SMPA	8.62E−14	1.28E−13	2.16E−14	2.57E−13	7.92E−13	3.66E−13	2.73E−12	1.14E−11	5.85E−12
	GMPA	8.88E−16	8.88E−16	0.00E+00	8.88E−16	8.88E−16	0.00E+00	8.88E−16	8.88E−16	0.00E+00
	PMPA	4.44E−15	5.63E−15	1.70E−15	4.44E−15	7.52E−15	1.23E−15	7.99E−15	7.99E−15	0.00E+00
	GDMPA	8.88E−16	8.88E−16	0.00E+00	8.88E−16	8.88E−16	0.00E+00	8.88E−16	8.88E−16	0.00E+00
F10	MPA	2.22E−04	1.07E−03	6.22E−04	0.00E+00	0.00E+00	0.00E+00	0.00E+00	0.00E+00	0.00E+00
	LMPA	0.00E+00	0.00E+00	0.00E+00	0.00E+00	0.00E+00	0.00E+00	0.00E+00	0.00E+00	0.00E+00
	SMPA	0.00E+00	0.00E+00	0.00E+00	0.00E+00	0.00E+00	0.00E+00	0.00E+00	0.00E+00	0.00E+00
	GMPA	0.00E+00	0.00E+00	0.00E+00	0.00E+00	0.00E+00	0.00E+00	0.00E+00	0.00E+00	0.00E+00
	PMPA	2.52E−05	2.53E−04	2.45E−04	0.00E+00	0.00E+00	0.00E+00	0.00E+00	0.00E+00	0.00E+00
	GDMPA	0.00E+00	0.00E+00	0.00E+00	0.00E+00	0.00E+00	0.00E+00	0.00E+00	0.00E+00	0.00E+00

表 14-3 六种算法的优化结果（F11~F12）

函数	算法	最优值	均值	标准差	函数	算法	最优值	均值	标准差
F11（D = 2）	MPA	1.21E−24	5.68E−23	6.41E−23	F12（D = 4）	MPA	6.11E−13	2.51E−13	2.10E−13
	LMPA	3.81E−26	4.85E−26	3.75E−26		LMPA	1.75E−15	1.09E−13	1.63E−13
	SMPA	1.56E−27	4.21E−26	9.12E−26		SMPA	4.37E−16	8.38E−15	1.00E−14
	GMPA	0.00E+00	0.00E+00	0.00E+00		GMPA	0.00E+00	2.75E−294	0.00E+00
	PMPA	1.06E−61	6.18E−59	1.83E−58		PMPA	9.59E−38	3.09E−36	2.77E−36
	GDMPA	0.00E+00	0.00E+00	0.00E+00		GDMPA	0.00E+00	0.00E+00	0.00E+00

独立运行 30 次测试的结果被记录下来,并对其进行了统计分析。通过图 14-10 可以看出,除了个别测试情况，GDMPA 统计结果显示为一条线,说明这组数据的离散情况最低。相比于 MPA 存在较多异常值，GDMPA 上方不存在十字线,说明其稳定性较高。箱线图中，GDMPA 及四种改进策略对应的算法的上限值、下限值、上四分位线、下四分位线、中位线均比 MPA 低,表明其稳定性有了较大提高,应用四种改进策略的 GDMPA 对于提高 MPA 的搜索寻优能力具有极高的显著性。

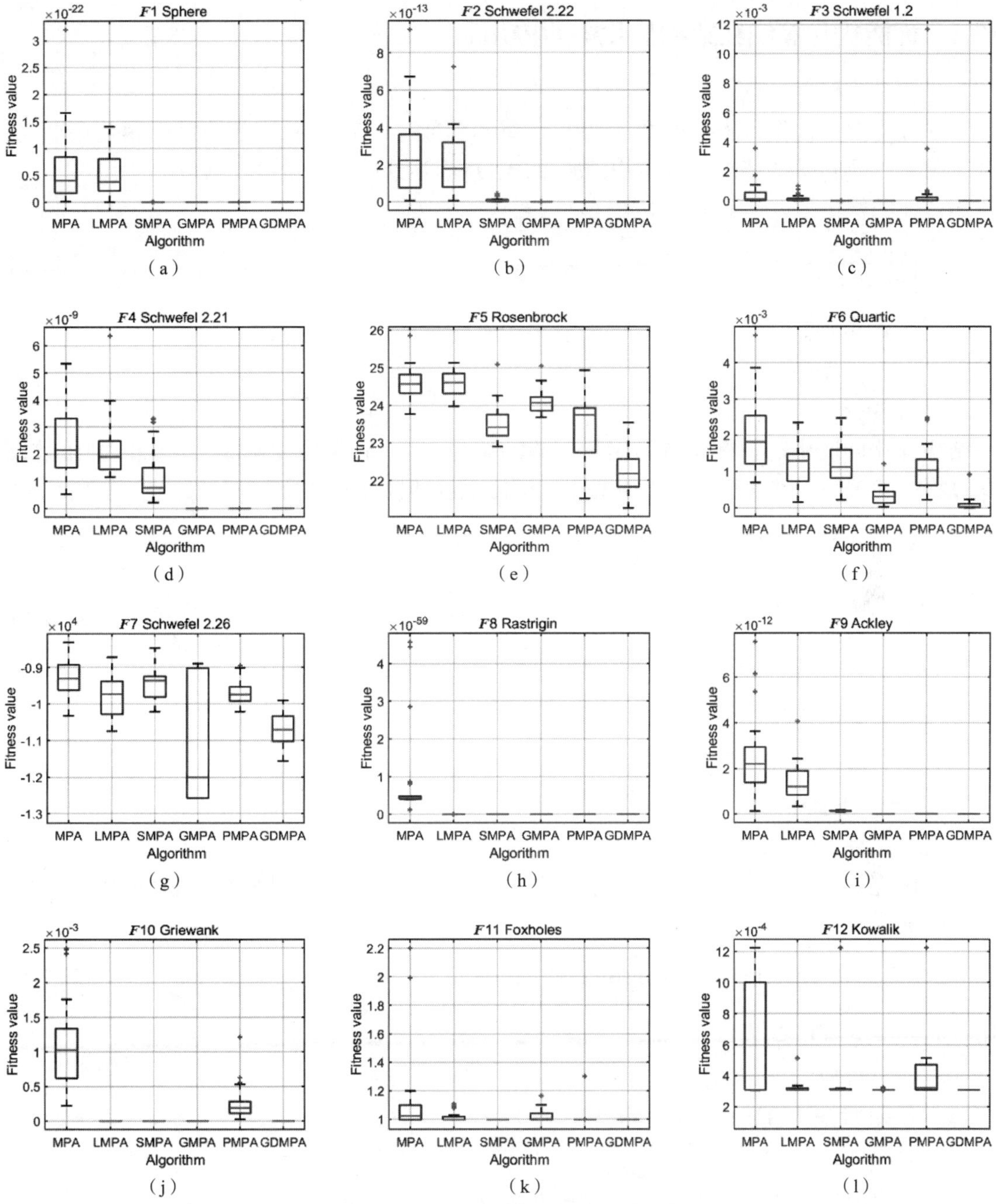

图 14-10　不同标准函数测试结果的箱线图

(a)*F*1　(b)*F*2　(c)*F*3　(d)*F*4　(e)*F*5　(f)*F*6　(g)*F*7

(h)*F*8　(i)*F*9　(j)*F*10　(k)*F*11　(l)*F*12

Fitness value—适应度值;Algorithm—算法

14.2.4 智能优化算法在结构优化中的应用

1. 结构优化数学模型

以 n 杆桁架结构作为研究对象,该结构的基本参数是已知条件,要解决的问题是在给定的荷载工况下,得到 n 杆桁架结构的最优截面面积,从而达到结构质量最轻的目的。

用截面面积作为设计变量的桁架优化问题可以写为

$$\begin{cases}\min F = W(x) \\ \text{s.t. } g_i \leqslant 0 \quad (i = 1,2,\cdots,m)\end{cases} \tag{14-25}$$

式中:g_i——约束函数;

m——约束个数。

1)目标函数

结构优化问题中的目标函数为桁架结构的质量 W_{truss},它是构件截面几何特性的函数,在优化过程中随被测构件的直径变化而变化。优化变量即杆件的外径。

$$W_{\text{truss}} = \sum_{i=1}^{n} \rho_i L_i A_i \tag{14-26}$$

$$A_i = \frac{\pi D_i^2}{4} \tag{14-27}$$

式中:ρ_i——杆件的材料密度;

L_i——杆件的长度;

A_i——杆件的截面面积;

D_i——杆件的外径。

2)约束条件

结构优化的约束条件包括节点应力、位移、屈曲控制以及连接控制等。优化问题中约束的一般形式满足

$$UC = \frac{g_i}{g_a} \leqslant 1 \quad (\text{for other constraints}) \quad (i = 1,\ 2,\ \cdots,\ n_{\text{c}}) \tag{14-28}$$

式中:UC——统一校验比;

g_i——杆件应力、应变的实际值;

g_a——杆件应力、应变的许用值;

n_{c}——约束的总数。

桁架结构中各个杆件需满足强度、刚度和截面尺寸的要求:

$$\frac{\sigma_i}{[\sigma]} - 1 \leqslant 0 \tag{14-29}$$

$$\frac{A_i}{A_{\max}} - 1 \leqslant 0 \tag{14-30}$$

$$A_{\min} \leqslant A_i \leqslant A_{\max} \tag{14-31}$$

式中:σ_i——第 i 根杆件的正应力;

$[\sigma]$——材料的许用应力；

Δ_i——节点 i 的位移；

Δ_{max}——节点 i 的许用位移；

A_{min}，A_{max}——杆件截面的上、下限。

3）适应度函数

在不可行解决方案的目标函数中添加一个罚函数，消除问题求解的局限性。目标函数 W_{truss}、罚函数与适应度函数 F 的关系为

$$F = W_{truss} + R_P \sum_{i=1}^{n_c} \left[\max\left(0, \frac{g_i}{g_a} - 1\right) \right]^2 \tag{14-32}$$

式中：$\frac{g_i}{g_a}$——杆件的最大应力比或节点的最大水平挠度比；

R_P——外部罚函数的系数。

2. 实例分析

选择的 27 杆和 69 杆桁架结构如图 14-11 和图 14-12 所示。取桁架中每根钢筋的截面面积为未知量，以总钢质量为适应度函数来解决结构优化问题。

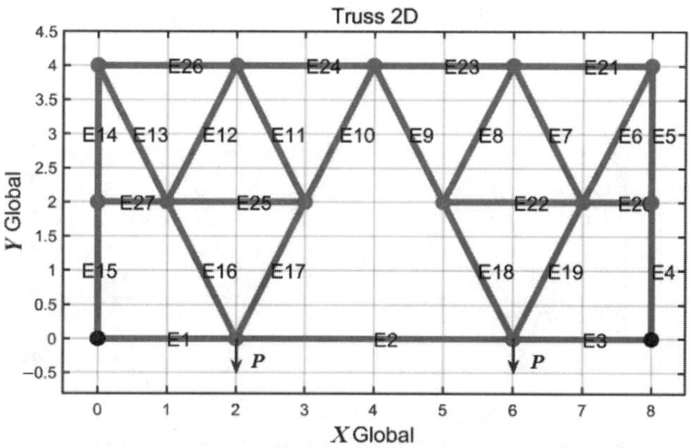

图 14-11　27 杆桁架结构示意图

桁架的极限条件为：所有节点沿 X 轴和 Y 轴的最大位移极限为 $\Delta_{max} = 6.35$ mm，最大应力为[−172.375 MPa,172.375 MPa]，密度 $\rho = 2\,678$ kg/m^3，弹性模量 $E = 68\,950$ MPa，长度系数 $\mu = 1$。27 杆和 69 杆桁架杆件的上下截面面积分别为[5 cm^2,25 cm^2]和[50 cm^2,80 cm^2]，加载位置为 $P = 10$ kN 和 $P' = 100$ kN。

为了验证 GDMPA 处理桁架结构优化问题的能力，选取了近 3 年出现的一系列群体智能优化算法进行优化实验。这些算法包括 MPA、蝴蝶优化算法（BOA）、哈里斯鹰优化算法（HHO）、海鸥优化算法（SOA）、麻雀优化算法（SSA）。图 14-13 和图 14-14 显示了优化过程中桁架的位移，图中“A”表示截面面积，深灰色虚线表示压杆，浅灰色虚线表示拉杆。桁架结构优化结果见表 14-4。

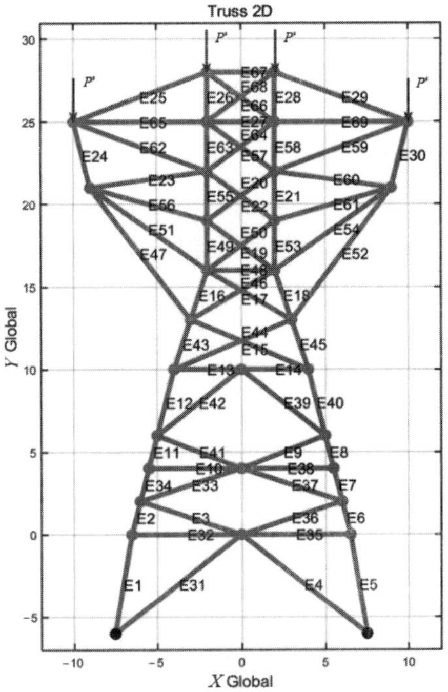

图 14-12 69 杆桁架结构示意图

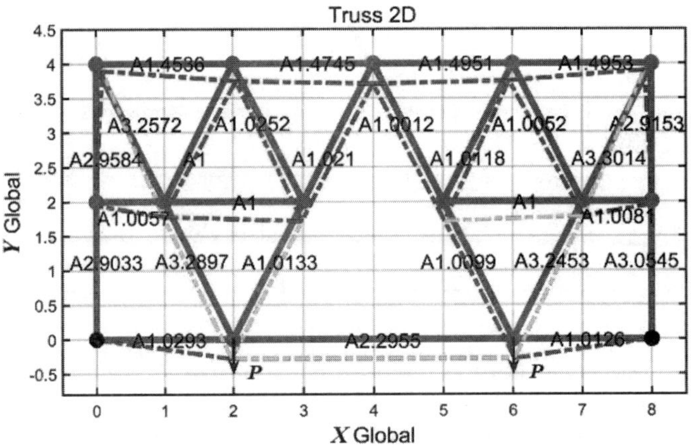

图 14-13 27 杆桁架结构变形图

表 14-4 桁架结构优化结果 单位:kg

桁架	算法					
	MPA	BOA	SSA	SOA	HHO	GDMPA
27 杆	96.88	128.72	154.64	129.56	103.78	93.74
69 杆	5 168.82	5 349.65	5 620.45	6 266.49	5 397.61	5 083.06

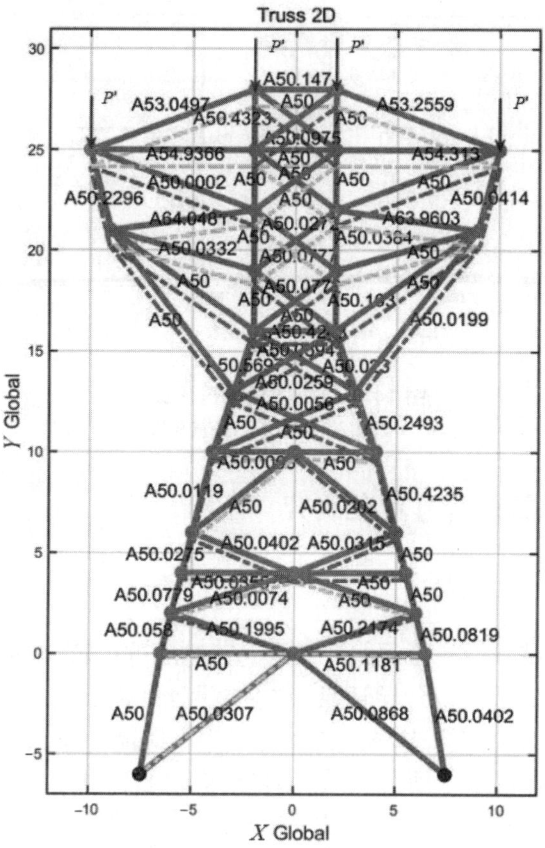

图 14-14　69 杆桁架结构变形图

将相同的适应度函数代入六种比较算法进行比较，得到的结果如图 14-15 所示。GDMPA 分别在 100 次和 250 次迭代时完成收敛，并且在找到最佳解决方案方面精度更高。SSA、SOA 和 HHO 收敛相对较快，但它们都倾向于陷入“早熟”，BOA 收敛缓慢，MPA 曲线不收敛。对于 27 杆桁架结构，GDMPA 的优化质量为 93.74 kg。与 MPA 相比，GDMPA 的质量有所下降（96.88−93.74）/96.88=3.24%。与 BOA、SSA、SOA 和 HHO 相比，GDMPA 的质量分别降低了 27.18%、39.38%、27.65%和 9.67%。对于 69 杆桁架结构，GDMPA 的优化质量为 5 083.06 kg。与 MPA 相比，GDMPA 的质量降低了（5 168.82−5 083.06）/5 168.82=1.66%。与 BOA、SSA、SOA 和 HHO 相比，GDMPA 的质量分别降低了 4.98%、9.56%、18.89%和 5.83%。

运用黄金正弦动态海洋捕食者算法对 27 杆和 69 杆桁架结构进行优化，并与其他群体智能优化算法得到的结果进行比较，结果表明，黄金正弦动态海洋捕食者算法有较快的收敛速度和寻优精度，在算法运行的初期效果非常显著。所以，黄金正弦动态海洋捕食者算法能够成功解决桁架结构截面连续变量的优化问题。

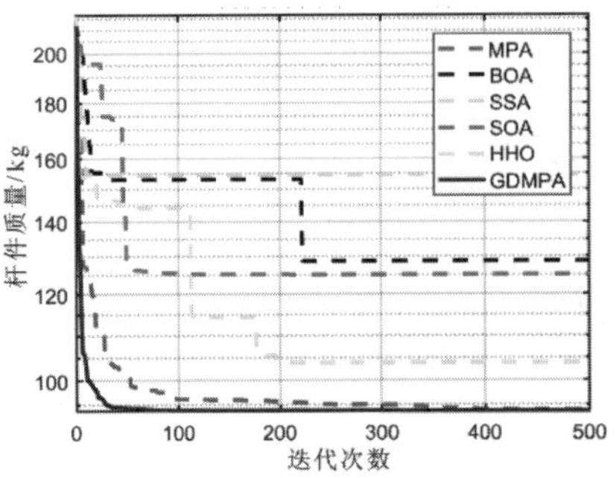

(a)

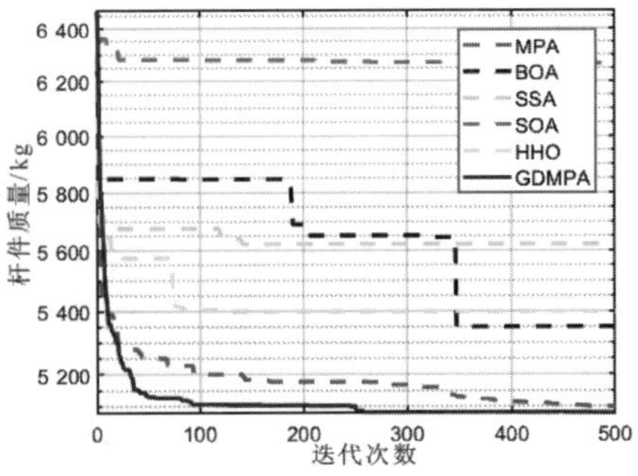

(b)

图 14-15 桁架优化迭代曲线

(a)27 杆桁架 (b)69 杆桁架

14.2.5 海上风机支撑结构尺寸优化研究

1. 海上风机支撑结构尺寸优化模型

1)优化问题

海上风机一旦建成,基础结构必须能抵抗由涡轮机的重量、影响它的风和海洋地区的波浪/电流引起的应力。具体来说,在设计导管架结构时,设计者需要为空间框架的结构管选择一套合适的尺寸。管的尺寸,即直径和壁厚。选择的焊接点应能承受负载产生的应力。如果管件太细,应力将超过阈值,导致过早疲劳失效。另外,如果管的尺寸太大,会导致管的利用率不足,整体结构也会过于沉重和昂贵。因此,找到管的最佳尺寸选择是一种微妙的平衡。

典型海上风机支撑结构优化问题可表述为

$$\begin{cases} \boldsymbol{X}=[x_1,x_2,x_3,\cdots,x_n] \\ \text{Min } Mer(X)=f_{\text{cost}}(X)+f_{\text{penalty}}(X) \\ \text{s.t. } UC=g_i/g_a\leqslant 1 \quad (i=1,2,\cdots,m) \end{cases} \tag{14-33}$$

式中:$\boldsymbol{X}$——n个未知数的设计变量向量;

g_i——m个不等式约束的第i个约束;

UC——构件相应作用统一验算比。

在本节中,约束违反采用众所周知的惩罚方法处理。在这种方法中,$Mer(X)$是目标函数,$f_{\text{cost}}(X)$是适应度函数,$f_{\text{penalty}}(X)$考虑了约束违反情况。利用跟随罚函数将约束问题转化为无约束问题。

在此优化问题中,目标函数等于支撑结构的权重,可表示为

$$f_{\text{cost}}(X)=\sum_{i=1}^{n}\rho_i L_i A_i=\sum_{i=1}^{n}\rho_i L_i \frac{1}{4}\pi[D_i^2-(D_i-2t_i)^2] \tag{14-34}$$

式中:ρ_i——组分钢材料的密度;

L_i——构件的长度;

A_i——构件的截面面积。

$$f_{\text{penalty}}(X) = R_{\text{p}} \sum_{i=1}^{m} \left[\max\left(0, \frac{g_i}{g_a} - 1\right) \right]^2 \tag{14-35}$$

式中：R_{p}——外部罚函数的系数，被认为是常数，R_{p} =866 295.135，即在所有结构构件的外径和厚度的最大值下，导管架结构的总重量。

2）决策变量

为了减少决策变量的数量，将主要结构分成 10 组。第一组是连接杆 CC1，由 4 个垂直杆件组成，连接到混凝土过渡件部分。4 组支腿 LC1、LC2、LC3 和 LC4 分别作为位于 4 个垂直框架中的垂直管状构件。同样，划分另外 4 组交叉支撑 CB1、CB2、CB3 和 CB4，每组 8 个倾斜杆件。导管架结构的最后一组是水平支撑 HB1，如图 14-16 所示。

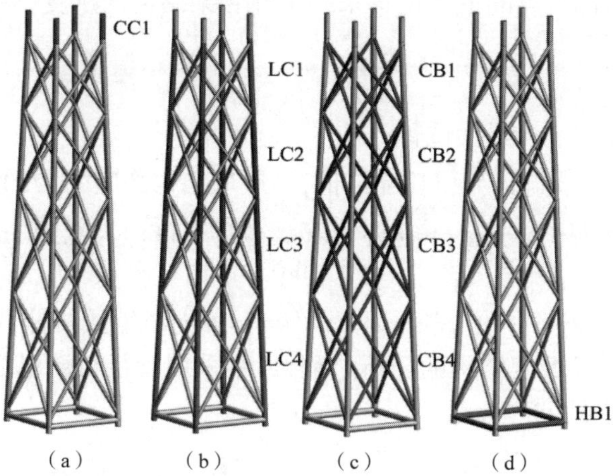

图 14-16　管状构件在各分类中的位置

（a）连接杆　（b）支腿　（c）交叉支撑　（d）水平支撑

以导管架结构管状构件的外径 D_i 和厚度 t_i 作为优化过程的决策变量，如图 14-17 所示。

$$X = \left[D_{\text{CC1}}, D_{\text{LC1}}, \cdots, D_{\text{HB1}}, t_{\text{CC1}}, t_{\text{LC1}}, \cdots, t_{\text{HB1}}\right] \tag{14-36}$$

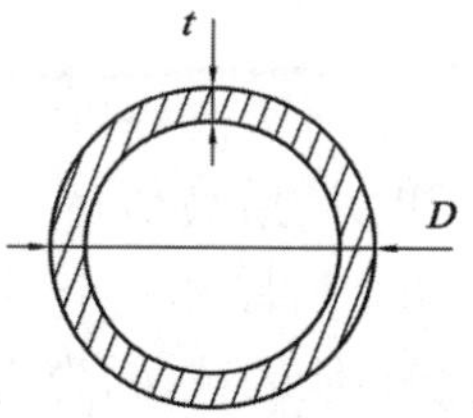

图 14-17　管状构件截面及设计变量

3）约束条件

优化问题的设计约束包括控制构件的应力、屈曲和位移，连接的结构充分性和疲劳损伤。平台的所有构件都要承受重力荷载以及风、海流和海浪等环境荷载。因此，这些构件可能承受轴向应力、剪应力、面内弯曲、面外弯曲或它们的组合。计算管状构件相互作用统一验算比（UC），使构件中存在的应力或屈曲量不超过规范中定义的允许极限。

Ⅰ. 强度约束

对于导管架结构的圆柱形构件，力包括轴向应力、周向应力和剪应力：

$$UC_1 = \frac{\sqrt{\sigma_a^2 + \sigma_h^2 - \sigma_a\sigma_h + 3\tau^2}}{[\sigma]} \leqslant 1 \tag{14-37}$$

式中：σ_a——轴向应力；

σ_h——周向应力；

τ——剪应力；

$[\sigma]$——允许应力。

Ⅱ. 刚度约束

通过控制导管架顶部节点的最大位移来约束导管架结构的刚度。

$$UC_2 = \frac{u_{max}}{[u]} \leqslant 1 \tag{14-38}$$

式中：u_{max}——导管架顶部节点最大位移；

$[u]$——导管架顶部节点最大位移允许值，一般取结构高度的 1/200。

导管架结构总高度为 65.15 m（不含桩），最大位移允许值为 0.326 m。

Ⅲ. 稳定性约束

结构的稳定性受到以下一个或多个因素的影响：轴向压缩或拉伸、弯曲、周向压缩或拉伸、扭转和剪切。为了简化导管架结构的分析过程，通常采用管径与壁厚之比（径厚比）作为约束条件。径厚比应符合以下标准：

$$UC_3 = \frac{D/t}{50\varepsilon^2} \leqslant 1 \tag{14-39}$$

$$\varepsilon = \sqrt{\frac{E}{f_y}}$$

式中：E——弹性模量；

f_y——最小屈服量。

Ⅳ. 特征频率约束

由于多次循环加载和强迫频率，海上风力涡轮机对动态非常敏感。强迫频率有两个。首先是转子的转动频率，通常称为 1P。此外，塔效应还产生另一个激励频率，称为叶片通过频率，通常用 3P 表示。图 14-18 给出了两个波段和三个可用的设计域：软-软、软-硬和硬-硬。导管架的设计建议落在软-硬区域。避免软-软区域，因为它接近波的典型峰值频率，并且拒绝硬-硬区域，因为它产生过刚度结构。设计区域以 10%的余量建立。允许固有频率范围为 0.22 ~ 0.31 Hz，结构高阶模态应超过 0.605 Hz。

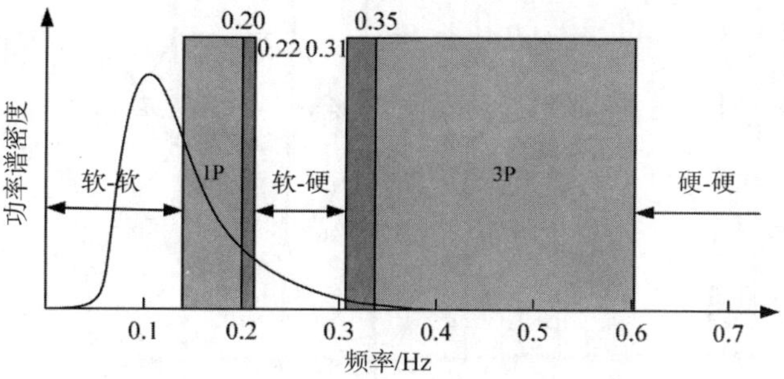

图 14-18　支撑结构允许的特征频率约束范围

Ⅴ. 尺寸约束

尺寸约束表示设计变量 D 和 t 的下界和上界，变量之间的几何关系为

$$\begin{cases} D_{\min} \leqslant D \leqslant D_{\max} \\ t_{\min} \leqslant t \leqslant t_{\max} \end{cases} \tag{14-40}$$

式中，$D_{\min}$和$t_{\min}$为变量的下限，$D_{\max}$和$t_{\max}$代表变量的上限。OC4 导管架结构变量的上限及下限见表 14-5。

表 14-5　OC4 导管架结构变量的上限及下限

类别	外径/m	壁厚/m
支腿	[0.6,1.4]	[0.03,0.06]
支撑	[0.4,0.8]	[0.01,0.03]

Ⅵ. 疲劳约束

海上导管架平台通常采用焊接管状结构。这些管状结构的焊接点疲劳损伤主要是由于焊接中的小缺陷成为裂纹的起始点、高应力集中以及海浪引起的变荷载和循环荷载。通过进行确定性疲劳分析，可得到每个连接的疲劳寿命。利用 Palmgren-Miner 规则（线性累积疲劳损伤假设），得到各焊接点在寿命期间的总损伤，进而得到结构节点的疲劳寿命。此外，疲劳寿命不应低于结构使用寿命的 2 倍。考虑到项目规范，护套结构的使用寿命被认为是 25 年。图 14-19 为 OC4 导管架疲劳分析所考虑的焊接点。

2. 海上风机结构参数及环境荷载

1）海上风机结构参数

本节采用一种由 OC4 导管架结构和 NREL 5-MW 基准涡轮机组成的导管架海上风力发电机组。设计条件选择为荷兰北海 K13 深水场地，水深为 50 m。塔高 68 m，枢纽位于平均海平面以上 90.55 m。随着高度的增加，塔的直径和壁厚逐渐减小。支撑结构为导管架结构，根据泥浆支撑，四根中心桩灌浆，桩身深度为 45 m。导管架和塔之间的过渡件是一块混凝土，被四个导管架支腿穿透。NREL 5-MW 基准风力发电机的性能见表 14-6。护套材料性质见表 14-7。

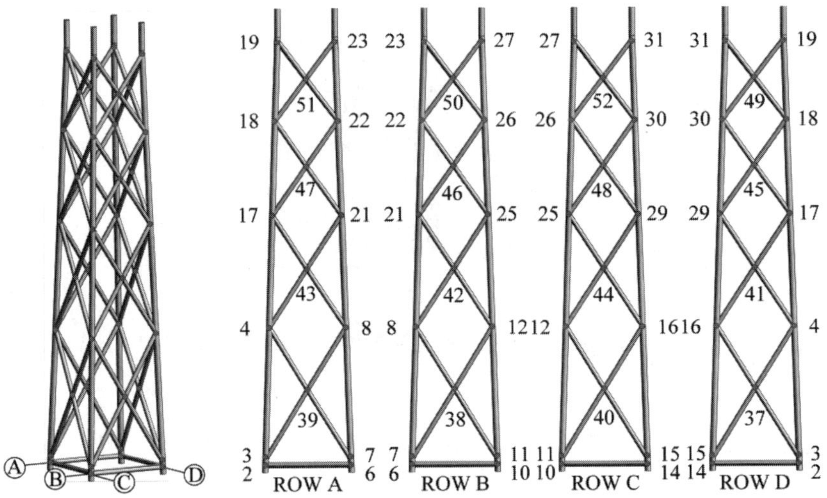

图 14-19 OC4 导管架疲劳分析的焊接点

表 14-6 NREL 5-MW 基准风力发电机的性能

类型	参数
发电机额定值	5 MW
转子定位、配置	逆风、3 个叶片
转子长度、中心直径	126 m、3 m
轮毂高度	90.55 m
切入风速、切出风速、额定风速	3 m/s、25 m/s、11.4 m/s
切入转速、额定转速	6.9 r/min、12.1 r/min
额定叶尖速度	25 m/s
转子重量	110 000 kg
引擎机舱重量	240 000 kg

表 14-7 护套材料性质

性质	描述
材料	钢
弹性模量 E	210 GPa
泊松比 μ	0.30
密度 ρ	7 850 kg/m^3
抗弯强度 f_y	355 MPa
X 焊接点	16
K 焊接点	24

续表

性质	描述
T/Y 焊接点	16
总高度	66 m
总质量	608 t

导管架结构由焊接头和钢管组成，这些钢管被称为弦或支撑。弦是承载整体荷载的主要垂直杆件，通常截面尺寸较大。水平和对角线钢管称为支撑，起加固作用，它们的截面尺寸通常比弦小。弦通过焊接连接到一个或多个支撑上。焊接头可以有不同的类型，这取决于它们连接了多少杆件。观察导管架结构的二维表示可识别焊接头类型：T 形接头连接一个弦和一个支撑，K 形接头连接一个弦和两个支撑，X 形接头连接两个支撑。图 14-20 所示为 OC4 导管架基础结构的二维表示。

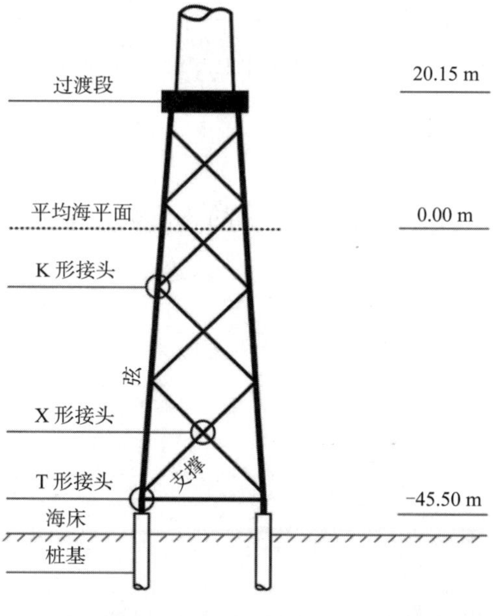

图 14-20　OC4 导管架基础结构的二维表示

2）海上风机环境荷载

海上平台长期从事海上生产作业。作业区域的海洋和气象条件对结构安全和作业效率有重大影响。因此，设计海上结构的首要任务是确定平台的环境荷载和天气条件。

Ⅰ. 恒定荷载

永久荷载在任何时候都是恒定的，主要由结构和非结构构件的自重组成。这种荷载（F_P）是永久设备、塔、连接和护套结构等的重量综合作用的结果。

$$F_P = M_{rotor} + M_{nacelle} + M_{tower} + M_{concrete} + M_{jacket} \quad (14\text{-}41)$$

式中：F_p——恒定荷载；

M_{rotor}——转子及叶片的重量；

$M_{nacelle}$——发动机舱的重量；

M_{tower}——塔的重量；

$M_{concrete}$——过渡段混凝土的重量；

M_{jacket}——导管架的重量。

Ⅱ.环境荷载

表 14-8 给出了 K13 选址的极端环境条件。极端环境条件对应的是基于 50 年回归周期的极端荷载情况，这些情况将用于后续的设计和评估过程。表中T_{return}、H_{max}、$T(H_{max})$、V_w分别为回归周期风速、波高、波周期、轮毂高度风速。

表 14-8 极端环境条件

T_{return}/年	H_{max}/m	$T(H_{max})$/s	V_w(10 min)/(m/s)
1	13.21	9.44	32.74
5	15.07	10.09	36.85
10	15.81	10.33	38.62
50	17.48	10.87	42.73

a. 风荷载

风荷载由两部分组成，分别是作用在塔架上的风荷载和作用在叶片上的风荷载。任意高度的风速计算公式为

$$\overline{V}(h)=\overline{V}_r\left(\frac{h}{h_r}\right)^{\mu} \tag{14-42}$$

式中：$\overline{V}(h)$——不同高度的风速；

h——风力机高度；

h_r——风舱高度；

$\overline{V}_r$——风舱高度风速；

μ——粗糙度因子，其值为 0.115。

风场中任意点的脉动风速基本满足平稳高斯随机过程。因此，功率谱通常用来表征波动风。此外，采用谐波综合方法对脉动风随机过程进行了综合，为海上风机结构动力响应分析奠定了基础。以 OC4 导管架结构为例，采用 50 年回归周期的极端环境条件进行模拟。利用 Kaimal 谱、相关函数和自编程序，得到轮毂高度脉动风速时程（图 14-21）。

将计算得到的波动风速与稳定平均风速相加，得到轮毂高度处风速时程曲线。作用在管状构件单位长度上的风力由下式计算：

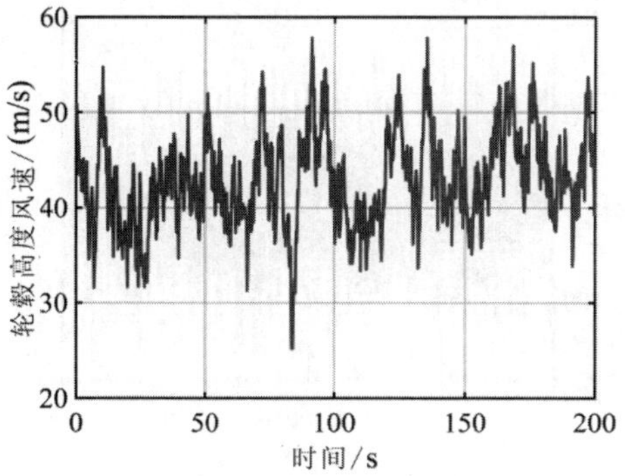

图 14-21　轮毂高度脉动风速时程

$$F_{\mathrm{wind}}=\frac{1}{2}\rho_{\mathrm{a}}C_{\mathrm{D,t}}D(h)\overline{V}^{2}(h) \tag{14-43}$$

式中：ρ_{a}——空气密度，$\rho_{\mathrm{a}}=1.205\ \mathrm{kg/m^3}$；

$C_{\mathrm{D,t}}$——阻力系数，$C_{\mathrm{D,t}}=1$；

$D(h)$——锥形塔在高度 h 处的直径。

表 14-9 给出了等效上部结构荷载，包括推力、倾斜力矩和扭转力矩。在分析过程中，风荷载作用于塔顶质量点。环境荷载具有多向性。然而，在该框架中，假设所有环境荷载都来自相同的方向，并且在全局 x 正方向中作为可能的最坏情况施加到护套的一侧。

表 14-9　等效上部结构荷载

荷载类型	推力/kN	倾翻力矩/(kN•m)	扭转力矩/(kN•m)
荷载大小	781	38 567	7 876

b. 波浪荷载

莫里森方程可以计算小尺度结构的波浪荷载。单位长度的总力为阻力和惯性分量之和：

$$F_{\mathrm{wave}}(z)=F_{\mathrm{m}}+F_{\mathrm{d}}=\rho C_{\mathrm{m}}\frac{\pi D^2}{4}\dot{u}+\frac{1}{2}\rho C_{\mathrm{d}}D|u| \tag{14-44}$$

式中：F_{m}——惯性力；

F_{d}——阻力；

D——管径；

C_{m}，C_{d}——惯性力和阻力的水动力系数，$C_{\mathrm{m}}=2.0$，$C_{\mathrm{d}}=0.7$；

u，$\dot{u}$——水质点相对于圆柱体垂直于圆柱体轴线的速度分量和加速度分量。

同样，模拟考虑了确定性和随机波动理论。在前者中，波高和周期是固定的，并随时间均匀变化。后者的波高和周期变化不规律，且随时间高度随机化。以 OC4 导管架结构为例，基于斯托克斯波理论、Pierson-Moskovitz（PM）谱和莫里森方程，得到弦段微细截面的波浪荷载时程曲线，如图 14-22 所示。

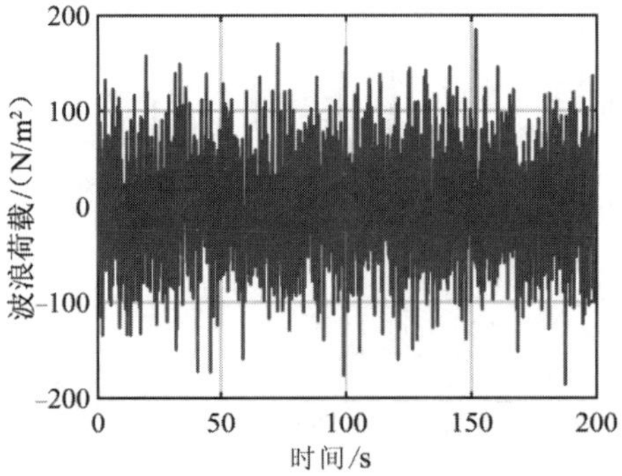

图 14-22　波浪荷载时程曲线

c. 海流荷载

海流是一种综合流。理论上,海流随空间和时间变化是不断变化的。然而,一般认为它是匀速流场,只随深度变化。应考虑海流速度的以下两个组成部分:潮汐、风暴和大气压力变化引起的地下流;风力产生的近地表海流。上述矢量的总和构成了海流的总海流速度。海流波长和周期的影响很小,通常可以忽略不计。

在极端海流模型中,可以根据重现期相同的风速来确定相应的速度。海面风速与风速方向一致:

$$U_{\mathrm{s}}(z)=U_{\mathrm{w}}(0)\times[(z+d)/d]^{1/7} \tag{14-45}$$

式中:$U_{\mathrm{s}}(z)$——地下流速;

d——水深;

z——到平均海平面(MSL)的距离,在 MSL 以下取负值。

$$U_{\mathrm{w}}(0)=0.01V_{\text{1-hour}}\quad(z=10\ \mathrm{m}) \tag{14-46}$$

式中:$V_{\text{1-hour}}$——MSL 以上 10 m 高度 1 h 的平均风速。

风速可以表示为$U_{\mathrm{w}}(z)$的线性分布,在海面为$U_{\mathrm{w}}(0)$,在海平面以下 20 m 处减小为 0。

$$U_{\mathrm{w}}(z)=U_{\mathrm{w}}(0)\times(1+z/20) \tag{14-47}$$

稳态流下的海流荷载可按下式计算:

$$F_{\text{current}}=\frac{1}{2}\rho C_{\mathrm{D}}(U_{\mathrm{s}}+U_{\mathrm{w}})^2A \tag{14-48}$$

式中:ρ——海水密度;

C_{D}——阻力系数;

A——模型在垂直于流动方向的平面上的面积。

3. 海上风机结构优化结果分析

1)基于元启发式算法的设计优化结果

将 GDMPA 与 OC4 导管架结构优化代码相结合,以优化 OWT 支撑结构。运行优化时,种群大小为 50,最大迭代次数为 100。图 14-23 为加载条件下结构张拉和压缩构件的分布。

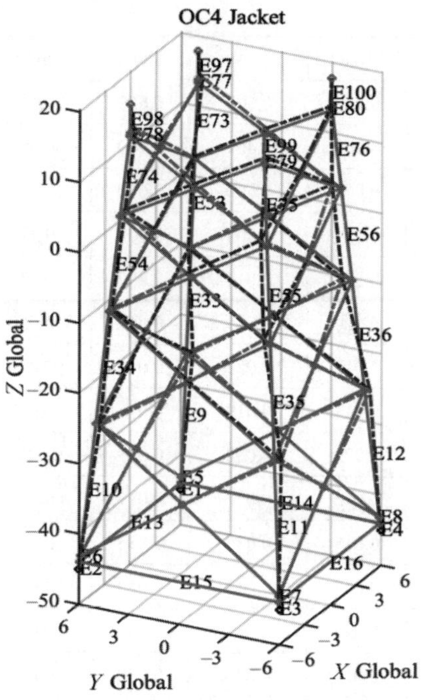

图 14-23　OC4 导管架的张压分布

为了显示 GDMPA 相对于其他方法的有效性优势，对三类方法进行了测试：基于梯度的方法；遗传算法和粒子群算法，它们是最著名的优化方法；碰撞体优化算法（CBO）、增强碰撞体优化算法（ECBO）、雪消融优化算法（SOA）和哈里斯鹰算法（HHO），它们是最近发展起来的元启发式方法。

表 14-10 给出了优化前后设计变量值的比较。对比结果表明，GDMPA 在收敛精度上排名第一，在收敛速度上排名第二。图 14-24 描述了导管架结构总重量的演变。GDMPA-Optimization 算法在 15 代内逼近最优结果，而 MPA-Optimization 算法在 52 代内实现了导管架结构的优化。造成这种现象的原因是 L-L 级联混沌映射使得 GDMPA 在搜索开始时具有遍历强的初始种群分布，便于算法的全局搜索。图 14-25 为设计变量（直径和厚度）的 MPA 和 GDMPA 的优化结果。种群规模和最大迭代次数的增加会加速优化过程，但影响运行时间的主要因素是结构的复杂性和优化问题的约束。从算法迭代图中可以看出，在初始阶段，算法往往不满足约束条件。随着迭代次数的增加，算法逐渐找到满足约束条件的解，逼近最优解。

表 14-10　基于 OC4 导管架的优化结果对比

变量	梯度法	CBO	ECBO	GA	PSO	SOA	HHO	MPA	GDMPA
D_{LC4} /m	0.927	1.148	1.391	0.855	0.850	0.873	0.850	0.850	0.850
D_{HB1} /m	0.503	0.647	0.736	0.409	0.400	0.522	0.400	0.400	0.405
D_{CB4} /m	0.594	0.503	0.618	0.402	0.400	0.458	0.400	0.400	0.400
D_{LC3} /m	0.927	0.943	1.217	0.756	0.750	0.833	0.750	0.750	0.750
D_{CB3} /m	0.580	0.475	0.688	0.409	0.400	0.418	0.400	0.400	0.400

续表

变量	梯度法	CBO	ECBO	GA	PSO	SOA	HHO	MPA	GDMPA
D_{LC2} /m	0.785	0.921	0.950	0.663	0.650	0.666	0.650	0.650	0.650
D_{CB2} /m	0.580	0.564	0.769	0.404	0.400	0.408	0.400	0.400	0.404
D_{LC1} /m	0.755	0.856	0.865	0.600	0.600	0.703	0.600	0.600	0.600
D_{CB1} /m	0.568	0.745	0.795	0.404	0.400	0.445	0.400	0.400	0.401
D_{CC1} /m	0.966	0.738	0.555	0.614	0.600	0.936	0.600	0.600	0.600
t_{LC4} /m	0.032	0.022	0.024	0.045	0.045	0.050	0.045	0.045	0.045
t_{HB1} /m	0.013	0.013	0.013	0.023	0.019	0.026	0.016	0.019	0.017
t_{CB4} /m	0.015	0.022	0.013	0.019	0.016	0.020	0.018	0.016	0.016
t_{LC3} /m	0.022	0.020	0.022	0.038	0.035	0.045	0.035	0.035	0.035
t_{CB3} /m	0.015	0.029	0.012	0.017	0.017	0.019	0.017	0.017	0.017
t_{LC2} /m	0.022	0.022	0.019	0.035	0.035	0.043	0.036	0.035	0.035
t_{CB2} /m	0.015	0.022	0.013	0.018	0.017	0.024	0.018	0.017	0.017
t_{LC1} /m	0.026	0.018	0.022	0.034	0.030	0.043	0.030	0.030	0.030
t_{CB1} /m	0.015	0.015	0.014	0.020	0.030	0.028	0.018	0.020	0.017
t_{CC1} /m	0.026	0.022	0.064	0.035	0.030	0.057	0.030	0.030	0.031
重量/kg	268 085	299 183	300 175	285 122	276 962	369 326	267 989	268 053	264 295
时间/s	—	—	—	476.281	382.467	374.385	482.013	246.995	330.962

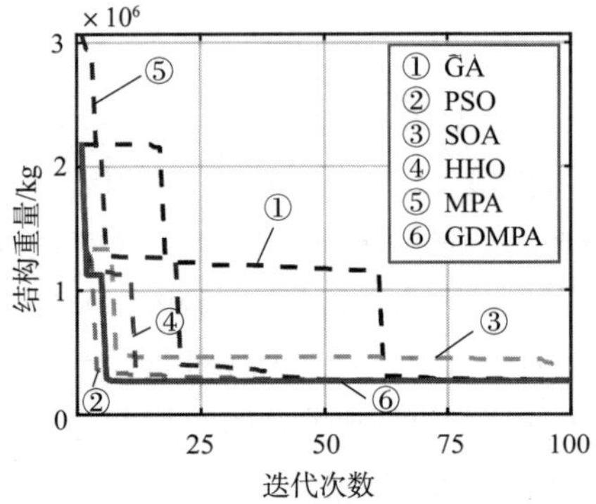

图 14-24　导管架结构重量随迭代次数的变化

同时,从图 14-26 可以看出,在两种优化中,重量变化的很大一部分是由导管套结构构件直径减小引起的。图 14-27 给出了优化后的导管架每组结构构件的重量。图 14-28 显示了不同分类对导管架结构减重的贡献。统计结果均大于 0,说明贡献为正。在结构优化中,对优化权重贡献最大和最小的两组分别是连接弦和腿弦。图 14-29 为优化前后导管架结构重量分布对比图,反映了不同组别重量占比的详细变化情况。需要说明的是, MPA 和 GDMPA 在这方面的优化结果相同。

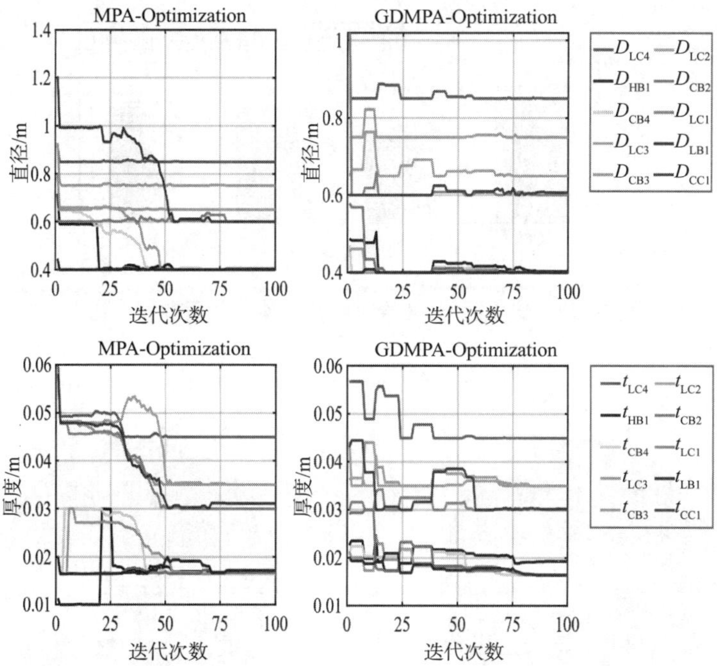

图 14-25　设计变量随迭代次数的变化

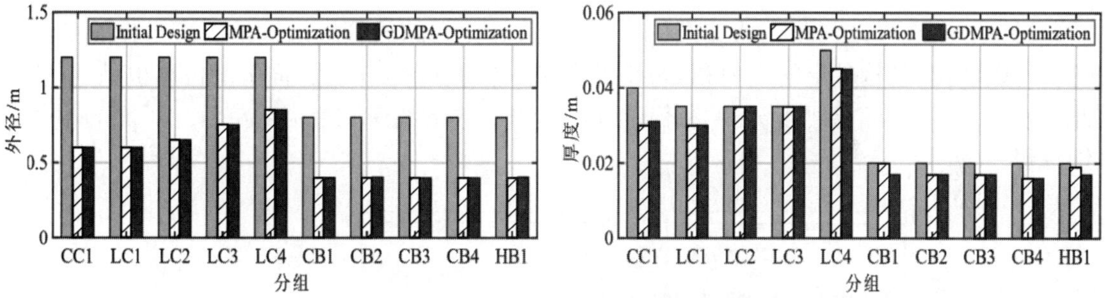

图 14-26　优化后分类构件的设计变量

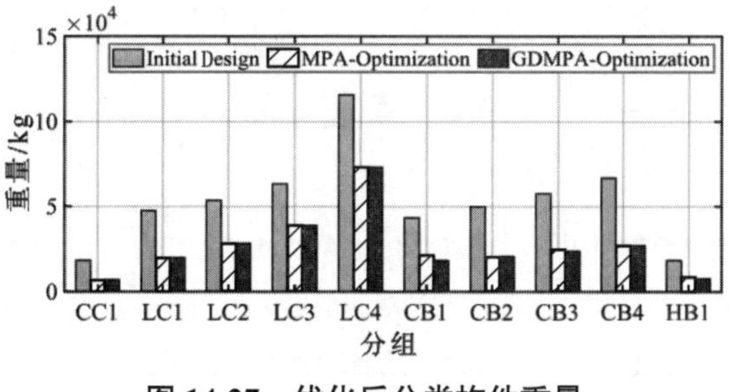

图 14-27　优化后分类构件重量

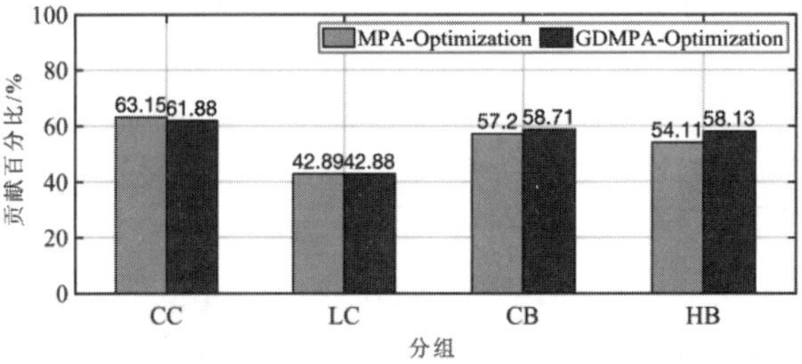

图 14-28　优化后 OC4 导管架结构构件的贡献百分比

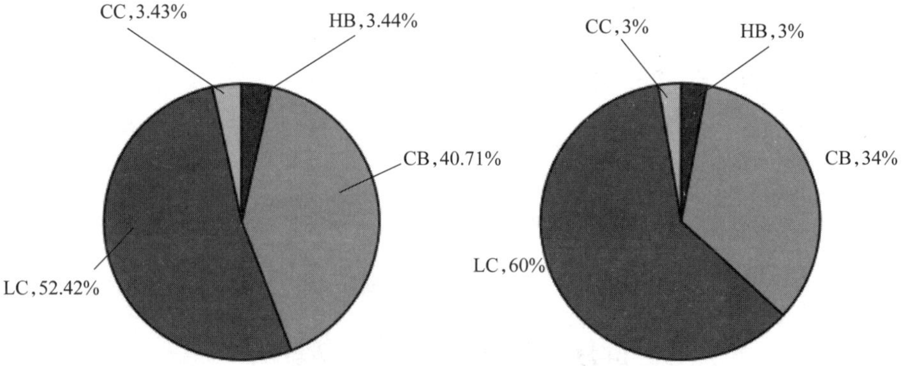

图 14-29　优化前(左)和优化后(右)分类构件的构件比例

通过图 14-30 可以判断在荷载条件下,各算法优化后的导管架结构是否满足设定的约束条件。可以看出,各构件上的应力和 D/t 满足约束,各节点在 x、y、z 方向上的位移也满足约束。因此,优化后的结构满足刚度、强度和稳定性的要求。频率约束和疲劳约束将在后面的小节中详细解释。

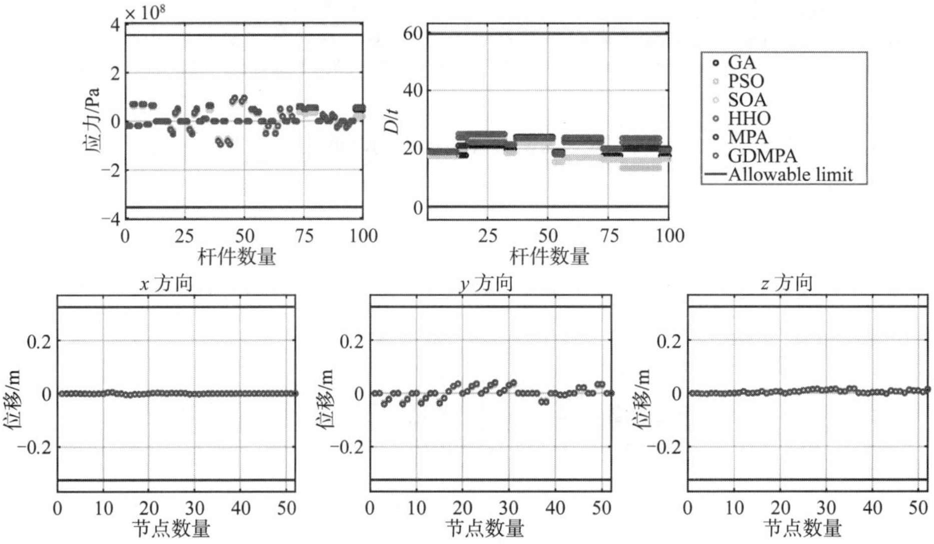

图 14-30　算法在优化设计时评估的约束边界

2）极限状态分析

为了评估极限状态，对极限状态下的应力和变形进行了分析。优化前后结构的有限元数值分析云图如图 14-31 ~图 14-33 所示。为方便起见，仅选取导管架结构部分进行演示。可以看出，初始结构和优化结构的最大变形主要集中在支撑结构与过渡段之间的连接处。对于整个结构（包括基础、导管架、过渡件、塔以及代表涡轮和叶片的质量点），GDMPA 优化的最大变形为 55.57 mm，比初始结构减小 27.56%；MPA 优化的最大变形为 58.74 mm，比初始结构减小 23.43%。对于单导管架结构，GDMPA 优化后的最大变形为 39.54 mm，比初始结构减小 2.37%；MPA 优化后的最大变形量为 43.04 mm，比初始结构增加 6.27%。从变形分布云图可以看出，优化后结构的最大变形点有向下移动的趋势。在应力分布方面，优化后的结构较初始结构应力集中现象减少，但优化后结构的最大应力值略有增大，且出现在导管架结构的一侧。

3）特征分析

由于导管架平台在其使用寿命期间极易受到环境荷载的影响，因此对导管架模型优化前后的动态响应进行评估具有重要意义。为了避免优化结构的固有频率与涡轮旋转频率和波浪频率一致，需要进行模态分析以验证优化结构成功地避开了危险频率。优化前后结构的前六个固有频率见表 14-11。第 1、3、5 阶固有振动模态如图 14-34 所示。与初始设计相比，优化模型的一阶固有频率为 0.222 ~ 0.311 Hz，高阶固有频率均大于 0.605 Hz。模态频率远离共振频率，降低了共振概率。模态变形仍小于极限变形。

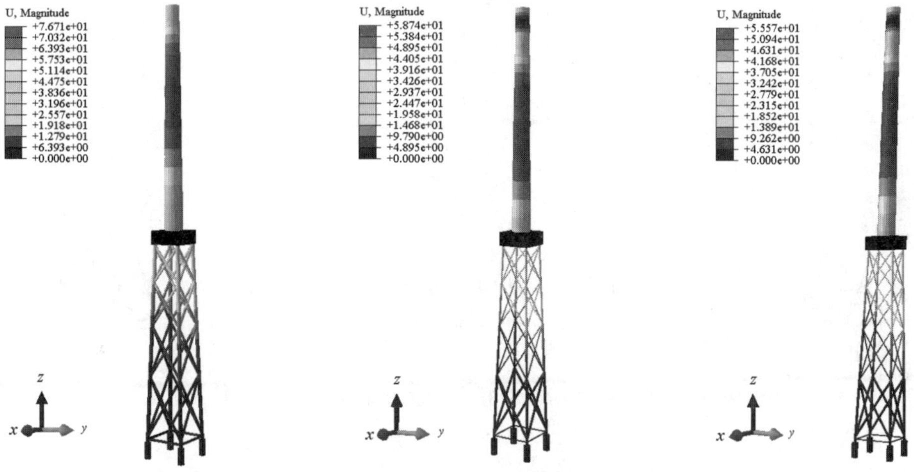

（a）　　（b）　　（c）

图 14-31　优化前后整个模型变形分布云图（mm）

（a）初始设计　（b）MPA　（c）GDMPA

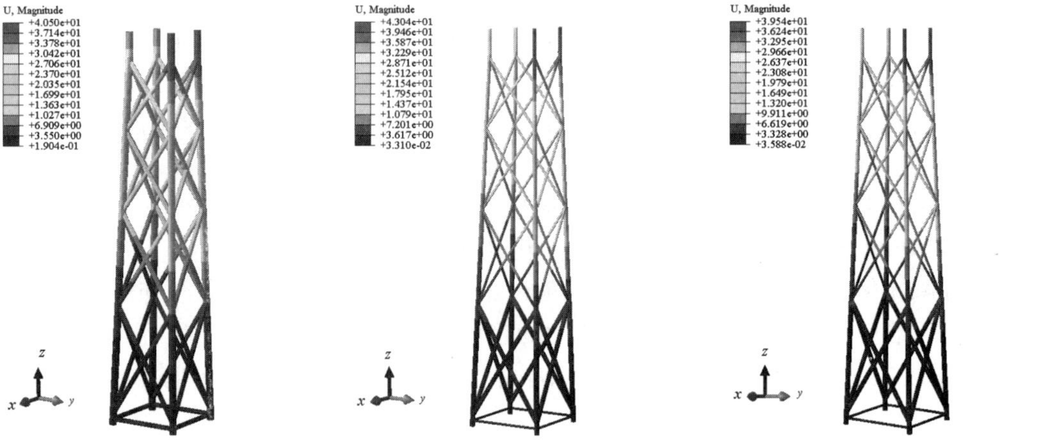

（a） （b） （c）

图 14-32　优化前后导管架平台变形分布云图(mm)

（a）初始设计　（b）MPA　（c）GDMPA

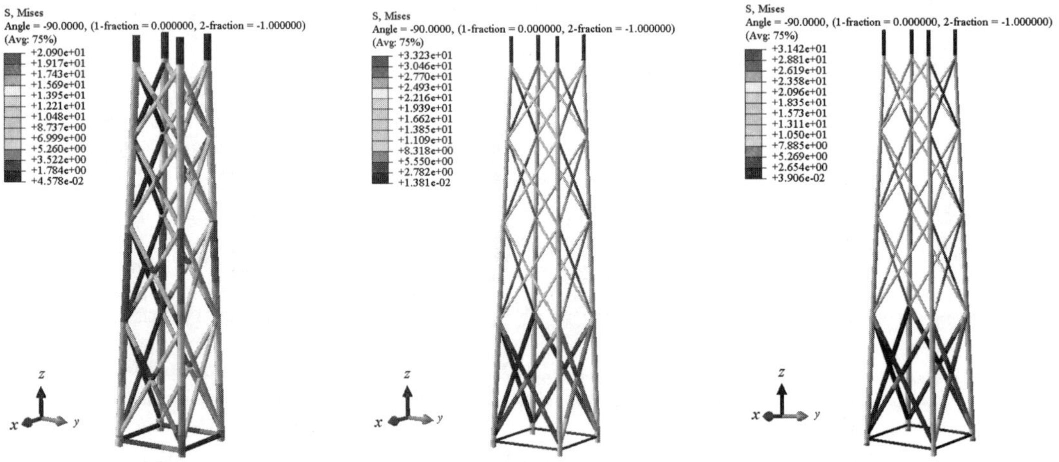

（a） （b） （c）

图 14-33　优化前后导管套模型应力分布云图(MPa)

（a）初始设计　（b）MPA　（c）GDMPA

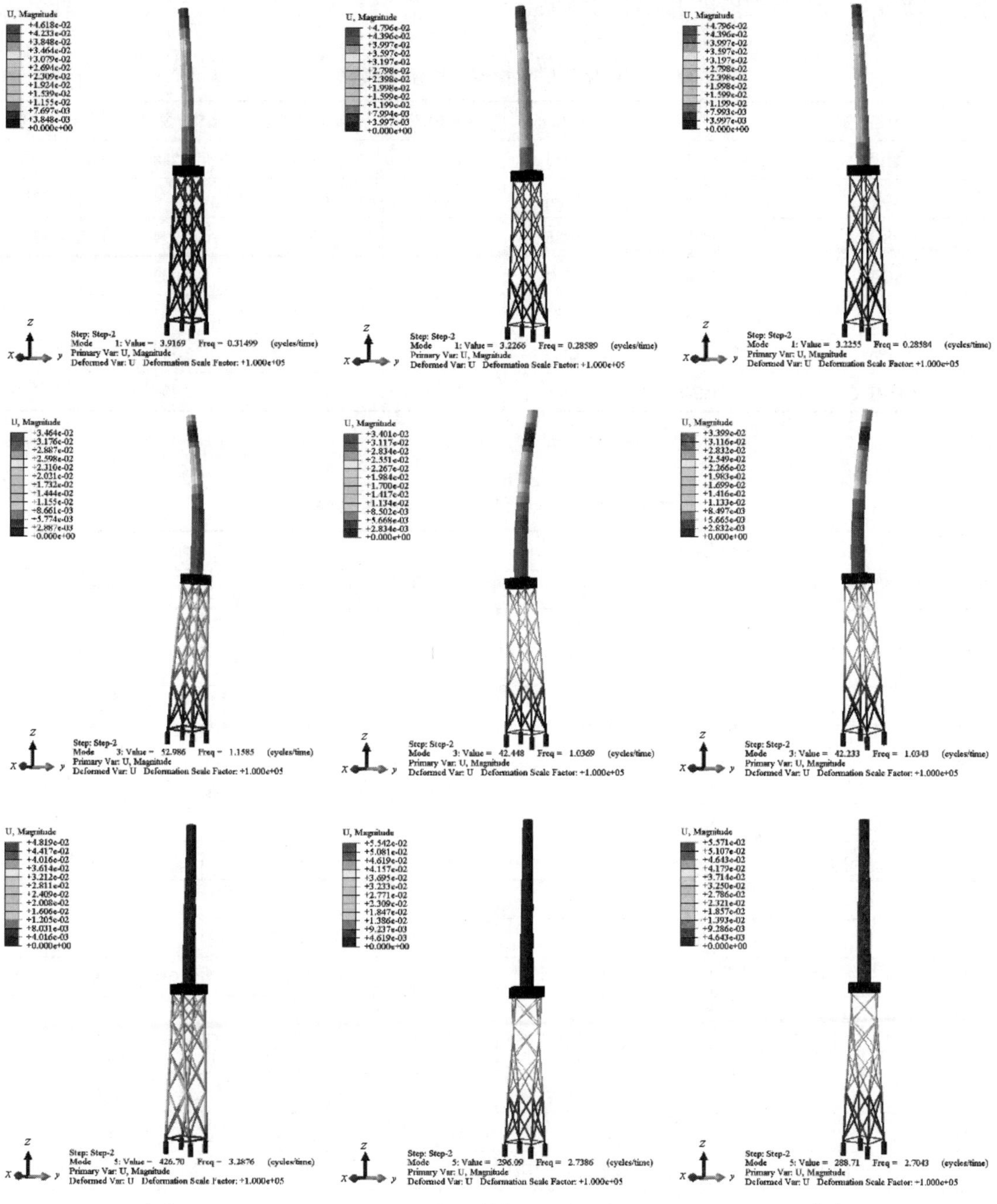

（a）　（b）　（c）

图 14-34　优化前后导管架模型振动模态（mm）

（a）初始设计　（b）MPA　（c）GDMPA

4）疲劳分析

如前所述，优化得到了考虑构件应力、位移准则、稳定性、特征频率和尺寸控制等约束的设计。为了研究结构的疲劳寿命，还需进行确定性疲劳分析。节点疲劳寿命计算见表 14-12。结果表明，无论是 MPA 优化还是 GDMPA 优化，焊接点的疲劳寿命都远远大于 50 年。因此，该优化为 OC4 导管架结构提供了可靠的结果。

表 14-11 优化前后导管架结构模态频率 单位:Hz

模态	1 阶模态	2 阶模态	3 阶模态	4 阶模态	5 阶模态	6 阶模态
初始设计	0.315	0.315	1.159	1.159	3.288	4.363
GA	0.290	0.290	1.045	1.045	2.774	4.170
PSO	0.286	0.286	1.040	1.040	2.794	4.127
SOA	0.304	0.304	1.089	1.089	3.009	4.287
HHO	0.283	0.283	0.781	0.781	1.307	3.533
MPA	0.286	0.286	1.037	1.037	2.739	4.134
GDMPA	0.286	0.286	1.034	1.034	2.704	4.134

表 14-12 导管架结构焊接点疲劳寿命

焊接点	疲劳寿命/年		焊接点	疲劳寿命/年	
	MPA	GDMPA		MPA	GDMPA
2	1.52E+24	1.52E+24	27	4.50E+24	2.35E+24
3	3.28E+24	3.22E+24	29	9.73E+23	9.41E+23
4	1.14E+24	1.11E+24	30	2.30E+24	2.27E+24
6	1.07E+24	1.06E+24	31	4.62E+24	4.51E+24
7	2.79E+24	2.75E+24	37	5.11E+26	5.06E+26
8	1.16E+24	1.12E+24	38	8.09E+25	8.15E+25
10	1.58E+24	1.58E+24	39	1.89E+25	1.89E+25
11	2.91E+24	2.89E+24	40	1.89E+25	1.89E+25
12	1.30E+24	1.26E+24	41	3.06E+26	2.98E+26
14	1.58E+24	1.58E+24	42	4.19E+25	2.29E+26
15	3.33E+24	3.31E+24	43	8.00E+24	7.97E+24
16	1.26E+24	1.22E+24	44	1.36E+25	1.37E+25
17	5.53E+24	5.19E+24	45	2.01E+26	2.14E+26
18	3.67E+24	3.70E+24	46	6.54E+25	6.85E+25
19	8.93E+24	8.59E+24	47	1.67E+25	1.75E+25
21	1.84E+24	1.69E+24	48	1.62E+25	1.69E+25
22	1.94E+25	1.82E+25	49	3.22E+26	3.23E+26
23	8.82E+24	4.83E+26	50	6.81E+25	6.81E+25
25	1.49E+24	1.44E+24	51	1.85E+25	1.78E+25
26	2.36E+24	2.33E+24	52	1.86E+25	1.80E+25

14.3　遗传算法的应用

14.3.1　基于 NSGA-Ⅱ的陡波型柔性立管优化设计方法

立管是海洋油气开采的必要设备，其中柔性立管因其弯曲刚度低、耐腐蚀能力强等优点，已经成为海洋油气开采最常用的立管形式之一。但柔性立管在环境荷载作用下运动响应显著，容易出现各种形式的失效破坏，因此进行立管构型设计具有重要意义。合理的构型可以降低立管成本、减小恶劣环境条件中立管所承受荷载、增加立管疲劳寿命等。传统的立管构型优化设计常采用的方法是人工试算方法，即设计者凭借经验确定初始构型参数，然后应用初始参数建模并进行强度、疲劳等校核，如果不满足设计要求则需修改参数重新进行计算。此种方法对设计者的经验要求较高，设计周期较长且所得结果并不一定是最优结果。随着智能算法的发展，目前柔性立管的构型设计可以基于智能算法进行快速优化。陡波型柔性立管的两个关键点分别是悬挂点和锚固点，减小立管悬挂点张力和锚固点张力具有重要的工程应用意义。

1. 陡波型柔性立管优化目标与设计变量

柔性立管的初步设计阶段，不仅需要防止出现各种功能失效，还要尽量获得优良的性能，因此以最大悬挂点张力和最大锚固点张力为优化目标。浮力块的布置方式对陡波型柔性立管系统的动态响应有很大影响，因此对柔性立管浮力块参数进行优化设计。

陡波型柔性立管静态构型如图 14-35 所示，其中与浮力块相关的参数包括悬挂段长度L_1、浮力段长度L_2、浮力块直径D_f、浮力块长度L_f和浮力块中心距离S_f。浮力块直径、浮力块长度和浮力块中心距离对浮力段的等效拖曳直径、等效拖曳力系数等都有影响，从而影响立管的动力响应。此外，悬挂段长度和浮力段长度也会影响立管所受浮力。因此以这五个几何参数作为设计变量，它们之间相互独立。

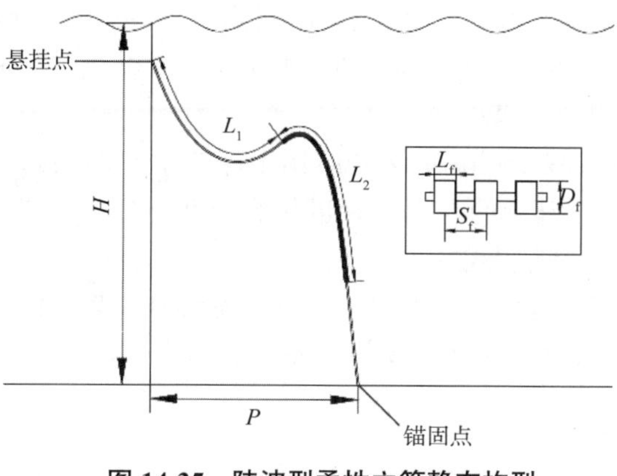

图 14-35　陡波型柔性立管静态构型

立管系统优化设计应保障在位工作期间立管极值响应均满足要求，即最大有效张力小于破断张力，最小弯曲半径大于许用最小弯曲半径。因此，将立管最大有效张力和最小弯曲半径作为优化的约束条件。

陡波型柔性立管浮力块优化问题可以描述为

$$
\begin{aligned}
&\text{Find } X=(L_1,L_2,D_f,L_f,S_f)\\
&\text{Min }[T_t,T_b]\\
&\text{s.t.}\begin{cases}
T_{\max}\leqslant F_{\text{Breaking}}\\
R_{\min}\geqslant MBR\\
\underline{L_1}\leqslant L_1\leqslant\overline{L_1}\\
\underline{L_2}\leqslant L_2\leqslant\overline{L_2}\\
\underline{D_f}\leqslant D_f\leqslant\overline{D_f}\\
\underline{L_f}\leqslant L_f\leqslant\overline{L_f}\\
\underline{S_f}\leqslant S_f\leqslant\overline{S_f}
\end{cases}
\end{aligned}
\tag{14-49}
$$

式中：T_t——悬挂点有效张力；

T_b——锚固点有效张力；

$T_{\max}$——立管最大有效张力；

F_{Breaking}——破断张力；

$R_{\min}$——立管最小弯曲半径；

MBR——许用最小弯曲半径。

遗传算法模拟了生物界的遗传机制和达尔文生物进化理论中的自然选择，是一种随机化搜索的优化方法。NSGA-Ⅱ（快速非支配排序遗传算法）是对遗传算法的改进，可用于解决多目标优化问题，它引入了快速非支配排序、拥挤度和精英保留策略几个概念。本节开展的陡波型柔性立管的多目标优化是基于 NSGA-Ⅱ算法进行的，图 14-36 给出了迭代优化过程。

图 14-37 给出了陡波型柔性立管的优化过程。首先采用 MATLAB 软件编写 NSGA-Ⅱ算法程序，在生成初始种群阶段和变异操作之后调用 Orcaflex 软件，将算法程序中得到的设计变量值输入 Orcaflex 软件中构建柔性立管系统数值模型，进行立管系统整体动态分析。然后提取算法程序中所需要的目标函数值和约束条件值，返回 MATLAB 中继续进行遗传算法操作。

2. 柔性立管系统整体动态分析

以概念设计的南海某海域 350 m 水深处应用于浮式生产储油卸油装置（FPSO）的陡波型柔性立管系统为研究对象，对其中的一根立管进行后续动态分析和优化设计。

1）柔性立管系统参数及环境参数

在柔性立管系统初步设计阶段，立管初始方案基本参数见表 14-13。柔性立管悬挂端通过弯曲加强器与 FPSO 相连，其波频运动由运动响应幅值算子（RAOs）模拟。

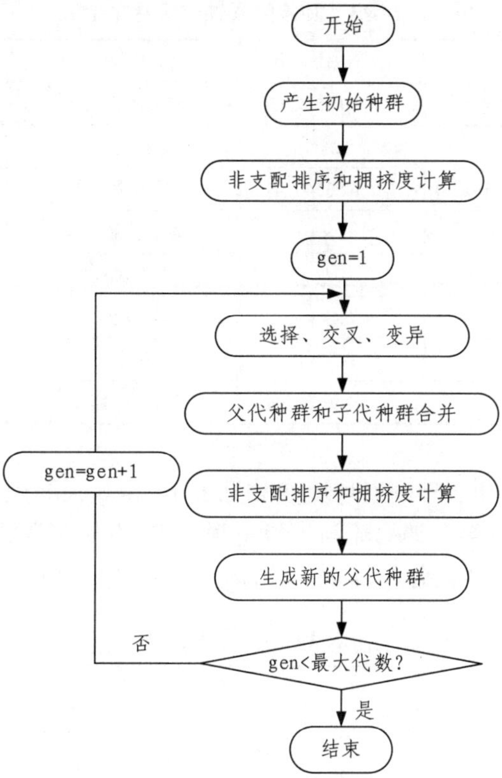

图 14-36　NSGA-Ⅱ基本流程

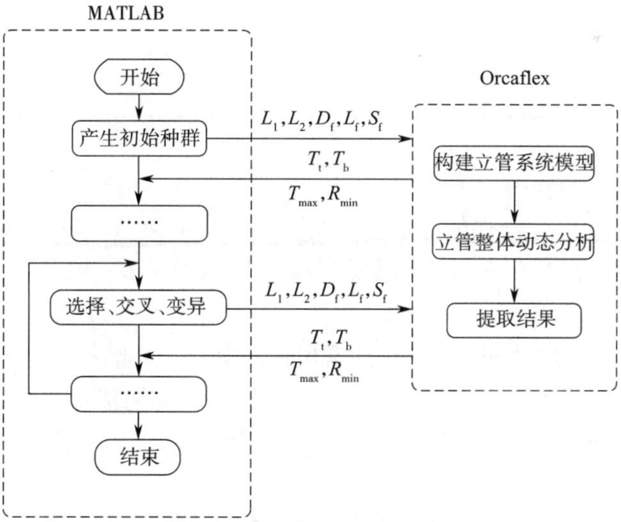

图 14-37　陡波型柔性立管的优化过程

表 14-13 陡波型柔性立管基本参数

参数	单位	数值	参数	单位	数值
外径	m	0.35	立管总长	m	470
内径	m	0.254	悬挂段长度	m	185
弯曲刚度	kN/m²	62.354	浮力段长度	m	180
轴向刚度	MN	5.93×10^5	水平投影距离	m	180
内部流体密度	t/m³	0.8	浮力块直径	m	1.4
单位长度质量	t/m	0.173	浮力块长度	m	1.8
浮力块密度	t/m³	0.395	浮力块中心间距	m	3.6
破断张力	kN	2 919	最小弯曲半径	m	2.2

南海某海域十年一遇和百年一遇环境参数见表 14-14。根据规范，极端工况的波流设计荷载常采用以下两种组合：百年一遇海流与十年一遇波浪；百年一遇波浪与十年一遇海流。考虑百年一遇风速，风荷载对浮体的作用体现于浮体偏移量的估计中。

表 14-14 环境参数

参数	单位	十年一遇	百年一遇
有效波高	m	6.5	8.6
最大波高	m	10.8	14.3
跨零周期	s	7.7	8.6
最大波高周期	s	9.7	10.9
海面流速	m/s	1.38	1.9
海底流速	m/s	0.6	0.8
风速	m/s	30.3	37.6

2）柔性立管动态时域模拟

由于柔性立管系统具有较强的非线性，因此一般采用动态时域模拟。为模拟最大动态响应，考虑波流同向作用于柔性立管，采用规则波用最大波高H_{max}模拟 5 个波浪周期内的动态响应。

本节中 FPSO 是内转塔式单点系泊，具有风向标效应，因此考虑波流方向与 FPSO 船首朝向在同一直线。极端环境条件下浮体会发生较大偏移，假定偏移距离为水深的 10%，方向与海流方向一致，在波流同向时上部浮体将会处于一个以静态平衡位置为中心的圆的圆周上，船首指向圆心，浮体位置如图 14-38 所示。

根据工程实际经验，按照图 14-38 中所示坐标系，波流方向在 0° 和 180° 时进行计算往往能够得到较大的张力响应值和弯曲响应值，故仅考虑波流同向，方向为 0° 和 180° 两种情况。分别考虑百年一遇波与十年一遇流的组合和百年一遇流与十年一遇波的组合，工况见表 14-15。在立管构型优化设计过程中，优化目标和约束条件是综合考虑四种工况的极值结果。

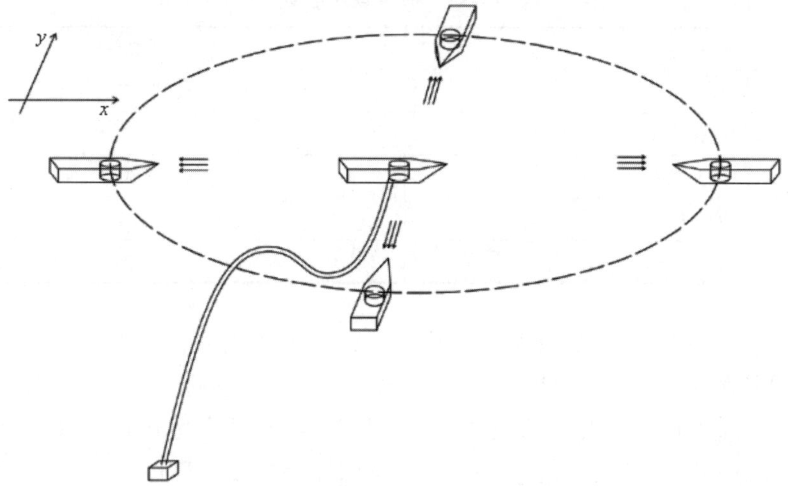

图 14-38　浮体位置示意图

表 14-15　工况设置

工况	环境参数	方向
1	百年一遇波+十年一遇流	0°
2	百年一遇流+十年一遇波	0°
3	百年一遇波+十年一遇流	180°
4	百年一遇流+十年一遇波	180°

3. 优化结果与分析

为了保证立管形成陡波构型，选择不同的立管系统浮力块参数进行初步计算，确定各设计变量的取值范围，见表 14-16。

表 14-16　设计变量取值范围

变量	单位	最小	最大
悬挂段长度	m	150	200
浮力段长度	m	160	200
浮力块直径	m	1.2	1.6
浮力块长度	m	1.5	2
浮力块中心距离	m	3	4

应用 MATLAB 软件编写多目标遗传算法 NSGA-Ⅱ程序，开展陡波型柔性立管浮力块优化设计。表 14-17 给出了 NSGA-Ⅱ算法的相关参数，其中陡波型柔性立管五个设计变量的精度要求决定了染色体长度。悬挂段长度和浮力段长度的精度要求为 0.5 m，染色体长度为 7。浮力块直径、浮力块长度和浮力块中心距离的精度要求为 0.05 m，染色体长度为 5。

表 14-17 遗传算法参数

运行参数	数值
种群规模	50
进化代数	40
交叉概率	0.8
变异概率	0.15
染色体长度	29

在优化过程中,陡波型柔性立管所有解均满足最大有效张力和最小弯曲半径的约束条件。基于 NSGA-Ⅱ算法的可行解空间如图 14-39 所示,其中横、纵坐标分别为两个目标函数最大悬挂点张力和最大锚固点张力。为了表达优化的迭代过程,将两个优化目标放在统一标准下,以两个可行解空间的均值为基础进行归一化,再进行相加得到迭代指标,即

$$index = \frac{T_{\mathrm{t}}}{T_{\mathrm{t,mean}}} + \frac{T_{\mathrm{b}}}{T_{\mathrm{b,mean}}} \tag{14-50}$$

各代中所有个体迭代指标的平均值随迭代次数的变化如图 14-40 所示。图 14-40 表明,此模型收敛性较好,到第 15 代以后迭代指标的平均值维持在一定水平范围内。

图 14-41 给出了陡波型柔性立管经过 40 代优化后得到的最优设计的 Pareto 前沿。图中每一个解都为 Pareto 最优解,代表一种柔性立管浮力块布置方式,最优解最大悬挂点张力分布从 184.6 kN 到 204.9 kN,最大锚固点张力分布从 69.4 kN 到 247.3 kN。

根据不同工程要求,可在 Pareto 前沿中选择某一解作为最优解,例如对锚固点要求较低时可适当选择 Pareto 前沿中锚固点张力较大而悬挂点张力较小的解。此处从 Pareto 前沿的中间位置选择一个点,如图 14-41 所示,将其对应的浮力块布置方式与原有布置进行比较,对比优化前后的目标函数值、约束条件值和设计变量值。

表 14-18 给出了陡波型柔性立管整体构型中结构优化前后的设计变量数值,可以看出,优化后的浮力块布置起始点更靠近顶端,浮力段长度增加,但浮力块直径和长度都有所减小,浮力块中心距离增加。

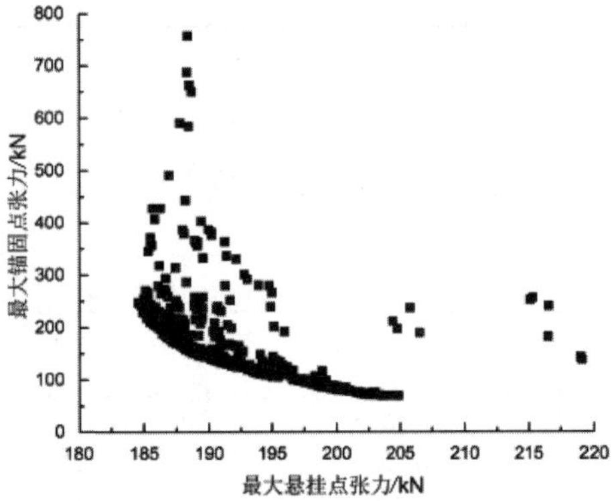

图 14-39 陡波型柔性立管优化可行解空间

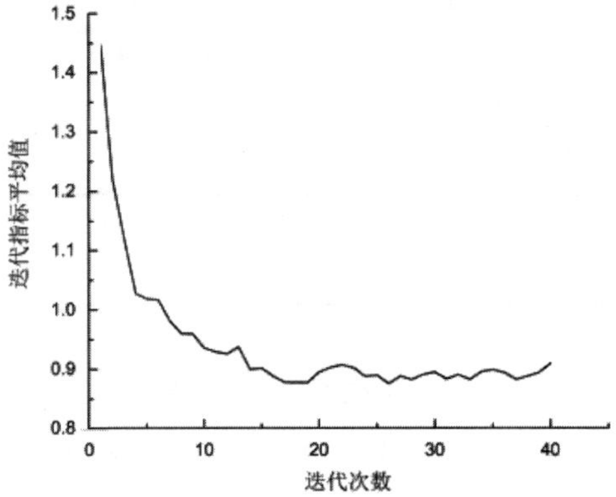

图 14-40 NSGA-Ⅱ迭代曲线

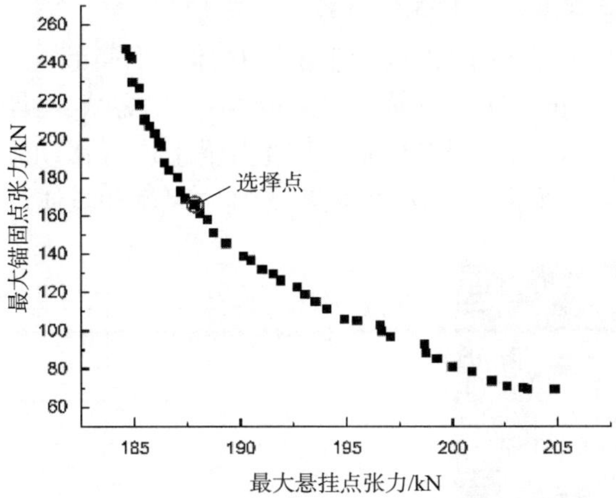

图 14-41　陡波型柔性立管优化 Pareto 前沿

表 14-18　优化前后的设计变量

变量	单位	优化前	优化后
悬挂段长度	m	185	152.36
浮力段长度	m	180	198.11
浮力块直径	m	1.4	1.21
浮力块长度	m	1.8	1.63
浮力块中心距离	m	3.6	4.00

表 14-19 给出了优化前后优化目标值和约束条件值的比较。表 14-19 表明，经过多目标优化，两个优化目标分别降低了 6%和 62%，优化具有明显效果。此外，约束条件中最大有效张力减小，最小弯曲半径增大。

表 14-19　优化前后目标值

优化目标	悬挂点最大张力/kN	锚固点最大张力/kN	最大有效张力/kN	最小弯曲半径/m
优化前	200.42	440.17	554.13	8.81
优化后	187.87	166.00	291.85	14.25
优化比例	6%	62%	—	—

14.3.2　浸没式可移动外输终端系泊系统优化研究

在台风或季风较大的海域，海上工程有效作业时间相对会减小，导致维护和运营成本增加。为了减小南海恶劣环境对其外输终端的影响，海上油田外输终端浸没在水面以下并采用张紧式系泊系统，可移动外输终端桩基础采用吸力锚，为了进一步降低成本，尝试将一组（两根）系泊缆系泊在同一个吸力锚上，从而对概念设计的浸没式可移动外输终端的系泊系统进行优化研究。

1. 可移动外输终端系泊系统参数及环境参数

概念设计的可移动外输终端由高 1.5 m 的上部圆柱体与半径为 4.5 m 的下部半球体组成，下部半球体球心距离水面 14 m。其系泊缆布置采取 3×2 的方式，各组系泊缆之间的间隔为 120°。每组两根系泊缆间隔 4°，且连接在同一个吸力锚上。可移动外输终端整体布置如图 14-42 所示，正视图如图 14-43 所示。表 14-20 给出了其主尺度和具体计算参数。

图 14-42 系泊系统布置三维效果图

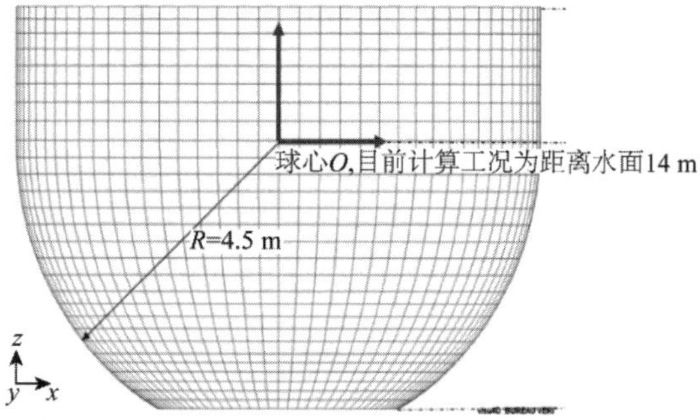

图 14-43 可移动外输终端正视图

表 14-20 可移动外输终端参数

参数名称	单位	数值
质量	t	199.00
排水体积	m^3	282.45
球心距水线面距离	m	14.00
重心距基线高度	m	1.78
横摇惯性半径 R_{XX}	m	2.4
纵摇惯性半径 R_{YY}	m	2.4
首摇惯性半径 R_{ZZ}	m	2

系泊缆由锚链和钢缆两部分组成，其中，锚链端与可移动外输终端连接，导缆孔距可移动外输终端底部 3.5 m，钢缆端与海底锚点连接，其各自的主要参数见表 14-21。

表 14-21 系泊缆参数

分段	单位	锚链（R3 无挡）	钢缆
直径	mm	76	76
最小破断强度	kN	4 293	3 658
干重	kg/m	115	23
轴向刚度（EA）	kN	493.3E+03	233.4E+03
长度	m	5	34.246

研究的可移动外输终端作业海域位于南海北部湾海域，设计水深 40 m，其百年一遇环境

参数见表 14-22。本节所研究海域位于热带风暴地区，根据法国船级社（BV）规范，当波浪为主导海况时，要考虑 0.5 的流速折减。

表 14-22　环境参数

要素	单位	百年一遇
有效波高 H_s	m	8.6
最大波高 H_{max}	m	14.3
跨零周期 T_z	s	8.6
最大周期 T_{max}	s	10.9
谱峰周期 T_p	s	11.8
表层流速	m/s	1.9
中层流速	m/s	1.44
底层流速	m/s	1.11

选用 JONSWAP 谱来模拟百年一遇的波浪，参数 γ 取 1.45，模拟时长为 3 h。由于波浪具有随机性，同样的波浪谱参数，在不同波浪随机数工况下波浪力结果也存在差异，进而影响系泊缆最大张力和可移动外输终端最大水平位移。因此，依据 BV 规范，针对同一海况选取 5 个波浪随机数进行数值模拟，最终结果由多次模拟结果的平均值和标准差定义。

在实际工程中，系泊系统会受到来自各个方向的波流力，为了减少工作量和计算成本，在进行系泊系统优化设计时通常提取出响应最大的关键工况进行分析。根据经验和规范，出于保守考虑，本节研究考虑了波流同向，考虑可移动外输终端和系泊系统对称性，开展了入射角在 0°～105° 范围内，间隔 15° 的波流方向的工况分析；研究了波流入射方向对可移动外输终端最大水平位移和系泊缆最大张力的影响，结果如图 14-44 所示，此处的系泊缆指 6 根系泊缆中受力最大的缆，下同。

图 14-44 表明，可移动外输终端最大水平位移和系泊缆最大张力都在波流方向为 0° 时最大。因此将波流方向为 0° 作为关键工况进行分析，系泊系统参数敏感性分析及优化设计均是在此工况下进行的。

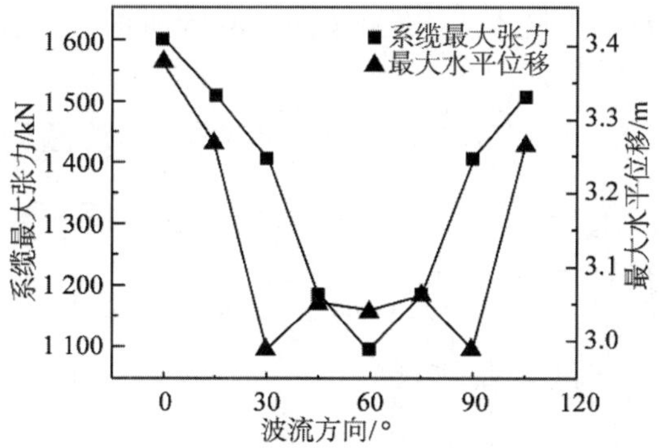

图 14-44　波流方向敏感性分析

2. 系泊系统优化设计

1）系泊系统多目标优化问题数学模型

BV 规范中提出的锚泊设计衡准包括平台的水平偏移、系泊缆的张力、锚系统抓力和疲劳寿命等，其中最关键的是平台的水平偏移和系泊缆张力。系泊系统的主要作用是平衡作用在浮体的外力，为浮体提供回复力，减小浮体水平运动。系泊缆最大张力决定了系泊缆的等级，进而影响了系泊缆成本。因此，选取可移动外输终端的最大水平位移和系泊缆最大张力为优化目标。

综合考虑系泊功能需求及经济性，将系泊缆缆间夹角设为 6°，将预张力、系泊缆中锚链段长度和导缆孔位置作为优化变量，对系泊系统进行多目标优化设计，这三个设计变量彼此相互独立。由于系泊系统优化的目的是寻找比初步设计更优的系泊系统，因此将系泊缆最大张力小于 1 800 kN，可移动外输终端最大水平位移小于 4 m 作为系泊系统多目标优化问题的约束条件。

系泊系统多目标优化问题的数学模型可以定义为

$$
\begin{aligned}
&\text{Find } X = (Pr, L, Z) \\
&\text{Min } [S, T] \\
&\text{s.t.} \begin{cases} 10 \leqslant Pr \leqslant 500 \\ 5 \leqslant L \leqslant 25 \\ 0 \leqslant Z \leqslant 4 \\ S < 4 \\ T < 1\,800 \end{cases}
\end{aligned}
\tag{14-51}
$$

式中：Pr——预张力；

L——锚链段长度；

Z——导缆孔至可移动外输终端底部距离；

S——可移动外输终端最大水平位移；

T——系泊缆最大张力。

2）基于 NSGA-Ⅱ的系泊系统优化框架集成

采用 NSGA-Ⅱ对系泊系统进行多目标优化设计，需集成 NSGA-Ⅱ和系泊系统时域动力分析模型。Orcaflex 内含 MATLAB 等自动化编程软件接口，并能批量计算和提取结果，适用于解决系泊系统多目标优化问题。整体优化框架如图 14-45 所示，优化过程如下。

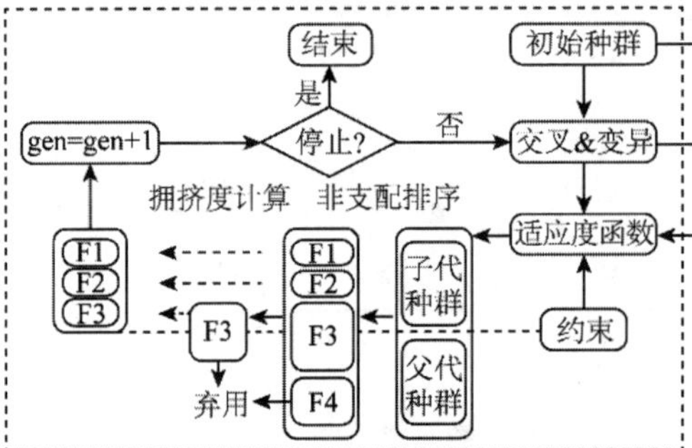

图 14-45　基于 NSGA-Ⅱ的系泊系统优化框架

基于 NSGA-Ⅱ得到系泊系统优化变量值，通过 MATLAB 调用 Orcaflex，根据得到的系泊系统优化变量值构建新的系泊系统模型；在 Orcaflex 中进行时域耦合动力分析，通过 MATLAB 提取可移动外输终端的最大水平位移及系泊缆最大张力，并将结果返回 NSGA-Ⅱ；NSGA-Ⅱ根据约束条件和适应度函数对结果进行选择和判断。重复以上步骤直至满足终止条件，即进化代数达到 40 代或连续三代种群内的个体全是 Pareto 最优解，输出 Pareto 最优解和系泊系统优化变量。

3）基于多目标粒子群算法的系泊系统优化框架集成

采用粒子群算法对系泊系统进行多目标优化设计需要解决两个问题：一是粒子群算法运行过程中找到的 Pareto 最优解的保存；二是引导粒子飞行的个体最优粒子和全局最优粒子的确定。为了解决上述两个问题，参考 Coello 等的做法，在粒子群算法中引入外部档案的概念，并基于自适应网格法根据粒子拥挤程度在外部档案中确定全局最优粒子。基于上述算法，此处应用 MATLAB 调用 Orcaflex，构建系泊系统模型和开展时域动力分析，实现系泊系统多目标优化。其整体优化框架如图 14-46 所示，优化过程如下。

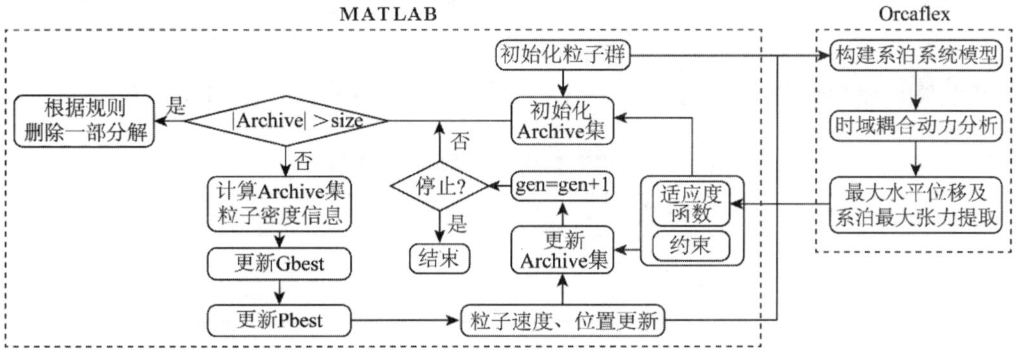

图 14-46　基于多目标粒子群算法的系泊系统优化框架

基于多目标粒子群算法得到系泊系统优化变量值，通过 MATLAB 调用 Orcaflex，根据得到的系泊系统优化变量值构建新的系泊系统模型；在 Orcaflex 中进行时域耦合动力分析，通过 MATLAB 提取可移动外输终端的最大水平位移及系泊缆最大张力，并将结果返回多目标粒子群算法；多目标粒子群算法根据约束条件和适应度函数对外部档案（Archive 集）中的系泊系统优化变量值进行更新；重复以上步骤直至满足终止条件，即进化代数达到 40 代或连续三代外部档案内的 Pareto 最优解数量超过其规定大小，输出 Pareto 最优解和系泊系统优化变量。

3. 系泊系统优化设计结果分析

图 14-47 给出了基于 NSGA-Ⅱ和粒子群算法的系泊系统多目标优化 Pareto 前沿。图中的每一个点都是 Pareto 最优解，代表着一种系泊系统设计方案。从图 14-47 可以看出，相同系泊缆最大张力下，采用 NSGA-Ⅱ算法进行优化得到的外输浮筒的最大水平位移较小，这表明基于 NSGA-Ⅱ得到的系泊系统多目标优化 Pareto 前沿优化效果更明显。在 NSGA-Ⅱ中，染色体之间共享信息，种群分布较为均匀，得到 50 个 Pareto 最优解共进行了 4 500 次计算。而粒子群算法的整个搜索过程跟随当前找到的最优解，得到 50 个 Pareto 最优解只进行了 2 400 次计算。因此，用粒子群算法解决系泊系统优化问题比用 NSGA-Ⅱ计算量更小，速度更快。

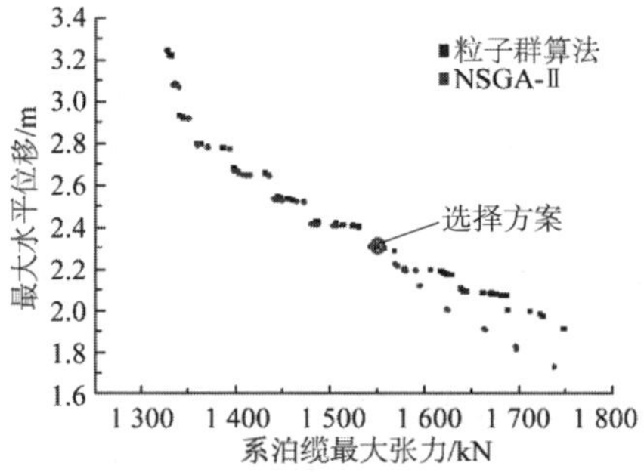

图 14-47 系泊系统多目标优化 Pareto 前沿

实际工程中,系泊系统的设计需兼顾浮体最大水平位移和系泊缆最大张力这两个优化目标。系泊系统的预张力越大,锚端上拔力越大,对吸力锚的要求也越高,因此,在系泊系统能提供较好位移控制的情况下,选取预张力较小且位于 Pareto 前沿中间位置的方案为最优设计方案,确保对浮筒浮力需求较小并能有效控制浮体位移,具体如图 14-47 所示。

表 14-23 给出了系泊系统优化前后的设计变量值。表 14-23 表明,优化后的系泊系统导缆孔位置更靠近可移动外输终端底部,锚链段长度增加,预张力增大,更接近维持可移动外输终端静态平衡所需的系泊缆张力。

表 14-23 系泊系统优化前后设计变量值

变量	单位	优化前	优化后
系泊缆缆间夹角	°	4	6
预张力	kN	99.77	258
锚链段长度	m	5	17.6
导缆孔至可移动外输终端底部距离	m	3	2.3

系泊系统优化前后的两个优化目标见表 14-24。表 14-25 表明,通过优化系泊系统可移动外输终端最大水平位移减小了 31%,但系泊缆最大张力仅降低了 3%。这是由于该可移动外输终端采用张紧式系泊,且完全系泊在水面下,其受到波浪作用时不能通过调节吃水来改变可移动外输终端所受浮力,系泊缆始终处于张紧-松弛状态,系泊缆张力容易出现较大的极值响应。 因此,可移动外输终端最大水平位移优化效果明显,系泊缆最大张力优化效果不明显。

表 14-24 系泊系统优化前后优化目标值

优化目标	可移动外输终端最大水平位移/m	系泊缆最大张力/kN
优化前	3.38	1 601
优化后	2.32	1 549
优化比例/%	31	3

参考文献

[1] 林焰. 船舶设计原理[M].4 版. 大连:大连理工大学出版社,2016.

[2] 陈顺怀,汪敏,金雁. 船舶设计原理[M]. 武汉:武汉理工大学出版社,2020.

[3] 顾敏童. 船舶设计原理[M].2 版. 上海:上海交通大学出版社,2001.

[4] 刘寅东. 船舶设计原理[M].2 版. 北京:国防工业出版社,2019.

[5] 任旭华,陈胜宏. 现代工程设计方法[M]. 北京:清华大学出版社,2009.

[6] 帕帕尼古拉乌. 基于风险的船舶设计[M]. 上海:上海交通大学出版社,2011.

[7] 帕帕尼古拉乌. 船舶设计:初步设计方法.[M]. 哈尔滨:哈尔滨工程大学出版社,2018.

[8] 朱英富. 现代舰船设计[M]. 哈尔滨:哈尔滨工程大学出版社,2012.

[9] 应文烨. 舰船设计可视化技术[M]. 哈尔滨:哈尔滨工程大学出版社,2019.

[10] 邵开文,马运义. 舰船技术与设计概论[M]. 北京:国防工业出版社,2014.

[11] 郝寨柳,冯佰威,刘祖源. 物理规划方法及其在船舶设计优化中的应用[M]. 北京:国防工业出版社,2015.

[12] 史冬岩,滕晓艳,钟宇光,等. 现代设计理论和方法[M]. 北京:北京航空航天大学出版社,2016.

[13] 韩凤磊,姚竞争,汪春辉,等. 人工智能与船海工程[M]. 上海:上海科学技术出版社,2020.

[14] 谭建荣,冯毅雄. 智能设计[M]. 北京:清华大学出版社,2020.

[15] PAPANIKOLAOU A. A holistic approach to ship design[M]. Cham: Springer Nature Switzerland AG, 2019.

[16] ROH M-I, LEE K-Y. Computational ship design[M]. Singapore: Springer Nature Singapore Pte Ltd., 2018.

[17] ZHANG B J, ZHANG S L. Research on ship design and optimization based on simulation-based design(SBD)technique[M]. Shanghai: Shanghai Jiaotong University Press,2018.

[18] 崔康康. 基于 TRIZ 与 DFSS 的船舶设计流程优化研究[D]. 天津:河北工业大学,2021.

[19] 葛显龙,王伟鑫,李顺勇. 智能算法及应用[M]. 成都:西南交通大学出版社, 2017.

[20] 刘悦. 基于智能优化方法船舶阻力性能优化设计研究[D]. 大连:大连理工大学,2021.

[21] 徐宏伟,王学营. 船舶智能设计浅析[J]. 船舶,2021,32(1):17-21.

[22] 黄本燊. 浅谈船舶智能设计内涵及发展[J]. 技术与市场,2019,26(7):69-70,73.

[23] 封波. 智能船舶设计方法体系研究[J]. 船舶工程,2020,42(S1):1-4,432.

[24] XIAO W, HE M, WEI Z X, et al. SWLC-DT: an architecture for ship whole life cycle digital twin based on vertical-horizontal design[J]. Machines, 2022, 10(11): 998.

[25] 郭继富,黄浩. 浅谈人工智能技术下船舶模块化设计及实现[J]. 中国设备工程, 2022(S1): 1-3.

[26] 柴建华. 船舶模块化设计与制造技术探究[J]. 船舶物资与市场,2022,30(10):26-28.

[27] 战翌婷. 船舶 CAD/CAM[M]. 上海:上海交通大学出版社,2014.

[28] 包子阳,余继周,杨杉. 智能优化算法及其 MATLAB 实例[M].2 版. 北京:电子工业出版社,2018.

[29] 田恬. 英国皇家学会发布新的调研项目:机器学习[J]. 科技导报, 2016, 34(3):93.

[30] 王文. 浅析机器学习的研究与应用[J]. 计算机与信息技术, 2010(Z2):7-9.

[31] 魏权利. 论人工智能科学中的机器学习[J]. 宁夏工学院学报(自然科学版), 1995, 7(3):74-76.

[32] 夏幼明, 徐天伟, 刘海庆. 基于语义网络的知识表示的形式转换及推理[J]. 武汉大学学报(信息科学版), 2001, 26(4):369-373.

[33] 黄明和, 刘艳霞,杨柳青. 一类数组算法的演绎综合[J]. 计算机科学, 2000, 27(8):55-58.

[34] 刘凤英. 范畴学习中分类学习与推理学习的对比研究[D]. 重庆:西南师范大学, 2005.

[35] 刘曙光, 费佩燕,侯志敏. 生物进化论与人工智能中的遗传算法[J]. 自然辩证法研究, 1999,15(12):20-24.

[36] 薛贞霞. 支持向量机及半监督学习中若干问题的研究[D]. 西安:西安电子科技大学, 2009.

[37] 蔡加欣. 半监督学习及其在 MR 图像分割中的应用[D]. 广州:南方医科大学, 2011.

[38] 彭博,贺祯,杜国福,等. 智能化卫勤指挥决策支持系统建设构想[J]. 军事医学, 2022, 46(4):249-253,257.

[39] 何丽丽,邢薇. 智能化决策支持系统框架的研究与设计[J]. 智能计算机与应用, 2011, 1(4):89-91.

[40] 田志民. 矿井采掘接替智能决策支持系统的研究与设计[D]. 邯郸:河北工程大学,2014.

[41] 金伟. 基于语言评价信息的交互式群决策方法研究[D]. 合肥:合肥工业大学,2009.

[42] 汤宁. 基于三维建模的船体设计并行协同应用研究[D]. 镇江:江苏科技大学,2019.

[43] 尚优,江文奇. 基于前景理论的模糊多准则决策方法及应用研究[D]. 南京:南京理工大学, 2017.

[44] 焦金莹. 基于模糊认知图的动态多准则决策方法研究[D]. 北京:北京交通大学,2021.

[45] 黄冰妍. 基于多准则决策和机器学习方法的绿建策略优化研究[D]. 深圳:深圳大学,2020.

[46] 王岳,鞠理杨,蒋志勇,等. 基于并行协同理论的船舶设计过程研究[J]. 船舶工程, 2013, 35(5):96-99.

[47] 杨少龙,孙延浩,向先波,等. 船舶数字孪生及其服务全生命周期研究综述[J]. 舰船科学技术,2020,42(11):1-8.

[48] XU Z S. On multi-period multi-attribute decision making[J].Knowledge-based systems, 2008, 21(2):164-171.

[49] CAMPANELLA G, RIBEIRO R A. A framework for dynamic multiple-criteria decision making[J]. Decision support systems,2011,52(1):52-60.

[50] XU Z S, YAGER R R. Dynamic intuitionistic fuzzy multi-attribute decision making[J].International journal of approximate reasoning, 2008,48(1):246-262.

[51] PARK J H, CHO H J, KWUN Y C.Extension of the VIKOR method to dynamic intuitionistic fuzzy multiple attribute decision making[J].Computers & mathematics with applications, 2013,65(4):731-744.

[52] BALI O, DAGDEVIREN M, GUMUS S. An integrated dynamic intuitionistic fuzzy MADM

approach for personnel promotion problem[J]. Kybernetes: the international journal of systems & cybernetics, 2015, 44(10): 1422-1436.

[53] THONG N T, SMARANDACHE F, HOA N D, et al.A novel dynamic multi-criteria decision making method based on generalized dynamic interval-valued neutrosophic set[J].Symmetry, 2020, 12(4): 618-638.

[54] TAO R, LIU Z Y, CAI R, et al. A dynamic group MCDM model with intuitionistic fuzzy set: perspective of alternative queuing method[J].Information sciences, 2021, 555: 85-103.

[55] YIN S, LI B Z, DONG H M. A novel dynamic multi-attribute decision-making method based on the improved weights function and score function, and its application[J].Journal of intelligent & fuzzy systems, 2018, 35(6): 6217-6227.

[56] 陈德江,王君,张浩为. 基于直觉模糊多属性决策的动态威胁评估模型[J]. 计算机科学, 2019, 46(4): 183-188.

[57] ZULUETA-VELIZ Y, SANCHEZ P J. Linguistic dynamic multicriteria decision making using symbolic linguistic computing models[J].Granular computing, 2018, 3(3): 229-244.

[58] 韩冰,陈华友,陶志富,等. 基于概率不平衡语言灰关联投影的动态多属性决策方法[J]. 统计与决策, 2020, 36(7): 175-179.

[59] SAATY T L.Time dependent decision-making; dynamic priorities in the AHP/ANP: generalizing from points to functions and from real to complex variables[J].Mathematical and computer modelling, 2007, 46(7-8): 860-891.

[60] JASSBI J J, RIBEIRO R A, VARELA L R.Dynamic MCDM with future knowledge for supplier selection[J].Journal of decision systems, 2014, 23(3): 232-248.

[61] ORJI I J, WEI S.An innovative integration of fuzzy-logic and systems dynamics in sustainable supplier selection: a case on manufacturing industry[J].Computers & industrial engineering, 2015, 88: 1-12.

[62] HASHEMKHANI ZOLFANI S, MAKNOON R, ZAVADSKAS E K.An introduction to prospective multiple attribute decision making(PMADM)[J].Technological and economic development of economy, 2016, 22(2): 309-326.

[63] 张森.AUV 总体方案设计及优化[D]. 天津:天津大学, 2018.

[64] 李英,王坤,陈国龙,等. 浸没式可移动外输终端系泊系统优化研究[J]. 海洋工程, 2023, 41(4): 59-68.

[65] 李英,贾尚儒. 基于 NSGA-Ⅱ算法的陡波型柔性立管优化设计方法[J]. 中国造船, 2021, 62(4): 207-218.